甘肃简史

GANSU

JIANSHI

甘肃省地方史志办公室 编

孙占鳌 主编

蘭州大學出版社
LANZHOU UNIVERSITY PRESS

图书在版编目（CIP）数据

甘肃简史 / 甘肃省地方史志办公室编 ; 孙占鳌主编
. -- 兰州 : 兰州大学出版社, 2020.6（2024.4重印）
ISBN 978-7-311-05781-7

Ⅰ. ①甘… Ⅱ. ①甘… ②孙… Ⅲ. ①甘肃一地方史
一编年史 Ⅳ. ①K294.2

中国版本图书馆CIP数据核字(2020)第115399号

责任编辑　马继萌　张国梁
封面设计　马吉庆

书　　名　甘肃简史
作　　者　甘肃省地方史志办公室　编
　　　　　孙占鳌　主编
出版发行　兰州大学出版社　(地址:兰州市天水南路222号　730000)
电　　话　0931-8912613(总编办公室)　0931-8617156(营销中心)
网　　址　http://press.lzu.edu.cn
电子信箱　press@lzu.edu.cn
印　　刷　甘肃发展印刷公司
开　　本　710 mm×1020 mm　1/16
印　　张　32(插页2)
字　　数　507千
版　　次　2020年6月第1版
印　　次　2024年4月第5次印刷
书　　号　ISBN 978-7-311-05781-7
定　　价　96.00元

《甘肃简史》编纂委员会

主　任　张军利

副主任　郝宗维　李振宇　张正龙　石为怀　孙占鳌

委　员　（以姓氏笔画为序）

王文生　尹伟先　石为怀　田　澍　孙占鳌

李并成　李迎春　李振宇　吴晓军　汪受宽

汪举红　张正龙　张占社　张军利　陈　谦

武　沐　胡小鹏　郝宗维　赵学东　段小强

贺红梅　梁兴明

主　编　孙占鳌

副主编　贺红梅　陈　谦

撰　稿　孙占鳌　张　瑛　段小强　吴　伟　汪受宽

赵学东　王　东　俄琼卓玛　周　松　尹伟先

巨　虹　武　沐　邓慧君　吴晓军　李春芳

编　辑　李佳潞　杜　博

绪 论

甘肃古属“雍凉之地”，以古甘州（今张掖）、肃州（今酒泉）二地首字而得名，简称甘；又因省境大部分在陇山（六盘山）以西，唐代曾在此设置陇右道，故又简称为陇。甘肃历史是中国历史的重要组成部分，勤劳勇敢的甘肃人民在这块古老而神奇的土地上谱写了一部壮丽史诗。

甘肃是中华民族和华夏文明的发祥地之一。早在远古时期，甘肃地区就有人类活动。距今20多万年前，甘肃人类进入旧石器时代，开始利用火和简单的石器从事原始的生产生活。1976年在泾川县牛角沟发现的“平凉人”头盖骨化石标本，距今已有3万～4万年的历史。距今1万年前后，甘肃先民进入新石器时代，原始制陶业、畜牧业和农业逐步形成，磨制石器得到广泛使用。我国打制石器的第一块标本是在陇东地区发现的。距今8000年前的大地湾文化标志着农耕文化的初步形成，开启了中华民族的文明曙光。距今5000年前的马家窑文化，展现了中国历史上最早的彩陶文化。分布在洮河流域和黄河流域的辛店文化、寺洼文化以及分布于河西地区的四坝文化、沙井文化，把甘肃史前文化推向了空前的高度。

夏商周时期，甘肃地区进入青铜时代，游牧文明和农耕文明业已成熟。周王朝的先祖从陇东黄土高原崛起，以农为本，以德治国，奠定了中华民族的礼仪与道德传统。先秦时期，戎、氐、羌、乌孙、月氏、匈奴等众多民族在甘肃大地共处繁衍，共同推动了甘肃历史的发展进步。秦人崛起于陇右，走向关中，横扫六合，建立了一统天下的秦帝国。在秦国逐鹿中原的进程中，秦武公创设了我国历史上最早的县——邽县和冀县，秦孝公实行变法，推行郡县制，设置北地郡、陇西郡，甘肃东部被纳入封建管理体制之中。

秦汉时期的甘肃是中国历史上的热点地区。为巩固西北边疆，经略西域，秦汉王朝在甘肃地区大力推进郡县制，加强经济和边防建设。秦朝时期，郡县制、法律制度及文字、度量衡在河东地区得到推行，河西地区是月氏、乌孙的驻牧地。西汉前期，河东地区纳入西汉王朝管辖，河西地区成为匈奴驻牧地。元狩二年（前121），汉武帝派霍去病两次征战河西，大败匈奴，占据河西走廊，甘肃全境纳入了汉王朝的统治范围。随后，西汉王朝“列四郡、据两关”，建立军事防御体系，大规模移民实边，掀起了甘肃历史上第一次农业开发高潮。张骞两次出使西域，开辟了举世闻名的丝绸之路。东汉建立后，羌人多次暴动。在镇压羌人暴动的过程中，造就了以皇甫嵩和董卓为代表的凉州军事集团，对全国政局产生重大影响。

魏晋南北朝时期是中国历史上分裂割据时期，也是民族大迁徙、大融合时期。这一时期的甘肃，经历了曹魏、西晋、东晋十六国和南北朝四个发展阶段。三国时，甘肃大部归曹魏政权统辖，只有陇南地区隶属蜀国，因此，也称为曹魏阶段。经过了西晋50余年的短暂统一，东晋十六国阶段，甘肃地区出现了前凉、前秦、后秦、西秦、后凉、南凉、西凉、北凉、前后仇池国等10余个割据政权。南北朝阶段，甘肃地区先后为北魏、西魏、北周政权所统治。魏晋南北朝时期频繁的战乱给河东地区的社会生产带来巨大破坏；河西地区由于战乱波及较少，经济、文化得以较快发展。这一时期，众多民族迁居甘肃，形成了多民族融合发展的新格局。

隋朝时期，隋炀帝派吏部侍郎裴矩到张掖招徕胡商、总管贸易，并于大业五年（609）西巡河西，在山丹焉支山主持召开“万国博览会”，会见西域27国使者，对促进中西经济文化交流起到积极作用。唐代前期，均田制的施行和大规模屯田，促成了甘肃农业的快速发展、丝绸之路的兴盛和商业贸易的繁荣。唐开元、天宝年间，“自安远门西尽唐境万二千里，闾阎相望，桑麻翳野，天下称富庶者无如陇右”。“安史之乱”期间，由于驻防河陇的边兵东调平叛，控制青海大部的吐蕃乘机进占河陇地区，以其原有的部落制取代唐朝的郡县制，并设青海、鄯州、河州、凉州、瓜州五节度使统治。吐蕃政权掠夺性的统治，使甘肃经济社会迅速由盛转衰。大中二年（848），张议潮领导沙州人民起义，驱逐吐蕃守将，收复了河湟11州之地，并献图籍与唐，甘肃部分地区重归唐朝管辖。晚唐五代时期，陇右为秦岐割据政权所统治，河西为曹氏归义军政权和甘州回鹘政权所统治。

宋朝，甘肃境内的政权有甘州回鹘、曹氏归义军、沙州回鹘、西凉府吐蕃和陇右吐蕃等政权，宋朝仅控制着环庆、泾原、秦凤诸路。各个政权因地制宜，发展经济，回鹘的畜牧业、西夏的农牧业、宋代的屯田等各具特色。在各个政权此消彼长中，党项夏州政权进入甘肃，击败了西凉吐蕃、回鹘、曹氏归义军政权，统一河西地区，建立西夏。南宋宝庆二年（1226），蒙古汗国攻占甘肃。南宋淳祐七年（1247），蒙古皇子阔端与萨迦班智达举行凉州会谈，西藏正式纳入中央政权的管辖。元世祖至元十八年（1281），甘肃等处行中书省的设立，是甘肃省级行政机构设置之始。辖区相当于今甘肃省的河西地区、宁夏回族自治区及内蒙古自治区西部。兰州以东仍归陕西行中书省管辖，临夏和甘南地区归中央政府特设的宣政院管理。

明代前期，甘肃官民筑边墙、兴屯田、倡文教，经济社会得到恢复发展。明代中期以后，迫于吐鲁番贵族势力侵扰，明王朝实行划关而治的政策，放弃嘉峪关以西地区，裁撤关西七卫，迁居民至嘉峪关以东。中断关外民间贸易，大幅压缩贡使贸易，贡使人员只允许十分之一或十分之二入关，朝贡时间由一年一贡减为五年一贡，丝绸之路趋于衰落。明代末期，政治腐败，土地兼并严重，自然灾害、民族冲突、战乱频繁，生产遭到极大破坏，经济停滞不前。清代前期和中期，由于实行积极的经济政策和大规模移民屯田，甘肃人口发展、农业开发达到了历史高峰。清代后期，近代工业、金融、邮电和学校教育兴起。

民国时期是社会大变革的历史时期。孙中山领导的辛亥革命，结束了中国长达两千多年的封建专制统治，建立了共和政体。但革命果实被军阀窃取，战乱不断，经济凋敝。抗战时期，国民政府为抗战需要，加强西北大后方建设，在甘肃兴办了现代工业、交通、科技、文化、教育。大规模的公路建设和甘肃西北地区交通运输枢纽的形成，玉门油矿的开发建设，为抗战胜利做出了重大贡献。敦煌藏经洞的发现与敦煌学的兴起，引起世界关注，为甘肃文化增添了新的亮点。中国共产党经过长期革命斗争，于1949年推翻了国民党统治，甘肃人民获得了新生。

中华人民共和国成立后的甘肃，经历了四个发展时期：1949—1956年的新政权建立时期，中国共产党在甘肃的领导机构和各级政权机构快速建立，成功地进行了社会主义改造，经济社会得到恢复发展。1957—1966年的社会主义建设探索时期，经历了“大跃进”、大炼钢铁、人民公社化、三年自然灾害的严重挫折，国民经济和社会事业在调整中曲折发展。1966—1976年的“文化大革命”时期，是一场由领导者错误发动，被反革命集团利用，给党、国家和各族人民带来严重灾难的内乱。1976年后，甘肃进入了历史转折与改革开放新时期。从1976年10月粉碎“四人帮”，到1978年12月中共十一届三中全会召开，完成了结束“文化大革命”到以经济建设为中心的历史转折。1978年后，步入了改革开放的新时期。这一时期，甘肃的经济建设、政治建设、文化建设、社会建设、生态文明建设取得了巨大成就，人民生活水平显著提高。

纵观甘肃历史发展，主要呈现出六个突出特征：

历史悠久，是中华民族和华夏文明的重要发祥地之一。甘肃早在旧石器时代就有了人类活动的足迹，在距今20多万年的旧石器时代早期，陇东地区的华池、泾川县就有人类活动。到旧石器时代中期，甘肃人类活动分布地域从陇东扩展到陇右。20世纪80年代发现的“夏河人”化石是省内最早的人骨化石。新石器时代先民的足迹已经遍及各地，距今约8000年至7000年的大地湾文化，展现了丰富的原始建筑、艺术、农耕文化和宗教等，是中华文明悠久、博大和先进的典型代表。与大地湾文化有着源流关系的仰韶文化所发现的5200多处遗址中，在甘肃分布的有1040处。金石并用时代的马家窑文化、齐家文化，分布范围更加广泛、稠密，马家窑遗址出土的陪葬陶器中，彩陶占80%。分布在洮河流域和黄河流域的辛店文化、寺洼文化以及分布于河西地区的四坝文化，在甘肃境内都有丰富遗存，把甘肃史前文化推向了空前的高度。青铜时代的氐羌、西戎文化在华夏民族形成和早期中华文化发展中发挥了重要作用。春秋战国时期，周秦部族先后在今甘肃东部崛起并向关中地区发展，先后建立周王朝和秦王朝，对中华文明的形成和发展产生了重大影响。

生态环境复杂多样，是国家重要的生态安全屏障。古代甘肃曾因气候温暖、森林草原密布、山川秀美极适应于人类生存而成为中华民族发祥地之一。根据《汉书·地理志》《水经注》等考证，黄土高原西部的甘肃陇东、陇西、兰州和宁夏一带曾密布森林。在甘、宁两省交界的六盘山，曾经覆盖大片林区，成吉思汗征西夏，曾在这里扎营避暑。在河西地区，石羊河、黑河、疏勒河发育了一系列荒漠绿洲，曾经是古代主要农耕和放牧之地。这里自然景观虽然以荒漠为主，但祁连山的森林草地涵养了水源，所以水量充足，历史上黑河流域自然水域面积曾超过100平方千米，其下游内蒙古额济纳旗形成了大片以胡杨林为主的原始森林。在敦煌与莫高窟齐名的自然奇观月牙泉，《敦煌县志》记载其“泉甘美，深不可测”“为飞沙所不到”，县周围有天然灌木林近40万亩。甘肃洮河上游的天然林与陇南白龙江上游和四川北部的森林连成一片，面积十分辽阔，主要有杉、冷杉、山杨、白桦、红桦等，较好地维持着长江、黄河上游的生态平衡。优越的生态条件为隋唐时期“天下称富庶者无如陇右”盛况的出现奠定了基础。然而自“安史之乱”之后，大规模的屯田、陇中陇东地区人口的过度增长以及对资源的掠夺式开发导致甘肃生态环境恶化，灾害频发，贫困增加，使甘肃局部地区出现“瘠苦甲于天下”的状况。中华人民共和国成立尤其是改革开放后，甘肃省先后实施退耕还林、退牧还草、黑河流域和石羊河流域综合治理、甘南黄河重要水源补给生态功能区生态保护与建设等生态工程，并申报获批国家生态安全屏障综合试验区，加大生态保护力度，生态恶化的趋势有所改善。

地理位置重要，是古丝绸之路的咽喉要道。甘肃地处内陆，古丝绸之路横贯全省，具有承东启西、南拓北展的区位优势。正因为如此，甘肃在古代东西方文明交流发展中发挥了无以替代的重要作用。早在汉代丝绸之路正式开通之前，甘肃地区就是沟通中原与西域物质文明交流的桥梁。考古发现表明，甘肃是中国境内最早出现青铜、铁器等金属冶炼的地区。张掖西城驿、临潭磨沟等遗址有金属冶炼遗迹，齐家文化中，甘肃青铜冶炼已经达到较高水平。西汉张骞“凿空西域”，官方意义上的丝绸之路正式形成。陆上丝绸之路，无论是沿泾水流域西行的北地道，还是沿渭水流域西行的陇西道，都要经过甘肃地区。两道或由今天的景泰渡过黄河，或由兰州北上翻越乌鞘岭进入武威，或由兰州沿湟水进入青海、翻越祁连山进入张掖，最终均在河西走廊会合，由敦煌阳关、玉门关而进入西域和更遥远的中亚、西亚甚至欧洲地区。因此，甘肃河西走廊堪称古代丝绸之路和中西交通的生命线。丝绸之路的畅通与河西走廊的稳定发展息息相关，河西通，丝路通。凡是河西走廊稳定发展的时期，都是丝绸之路畅通的时期；河西走廊动乱，必然影响甚至中断丝绸之路经济文化交流。西汉王朝占领河西，大规模的边防建设和移民开发，从军事和社会经济两个角度保障了丝绸之路的畅通，真正意义上的官方丝绸之路得以正式形成。魏晋南北朝时期，河西各割据政权都通过加强对河西走廊地区的经营、控制，保障了丝绸之路的畅通，促进了中西方文化、经济的交流。隋唐时期，中央政府加大对河西地区的经营力度，促成了丝绸之路的全面繁荣。元代大统一后，河西走廊和西域地区完全处于中央政权控制之下，元政府不断完善丝路交通，丝绸之路迎来了又一个繁荣发展的黄金期。明代中期失去了嘉峪关以西地区的管控后，中原与西域民间丝绸之路贸易中断200余年。清朝雍正、乾隆年间重新控制河西走廊西部和新疆地区后，丝绸之路得以复苏。

民族众多，是多民族融合发展的重要舞台。在中华民族的发展过程中，大部分北方民族都曾在甘肃地区繁衍生息。先秦时期，有周、秦、戎、氐、羌、乌孙、月氏、匈奴等族群活动。西汉“移民实边”战略实施后，中原汉民族大量移居甘肃地区，形成了以汉人为主体的民族融合发展态势。悬泉汉简中就有羌人以“御”“邮”“骑”“驿”的身份服务于悬泉置等行政机构的记载，是西汉时期民族融合的体现。魏晋以后的人口大迁徙，促进了甘肃地区的民族大融合。一方面，大量汉族人口迁居甘肃，中原文化在甘肃地区广为传播；另一方面，后凉、南凉、北凉、西秦、仇池等少数民族政权相继建立，慕容鲜卑、乞伏鲜卑、秃发鲜卑等民族不断涌入，促成了更大范围内的民族交流融合。隋唐以后，鲜卑、匈奴、卢水胡、氐羌等部族逐渐淡出历史舞台，最终融汇至中华民族的集体血脉之中。中唐之后，包括河西走廊在内的甘肃大部分地区成为吐蕃人的领地。回鹘民族进入河西走廊甚至甘肃东部地区，形成沙州回鹘、甘州回鹘和秦州回鹘群体。宋代，西夏占据河西走廊约190年。北宋灭亡之后，女真人的势力进入甘肃中东部。13世纪初蒙古崛起，蒙古人又进入甘肃地区，开始了新一轮民族融合发展。南宋淳祐七年（1247），蒙古宗王阔端与西藏宗教领袖萨迦班智达在凉州成功举行了“凉州会谈”，使西藏纳入祖国的版图，并促进了蒙古、藏民族的融合发展。元代之后，随着中亚商人的大量进入和伊斯兰教的传播，在甘肃地区又逐渐形成了回、东乡、保安、撒拉等民族。今甘肃生活着汉、回、东乡、藏、土、满、蒙古、保安、裕固、撒拉、哈萨克等55个民族，正是历史上民族融合、友好交往的结果与见证。

资源富集，是国家重要的能源基地。甘肃是一个资源丰富、物产众多的省份。据国土资源部全国矿产资源储量通报，甘肃境内已探明储量的矿产81种，查明资源储量居全国第一的有镍、钴、钨、铂族金属等10种，居全国前5位的有38种，是全国闻名的“有色金属之乡”。其中，钨矿累计查明资源储量42.1万吨，保有资源储量41.7万吨。金矿累计查明资源储量1028.1吨，保有资源储量918.9吨。金川铜镍矿累计查明资源储量602万吨，保有资源储量387.1万吨，规模仅次于加拿大的肖特贝里硫化铜镍矿，居世界第2位，是世界公认的“镍都”。全省煤炭资源储量累计查明325.9亿吨，保有资源储量312.6亿吨。石油累计探明地质储量为17.7亿吨。天然气累计探明地质储量1522.2亿立方米。水能、风能、太阳能、生物质能资源丰富，水力资源总蕴藏量1813.4万千瓦，可供开发利用的水能资源有1205万千瓦，风能资源总储量为2.37亿千瓦，居全国第5位，太阳能总辐射量为4800～6400兆焦/平方米。

红色文化积淀厚重，在中国革命历史进程中发挥了不可替代的重要作用。甘肃是一个有着光荣革命传统的省份。1911年爆发的武昌起义波及甘肃，秦州共和揭开了甘肃人民迈向共和的征程。1919年五四运动揭开了中国新民主主义革命的序幕，甘肃人民一如既往响应革命，支持革命活动。《新陇》杂志的创办，对宣传新思想、倡导科学民主起到了积极的作用，促进了甘肃人民的新觉醒。1925年冬，中国共产党甘肃特别支部在兰州成立，这是中国共产党在甘肃建立的第一个组织，标志着中国共产党在甘肃开始了有组织的活动，甘肃人民开始了在中国共产党领导下的革命斗争。新民主主义革命时期，刘志丹、谢子长、习仲勋、吴岱峰等在陕甘交界地区创建了西北地区第一个革命根据地——陕甘边革命根据地，这是土地革命战争后期全国硕果仅存的革命根据地，为党中央和红军长征提供了落脚点，为中国革命的胜利做出了重大贡献。长征期间，中国工农红军在甘肃境内艰苦转战40余天，先后进行了腊子口、青石嘴、河连湾战斗，成功粉碎了国民党重兵的围追堵截。在此期间，党中央先后召开俄界、哈达铺、榜罗镇等三个重要会议，统一思想，休整部队，确定了北上抗日的总方针，完成落脚点问题的重大抉择，为中国革命指明了方向。1936年10月10日，中国工农红军三大主力一、二、四方面军在甘肃会宁大会师，标志着二万五千里长征胜利结束。甘肃是红军长征活动时间最长、到达部队最多、活动范围最广（近50个县）的省份，为中国革命的战略转折和夺取胜利做出了重大贡献。红军来到甘肃，因鲜明的政治主张、严明的军队纪律，深受各族群众的拥护，他们以不同的方式表示欢迎和支援。有的送粮送水，有的送钱送布，有的杀鸡宰羊，仅宕昌哈达铺人民先后就为红军筹集粮食400多万斤，被称为“长征路上的加油站”。当红军经过甘南时，藏族首领杨积庆命令他的士兵朝天放枪、开仓放粮，使红军顺利地通过了甘南藏区。1936年冬，红西路军为打通国际路线，从靖远西渡黄河，途经古浪、永昌、临泽、高台、肃南、瓜州和新疆交界的星星峡，西路军的英雄气概和大无畏革命精神在高台战役中表现得最为充分。在西路军失败后，中共中央想方设法营救失散的红军。在中共中央及八路军兰州办事处和河西人民的大力营救下，先后有4000多名红军回到延安，为中国革命的胜利做出了重大贡献。

日月经天，江河行地。生活在甘肃这块土地上的各族人民从远古走到今天，所创造的灿烂历史文化成果已经汇入中华文明和人类文明的滚滚洪流，现在和将来，他们仍将脚踏实地、发奋图强，再创无愧于历史的灿烂辉煌。

目　录

第一章　地理环境与人口

甘肃地处黄土高原、青藏高原和内蒙古高原三大高原的交会地带。地形东西狭长，以山地、高原为主，地貌类型多样；从东南到西北，包含北亚热带湿润区、高寒区、干旱区等，以暖温带、温带大陆性季风气候为主。全省地跨黄河、长江等流域，水文地域分异独特，水资源总体不足；土地资源、矿产资源、风能资源、光能资源、旅游资源、部分动植物资源丰富。复杂多样的地理条件，加之曾发生数次大规模人口迁徙，造就了别具一格的甘肃经济社会发展自然环境和人文环境。

第一节　地理区划

一、地理区位特征

甘肃地域辽阔，国土面积42.58万平方千米，占中国总面积的4.44%，居全国各省区面积的第7位。整体西北—东南走向，呈如意状，东西长1655千米，南北宽530千米。

甘肃是中国政区中唯一包含东部季风区、西北干旱半干旱区和青藏高寒区三大自然区的省份，黄土高原、内蒙古高原与青藏高原在省域交接，黄河流域、长江流域、内陆河流域在境内并存。地表格局以山地、高原为主，省境地势高峻，向西北和东南两面倾斜，除东南少数河谷与河西走廊西段外，大部地面海拔在1000米以上。

甘肃省大部地处历史名山陇山以西，因唐代置当时全国最大的地方政区“陇右道”而简称“陇”。黄河自西南向东北流经省境中部，习惯上将黄河以西省域统称为“河西地区”，黄河以东省域统称为“河东地区”。因地理位置和环境的差异，“陇山”又将“河东地区”分为三部分：陇山以西、乌鞘岭以东的黄土高原地区，称陇西黄土高原，简称“陇西”；陇山以东的庆阳市、平凉市大部地区，属陇东黄土高原，习称“陇东”；陇山之南，大体为东西走向的西秦岭山地和山间盆地，包括陇南市和天水市、甘南州的部分地区，称“陇南”。

二、历代疆域

夏、商、西周时期，今甘肃的东部和中部属“九州”之一的雍州，陇南部分地区属梁州。

春秋战国时期，甘肃东部逐渐被秦国控制，境内陆续设立郡县。公元前280年（秦昭襄王二十七年）设置的“陇西郡”，是甘肃境内最早的郡级政区。河西地区为月氏、乌孙的游牧区。秦汉之际月氏、乌孙西迁后，河西地区成为匈奴的驻牧地。西汉前期，河东地区归汉王朝管辖，河西地区仍为匈奴所占有。西汉元狩二年（前121），汉武帝派霍去病收复河西后，甘肃全境基本上纳入中央王朝管辖。三国时期，甘肃省境大部分地方属魏国，南部一小部分属蜀国。东晋十六国时期，甘肃地区先后出现了前凉、前秦、后秦、西秦、后凉、南凉、北凉、西凉、前后仇池国等十余个割据政权。南北朝时期，今甘肃地区先后被北魏、西魏、北周统治。隋唐时期，甘肃省境大部分属陇右道及河西道，陇东地区属关内道，陇南部分州县属山南西道及剑南道。

西夏占有河西地区后，取“甘州”“肃州”第一个字，建立“甘肃监军司”，“甘肃”地名首次出现。元世祖至元十八年（1281），从陕西行中书省分置甘肃行中书省，甘肃首次有了省级行政建制，但统辖范围限于河西走廊、青海的海东地区、宁夏的大部和内蒙古西部地区。兰州以东地区仍归陕西行中书省管辖，今临夏和甘南地区归中央政府特设的宣政院管理。明代废除元朝的中书省，改称行中书省为“承宣布政使司”。甘肃东部属陕西布政使司，河西地区归陕西行都指挥使司管辖。

清初分陕西布政使司为左右两司，甘肃地区属陕西右布政使司，后改称为巩昌布政使司。康熙七年（1668）正式定名为“甘肃布政使司”，并移治所于兰州，设置巡抚，甘肃从此成为一个独立的省级政区，辖域还包括今新疆以及青海、宁夏的一部分。光绪十年（1884），新疆分置建省。1929年1月，甘肃分置青海、宁夏二省。

1949年中华人民共和国成立后，甘肃省管辖今甘肃及内蒙古西部。

1954年，宁夏省并入甘肃省，1958年又分设成立宁夏回族自治区；1969年，内蒙古西部额济纳旗、阿拉善右旗划归甘肃省，1979年，又复归内蒙古自治区管辖。此后，甘肃省的基本政区稳定至今。

三、现行政区

甘肃省地理坐标位于北纬32°11′～42°57′，东经92°13′～108°46′之间。东接陕西，南邻四川、青海，西连新疆，北邻内蒙古、宁夏。酒泉市肃北蒙古族自治县马鬃山镇与蒙古人民共和国接壤，长65千米，是甘肃省唯一的国界线。全省现下辖兰州、天水、嘉峪关、白银、金昌、武威、酒泉、张掖、定西、平凉、庆阳、陇南12个市，甘南、临夏2个自治州，86个县（市、区）。

第二节　地形地貌

甘肃地处中国黄土高原、内蒙古高原与青藏高原的交会地带，位于第一、二、三级阶梯的过渡区域，海拔大部分在1000米以上。地貌以山地、高原为主，主要有六个地貌单元。

一、走廊北山

主要由两部分组成：一是合黎—龙首中低山区，为准平原的岛状山。海拔高度在2000米左右，主峰在张掖东北，名东大山，最高峰3616米，一般相对高度在100～500米。二是北山（马鬃山）剥蚀残山区，包括金塔北山、大马鬃山与小马鬃山，大部海拔高度在1800～2500米，相对高差一般低于300米。

二、河西走廊

河西走廊是南侧祁连山和北部马鬃山、合黎山、龙首山之间的狭长地带，因位于黄河以西而得名。走廊东起黄河，西止汉玉门关，与罗布泊洼地相通，介于东经90°10′～104°30′，东西长900～1100千米，南北宽5～50千米。海拔在1100～1500米间，大部为祁连山的山前缓倾斜平原。由于酒泉—嘉峪关黑山与山丹大黄山（又名焉支山）的横向断块隆起，河西走廊被分隔成3个内陆盆地，即疏勒河、党河流域盆地，黑河流域盆地和石羊河流域盆地。

三、祁连山地和阿尔金山

祁连山与阿尔金山呈弧形绵亘于青藏高原东北边缘，是甘肃省与青海省的自然分界线。广义的祁连山西起当金山口，东至乌鞘岭，北界河西走廊，南邻柴达木盆地、茶卡-共和盆地和黄河谷地。东西长900～1000千米，南北宽250～300千米，面积约$2060×10^4$公顷。它由一系列平行山脉和谷地组成，主要包括走廊南山、冷龙岭、托来山、达坂山、疏勒南山、大通山、党河南山等。山脉海拔高度为4000～4500米，其中疏勒南山团结峰是整个山系的最高峰，海拔5808米。

阿尔金山是青藏高原北部的一个边缘山系，由数列雁形状山脉和谷地组成。长度750千米，平均海拔4000米，最高峰在6200米以上。主体在青海和新疆两省区境内，仅其最东段的安南坝山归甘肃省管辖。

四、黄土高原

甘肃黄土堆积范围很广，厚度巨大。乌鞘岭以东、六盘山以西地区黄土分布最为集中，厚度大多为100～300米，是中国乃至世界黄土堆积最厚的地区。位居甘肃中部的黄土高原，是晋、陕、甘黄土高原的一部分，海拔高度在1000～2600米，主要分布在北秦岭以北，祁连山东延部分的乌鞘岭、毛毛山、寿鹿山、哈思山一线之南，以纵峙其中的六盘山（陇山）为界分为两个地貌单元。

五、甘南高原

甘南高原海拔高度在3000米以上，是甘肃省地势最高的高山、高原交错区，也是昆仑、秦岭两个地槽褶皱带的连接区。地势呈现三个地貌类型区，即山原区、高山峡谷区与中低山区。山原区地处本区西部，平均海拔在3300米以上。高山峡谷区以岷迭山系与白龙江流域为主。西部山峰高峻，海拔多在4000米以上；东部山峰相对较低，海拔多在3000米以上。中低山区位于积石—西倾山原区以东，岷迭高山峡谷区以北，包括临潭、卓尼两县全境及碌曲、夏河县部分地域，地处甘南高原与黄土高原的过渡地带，平均海拔3000米左右。

六、西秦岭山地

西秦岭山地以太子山南至光盖山西麓直抵省界一线（约在东经103°附近），邻接甘南高原，北与陇中黄土高原以露骨山至火炎山间的渭河、西汉水分水岭为界，东南止于甘、陕及甘、川省界。西秦岭以石质山地为主，地势西北高，东南低。高大的山体阻挡了来自太平洋的东南季风，是我国北亚热带和暖温带的分界线，长江流域和黄河流域的分水岭。主要山脉有3条：北条有太子山、白石山、莲花山、露骨山等，主峰海拔都在3000米以上，愈往东山势愈低，至天水市东、渭河南岸的火炎山间，一般山峰的海拔在2000米左右；中条有光盖山及迭山山脉，海拔均在4000米以上，是洮河和白龙江的分水岭，至岷江以东，高度大减，武都以北，海拔降至2500米上下，山峰零乱，无明显的山文线；南条在甘、川界上有岷山及其东延的摩天岭。西秦岭山体大小、高低及地质、地貌的差别很大。习惯上，以徽成盆地和西汉水上游的宕昌县中部为界，分为南秦岭、徽成盆地和北秦岭3个次级地貌单元。

第三节　气　候

甘肃省气候类型复杂多样，地域差别显著，兼有亚热带湿润气候区、暖温带湿润和干旱气候区、冷温带半湿润和半干旱气候区、干旱气候区、高寒气候区等多种气候类型区。

一、气候变化

甘肃的气候变化，大致经历了以下几个时期：

（一）地质时期的气候变化

地质时期的气候一般指万年以上的气候。甘肃的地质时期气候分为两大阶段。第一阶段是中生代早白垩纪以前，是亚热带气候，比较潮湿。第二阶段是中生代晚白垩纪及其以后（距今1.3亿～0.25亿年），甘肃干旱地理环境已初步形成。新近纪时（距今2500万～200万年）由于强烈的喜马拉雅造山运动，我国全部大陆连成一片，青藏高原及其周围山地大面积隆升3500～4000米以上，从而促成我国环流季风系统的形成，这种变化形势到第四纪更加明显，由于西南暖湿气流受到阻挡，甘肃趋向干旱。

（二）近5000年来气候变化

根据历史文献、地质资料和树木年轮等资料分析，甘肃近5000年气候变化经历了4个暖期和4个冷期：约公元前3000—公元前1000年，气候温暖潮湿。从公元前3000年到公元前1000年为第一个温暖期，一度洪水泛滥，年平均气温11℃～13℃，比现代高2℃～3℃。年降水量为400～700毫米，比现代多200～300毫米，全省属亚热带北部和暖温带南部气候。公元前1000—公元前770年，气候寒冷干旱。西周后期短暂的冷空气进入中国，甘肃受到强烈影响，气候寒冷，年平均气温约比现代低1℃。西周后期不仅寒冷，而且干旱。西周丰镐城（前1134—前771）就建在渭河河漫滩低地近水地区。《竹书纪年》提到从周厉王二十一年（前857）到二十六年（前852）连年大旱。周幽王元年（前781）至三年（前779），泾河、渭河连续三年干涸。从以上史实可见，自公元前858年开始，100年来旱灾相当严重。公元前770—公元前44年，气候温暖略湿。从春秋战国到西汉中期为第二个温暖略潮湿期，年平均气温比现代高1℃。秦王嬴政和汉武帝时期为相对寒冷时段。西周后期寒冷持续时间不长，到东周（春秋）又趋于和暖。公元前43—589年，气候寒冷干旱，进入历史上第二个寒冷期。《汉书》记载了汉元帝永光元年（前43）黄河中下游地区大范围寒冷的情形。公元前43—193年，历史文献中记载了20多次寒冷情形。自西汉末年到东汉末年，甘肃干旱记载很多。《汉书》记载："连年大旱，百姓饥穷。"始建国五年（13），北地（今庆阳以北）旱，大饥，人相食。三国及晋代（220—420）持续寒冷干旱。《三国志·魏书·毛玠传》说："亢旱以来积三十年……"这是有旱灾历史记载年代最长的一次。晋代（265—420），甘肃省有明确地点记载旱年为26年，而水灾和丰年仅为3年。据《甘肃省志·大事记》记载，309年，夏大旱，黄河枯竭，人可徒步涉水而过。401年，姑臧（武威）因旱致灾，人相食，死者十余万人。南北朝（420—589）的气候和三国、晋代一样旱霜连年。500—511年12年中有8年寒冷记载，可能表明寒冷达到顶点。南北朝时期，旱灾12年，涝灾2年，说明干旱仍然严重。590—960年，气候温暖潮湿从隋初起，甘肃气候进入第三个温暖潮湿期。隋唐五代时期年平均气温比现代高2℃左右，气候温暖潮湿。961—1191年，气候寒冷。10世纪下半叶气候转寒，年平均气温比现代低1℃～1.5℃。史料记载，这个阶段寒冷年有9次，暖年仅1次。1192—1427年，气候温暖前期旱后期涝。12世纪末，气候回暖，1192—1265年有73年无寒冷记载。1155—1427年是温暖时期，其中有3个温暖时段，即1155—1259年，1291—1322年，1398—1427年。这一时期年平均气温比现代高1℃。13世纪相当干旱，出现旱灾23年，水灾仅4年，特别是1260—1310年，50年中有23年记载旱灾。1260—1262年连续3年干旱，1285—1296年12年中几乎年年有旱，且旱情严重。14世纪相对湿润，出现旱灾24次，水灾13次，其中1314—1326年几乎年年有水情。1428—1870年，是甘肃省第四次寒冷时期，历时440多年。当时年平均气温比现代低1℃～2℃。

（三）近500年气候变化

近500年来，甘肃气候冷暖变化可分为3次冷期和3次暖期。第一次寒冷期，发生在1470—1520年，约持续50年；第一次温暖期，主要发生在1550—1600年，约持续50年；第二次寒冷期，主要发生在1620—1720年，约持续100年，其中1650—1700年最为寒冷，是近500年最寒冷的时期；第二次温暖期，发生在1720—1830年，大约持续110年；第三次寒冷期，主要发生在1840—1890年；第三次温暖期，发生在1916—1945年，持续29年。

（四）现代气候变化

1951年以来甘肃气温变化趋势呈冷—暖过程演变。1956—1996年是气候相对偏冷的时期，年平均气温多数年份比常年偏低，1967年是甘肃省最冷的年份，年平均气温为5.8℃，比常年同期偏低1.8℃。1997—2010年是气候相对偏暖时期，年平均气温多数年份比常年偏高，特别是1996年以后，年平均气温呈快速上升的趋势。1998年是甘肃省最暖的年份，年平均气温为8.6℃，比常年同期偏高1.0℃。

二、气候特征

甘肃地区的气候主要呈现以下六个特征：

（一）差异显著的大陆性气候

甘肃深居内陆，东南距海洋较远，冬干夏雨的季风气候明显。省境各季气候特点是：冬季雨雪少、寒冷时间长；春季升温快、冷暖变化大；夏季除中、高山地外，各地气温都高，降水比较集中；秋季降温快，初霜来临早。全省年平均气温大致在0℃～16℃之间，但各地海拔高度不同，气温差别较大。日平均气温≥0℃期间的持续日数为160～360天，相应的积温为1410℃～5460℃。省境无霜期（日最低气温≥2℃期间）的地理分布趋势，大致自东南向西北、自河谷川地向山区逐渐缩短。陇南南部无霜期最长，约为280天，黄土高原160～200天，河西走廊150～180天，甘南高原和祁连山区为30～100天。因此，“南热北凉、盆地河谷暖、山地高原冷”是甘肃各地气温差异的总体特征。

（二）复杂多样的气候类型

甘肃省地域辽阔、处于中国气候自东南温暖多雨带向西北内陆干旱少雨带逐渐变化的过渡地带，加之境内由于许多高山和甘南高原的隆起，山地垂直气候变化明显，全省气候复杂多样。处于东南部的陇南山地具有南方湿润区的气候特征，天水、平凉、庆阳的气候特征接近中国中部关中平原，河西干旱区绝大部分地方基本与新疆内陆沙漠区一致，甘南高原气候特征则与青藏高原东部相同。

甘肃省境南北跨纬度达10℃以上，东西占经度达16℃之多，从南向北有亚热带、暖温带、中温带等温度带，在高海拔地带则形成独特的高寒区。按照降水条件，从东南向西北又分为湿润、半湿润、半干旱、干旱4个干湿地区。根据与农作物生长关系较大的日平均温度≥10℃的天数及其积温，同时考虑1月平均气温作为划分温度带的指标，参照自然景观及作物分布，甘肃从南到北分可为北亚热带、暖温带和温带3个气候带。

（三）以暖温带、温带为主的气候区

根据不同的水热条件（干燥度）以及地理特征，甘肃全省可划分为陇南南部河谷亚热带湿润区、陇南北部暖温带湿润区、陇中南部温带半湿润区、陇中北部温带半干旱区、河西温带干旱区、河西西部暖温带干旱区、祁连山高寒半干旱区、甘南高寒湿润区等8个气候分区。其中，暖温带、温带气候区达30.5平方千米，约占全省总面积的64%。

（四）降水差异性大、多灾害性天气

甘肃省降水的地区差异性及季节差异性较大。如东南部的康县，平均年降水量为750.8毫米，西北部的敦煌，平均年降水量为39.8毫米，两地相差711毫米。全省67%的面积，年降水量均在400毫米以下，仅33%的面积年降水量在400～800毫米间。同时雨量的季节分配不均，年际变化大。一年中夏季（6、7、8月）雨量最多，占年降水量50%～70%，秋季占25%～30%，冬春二季很少。受大陆性强的季风气候影响，常有干旱、冰雹、霜冻、大风、干热风等灾害性天气。

（五）热量分布多样、垂直气候显著

甘肃省热量分布最大的特点是地区和垂直分布差异性大，大陆性强，年、日较差大。由于甘肃省山地和高原约占总面积3/4以上，而且地形复杂，随着地形分割成条块相间并不规则的热量分布区。积温比较丰富的地区有两个：一个是陇南南部诸河谷和徽成盆地，海拔在1200米以下，≥10℃积温3500℃～4900℃，是北亚热带经济林与农作物广泛生长，以小麦、水稻为主的一年两熟区；另一个在河西的疏勒河下游盆地，海拔亦在1200米以下，以敦煌、瓜州为中心，≥10℃积温＞3500℃，可栽培棉花、葡萄等喜温作物。陇南东北部及陇中南部的活动积温在3000℃左右，同属暖温带以小麦、棉花为主的一年部分两熟区。省境热量不足的低值区，也有两个：一是甘南高原；二是祁连山区，活动积温＜1000℃，最低值＜500℃，均属天然牧区。全省积温高低地区之间相差达3000℃。活动积温在2500℃～3000℃间的地区，占甘肃省大部，主要有陇东南部、陇西的渭河谷地、河湟谷地及河西走廊大部，是甘肃省主要产粮区，一般农作物为一年一熟，部分河谷川地则属两年三熟区。

（六）太阳辐射强、光照充足

甘肃省大部地区海拔高，少云雨，太阳辐射强度大，日照时数较多。省境的年太阳总辐射量为4700～6350MJ/m^2（兆焦/每平方米），由东南向西北递增。最大值在河西的敦煌、瓜州、民勤等地，达6000～6400MJ/m^2，仅次于青藏高原（6600～8300MJ/m^2）的年太阳总辐射量，为光能资源的利用提供了优越条件。最低值在陇南的文县、康县、武都区一带，年太阳总辐射量为4800～5200MJ/m^2。

甘肃省全年日照总时数为1600～3300小时，由东南向西北递增。河西除祁连山东段与河西走廊的山丹以东外，年均为3000～3400小时，是甘肃省日照最多的地区。陇南日照时数大部不到2100小时，是甘肃省日照最少的地区。

第四节　水　文

甘肃省水文地域分异独特，地表径流较少，总体水资源较贫乏。

一、河流水系

甘肃省河流水系特征是既有内流河，又有外流河。境内河流以乌鞘岭—毛毛山—景泰县北部一线为界，以西是内流区域，以东是外流区域。全省分属长江（主要是嘉陵江）、黄河、内陆河3个流域，12个水系。甘肃省河流特征有平均河网密度偏小、补给形式多样、径流深值整体偏低且地域差异显著、径流季节分配不平衡、普遍具有结冰期等特点。

（一）长江水系

长江流域地处甘肃省东南部，境内流域面积3.9×10^4平方千米，该区域气候温暖湿润，降水充沛，河川径流发育，多年平均径流量130.4×10^8立方米，入境水量为30.2×10^8立方米，出境水量为115.2×10^8立方米，有丰富的水能资源。省内长江水系包括嘉陵江水系和汉江水系。其中，属于汉江水系的有八庙河和冷鱼河。

（二）黄河水系

黄河为中国第二大河，在甘肃境内流域面积14.5×10^4平方千米，划分为六个水系：

黄河干流水系　黄河干流水系包括干流上游玛曲段及下段积石关到黑山峡和两岸主要支流大夏河、湟水、庄浪河、祖厉河等。流域面积5.6695×10^4平方千米，干流长度913.0千米。

洮河水系　洮河是黄河水系的一级支流、甘肃省第三大河。洮河自源头至刘家峡水库，全长673.0千米，流域面积2.6×10^4平方千米。年均流量172.0立方米/每秒，年径流量53.0×10^8立方米。

湟水水系　湟水干流全长374.0千米，流域面积3.3×10^4平方千米。湟水最大支流大通河，河道长561.0千米，甘肃省内流域面积1.513×10^4平方千米，多年平均径流量28.1×10^8立方米。大通河比湟水干流长187.0千米。

渭河水系　渭河全长818.0千米，流域面积13.5×10^4平方千米，其中甘肃境内流域面积2.6×10^4平方千米。年径流量93.4×10^8立方米，甘肃境内21.1×10^8立方米。

泾河水系　泾河是渭河的一级支流、黄河的二级支流，全长455.0千米，流域面积约4.5×10^4平方千米。甘肃境内长171.0千米，流域面积3.1×10^4平方千米。

北洛河水系　北洛河水系以北洛河为干流，包括其支流固河、葫芦河、沮河、白水河、县西河。干流及多数支流均在陕西省境内，仅葫芦河支流上段位于甘肃省陇东地区东北部。干流在陕西省大荔县吊庄汇入渭河，全长680.3千米，流域面积2.6905×10^4平方千米，年平均径流量0.6×10^8立方米。

（三）内陆河水系

内陆河分布于河西走廊，均发源于祁连山区，河流水源主要来源于祁连山区的降水补给，以及山间的地下水潜流和冰川融水。

石羊河水系　石羊河位于河西走廊的东段，发源于祁连山东部冷龙岭北坡，全长250.0千米。主要支流有大靖河、古浪河、黄羊河、杂木河、金塔（南营）河、西营河、东大河及西大河（下游名金川河）等8条河流，年径流量15.91亿立方米。

黑河水系　黑河是仅次于塔里木河的中国第二大内陆河，全长821.0千米（甘肃境内长345.0千米），流域面积7.68×10^4平方千米，平均年径流量36.7×10^8立方米。

疏勒河水系　疏勒河水系主要由发源于祁连山西段北坡的白杨河、石油河、昌马河、踏实河、党河和安南坝河等支流组成。其主流发源于祁连山地最高峰（团结峰）所在的疏勒南山与陶勒南山大纵谷间的疏勒脑。干流全长670千米，流域面积12.4×10^4平方千米，多年平均径流量10.3×10^8立方米。

苏干湖水系　苏干湖水系由大哈尔腾河和小哈尔腾河两条河流构成，流域面积5.967×10^3平方千米，年均径流量为3.0×10^8立方米。

二、湖泊水库温泉冰川

（一）湖泊

甘肃的湖泊具有以下特点：一是数量少、面积小。省内水面总面积100.0平方千米。淡水湖3个，咸水湖3个，盐湖1个，另有特殊湖泊2个（敦煌市月牙泉和民勤县青土湖）。二是湖泊类型少。除苏干湖属构造湖类型外，其余多属冰川湖和阻塞湖类型。三是位于干旱区的湖泊多处于退缩状态。

（二）水库

甘肃省有水库387座，其中大型9座，即刘家峡水库、九甸峡水库、碧口水库、巴家嘴水库、盐锅峡水库、苗家坝水库、双塔堡水库、昌马水库、鸳鸯池水库。中型水库44座，小型水库334座，水库总库容108.5×10^8立方米。

水库分布区域是：酒泉市82座，嘉峪关市12座，张掖市71座，金昌市3座，武威市22座，兰州市24座，白银市17座，临夏回族自治州16座，甘南藏族自治州27座，定西市21座，陇南市20座，天水市9座，平凉市35座，庆阳市28座。

（三）温泉

甘肃有地热资源63处，有温泉和地热钻孔28处，其中25.0℃～40.0℃的低温温泉有21处，40.0℃～60.0℃的中温温泉有4处。

（四）冰川

甘肃的现代冰川分布于祁连山区，分布于阿克塞哈萨克族自治县、肃北蒙古族自治县、肃南裕固族自治县和天祝藏族自治县，共有冰川2217条，面积1596.0平方千米，冰储量约78.9立方千米，占祁连山冰川总面积的80.9%。这些冰川平均每条面积为0.7平方千米，其中大于10.0平方千米的冰川有16条。最大的冰川是大雪山的老虎沟12号冰川和土尔根达坂的敦德冰川。老虎沟12号冰川属山谷冰川类型，长10.1千米，面积为21.9平方千米，冰储量达2.6立方千米，折水量约22.0×10^8立方米。敦德冰川跨甘肃、青海两省之间，为两省所共有，属平顶冰川类型，面积57.1平方千米，长度6.2千米，冰储量4.3立方千米，折水量约36.0×10^8立方米。冰川平均厚度为50.0米，最大厚度在老虎沟12号冰川，为120.0米。

第五节　自然资源

一、土地资源

甘肃省土地广袤，类型多样，未利用土地占比高，全省面积为42.58万平方千米。土地类型包括沙漠、戈壁、高寒石山、裸岩、低洼盐碱、沼泽等，为全国土地类型丰富之最，但开发难度较大。大体是“三山三草二沙一林一分田”，即山地2.5×10^8亩，草场2×10^8亩，沙漠戈壁2×10^8亩，林地5400×10^4亩，耕地5200×10^4亩，人均占有耕地2.6亩。

二、矿产资源

甘肃境内成矿地质条件优越，矿产资源相对丰富，全省拥有8个一级成矿地带和45个二级蕴矿带。

甘肃省已发现各类矿产179种（含亚矿种，下同），其中已查明矿产资源储量111种，占全省已发现矿种的62%；未查明资源储量68种，占全省已发现矿种的38%。列入《甘肃省矿产资源储量表》的固体矿产95种、矿产地1184处（含共伴生矿产，下同），其中固体燃料矿产地234处，黑色金属矿产地119处，有色金属矿产地253处，贵重金属矿产地273处，稀有稀土分散元素矿产地34处，化工原料非金属矿产地75处，冶金辅助原料非金属矿产地42处，建材及其他非金属矿产地154处。查明资源储量名列全国第一位的矿产有镍、钴、铂、钯、锇、铱、铑、硒、铸型用黏土、凹凸棒石黏土。此外，金、钌、碲、铬、锌、钨、稀土等金属矿产及普通萤石、钾盐等非金属矿产查明资源储量位居全国前五位。资源储量分布高度集中，石油89%集中于长庆油田，煤83%集中于陇东地区，铁矿石90%集中于张掖、酒泉、甘南3个市州，镍、铂族99%和铜74%、钴92%集中在金昌市，铅锌91%、锑91%集中在陇南市，钨99%集中在张掖、酒泉2个市，金在陇南、甘南2个市州的资源储量占全省总储量的72%。

甘肃矿产资源的特点：

（一）探明矿产种类多，储量较丰富，潜在价值较高

甘肃省矿产保有储量占全国总保有储量的比重超过50%的矿产有镍、铂族、铸型用黏土等8种；占全国总保有储量20%～50%的矿产有铍、硒、钴、镁、水泥黄土等8种；5%～20%的矿产有铬、金、重晶石、铜、铅、锌、锑、银、铌钽、绿柱石、伴生硫、萤石、冶金用石英岩等14种。甘肃省高于全国人均占有量的矿产有石油、铬、铜、铅、锌、镍、钴、钨、锑、金、银、铂族金属、伴生硫、重晶石、冶金白云岩、冶金硅质原料、耐火黏土、水泥灰岩、饰面石材等20余种。其中，镍、铬、铜、铅、锌、锑和铂族等有色及稀贵金属矿产人均占有量比全国人均占有量高3～31倍。

（二）共（伴）生矿产或组分复杂的综合矿床多

甘肃省大、中型金属矿床和部分非金属矿床均系共（伴）生有多种有益组分。这一特征提高了甘肃省矿床的综合利用经济价值，但也相应加大了开采和选冶的难度。如金川铜镍矿床中伴生铂、钯、锇、铱、钌、铑、钴、金、银、硒、碲、铬、硫13种有益元素，其中铂族和钴的保有储量分别占全国保有总量的57.64%和29.56%。有些矿床共（伴）生组分的经济价值已接近或超过主矿的价值。如小铁山矿，除铜外，共（伴）生的铅、锌、金、银、镉、硒等储量均达大中型以上规模，其经济价值高于主金属。

表 1-1 甘肃省查明矿产资源储量排位表

位次	矿产名称	矿产数合计
1	镍矿、钴矿、铂矿、钯矿、锇矿、铱矿、钌矿、铑矿、硒矿、筑型用黏土、凹凸棒石黏土、饰面用蛇纹岩	12
2	铬矿、水泥配料用黄土	2
3	金矿、锌矿、碲矿、红柱石、普通萤石、透辉石、岩棉用玄武岩、水泥配料用红土	8
4	钨矿、铍矿、冶金用石英岩、重晶石、石棉	5
5	铅矿、锑矿	2
6	银矿、镉矿、砷、芒硝、铌钽矿、石榴子石、玻璃用白云岩、水泥配料用砂、建筑用砂、自然硫	10
7	铋矿、钒矿、菱镁矿、汞矿、明矾石、宝石、蛭石、钾盐	8
8	石油、铜矿、铊矿、玻璃用石英岩	4
9	油页岩、泥炭、化肥用蛇纹岩	3
10	锗矿、叶蜡石、高岭土、水泥用大理岩	4
11	镁矿	1
12	铌矿、镓矿、石墨(晶质)	3
13	煤炭、锡矿、锰矿、溶剂用灰岩、制碱用灰岩、玻璃用砂、冶金用脉石英	7
14	铁矿、方解石	2
15	玻璃用脉石英	1
16	天然气、钛矿、冶金用白云岩	3
17	铟矿、石膏、膨润土、饰面用大理岩	4

资料来源：甘肃省地方史志编纂委员会《甘肃省志·自然地理志》

（三）有色金属矿产探明矿种较齐全，品位富，易选冶

全国探明储量的有色金属矿产13种，除铝土矿外，其余有色金属矿在甘肃都拥有探明储量。镍、铜、铅、锌等以富矿为主，如镍平均品位达1.07%；铜矿床含Cu＞1%的富矿占总储量的70%以上；铅锌矿石Pb＋Zn品位大多在7%～8%；某些重要矿床（如厂坝）品位大于8%的原生硫化矿石占全矿的90%以上，选冶回收率高，开发利用条件优越。

三、气候资源

（一）光能资源

甘肃是我国太阳光能资源最为丰富的三个区域之一。日照时间长，日照强度大，形成了甘肃省丰富的光热资源。除陇南山区外，大部分地区日照时数比同纬度我国东部地区日照时数长，光照强度仅次于西藏自治区和青海柴达木盆地。全省年日照时数为1600～3300小时，大体上是从东南向西北递增。河西除祁连山东段与河西走廊的山丹以东外，全年日照时数为3000～3400小时，为甘肃省日照最多的地区。陇南大部分地区年日照总时数不到2100小时，是全省日照最少的地区。甘肃省各地年太阳总辐射量为4700～6350MJ/m^2，太阳能资源地理分布由西北向东南依次递减。河西走廊大部分地区年太阳总辐射量>6000MJ/m^2，甘肃南部地区年太阳总辐射量为4700～5200MJ/m^2。

（二）风能资源

根据全国风能区划，甘肃省属于风能丰富区和较丰富区，开发风电具有得天独厚的区位优势。一是风能资源丰富，开发前景广阔，河西走廊许多地方都有建设大中型风力发电站的良好条件。二是区位条件优越，兰新铁路、国道312线等横穿全境，有分布合理的大电网，联网送出条件好。2006年结束的第3次全国风能资源普查结果显示，甘肃省风能资源总储量为$2.37×10^8$千瓦，占全国总储量的7.3%。其中，风能资源丰富区和季节可利用区的面积为$17.66×10^4$平方千米，主要集中在河西走廊和部分山口地区；风能资源技术可开发量为$2700×10^4$千瓦，占全国的10.6%。

四、动植物资源

（一）动物资源

甘肃境内共有野生陆生脊椎动物822种，其中两栖动物32种，爬行动物63种，鸟类572种，哺乳动物163种。主要分布在文县、武都、康县、成

县、天水、两当等地。文县让水河、丹堡一带的白水江自然保护区，分布有大熊猫、金丝猴、麝、猞猁、扫雪鼬等世界珍贵动物，并对梅花鹿、马鹿、麝进行人工饲养。此外，还有鱼类资源102种，其中大鲵、山溪鲵等十分珍贵。主要畜种有马、驴、骡、牛、羊、骆驼等。

（二）植物资源

甘肃境内野生植物的种类繁多，分布广泛，主要有7大类：油料植物，有100多种，如文冠果（木瓜）、苍耳、沙蒿、水柏、野核桃、油桐等；纤维和造纸原料植物，有近百种，如罗布麻、浪麻、龙须草、马莲、芨芨草等；淀粉及酿造类植物，有20多种，如橡子、沙枣、蕨根、魔芋、沙米、土茯苓等；野生化工原料类植物，有20多种，如栓皮栎、五倍子、槐、猫屎瓜等；野生果类，有100多种，如中华猕猴桃、樱桃、山葡萄、枇杷、板栗、沙棘等；野生药材，有951种，如大黄、当归、甘草、红黄芪、锁阳、肉苁蓉、天麻等；特种食用植物，有10多种，其中比较名贵的野生植物如发菜、蕨菜、木耳、蕨麻、黄花菜、地软、羊肚菌、鹿角菜等。

（三）药材资源

甘肃是全国药材主要产区之一。有药材品种9500多种（包括野生），居全国第二位。其中药用植物951种，动物87种。目前经营的主要药用植物有450种，如当归、大黄、党参、甘草、红芪、黄芪、红花、贝母、天麻、杜仲、灵芝、羌活、冬虫夏草等。特产“岷归”“纹党”产量大、质量好，闻名中外。

五、旅游资源

甘肃自然、人文景观丰富，具有开发价值的旅游资源多达1772处，具有接待条件的旅游景区景点236处。

（一）自然景观

甘肃省是全国自然景观类型最为丰富的省份，戈壁、沙漠、冰川、雪山、森林、草原、雅丹、丹霞、黄土、黄河、喀斯特等自然景观众多，自然景观旅游资源丰富多样。

（二）历史人文景观

甘肃省是华夏文明重要发祥地之一，有着悠久灿烂的历史文化。全省有新、旧石器时代文化遗址1000多处，敦煌莫高窟、玉门关遗址、麦积山石窟、炳灵寺石窟、锁阳城遗址、悬泉置遗址、万里长城嘉峪关等世界文化遗产7处，国家重点文物保护单位72处，敦煌市、武威市、张掖市、天水市等中国历史文化名城4座。丰富的历史文化资源，为甘肃旅游业创造了得天独厚的条件。全省创建鸣沙山月牙泉风景名胜区、平凉市崆峒山风景名胜区、嘉峪关市嘉峪关文物景区、甘肃天水麦积山大景区等5A级景区4个，4A级景区91个。

第六节　人　口

在漫长的历史进程中，由于战乱、自然灾害等因素影响，甘肃人口时增时减。中华人民共和国成立后，甘肃人口进入了快速发展的历史时期。

一、历代人口概况

甘肃最早的人口记载始于西汉时期。据西汉元始二年（2）的全国人口统计，甘肃有32.5万户，131.45万人。到东汉永和五年（140）甘肃人口大量减少，仅有15万余户，75万余人。隋大业五年（609）甘肃人口又有增加，有37万余户，190万余人。唐天宝十三年（754）人口增至70万户，324万人。北宋崇宁元年（1102）人口又减少到47万余户，205万余人。元宪宗二年至至元二十七年（1252—1290）人口又减少到7万余户87余万人。明永乐年间（1403—1424）人口为6万余户，68万余人；至弘治四年（1491）人口增至24万余户，212万余人；万历六年（1578）增至34万余户，396万余人。清乾隆以后，人口数量直线上升，乾隆十四年（1749），人口增至627.2万人；乾隆二十七年（1762）达到796.91万人；乾隆三十六年（1771）达到999.32万人；乾隆四十一年（1776）达到1091.42万人；嘉庆二十五年（1820）为1258.4万人；道光二十年（1840）为1226.17万人；同治元年（1862）为1231.85万人。从乾隆二十七年至同治元年（1762—1862）共100年中，甘肃人口增加434.94万人，当人口达到1200万以上之后，人口增长基本停滞。1862年“同治之乱”后甘肃人口大幅度下降，至同治十二年（1873）甘肃人口降为308.69万人。从1874年起至民国时期，甘肃人口处于恢复性发展状态。

表1-2 甘肃古代人口一览表

帝纪		公元	户数	口数	户均人数	人口密度（人/平方千米）
夏代	禹初	前2070		305000		0.72
周代	成王初	前1042		258000		0.61
	庄王十三年	前684		278000		0.65
	显王三十五年至郝王五年	前334—前310		927000		2.18
秦代	始皇初	前221		927000		2.18
	二世末	前207		697000		1.68
西汉	高祖四年	前203		509590		1.20
	武帝元光二年	前133		674633		1.58
	后元二年	前87		1071146		2.52
	平帝元始二年	2		1399521		3.29
新莽	始建国元年	9		1429177		3.36
	更始三年	25		1399521		3.29
东汉	建武十二年	36		1385589		3.25
	永元三年	91		1075238		2.53
	永和五年	140		759538		1.78
	建宁二年	169		584367		1.37
	建安十八年	213		489888		1.15
	建安二十五年	220		503771		1.18
三国		250	123394	683459	5.54	1.61
西晋	泰始元年	265	111109	729983	6.57	1.71
	太康元年	280	152039	1000256	6.57	2.35
	元康四年	294	159878	1050399	6.57	2.47
	永兴二年	305	121826	800399	6.57	1.88
	建兴四年	316	128697	845538	6.57	1.99

续表1-2

帝纪		公元	户数	口数	户均人数	人口密度（人/平方千米）
东晋、十六国	东晋永和九年	353	376500	1882500	5.00	4.42
	太元元年	376	340510	1702550	5.00	4.00
	前秦建元二十一年	385	376382	1881909	5.00	4.42
	东晋元兴二年	403	303477	1517383	5.00	3.56
	北凉永和七年	439	390109	1950546	5.00	4.58
南北朝	北魏太平真君三年	442	331953	1657964	5.00	3.89
	正光四年	523	363018	2199330	6.06	5.17
	永熙三年	534	181509	1099665	6.06	2.58
	北周大象二年	580	274089	1660558	6.06	3.90
隋代	开皇元年	581	278675	1679138	6.03	3.94
	大业五年	609	443514	2292961	5.17	5.39
	大业十二年	616	479475	2478883	5.17	5.82
唐代	贞观十四年	640	236010	986976	4.18	2.32
	开元元年	713	513345	2967135	5.78	6.94
	天宝十一年	752	613578	3229404	5.26	7.58
	天宝十三年	754	619211	3243435	5.24	7.67
	宝应二年	763	475727	2601480	5.47	6.11
	建中二年	781	183037	1070004	5.85	2.51
	会昌元年	841	210322	841290	4.00	1.98
	大中十一年	857	155338	621351	4.00	1.46
	天祐四年	907	145154	653192	4.50	1.53
五代	后唐长兴元年	930	145880	756461	4.50	1.78
	后周显德六年	959	173046	778708	4.50	1.83
北宋	太平兴国五年	980	232385	1039179	4.50	2.44
	庆历二年	1042	223921	1007645	4.50	2.37

续表1-2

帝纪		公元	户数	口数	户均人数	人口密度（人/平方千米）
	元丰二年	1079	508109	2184047	4.30	5.13
	崇宁元年	1102	478777	2053801	4.30	4.82
	靖康二年	1127	443067	1905186	4.30	4.47
南宋、金国	绍兴十一年	1141	539323	1801226	4.10	4.23
	绍兴三十年	1160	432048	1901013	4.40	4.46
	开禧元年	1205	451367	2263011	5.01	5.31
	端平元年	1234	304096	1523521	5.01	4.01
元代	宪宗二年	1252	73462	594162	8.09	1.40
	中统四年	1263	52536	425015	8.09	1.00
	至元二十七年	1290	83579	876969	10.49	2.06
	大德十一年	1307	94126	987382	10.49	2.32
	至正二十八年	1368	65206	683998	10.49	1.61
明代	洪武五年	1372	132744	665046	5.01	1.56
	洪武十四年	1381	187168	1413115	7.55	3.32
	洪武二十六年	1393	195291	1650209	8.45	3.88
	永乐二十二年	1424	291542	2463531	8.45	5.79
	宣德十年	1435	336088	2839940	8.45	6.67
	弘治四年	1491	247268	3155137	12.76	7.41
	嘉靖二十一年	1542	335354	3491037	10.41	8.20
	万历六年	1578	336921	3844269	11.41	9.03
	天启六年	1626	358079	4085683	11.41	9.60

资料来源：方荣、张蕊兰《甘肃人口史》

民国时期，是甘肃人口的恢复性增长时期。民国初年（1912），甘肃人口为498.9万人；1949年，甘肃人口增长到968.4万人，增加469.5万人，但比乾隆四十一年（1776）的1091.4万人仍少123万人。

表1-3　民国时期甘肃人口一览表

年代	户数	人口(人)			资料来源
		男	女	共计	
民国元年(1912)	986400			4989917	《内务部户口统计表》,转自《甘肃通志稿·民族五·户口》
十七年(1928)	1260403	3286069	2823764	6665241	《民政厅各县户口调查表》,转自《甘肃通志稿·民族五·户口》
二十四年(1935)	l099795	3631118	3041863	6672981	《甘肃省统计季报》第一卷第一期表18(不含夏河)
	1086068	3590540	3019135	6609675	《甘肃省统计季报》第一卷第一期表14(不含省会公安局)
	1131515	3657733	3058672	6716405	内政部统计处编《各县编查保甲数目一览表》《户口统计·甘肃省户口统计表》
二十八年(1939)	1016702	3200398	2856801	6057199	1948年编《甘肃省统计年鉴》第三章《甘肃历年人口统计》
二十九年(1940)	1091308	3280954	2974563	6255517	1948年编《甘肃省统计年鉴》第三章《甘肃历年人口统计》,另见《后方各省市户口统计》
三十年(1941)	1037162	3266704	3002676	6269380	甘肃民政厅《编赍民政部门三年来施政概况呈》第六部分《户政》
三十一年(1942)	1060448	3352104	3016713	6368817	1948年编《甘肃省统计年鉴》第三章《甘肃历年人口统计》
三十二年(1943)	1093877	3469935	3054529	6554464	1948年编《甘肃省统计年鉴》第三章《甘肃历年人口统计》
三十三年(1944)	1138007	2417211	3146401	6563612	1946年编《甘肃省统计年鉴》第一纲《人口静态》表27

续表1-3

年代	户数	人口(人)			资料来源
		男	女	共计	
三十四年(1945)	1138007	3417211	3146401	6563612	1948年编《甘肃省统计年鉴》第三章《甘肃历年人口统计》
三十五年(1946)	1194497	3514111	3251633	6765744	1948年编《甘肃省统计年鉴》第三章《甘肃历年人口统计》
三十六年(1947)	1278272	3696181	3394301	7090482	《甘肃人口统计报告》
三十七年(1948)	1277195	3692756	3390696	7083452	甘肃省行政公署《甘肃省人口土地产量计征剩余一览表》
1949年		4967900	4716600	9684300	《甘肃省志·妇女志》《甘肃省志·人口志》,甘肃省人口普查办编《人口普查资料》

资料来源：甘肃省人口和计划生育志编纂委员会《甘肃省志·人口和计划生育志》

二、人口发展的主要特征

纵观甘肃人口发展的历史，主要呈现出以下四个突出特征：

一是人口发展与政治安定、经济发展、民族问题紧密联系，相辅相成。凡是政治稳定、经济发展的时期，必定是人口增长的时期；反之，社会动乱、经济萧条的时期，人口必然下降。甘肃作为一个传统的多民族聚集区，民族问题始终是影响经济社会发展的重要因素。凡是民族问题处置得当的时期，必定是经济社会稳定发展的时期，也是人口增长的时期；民族矛盾激化，必然影响经济社会的发展，导致人口损减。

二是大规模的人口迁徙贯穿各个历史时期。据《甘肃通志稿·民族五·移徙》记载，从上古到1933年期间，甘肃人口大迁移就有200多次。从汉代开始，历朝历代都在甘肃移民屯田。西汉统辖河西地区后，面对河西地区地旷人稀的局面，采取的第一个重大战略举措便是移民实边，由于大规模的中原移民，促成了甘肃历史上的第一次人口发展高峰。魏晋时期，中原战乱不断，甘肃相对稳定，“中州避乱来者，日月相继”。此后，为了巩固西北边疆，隋唐时期、元明清时期，都曾在甘肃实行了移民屯田政策。

中华人民共和国成立后，曾从天津、上海、河南等地大批移民。这些移民是甘肃人口阶段性增长的重要原因。

三是战乱是造成古代人口减少的重要因素。甘肃历史上人口的急剧减少，多缘于战乱。东汉汉羌战争（107—169），造成甘肃人口大量减损，到建宁二年（169），全省12个郡国、81城，只有58.44万人，比西汉元始二年（2）的139.95万人减少近60%。隋末唐初之乱（604—640）后，至隋末大业十二年（616），甘肃有47.95万户，247.89万人，隋末之乱后到有记载的唐代贞观十四年（640），甘肃只有23.60万户，98.70万人，下降51%和60%。唐代“安史之乱”和吐蕃占据时期（755—857），甘肃户数和人口数从天宝十三年（754）的61.92万户和324.34万人下降至大中十一年（857）的15.53万户和62.14万人，分别下降75%和81%。金末元初之乱和蒙军占据时期（1205—1259），甘肃的户数和人口数从开禧元年（1205）的45.14万户和226.30万人下降至元代中统四年（1263）的5.25万户和42.50万人，分别下降88%和81%。清朝同治时期（1862—1873），陕甘两省爆发回民反清斗争，到同治十二年（1873）战乱结束时，甘肃全省仅有308.70万人，与同治元年（1862）的1231.82万人相比，减少923.12万人。清代光绪河湟之乱（1895—1896）后，全省人口从光绪二十年（1894）的469.49万人下降到光绪二十二年（1896）的381.28万人，净减88万余人，形成甘肃近代历史人口发展的第二个大低谷。

四是人口分布差异大。从古代开始，甘肃人口的基本分布是由东向西逐渐稀疏，东部人口密度较高，中部居中，西部较少。但在魏晋南北朝和隋唐时期，河西出现过人口密度较高的情况。西汉、魏晋南北朝、隋唐、清代等历史时期，东西交通畅达，商业繁荣，造就了河西人口的繁庶。

三、中华人民共和国甘肃人口的发展

1949年中华人民共和国成立后，随着经济社会的发展，甘肃人口迅速增长，大体经历了以下三个阶段：

（一）人口自然增长阶段（1949—1973）

1949—1973年，甘肃人口基本上处于自然增长期。这期间，全省人口经历了两个持续时间较长的增长高峰期及一个持续时间较短的人口负增长期。第一个人口增长高峰期：1949—1958年。从1949年末到1958年末，全省净增313.05万人，年均增幅为3.16%，高出全国同期平均水平。除1954

年外，年人口增长率都在20‰以上，其中有5个年份的人口增长率超过30‰，特别是1956年达到54.8‰。人口递减期：1959—1961年。三年困难时期，甘肃省人口出现负增长。1959年的人口增长率比上一年下降11.97‰，随后两年，人口增长率连续大幅递减，并出现负增长，1960年为-37.95‰，1961年为-26.70‰。三年全省人口减少近百万人。第二个人口增长高峰期：1962—1973年。从1962年起，全省人口开始恢复性增长。到1973年末，全省新增人口492.97万人，年平均增加49.29万人，年均人口增长率为33.82‰。这一时期，除1963年和1973年外，其余年份的人口增长率都超过30‰。

（二）计划控制增长阶段（1974—2004）

1974年，甘肃省全面实施计划生育政策，人口进入缓慢增长期。1974年比1973年的人口自然增长率迅速回落近7个千分点。此后，人口自然增长率继续回落，除1989年外，其余年份的人口自然增长率都在17‰以下。自1999年始，人口自然增长率首次下降到10‰以下，全省人口增长总体进入低出生、低死亡和较低增长时期。1985—1990年，甘肃省人口增长率有所回升，人口总量从1985年末的2052.89万人上升至1990年末的2254.67万人，年均增长率为1.89%。自然增长率从1985年的12.58‰上升至1989年最高时的17.05‰，1990年又迅速回落到14.06‰。1991—2004年，由于人口年龄结构变化，生育高峰期育龄妇女群体规模下降，加之计划生育力度进一步加大，全省进入低速增长期。人口总量从1990年末的2254.67万人增长到2000年末的2515.31万人，净增260.64万人，年均增长26.06万人。2000年以后，甘肃人口发展进入低生育水平和低增长时期，人口增长幅度继续回落，人口总量从2001年末的2523.35万人增长到2004年末的2541.48万人，净增人口18.13万人，生育率已经达到更替水平。

（三）人口平稳增长阶段（2005年以后）

2005年后，甘肃人口进入了平稳增长时期。2007年末，全省常住人口为2617.16万人，其中城镇人口826.76万人，乡村人口1790.40万人。按年龄分0～14岁人口占21.33%；15～64岁人口占71.18%；65岁及以上人口占7.49%。全年出生34.36万人，人口出生率为13.14‰，死亡17.39万人，人口死亡率为6.65‰，自然增长率为6.49‰。

第二章　先秦时期的甘肃

先秦时期，是指公元前221年秦朝建立之前的历史时期，分为旧石器时代、新石器时代和青铜时代三个发展阶段，而青铜时代大体上又可以与中原王朝的夏、商、周三代对应。

甘肃是最早有人类活动的地区之一。在距今20多万年的旧石器时代早期，陇东地区的华池、泾川县发现了人类活动遗迹。到旧石器时代中期，甘肃发现的人类活动遗址数量略有增加，分布地域从陇东扩展到陇右。20世纪80年代，在夏河县白石崖溶洞发现一块距今约16万年的下颌骨化石，是目前省内时代最早的人骨化石。旧石器时代晚期，遗址数量达到数十处，分布遍及全省。

新石器时代中后期，甘肃地区史前社会快速发展。公元前5900—前5000年，大地湾文化在甘肃东南部强势崛起，农耕文化初步形成，并创造了迄今最早的彩陶艺术。其后历经半坡文化、庙底沟文化、马家窑文化，使甘肃的史前文化遗址扩展到了酒泉地区。进入青铜时代以来，齐家文化和在河西走廊发现的西城驿文化、四坝文化和骟马文化，标志着甘肃远古居民进入了父系氏族社会阶段。

夏代晚期，周族首领不窋率领族人迁到庆城县一带。夏末商初，公刘为了谋求部族更大的发展，率部迁到豳地（今庆阳市宁县及陕西彬县、旬邑一带），大力发展农业生产，奠定了兴起的基础。

秦国在陇右的崛起是甘肃历史上浓墨重彩的一笔。商代晚期，以戎胥轩为首的一支嬴族人西迁，为商王室守卫西部边陲，同时与姜戎联姻。西周中期，非子牧马有功，周孝王命其建邑于秦。经过百余年发展，秦人完成了由附庸到诸侯的政治跃升，秦襄公时，经周王室许可，秦国跻身于诸侯国之列。此后，秦人不断东进，政治中心移入关中，但始终重视对陇东、陇右地区的经略，不断兼并西戎，将版图扩张到洮河流域。秦昭襄王修筑长城，确立了西部、北部边界，设置了陇西郡和北地郡，以此为稳固的后方，为秦统一六国提供了强力支持。

第一节　石器时代

大约在距今20多万年的旧石器时代早期，先民就开始在甘肃地区活动。夏河县白石崖溶洞发现的“夏河人”下颌骨化石，距今约16万年，是省内发现时代最早的人骨化石。新石器时代，自泾河、渭河、黄河流域一直向西到河西地区，留存数量众多、分布密集的古文化遗址，形成完整的考古学文化发展序列，充分证明甘肃地区是中华文明的重要发祥地之一，在统一多民族国家历史发展中具有重要地位。

一、旧石器时代

旧石器时代是以使用打制石器为标志的人类物质文化发展阶段，地质时代属于上新世晚期至更新世，开始于距今300万年前，延续至距今1万年左右，是人类历史的孩提阶段。

（一）旧石器时代早期

旧石器时代早期，相当于人类体质进化的能人和直立人阶段，距今约300万～20万年。

这一时期，石器文化大体经历了由简单到复杂、由原始到进步以及石器类型和打制方法增多的发展过程，人类已经懂得用火，除了熟食外，还可以御寒。人类社会形态处于血缘婚和血缘家庭阶段。

大岭上遗址发现于1976年，是迄今甘肃省内发现的唯一一处旧石器时代早期遗址，位于平凉市泾川县东南约8千米的太平乡梅家洼岭背后村。从该遗址下层和上层出土石器的器形和加工工艺来看，与北京人使用的石器特征接近，表明在文化系统上可能存在承袭关系。上层出土的石器工具比下层的要小，加工也更加精细，说明上层的石器工具要比下层进步一些。

（二）旧石器时代中期

旧石器时代中期，相当于人类体质进化的早期智人阶段，距今约20万～5万年。

甘肃省境内发现的旧石器时代中期遗址数量不多，除甘南藏族自治州夏河县白石崖溶洞遗址外，其余集中分布在陇东地区的平凉市、庆阳市和天水市，如泾川县茜家沟遗址、庄头盘顶遗址，镇原县姜家湾遗址、寺沟口遗址和华池县的赵家岔遗址，秦安县大地湾遗址等。

大地湾遗址位于秦安县城东北45千米处的五营乡邵店村东南，坐落在葫芦河支流清水河南岸的二、三级阶地和相接的缓坡山地上。经过发掘，发现了一批以石英打制技术制品为特征的旧石器时代晚期遗存，被称为"庄浪-同心"石器群（距今3.2万～1.8万年）。

白石崖溶洞遗址位于夏河县甘加盆地北侧的山脚。20世纪80年代在此发现一块带有两颗完整牙齿的下颌骨化石，之后又发掘采集1400多件石制品，还有500多件动物骨骼，确定为人为活动的结果，证实人类活动是洞穴内动物骨骼堆积的主要因素。

（三）旧石器时代晚期

旧石器时代晚期，相当于人类体质进化的晚期智人阶段，距今约5万～1万年。甘肃省发现的晚期智人化石具有明显的蒙古人种的特征。这一时期，文化发展的速度加快，工具的制造更加多样化和专门化，人类的经济生活和艺术也有了很大进步。甘肃省境内发现的旧石器时代晚期遗址数量已达数十处，其中两处遗址还发现了人骨化石，分布范围从陇东地区扩展到陇右地区、河西地区，遗址东多西少的特征明显，河西走廊地区仅发现1处。

武山人化石　1984年夏天在武山县鸳鸯镇西南大林山下的大沟中发现了保存较完整的头盖骨化石，包括基本完整的额骨、顶骨及一小部分颞骨，出土人骨化石的地层为晚更新世的杂色黏土。出土的人骨化石被命名为"武山人"，是目前甘肃境内发现较早的古人类化石，代表着比山顶洞人原始的早期蒙古人种类型，是旧石器时代晚期居民的代表之一。

泾川人与牛角沟遗址　位于泾川县泾明乡白家村牛角沟内，1976年出土一不完整的头盖骨化石，被命名为"泾川的晚期智人化石"。出土石器多半用石片加工而成，均采用石锤直接打击的技术，遗址的时代距今40000～30000年，属于第四纪晚更新世晚期。

徐家城遗址　位于庄浪县万泉乡徐家城村南水洛河北岸二级台地上，主要文化层时代集中在距今4.6万～2.3万年间。2009年发掘出土石制品5500余件、动物化石近600件、磨制骨器1件以及大量筛选所得的石质碎屑和碎骨，为甘肃地区提供了一处经过系统发掘的旧石器遗址案例。

二、新石器时代

甘肃新石器时代早期尚属空白。中期以后，大地湾文化和马家窑文化相继崛起。这一时期，生产工具仍以石器为主，但开始出现红铜器，渐渐跨入铜石并用时代。聚落规模比以前扩大，中心聚落更加突出。农业已经进入较发达的锄耕阶段，畜牧业也有发展，渔猎技术继续提高。制陶工艺以手制为主，出现慢轮修整，彩陶发达，马家窑文化彩陶更是中国彩陶史上的高峰。石器磨制工艺日趋精致，已能熟练掌握锯切和钻孔技术。氏族公共墓地普遍存在，随葬品数量有较大差异，男女身份区别明显。财富分配渐趋集中，社会阶层出现分化，预示原始社会正在走向消亡。

（一）大地湾文化

大地湾文化以秦安县大地湾遗址发现的第一期文化遗存最为典型，并因此而得名，甘肃省内主要分布在渭河上游，在清水河、阎家沟河和藉河等一些支流水系交汇处，形成了临近河床阶地的河谷遗址。经过发掘的有大地湾、师赵村和西山坪遗址等，绝对年代在公元前5900年至前5000年左右，可分为早晚两期。早期为大地湾一期、西山坪一期遗存，晚期包括西山坪二期、师赵村一期遗存，晚期遗存后来演变为半坡文化。彩陶的出现是大地湾文化陶器的重要特征之一，彩陶数约占陶器总数的1/3强，器类和纹饰都比较简单。彩绘的陶器主要是圜底钵、三足钵和圈足碗等，陶钵大多数都有彩绘。彩绘的颜色多为棕红色，色调比较浓重，与红褐色的陶体对比明显。另外，在少量盆、钵形器的内腹壁绘有较连续的波折纹。

大地湾文化代表了关中地区、陇东地区和陇右地区新石器时代中期的文化遗存，这一阶段是农耕文化的形成时期，是发展中的母系氏族社会时期，人口在逐渐增多，活动的区域也在逐渐扩大。人们除进行采集和渔猎外，进一步发展了农业，使生活有了可靠的保障，农业的发展又促进了定居生活的稳固。

（二）仰韶文化

仰韶文化是黄河中上游地区一支重要的新石器时代文化，主要分布在陕西、河南、山西三省区，在甘肃、湖北、河北和内蒙古临近中原的地区也有分布，先后经历了半坡文化、庙底沟文化和西王村文化三个发展阶段，年代跨度大致在公元前5000年至前3000年之间，延续发展长达2000年左右，代表了中国新石器时代非常重要的一个发展阶段。就甘肃地区而言，在半坡文化和庙底沟文化之后，形成了具有地方特色的马家窑文化。

半坡文化　在甘肃省内主要分布在东部地区的庆阳市、平凉市、天水市和陇南市，集中分布在泾河、渭河和西汉水流域，年代大致在公元前4900年至前4000年之间，经过发掘的典型遗址有宁县阳坬、董庄遗址，秦安大地湾、王家阴洼遗址，天水市师赵村、西山坪遗址，礼县高寺头遗址，武都大李家坪遗址等。

阳坬遗址，位于宁县境内马莲河西侧的一条小支流的北岸被称为“阳坬”的漫坡上，面积约4500平方米，发现于1981年4月，发掘清理出房址12座、陶窑2处、墓葬5座，出土陶、石、骨器等50多件。发现了类窑洞式建筑，葫芦形的套间也别具风格，流行壁炉式灶和屋内窖穴。

王家阴洼遗址，在秦安县城东北，位于鱼尾沟中游东岸的二级台地上。1981年9月至10月发掘清理出房基3座、墓葬63座、灰坑2个和灶坑3个，出土陶、石、骨器等300余件。还出土一批精美的彩陶，其中的群鱼纹彩陶瓶，构图活泼，造型生动，是我国最早的绘画作品之一，具有较高的艺术价值。

庙底沟文化　分布遍及甘肃中东部地区，包括渭河、泾河和西汉水流域，向西到达洮河流域和青海东部地区。从马家窑-瓦家坪遗址、罗家沟遗址地层层位关系来看，庙底沟文化晚于半坡文化而早于马家窑文化石岭下类型，其绝对年代大致在公元前4000年至前3300年之间。调查发现的遗址有350多处，正式发掘的有秦安大地湾遗址、天水师赵村遗址和西山坪遗址。

马家窑遗址，位于临洮县洮阳镇马家窑村西100米，1964年发现了马家窑文化马家窑类型叠压在庙底沟文化之上的地层关系。

师赵村遗址，坐落在天水市太京乡藉河北岸台地上，共发掘不同时期的房址36座、窖穴50个、陶窑6座、祭祀遗迹2座、墓葬19座，出土生产工具、生活用具、装饰品及其他遗物共1600余件。其中，庙底沟文化时期的遗存有房址2座、陶窑1座，遗物共计130件。

（三）马家窑文化

马家窑文化年代大致在公元前3300年至前2000年，先后经历了石岭下类型、马家窑类型、半山类型和马厂类型四个发展阶段。

石岭下类型 石岭下类型是马家窑文化的早期发展阶段，分布在渭河上游、西汉水上游和洮河流域，西北可达湟水下游地区，中心区在甘肃东部的天水一带。经过调查、发掘或采集有完整标本的遗址有天水市杨家坪、西山坪、关子镇、罗家沟，秦安县王家，静宁县威戎镇，通渭县李家坡，甘谷县王家坪、渭水峪、灰地儿、毛家坪，武山县石岭下与傅家门以及临洮马家窑等。

石岭下遗址，位于武山县城关镇石岭下村内。发现庙底沟文化向马家窑文化马家窑类型过渡的遗存泥质和夹砂红、灰陶，器形有钵、碗、盆、罐及石器。在典型马家窑类型地层之下，还有一层文化面貌更接近于庙底沟文化的遗存，即石岭下类型遗存。

傅家门遗址，位于武山县西南马力乡傅家门村。1991—1993年发掘发现石岭下类型房址2座、墓葬1座、窖穴12个、祭祀坑1个，出土生产工具、生活用具和装饰品近300件。

马家窑类型 主要分布在陇右、河湟地区和河西走廊东段，分布范围扩大至白银市和武威市，该类型遗址在渭河上游及支流、西汉水与白龙江流域、黄河上游及其支流洮河、大夏河、湟水流域发现较多，以临夏回族自治州和兰州市境内黄河及支流沿岸为分布中心。其绝对年代大致在公元前3000年至前2700年。

马家窑遗址，位于临洮县西南10千米的西坪乡马家窑村西南、麻峪沟北侧。1924年，安特生首次发现该遗址，并进行了发掘，马家窑类型、马家窑文化均由此得名。该遗址共发掘清理房址5座、灰坑7个、晚期冲沟2条，遗存主要为马家窑类型，包含少量庙底沟文化、齐家文化及寺洼文化遗物。

林家遗址，位于东乡族自治县东塬乡林家村北大夏河东岸二级台地上。该遗址先后发掘清理房址27座、陶窑3座、灰坑98个，发掘和采集各类遗物3000余件，并发现大量稷、麻等谷物和油料标本。出土1件铜刀，由锡青铜模铸而成，这是迄今为止我国考古发现时代最早的一件青铜刀，将中国使用青铜器的历史上推到公元前3000年左右。

半山类型 半山类型是在马家窑类型的基础上发展而来的，主要分布在甘青地区境内黄河及其支流渭河、洮河、大夏河、湟水等河流两岸台地上，西北达河西走廊东部，以现在行政区划而言，东起陇县，西至永昌县，北入景泰县，南抵康乐县，其中河湟地区是半山类型的中心分布区。其绝对年代大致在公元前2700年至前2400年。已经发现的半山类型遗址有200余处，经过发掘的有20多处，比较典型的遗址有半山遗址和边家林遗址。

半山遗址，位于广河县南山乡瓦罐咀村南。1924年，安特生首先发现该遗址并进行发掘。暴露有墓葬和白灰面房址，出土陶器以泥质红陶为主，器表素面或饰绳纹和附加堆纹，彩陶纹饰为黑、红彩相间的锯齿纹、垂弧纹、葫芦网格纹，器型有壶、瓮、瓶、盆、钵、单耳罐和双耳罐等。

边家林遗址，位于康乐县城东北3千米处。1981年发掘清理出墓葬17座，出土陶、石器等65件，骨珠、绿松石珠等饰品888件，以及彩陶等122件，这批器物具有马家窑类型晚期和半山类型早期的特征，揭示了马家窑类型向半山类型演变的轨迹。

马厂类型　马厂类型主要分布在陇右地区、河西走廊和青海省东部地区，以湟水、洮河、大夏河和黄河兰州市段为中心，与半山类型分布范围基本重合，但在河西走廊的分布要更靠西，已经深入酒泉市，可分为早、中、晚期三个发展阶段，其绝对年代大致在公元前2400年至前2050年。甘肃省内已发现的遗址数量众多，发掘规模较大、资料比较重要的有兰州市白道沟坪、下海石、土谷台和蒋家坪，景泰县张家台，永靖县马家湾，天水市师赵村、西山坪，永昌县鸳鸯池，酒泉市下河清、高苜蓿地和西河滩等遗址。

蒋家坪遗址，由上坪和下坪遗址组成。上坪位于永登县河桥镇蒋家坪村北，下坪位于蒋家坪村南。共发掘清理出陶窑及分间房址，出土陶器以泥质橙色陶为主，器类有壶、瓮、杯，绘黑、红二彩，纹饰为圆圈纹、网格纹。另外出土石器有斧、刀、凿、砍砸器、石弹丸，另有骨、角器等，发现铜刀一件。

鸳鸯池遗址，位于河西走廊永昌县东北河西堡附近。共发掘清理出墓葬189座，出土数量众多的陶器、石器、骨器、角器和各种质地的装饰品等。

三、氏族社会的繁荣

在新石器时代，居民以部落或氏族为单位生活在一起，过着平等和谐的生活，在较为优越的自然条件下，辛勤协作劳动，人口不断增加，聚落分布密度增大，规模也普遍扩大，遗址文化层堆积加厚，文化内涵更加丰富多样，建立在农耕文化基础上的氏族部落社会逐步走向繁荣。

（一）农业稳定发展

大地湾文化时期，先民开始发展农业，在大地湾遗址灰坑内出土有禾本科的稷和十字花科的油菜籽两种碳化农作物。

马家窑文化时期，原始农业较为发达，能够为先民提供较为充足的粮食。林家遗址的房址、窖穴内的陶罐中发现粮食遗存，尤其在一窖穴底部发现大量稷的堆积，容量达2立方米。鸳鸯池遗址M134出土一件大陶瓮，经计算，最多可盛纳66.9千克的粟。这么大量的粟用于随葬，可见当时粮食是比较富足的。青岗岔遗址的房址内出土一件彩陶罐，底部发现了糜子及糜秸。

农业生产工具主要是陶、石和骨质刀、斧、锛、铲等，并不断改进，以提高劳动生产率，如晚期出现长方形双侧带凹口的陶刀、石刀和长方形磨制单孔石刀、陶刀，拴绳套握，使用更加方便；早、中期的石铲较为笨重，晚期为有肩石斧，形体较为扁薄，更加轻便、锋利。

农业发展的同时，畜牧业也随之兴起，主要饲养猪、狗、鸡、牛、羊等，是肉、蛋、乳等食物的重要来源，有助于提高人们的身体素质。

（二）原始纺织业

随着生产力的发展，生产工具的改进，纺织业逐步发展起来。

马家窑类型时期，纺织业已有一定规模，石、陶纺轮和骨针等纺织生产工具在遗址发现较为普遍，有的遗址出土数量非常可观，如林家遗址一处就发现石、陶纺轮58件，大小不一，骨针236件，最长者可达13.5厘米，短者为2.4厘米，制作精细，通体磨光，遗址中还出土了麻籽，表明当时已种植麻，可用纤维来纺织麻布。

半山类型和马厂类型遗址中普遍出土纺织工具，包括石、陶纺轮和骨针等，以陶纺轮数量最多，大小相当，制作精致，有的纺轮正、背面甚至侧面都装饰有各种几何纹饰，主要是用刻画或戳印的技法做出圆圈纹、五星纹、十字纹及X纹等，部分纺轮施彩绘花纹，如十字纹、轮形纹和棋盘纹等多种。

（三）早期冶铜业

马家窑文化东乡县林家遗址出土的青铜刀说明从公元前3000年开始，甘肃先民就开始了青铜冶炼技术的探索，但这一时期，青铜器数量少，器类单一，冶金技术还处于初级阶段。

马厂类型出土的铜器有3件。1975年在永登县蒋家坪遗址出土铜刀1件，1987年在酒泉市高苜蓿地、照壁滩遗址分别出土铜块和铜锥各1件。

红铜、青铜工具的出现，表明甘肃地区逐步进入铜石并用时代，提高了生产效率，促进了社会的发展。

（四）高度发达的彩陶

甘肃彩陶出现于大地湾文化时期，是受到关中地区影响产生的，较为原始，多在钵、碗等器物口沿内外施加宽带红彩，色彩较为灰暗，与陶色对比不甚明显。

庙底沟文化彩陶增多，多数为黑彩，偶见红、白彩，纹饰有回旋勾连纹、垂弧纹、豆荚纹、花瓣纹、网格纹和弧边三角纹等，由圆点和弧线组成，施彩部位主要在碗、钵、盆、罐等器物的腹上部和盆的口沿上，但不见器内彩绘。

马家窑文化以精美的彩陶著称于世，不仅作为生活实用器，也是供人们欣赏的艺术品。彩绘有红、黑、白三种，以黑色为主，有的全身遍饰彩绘，都在入窑前画上，附着牢固，彩色鲜艳发亮，纹样有几何纹和动物纹，图像线条均匀，流畅活泼，富于变化。

半山、马厂类型出土的完整陶器数量居全国各史前文化前列，彩陶约占2/3。生产陶器有了专门的窑场，在兰州市白道沟坪遗址发现完整的陶窑12座，制陶业已有一定的规模，可生产数量可观的陶器，在窑旁还发现研磨颜料的石盘和分格调配材料的陶碟。彩陶制作精致，造型之精巧、构图之华丽、数量之众多，集中反映出当时制陶业的兴旺和陶工们的高超技艺。

（五）从母系氏族社会向父系氏族社会过渡

马家窑文化半山类型及其以前，氏族成员之间、男女之间不存在主从、贵贱、贫富之分，基本是平等的，应是以血缘关系为纽带组成的母系为中心的氏族社会，婚姻形态处于对偶婚阶段，如据花寨子、鸳鸯池和张家台墓地的统计，墓葬中女性随葬陶器的数量略高于男性，还存在母亲与子女的合葬墓，这些都是母系氏族社会的真实写照。

马厂类型阶段，生产力较以前有了进一步的发展。从墓葬材料来看，不论墓制、规模或是随葬品的数量都明显存在差别。合葬墓中男女的位置并列，不分主次，葬式都以仰身直肢葬为主，这说明男女的社会地位没有太大差别。随后，在一些男性墓葬中，规模更大，随葬品也较丰富，显示出男性已有较高的地位，因此，当时的社会已经处于从母系氏族社会向父系氏族社会过渡阶段。

居民以氏族或部落为单位聚居在一起，聚落多位于河旁台地上，规模大小不等，小者几千平方米，大者数十万平方米。聚落层级化现象日渐明显，出现了中心聚落，并成为区域性的政治、经济和文化中心。

少数中心聚落里有高规格的建筑，如秦安县大地湾遗址，发现上百座地面起建的中小型房屋，可分为若干群组，应对应不同的氏族。一座宏伟建筑雄踞遗址北部高处，由前室、后室和东西两侧室相连构成，占地面积290多平方米，是规格最高的一座大型复合建筑，具有“前堂后室，东西厢房”的独特结构，主次分明，均衡对称。室内出土四足大陶鼎、长条形陶盘、撮箕形陶抄、大石匕等非寻常日用品，应是重要的公用器具，某些器物可能还具有礼器的性质。屋前还有130平方米的平坦地坪，是氏族成员集会或进行集体活动的场地。这座建筑当属部落或更高一层社会组织的中心机构和首领居所，具有宫殿的色彩和功能，或可视为由氏族公社“大房子”向阶级社会宫殿过渡的形态。

第二节　青铜时代

青铜时代，甘肃地区文化发展存在不平衡现象。陇东地区兴起了一些与中原王朝关系密切的小方国，已经跨入了文明门槛。在陇右地区、河西地区，存在几支地域性青铜文化，氏族制度趋于解体，聚落规模小而分散，族系复杂，未能形成一个融合诸文化类型跨入文明时代的强势共同体。这个时期，甘肃境内活跃着众多部族，他们的活动与中原王朝的史事交织在一起，推动了甘肃社会前进的步伐。

一、青铜文化

进入青铜时代，甘肃境内继马家窑文化之后而兴起的是齐家文化，从陇东延及河西走廊东部，河西走廊西部则先后出现了西城驿文化和四坝文化。齐家文化之后，甘肃各地呈现不同的文化面貌，陇东地区一些发达部落开始迈入国家的门槛，建立了方国，陇右地区出现了寺洼文化和辛店文化，河西走廊兴起沙井文化和骟马文化。

（一）齐家文化

齐家文化是黄河上游地区晚于马家窑文化的青铜时代文化遗存，因最早在广河县（旧称宁定县）齐家坪发现而得名。齐家文化分布范围比较广泛，在黄河上游及其支流渭河、洮河、大夏河、湟水与西汉水等流域都有分布，分布中心是渭河上游、洮河中下游与湟水中下游地区，大约在公元前2200年至公元前1600年，同夏代纪年范围大致相当。

齐家文化的特征主要表现在：在聚落遗址中，有以白灰面为主的建筑群，并出土众多的窖穴与较有特点的石圆圈祭祀遗迹；在墓地中，以仰身直肢单人葬为主，并发现一批保存较好的成年男女合葬墓，反映当时存在夫妻合葬的习俗；有以大耳罐、高领双耳罐、侈口罐、盆或豆等为组合的陶器群，陶器表面装饰有绳纹、篮纹和彩绘等，彩陶以红彩或紫红彩画成蝶形纹、蕉叶纹、菱形网格纹等几何图案，独具风格；有以磨制石斧、铲、锛、刀、磨棒、磨盘、敲砸器等为组合的石器群；有用动物下颌骨或肩胛骨制成的铲、锥、针以及带纹饰的骨匕等为组合的骨器群；有一批以红铜器为主的小件铜器，器类主要是锥、刀、环、斧等；有较多的绿松石、珠、璧、环、笄、石管与坠形器等装饰品。齐家文化玉器在甘青地区史前文化中独树一帜，富有浓厚的地方色彩，在我国古代玉器发展史上占有十分重要的地位。材料多选用硬度较高或色泽晶莹的石料，如大理石、石英、细碧岩、蛇纹岩、叶蜡石、透闪石、铁碧玉等，加工精细，产品的器形规整，通体磨光，棱角分明，表明玉石器的制作工艺已达到较高水平。

20世纪50年代以后，甘肃共发现齐家文化遗址1000多处，经过发掘的重要遗址有广河县齐家坪，秦安县寺嘴坪，武威市皇娘娘台、海藏寺，永靖县张家嘴、姬家川、大何庄、秦魏家，灵台县桥村，天水市师赵村、西山坪，武山县傅家门，临潭县磨沟等。

（二）西城驿文化

西城驿文化主要分布在张掖市以西的河西走廊地区，西达东天山地区，绝对年代约为公元前2000—前1700年。西城驿遗址地处河西走廊中部、黑河流域中游，位于张掖市甘州区明永镇，是黑水国遗址群的重要组成部分，是一处以从事旱作农业为主、兼有饲养，并进行冶金等手工业生产的史前聚落。西城驿遗址的发掘，为史前“丝绸之路”的文化交流提供了新的证据。

（三）四坝文化

四坝文化，因首先发现于甘肃省山丹县四坝滩而得名，主要分布在东起山丹、西至瓜州的河西走廊地区，南抵祁连山麓北坡，北至巴丹吉林沙漠的西南缘。绝对年代为公元前1900—前1500年，与夏代纪年相当，下限已进入商代早期。经过发掘的重要遗址有玉门火烧沟、民乐东灰山、酒泉干骨崖和西河滩遗址等。四坝文化内涵丰富，特征明显，有别于甘青地区其他史前文化遗存。尽管四坝文化的生产力发展水平已跨入青铜时代，但由于受到河西走廊环境的制约，加上半农半牧的经济生活方式，其社会仍处在军事民主制阶段，地理环境相对封闭，一直未能走上文明的封邦建国之路。

（四）寺洼文化

寺洼文化是以临洮县寺洼山墓地命名的一支考古学文化，属于青铜时代，主要分布在洮河、渭河、泾河和西汉水流域。相对年代上晚于齐家文化，年代范围约为早商晚期至西周晚期，绝对年代为公元前1400—前700年。经过发掘的典型遗址有临洮寺洼山、西和栏桥、庄浪徐家碾、合水九站、岷县占旗和临潭磨沟等。寺洼文化先民过着农业定居生活，还从事畜牧业生产，饲养羊、马、牛等，制陶业和金属制造业是重要的手工业部门。

（五）辛店文化

辛店文化是甘青地区青铜时代一支重要的考古学文化。因发现于洮沙县（今临洮县）辛店村而得名。共发现遗址160余处，绝对年代为公元前1400—前700年，下限已经进入春秋初期。辛店文化的分布范围比较广泛，在黄河上游及其支流渭河、洮河、大夏河、湟水等流域都有分布，就甘肃省境内而言，在临夏回族自治州、兰州市和定西市临洮县分布较为密集。

（六）沙井文化

沙井文化以甘肃省民勤县沙井遗存命名，是河西地区青铜时代晚期一支重要的考古学文化，主要分布在河西走廊东部，已确定的遗址点集中在巴丹吉林沙漠与腾格里沙漠之间的民勤绿洲和永昌盆地之间，民勤县沙井子至金昌市三角城一线为该文化的中心区。绝对年代为公元前900—前400年，相当于中原地区西周至战国早期。沙井文化以经营畜牧业为主，聚落具有明显的层级性，高级别的为城堡，即金昌市三角城城堡。

（七）骟马文化

发现于20世纪50年代，因在玉门市一带发现“骟马式”陶器而命名。主要分布于河西走廊西部，尤以玉门地区集中，向北延伸到内蒙古自治区额济纳旗地区。从发掘的骟马式遗物看，骟马文化体现了北方草原文化的风格。

二、族群的分布与融合

青铜时代的甘肃活跃着戎、氐、羌、月氏、乌孙、义渠和匈奴等众多族群。

（一）戎族

戎是发祥于陇山东西泾、渭、洛水流域，兴起于殷周至春秋时期的一个族群，因活动在周族区域的西部，故有“西戎”之称。在西周至春秋战国时期，陇右地区活跃着西戎、绵诸戎、邽戎、冀戎、绲戎、狄戎、豲戎和襄戎等戎人部族。春秋早期，戎部落势力很盛，中原华夏诸国受其威胁较严重，即使晋、齐等大国也经常遭到戎的侵袭。春秋战国争霸中戎部落发挥过举足轻重的作用，大部分戎族融入了华夏族。“戎的社会始终保留深厚的宗法氏族、部落的组织和制度，宗法组织支配着整个社会，成为管理社会的主要力量。”戎主要从事农业，也经营一定的畜牧业，基本属于定居民族。

（二）氐

氐族居住在今天水以南至四川茂县的涪江、白龙江、西汉水等流域。氐人有独立的语言，过着定居生活，建筑的普遍形式是板屋。氐族已有较发达的农业经济，善于田作，种植谷物、桑麻，擅养家畜，掌握了煮盐工艺。氐族部落分支众多，有白马氐、清水氐、略阳氐、临渭氐、沮水氐、汧氐、隃麋氐等，各部自有君长。

（三）羌

羌族是生活在甘肃地区的古老部族。秦献公时期（公元前384—前362年），一部分向南进入青藏地区，一部分向西进入昆仑山北麓，一部分往东南进入西秦岭山地。羌族支系繁多，“不立君长，无相统一”。各支系之间，因争夺草场和财产而发生的械斗时有发生，也常结为联盟，对付共同的敌人，但结盟的基础较为薄弱，经济上还未形成不可分离的基础，政治上没有出现长期联合的要求，一旦当联合起来的共同利益消失，联盟关系随之瓦解。羌族社会的管理者是酋豪，以富有和勇敢为条件，已经具有了世袭的倾向。

（四）月氏

月氏是春秋战国时期迁居河西地区的游牧民族，在兰州以西、酒泉以东祁连山下广阔的草原驻牧，畜牧业发达。后因战乱部分月氏西迁，一般把西迁西域的月氏人称为“大月氏”，留在河西的月氏人称为小月氏。汉代，部分小月氏分布在湟中（今青海省湟水两岸）和令居（今甘肃省永登和古浪县）一带，另有几百户小月氏在张掖，号称义从胡。再以后，小月氏逐渐融合于羌族、汉族和邻近的其他民族之中。

（五）乌孙

乌孙是春秋战国时期迁居玉门至瓜州、敦煌一带游牧的民族。畜牧业是乌孙经济的主体，草场是主要生产资料。乌孙平常的生产组织与战时的军事组织是完全合一的。河西归汉后，汉武帝刘彻为了实现隔绝羌胡、断匈奴右臂的战略构想，于元狩四年（前119）派张骞再次出使西域，劝乌孙回河西居住。乌孙不愿东返，但愿意与汉朝友好交往。

（六）匈奴

匈奴是我国古代北方地区的游牧民族。公元前3世纪后半期，匈奴首领头曼在经济全面发展和社会变革的基础上，逐渐把匈奴各部落统一起来，自称单于，标志着匈奴政权的初步形成。随后，匈奴又乘战国末年各诸侯国忙于征战，无暇北顾之际，南下占领了河套地区，并逐步发展壮大。经历了冒顿、老上、军臣三个单于统治时期（前209—前126年）的扩张，匈奴成为北方草原一大强国，控制了北到贝加尔湖，南到河套，东到辽河，西到葱岭的广大地区。匈奴部落既是行政单位，又是军事单位。匈奴主要从事畜牧业生产。

三、经济社会形态

（一）青铜时代的经济

农业 齐家文化时期，先民们过着农业定居生活，他们在长期劳动实践中积累了丰富的生产经验，生产力有了很大发展。四坝文化时期，人们在农业生产中除了使用石质斧、刀、锄、磨等工具外，还使用了铜质的镰、刀、斧等农具，显著提高了农业生产效率。辛店文化、寺洼文化居民的经济生活同样以农业生产为主，生产工具有石质和骨质，常见石斧、石刀等农业工具，并发现了加工粮食的石杵和石臼。沙井文化遗址中有石刀、石铲、石磨盘、石磨棒、石臼、石杵，还有陶、石纺轮和麻纺织物的出现，这与农业经济的发展密切相关。青铜时代，生产力进一步提高，粮食产量有了显著增加，当时人们以粟作为主要粮食。

狩猎、畜牧业　齐家文化晚期，狩猎和牧羊业愈加发展，是食物来源的重要补充。畜牧业是四坝文化中相当繁荣的生产部门，牲畜是人们的重要财产，某种意义上可代行货币的职能。辛店文化时期人们在经营农业、畜牧业的同时，还经营狩猎，以补充生活资料的不足。沙井文化先民的主要经济支柱是畜牧业，农业和手工业不占主要地位，狩猎业仍是重要的辅助经济手段，人们以狩猎来补充肉食，扩大食品来源。

手工业　农业的发展，增加了粮食产量，为一部分人脱离或部分脱离农业生产从事手工业生产活动奠定了物质基础。制陶业远远超过了新石器时代。齐家文化先民已经掌握了采矿、冶炼、制模和镕铸等一系列冶金工艺流程，能够熟练制作工具和装饰品，大大提高了生产力。四坝文化的铜器以模铸为主，可能出现了一批技术熟练的专门工匠。辛店文化的冶金技术比齐家文化有了进一步的发展，不仅能制作小型工具，还能铸造铜容器，进入冶炼取铜的阶段，在冶铜工艺发展上是一个很大的飞跃。齐家文化的纺织业比较发达，是一项较普及的家庭手工业。沙井文化遗址中出土不少皮革标志着制革业有了一定发展，还出现了麻毛纺织物。

商品交换　随着生产力的发展，私有制的产生，生产领域的扩大，社会生产结构发生了重大变化，手工业逐渐从农业中分离出来，出现了以交换为目的的生产，在物物交换的基础上，出现了一种非金属货币——贝币。

（二）社会形态

父权制社会的发展　在父权制社会中，一个父系大家族包含三代到四代同为一位父亲的后嗣近亲，也包含这些人的妻子儿女，有时还包含女婿以及被纳入家族的其他人。按父系血统来确定继承权，财产由子女继承。男子在社会中居于统治地位，女子则降居于从属和被奴役的地位，当时的婚姻形态已为一夫一妻制，少数比较富裕的家长过着一夫多妻的生活。

部落间冲突加剧　青铜时代，部落间的掠夺战争比较频繁，发掘的遗址中出现了外部落俘虏被杀害后被随意处置的文化遗存。

贫富分化加剧 从墓地陪葬情况看，齐家文化已经出现贫富分化，财富分化、贫富不均的现象比较明显。四坝文化也存在贫富分化现象，墓地有大量殉牲。寺洼文化各墓随葬品多少不均，多者达70余件，少者仅有1件。由于贫富分化的加剧，在氏族社会内部已孕育出凌驾于一般氏族成员之上的权力集团，这类死者的墓中往往有丰富的随葬品，大量的殉牲，有的还有铜或玉石制作的权杖，表明他们聚敛了一定的社会财富，有相当强的经济实力，是氏族和部落内部的贵族和首领，掌握着军事指挥权并支配役使其他氏族成员，甚至对少数地位低下者和战俘握有生杀大权。

第三节 周人发祥于陇东

周人的始祖名弃，擅于稼穑，精通农业生产，百姓纷纷效法学习，弃的后代继续从事农业生产技术传播，促进了农业发展。

一、不窋、鞠、公刘在陇东的活动

据《括地志》记载，“宁、原、庆三州，秦北地郡，为义渠戎之地，周先祖公刘、不窋居此，古西戎地”，“不窋故城在庆州弘化县南三里，即不窋在戎狄所居之城也”，唐代弘化县即今庆阳市庆城县。不窋作为周部族首领，对周族人的生存和发展具有强烈的使命感，他重视发展生产，带领族人按照春夏秋冬的先后时序，遵守自然法则，适时地进行农牧业生产活动。他提出发扬周部族的优良传统，增强周部族的凝聚力，使部族事业取得新的成绩。他整理、完善有关典章制度，以此教育引导族众执行典章制度。他提出以奉守厚道、忠诚、信用为原则来处理周族内部关系，特别是周人与其他戎狄族间的关系，使族内、族外和睦相处，共同发展。

不窋之子名鞠，又名鞠陶，相传鞠陶带领百姓治理河道，解决了水患问题，并通过打井解决吃水困难。

夏末商初，公刘在位。为了谋求部族更大的发展，公刘带领族人沿着马莲河谷南行，迁徙到了豳地，即今庆阳市南境，而所居之豳邑，则在今庆阳市宁县境内。

二、周先祖对农耕文明的贡献

周先祖对中国农耕文明的发展具有奠基作用。从后稷至文王，周先祖对农业一以贯之的重视，不仅把农业作为一种生产活动，还把农业作为社会的基础和根本。从后稷对农耕领域百谷种植技术的全面掌握和推广，到公刘的以农业为主，再到古公亶父以城市为中心的农耕文明，最后到文王以农业为基础的文明教化，农耕文明的中国形态和中国特色在先周文化中得到了生动诠释。

先周旱作农业处于领先地位。新石器时代以后，北方农业发展规模、速度和技术水平一直处于领先地位。周人始祖弃主司百谷，被尊为后稷，实际上反映了周人在农耕方面的巨大成就。周人长期经营的有邰、北豳、豳、周原等地，皆属泾渭流域。周先祖不断发展农耕技术，使农业生产逐步脱离了原始状态。周人已经初步掌握了农时季节规律、农业生产技能以及农业生产管理等方面的知识，包括对自然环境的顺遂适应，对生产布局的调理安排等，同时还掌握了圈养牲畜的技能和产品交换知识。周人丰富的农事经验对农耕文明做出了贡献。

第四节　方国林立的陇东

与周人崛起同时，陇东地区出现了方国林立的局面，或与周人为敌，或互通婚姻，结为盟友，助周伐商。西周末年，正是西申、西缯联合西戎、犬戎攻入镐京，杀周幽王于骊山下，推翻了周王室，迫使周平王东迁洛邑。

一、密须

密须国约始建于商代后期及西周。先周时期，周文王大约在公元前1057年灭密须。密须国地望大致在今灵台县西50里的百里镇。“密须氏，《世本》商时姞姓之国。”据史料记载，姞姓一部分在山西境内，即后来的南燕，另一部分即密须氏，他们在迁徙泾水支流达溪河流域后，历经少昊、颛顼、帝喾、唐尧、虞舜、禹、夏、商，经一千六百多年，开山辟水，依原始的狩猎及农业经济，生养繁衍，由弱到强，至迟在商朝时，已成为泾水流域强盛一时的奴隶制方国。周文王灭密须后，姞姓后裔开始以国名为姓，改称密姓。

二、阮与共

共国、阮国创建于商代末期，在今泾川县境，共、阮是周之属国。阮国在泾川县以东，共国在泾川县北部。泾川县北水泉寺有共池，相传为共国都城地望。《诗经·大雅·皇矣》有“密人不恭，敢距大邦，侵阮徂共”

的记载。

三、西申、西吕、西缯

西申，位于平凉至镇原一带。商代晚期，姬、姜两族之间存在婚姻往来与联盟关系，太姜为古公亶父之妃，周人崛起后，即封立姜姓之后为申国。西周初年，成周之会时，西申以凤鸟来献。周孝王时，申侯嫁女于秦人首领大骆为妻，因而西戎皆服。周幽王娶妻于西申，生平王，后又宠幸褒姒，生伯盘，并打算废平王而立伯盘，平王无奈逃到了西申。幽王起兵攻打，西申联合西缯、西戎与犬戎在骊山下杀死幽王，灭亡了周王室。

西吕，即文献中之旅国，位于泾川县以东蒲河与泾河交汇处一带。《尚书·旅獒》内容虽已亡佚，但《书序》曰“西旅献獒，太保作《旅獒》”，“西旅献獒”，当是武王克商后，作为周人盟友的旅国进献大犬于镐京，以为祝贺。

西缯，位于崇信县汭河谷地一带。1982年，崇信县于家湾墓地曾出土“曾”字铭文戈，这里很可能是缯国的一处墓地。周幽王末年，西缯与西申、西戎、犬戎合兵攻灭周王室。

四、芮与彭

芮国是我国先秦时期众多方国之一，《诗经·大雅·绵》曰：“虞芮质厥成，文王蹶蹶生。”这是最早记载有关芮国的文献，说明芮在商末便已存在。考古发现“芮公”“芮太子”“芮太子白”等铭文及其他文物还出现在灵台百草坡，并不见于它处，所以才可能使用基本相同的器物和文化因素。一般认为，殷商时期的芮国在今甘肃省华亭县和崇信县境内。

彭，在今镇原县境内。彭祖为颛顼的后裔，也是彭国的始封者。据《尚书·牧誓》，彭国曾作为盟友参与了牧野之战，助武王伐灭了商纣王。

第五节　秦在甘肃的崛起

西周中期，嬴族人大骆的儿子非子为周王室牧马有功，周孝王封其为附庸，建邑于秦地，即今清水县，后称之为秦嬴。按西周宗法制而言，大骆嫡子成是大宗，非子为小宗，秦人是陇右嬴族的支系，二者同根同种。周厉王无道，西戎反叛周王室，灭掉了大骆之族，占领了西犬丘。周宣王即位后，以非子玄孙秦仲为大夫，领兵讨伐西戎，秦仲兵败身死。其子庄公即位，宣王予兵七千人，终于大破西戎，夺回了大骆故地，被封为西垂大夫。周幽王末年，戎人涌入关中地区，平王被迫东迁洛邑，秦襄公护送有功，被封为诸侯。经过六代人、一百余年的时间，秦人完成了从附庸到诸侯的政治跃升，从此，秦国以陇右为根据地，开启了崛起之路。秦国不断向东的同时，高度重视对甘肃的经略，最终将版图扩张到洮河流域。在秦兼并六国的过程中，甘肃始终是稳固的战略后方，为秦的统一大业提供了有力支持。

一、秦在甘肃的经略

战国早期，秦国相继征服了緜诸戎和绲戎，将今清水县、张家川县和秦安县一带纳入秦国版图。战国中期，秦献公“兵临渭首，灭狄獂戎”。秦孝公即位后，继续开疆拓土，今临洮县、陇西县一带划为秦国疆域，秦人势力深入洮河流域。公元前272年，秦昭王消灭义渠国。此后，在甘肃境内设立陇西郡和北地郡，由秦中央政府进行有效管辖。通过持续的经略，在秦统一六国的历史进程中，今甘肃成为秦国的稳固后方。

（一）嬴族的兴起

据文献记载，秦人的祖先名叫女脩，是颛顼的后代，相传女脩生大业，从秦襄公“自以为主少昊之神”、少昊与秦人同为嬴姓等来分析，大业的生父很可能来自少昊部落，而母族则是颛顼部落，少昊部落和颛顼部落间存在婚姻关系。少昊与颛顼所处的五帝时代，是我国原始社会向文明社会过渡的关键阶段，他们所代表的部族发展程度较高，活动地域较广，是构成华夏族主体的重要来源。大业娶女华，生子大费，又称伯益，辅佐大禹导山导水，平治水土，舜许以姚姓女子为妻，此后，又主持畜牧生产，大获成功，被舜赐以嬴姓。由于功勋卓著，伯益影响力不断扩大，地位日益上升，被大禹指定为部落联盟的继承人，后来伯益在与启的权力斗争中失败被杀，嬴姓部族受到夏族的打击排挤，被迫迁移流散，“或在中国，或在夷狄”。他们擅长牧养家畜，尤其是马，掌握高超的驾车技能，并世代相传。夏末，费昌去夏归商，为商汤驾车。费昌向河伯冯夷请教夏商斗争形势后，权衡利弊，果断与商人结成同盟，参与灭夏战争，在鸣条大败夏桀。进入商代，嬴族凭借驾车、牧马的特长，受到商王的重用，孟戏、中衍就曾为商王太戊之御而受宠，太戊“妻之”以褒其功。自中衍之后，累世有功，嬴姓逐渐进入贵族行列，多有封侯立国者。

（二）西迁陇右

商代晚期，商国针对西戎连续用兵，历经两世，迫使其臣服。武丁时期，四处征战、开疆拓土。商周时期，西戎是对活动于西地（西汉水上游地区，今礼县、西和县一带）的戎族的特指。因此，自祖甲以后，西汉水上游地区已臣服于商国，为加强对这一地区的控制，商王派遣以戎胥轩为首的一支嬴族人西跃陇山，守卫西部边陲，面对险恶的生存环境，戎胥轩娶姜姓骊山女为妻，利用通婚与姜姓土著结成同盟。最终，从东而来的嬴族人在西汉水上游地区扎下了根，并不断发展壮大。戎胥轩与骊山女生子中潏，因为姬姜政治同盟，中潏改换门庭投靠了周人，但其子孙飞廉、恶来仍为商臣，为纣王效力。武王灭商后，飞廉东逃于商盖氏，成王伐商盖，杀飞廉，将嬴姓商盖之民迁徙到邾圄（今甘谷县），面对强大的嬴族势力，成王采用了迁徙分化的策略，嬴姓商盖氏西迁后，很快便与陇右嬴姓之民融为一体，壮大了嬴族的实力。飞廉、恶来虽然为商纣王效力，但似乎并未影响到陇右嬴族的政治仕途，飞廉之孙孟增是周成王的宠臣，孟增之孙造父则是周穆王的车御，因在平定徐偃王之乱中有功，被封于赵城，为赵氏，赵盾即其后世子孙。

（三）非子邑秦

西汉水上游地区自然条件比较优越，有着良好的草场，嬴族在这一带发展起了繁盛的农业和畜牧业，特别是对马的养殖繁育，冠绝一方，引起了周王室的注意。周孝王听闻非子善于养马后，就召其到今天宝鸡市内汧河和渭河夹角地带主管养马事宜，非子不辱使命，“马大蕃息”。为了奖励非子的功绩，周孝王打算让非子取代大骆嫡子成的世子地位，因为成的母亲是申侯之女，故此举遭到申侯的抵制，孝王被迫改变初衷，封非子于秦，附庸于周王室，号称秦嬴。在此后的西周史中，秦嬴对于周王室意义重大，形势稳定时，秦嬴是联络陇右诸戎的和平纽带；形势恶化时，秦嬴又是钳制、对抗诸戎势力的军事盟佐。

（四）嬴秦始壮

非子封于秦后，成为大骆之族的小宗，陇右嬴族一分为二，在西汉水上游和牛头河流域并行发展。至周厉王时西戎反叛王室，攻入犬丘，大骆之族被诛杀殆尽。周宣王时期，秦仲领兵讨伐西戎，不幸为戎所败，但以庄公为首的五个儿子，继续与西戎作战，并得到了宣王的大力支持，组成周秦联军，打败西戎，收复西犬丘。这不仅使秦嬴摆脱了亡族的险境，还乘势扩大了地盘，庄公也从秦邑迁到了西犬丘。自此之后，陇右地区的嬴族人逐渐完成了身份转换，有了新的称谓——秦人。

（五）襄公建国

幽王五年（前777），秦襄公世袭为西垂大夫，西戎更加猖獗，围攻犬丘，掳走世父，一年多以后才将他放回。平王元年（前770），戎、狄大举进攻王畿地区，周幽王召集诸侯救援，但“兵莫至”，戎人最终攻入镐京，幽王也死在骊山之下。诸侯共立太子宜臼为天子，是为周平王。迫于关中地区戎狄为患的严峻形势，周平王决定东迁洛邑，秦襄公率军护送有功，平王封其为诸侯，赐予“岐以西之地”，并准许与其他诸侯“通聘享之礼”，秦由大夫上升为与齐、晋等国政治地位平等的诸侯。经过六代人、一百余年的时间，秦人完成了从附庸到诸侯的政治跃升，并以陇右为根据地，走上了崛起之路。公元前698年，秦武公征服了邽戎、冀戎，并在此设立邽县（今秦州区）、冀县（今甘谷县），这是史书上关于设县的最早记载，今甘谷县以东地区纳入秦版图。

（六）秦穆公独霸西戎

秦穆公名任好，在位时期所发动的战争，除同晋国争夺土地以外，主要的就是消灭境内和边境的戎狄势力。最初，西戎王派大臣由余到秦国来观察国情，秦穆公策反由余投降秦国。公元前623年，秦穆公采用由余的计谋平定西戎，由此秦国又将今礼县、西和县所在的西汉水上游地区纳入版图。

二、多元质朴的秦文化

秦文化就是伴随秦人兴起、建国和统一的进程，由其创造、发展的物质文化和精神文化的总和。

（一）秦文化的渊源

秦文化是以嬴秦族文化为核心，与周边其他相邻族群文化相互影响、相互借鉴、吸收并创新融合而逐渐产生的，因此，具有多元混合特质。具体而言，其构成主要有三个来源，即商文化、周文化和西戎文化。嬴秦先祖与殷商关系密切，从而导致周代秦文化在某些方面依然保留着浓厚的殷商遗风，秦人的丧葬习俗等传统大多袭自商人。秦与周始终保持着密切关系。西周时期，周王室为天下共主，代表正统与主流，秦在早期发展过程中向周人靠拢，学习周礼，吸收周制。入春秋后，秦居宗周故地，收周余民，文化上多保留周人故旧。因此，秦文化在很多方面都承袭了周文化的特点。秦国地处西北边陲，同时又在古丝绸之路东段，农、牧经济并重，古代民族混杂，其文化不可避免地包含了西戎以及来自欧亚草原的因素。因此，秦文化实际上是在殷遗民文化基础上，大量吸收周文化和西戎文化因素而形成的。

（二）秦文化的特征

集权性　统治权力高度集中，这是秦文化制度层面显示出来的特色。秦朝推行的皇帝制度、三公九卿制及郡县制，都是集权主义的反映，这与历史上秦人长期处于军事战争状态有直接关系，战争必然要求权力的高度集中，臣民必须绝对服从。

开放性　秦文化的开放性在秦国对外来文化的吸收和对异国人才的利用方面表现得最为突出。秦立国之初，与戎狄接触最多，对戎狄文化因素的吸收也最多，形成了淳朴的民风和尚武的社会风尚，以致中原诸国称其为戎。秦立国后，在农业、青铜器铸造、文字以及礼仪制度等方面，受周文化影响极大。战国之后，秦几经周折，最终接受法家理论，秦文化面貌为之一新。

功利性　功利性是秦文化价值层次所具有的特征。秦文化功利主义的特质与秦缺乏严格的宗法制有直接关系。春秋时代，各诸侯国的国君及卿、大夫的世袭地位，均按嫡长子的身份继承。但秦国不是这样，君位的承袭往往不分嫡庶，春秋时期，秦国君位继承往往是兄终弟及，即使战国时期嫡长子继承制也未形成定制。因此，在思想文化上秦人不提倡尊尊、亲亲，不强调孝、义，政治上不施行仁政，宗教上不重视祖宗崇拜。

原创性　秦人在西迁东进的过程中，始终以变革图强为目标，不断改革和创新，从而使秦愈来愈强大。

（三）早期秦文化的影响

早期秦文化是指西周至春秋前期或公元前677年秦德公居雍以前的秦文化，其发生和创造的历程主要在甘肃陇右地区，对后世产生了深远影响。

秦最早采用县制　县制对中华文明影响深远，其发源地在秦统治下的陇右地区，即今天水市。据《史记·秦本纪》载秦武公“十年，伐邽、冀戎，初县之”，邽在今秦州区，冀在今甘谷县，这是迄今为止关于秦国设县最早的明确记载。此后，秦厉公、孝公、惠文王皆置县，逐步将其制度化。县的出现，标志着新的地方行政区划的开始，在此基础上发展而成的郡县制，确立了直属于中央的地方行政体制。

秦畤是中国畤文化的起源　畤祭起源于甘肃东部的秦人祭祀祖先神灵的礼俗。畤祭在周代就已经出现。由于原始农业对自然的依赖很大，而主宰风雨雷电的是天——上帝。因此，早期的祭祀应为农民祈祷上大保佑、祈求农业丰收的祭奠，是农民的民间活动。至秦襄公（前777—前766）时，畤祭逐渐摆脱了原始的民间农业祭祀性质，而发展成为国家宗教行为。至秦朝建立，已经有西畤、上畤、下畤、鄜畤、密畤、畦畤等六畤，祭祀白、青、黄、炎（赤）四帝。西畤在西垂，即今甘肃省礼县境内，鸾亭山顶祭祀遗址是西畤的一部分。礼县是秦汉时期的西县，也是秦文化的发祥地。秦畤是中国畤文化的起源，秦人诸畤的发展过程也是中国畤文化不断成熟的过程。秦汉诸畤中，西畤最早见于文献记载。因此，秦人的畤祭历史就是中国畤祭文化的早期历史。

长期影响中国历史进程　周孝王封非子为附庸并建立秦邑，秦人称秦由此开始，早期秦人的称呼对中国在世界上的名称影响深远。周秦时期，西方民族只知有秦，而不知有周。《史记·大宛列传》《汉书·匈奴列传》皆称来自中原的人为“秦人”。

三、经济社会的发展

（一）经济的发展

农业　铁质农具的普遍使用，推动了农业发展。牛耕技术的进一步发展，为大面积开垦荒地提供了畜力保障，是农业史上的一次革命。随着井田制的废除，授田制开始推行，小农生产方式得以确立，个体农户从事农业生产的积极性得到充分调动。秦大力推行重农政策，在农业生产管理中发挥主导地位和保障作用，促进了农业生产的发展。

手工业　秦手工业包括官营和民营两类，官营手工业规模巨大、种类繁多，内部分工相当细密，主要生产统治者生活所需及国家政治军事所需的器物。个体手工业者独自经营的小手工业是春秋以后新出现的手工业经营方式，在战国时期得到长足发展。随着社会生产力的提高，生产分工日渐细密，手工业技术有了很大进步，在冶金、木工、漆工、陶工、皮革、煮盐和纺织等生产部门内，有了更为细致的专业分工。

商业 早在春秋中期的秦穆公时代，秦已经有商人出现，但商业活动规模较小。战国时期，社会分工扩大，陆路和水路交通较以前有了很大进步，再加之商业经营高利润的刺激，秦的商品生产和流通逐渐活跃起来。出现在市场上的，有粮食、家畜及畜产品，还有陶器、木器、铁器和纺织品等手工业品。农业及手工业的发展，尤其是私营经济的崛起，促进了商业的繁荣。商人的出现尤其是富商大贾的出现、金属铸币的广泛流通、作为商业都会的一大批城市的兴起，在很大程度上改变了秦的社会面貌。

（二）社会的变迁

社会的变迁主要体现在两个方面：首先，是人们的社会组织的性质普遍发生了变化，由原来按血缘亲属关系组成的社会组织演化结构进化为按地区划分的组织，即地域组织；其次，是人们从事经济生活的关系即阶级关系也有了很大变化，出现新的格局。

从郡县制到乡里制度 在兼并战争的压力下，出于提升国家集权能力和增强社会动员能力的需要，各国纷纷采取了措施，重新调整中央与地方的关系，由此形成了垂直管理模式的地方行政制度，这就是所谓的“郡县制”。战国初期，秦在东部边地设县。战国中期，秦孝公任用商鞅进行变法，在全国范围内推行县制，由此县的编制得以在秦国普遍确立，县令作为国家的地方权力派出官员，代表秦君管理其辖区的土地和人民，从而形成了县级行政格局。郡的设立，较县要晚。最早的郡，大约出现于春秋末年的晋国，秦国加以效法，推行郡县制度。商鞅在秦国变法，参照三晋的经验，在秦国实行“集小乡邑聚为大县”的做法，建立了以县—乡—里为核心的社会管理体系，县下设乡，乡以下设里。乡有三老、啬夫和游徼等职，三老掌管风俗教化，乡啬夫掌管居民诉讼和税收，乡游徼掌社会治安。里设里正或里典，以贯彻县乡布置的民政及行政任务为主，同时兼有强化对居民的控制和组织管理生产的职责。此外，乡中还设有亭，专门负责地方治安和驿站系统，作为乡里制度的补充。乡里制度是有效解决基层社会和居民管理的重要手段，两者整合为一，从国到郡，从郡到县，从县到乡，从乡到户，国家权力的因素，系统地分布到当时社会的每一个角落，最终形成了秦国严密的社会控制网络。

宗族组织解体 春秋时期及其以前，人们很重视自己的族姓，也很重视自己的氏族出身。自春秋末期以后，各个宗族组织纷纷解体。随着生产力的提高和个体劳动的普遍采用,“公作”性质劳动的大家族逐渐被以个体劳动为基础的小家庭所取代。小型的个体家庭,不仅仅是作为一个生育单位,还作为一个财产单位或经济单位构成社会的经济基础,是社会的基本细胞,并按地区行政区划被编入乡、里组织。随着社会人员的流动,一个邑中的家庭,已不再像过去那样皆具有血缘亲属关系,而原本具有血缘亲属关系的家庭,却因相互间不再具有共同的经济利益,往往变得关系疏远,亲戚之情日渐淡薄。

编户制度的实行 编户是以户为单位登记居民名籍,不分贵贱等级,统统隶属于国家权力各机构的居民管制方式,这是国家对居民按地区进行划分的一种做法,是适应氏族组织解体后采取的管理制度,大约出现于春秋战国之际。进入战国,户口编制更趋细密,秦国采用了“什伍”的户口编制,将居民五家编为一伍,十家编为一什,一家有罪,其余家庭连坐,如此一来,国家就控制到了每一户。秦国对户籍管理非常严格,居民登记户籍,要写清姓名、年龄、性别、身体状况、职业等,无论男女老幼,都要登记在册,一旦死亡,就要从名册上除名,这样的规定无疑加强了对人口的管理,便于国家政策的制定和实行,自然也方便国家土地政策的实施。

社会阶层的分化 随着社会分工的细化和宗族组织解体,秦的社会阶层加剧分化。作为统治阶级的是以秦君为首的封建地主阶级,包括王室、封君、官僚、高爵拥有者及部分享有国家赐田者,被统治阶级则是小农、工商,统称为庶民。奴隶作为贱民,也属于被统治阶级。此外,还有作为社会中间阶层的士、门客等。

第三章　秦汉时期的甘肃

秦汉时期是指公元前221年秦朝建立，到公元220年东汉灭亡410年的历史。这一时期，甘肃地区一直处于全国历史的主流之中。秦汉王朝极端重视对甘肃地区的经略，修筑万里长城，构建边境军事防御系统，反击匈奴，平定羌人反叛，移民实边，军事屯田，垦荒开渠，推广先进耕作技术，农业、畜牧业竞相发展。东汉镇压羌人反叛过程中壮大的凉州军事集团，曾左右全国政局。丝绸之路的开辟和保障，促进了东西方经济和文化交流。秦汉时期，甘肃文化艺术丰富多彩，科学技术进步。20世纪以后河西等地出土的数万枚秦汉简牍，是中华文化的宝贵遗产，也为研究秦汉和甘肃地区历史提供了宝贵史料。

第一节　秦朝统治下的陇右地区

一、行政建制

甘肃东部是秦王朝的发祥地，也是最早实行郡县制的地区。当时，秦朝统治区限于甘肃河东，有陇西、北地二郡及其所辖县、道。

（一）陇西郡

秦昭襄王二十七年（前280）设陇西郡，因郡在陇山之西得名，治狄道（今临洮县洮阳镇），辖17县道，故城皆在今甘肃境内。其中狄道、临洮县、上邽县、冀县、西县、绵诸道、豲道、襄武县、略阳道、成纪县10县（道）战国时已设，新设榆中、阿阳、枹罕、兰干县和下辨道、羌道、武都道。

狄道，因当地聚居狄人得名。临洮县，以县城临近洮水得名，治今岷县岷阳镇。上邽县，原为邽戎地，秦灭之置邽县，治今天水市秦州区。冀县，灭冀戎后设置的县，治今甘谷县城关镇附近。榆中县，秦始皇三十三年（前214）设，秦北逐匈奴后在此地“树榆为塞”，县遂以榆中为名，治今兰州市东岗镇一带。西县，秦“襄公始列为诸侯，自以为居西”，遂以西为县名，治今礼县红河乡境。绵诸道，取绵诸戎族名为名，治今清水县。羌道，因羌人居地为名，治今舟曲县坪定乡。枹罕县，本为罕羌之邑，因以为县名，治今临夏市枹罕镇双城村。豲道，以豲戎邑名为名，治今武山县鸳鸯镇北。下辨道，治今成县抛沙镇一带。武都道，治今西和县洛峪镇仇池山。襄武县，治今陇西县东南渭河西岸。略阳道，因略阳川水（今清水河）得名，治今秦安县五营乡至莲花镇一带。阿阳县，治今静宁县城川乡。兰干县，治或在今陇西县东北境。成纪县，治今静宁县李店镇刘家村南。相传伏羲生于成纪。秦汉李氏影响较大，靠军功起家，以后世代任官，逐渐成为对西部政治格局有重大影响的名门望族，李广十五代孙李暠建立了西凉政权。《旧唐书·高祖本纪》称唐高祖李渊“其先陇西狄道人”，是就李姓迁居陇西郡狄道县而言的。而《新唐书·高祖本纪》称其“陇西成纪人也”，是就李姓迁居陇西郡成纪县而言的。

（二）北地郡

秦昭襄王三十五年（前272）设郡，因地在秦国政治中心关中之北，以其方位命名。治义渠（今宁县焦村西沟），辖13县道，其中10县道在今甘肃境。

义渠道，秦惠文王十一年（前327），秦灭义渠国，遂以国名为道名。乌氏县，秦灭乌氏戎因以名县，治今平凉市崆峒区东。阴密县，因商朝时为密须国得名，治今灵台县百里镇。郁郅县，治今庆城县庆城镇。泾阳县，以县在泾水之北得名，治今崆峒区安国镇油房庄。泥阳县，以地在泥水（今马莲河）之北得名，治今宁县米桥乡。安武县，治今镇原县平泉乡。彭阳县，地在彭原以南故名，治今镇原县太平镇彭阳村。弋居县，治今宁县政平乡。方渠除道，治今环县曲子镇。

二、秦始皇西巡陇右

从秦穆公开始，四百余年间，秦人发奋自强，经过不懈努力，从一个被东方各国视为蛮夷的西部小国，发展壮大成令天下畏惧的“强秦”，再用十年时间陆续翦灭东方六国，完成统一大业，于始皇二十六年（前221）十月，建立中国历史上第一个统一多民族的专制皇朝。嬴政决定统一政权最高首脑的名号为皇帝，自称始皇帝。为了显扬威德、统一政教习俗，秦始皇在统一后的11年中曾5次巡视各地。而他的第一次巡游，就是统一六国次年（前220），由都城咸阳出发，到秦人发祥地的陇西、北地二郡视察。史书中记载此次巡视十分简扼，言："二十七年，始皇巡陇西、北地，出鸡头山，过回中。"秦始皇此次巡视由咸阳出发，向北先到北地郡（治义渠，今宁县焦村西沟）巡视，再溯泾水而西，到了平凉鸡头山（崆峒山西峰），过六盘山，转向西南方向，到陇西郡（治狄道，今临洮县洮阳镇）巡视。返回时，沿渭水向东，经冀县、上邽，再转向东北方向，出弦中谷的鱼龙川（今华亭县境南），至今陕西陇县的回中宫，沿汧水入关中，回到咸阳，历时数月。秦始皇西巡陇右，有着深刻的政治背景。北地郡一向被称为关中屏障，其北和西侧都是匈奴人控制的区域。陇西郡位于秦朝最西边，境内有许多羌、狄杂居，郡南和东南是羌人和氐人的聚集地，郡西边隔河与月氏、乌孙人游牧的河西走廊相望。统一六国后，到北地郡和陇西郡巡视，说明秦始皇已经敏锐地将西北部边防作为其关注的重点，更是出于对皇朝长治久安的考虑。

三、政治调整和经济建设

秦统一六国以后，作为秦人发祥地的陇西、北地二郡随之开始政治调整和经济发展。

第一，是在二郡修筑驰道和直道。秦始皇视察陇右、北地二郡的当年，就发布了"治驰道"的命令，秦始皇三十五年（前212）又开始了直道的修筑。驰道是由秦都城咸阳，通往全国各郡的国道，由于陇西、北地系秦人的发祥地，而且始皇帝刚刚视察过，故二郡驰道的修筑很受重视。据记载，驰道高出地面，宽约69米，道路中央设三丈宽皇帝专车行驶的道路，沿途植树作为标志。今甘肃东部的驰道有两条：一条被称为"陇西、北地道"，就是秦始皇于二十七年（前220）巡视二郡的道路；另一条是故道，又名嘉陵道、陇蜀道，由关中或天水出发，向南行，沿嘉陵江河谷，入今甘肃两当、徽县、成县（秦下辨道）境，再入陕西略阳境，直抵蜀郡。这两条驰道，由于多深山峡谷，极为险峻，修筑的难度可想而知。驰道的修筑，大大缩短了信息传播和人员物资输送的时间，有利于中央集权的加强和政令的畅通，有利于皇朝的经济建设、国家安全和边境防御。秦军出击匈奴以后，沿边军队和筑城人员的粮草供给以及官员往来和公文传递的数量极大，为满足这一需求，秦朝由大将蒙恬主持修筑了一条由关中通往河套地区的以军用为主的干道——直道。直道南起云阳（今陕西淳化县境），沿子午岭向北，纵贯今陕、甘2省14县，直抵九原（今内蒙古包头西），全长900千米。经过今甘肃境内环县、华池、合水、宁县、正宁五县的秦直道遗址总长约300千米，沿线烽燧密布，关隘重重，以保障道路的畅通和安全。

第二，大量移民以充实陇西、北地二郡。甘肃地广人稀，移民于此是促进农业规模扩大和社会经济发展的重大措施。秦朝往陇右一带移民最重要的是秦始皇三十三年（前214）和三十六年（前211）两次。第一次移民的主要成分是“谪”者，即有罪的官吏、逃亡者等。这次移民的目的地是“初县”，就是秦王朝在沿黄河一线设置的榆中等34个县，以加强对新领有地区的建设和控制，将当地从游牧区改变为农耕区。第二次移民是因三年前的移民数量不足，尚难实“初县”。这次移民的数量是3万家，拖家带口在15万人以上，这次迁移的主要是平民。秦王朝以各种方式向陇右地区移民，改变了当地人烟稀少的状况和人口的民族成分，推动了这里农业规模的扩大和经济的发展，有利于国家政令在陇右的贯彻和保持社会稳定。移民还可以协助秦军守卫边防，这对巩固边疆、稳定秦的根据地有重要意义。

第三，巩固和加强了陇西、北地二郡的行政建设。秦朝在二郡扩充疆土，陆续新设榆中、阿阳、兰干诸县。同时，接受氐、羌归附，设置下辨道、羌道和武都道，有利于对这些民族地区的控制。当时甘肃地区由什、伍到里、乡、县、郡的这种行政建制的加强，有利于提高行政效率，强化了秦朝廷对二郡的直接控制。

第四，统一货币和度量衡，推动地方经济发展。统一六国后，秦王朝规定全国的货币有二等，上币是以镒为名的黄金，下币是秦朝圆形方孔的铜质半两钱。秦始皇下令向全国颁行新的统一的度量衡制度及标准器，在当时的甘肃东部大力推行了度量衡的统一。出土的秦度量衡诏版上的文字都是规范的小篆，说明秦统一文字形体的政策在甘肃地区得到坚决执行，文字的统一有利于信息沟通和文化传播。

第五，继续奖励耕战，推动地方经济发展。商鞅变法时就在秦地奖励耕战，统一六国以后仍然重视农牧业生产，鼓励人们发展种植业和畜牧业，使之成为秦朝最重要的经济支柱。

四、秦军夺取河南地和长城的修筑

秦朝建立后，正在蓬勃兴起的北方游牧民族匈奴的不断入境骚扰给皇朝的安全和百姓的生命财产、生活安定造成极大的威胁。秦始皇三十二年（前215），发动对匈奴的战争，夺取了匈奴人占有的河南地，即今河套地区往西往南直至战国秦长城北境包括今兰州一带的大片地区，成为插向匈奴心脏的一把尖刀。秦始皇三十三年（前214）的战役，相继夺取了高阙（今内蒙古临河区北的狼山口）、阳山（狼山，阴山的西支脉）和北假（黄河河套北的大片地区），解除了匈奴骑兵对陇西、北地、上郡及关中地区的威胁。在秦军两次打击匈奴胜利以后，秦朝从榆中沿黄河往北直至今内蒙古阴山以南地区设置了34个县，实行有效的行政管理。

秦朝还在北境修筑了万里长城，防御匈奴的侵扰。秦朝万里长城的构筑，是从秦始皇三十三年（前214）开始的，秦朝灭亡、项羽入关时仍未全部完工。蒙恬率秦军打击匈奴，夺取河南地及其以北，秦朝西北的疆域扩大，使陇西、北地二郡战国秦长城大部失去边境防御第一线的军事价值。因此，秦朝万里长城的工程首先是新筑自榆中至阴山的西部长城。秦万里长城的起点在临洮，终点在辽东，总长达万余里，工程浩大，当时全国总共动员了四五十万人，在途中转输者更不计其数。由于工程浩大，蒙恬、公子扶苏等人在领导修筑长城时，尽最大可能利用战国赵长城、燕长城及秦国长城，新修的只是其中一部分。甘肃境内秦长城除榆中沿黄河而北的长城是新修的，其上行至临洮的长城最西端部分，应主要是利用的秦战国长城。秦朝北方的边防以万里长城为象征，除了高大的城墙外，还有完备的防御体系，以后汉朝继承秦朝的做法，并加以完善和延伸。

第二节　西汉时期

西汉前期，甘肃地区处于东西分治状态。汉武帝开始，大力经略河西地区，甘肃经济文化得到了快速发展。

一、西汉前期甘肃地区的东西分治

西汉建立之初，只占有甘肃黄河以东地区，河西地区则被匈奴统辖。汉王朝在陇西、北地加强政权建设，加强边备，发展农业生产，通过“赦罪人”“施恩德，赐民爵”，将更多的百姓从秦朝严酷的政令下解放出来，优待汉军家属等措施稳定了后方，使社会经济得到恢复和发展。

秦汉之际，月氏打败乌孙，乌孙迁出河西走廊依附匈奴，河西走廊成为月氏领地。之后，匈奴打败月氏，月氏迁往西域，匈奴占有整个河西走廊，并将其作为畜牧业基地。强大的匈奴帝国对新建立的西汉政权构成巨大威胁，汉高祖时开始实行与匈奴的和亲之策，之后惠帝、吕后、文帝、景帝及汉武帝初年都延续了和亲政策，汉匈边境得到相对安定和经济的恢复发展。和亲的汉匈也充满了矛盾和斗争，匈奴一再南下掠夺。文帝、景帝时期，在实行休养生息政策的同时，采取强化边境地区的军事力量、鼓励繁殖马匹建立强大的骑兵部队、“募民徙塞下”实施军民联防、行“贵粟”之策为大军反击储足粮草等一系列措施，强化皇朝经济和军事实力，加强陇西、北地等地边防建设，做反击匈奴的准备。

二、张骞出使西域开通丝绸之路

休养生息政策的长期实行，使“天下殷富，财力有余，士马强盛”，为建元元年（前140）登基的汉武帝刘彻施展其文治武功、治国安民、反击匈奴，奠定了基础。

汉武帝继位，开始筹划反击匈奴。建元三年（前138）派遣郎中张骞（前164—前114）带领胡人堂邑父等百余人的使团从长安启程出使西域，进入河西走廊后张骞被匈奴囚禁十多年，他“持汉节不失”，找机会带领少数部下逃至大月氏，一年多后取道南山（今天山南道诸山）从羌中道（今青海省境内）返汉，途中又被匈奴俘获，直到元朔三年（前126）返回长安，向汉武帝提出联合乌孙“断匈奴右臂”的战略。元狩四年（前119）张骞第二次出使西域，率领300人的庞大使团从长安出发，经过酒泉、白龙堆（今新疆罗布泊附近）、焉耆、龟兹到达乌孙的都城赤谷城（今哈萨克斯坦依什提克），向昆莫传谕了武帝与其和亲联合的意旨，并向大宛、康居、大月氏、大夏、安息、身毒、于阗等国派遣了副使，与这些国家有了正式使节往来，乌孙成为汉朝在西域的坚定盟友。此后一年多，张骞派往各国的使者先后完成使命，与各国派往汉朝的使者一道回长安。于是，西域诸国开始与汉相通。

张骞出使的动机是与西域国家联合，共同对付匈奴的威胁，但却是东方大国汉朝官方第一次与西域的正式使节来往，在中国和世界历史上具有重大的意义。第一，扩大了古代中国人对西方世界的认识，与中亚希腊化国家有了直接往来。第二，开辟了历史上影响深远的陆上丝绸之路，汉西域都护和屯田卒为丝绸之路上的商旅和使者给予了供给和保护，沟通了东西方政治、经济、文化的交流。第三，切断了匈奴从西域得到人力、物力资源的渠道，逐步消除了匈奴在西域诸国的控制和影响，为最终解决匈奴问题奠定了基础。第四，张骞通西域以后，汉朝加强了对西域的经营，于神爵二年（前60）正式设置西域都护，西域成为我国统一多民族国家的不可分割的一部分。横贯全境、占丝绸之路东段很大部分的甘肃，在汉代丝绸之路的开通、维护、经济文化交流等方面做出了突出的贡献，而丝绸之路的开辟又推动了沿线各地各国的发展。

三、断匈奴右臂，霍去病大军出击河西

元光二年（前133），汉拉开了对匈奴军事反击的帷幕。此后，卫青等统帅的汉朝大军，先后于元光六年（前129）在上谷、代郡，元朔二年（前127）在河南地，元朔五年（前124）在漠南，出击匈奴，取得重大胜利。漠南之战后匈奴主力北遁，汉朝北部边郡的压力骤减，汉武帝做出发动河西战役，实施“断匈奴右臂”的战略。元狩二年（前121）三月，骠骑将军霍去病率一万骑兵远征河西走廊。霍去病大军由陇西郡（治狄道，今临洮县洮阳镇）出发，轻骑远程作战，翻过庄浪河西边的乌盩山（乌鞘岭），进入河西走廊。继续西行，与匈奴遬濮王作战，又渡过狐奴水（今石羊河），汉军一路势如破竹，6天之中转战匈奴五王国。又翻越焉支山，深入匈奴纵深1000余里，与匈奴劲旅鏖战于皋兰山（今张掖、酒泉北的合黎山）下，大败匈奴军，杀死折兰王，斩得卢侯王首级，捕获浑邪王儿子、相国及都尉，收缴休屠王用来祭天的两个金（铜）人，“捕斩匈奴首虏八千九百六十级”，获得重大胜利。

为了彻底打败匈奴右部，这年夏天，汉军发动第二次河西战役。这次进兵规模较大，时间也更长，而且既有主攻又有打援。作为河西战役的主力，霍去病与合骑侯公孙敖率数万骑分别从北地（治马岭，今庆城县马岭镇）出发，计划分南北两路合围河西走廊的匈奴军队。公孙敖拟走南路，经青海，翻越祁连山进入河西，以包抄匈奴，因迷路未进入河西。霍去病率领骑兵从北地出发，一路向西奔袭，渡过居延泽（今内蒙古额济纳旗），沿着弱水（今额济纳河），进入浑邪王驻牧地（今张掖市境），南至南山（今祁连山）小月氏地，与匈奴军队展开激战，给匈奴右部以毁灭性的打击。两次河西战役的胜利，不仅使匈奴右部受到致命打击，还引起匈奴统治集团的内部分化，这年秋天，浑邪王部下及休屠王的部下共4万余人投降

汉朝。

河西战役是匈奴退出河西地区的关键，从此，汉王朝的西部疆土由今兰州黄河一线，向西延伸了1000多千米，汉朝都城与匈奴控制区之间有了一个颇为宽阔的缓冲地带，关中地区更为安全。武帝下诏“减陇西、北地、上郡戍卒之半，以宽天下之徭”，减轻了全国尤其是西北边境的赋役负担，有利于这些地区生产的恢复和发展。汉朝向河西地区徙民实边，进行屯垦，分设酒泉、张掖、敦煌、武威等郡，使边远的河西地区纳入中央皇朝统治，边郡经济得以开发。河西归汉，实现了“断匈奴右臂”“隔绝羌胡”的战略目标，为丝绸之路的畅通提供了保证。

四、赵充国平羌

羌族是西部最古老的农牧兼营、以牧为主的民族。汉以前，羌族主要散布于今甘、青，以及天山南路和蜀地。汉朝统治河西后，匈奴一再对汉朝进行反扑，更策动羌族不断“侵边为桀”。于是甘青河湟等地聚集的羌族，成为汉朝与匈奴斗争的交绥点。元鼎五年（前112）底，在匈奴的策划和支持下，世居青海赐支河曲的先零羌与河湟的封养、牢姐诸羌化解仇恨，结成联盟，合兵10余万，进攻汉朝的令居、安故，围困枹罕（今临夏市枹罕镇双城村）。汉武帝当即派将军李息、郎中令徐自为率领10万大军前去，打败羌人，并一路追击，占领羌人的根据地湟中，剩余的羌人逃到西海（今青海湖）、盐池（今青海省茶卡盐池）一带。战后，汉武帝设置了权力很大的护羌校尉，持节管理羌人事务。

在诸羌之中，先零羌力量最强，而且与匈奴关系密切。征和五年（前88），匈奴联络居住在青海、盐池的先零羌再次联合反汉，经过五六年方才平定。始元六年（前81），为了加强对羌人的控制，汉朝正式设置金城郡，辖今甘肃兰州、临夏至青海西宁、海东等地区，成为汉朝深入河湟地区的一个政治军事基地。

元康三年（前63），先零羌联合诸羌和匈奴，盟誓合约，共同反叛汉朝。朝廷派遣的巡羌使者义渠安国到湟中后，大杀一气，激发诸羌而群起反叛，于神爵元年（前61）春天向金城郡进击。已经76岁的赵充国自告奋勇前往镇压，率军到达西部都尉府驻地龙支（今青海平安县）。在朝中主剿派支持下，汉宣帝调集6万多步骑兵布置在金城一带，要赵充国配合，以优势兵力迅速合击罕幵诸羌。赵充国指出，汉朝应该集中力量打击反叛首恶先零羌，争取其他羌种归顺，才是全师、得胜、安兵的良策。皇帝终于收回成命，同意按照赵充国的计划实施。

赵充国率兵快速推进到先零叛羌的驻地附近，叛羌纷纷丢弃辎重逃跑，万余羌人投降。远遁南山和青海湖以西的先零叛羌，凭借险要的地形坚守。赵充国制订了一个撤走骑兵，留步兵屯田，以持久对持久，最终平定叛羌的计划。在主剿派的鼓动下，汉宣帝下令赵充国把军队交给辛武贤等人，于十二月突袭先零叛羌。赵充国抗旨上奏，完整而详尽地陈述了屯田的计划与优点。汉宣帝终于接受了赵充国的意见，同时让辛武贤、许延寿、赵印对叛羌实施军事打击。三将军共斩降叛羌8000多，前来投奔赵充国的羌人也有5000多。次年（前60）秋天，盘踞南山的残余叛羌若零、离留、且种、儿库等种落，斩杀了先零羌豪犹非、杨玉，全部归降朝廷。颇具规模的羌族反叛，就这样平定了。汉朝设置金城属国安置投降的羌人，统归护羌校尉管辖。

五、行政建制

“汉承秦制”，汉王刘邦灭雍国后，在今甘肃地区仍设陇西、北地二郡。后来随着汉与匈奴、西南夷斗争的胜利，在河西走廊和陇南地区陆续增设多个郡县。元鼎三年（前114），从北地郡中分设安定郡，从陇西郡中分设天水郡。元鼎六年（前111），设酒泉郡、张掖郡、武都郡。后元元年（前88）由酒泉郡中分设敦煌郡。始元六年（前81），取天水、陇西、张掖各二县设金城郡。昭帝元凤三年至宣帝地节二年（前78—前68），析张掖郡地置武威郡。元封五年（前106）全国设13个监察区——刺史部，甘肃地区大部属凉州刺史部，只有北地郡属朔方刺史部。到元始二年（2），甘肃地区有10郡125县（道）。

（一）陇西郡

治狄道（今临洮洮阳镇），辖11县（道），均在今甘肃境，其中西汉新置安故、大夏、首阳、襄武、氐道、予道诸县道。平帝时，有5.4万户，23.7万人。狄道。上邽县，治今天水秦州区。安故县，治今临洮县南40里。氐道，治今武山、岷县、礼县交界一带。首阳县，治今渭源县清源镇。予道，治今洮河流域某地。大夏县，治今广河县阿力麻土古城。羌道，治今舟曲县坪定乡。襄武县，治今陇西县东南渭河西岸。临洮县，治今岷县岷阳镇。西县，治今礼县红河乡境。

（二）北地郡

治马领（今庆城县西北马岭镇），辖18县（道），其中灵武、廉、灵州、富平、昫衍县在今宁夏境，直路、归德县在今陕西境，在今甘肃境内的马领、略畔、戈居、大要、鹑孤、五街、回获诸县为西汉置。平帝时，有6.45万户，21.1万人。马领县，因其川似马颈而得名。方渠除道，治今环县曲子镇。五街县，治地不详。鹑觚县，治今泾川县东南。回获县，治地不详。略畔道，治今华池县西华池镇附近。泥阳县，治今宁县米桥乡。郁郅县，治今庆城县庆城镇。义渠道，治今宁县焦村西沟。弋居县，治今宁县政平乡。大要县，治今宁县春荣乡。

（三）天水郡

治平襄（今通渭县平襄镇），下设16县（道），故城均在今甘肃境，其中平襄、街泉、戎邑道、望垣、罕幵、勇士、清水、奉捷、陇诸县道为西汉置。平帝时，有6.04万户，26.13万人。平襄县，原为襄戎居地。街泉县，治今张家川县张棉驿乡一带。戎邑道，治或在今秦安、庄浪、张家川三县交界一带。望垣县，治今麦积区新阳镇一带。罕幵县，系破罕幵羌后，安置于此，遂名县，治今麦积区东渭水以南。绵诸道，治今清水县。阿阳县，治今静宁县城川乡。略阳道，治今秦安县五营乡至莲花镇一带。冀县，治今甘谷县城关镇附近。勇士县，治今安定区巉口镇。成纪县，治今静宁县李店镇刘家村南。清水县，治今清水县红堡镇红堡村北。奉捷县，治地不详。陇县，治今张家川县张家川镇。獂道，治今武山县鸳鸯镇以北。兰干县，治或在今陇西县东北境。

（四）安定郡

郡治高平（今宁夏固原），下设21县（道），其中高平、朝那、三水、眴卷四县属今宁夏，在今甘肃境的复累、安俾、抚夷、临泾、卤、安定、参䜌、阴槃、爰得、祖厉、鹑阴、月氏道为西汉置。平帝时，有4.27万户，14.33万人。复累县，治今镇原县新集乡唐原村。安俾县，治今镇原县三岔镇。抚夷县，治今镇原县开边乡张庄。泾阳县，治今平凉崆峒区安国镇油房庄。临泾县，治今镇原县东南。卤县，治今崇信县锦屏乡刘家沟。乌氏县，治今平凉崆峒区东。阴密县，治今灵台县百里镇。安定县，治今泾川县城关镇水泉村。参䜌县，治今庆城与环县交界一带。阴槃县，治今泾川县境。安武县，治今镇原县平泉乡。祖厉县，治今会宁县十里铺村一带。

爰得县，治今泾川县与陕西长武县交界一带。彭阳县，治今镇原县太平镇彭阳村。鹑阴县，治今白银平川区水泉镇鹑阴故城。月氐道，治今崆峒区瘪家沟一带。

（五）酒泉郡

郡名来自境内酒泉，治禄福（今肃州区），下设9县，皆为西汉新置县，故城均在今甘肃省境。平帝时，有1.81万户，7.67万人。禄福县。表是县，治今高台县骆驼城乡永胜村西。乐涫县，治今肃州区下河清乡皇城遗址。天陈县，治今玉门市清泉乡西古城。玉门县，治今玉门市赤金镇。会水县，因县内有众水所汇得名，治今金塔县双古城村一带。池头县，治今玉门市花海毕家滩古城。绥弥县，治今肃州区临水乡古城村。乾齐县，治今玉门市玉门镇绿洲。

（六）张掖郡

郡名取“张国臂掖”之义，治觻得（今甘州区明永乡黑水国城），下设10县，除去今属内蒙古的居延县外，其余县皆在今甘肃省境。平帝时，有2.44万户，8.87万人。觻得县，因境内有觻涫得名。昭武县，治今临泽县板桥、鸭暖一带。删丹县，以境内大黄山（焉支山）原名删丹山得名，治今山丹县霍城乡双湖村古城。氐池县，治今甘州区东。屋兰县，治今甘州区碱滩镇古城村一带。日勒县，治今山丹县清泉镇。骊靬县，汉简资料表明，骊靬之名出现于神爵二年（前60）前，故该县与所谓“安置”古罗马军团无关，治或在今永昌县红山窑乡高古城。番和县，治今永昌县焦家庄西寨故城。显美县，治今凉州区丰乐镇一带。

（七）武威郡

郡治姑臧（今凉州区金羊镇赵家磨村古城遗址），下设10县，故城均在今甘肃省境。平帝时，有1.76万户，7.64万人。姑臧县，匈奴故盖臧城，音讹为姑臧。张掖县，治今凉州区王景寨古城。武威县，治今民勤县泉山镇西北古城。休屠县，原为匈奴休屠王城，治今凉州区四坝乡三岔村古城。揟次县，治今古浪县土门镇。鸾鸟县，治今古浪县城北小桥堡。扑劚县，治今古浪县大靖镇扑劚故城。媪围县，治今景泰县芦阳镇吊沟古城。苍松县，治今古浪县黑松驿站古城。宣威县，治今民勤县大坝乡文一农科队古城。

（八）敦煌郡

郡治敦煌（今沙州镇党河西岸），下设6县，故城均在甘肃省境。平帝时，全郡有1.12万户，3.83万人。敦煌县，地名由来有多种说法，应劭言："敦，大也；煌，盛也。"冥安县，治今瓜州县锁阳城镇南岔大坑古城。效谷县，治今敦煌市郭家堡乡墩湾村古城。渊泉县，治今瓜州三道沟镇四道沟村。广至县，治今瓜州锁阳城镇破城子古城。龙勒县，治今敦煌市阳关镇北工村寿昌城遗址。

（九）金城郡

治允吾（今青海民和县古鄯镇），下设13县，其中允吾、破羌、安夷、临羌在今青海省境，其余县在今甘肃省境。平帝时，有3.85万户，14.96万人。浩亹县，因浩亹水（今大通河）得名，治今永登县河桥镇。令居县，治今永登县城关镇。枝阳县，治今永登县苦水镇。金城县，治今兰州市西固区西古城。榆中县，治今兰州市城关区东岗镇一带。枹罕县，治今临夏市枹罕镇双城村。白石县，县东有白石山故名，治今甘南州夏河县曲奥乡一带。河关县，其名来自"河之关塞"义，治在今积石山县大河家镇大墩村北。允街县，治今兰州市红古区红古城一带。

（十）武都郡

武都郡是汉武帝为加强对今甘肃东南部氐族地区统治而设置的。郡治武都道（今西和县洛峪镇仇池山），下设9县（道），其中故道、沮县、嘉陵道在今陕西，其余县道在今甘肃省境。上禄县，治今西和县六巷乡。河池县，因县在河池川得名，治今徽县城关镇西北。平乐县，治今康县平洛镇腰背遗址。循成道，亦作修（脩）城道、脩成道，治今成县镡河乡将利村。下辨道，治今成县抛沙镇一带。

（十一）新莽更改郡县道名称

始建国元年（9）外戚王莽篡汉建新朝（9—23），史称新莽。新莽对官名地名多有更改，郡太守改称大尹，郡都尉改称大尉，御史改称执法，县令改称宰。新莽对今甘肃地区西汉郡县道名的更改情况如下：

武都郡/乐平郡，武都县/循虏，故道/善治，河池/乐平亭，下辨道/杨德。

陇西郡/厌戎郡，狄道/操虏，氐道/亭道，予道/德道，大夏/顺夏，襄武/相桓，西县/西治。

金城郡/西海郡，允吾/修远，浩亹/兴武，白石/顺砾，允街/修远，临羌/盐羌。

天水郡/填戎郡，平襄/平相，戎邑道/填戎亭，望垣/望亭，冀/冀治，勇士/纪德，清水/识睦，兰干/兰盾。

武威郡/张掖郡，休屠/晏然，揟次/播德，扑劅/敷虏，苍松/射楚。

张掖郡/设屏郡，觻得/官式，昭武/渠武，删丹/贯虏，氐池/否武，屋兰/传武，日勒/勒治，骊靬/揭虏，番和/罗虏，居延/居成。

酒泉郡/辅平郡，禄福/显德，表是/载武，乐涫/乐亭，玉门/辅平亭，会水/萧武，乾齐/测虏。

敦煌郡/敦德郡，敦煌/敦德，广至/广桓。

安定郡，高平/铺睦，抚夷/抚宁，临泾/监泾，乌氏/乌亭，三水/广延亭，安武/安桓，祖厉/乡礼，月氏道/月顺。

北地郡/威成郡，灵武/威成亭，富平/特武，灵州/令周，除道/通道，五街/吾街，略畔道/延年道，泥阳/泥阴，郁郅/功著，义渠道/义沟，廉/西河亭。

（十二）西汉诸属国

属国是秦汉时代对归附少数民族实行的一种行政管理制度。诸属国长官称属国都尉，为比二千石，受典属国领导。属国都尉既主兵，又主民。属国农牧民被编为军队，称“属国兵”，其中骑兵较多。元狩三年（前120）汉武帝在边郡建“五属国”，经昭帝、宣帝总共设置8个属国，其中有5个属国大体在今甘肃地区。

安定属国　又称三水属国、北地属国，为安置元狩三年（前120）匈奴降众设于安定三水县，治今甘肃环县北或今宁夏同心县下马关镇红城水古城。

天水属国　为安置匈奴浑邪王、休屠王部众设于满福，治今定西市安定区巉口镇附近。

张掖属国　元封四年（前107）为安置归降小月氏部落，设于今民乐县永固乡八卦营古城。

金城属国　为安置神爵二年（前60）归降羌人设于允吾县西小晋兴城。

北地属国　为安置五凤二年（前56）匈奴呼遬累单于降众设置。

六、边塞防御体系建设

西汉在甘肃境内以长城为主的边境防御设施的构建：一是对旧有秦长城的修缮和利用；二是构建河西走廊的长城；三是修筑自敦煌到盐泽的列亭。河西直至西域的长城是随着汉朝西部疆域的扩张、边防形势的变化，在几个不同时期分段陆续向西修筑而成的，包括令居至酒泉段长城、酒泉至玉门段长城、河西居延外长城、敦煌至盐泽（古罗布泊）长城、媪围塞至揟次段（今古浪、景泰一带）边塞。今甘肃境内汉长城墙体长1063.1千米，壕堑394.4千米，关堡42座（内关4座、堡38座），沿线单体建筑408座（包括敌台33座、烽火台375座），其他与长城相关遗存40余处。

汉朝的边塞是由各边郡分段进行管理的。郡设郡守（太守）一人，是本郡最高行政和军事长官，统率一支多达万人的骑兵部队，领导全郡境的边塞候望系统。其下有郡尉、郡丞等属官，以及佐治军权的长史。此外，边郡设有领农事农都尉。郡尉之下的防区障设候官，候以下有假候、丞、掾、令史、塞尉、士吏等属吏。燧是候望系统最基层的单位，设燧长，每燧驻守士卒一般在10人以下，最多者近30人。燧卒的职责一是瞭望伺敌动向并利用侦迹设施侦察敌情，二是举烽报警，三是防御入寇之敌和应付盗贼等。边塞的烽火信号分为烽、表、烟、苣火和积薪五类，依据敌人的多寡及远近，五类烽火信号组合使用。烽火用以从边境的烽燧逐次向部、塞、都尉府、郡传递军情。西汉时期的边防武装力量主要由边郡兵、将屯兵、屯田兵、属国兵、募兵、谪卒及弛刑徒等构成。汉朝有一套严格的出入境管理制度，吏民必须持有政府颁发的关防印信如符、传、过所、棨、节、繻等才能出关或入境，关防制度和组织精细严密。

汉朝边塞的构筑，抗击和防范了匈奴、氐、羌等族的进犯，保护了广大农业地区人民生产与生活的安定，促进了长城沿线地区政治、经济、文化的发展，保障了丝绸之路的畅通，推进了东西方经济文化交流。

七、移民实边与军事屯田

甘肃地区人口稀少，特别是将匈奴赶出河西走廊以后，河西地空，移民实边就成为甘肃地区经济发展和边防建设的重要措施。汉武帝时期及其后向今甘肃地区的移民主要有五次。第一次是元狩三年（前120）向陇西、北地、西河、上郡等地移民72.5万人。第二次是元狩四年（前119）向河西的移民，这次规模不详。第三次是元狩五年（前118）的惩罚性移民，大约

18万人。第四次是元鼎六年（前111）秋向河西的移民，数量不详，但敦煌著名大姓索氏就是这一次迁到敦煌的。第五次是平帝元始二年（2），改安定郡的呼池苑为安民县，招募贫民迁移于此。移民以及向移民提供的优厚条件，大大刺激了移民的生产积极性，促进了河西等地区农业生产的发展。

从元狩四年（前119）起，汉武帝开始在西部大规模军事屯田。西汉甘肃境内的军事屯田区主要有北地郡屯田、令居屯田、番和屯田、居延屯田、敦煌屯田、酒泉屯田、武威屯田等。此外，在河湟、陇西亦有屯田。西汉军事屯田，由朝廷大司农（治粟内史）—郡农都尉—县农令—部农长—基层农亭亭长的一套农官系统来组织进行。西汉军事屯田的主要劳动者是一年一更的军事服役戍边卒，称“戍田卒”或“田卒”，还有弛（驰）刑屯士和免刑罪人，以及吏士私从者称作田士、屯士，也称作“田卒”。在甘肃干旱荒漠地区实行屯田，水利灌溉工程的修建十分关键。甘肃屯田区兴修水利工程在史书上多有记载。汉代甘肃屯田耕作技术、生产工具等都有进步，倡导使用二牛三人的“耦犁”耕地，当时较为先进的播种工具——耧车在屯田区得到广泛应用，为了适应保墒抗旱的需要，推广代田法和区种法，使得单位面积产量大大提高。

西汉在甘肃地区的屯田，使“河西殷富”，经济有了迅速发展。又使国家“内有亡费之利，外有守御之备”，省却了从内地长途转运粮食的巨大花费，巩固了西部边防，还保证了朝廷对西域的一系列行动，促进了汉与西域的经济文化交流。屯田卒还是边塞防御线上的一支重要力量，对西汉巩固新拓疆土的占领都有重要的作用。

八、凉州之畜为天下饶

西汉时期，因为战争对马匹的大量需求，使畜牧业在当时的社会经济中占有重要地位。作为西部重要地区的凉州，即今甘肃等地，地域辽阔，气候温凉，水草丰美，具有发展畜牧业得天独厚的条件。西汉时期，甘肃地区的畜牧业得到巨大发展，被赞为“凉州之畜为天下饶”。

西汉凉州畜牧业的经营形式，主要有民间畜牧业和官苑牧业两大类。民间畜牧业首先是匈奴、羌、氐等少数民族的畜牧业，他们牧养的牲畜以马、牛、羊为主，还有骆驼、驴、骡等，衣食住行多仰给于牲畜及与之有关的产品。西汉甘肃地区汉族的畜牧业，既有规模比较大的私人牧主，也有一般的牧民，还有农户经营的畜牧业。为了适应对匈奴战争的需要，建立强大的骑兵部队，西汉自始至终采取各种措施促进民间养马业的发展。河陇等地私营畜牧业发达，大畜牧主动辄有千万匹马牛。西汉末，马援曾带领数百家宾客在北地和苑川经营畜牧。古代以农业立国，历代政府十分重视养牛，并禁止宰杀耕牛。

西汉时甘肃地区官营畜牧业发达。始设于汉景帝时的国家牧马场称牧师苑，后来全国六个郡设有牧师苑。今甘肃境内的西汉牧师苑有北地郡灵州县河奇苑、号非苑，归德县堵苑、白马苑，郁郅县牧师苑，天水郡勇士县牧师苑、流马苑，安定郡呼池苑，张掖郡骊靬苑、坚年苑等。西汉凉州等地的牧师苑生产了大量的牲畜，增加了社会财富，增强了军事实力，为西汉王朝的强盛提供了物质基础，也对当时农业与畜牧业比例关系的消长变化有重要影响，还有利于巩固中央政府对边郡的统治，对边郡的经济开发以及中原地区与边郡地区的经济联系有重要意义。

汉代还注重大牲畜品质的改良，饲草有从西域引进的苜蓿，品种和饲养方式改良在中国的畜牧史上是一件大事，对繁育良种马，增强马、牛的体质和挽力，发挥了重要作用。西汉甘肃地区兽医药水平有了进一步的提高，驿亭中设有专门的马医，保证了畜牧业的发展。

第三节 东汉时期

西汉末王莽临朝称制，并建立新朝。新朝建立后，实行了一系列倒行逆施的改革，导致农民起义、羌人造反。建武元年（25）刘秀建立东汉后，采取得力措施，恢复社会秩序和经济。但很快就因羌人反复造反而导致社会混乱，加上朝政荒废，豪强横行，凉州百姓率先造反，全国农民起义，在镇压羌人反叛中形成的凉州军事集团在东汉末年曾左右朝政，直至东汉灭亡。

一、从割据到统一

西汉末，社会矛盾突出，自然灾害频繁，最终形成新莽代汉的格局。新莽时期的倒行逆施导致赤眉、绿林等农民大起义，西汉官僚和地方豪强也打出恢复汉室的旗号割据称王，反抗新朝。甘肃地区反抗王莽暴政的百姓起事，开始于元寿二年（前1），陇西郡新兴（汉简作辛兴）、北地郡任横和任崔，带领起事部众纵横各地，与其他支反抗者万里交结，会师作战，直至夺取武库的兵器，杀死官吏，略获民人，规模不小。后来，全国各地农民起义发展为燎原之势，绿林军于地皇四年（23）攻入长安，新莽灭亡。

当各地反新莽农民起义风起云涌之际，西汉宗室、大族以及地方豪右势力也趁机在反莽的大旗下杀其牧守，割据一方。地皇四年（23）天水郡成纪（今静宁西南）人隗嚣（？～33）以复汉为号召，聚众10余万，占据陇右地区，东图关中，西通河西，北控羌胡，南通巴蜀，成为西北一支大的割据势力。保据河西的窦融（前15—62）集团和起事北地的卢芳在西北也颇具影响。

更始三年（25）六月，刘秀称皇帝于鄗（今河北柏乡）南，建元建武，是为光武帝，十月，定都洛阳，即东汉王朝。建武七年（31），隗嚣称臣于蜀地公孙述，联合拒汉，且令王元、行巡入扰三辅地区。建武八年（32）春，光武帝刘秀派大将来歙与征虏将军祭遵率兵，秘密从番须回中（今陕西陇县西北）伐山开道，奇袭略阳（今秦安县陇城镇）。凉州牧窦融率河西五郡太守及羌人、小月氏等步骑数万、辎重5000余辆，与刘秀大军在高平第一城会师。驻守大将牛邯以瓦亭投降，陇山隘口洞开。隗嚣部下及属县望风而降，隗嚣率妻儿奔逃西城（今礼县红河乡境），被汉军围困，公孙述派兵冲入城护送隗嚣逃往冀城（今甘谷县城关镇）。次年春，隗嚣在冀城病饿而死，次子隗纯继立为王。建武九年（33），来歙大军攻拔落门聚（今武山县洛门镇），隗纯及其将领向汉军投降。汉得陇望蜀，建武十一年（35）六月，来歙率军破公孙述部控制的河池，光武帝率诸将亲征公孙述，平定巴蜀。建武十二年（36），在汉军打击下，卢芳与10余骑亡入匈奴。建武十六年（40），卢芳遣使降汉，后又反叛，留匈奴十数年后病死。卢芳的败亡，标志着刘秀统一大业的完成。

二、行政建制

东汉初年，因长期战乱，各郡县人口大减，光武帝下诏合并郡国，省减吏员。今甘肃一带，县道由西汉124个撤并为105个。同时，监察机构的州演变为一级行政机构，设13州，刺史监察的对象除了属郡主官外，逐渐包括郡县以下各级官吏。原朔方刺史部的北地郡改隶后，凉州刺史部几乎包括了今甘肃全境，只有今甘肃文县地的广汉属国隶属于益州刺史部。兴平元年（194）六月，分凉州河西四郡为雍州。

（一）益州广汉属国

治阴平道，今甘肃文县西5里。下领3城（分县），在今甘肃境者为阴平道，甸氐道，治今文县西石鸡坝一带。全属国有3.7万户，20.57万人。凉州，治陇县，今张家川县张家川镇。辖郡国12，县、道、侯官98。

（二）陇西郡

辖11城，有0.56万户，2.96万人。狄道，治今临洮县洮阳镇。安故，治今临洮县南40里。首阳，治今渭源县清源镇。大夏，治今广河县阿力麻土古城。氐道，治今武山、岷县、礼县交界一带。襄武，治今陇西县东南渭河西岸。临洮，治今岷县岷阳镇。枹罕，治今临夏市枹罕镇双城村。白石，治今甘南州夏河县曲奥乡一带。鄣，因境内彰水得名，治今漳县武阳镇西南。河关，治今积石山县大河家镇大墩村北。

（三）汉阳郡

辖13城，有2.74万户，13.01万人。冀，治今甘谷县城关镇附近。望垣，治今麦积区新阳镇一带。阿阳，治今静宁县城川乡。略阳，治今秦安县五营乡至莲花镇一带。勇士，治今安定区巉口镇。陇，治今张家川县张家川镇。成纪，治今静宁县李店镇刘家村南。獂道，治今武山县鸳鸯镇以北。兰干，治或在今陇西县东北境。平襄，治今通渭县平襄镇。显亲，治今秦安县安伏、叶堡、郭嘉三乡间。上邽，治今天水市秦州区。西，治今礼县红河乡境。

（四）武都郡

治下辨，今成县抛沙镇一带。辖7城，其中沮、故道今属陕西，余皆在今甘肃境。全郡2.01万户，8.17万人。

（五）金城郡

辖10城，其中6城在今甘肃境。全郡0.39万户，1.89万人。浩亹，治今永登县河桥镇。令居，治今永登县城关镇。枝阳，治今永登县苦水镇。金城，治今兰州市西固区西古城。榆中，治今兰州市东岗镇一带。允街，治今兰州市红古区红古城一带。

（六）安定郡

辖8城，其中5城在今甘肃境。全郡0.61万户，2.91万人。临泾，治今镇原县东南。乌氏，治今平凉崆峒区东。阴盘，治今泾川县境。彭阳，治今镇原县太平镇彭阳村。鹑觚，治今泾川县东南。

（七）北地郡

辖6城，其中3城在今甘肃境。全郡有0.31万户，1.86万人。泥阳，治今宁县米桥乡。弋居，治今宁县政平乡。参䜌，治今庆城与环县交界一带。

（八）武威郡

辖14城。有1万户，3.42万人。姑臧，治今凉州区金羊镇赵家磨村古城遗址。张掖，治今凉州区王景寨古城。武威，治今民勤县泉山镇西北古城。休屠，治今凉州区四坝乡三岔村古城。揟次，治今古浪县土门镇。鸾鸟，治今古浪县城北小桥堡。扑劚，治今古浪县大靖镇扑劚故城。媪围，治今景泰县芦阳镇吊沟古城。宣威，治今民勤县大坝乡文一农科队古城。仓松，治今天祝县黑松驿古城。鹑阴，治今白银平川区水泉镇鹑阴故城。租厉，治今会宁县十里铺村一带。显美，治今凉州区丰乐镇一带。左骑千人官。

（九）张掖郡

辖8城。有0.66万户，2.6万人。觻得，治今张掖市甘州区明永乡黑水国城。昭武，治今临泽县板桥、鸭暖一带。删丹，治今山丹县霍城乡双湖村古城。氐池，治今甘州区东。屋兰，治今甘州区碱滩镇古城村一带。日勒，治今山丹县清泉镇。骊靬，治或在今永昌县红山窑乡高古城。番和，治在今永昌县焦家庄西寨故城。

（十）张掖属国

由主蛮夷降者地改为“稍有分县，治民比郡”的准地方行政建制单位。辖5城，候官，左骑，千人，司马官，千人官。

（十一）张掖居延属国

在张掖属国以北的居延县境。亦转变为准地方行政建制单位。别领1城，即居延城。有0.16万户，0.47万人。

（十二）酒泉郡

辖9城。有1.27万户，人口数缺佚。禄福，治今酒泉市肃州区。表是，治今高台县骆驼城。乐涫，治今肃州区下河清乡皇城遗址。玉门，治今玉门市赤金镇。会水，治今金塔县双古城村一带。沙头，治今玉门市花海比家滩古城。安弥，治今肃州区临水乡古城村。乾齐，治今玉门市玉门镇绿洲。延寿，治今玉门市清泉乡骟马城之西古城。

（十三）敦煌郡

辖6城。有0.7万户，2.92万人。敦煌，治今敦煌市沙州镇党河西岸。冥安，治今瓜州县锁阳城镇南岔大坑古城。效谷，治今敦煌市郭家堡乡墩湾村古城。拼泉，治今瓜州三道沟镇四道沟村。广至，治今瓜州锁阳城镇破城子古城。龙勒，治今敦煌市阳关镇北工村寿昌城遗址。

三、经济恢复

从西汉平帝时王莽临朝称制，到刘秀统一陇右，30余年的政治动乱和兵燹，造成人口锐减，经济崩溃，社会混乱。东汉采取一系列措施，恢复社会秩序，调整社会管理体系，招徕流亡，解放奴婢，发展社会经济。

东汉甘肃地区军事屯田，最早是在河西四郡的屯田，此外，还有汉阳屯田，以及北地郡、安定郡等屯田区，总体规模略逊西汉。东汉甘肃地区的屯田是整个皇朝屯田的重要组成部分，有利于地方经济发展，俭省了远程运输，维护了丝绸之路的畅通，促进了中西经济文化的交流。

两汉之际，全国各地都遭受到长期的混乱和兵燹，但河西地区由于窦融等人的经营，社会经济仍呈现繁荣的景象。经过东汉的经营，凉州各地民间畜牧业迅速得到恢复和发展，时人称当地“水草丰美，土宜产牧，牛马衔尾，群羊塞道”。东汉凉州官营牧马苑有汉阳的流马苑和陇关附近的牧师苑。

两汉相马法得到很大的发展，最著名的相马师是杨子阿和马援。成纪人杨子阿，曾到关中向茂陵人丁君都学习相马之术，深得其真传。马援走遍关中、陇西等地，向善于相马者求教，综合仪氏鞲，中帛氏口齿，谢氏唇鬐，丁氏身中，集诸家骨相法开创了综合相马新法，著《铜马相法》。他把自己的相马法运用于实践之中，发现了许多良马，再用这些良马来改进畜牧的马群，取得了很好的效果。南征交阯以后，马援将没收越人的铜鼓熔铸成一匹具备诸家骨相高3尺5寸、围4尺5寸的铜马式，献给朝廷，汉光武帝将其置于洛阳宣德殿，成了天下名马的准式。1969年在武威雷台东汉墓发现的铜奔马，就是在吸收当时风行的良马意识、神马传说及名马式的基础上，创造出的一件罕世艺术精品。

东汉时期，甘肃地区的手工业在原有规模与技术的基础上得到了较大发展，并且形成了自己的特色。同时，甘肃地区的商品贸易有所进步。打击北匈奴的胜利，保障了丝绸之路的畅通，促进了沿线地区商品经济的发展。丝绸之路上，使者、商人往来不息，还有驻守的军队需要军需品的供应，这些都是甘肃商业发展的推动力。不少西域和中亚、西亚商人进入玉门关后，就急于出售自己的商品，并采购汉朝的商品回去销售。陇西、武威、张掖、酒泉、敦煌，成为西北商路上的重要城市，是中外商人聚集、转运、销售商品的集散地，有不少胡商、胡僧在各城市居住。

四、社会兴衰

几十年的政治动乱和兵燹，造成东汉初人口锐减。从元始二年（2）到建武中元二年（57）的56年间，全国户口数竟减少了6/10。甘肃地区，若以光武帝统一陇右的建武十年（34）算，除河西走廊的人口和经济破坏稍小以外，甘肃其他地区人口数的减少当在一半以上。史称："陇西虽平，而人饥，流者相望。"

为了迅速安定地方，促进经济恢复和社会发展，东汉朝廷制定了释放奴婢以增加农业人口、帮助逃亡的凉州等地百姓遣返回原郡县、铸五铢钱以方便商品流通、废除边郡苛法与民休息、提高低级官吏俸禄、给凉州举孝廉方面予以优待等对凉州的特殊政策。通过东汉前期数十年的努力，凉州社会稍得安定，经济有所恢复。

甘肃与西域唇齿相依，是东汉控制西域的前哨阵地和坚强后盾。在对西域的统辖和控制上，河西诸郡尤其敦煌郡发挥了极为重要的作用。明帝永平间，北匈奴率领西域诸国兵一再向河西郡县发动攻击。永平十六年（73），明帝派遣将帅分路反击北匈奴，夺取了西域门户重地伊吾卢（今新疆哈密西北），设宜禾都尉进行屯田。次年，在西域设置都护和戊己校尉，西域重又归属东汉王朝。其间，假司马班超和从事郭恂联合西域各国清除匈奴势力，恢复了东汉与西域各国的正常关系。永平十八年（75），汉明帝去世，匈奴联合龟兹、焉耆等国攻杀汉西域都护陈睦，分兵包围戊校尉耿恭、己校尉关宠和在疏勒国的班超。建初元年（76）春，酒泉太守段彭出兵，在交河城大败车师军队，将耿恭救回。在南道诸国的苦苦挽留下，班超和他率领的36名吏卒留驻西域，帮助西域诸国与北匈奴斗争。建初五年（80），章帝任命班超为将兵长史，先后派徐干率弛刑及义从千人、和恭率领800士卒支援班超。章和元年（87）班超打败莎车，控制了西域南道。永元元年至三年（89—91），大将军窦宪率军连连进攻北匈奴，迫使其主力向西远徙，班超被任命为西域都护，并重设戊己校尉。班超分兵驻龟兹、高昌壁、车师后部候城，成掎角之势，以控扼西域，西域50余国都纳贡内属。班超还派遣其掾甘英出使大秦（罗马）。甘英不畏艰险，一直走到条支国的西海滨（今波斯湾），“于是远国蒙奇、兜勒皆来归服，遣使贡献”。东汉对西域的经营达到全盛。永元十四年（102），明帝将71岁的班超召回洛阳。新都护任尚不听班超留言，惹怒西域诸国反叛。永初元年（107），东汉退出西域，匈奴乘机控制西域。敦煌郡的官员一直没有忘记自己对西域的责任。元初六年（119），敦煌太守曹宗派长史索班带领1000多人出屯伊吾卢，几个月之后，被北匈奴与车师后部击败。朝廷在敦煌正式设置西域副校尉，使之成为皇朝统辖西域的军政中心。史称，东汉“虽复羁縻西域，然亦未能出屯。其后匈奴果数与车师共入寇钞，河西大被其害”。延光二年（123）安帝以班勇为西域长史，率领弛刑士500人出屯柳中（今新疆鄯善县西南鲁克沁镇）。班勇团结鄯善、龟兹诸国，击走匈奴伊蠡王，大败抗汉的车师后部，传其王首级于京师。永建二年（127），班勇率兵击降焉耆。“于是龟兹、疏勒、于阗、莎车等十七国皆来服从，而乌孙、葱领已西遂绝。”阳嘉元年至元嘉元年（132—151），敦煌太守曾多次率兵到西域执行军事任务，以维护西域安定。永兴元年（153），敦煌太守宋亮承制以车师后部故王军就质子卑君为后部王。

东汉前期几十年的恢复之后，王朝就陷入社会危机之中。自安帝始，宦官、外戚交替专权，争权夺势之争此起彼伏，政治黑暗；在地方，世家大族仗势弄权，兼并土地，为霸一方，羌人造反，匈奴滋扰，西北战事不断，凉州百姓饱受战争侵扰之苦，还承担着沉重的兵役、徭役，农事荒废，怨声载道。东汉中期以后，频繁的自然灾害加剧了凉州的社会危机，地方官员的贪赃枉法、横征暴敛更使凉州百姓不堪其命。陷于水深火热之中的凉州各族百姓，终于发动武装反抗，与全国各地的起义一起，削弱了东汉政府的军事、经济实力，加速了东汉王朝的灭亡。

五、羌人暴动

王莽末年，西羌入居塞内，金城郡各县都有西羌居住。建武十一年（35）夏，陇西太守马援击败侵犯临洮的先零羌，将归服的羌人“徙置天水、陇西、扶风三郡”，这是西羌内迁三辅的开始。其后，不断地将反叛或归附的羌人迁徙至三辅、河东、汉阳（治冀，今甘谷县城附近）、安定（治今宁夏固原）、陇西（治狄道，今临洮县洮阳镇）、北地（治今庆城县马岭镇，后迁富平，今宁夏吴忠市西南）、上郡（治今陕西榆林南）、西河等郡。被安置在陇西、金城等地的属国羌、守塞羌或保塞羌，可以保持原有的社会结构，维持其原有的生活方式和习俗，不负担租税徭役，部落组织完整，往往容易聚众造反。徙入安定、北地、上郡以至三辅的羌人，则与汉民杂处，受郡县管理，部落组织虽被打散，种姓家支还有一定的保存。这些羌人有的成为官吏豪绅的奴婢，有的被编为羌兵、羌骑，东征西伐，流散他方。两汉对归附的羌族豪帅，有的授以官职，承认他们对羌民的统领地位，但实际权力已大为削弱。

之后，内迁羌人与汉人的矛盾逐步加深和激化。从汉光武帝末年（57）到和帝永元年间（89—105），凉州羌人就多次造反，攻围郡县。中期以后，凉州羌族武装反抗规模和影响较大的有三次：一是永初元年到元初五年（107—118），金城、陇西、汉阳三郡戍羌在开赴西域的途中，至酒泉郡爆发了武装反抗，与屯聚在陇西的先零羌和种羌联合，展开了以北地、安定、陇西三郡为中心的武装反抗，并在北地郡建立滇零政权。二是永和五年（140）到永嘉元年（145），金城、陇西两郡的且冻、傅难诸种与安定、北地郡的罕羌、烧何诸种在凉州以及关中西部展开反对汉朝的武装斗争。三是延熹二年（159）至建宁二年（169），陇西的烧当等八种羌、安定的先零羌、上郡的沈氐羌先后在各郡展开反暴政斗争。灵帝后期全国性的大起义。中平元年（184），河北发生了张角、张梁领导的黄巾大起义，西南是张陵、张衡、张鲁领导的五斗米道起事，凉州是羌胡汉的联合反叛。这年十月，枹罕（今临夏市枹罕镇双城村）、河关（今积石山县大河家镇大墩村北）百姓暴动，推举湟中“义从胡”北宫伯玉、李文侯为将军，与北地先零羌相呼应，进攻金城。金城人边章、韩遂杀掉金城太守陈懿起事，进攻凉州其他诸县，甚至打到三辅。几支队伍汇成了百姓反东汉政权的潮流。

东汉的国运和羌民的武装反抗是相始终的。延续数十年的东汉羌族大规模武装反抗造成巨大的灾难，镇压羌人武装反抗消耗财政近四百亿钱，将士死亡惨重，极大地打击了东汉王朝的统治。东汉羌人武装反抗对于后来东晋时“五胡乱华”诸族割据北方局面的形成，产生重大影响。

六、凉州军事集团崛起

在与反叛羌人的长期作战中，造就了闻名的凉州军事集团。西汉中期以后，凉州豪族大姓逐渐成形，从陇西辛兴、北地任横的武装反抗，北地浩商杀死义渠县长全家，到隗嚣割据天水，窦融保据河西，都能看到凉州豪族的身影。东汉时，又形成了一些新的豪族势力，他们多文武皆长，在朝廷政治军事活动中担任重要职务，并维持和发展其家族势力，比较著名者如敦煌氾氏、曹氏、索氏、盖氏、张氏，武威段氏，陇西李氏，酒泉黄氏，安定梁氏，北地傅氏等。东汉凉州豪族，依靠世代的经济基础和政治资本，凭借儒学，累代仕宦，带兵掌权，成为很大的政治军事势力，在镇压羌人起事中势力迅速发展，形成了影响东汉后期政局的凉州军事集团。该集团中，“凉州三明”最为著名，即安定朝那（今甘肃灵台）人皇甫规（104—174）字威明、敦煌渊泉（今瓜州东）人张奂（104—181）字然明、武威姑臧（今凉州区）人段颎（？—179）字纪明。古人赞扬“凉州三明”的军功“山西多猛，‘三明’俪踪。戎骖纠结，尘斥河、潼。规、奂审策，亟遏嚣凶。文会志比，更相为容。段追两狄，束马县（悬）锋。纷纭腾突，谷静山空”。对东汉末政局影响最大的凉州军事集团人物是董卓。董卓（？—192）陇西郡临洮县（今岷县）人，于桓帝末年先后担任并州刺史、河东太守，利用汉末战乱和朝廷势弱占据京城，废少帝立献帝，自为相国，独揽朝政，挟持号令，奸淫烧杀，关东诸侯联合讨伐，天下混乱，东汉政权从此名存实亡。

第四节　秦汉时期的文化

秦汉国家统一，社会相对稳定，经济得到发展，各民族间的联系加强，丝绸之路上中外交往频繁，甘肃地区的文化、科技呈现出绚丽多彩的独特内涵，为后世文化、科技的进一步发展奠定了基础。

一、思想与教育

思想　两汉时期，甘肃产生了几位著名的思想家。汉景帝时北地人公孙昆邪（生卒年不详），北地郡义渠（今宁县焦村）人，著名阴阳家，著《公孙昆邪》15篇。东汉王符（约85—162），安定临泾（今镇原县）人，著名思想家，著《潜夫论》10卷36篇。王符的哲学思想是二元论的，但侧重于唯物主义，具有朴素的辩证观点。《四库全书提要》称《潜夫论》“洞悉政体，辨别是非，明切淳正，斯为不愧”，评价极高。

教育　甘肃地区在秦国时就有重视教育的传统，孔子72弟子中，秦国有3位，他们是秦祖字子南、壤驷赤字子徒、石作蜀字子明。

汉朝国家统一，生产发展，经济繁荣，为教育发展提供了良好的条件。汉武帝“令天下郡国皆立学校官”，甘肃各郡县相继设置自郡到村落的学、校、庠、序。甘肃私人经学研习和传授颇盛，不少大师名儒避世隐居，收徒讲学。武帝时的儿宽是《欧阳尚书》的重要传人，他曾受命“之北地视畜数年”，很可能是在甘肃传授儒家经书的第一人。两汉之际割据的成纪人隗嚣，是古文经学大家刘歆的学生。当时，中原动荡，不少士人如《公羊》大家郑兴、《古文尚书》专家杜林、著名史家赋家班彪、《左传》专家孔奋，避居陇右、河西，推动了当地儒学的兴盛，培养出众多儒学人才。天水成纪人韩顺，安定乌氏人梁松、梁竦、梁不疑，安定朝那人皇甫规，临泾（今镇原南）人李恂，汉阳人任棠，汉阳上邽人姜岐，敦煌渊泉人张奂等名学者都曾在家乡设坛授徒。

二、秦汉简牍

甘肃素有汉简之乡的美称。从1907年英籍匈牙利人斯坦因最先发现敦煌汉简，至20世纪末，全国各地共出土简牍29万余枚件，其中战国简2.3万余枚，秦简3.3万余枚，汉简13万余枚（其中骨签6万余枚），三国简10万余枚，晋简1782枚，唐代木牍469枚，西夏木牍6枚。先后在甘肃敦煌、居延、武威、甘谷、玉门、天水、武都、永昌、高台等地发现简牍40余次，发掘和采集的秦简460枚，汉简6.1万余枚，还有晋、唐和西夏简牍。其中的秦汉简牍不仅数量为全国第一，而且质量好，字迹清楚，具有很高的学术价值，形成了甘肃古代文化的一大特色。

天水放马滩秦简　1986年，在天水市麦积区党川乡放马滩1号墓里出土了秦木板地图及460枚秦代竹简。放马滩墓地的时代，上限至战国晚期，下限在秦始皇三十年以前或稍早。简的内容一是《日书》，又可分为甲、乙两种。甲种，共73枚，分为《月建》《建除》《亡者》《人月吉凶》《男女日》《择行日》《生子》《禁忌》等八章，总括了与人事相关的一切活动，是研究秦时期社会和思想文化的重要资料。乙种，共379枚简，20多篇，其中7篇与甲种的内容完全相同外，大部分是通过占卜而决定门、日、月、播种、为官、二十八宿、律书、医巫、占卦及各种活动的方法。二是纪年文书《墓主记》，共8枚，叙述一位名叫丹的人因伤人被处死，但三年后又复生的事情，同时追述了丹过去的简历和不死的原因。四块木板的正反两面绘有7

幅地图，所绘为秦邽县一带的城邑、亭里、山水、关隘、道路等。这是世界上最早的实用地图，在中外地图学史与科技史上，都有重要价值和作用。

敦煌汉简　包括敦煌地区发现的简牍和悬泉的邮驿简。敦煌汉简是20世纪初至21世纪初在疏勒河流域先后发掘的，共5353枚，主要是边塞军屯文档的残存。其种类有诏书、奏书、官府文书和种类繁多的屯戍簿籍，还有律令及司法文书，邮驿通讯记录和有关文书，以及一些涉及文化教育、日常用书、医药方技、日历的文献。这些文献，反映了敦煌的历史，对研究两汉西北防御史和与西域的关系也有重大价值。悬泉3.5万余枚简牍的出土，使人们对两汉邮驿设施的职能、机构设置、人员构成、管理制度等有了较多的认识，更是汉代丝绸之路东段历史的最重要见证。

居延汉简　包括出土于甘肃省金塔县大湾、地湾、金关等地与内蒙古额济纳旗破城子等地的汉代简牍，共3.3万枚左右。居延汉简大都是边郡屯戍活动的军事文书，也有地方行政文书和与之发生过关系的各种文字文献。在政治方面，记载有汉代的养老制度和与之有关的抚恤制度，并补充了正史所不曾记载的史实，即汉代刺史的“定镇”问题和自昭帝至新莽时以布帛充俸的实例。经济方面，大量记载了有关农垦屯田及很多汉代经济制度的内容。军事方面，主要有居延地区的军事防御组织及其统辖机关；边塞戍卒的来源与待遇；戍卒的训练和生活情况；士兵的装备情况；邮驿制度；军籍者出入所用的符与传棨繻；簿籍的种类、名称、用途和使用范围等；烽火制度等。科技文化方面，有九九表，居延纪年简，关于社的活动、发展及质变，关于病历、医方和医疗制度，五夜与杂占的记载；《晏子春秋》和《仓颉篇》残篇等。

武威汉简　在甘肃武威汉墓出土的简牍，共5批615枚。内容主要包括儒家经典《仪礼》、养老尊老法律文书《王杖诏书令》、临床处方等，是研究汉代文化、法律、医药、民俗等的原始资料。

永昌汉简　2008年永昌县红山窑乡水泉子汉墓出土1400余枚汉简，其中较为完整者700多枚，主要内容是七言本《仓颉篇》和《日书》。

甘谷汉简　1971年12月甘谷县渭阳乡十字道村刘家山坪古墓清理获得陶器、铜器、铁器等随葬品110余件，汉简23枚，简文现存964字，为延熹元年（158）下发的诏书及其行文。

武都汉简　2000年武都琵琶乡赵坪村发掘出汉简12枚。系延熹元年

(158）十二月十三日汉阳郡太守转发给所属县、乡的诏书律令及奉行诏令的敕命文书。内容是宗正府卿关于地方各级政府不执行优待皇家宗室政策的事例给皇帝的奏折，要求继续推行优待皇室政策。

在甘肃发现的秦汉简牍，是当时社会各种活动的原始记录，涉及范围广泛，大大弥补了正史之不足，不仅对研究甘肃史、秦汉史、丝绸之路史有重大价值，而且对研究汉代边防、军事、法制、对外关系、政治制度、科技文化等都有着不可忽视的价值。

三、文学艺术

文学 秦朝的文学作品流传至今的极少，主要有秦始皇巡行天下的刻辞和民歌《长城歌》等。汉武帝元狩间，汉朝领有河西走廊，匈奴人悲伤地唱道："失我焉支山，令我妇女无颜色；失我祁连山，使我六畜不蕃息。"这一杂言体诗，据称是诗歌由四言向五言的过渡形式。《胡吹歌》："快马不须鞭，反插杨柳枝。下马吹横笛，愁杀路傍儿。"据说也是西汉前期居住于甘肃西部和北部匈奴族的作品。汉代文学作品的主流是辞赋。班彪《北征赋》中咏叹了今宁县至镇原一带山川历史及作者自身遭遇。东汉时，甘肃民歌在全国很有影响。如描述陇山之险及西行役人思念家乡的《陇头歌》等。汉乐府中也收有甘肃民间的创作。如《陇西行》传写了陇右自然与人相和谐的美景，以及陇西妇女招待客人时的从容大方。东汉时，甘肃出现了王符、梁竦、秦嘉夫妇、赵壹、侯瑾等名噪一时的文学巨匠，他们以其针砭时弊的政论、情意绵长的诗歌、愤世嫉俗的辞赋，谱写了甘肃文学史的光辉一页，在中国文学史上占有重要地位。

音乐舞蹈 秦人吸收少数民族乐器而改进成的敲击乐器缶，名著史册。秦汉时期甘肃的羌人和匈奴，都是能歌善舞的民族。羌笛，曾引起古代文人墨客的无数遐想。匈奴乐器有胡笳、琵琶、鞞鼓与胡箎等，其舞蹈称胡舞。匈奴人还有走马、斗骆驼、捽跤等娱乐。《晋书·乐志下》载，汉武帝时，陇西人宫廷乐师李延年利用西域乐曲《摩诃兜勒》，改编创制了武乐《汉横吹曲二十八解》，包括《黄鹤》《陇头》《出关》《出塞》等28首乐曲，风格豪放，体现了西北的特点，在当时颇为流行。

绘画 汉代甘肃的绘画艺术达到很高水平。1973年在居延肩水金关遗址出土木板画，画有大树、黑马、人，其人侧面，微须，头发作髻，身穿长袍，腰束带，线条古拙简练，形象生动，当为一位无名戍边吏卒所作。

居延破城子出土有木板画《车马出行图》和《白虎图》，线条有力，运笔流畅。武威凉州区五坝山西汉墓葬壁画，北壁画山水，山涧中有二虎一牛；东壁中绘一神兽，双目前视；南壁彩绘一人，八字长须，着彩服，举臂赤足作舞蹈状，充满神话色彩。酒泉下河清1号汉墓前室及檐壁皆绘有壁画，以黑、白、朱砂、粉黄、赭石等色绘成飞禽、走兽、人物、树木、帷幔等，在中国绘画史上有着重要地位。今成县境的东汉《西狭颂》碑，止文前摩崖，是镌为黄龙、白鹿、木连理、喜禾、承露人画像的“邑池五瑞图”，象征李翕主政期间政通人和，五谷丰登，民乐其居，该图是对碑文的形象补充。汉代甘肃的雕塑作品，以武威雷台出土的东汉铜车马群最为精美。其中的铜奔马是一件震惊中外的国宝，被确定为中国旅游图形的标志。

书法碑刻　秦朝是由大篆向小篆和隶体转变的时期。汉代在隶书定型化的同时，草书、行书、楷书也应运而生，并且趋向成熟。甘肃汉简篆、隶、草、楷、行、美术字并存，反映出汉字发展过程中的很多现象，为研究汉字构形发展提供了大量墨宝真迹，成为断代依据。东汉时期的甘肃，产生了几位著名的书法家，敦煌渊泉的张芝（？—约192），“开一代草书之风”，被后人尊称为“草圣”。张芝的弟弟张昶，精于章草，被时人称为“亚圣”。安定乌氏的梁鹄擅长隶书，其八分书法受到曹操推崇。曹操常将其悬于帐中或挂于壁间观赏，认为梁鹄的书法在气势上要胜过师宜官。

东汉甘肃著名的碑刻有新疆巴里坤《敦煌太守裴岑纪功碑》、陇南成县鱼窍峡《西狭颂》《武都太守耿勋碑》等。《西狭颂》碑以融入篆体韵致的隶书阴刻，并显露出楷书的造型，显现了汉字由篆而隶、由隶而楷嬗变发展的全过程，在书法界和史学界享有盛誉。

四、科学技术

秦汉时期，甘肃地区天文历法学、陶瓷技术、冶金、纺织、造纸术、医药学等科学技术水平突出。

天文历法学　1972年武威磨嘴子62号汉墓，出土了一件用以推算天文历法的木质栻盘，镶有北斗七星、十二月神、二十八宿的圆形天盘与有18个度点的方形地盘，转动灵活，有力地证明了汉代河西地区有正规的天象观察活动。史书上载有几条甘肃地区日食观测的报告：“（元初）五年

(118) 八月丙申朔，日有蚀之，在翼十八度，史官不见，张掖以闻。”“永宁元年（120）七月乙酉朔，日有蚀之，在张十五度。史官不见，酒泉以闻。”“延光四年（125）三月戊午朔，日有蚀之，在胃十二度。陇西、酒泉、朔方各以状上，史官不觉。”报告到朝廷，专司天象的史官竟然未曾观察到，说明酒泉等郡天文律历水平很高。

陶瓷技术和冶铸业 甘肃各地出土秦汉器物中最多的是泥质灰陶，冶铸用陶除继续生产铸铜用陶范和坩埚外，还生产了一些炼铁、炼钢用坩埚。建筑用陶无论产量、质量，还是品种，都较以前有了提高，居延肩水塞等地出土了西汉才发明的铅釉陶，东汉还烧出了一种从胎质、釉质，到装饰都区别于以前的原始瓷。

甘肃居延金关等地出土的残刀剑、箭镞、转射、积薪、铁工具、铁农具、竹木器械等说明，汉代全铁质的兵器、生产工具已逐渐取代了铜器，成为社会生产力发展水平的主要标志。天祝、武威、酒泉、宁县等发现许多汉代用熟铁锻造而成的生产工具，是这一时期冶铸技术进步的体现。

纺织和造纸术 种桑养蚕和丝织，在我国有悠久的历史，嘉峪关汉魏墓中出现的桑林画像砖，说明桑麻种植区的扩大。甘肃额济纳河下游、居延肩水金关、武威磨嘴子两汉遗址中出土了许多丝绸、麻、毛织品或其碎片以及织网梭，尤其是高台许三湾东汉墓棺盖上的铭旌和平纹红绢，质地精细，女尸头枕棉枕，身着黄色素绢，足穿丝袜，无不反映了秦汉甘肃地区纺织业的发展水平。

甘肃出土了许多上至西汉初文景帝下至东汉中后期蔡伦之前的古纸，其中如在天水放马滩出土的绘有地图的麻纸、敦煌悬泉置遗址出土的书有药名的包药纸、敦煌小方盘城南侧废墟中出土的写有书信的麻纸残片、兰州伏龙坪出土东汉作为镜囊衬垫物的墨迹纸等，证明甘肃是我国最早制造纤维纸的地区之一。

医药学 汉代甘肃在医药学和医疗制度方面，也取得了突出的成绩。在居延汉简候官上报的病吏卒名籍簿“爰书”中，记述了患者的姓名、症状、医疗过程等多项内容，与今天的病历很相似。从相关简文可以知道，汉代河西边郡有一套行之有效的医疗制度，作为主管官吏的候官必须经常视察所部吏卒的病情，如遇到重病、久病不愈者，可准其回原籍或离职休养。边塞药物的制作，有严格的要求和程序。武威汉代医简《治百病方》，保存了比较完整的30余方剂，含内科、外科、妇科、耳鼻咽喉等科方，每方先写药方名称，次写疾病名称及症状，然后写药物名、分量、治疗、服药方法及禁忌事项、反应等，对病名、病症、病理、方药作用等内容的记述，较之马王堆汉墓出土的《五十二病方》有很大的进步。

第四章　魏晋南北朝时期的甘肃

魏晋南北朝时期的甘肃历史，主要有三个基本特征：一是甘肃东部地区受“八王之乱”“永嘉之乱”和十六国各政权争夺的影响，战乱频繁，人口外流，社会经济遭到严重破坏，西部地区相对安定，经济文化得到快速发展。二是五凉时期中原大量流民迁往河西，统治者重视文教，修明政治，延揽培养人才，促进了河西的传统儒学、文学、艺术、史学、科技等方面的发展，造就了在中国历史上影响深远的“五凉文化”。与此同时，佛教沿着“丝绸之路”持续东渐，并被广大普通民众所接受，开凿了莫高窟、麦积山、炳灵寺、马蹄寺、天梯山、南石窟、北石窟等多处石窟寺，形成了独具特色的佛教文化和石窟艺术。三是西晋末年中原大乱，匈奴、鲜卑、羯、氐、羌等族纷纷南下，内迁北方诸族相互攻伐，多民族分布的格局进一步形成。

第一节　曹魏时期

三国鼎立局面形成后，曹魏加强对河陇管控，加强对河陇地区的开发经营，为曹魏陇右防蜀构建了西部基地。

一、魏蜀对陇右的争夺

建安十六年（211）三月，曹操与韩遂、马超联军争战，曹军赢得胜利后攻占安定郡，安定郡至此从“六郡哗变”后割据者手中重新回到东汉朝廷治下。至建安十九年（214），曹操占领陇西郡以东的汉阳、安定、北地郡，收降湟中羌人诸部，歼灭枹罕（今临夏县东南）的“河首平汉王”宋建。十月，曹操占领除武都郡之外的整个陇右区域。建安二十四年（219）三月，刘备大败曹军，得汉中，刘备势力渗透至关陇地区。太和二年

(228)，诸葛亮出兵陇右，控制了南安全境、天水郡大部及安定郡治临泾（今甘肃镇原县东南），太和三年（229），诸葛亮进攻武都、阴平二郡，获得出陇右的重要通道。太和五年（231），蜀魏祁山之战爆发，蜀军围魏军祁山大营，司马懿出兵解祁山之围，诸葛亮弃祁山南撤后出兵汉中，司马懿固守不战，形成两军相持局面。蜀魏第一阶段的陇右之争结束。延熙元年（238）开始，姜维七次出兵陇右攻魏，并联合当地羌胡反魏。因地狭国弱，加上对魏频繁出兵，蜀国国力衰弱，曹魏对关陇统治趋于稳固。景元三年（262）开始，司马昭实施灭蜀攻吴计划，将陇右姜维作为灭蜀关键，命邓艾率兵入沓中与姜维决战，姜维战败，退守阴平、剑阁，邓艾军破绵竹、攻成都，蜀亡。

二、行政建制

三国鼎立局面形成后，曹魏加强对河陇管控，恢复凉州行政建制，一度设置秦州。建安十八年（213）正月，汉献帝将全国14州合并为9州，凉州与司隶校尉合为雍州，将陇右、陇东、河西均归雍州。建安二十五年(220)，凉州从雍州析出。五月，汉献帝在陇右设置秦州，时废时立，直到西晋初年。秦州废置后，陇右5郡重新归属雍州。曹魏时雍州实际统辖10郡，即陇右5郡加上京兆、冯翊、扶风、新平、北地5郡。雍州一分为三：河西凉州、陇右秦州和关中雍州，而秦州废置时并入雍州。

凉州，治武威郡姑臧县，领7郡：金城郡，治榆中县，统7县；西平郡，治西都县，统4县；武威郡，治姑臧县，统11县；张掖郡，治觻得县，统6县；酒泉郡，治禄福县（西晋改为福禄县），统9县；敦煌郡，治敦煌县，统7县；西海郡，治居延县（今内蒙古额济纳旗东南），统1县。

秦州，治冀县，领5郡：陇西郡，治襄武，统6县；安南郡，治獂道县，统3县；天水郡，治冀县，统6县；广魏郡，治临渭，统3县；安定郡，治临泾，统6县。另外，蜀国在陇南置武都、阴平二郡，武都郡，治下辨县，统5县；阴平郡，治阴平县，统2县。

三、曹魏政权对河陇地区的开发经营

曹魏加强对凉州治理，将秦州作为军事防御区域，自黄初到太和年间(220—233)，许多能臣被派往凉州，稳定了河西社会秩序，有效地防御了蜀国侵扰。

黄初二年（221）八月，张既任凉州刺史后，实施“唯才是举”政令，任用杨阜、胡遵、张恭等为太守主持郡事，经营河陇地区取得显著成效。苏则当时先后任酒泉太守、安定太守、武都太守、金城太守等职，到金城后重视恢复发展经济，采取胡汉互助、以牧补农的方式解决口粮问题，善待胡羌部众，严禁侵害恢复生产的行为，金城郡社会秩序逐渐恢复。徐邈曾任陇西和南安太守，他在缓和胡汉矛盾的同时，重视粮食生产和流通，修复盐池扩大官盐生产，兴修水利扩大灌溉区域，兴办学校教化民众。仓慈任敦煌太守时，抑制豪强，合理赋税，发展商贸流通，繁荣了敦煌社会经济。皇甫隆任敦煌太守时，大力发展农业生产，推广耧耕法代替当地落后原始的耕作方式，并将薄水漫浇的衍溉技术引入敦煌，提高了土地单位面积产量。改革陈规陋习，倡导改进女性衣饰，缩小了敦煌与中原地区的差距。曹魏时期，良吏贤才在河陇地区的经营，为曹魏陇右防蜀构建了西部基地，符合统一全国的客观要求，加强了民族交流交融，巩固了北方统一的成果，推动了中原与西域的商贸关系发展。

第二节　西晋时期

咸熙二年（265），司马炎废魏元帝曹奂自立，改国号晋，改元泰始，定都洛阳，是为晋武帝，史称西晋。西晋是继东汉末年以来长期分裂之后的一个短暂的大一统王朝。

一、西州著姓与庄园经济

西晋时期，“门阀世族”和“豪门著姓”几乎垄断了社会各个方面。为凸显家族特殊性，世家竞相以“郡望”标榜，诸如琅琊王氏、荥阳郑氏、太原王氏、京兆杜氏等都是名噪天下的门阀世族，还有一些次一等的官宦之家在地方上仍是权倾乡里的大家族，成为地方著姓，门第高低成为进入官场的前提。

敦煌段氏。世代为西州著姓，段灼祖上曾任西汉西域都护，汉桓帝时，抗击羌人有军功，拜为破羌将军；曹魏时，随邓艾灭蜀，因军功封侯。

武威姑臧贾氏。贾诩早年跟随董卓，后归附曹操，封都亭侯，官职从执金吾到冀州牧，后任太尉。其子贾穆因父辈之荫，历任郡守；贾穆之子贾模在晋惠帝时为散骑常侍、护军将军。后来贾模之侄贾疋拥晋愍帝在长安即位。

金城麹氏。世代豪门，麹允迎立晋愍帝，身兼尚书左仆射、领军、持节、西戎校尉、录尚书事、雍州刺史等要职。

陇西辛氏。北朝时高官辈出。晋怀帝时，辛勉任侍中，永嘉时匈奴破洛阳城，随晋怀帝到平阳。辛氏后人辛恭靖在东晋安帝时任河南太守，辛雄任北魏孝武帝尚书左仆射、侍中，辛庆之在北魏末期任平北将军，西魏初任承相府右长史兼给事黄门侍郎、度支尚书、南荆州刺史等职，辛威任西魏宁远将军、北周大将军等职，封为宿国公。

陇东傅氏。东汉末期，傅燮任汉阳太守，死于六郡哗变；子傅干在曹魏时任扶风太守，从兄傅嘏任太常卿。傅干之子傅玄因察举入朝为郎中，后任弘农太守领典农校尉；曹魏代汉，封为鹑觚男爵位，任散骑常侍；西晋时，升为子爵，加授驸马都尉。傅玄之子傅咸袭父亲爵位，历任太子洗马、尚书右丞、冀州刺史、北地郡中正等职。

陇东皇甫氏。皇甫规在永和六年（141）任安定郡功曹，后任度辽将军、护羌校尉。东汉末，皇甫嵩位居太尉一职。魏晋时期，皇甫陶任散骑常侍，皇甫重任秦州刺史。皇甫嵩的曾孙皇甫谧为陇东著名学者，培养出诸如张轨、牛综、席纯等西晋知名政治人物。

陇西李氏。西州最为显耀的家族，为北方世族之首。先秦秦昭襄王设置陇西郡时，李崇名扬狄道（今甘肃临洮县），子李瑶被封狄道侯，李瑶之子李信为秦大将军、陇西侯。西汉时，李信之子李超任大将军、渔阳太守。李超之子李仲翔也任将军，后与羌人作战，身死葬于狄道，李仲翔之子李伯考落户陇西。李伯考之子李尚任成纪令，其子为飞将军李广，从此李氏分为狄道、成纪（今甘肃静宁县西南）两支。西凉李暠的父亲原为西晋官吏，因乱世携家迁河西，在张轨手下任职，逐渐发达。因此，陇西李氏因李暠而更为显赫。李暠之孙李宝和重孙李冲均为北魏显贵。太和中（477—499），北魏定族姓，将李氏定为北方世族之首。

另外，还有一些如敦煌氾氏、宋氏等新兴豪望。魏晋时期，因远离政治核心的偏远地区，西州著姓势力日益壮大，对入晋后的河陇社会影响深远。

太康元年（280），晋武帝颁布占田课田制度以扩大农业生产规模，调整生产力和生产关系之间的矛盾，保障国家赋税收入。但为豪强庄园经济快速发展提供了合法外衣，土地兼并加剧，大量农民破产流亡甚至沦为奴婢，起义此起彼伏，豪强地主为抵御起义军，保护自身财产和人身安全，修筑防御工事，组织私人武装，依托庞大的土地庄园形成相对封闭独立的经济实体。西汉末期开始，各地涌现出据有坞堡、坞壁、堡壁的小范围割据势力，地主庄园经济进一步发展。魏晋时期，凉州一带的豪强庄园经济基本上以农业或畜牧业为主，如金城麴、游两姓拥有数量巨大的牲畜。北方战乱不断，大量关陇及中原人士逃入河陇，为豪强庄园提供了劳动力。

二、割据势力对秦雍凉诸州的争夺

太康元年（280）三月，晋武帝统一全国，大封同姓宗族为王，诸王可拥有军队，为以后权力纷争埋下隐患。永康二年（301），“八王之乱”爆发。“八王之乱”以洛阳为中心，波及周边区域，甚至陇右地区的秦州都被卷入，许多秦、雍籍官僚也卷入纷争，边地少数民族也加入战争，挑起民族矛盾，给边地和中原百姓带来了沉重灾难。

安定皇甫氏家族深陷“八王之乱”。三王起兵后，永安二年（305）四月，皇甫重被游楷等长期围困秦州，无法突围，派养子皇甫昌向司马越求援，遭拒。皇甫昌与原殿前护卫杨篇合谋，假传司马越之命奉迎羊皇后，再奉迎晋惠帝返洛阳。皇甫昌密谋败露被杀，皇甫重部下哗变杀死皇甫重降颙。“八王之乱”中，敦煌人索綝曾率领义兵讨伐司马冏；永嘉之乱爆发后，索綝率兵抵抗刘聪军队，因军功升任安西将军、冯翊太守。金城人麴允与索綝、贾疋等共谋“兴复晋室”，返攻长安，在索綝击败刘雅所率匈奴军队的同时，贾疋率军击败刘曜。刘曜退守长安，贾疋包围长安城，进攻凉州安定卢水胡彭荡仲；麴特击败新丰刘粲，刘粲退回平阳。天水人阎鼎在河南密县一带召集数千关陇流民参与战乱。永嘉七年（313）四月，刘聪杀晋怀帝，晋愍帝司马邺即位。安定人梁芬为司徒，金城人麴允为尚书左仆射、录尚书事，敦煌人索綝为尚书右仆射，领吏部、京兆尹，组成了一个以西州著姓为核心的新朝廷。十月，刘曜攻长安，麴允奉命抵御，但寡不敌众，索綝前往救援，刘曜派赵染袭取长安，晋将麴鉴驰援长安，赵染撤离。麴允突袭汉军，大败刘曜，刘曜撤回平阳。建兴二年（314）五月，刘曜与赵染、殷凯等合兵攻长安。建兴四年（316）七月，刘曜攻北地郡，麴允率兵救援，因听说城池已破，撤兵灵武，摧毁晋军渭水以北防线。八月，刘曜攻破长安，至十一月，晋愍帝降刘曜。刘曜杀索綝、梁允等人，后杀晋愍帝，西晋亡。

三、司马保据秦州

建兴三年（315）二月，晋愍帝任命江南琅琊王睿为丞相、大都督，任命驻守上邽的司马保为相国。刘曜攻打长安，长安城破，晋愍帝被俘，司马保开始“自尊”。因司马保非晋室嫡系，遭到各方尊晋势力反对。司马保向凉州张寔求援，金城太守窦涛率兵救援上邽，援军到达新阳（今天水市西北新阳镇），得知晋愍帝驾崩，司马保打算自立，张寔令窦涛停军新阳，派蔡忠奉表去建康向司马睿劝进。建兴五年（317）三月，司马睿称帝，东晋建立。大兴二年（319）四月，司马保自称晋王，置百官，改元建康。

司马保称晋王时，群雄竞起。大兴元年（318），前赵军队逼近陇上，原司马保部将陈安拥兵自立，司马保逃往南安，后返上邽。太兴三年（321）正月，刘曜攻占安定郡，司马保退到桑城（今临洮县南洮河西岸），计划退往河西，张寔再次派兵至陇西。司马保部发生内讧，张春与杨次杀司马保，选司马保后裔司马瞻为司马保世子。司马保死后，部下离散，部分军将投奔凉州张寔，陈安向刘曜请兵攻打陇西，俘获司马瞻交给刘曜处死。陈安俘获斩杀杨次，以天子之礼将司马保葬于上邽，谥号元王。司马保据秦州共十年（311—320）。

四、张轨据凉州

张轨（255—314），字士彦，原籍安定郡乌氏县（今平凉市西北），西汉常山景王张耳的十七世孙。张氏家世孝廉，以儒学传家，跟随著名学者皇甫谧学习《孝经》。太始初，张轨因举孝廉进入政坛，后受到中书监张华赏识，荐为二品。后来，张轨又被卫将军杨珧辟为属吏，历任散骑常侍、征西将军司马参军等职务，参与军机要务。永宁元年（301），张轨自荐加上公卿推举，任凉州刺史及护羌校尉。张轨以“弘尽忠规，务安百姓”为宗旨，平息凉州不安定因素，恢复凉州经济及重建行政机构，置侨郡，安置流民。奏请合秦、雍流移之人于姑臧西北，置武兴郡，又分西平界置晋兴郡。因武兴郡临近谷水、晋兴郡临黄河，可为发展生产提供必要的水利灌溉，利用外来流民开发凉州经济。张轨重用敦煌豪门大族，如索氏、李氏、曹氏、张氏、阎氏等，笼络武威、酒泉等地大族，如武威贾氏、酒泉马氏等，保障了他们在河西的经济利益和特权，避免豪门大族再起战事。张轨强调复兴中原礼乐教化，尊崇儒学，重视文教，征九郡胄子入学，置崇文祭酒，负责州学教育。大力倡导官学，民间私学教育非常兴盛。流寓河西的世家硕儒门下受学者数百千计，当时著名经学大师有宋纤、郭荷、祁嘉等，推动着民间私学成为河西教育的主流，河西文化日趋繁荣，华风复兴。他重视发展和提高农桑生产，恢复使用五铢钱以方便贸易流通。他竭力维护西晋皇帝权威，秉持“为王守土”的目标，经营凉州，旌表忠臣义士和先贤英烈，努力在边地营造一种尊卑有序、政通人和的良好社会局面。建兴二年（314）五月，张轨病死，后继者除张祚曾称凉王外，其他人均奉西晋为正统，始终沿用晋愍帝的“建兴年号”，直到张天锡改奉东晋升平年号。

五、秦凉对峙

建兴四年（316），刘曜建立前赵。因一时无力与石勒、王弥争夺关东，于是将长安以西的秦、凉、梁等州作为他进取的目标。当时的秦州，司马保实力犹存，脱离司马保占据陇城的陈安势力也逐渐崛起，与司马保保持着若即若离的关系。而凉州张寔、张茂兄弟，正在加紧巩固其父张轨留下的基业，并与司马保虚于应付，名义上受司马保节制。大兴三年（320）春，关中屠各胡首领路松多叛前赵转而支持司马保，据守阴密（今灵台县西25千米）东部，刘曜率兵击溃司马保军队，司马保弃上邽，逃亡桑城，后被部将杀死。永昌元年（322），刘曜击败陇南氐酋杨难敌，仇池氐羌归降。其后，刘曜先后占领南安郡、陇西郡，除陈安所占上邽、陇城和平襄（治今通渭县西南）外，陇右其余之地尽为刘曜所控。永昌二年（323）夏，刘曜派军至黄河东岸，与张茂凉州军隔河对峙，威胁姑臧。

为解除身后陈安势力的后顾之忧，从永昌二年（323）春起，刘曜与陈安先后在上邽、陇城、平襄等地激战，陈安战败，逃进峡中（今秦安县葫芦河谷）被追兵杀死，陈安部将纷纷投降前赵。解决陈安势力后，刘曜分兵两路，准备进攻凉州。面对前赵强大的攻势，前凉勉强保住了陇西一域，张茂随即派出使者向刘曜称藩，刘曜为了稳定后方接受了张茂的称藩，并拜侍中，都督凉、南、北秦、梁、益、巴、汉、陇右、西域杂夷、匈奴诸军事，太师、凉州牧、封为凉王，加九锡。凉赵间的夹河之争结束。

六、民族迁徙与融合

（一）民族迁徙

羌氐东迁 汉晋时期，北方周边民族纷纷内迁，羌族最先向内地迁徙。汉宣帝时期，先零羌渡过湟水，攻金城。汉元帝时，乡姐等羌攻陇西。两汉之交，隗嚣割据陇西时，曾征伐羌兵，羌人进入陇西，深入陇西以东，散居于陇南一带。东汉初，马援担任陇西太守，击溃先零羌，并分散其部族散居于天水、陇西、扶风三郡，羌人进一步内迁。永平元年（58），东汉军队击破烧当羌，迁其部族7000口至关中，其余羌众退往析支河曲（今青海东南黄河西岸）；至2世纪初，东汉军队击败析支河曲羌众，迁其部于汉阳、安定、陇西三郡。

永初元年（107），凉州羌人起义爆发，起义军转战陇西、汉阳、北地三郡，深入并州、益州和关中之地，羌人内迁之路打通。羌人不断内徙，北宫伯玉领导凉州羌胡大起义和董卓所率凉州羌兵进入中原。统治者为羁縻羌胡部族，以招抚之名内迁。西晋初年，关中冯翊、北地、新平及陇右安定、陇西、略阳诸郡，均有羌人生活。

西北氐人内迁与羌人内迁同步进行。西汉武都郡设置后，氐人就开始内迁，散居于河西福禄和关陇汧水、陇山一带。东汉末期，氐人多聚居于河西和今陕西略阳、甘肃陇南地区。建安年间，兴国城（在今甘肃秦安县东北）氐王阿贵、仇池（今甘肃西和县南洛峪乡）氐王杨千万统领部落万余。马超起兵反曹，得到阿贵部、杨千万部响应。马超兵败后，阿贵部被歼灭，杨千万南逃入蜀，余部降曹。曹操为防范其他割据势力联合关陇氐部，派徐晃降服隃糜（今陕西陇县东）、汧县（今陕西陇县南）诸氐部落；曹操征汉中，降服河池氐人窦茂部。为防止陇南氐人与刘备联合，曹操将陇南氐人迁至扶风、天水二郡。建安二十五年（220），魏文帝迁武都氐王杨仆部于汉阳郡；正始元年（240），魏将郭淮迁陇右氐人3000余落至关中。汉末至魏初，氐人持续内迁，关陇诸郡已有大量氐人生活。

鲜卑南下　鲜卑原属东胡族系，匈奴汗国崩溃后，鲜卑南下，后归附东汉。2世纪中期，鲜卑大人檀石槐统一鲜卑各部，分鲜卑为中东西三部，东部槐头部后形成宇文部，西部推演部后形成拓跋部。东汉末年，鲜卑等北方民族崛起，一部分西部鲜卑进入河西、陇右。檀石槐孙步度根时期，“小种鲜卑”轲比能部兴起。曹魏中后期，河西鲜卑进入河西走廊，以“秃发”为姓氏，被称为秃发鲜卑，邓艾经略河西时，降服鲜卑置于雍、凉之间。西晋初期在河西走廊和陇西一带活动的鲜卑部落较多，或招怀或威逼而内附，这些部族或以姓氏为号，或以居住地名为号，诸如乙弗、车盖、北上等，以陇西鲜卑人数最多。乞伏氏部落是河西鲜卑中势力最大的一支，曹魏时内迁，至西晋泰始初年迁至今天河套以南。乞伏氏以此为基础，征服其他鲜卑部落，将势力南扩，最后迁徙至苑川（今兰州市榆中县夏官营镇附近），活动于陇西地区的鹿结、吐赖、匹兰、密贵、豆留奇、大兜国等部族多被乞伏部征服。永嘉年间，慕容吐谷浑带领部众越陇山西迁，进入河湟地区，征服河湟羌人，建立吐谷浑政权，之后两个多世纪，吐谷浑主要活动于甘青川交界的河湟地区。吐谷浑曾越过枹罕，占据河西陇右部分地区。

胡人入塞 西晋初年，塞外匈奴诸部纷纷内迁，如屠各种、羌渠、贺赖、赤勒等19种，部分迁至今甘陕地区。陇右地区也散居有胡人部落，元康二年（292），匈奴郝散之弟郝度元曾率领冯翊、北地羌胡攻破这两地的城池。

卢水胡是生活在魏晋时期河西走廊的一个匈奴部落，主要活跃于临松郡（治今甘肃肃南裕固族自治县马蹄乡）。西汉武帝经略河西，管理降附的匈奴、羌人等。窦融以张掖属国都尉之名守卫河西，曾“怀辑羌虏”，包括卢水羌胡、属国羌胡。曹魏时期，临松郡并入张掖郡，临松郡卢水胡逐渐分散于河西走廊，根据活动地区，将其以郡名来称呼，如安定卢水胡、北地卢水胡、上郡卢水胡等。内迁卢水胡长期与汉人交往相处，关陇地区出现了冠有姓氏的卢水胡，如盖、刘、彭等大姓。河西走廊还活动着一支匈奴余部“赀虏”，作为原匈奴余部的赀虏，汉魏时期一直活动于河西走廊，以游牧为生，直到西晋灭亡时史书仍有记载，并影响着丝绸之路河西走廊段的交通。

賨人北徙 賨人，又称巴人、彭人，属于板楯蛮的一支。三国时，曹操出兵汉中，张鲁失败后退往巴中，依附賨人七姓，后賨人归附曹操，曹操任命賨人首领巴朴胡为巴中太守，统管西南巴人，同时也可作为扰乱刘备的前沿。因刘备出兵击败巴朴胡，曹操将賨人部众迁至汉中。曹操克汉中后，賨人李特率部归附，全部迁至略阳、天水一带，与陇右氐人杂居生活。因此，北方人将其统称为“巴氐”。西晋末年，关陇大乱，陇右6郡百姓徙至巴蜀避祸，遭到朝廷和地方官员的欺凌，李特率领族人及流民起义，并在成都建立成汉政权。

（二）各族反抗西晋的斗争

西晋时期，关陇戎狄部落密布，因汉族豪强对内迁民族肆意侵凌，反抗情绪日增。以江统为代表，以分置州郡控制改变内徙民族的部落制度，采用高压政策围堵内迁民族，排斥压制有才能有功劳的戎夷之人，致使鲜卑、北地羌胡等激烈反抗。从泰始六年（270）六月，河西鲜卑首领树机能击杀秦州刺史胡烈开始，一直到永兴元年（304）张轨将起义镇压，河西鲜卑反晋起义持续了30多年，沉重打击了西晋统治。历史上将河西鲜卑起义称为“凉州之乱”。起义过程分为三个阶段：第一阶段，从泰始六年到泰始十年（270—274），即晋军高平之败到鲜卑20部弭兵遣子入质。战争主要区域在武威以东，树机能杀胡烈后占领高平。晋武帝以尚书石鉴为安西将军，调杜预接任秦州刺史，镇压起义。但因石鉴急于求战，遭到失利。随着战争持续，晋军据城坚守，打破鲜卑军队骑兵优势。树机能主动出击金城，后攻凉州，因晋军防范严密而失利。最后，因饥馑难以为继，鲜卑20部侯王于泰始十年（274）投降司马郡，支持树机能的安定、北地、金城诸胡等随之投降。第二阶段，从泰始十年到咸宁四年（274—278），即鲜卑复起控制凉州到西晋收复凉州。树机能降晋后，散居敦煌西边“西部鲜卑”东迁与晋戍边军队发生冲突，因河西防务松弛，树机能起兵攻武威郡。西晋忙西调秦雍军队，前往凉州，树机能表示归降。晋军班师后，树机能于咸宁四年（278）六月再次起兵，杀凉州刺史杨欣，占领武威郡，控制凉州，河西鲜卑反晋达到高潮。马隆自荐募勇士镇压树机能。咸宁四年（278）底，双方在姑臧城决战。鲜卑猝拔韩、且万能降晋，极大削弱了起义军实力，马隆离间河西羌胡，杀树机能，收复凉州。第三阶段，从太康元年到永兴元年（280—304），即鲜卑首领轲成泥攻西平到张轨平息起义。树机能被杀后，河西鲜卑主力退到今大通河、湟水一带，反晋民族联盟瓦解。太康元年（280），西晋灭吴，鲜卑轲成泥一部在东山起兵，攻西平郡、浩亹县。晋武帝调马隆为西平太守，击败轲成泥。太熙元年（290），马隆刚调往陇右任东羌校尉，树机能后裔若罗拔能再次兴兵，占据凉州。永康二年（301），西晋镇西将军张轨被任命为凉州刺史兼护羌校尉，继续镇压河西鲜卑。永兴年间（304—306），张轨派兵大败鲜卑，击杀若罗拔能，河西民族大起义彻底失败。

河西鲜卑发起的凉州羌胡反晋起义，开启了各族民众反晋序幕，加强了民族融合交流，沉重打击西晋腐朽统治，但也对河西社会经济造成了巨大破坏，给河西民众带来了深重灾难。

第三节 东晋十六国时期

西晋灭亡后，西晋宗室拥立司马睿在江南建康（今江苏南京市）重建晋朝，史称东晋。内迁北方诸族相互攻伐混战，从永安元年（304）匈奴贵族刘渊建立汉国开始，至太延五年（439）鲜卑拓跋氏统一北方。北方涌现了匈奴（前赵、夏、北凉）、鲜卑（前燕、后燕、南燕、西秦、南凉）、羯（后赵）、氐（成汉、前秦、后凉）、羌（后秦）、汉（前凉、西凉、北燕）所建立的16个有较大影响的地方政权，史称十六国。其中，在甘肃建立和发展的有前凉、前秦、后秦、西秦、后凉、南凉、西凉、北凉、前后仇池国等割据政权。

一、前凉

前凉的创立者为张轨。永宁初（约301），晋室任命张轨出任凉州刺史、护羌校尉。张轨到凉州赴任后，迅速平定了当地的叛乱，稳定了凉州社会，使得河西地区趋于安定繁荣。凉州成为汉族特别是来自洛阳、关中等地的汉族躲避战乱的场所，这些避乱而来的人们促进了凉州生产力的发展。张轨死后，其子张寔、张茂兄弟相继管理凉州。这一时期是前凉政权的封建割据逐渐形成的时期。一方面是由于西晋王朝终于在少数民族的反晋斗争中走向覆灭。另外一方面是因为张氏父子已经保据河西与前赵以陇为界形成对峙。太宁二年（324）张茂病死，传位于张寔之子张骏。张骏继任之初便注重维持与强邻的关系，先后向前赵、后赵、成汉称藩，虽然也向东晋称藩并派遣了使者，但并未奉其正朔，仍继续使用西晋的建兴年号，并开始整备王国的各项制度，其在位的22年间，前凉政权安定，进入了强盛时期。永和二年（346），张骏病逝，其子张重华（329—353）嗣位，重华继续使用张骏的称号假凉王，从此前凉有了王位世袭制。前凉政权在张骏、张重华时达到了鼎盛。但从张重华时期开始，因其连破劲敌，骄傲自满，放弃了拥晋的旗号，使得前凉开始江河日下。至永和九年（353），张重华病死，年仅10岁的儿子张曜灵继位。然而，其伯父张祚矫称遗命，篡位自立，并在篡位的第二年“僭称帝位”，改元和平，至此凉州开始采用皇帝的称号，并制定了独立的年号。张祚统治时期成为前凉史上唯一在形式上取得完全独立的时期。永和十一年（355）五月，张祚死于内斗。张琚等人推举年仅7岁的曜灵弟玄靓即位，此时，取代了后赵统治关中的前秦趁张祚、张玄靓交替时期的混乱，向前凉施压，迫使前凉于永和十二年（356）向前秦臣服。此后，前秦便每攻凉州，兵无宁岁，到太元元年（376），苻坚下诏全面进攻前凉，前凉张氏政权覆灭。从张轨在永康二年（301）出任凉州刺史，至太元元年（376）为前秦所灭，前凉政权共延续76年，共历8主，为十六国中立国时间最长的政权。

二、前秦

前秦政权由苻氏建立，创始人为苻洪。永和五年（349），汉人冉闵在石赵内乱中夺得政权，建立冉魏，这时苻洪也在枋头起兵，自称大将军、大都督、大单于、三秦王，图谋占据长安。但在第二年，苻洪便被后赵旧将麻秋毒死，后其子苻健斩麻秋并听从苻洪临终遗言，称臣于晋，自称晋征西大将军，引众西行，做西取关中的准备。永和七年（351），苻健攻取长安并自称大秦天王、大单于，建国号为“大秦”。次年，改称皇帝，史称“前秦”。苻健死后苻生即位，第二年降服前凉，苻生即位仅两年就死于其从弟苻坚发动的“云龙门之变”。太和五年（370），苻坚灭前燕，翌年灭仇池杨氏，进而攻取东晋梁、益二州。太元元年（376），苻坚趁鲜卑拓跋氏衰乱之际，进兵灭之。太元七年（382），苻坚又命吕光进驻西域，于是中原地区尽统一于苻秦势力之下，至此唯有占据东南一隅的东晋与其对峙，前秦政权达到了鼎盛。太元八年（383）七月，苻坚下令进攻东晋，发起淝水之战，结果东晋大败前秦，从此前秦国力日渐削弱。太元十年（385）苻坚死后，其子苻丕即帝位，在西返关中途中，与鲜卑激战，苻丕大败。太元十一年（386）十月，苻丕南下偷袭洛阳，为东晋大将冯该击杀。因丕子年幼，众拥坚族孙苻登（苻敞子）即帝位于陇东，此后苻登与后秦姚苌、姚硕德在陇东一带展开争夺，双方互有胜负，最终姚兴大败苻登，苻登为姚兴所擒后杀害。之后苻登子苻崇逃到湟中称帝，但至十月就被乞伏乾归逐出，苻崇投奔陇西王杨定，不久，苻崇与杨定都为乞伏乾归的凉州牧乞伏轲殚所击杀。至此，前秦灭亡。前秦从苻健于永和七年（351）称大秦天王起，至苻崇被杀，共经历了6主44年。

三、后秦

后秦的建立者为姚苌（329—393）。永嘉之乱中，姚苌的父亲姚弋仲带着部众迁到榆眉（今陕西千阳县东）。太宁元年（323），前赵占领陇右，不久陇西的氐、羌纷纷降赵。姚弋仲降赵后，被前赵主刘曜任为平西将军，封平襄公，回迁陇右。后赵建立后，石虎封姚弋仲为六夷左都督，并采纳姚弋仲的建议将关陇氐、羌豪强迁徙到关东，姚弋仲以奋武将军、西羌大都督之职，率羌人居于清河郡内的滠头（今河北枣强县东北）。石虎末年，谪成凉州的东宫卫士在梁犊带领下起义，姚弋仲受命前去镇压，因功受封为西平郡公。永和八年（352），姚弋仲病死，其第五子姚襄（331—357）继承兵权，姚襄率部投降东晋，后又投向前燕慕容儁。升平元年（357）姚襄被杀，其弟姚苌率部降秦，前秦在淝水之战中惨败，姚苌率兵击杀苻坚，关中旋即成为西燕和姚苌的角逐之地。姚苌从安定出兵进军并占据长安，于太元十一年（386）四月正式即皇帝位，改元建初，建国号大秦，改长安曰常安。之后，姚苌击破平凉（今甘肃平凉市）的胡酋金熙和高平鲜卑破多兰部没弈于，进入秦州后对晋末以来据有秦州的屠各王统发动进攻，天水屠各、略阳羌胡众两万余户响应姚苌，王统惧而降附后秦。

建初四年（389）十月，姚苌病逝，其子姚兴继位，与铁弗匈奴首领赫连勃勃建立的夏国轮番征战于秦、陇之间，在不到十年的时间里，后秦领土不断被夏国蚕食，在后秦为应付夏国不断的侵扰而疲惫不堪之时，义熙十二年（416），姚兴卒，其子姚泓继位，国内归降的多族势力趁机反叛。八月，东晋太尉刘裕亲统大军兵分5路，水陆并进北伐后秦，阳城及成皋、荥阳、武牢诸城悉降，洛阳随即沦陷，最终攻占长安，后秦灭亡。后秦自姚苌于太元九年（384）建国，至义熙十三年（417）灭亡于东晋，共历3主34年。

四、西秦

西秦是十六国时期居于陇西的以乞伏鲜卑族为核心所建立的政权。淝水之战前秦失败，整个北方的形势发生了改变。原来隶属前秦的鲜卑、羌、丁零纷纷起来反抗自立。太元十年（385）九月，鲜卑族首领乞伏国仁自称大都督、大将军、大单于，领秦、河二州牧，改元曰建义，筑勇士城以居之，西秦建国。勇士城居勇士川，勇士川即苑川，在今兰州市东南50千米的榆中县，此为西秦第一个都城。

在西秦建立之初，东边有苻登与后秦姚苌，西边有刚建立的后凉政权，在其南边则是强大的吐谷浑。这一形势对刚建立的西秦来说极为不利，使西秦很难有大的发展。于是在外交方面，乞伏国仁选择了与三国和平相处的外交政策，并于太元十二年（387）接受了苻登所赐予的大将军、大单于、苑川王的封号，在外交上保持一个较为和平的环境下，乞伏国仁又利用军事力量不断扩大自己的势力范围。太元十三年（388）六月，乞伏国仁突然身亡。其子年幼，群臣推国仁弟乾归继立，为大都督、大将军、大单于、河南王。九月，乾归从勇士城迁都至金城（今兰州西）。西秦在与后凉、前秦不断征战中逐步壮大，乞伏乾归几乎占有全部陇西地区。隆安元年（397），后凉吕光统率大军进攻西秦，占领西秦的金城、临洮、武始等城，后被乾归击退。同年，后凉因内部发生叛乱而日益衰弱，无力进攻西秦。紧接着西秦击败南面的吐谷浑。隆安四年（400），后秦姚兴与姚硕德率军5万进攻西秦，乞伏乾归大败，西秦军3.6万人全部投降，西秦亡。

乞伏乾归投降后秦后，姚兴任命其为镇远将军、河州刺史、归义侯，复以其部众配之。于是，乞伏乾归虽然亡国，但是又在姚兴的任命下重新得以收拾自己的亲信人马，之后姚兴又将投降的西秦人马全部配给乾归，于是乞伏乾归又有了立足之地。至义熙四年（408），后秦由于常年战争，以及多次败于南凉与北边的赫连勃勃，实力衰弱。同年十月，乞伏乾归之子乞伏炽磐见机而作，召集诸部2.7万人，于嵻峎山（在今兰州南140里）筑城准备反抗后秦。第二年（409），炽磐攻克枹罕，当时乾归正随姚兴在平凉，于是炽磐派人急告乾归，乾归逃至枹罕与炽磐会合。乾归命炽磐守枹罕，自己带3万人马至度坚山去发展势力，积极地谋划复国之路。409年七月，乞伏乾归再次称“秦王”，改元更始，置百官。自公元400年灭国后，乞伏乾归经过9年的蛰伏，终于成功复国，并迅速恢复了原有疆域。

义熙九年（413），炽磐发动了一系列对吐谷浑和东部休官之战，使西秦夺得了浇河、湳川陇西郡之地。第二年五月，乞伏炽磐趁秃发傉檀西击乙弗鲜卑之际，攻拔南凉都城乐都，一举袭取南凉乐都、西平、广武、晋兴等郡。六月，秃发傉檀降炽磐，炽磐厚待之，年底，炽磐使人毒死傉檀，南凉亡国。炽磐也向北凉发动进攻，攻克北凉在湟水流域唯一的据点湟水郡，将北凉的势力赶出湟水流域。元嘉三年（426）起，西秦国内外形势开始恶化。东边的大夏自赫连勃勃去世后，其子赫连昌继位，有西进之野心。西边，北凉灭西凉后开始反攻西秦。南边的吐谷浑阿柴死后，其弟慕瞆立，势力渐强。由此，北凉、吐谷浑、大夏三国从西、南、东方向形成了对西秦的包围。另外国内被西秦征服的各部落以及汉羌等各族人民也开始反抗西秦的统治。元嘉四年（427），炽磐卒，其子慕末即位，改元永弘。在吐谷浑、北凉、大夏的进逼下，慕末走投无路，决定投靠北魏。最终在南安被夏主赫连定围攻，慕末率宗族5百余人衔璧出降。六月，赫连定杀乞伏慕末及宗族5百余人，西秦亡。

西秦从乞伏国仁与太元十年（385）建国，至元嘉八年（431）灭亡，共历4主，凡47年。

五、后凉

后凉为略阳氐人吕光（336—399）所建。太元七年（382），苻坚命吕光为都督西讨诸军事。淝水之战后，前秦国内纷乱，吕光打起“赴难”旗号，加紧东进，先后占据敦煌、晋昌、酒泉、姑臧，初步建立起在河西的统治。太元十四年（389）二月，吕光自称三河王，正式建立起割据政权。隆安元年（397），吕光去三河王号，称大凉天王，建国号为大凉，史称后凉。

后凉建立后，忽视农业生产，大肆征收赋税，征发兵役，破坏屯田，政治经济各方面治理失当，因此其统治既得不到河西汉族地主的支持，也得不到境内各民族百姓的拥戴，从一开始就危机四伏，并迅速走上崩溃的道路。

隆安元年（397），吕光亲率大军再次攻打西秦乞伏乾归于金城郡，并一度将其攻陷，但随后吕光落入西秦的离间计策，最终败退。同时，后凉东南部据有河湟地区的秃发乌孤趁吕光退兵之际，进兵广武郡（今甘肃永登县），占领金城郡，首先与后凉对抗，成为后凉政权南面的一大威胁。吕光派兵征伐，反为其所败。吕光听信谗言，把兵败西秦的罪责推到卢水胡人、尚书沮渠罗仇和三河太守沮渠麹弼兄弟身上，在姑臧城内杀死二人。罗仇之侄沮渠蒙逊及沮渠男成被逼起义，攻下临松郡，吕光酒泉太守垒澄兵败被杀。男成等推后凉建康太守段业为大都督、龙骧大将军、凉州牧、建康公，据有建康郡，是为北凉，成为后凉西面的一大劲敌。就在吕光受到夹击、局势极为艰难时，后凉太常郭磨、侍中房晷、仆射王详等人在姑臧东苑发动兵变。之后后凉晋昌太守王德、敦煌太守孟敏也举郡投降了段业。很快段业与沮渠蒙逊攻下张掖。这时，在后凉的西北面有北凉，东面有西秦，南面有南凉，互相攻击后凉，使后凉应接不暇，一蹶不振。隆安三年（399）十二月，吕光病死，天王吕绍即位仅5日就被吕光庶长子吕纂逼迫自杀。吕纂遂成为天王。隆安四年（400），吕纂向南凉发动进攻，最终失败而归。随后吕纂又出兵北凉，攻张掖、建康一带。但此时姑臧遭到南凉的攻击，吕纂又被迫返回姑臧。吕纂试图在南凉、北凉之间扩大势力的计划宣告失败，并造成了后凉国力的进一步衰退。隆安五年（401）二月，吕纂被吕光弟弟吕宝之子吕超和吕隆杀害，吕隆登上了王位。但很快后凉就遭到来自东方后秦的攻击，姑臧被围。元兴二年（403）七月，吕隆遭到南凉与北凉的夹击，后凉灭亡。

后凉自太元十四年（389）至元兴二年（403），前后共4主，凡15年。

六、南凉

南凉是鲜卑族的一支秃发鲜卑首领秃发乌孤建立的政权。秃发鲜卑长期生活在河西一带，后成为反晋力量，虽然失败并未溃散，数传至秃发乌孤，乌孤立后，稳定农业，发展经济，积蓄力量，同时对后凉采取了避其锋芒、以退为进的策略，招引河西各族名流以扩大势力。随着力量的积蓄，秃发乌孤开始拒绝接受后凉吕光的加封，与后凉政权决裂。太元二十一年（396），乌孤拒绝吕光册封，并于隆安元年（397）正月自称大都督、大将军、大单于、西平王，年号太初，史称南凉。南凉建国后，面临西秦、后凉、北凉三国分处南凉之东、北、西三个方向的不利形势，乌孤制定并开始实施以夺取河西中心地区姑臧为总目标的战略。隆安三年（399）六月，秃发乌孤亡，其弟秃发利鹿孤继立，他加强与北凉的合作，与后秦通好，之后北凉分裂，减小了对南凉的威胁，形成了南凉周围东有后秦、北有后凉、西有北凉西凉的局面。元兴元年（402），利鹿孤病死，继位的秃发傉檀不断打压北凉，讨好后秦，接管了凉州五郡之地（武威、番禾、西郡、昌松、武兴），将南凉政权推向极盛时期。义熙二年（406），秃发傉檀开始谋夺整个河陇的计划，但由于与后秦交恶，加之又遭遇阳武之败和“边梁之乱”，使南凉开始由兴盛转入衰败。义熙三年（407）冬，秃发傉檀败于与大夏赫连勃勃之役，军事上的失利使其开始加紧搜刮百姓，一时之间内乱四起，与此同时又数败于北凉，并受到西秦的威胁。至义熙九年（413），南凉仅剩乐都、西平二郡及晋兴、广武部分地区为其所有，其余尽被北凉、吐谷浑、西秦所分割。次年又失去乐都及以西诸城，秃发傉檀最终决计降于西秦，继而被杀，南凉灭亡。南凉自隆安元年（397）建国至义熙十年（414）灭国，共历3主，计18年。

七、西凉

西凉的建立者为陇西李氏的李暠（351—417）。隆安三年（399），段业置凉兴郡，封李暠为持节、都督凉兴以西诸军事、镇西将军、领护西夷校尉。隆安四年（400），北凉晋昌太守唐瑶投附李暠，传檄敦煌、酒泉、凉兴、建康等郡，共同推举李暠为大都督、大将军、凉公，领秦凉二州牧、护羌校尉。李暠建元庚子，大赦境内，正式建立西凉政权。西凉当时实际的辖区在今肃州区、玉门市以及新疆东部的一些地区，面积非常有限，国力孱弱。为增强国力，李暠励精图治，积极推行文治，勇于纳谏，招揽人才，努力做到知人善任，赏罚分明，并积极发展生产，使农业有所进步。他还采用远交近攻的策略，交好南凉，以牵制北凉，使西凉出现了兴旺的景象。义熙十三年（417），李暠病死，由次子李歆继位，改元嘉兴，史称西凉后主。李歆多次挑起对北凉的战争，消耗了国力，加重了国人负担。元熙二年（420），李歆与沮渠蒙逊多次激战，战败身亡。李歆战死后，北凉先后占领酒泉、敦煌，歆弟李恂复夺敦煌并称冠军将军、凉州刺史，改元永建。泰常六年（421），沮渠蒙逊又率兵来攻，北凉军引水灌敦煌，李恂乞降不成，部下投降，李恂自杀，敦煌失陷，西凉灭亡。

从李暠于隆安四年（400）称凉公，至泰常六年（421）敦煌陷落，西凉灭亡，李氏政权共历2主，计22年。

八、北凉

北凉为卢水胡沮渠氏沮渠蒙逊（368—433）建立的政权。后凉建立后，晋安帝隆安元年（397），吕光讨伐西秦战败后，听信谗言杀死沮渠罗仇和沮渠麹粥，其侄蒙逊起兵并联合建康太守段业结盟反后凉，男成等推段业为大都督、龙骧大将军、凉州牧、建康公，自称凉王。后段业杀男成，沮渠蒙逊起兵杀段业。武卫将军梁中庸等共推沮渠蒙逊为使持节、大都督、大将军、凉州牧、张掖公，改元永安，都张掖。从此，北凉政权名副其实地掌握在卢水胡沮渠氏手中。

蒙逊即位后，为避免四面受敌，先遣使奉表入贡于西凉，又转与秃发利鹿孤修好，同时遣子沮渠奚念为质于南凉，与南凉结盟。灵活的外交策略，大大缓解了来自外部各方面的巨大压力，也为北凉发展经济、巩固政权赢得了时间。蒙逊采取发展生产、减轻赋税、广招人才、严明吏治等措施增强了国力，促进了在河西的霸业，开启了统一河西的计划。

元兴二年（403）后凉灭亡，北凉与南凉反复征战，永安十二年（412），蒙逊迁都姑臧，即河西王位，改元玄始。元熙三年（421），北凉攻下西凉最后一个据点敦煌，西凉灭亡。玄始十五年（426），北凉与夏国夹击西秦，使西秦遭受重大损失。随后北凉与吐谷浑步步进逼西秦，迫使西秦投靠北魏，终被夏国赫连定所亡，不久夏国也亡于吐谷浑。北凉成为河陇地区的强国，进入全盛时期。北凉盛时，西控西域，东尽河湟，置沙州于酒泉，秦州于张掖，凉州治姑臧。基本占据了前凉的旧土，大致是今甘肃河西走廊、青海省青海湖、湟中及新疆东部一带。义和三年（433）四月，蒙逊病卒，其子牧犍继立，改元永和。牧犍即位后继续奉行称藩于魏亲善于宋的外交政策。元嘉十六年（439），北魏拓跋焘进攻北凉，先后攻破姑臧、张掖、酒泉等。北凉后期又占领高昌、鄯善、车师城，并在高昌建国。和平元年（460），柔然发兵攻打高昌，杀沮渠安周，歼灭北凉残余，北凉灭亡。

北凉自隆安元年（397）建国至和平元年（460），历5主，凡64年。

九、仇池国

（一）前仇池国

前仇池国政权为氐族杨茂搜（？—317）所建立。建安中（196—220），世居陇右的天水氐人首领杨腾率领部落从陇右越过渭河南下迁至仇池，历经数代，“八王之乱”后，于元康六年（296），杨茂搜在仇池自号辅国将军右贤王，正式建立仇池国，史称前仇池国。

杨茂搜建国之时，中原和关陇的士民四散流亡，相对安定的仇池成为避乱之地。杨茂搜对涌入仇池的流民来者不拒，广纳天下豪杰，对流民的延纳抚接，为杨茂搜赢得了声誉，使得周边的氐人部落纷纷归服，实力日渐强盛。同时，杨茂搜还遥尊西晋为正朔，被晋愍帝封为骠骑将军、右贤王。自此，杨茂搜的仇池割据势力正式被西晋朝廷承认。建兴五年（317），杨茂搜去世，长子杨难敌袭位，号左贤王，屯下辨（治今成县西北），幼子杨坚号右贤王，屯河池（治今徽县西），仇池政权统辖区域从原来的仇池山区域扩展至今徽成盆地，统治重心东移。大兴三年（320），前赵刘曜与杨难敌征战，杨难敌兵败称臣前赵。大兴四年（321），杨难敌面对刘曜威胁投靠成汉李雄后又脱离成汉并歼灭成汉追兵，于太宁三年（325）重新占据仇池。杨难敌重新占据仇池后，通过一系列举措使仇池国进入鼎盛时期，成为陇右一支颇强的政治势力。咸和九年（334），杨难敌去世，其子杨毅袭位，向东晋称臣，被封为征南将军。但很快杨氏内部出现内讧，咸安元年（371），前秦苻坚乘仇池内乱之际，派兵进攻仇池国，次年灭仇池。

前仇池国自元康六年（296）建国至咸安元年（371）灭亡，共历8主，凡76年。

（二）后仇池国

淝水之战中前秦大败，降于北魏的杨定追随苻坚退回关中，固守长安。太元十年（385）二月，西燕慕容冲进攻骊山，杨定奉命抵抗，兵败被俘。八月，姚苌杀死苻坚。十月，杨定逃回陇右聚集旧部，将根据地设在历城（今西和县西峪平），扼守陇右入川的交通要冲，为后仇池国的发展奠定了基础。杨定站稳脚跟后，自号龙骧将军、仇池公，并向东晋称藩，后仇池国建立。太元十一年（386），王统投降后秦姚苌，杨定开始独立抗击后秦，于太元十四年（389）先后攻占陇城（今秦安县陇城镇）、冀城（今甘谷县城西），次年攻占天水、略阳二郡。在取得一系列胜利后，杨定改称秦州牧、陇西王，占据陇山以西的渭水流域，得到前秦苻登的认可。前秦灭亡后，太子苻崇投奔杨定，杨定讨伐后秦，兵败被杀，陇西之地被后秦占领。杨定死后，杨盛继位，自称征西将军、秦州刺史、仇池公。杨盛先后称藩于后秦、东晋、北魏，稳定了仇池局势，避免多面树敌；创建护军制度，废除郡县制度，将四山的氐羌划分为20护军，各为镇戍，以城为中心，徙民筑城自守。义熙元年（405），益州爆发内乱，杨盛利用汉中防守空虚，派侄杨抚出兵占据汉中，夺取通向蜀中的门户。后秦姚兴出兵陇右，兵锋直指仇池，杨盛只好以遣子杨难当为质，请降后秦，杨抚退守仇池，失汉中。义熙三年（407），杨盛再次出兵从后秦手中夺取汉中，随即向东晋称藩。义熙八年（412）十月，杨盛出兵夺取后秦的祁山（今礼县祁山乡），之后很长一段时间内，后仇池国处于休兵罢战的和平时期。始光二年（425），杨盛卒，子杨玄袭位，继续尊奉东晋，后又附南朝刘宋。北魏陷长安后，杨玄遣使附魏，被封为南秦王。元嘉六年（429）六月，杨玄卒，子杨保宗继位，杨难当辅政，不久杨难当废杨保宗自立。太延二年（436），杨难当自称大秦天王，改元建义。他分别奉表纳贡刘宋和北魏，太延六年（440），仇池国灾害连连，为摆脱困境，杨难当于次年率兵攻蜀，彻底激化与刘宋的矛盾，刘宋派大军进讨杨难当，并连克仇池的武兴、下辨、白水等地，杨难当投降北魏，后仇池国灭亡。

后仇池国自太元十年（385）建国至太平真君四年（443），共历5主，凡59年。

表4-1　十六国时期甘肃各政权起讫年代表

国名	建国人	民族	起讫年代
前仇池国	杨茂搜	氐	296—371年
前凉	张轨	汉	301—376年
前秦	苻健	氐	351—394年
后秦	姚苌	羌	384—417年
西秦	乞伏国仁	鲜卑	385—401年 409—431年
后凉	吕光	氐	389—403年
后仇池国	杨定	氐	385—443年
南凉	秃发乌孤	鲜卑	397—414年
北凉	沮渠蒙逊	卢水胡	397—460年
西凉	李暠	汉	400—421年

第四节　南北朝时期

从公元420年到公元589年，中国南方经历了宋、齐、梁、陈四个政权，北方经历了北魏、东魏、西魏、北齐、北周五个政权，史称南北朝时期。这一时期，甘肃地区先后为北魏、西魏、北周政权所统治。

一、北魏对河陇的管辖

（一）拓跋氏兴起与北魏经略西北

拓跋氏原居于中国东北大兴安岭地区，后南迁至蒙古草原。东晋咸康四年（338），拓跋什翼犍在繁畤北（今山西浑源县西南）即代王位。咸康六年（340），什翼犍定都于云中盛乐（今内蒙古和林格尔北）。太元元年（376），前秦皇帝苻坚对代国用兵，什翼犍失败后逃往阴山以北。后什翼犍回到云中，被其长子寔君杀死，代国灭亡。在什翼犍被杀之后，其孙拓跋珪流亡各地。淝水之战后，前秦败亡，北方再度分裂，后燕、后秦等政权纷纷建立。此时，拓跋珪也纠合旧部，于太元十一年（386）在牛川（今内蒙古锡拉木伦河）即代王位，同年改国号为魏，建年号为登国。太元二十一年（396），拓跋珪击败后燕，统率北魏大军，开始了对中原的进攻。隆安元年（397）六月，拓跋珪定都平城（今山西大同市）。太延二年（436），魏太武帝拓跋焘发大军灭北燕。北魏的疆域扩展到黄河以南。北魏开始将关陇及其以西作为下一步攻取目标，经略西北。

北魏在攻取河陇时，为扫除障碍，也出击柔然。神䴥二年（429）五月，太武帝率领大军到栗水（今蒙古国西北翁金河）和菟园水（今蒙古国杭爱山南之推河）搜讨柔然部落，后一直向西迂回到张掖水（今纳林河），给柔然以致命打击。太平真君四年（443），魏军再分四路伐柔然。北魏太武帝亲率骑兵在鹿浑海（今蒙古国鄂尔浑河河谷）给柔然以重创。太平真君十年（449），太武帝再次兴师讨伐柔然，大败新即位的柔然可汗吐贺真，逼迫吐贺真北窜。

为扫除大夏这一西北的障碍，北魏开始了对大夏的战争。始光四年（427），北魏攻取关陇，太武帝率军攻统万城。始光五年（428）二月，魏军攻上邽，夏主赫连昌向平凉逃跑，在安定被魏军俘虏。神䴥四年（431），夏国灭亡。北魏从此占领了关陇大地，也扫清了进军河西的道路。

太延五年（439）六月，北魏大军开始攻占河西。七月，魏太武帝指挥大军自云中（今内蒙古和林格尔）渡黄河后，分兵两路西进。九月，在魏军的强大压力下，北凉沮渠牧犍出降。魏太武帝占领姑臧后，派军进攻张掖、酒泉，追讨沮渠牧犍的弟弟沮渠无讳和沮渠宜得，同时进军乐都，追讨逃向吐谷浑的沮渠安周。太平真君二年（441）冬，魏军克定酒泉。至此，北魏拥有整个河西走廊，基本上结束了黄河流域自前秦崩溃后半个多世纪的分裂割据局面。

刘宋时期，仇池与魏保持宗藩关系，太延二年（436）春，杨难当称大秦王并占领上邽城。七月，魏太武帝下令讨伐杨难当，杨难当表示愿奉诏并退回仇池，秦陇之地遂安。太延五年（439），杨难当反攻上邽失败，继而又攻掠刘宋的梁、益二州，失败后降魏。接着，北魏与刘宋争夺陇南。当年五月，北魏太武帝与驻上邽的杨保宗合兵攻陇南，又派关中驻军向西，两路大军会攻仇池。太平真君四年（443）二月，魏军在浊水戍（今成县西南）击败宋军攻占仇池，扶植杨保宗恢复仇池国。四月，因杨保宗叛魏被杀，其弟杨文德自称仇池公，后建立武都国，仅占据葭芦城。太平真君七年（446），金城人边冏、天水人梁会据秦州上邽东城反魏，陇右氐羌响应，扰乱了北魏陇右统治秩序。杨文德借机招诱武都等五郡氐羌归附自己。太平真君九年（448）正月，魏攻葭芦城，杨文德弃逃汉中后被宋免官削爵。太平真君十一年（450），宋文帝起用杨文德为辅国将军，令其率军从汉中西进，重新占领阴平（治今文县）、平武（治今四川平武县东北）等郡。天安元年（466），杨保宗子杨元和丢弃白水城，投降北魏，魏封他为征南大将军、武都王，并迁居平城，其从弟杨僧嗣自立为主，号宁朔将军、仇池太守，回到葭芦屯戍。延兴三年（473），杨僧嗣卒，其从弟杨文度自立为武兴王，并遣使投魏，被魏孝文帝任为武兴（治今陕西略阳）镇将。太和元年（477）十月，杨文度派弟杨文弘攻克仇池。十二月，魏军反攻仇池，攻陷葭芦城，杀杨文度，委任杨难当族弟杨广香为阴平公、葭芦戍主。至此，存在了35年（443—477）的武都国被北魏消灭，北魏进而巩固了对陇南的占领。

北魏向西北进军时，青海湖附近的吐谷浑逐渐强大起来，经常袭扰陇西一带。太平真君五年（444），吐谷浑发生分裂，阿柴的长子纬代准备逃往平城，事泄为慕利延所杀。是年六月，纬代弟叱力延逃到北魏，受封为归义王，求魏讨伐慕利延。八月，太武帝命晋王拓跋伏罗率军出征。九月，魏军从乐都进入吐谷浑境内的大母桥（今青海循化东清水河入黄河处），慕利延逃往白兰山。其兄子拾寅逃往河西，从弟伏念等率部下1.3万人降魏。次年四月，魏军兵分两路，再击吐谷浑，占领枹罕。慕利延西逃，留慕璝之子被囊抵抗魏军。被囊战败被俘。正平二年（452）慕利延死，拾寅即位，对宋贡奉备至，对魏自恃险远，不肯恭命。和平元年（460）四月，魏军再次讨伐吐谷浑，拾寅南逃。献文帝拓跋弘即位后，皇兴四年（470）二月再次讨伐吐谷浑，拾寅战败。太和五年（481），拾寅死，子度易侯立。北魏赶走盘踞龙鹄（又名龙涸，今四川松潘）一带的吐谷浑军队。太和十四年（490）度易侯死，其子伏连筹立，与魏抗衡。五月，北魏讨伐伏连筹，收复洮阳、泥和二戍，伏连筹降魏。北魏在陇西和洮岷一域抑制吐谷浑的活动经太武、文成、献文、孝文数世。由于原属西秦故地的陇西、南安、金城、枹罕以及整个洮岷河湟区域是当时羌氐民族最为集中的地区，故北魏抑制吐谷浑也一定程度地减轻了其对氐羌等民族的压迫。

（二）北魏对陇右的治理

行政建制 太延五年（439），北魏灭北凉统一了黄河流域。在兼并割据者和占领“新附”地的过程中，北魏进行版籍整理，或沿袭，或改革，或增州，或置镇。至于新设或易名郡县，不一而足。太和十年（486），分置州郡，有州38，陇右为秦、南秦、梁、益、河5州。河西有凉、沙2州（或称凉、瓜2州）。太和以后，建制慢慢变得混乱起来，这种状况，在陇右和河西连县都不例外，如榆中县就有两处。

表4-2 北魏河陇区域行政建制表

州与治所	郡
秦州：治上封城（原上邽城，因避魏道武帝拓跋珪之讳而改名）。	天水郡：领4县
	略阳郡：领5县
	汉阳郡：446年分天水郡置，领3县
南秦州：太平真君七年（446）置，治仇池，太和十二年（488）改为渠州。正始初（504），治洛谷城（今西和县西南洛峪乡）。	天水郡：太平真君七年（446）置，领3县
	汉阳郡：太平真君五年（444）置，领2县
	武都郡：领4县
	武阶郡：领3县
	修城郡：领4县
	仇池郡：领2县
泾州：治临泾城（今镇原县东南50里屯子镇）。	安定郡：太和十一年（487）罢石堂郡，以其县属，领5县
	陇东郡：领3县
	新平郡：领4县
	赵平郡：领2县
	平凉郡：领2县
	平原郡：领1县
河州：太平真君六年（445）置镇，太和十六年（492）改镇置州，治枹罕（今临夏市）。	金城郡：领2县
	武始郡：领3县
	洪和郡：领3县
	临洮郡：太平真君六年（445）置，领3县

续表4-2

州与治所	郡
渭州	陇西郡:领2县
	南安郡:领2县
	广宁郡:领2县
原州:正光五年(524)置,治高平城(今宁夏回族自治区固原市)。	高平郡:领2县
	长城郡:领2县

表4-3　北魏河西行政建制

州与治所	郡
凉州:神䴥中(428—431)为镇,太和中(477—499)复为州,治姑臧。	武安郡:领1县
	临松郡:领2县
	建昌郡:领3县
	番和郡:领2县
	泉城郡:领1县
	武兴郡:领3县
	武威郡:领2县
	昌松郡:领3县
	东泾郡:领1县
	梁宁郡,领2县
鄯州	郡县阙
瓜州	郡县阙

治理措施　北魏统一黄河流域后，面临的问题是如何治理幅员辽阔的土地和五方杂错的人口。攻取陇右后，北魏对陇右百姓使用的统治手法是“恩威并施”的两手政策，即在征服各民族的同时，通过收揽各民族人心，以安定地方秩序。另外，北魏统治者也对陇右行“优复”政策，即征发赋役时给予一定优待。由于仇池氐羌仍经常反魏，故而朝廷很强调对仇他的恩威并施，要求那里的牧守以“养成布德”，求得辖境安宁。自太武帝统一北方，到孝文帝太和之世，北魏在河陇的“威惠并施”方略在侧重点上也

有变化。在刚占领秦、凉二州时，施“威”较多；而中期以后，特别是孝文帝时，“施惠”较多。纵观北魏政策和牧守们的做法，有一点很突出，那就是在选派秦、凉二州军政长吏时，十分注重人选，孝文帝时尤其如此。因此，在太和年间出任秦、凉二州的镇将和牧守，多表现出民族亲和力。在太武帝定陇以后，经文成帝、献文帝，再到孝文帝，北魏统治陇上已有半个多世纪，经过施恩于民，使统治基本稳定了下来。从太和九年（485）起，孝文帝推行三长制和均田制，还颁布新租调制，这些制度也推行到河陇，并促进了河陇区域的社会安宁和经济发展，各族人民的赋税负担也大大减轻。

北魏统一北方后，行政管理虽沿用州郡县制，但针对河陇地区民族众多的情况，又往往改州置镇。此外，在一些郡县，北魏也设镇置守。北魏的镇又称军镇，一般由作为军事统帅的将领驻守，具有征服和镇压职能，军镇也是各种矛盾最集中的地方。到孝文帝时才撤镇置州。河陇百姓的负担一直很重，特别是兵役常使羌氐百姓民不堪命。此外北魏将大量河陇人口变为隶杂户以供驱役，让他们世代承担各种苦役。为镇压各族人民反抗，北魏倡导酷吏政治，更加激化了社会矛盾，为各族起义埋下了导火索。

反魏斗争 北魏后期，爆发了多次反魏斗争。其中秦、泾二州起义规模较大。

正光五年（524）六月，秦州百姓因不堪忍受刺史李彦的酷虐，爆发了以羌人莫折大提为首的起义。秦州起义爆发后，莫折大提自称秦王，率起义军由秦州出发，先攻下高平镇（治今宁夏固原），再计划攻取陇东和关中。正在这时，莫折大提去世，而后起义军由其子莫折念生率领，继续与魏军作战。念生自称天子，改元天建，并置设官署，创立了起义军政权。起义军攻下东秦州州治汧城（今陕西陇县南），占领岐州（治雍城，今陕西凤翔县南），俘杀魏宗室元志和岐州刺史裴芬之，取得重大胜利。年底攻下河西重镇姑臧，整个河陇区域为起义军所控制。北魏朝廷改任原南朝降将萧宝夤做西道行台，与岐州刺史崔延伯统甲卒12万和铁骑8000进攻莫折天生率领的起义军主力。起义军因寡不敌众，被迫退守小陇山区（今天水市西南六盘山脉）。萧宝夤剿抚并施，招降张长命、韩祖香等部。起义军力量削弱后，萧宝夤于正光六年（525）正月调动大军进攻陇右，迫使莫折天生从天水撤到陇西。萧宝夤还利用起义军叛徒吕伯度兄弟掌握的武装，并勾结吐谷浑的军队进攻凉州，从而使起义军陷入腹背受敌境地。莫折念生为保存起义军力量，先诈降萧宝夤，不久趁萧宝夤麻痹，率部再起。这时，莫折天生也在泾州重创魏军后，再次率师东进，相继攻克东秦（治汧城）、岐（治雍城）、豳（治安定）、北华（治杏城）诸州，呈越长安占潼关和洛阳之势。面对起义军的强劲攻势，孝明帝宣布“中外戒严”，准备御驾亲征。孝昌三年（527）九月，北魏朝廷收买起义军常山王杜荣，使之杀莫折念生全家，并举秦州城投降，秦州起义失败。

秦州起义失败后，万俟丑奴领导的泾州起义军继起反抗北魏。孝昌四年（528）夏，万俟丑奴自称天子，建元神虎，创立了泾州起义军政权。次年，万俟丑奴进围岐州，并计划与河北起义军会攻洛阳。正在这时，河北起义军因内讧而被掌握北魏政权的契胡族首领尔朱荣镇压下去，从而使泾州起义军陷入孤立无援境地。尔朱天光率魏军进入泾州，诈言入秋后才发动进攻，万俟丑奴因放松戒备而遭击败被杀。丑奴牺牲后，起义军余部一支由万俟道洛率领，据守牵屯山（在今宁夏隆德县东）；另一支由宿勤明达率领，在平凉坚持。建明二年（531）四月，尔朱天光从夏州出兵击破宿勤明达部，明达被杀，泾州起义失败。

二、西魏对河陇的统治

永熙三年（534），北魏王朝分裂为东西两个王朝，史称西魏和东魏。西魏定都长安，实际控制者是宇文泰。宇文泰在镇压陇东起义的过程中发迹崛起。为了强化自己的统治，他一方面积极拉拢河陇地区的大族，形成关陇集团；一方面进行政治军事经济各项改革，消除割据势力。在选贤任能和治理河陇两项举措上尤为突出，为北周的建立和发展奠定了基础。

（一）从北魏分裂到宇文泰的崛起

北魏末年爆发了北方六镇和秦、泾二州起义，在镇压的过程中尔朱荣和高欢两大军阀趁机发展起来。

北魏末年的政治混乱与分裂　北魏末期河阴之变后，尔朱荣控制北魏政权，加紧对各地起义军的镇压，北魏上层矛盾也更加激化。与此同时，关陇形势发生巨变，宇文泰势力随之兴起。永熙三年（534）七月，孝武帝逃出洛阳，前往关中投奔宇文泰。高欢进入洛阳，立元善见为帝，随后迁都邺城，史称东魏。不愿受制于宇文泰，孝武帝逃到长安后，在永熙三年（534）冬被宇文泰毒死。宇文泰又立元宝炬为帝，史称西魏。北魏王朝正式分裂为东西两魏。东魏由高欢控制，西魏由宇文泰控制。东魏占据着今陕、山两省交界处的黄河以东土地。西魏占据着黄河以西、河套以南关陇土地。

宇文泰关陇集团的形成　北魏末年的河陇地区一片混乱，到处都是割据势力。永熙三年（534）二月，宇文泰率军击败侯莫陈悦，基本控制了关陇地区，分派李弼镇守原州（治今宁夏固原），拔也恶蚝镇守南秦州（治仇池），可朱浑元镇守襄武（今陇西东南），赵贵镇守上邽，寇洛镇守安定（今泾川县北五里），张献镇守固道（今陕西凤县东北），自己担任关西大行台兼尚书仆射，坐镇陇上。宇文泰势力的崛起，主要依靠了跟随贺拔岳来到陇上的武装力量，他们本是六镇之一的武川镇军人。从民族成分看，有鲜卑人、鲜卑化的汉人和汉化的鲜卑人，成分复杂。在收编了费也头以及灵、夏、泾各州以及陇右的氐羌武装后，更加复杂，与宇文泰结成密切的依属关系。

由于长期活跃在陇上，宇文泰集团已经出现了关陇化的倾向。这支军队的核心由武川镇军官、关陇世族和关东世族三大势力构成，史称“六镇关陇胡汉集团”，简称为关陇集团。在这个集团中，府兵八柱国的权位最重。柱国全称是柱国大将军，他们由开国元勋和世族高门担任，分别为：宇文泰，元欣，李虎（李渊祖父），李弼（李密曾祖父），赵贵，于谨，独孤信（宇文毓和杨坚岳父，李渊的外祖父），侯莫陈崇。其中，宇文泰名列柱国之首，地位超然。元氏则是挂名，实际上是六柱国。六柱国，各督2个大将军，所以有12大将军。每个大将军督2个开府，每个开府各领1军，共24军，从而形成府兵系统。西魏关陇集团在西魏以及北周、隋的军事和政治生活中，发挥着主导和核心作用。

（二）宇文泰平定河陇

平定河西割据势力　大统十一年（545）底，西魏以元荣为瓜州刺史，但元荣很快去世。元荣的女婿邓彦杀死元康（元荣之子），自任刺史，拥兵自重，不听朝命，对外联合吐谷浑，强化割据。宇文泰无法以武力解决，派遣给事黄门侍郎申徽为河西大使，前往瓜州，相机处理。申徽假意结好邓彦，在敦煌县令令狐整的帮助下，将其逮捕，迅速瓦解了瓜州割据势力。大统十二年（546）二月，宇文泰又任命史宁为凉州刺史，取代宇文仲和，宇文仲和拒绝被取代，引发叛乱，波及整个河西走廊。瓜州、晋昌郡（治冥安县，即今安西县东南锁阳城）分别有张保、吕兴举兵配合宇文仲和。宇文泰被迫派遣独孤信等率兵平定了凉州叛乱。宇文泰任命申徽为瓜州刺史，令狐整为寿昌郡（治龙勒，即今敦煌市西南破城子）太守。河西走廊局势彻底稳定下来。

消灭阴平、武兴小政权　西魏时，今陇南地区存在仇池杨氏后裔建立的阴平国政权。阴平国在北魏后期辖有数万户，又有梁朝支持，不时发兵侵扰北魏。但整体上与北魏关系尚好。西魏大统初年，杨法琛与南梁关系稳定。大统十六年（550）杨法琛与梁朝的武陵王萧纪交恶，遭到进攻，遂投降西魏。后杨法琛因随西魏大将军尉迟迥伐蜀有功，得以重返阴平，可是内部斗争不断。西魏“乃分其部落，更置州郡以处之”，阴平国灭亡。

西魏初年，仇池杨氏后裔建立的武兴国在南齐的支持下持续威胁关陇。永熙三年（534），北魏分裂后，杨绍先逃回武兴，称武兴王。复国后，他依然对西魏和萧梁都称藩讨好。西魏大统元年（535），杨绍先死，子杨智慧袭位。当年，萧梁收复汉中。杨智慧派使者朝见梁武帝萧衍，后带领四千民户归附梁朝。萧梁设东益州予以安置。大统十一年（545），西魏置武兴为东益州，以杨绍先之子杨辟邪为刺史。西魏废帝元年（552），杨辟邪复叛。第二年，宇文泰派兵讨伐杨辟邪，武兴国灭亡。

三、北周对河陇的统治

（一）北周的建立与周武帝改革

北周的建立　西魏恭帝三年（556），宇文泰死。宇文泰侄儿宇文护废除恭帝，立宇文泰嫡长子宇文觉为帝，建立北周。此前的大统十六年（550），高洋已经废东魏称帝，建立了北齐。恭帝三年（556），南方的陈霸先也灭梁，建立了陈朝。南北朝出现了北周、北齐、南陈三足鼎立的局面。北周初年，宇文护专权，不仅诛杀前朝功臣，还先后废立宇文觉、宇文毓，最后于武成二年（560）立宇文邕（543—578）为帝，是为周武帝。宇文邕即位之初，一方面小心忍受宇文护的跋扈，另一方面进行了律令、礼制的改革。到建德元年（572），周武帝诛杀宇文护，改元建德，全面掌握了政权。

周武帝改革　周武帝亲政后，主要采取了改革兵制、释放奴婢、贬抑佛教、整顿吏治等方面的措施。建德二年（573），改府兵为“侍官”，亲自掌握军权，又将府兵兵源扩大到所有百姓，并免去府兵本人赋役，府兵数量最终达到50万人，战斗力也有了提高。从保定五年（565）起，周武帝五次下诏释放奴婢，将所有奴婢放为平民，解放了社会生产力，对于北周的强盛产生了积极影响。建德二年（573）他发起儒释道三教优劣评判，继而下达佛教禁令，使僧尼及寺院附属人口全部转变为农民和府兵，百姓负担减轻，社会经济发展，国家收入增长，兵源力量增加。周武帝还厉行节俭，把民生问题作为考核官员施政成效的重要标准，使北周时期的官场风气相对清廉，良吏辈出。此外他关注农业生产，兴修水利，发行货币，为统一北方奠定了基础。

（二）周武帝统一北方

消灭宕昌、邓至政权 周武帝即位后，梁弥定多次向北周进贡。但是，保定四年（564）梁弥定率军进攻洮州（今临潭县），被北周击败。他又联合吐谷浑再度进攻石门戍（今临潭县城区南），再遭败绩。周武帝派大将田弘征伐宕昌，将其灭亡，设立宕州。在宕昌国的南方还有一个邓至羌建立的小国——邓至国。邓至国的辖区大体为今甘肃东南角和四川的南坪、松潘、平武一带。周武帝时，邓至国已经灭亡，纳入北周管理。

击败吐谷浑 武成年间（559—561），夸吕进犯北周，杀死凉州刺史是云宝。周将贺兰祥、宇文贵率军将吐谷浑击败。随后转战洮河流域，夺取洮阳、洪和两城，设立洮州。此后，夸吕臣服于北周。天和初年，吐谷浑龙涸王率众降周，北周设立扶州（今四川松潘县）。建德五年（576），北周趁吐谷浑内乱，再次兴兵讨伐。夸吕闻讯出逃，其部众成为周军俘虏。建德六年（577），夸吕向北周纳贡。宣政元年（578），吐谷浑分裂，赵王他屡所部投降北周。至此吐谷浑势力受到很大削弱。

消灭北齐，统一北方 武成二年（560），北齐文宣帝死后，国内发生动乱，鲜卑贵族和宦官专政，政治混乱。建德四年（575），周武帝调集18万大军攻齐，先后占领河阴（今河南孟津东）、洛口（今河南巩义市东北），进逼洛阳。建德五年（576），周武帝率大军进攻平阳（今山西临汾西南），北齐兵败，北投突厥。建德六年（577）年初，周军攻下邺城，俘获高纬，北齐灭亡，北方统一。

（三）西魏北周在河陇的行政建制

西魏建立后，曾经在恭帝元年（554）对行政建制进行变更，改州46个，新置州1个，其中涉及陇右、陇东、河西有4个。北周建立后，针对“州郡纷错”的现状，再次进行了调整和改革。

表4-4　北周行政建制表

区域	州与治所	郡
陇东三州	泾州,治安定	安定郡,治安定,今泾川县北水泉寺村,领4县
		安武郡,治朝那,领2县
		平凉郡,治鹑阴,领2县
	原州,治平高	平高郡,治平高,领3县
		长城郡,治长城,领3县
	宁州,治赵兴郡城	赵兴郡,治赵兴城,今宁县城区,领2县
		西北地郡,治彭阳,领3县
陇右五州	秦州,治上邽	天水郡,治上邽,领2县
		汉阳郡,治黄瓜,领1县
		清水郡,治清水,领2县
		略阳郡,治略阳,领2县
		河阳郡,治河阳,领1县
	交州,治安阳	安阳郡,治安阳,领2县
	渭州,治襄武	陇西郡,治襄武,领3县
		南安郡,治桓道,领2县
		渭源郡,治渭源,领1县
	岷州,治溢乐	同和郡,治溢乐,领4县
		祐川郡,治基城,领1县
	河州,治枹罕	枹罕郡,治枹罕,领4县
		武始郡,治勇田,领3县
		金城郡,治子城,领1县
陇南十州	武州,治将利	武都郡,治将利,领2县
		武阶郡,治覆津,领2县
	成州,治洛谷城	仇池郡,治洛谷城,领2县
		长道郡,治长道,领2县
	康州,治同谷	广业郡,治同谷,领2县
	文州,治建昌	芦北郡,治建昌,领2县
		阴平郡,治曲水,领1县

续表4-4

区域	州与治所	郡
陇南十州	宕州,治阳宕	宕昌郡,治阳宕,领2县
		甘松郡,治怀道,领1县
	芳州,治封德	深泉郡,治理定,领2县
		恒香郡,治恒香,领2县
	叠州,治叠川	西疆郡,治合川,领3县
	洮州,治美相	洮阳郡,治美相,领3县
		博陵郡,治博陵,领2县
	旭州,治金城	通义郡,治金城,领1县
		广恩郡,治广恩,领1县
	弘州,治广川防,约在今碌曲县西南	开远郡,治今碌曲县西南,领县阙
		河滨郡,治今碌曲县西南,领县阙
河西三州	凉州,治姑臧	武威郡,治姑臧,领4县
		广武郡,治广武,领1县
		番和郡,治彰县,领5县
		泉城郡,治新阳,领1县
	甘州,治永平	张掖郡,治永平,领6县
		酒泉郡,治福禄,领3县
		建康郡,治建康城,今高台县西南20千米,领1县
	瓜州,治鸣沙	敦煌郡,治鸣沙,今敦煌市城区党河东岸,领县阙
		常乐郡,治凉兴,领1县
		永兴郡,治会稽,领1县

第五节 魏晋南北朝时期的经济

曹操经略河陇之始，尽遣良臣能吏，为曹魏防御蜀国北进提供了战略后方支持，推动了社会经济的恢复发展。蜀魏争夺河陇地区导致人口大幅度减少，客观上破坏了这些地区的经济。但一些统治者依然竭尽全力推动河陇社会经济的曲折发展。灭蜀后，北方社会秩序趋于安定，为河陇经济发展提供了安定的社会环境，中原农业生产技术和先进生产工具在河陇地区推广使用，为经济长足进步奠定了良好基础。五凉时期，中原战乱频繁，大量人口避祸河西，为经济发展提供了必要的劳动力，河西经济快速发展。

一、农业

陇西、天水、安定、西河、上郡、北地六郡地理环境优越，民族众多，经济结构多元，是著名的农业生产区域。这里水草丰茂，少数民族多从事畜牧生产，加之陇右地处丝绸之路要冲，丝路商旅往来其间。西汉时期，董仲舒倡导改变关陇地区农产品结构，扩大麦禾类作物种植区域，耧车代田法等技术的推广，扩大了粮食产量，为蜀军深入陇右提供了物资保障。魏蜀争夺陇右，造成人口流失，生产破坏。西晋以后，北方暂安，继而又陷入天灾人祸，延续到前秦统一北方半个多世纪，自然灾害与战乱相伴。十六国时期，人口依然是各方争夺对象，从西晋衰乱到北魏统一北方，陇地人口急剧下降，导致生产荒废和经济衰退。张轨任凉州刺史后，致力于稳定河西局势，劝课农桑，设置武兴郡安置流民。西凉李暠东迁酒泉时，以流民分置会稽、广夏、武威、武兴、张掖等郡。前秦统一北方后，向河西徙民，苻坚曾徙江汉、中原民户至敦煌。五凉时期，河西走廊人口猛增，重视农业生产，扩大耕地面积，推行惠农宽商政策，促使社会经济向良性发展，荒地牧场得到开发。前秦统治河西时期（376—385），苻坚推行重农政策，下令减免凉州租赋，表彰孝悌力田者，忧恤孤寡老人，亲耕籍田以率导百姓，还推广生产技术和兴修水利，促进了关陇农业生产发展。后凉以后，统治者彼此攻伐，生产活动遭到破坏。北魏初，实行优抚新附、平衡陇右人口等措施，陇右农牧业生产力得到提升。太和七年（483），孝文帝下令从陇右、河西输粮。北魏统一北方后，太武帝设置河阳牧场，储备从陇右、河西等地转牧马匹。西魏宇文泰推行恩信政治，颁布《二十四条制》和《十二条制》，勉励官员体恤民生，后来《六条诏书》推行均田令和户籍计账法，重视民生和发展经济。北周时期，周武帝推行富民强军之策，减轻刑罚，兴修水利，释放奴婢，颁布诏令，督促地方官保护发展农业，调动生产积极性。尽管陇右经济在战乱中遭到巨大破坏，但割据势力仍努力推动陇右经济在曲折中发展。

二、畜牧业

河西地区自秦汉以来就是畜牧业重要区域，五凉时期，畜牧业规模远超秦汉。鲜卑、匈奴等游牧民族涌入河西，带入先进畜牧技术，推动了河西畜牧业发展。利用优越的自然地理条件，大力发展畜牧业，从前凉开始在张掖和山丹一带设置官营牧场，至北凉时期黄河沿线发展成为另一处官牧基地。为更好促进农牧业协调发展，个体畜牧业以家庭的形式向绿洲延伸，北凉推行“按赀赔生马”制度，政府要求有资产的民户都要配养“生马”，实际上是一种藏马于民制度，以备国需。五凉政权对畜牧业的高度重视，为后世政权利用河西经济资源提供了历史借鉴。

三、手工业

河西盐业资源丰富，曹魏时期河西所产池盐成为政府重要财政来源。五凉时期，武威、酒泉依然是河西食盐重要产地。冶炼业是官方手工业的主要构成部分，官方通过控制冶炼部门，制作农业生产工具和生活必需品。北凉时期，酒泉南山地区发现铜矿，沮渠蒙逊派人开采，得铜数万斤。河西畜牧业发达，毛毡、毯布等毛织品是河西独具特色的手工业产品，毛纺织品业颇具优势。五凉时期建造的都城以及殿阁楼台宏伟而精巧，丰富了中国传统建筑艺术的内容。

四、商业

永嘉七年（313），张轨下令用五铢钱代替缣布，大大方便了商业贸易，推动了河西商业经济的发展，河西相对安定的环境也为前凉对外贸易交流提供了条件。张轨在河西各主要商业城市设置“市长”一职，管理商贸事务，进一步繁荣了商品贸易。十六国时期，无论是五凉还是前秦政权，治理河西的模式均是先控制河西地方政治中心，进而向周边辐射扩展，诸如姑臧、张掖、敦煌、酒泉、乐都等城。前凉时期，张氏对姑臧城进行改建和修缮，张茂修建灵钧台，张骏在姑臧城南修建谦光殿，进一步凸显姑臧在前凉政权中政治、经济、文化生活中的核心地位。河西城市群的形成也是河西经济发展的重要体现。

第六节　魏晋南北朝时期的文化

魏晋南北朝时期，河陇地区虽处西北边陲，由于中原地区动荡不安，战祸频仍，许多民众多西行避祸。相对于中原而言，河西地方割据统治者大都重视文化事业，尊士重教，推崇儒学，学术自由，私学兴盛。这一时期的甘肃，尤其是河西走廊作为当时中西交通的必经要道，西通西域，东接中原，西域文明和中原儒家文化汇集河西，相互融通，上承汉魏、西晋之学风，下开北朝隋唐之制度，形成了颇具特色的全新文化体系。

一、教育

（一）官办教育

东晋以后，北方各政权将敦教化、兴文治作为治国方略。升平元年(357)，苻坚励精图治，改革文教，设立太学，将五经作为教学的主要内容，大力兴办教育。后秦继续推行文治之策，施行考录人才的制度。姚兴时期，大量饱学之士如天水人尹纬和姜龛、陇西人牛寿、凉州人胡辩等云集长安。五凉时期，统治者也十分重视礼士和兴学，内地世家学人流亡河西，受到前凉张轨礼遇，后继者纷纷效法，许多中原学人将汉学带入河西地区，促进了学术的传播和发展。五凉政权对教育不遗余力，张轨置崇文祭酒负责州学教育，征集九郡贵族子弟入学。张骏将州学改为国子学，提升教育规格。地方州郡长官延聘名士讲学。统治者对名士们礼遇有加，和士人保持了良好关系。

（二）私学兴盛与学术传承

魏晋南北朝时期，学术发展的重要特征表现为地域化和家族化。以河西、关陇、中原为代表的北方三大学术地域相互联系又彼此独立，河西汇集了大量流亡此地的中原、关陇学人，成为这一时期学术最为活跃和成果最为丰富的地区。郭荷，五凉经学宗师，出身学术世家，其六世祖为东汉著名学者郭整。前凉张祚时，隐居张掖东山，以授学为业，弟子甚多，最为著名者为敦煌人郭瑀。郭瑀著述有《春秋墨说》和《孝经错纬》，扬名于世的弟子多达3000余人，成就最大者是敦煌人刘昞。刘昞著作包括经、史、子、集诸类，有《三史略记》《凉书》《敦煌实录》《方言》《靖恭堂铭》《周易注》等。刘昞学生中成就最大的是敦煌人索敞，其主要学术著作有《丧服要记》《名字论》等。敦煌人祈嘉，著名经学家和教育家，被张重华征聘为儒林祭酒，受业弟子达2000余人，著作有《二九神经》。敦煌人宋繇，出仕北凉后任吏部郎中和左丞。金城人赵柔，精通佛理，迁往平城后曾任著作郎，与河西鲜卑籍学者源贺（秃发贺）探讨佛理，为其《祇洹精舍图偈》作注。

魏晋南北朝时期，陇右、陇东地区也是学术和学者活跃的地区。安定朝那（今平凉市西北）人皇甫谧一生著述极丰，其史学著作有《帝王世纪》《高士传》《列女传》《逸士传》《达士传》《玄晏春秋》《韦氏家传》等；文学著作有《女怨诗》《释劝论》《玄守论》《笃终论》等；地理著作有《地书》《国都城记》《郡国志》《帝王经界纪》等；天文历法著作有《年历》《朔气长历》等。特别是他的医学著作《针灸甲乙经》是我国现存最早的一部理论联系实际的针灸学专著，因此皇甫谧也被后人奉为“针灸鼻祖”。皇甫谧弟子众多，其中挚虞、张轨、牛综、席纯等都是西晋名臣。陇东傅氏家族代表人物有傅嘏和傅玄。傅嘏为司空陈群属吏，后任尚书郎、黄门侍郎，是曹魏玄学思想的奠基人之一，他的理论被玄学界称为“道论”。傅玄专攻儒学经籍，总结所学，“撰论经国九流及三史故事，评断得失，各为区例，名为《傅子》”。他的“四民定数论”主张根据社会分工来确定各行业的数量和比例，以此为基础将士农工商的从业人数调整到社会所需程度，研究确定“分数”之法，应向农业生产部门倾斜，限制非生产部门特别是“士”的人数。十六国时期陇右学人代表为杨轲、姜龛。杨轲精研《周易》，曾在秦州开馆授徒。姜龛在后秦时被姚兴征聘至长安教授生徒，慕名而往者多达万人。五凉时期，一些中原和陇右学者避乱流寓河西，在凉州传播家学专长。河南温县人常爽，家世显赫，笃志尚学，对《五经》和诸子百家均有研究，著有《六经略注》，被称为“儒林先生”。陈留济阳（今河南兰考县东北）人江式，著有《古今文字》40卷，是以许慎《说文解字》为底本，采撷历代著述河西积累的成果而成的一部大型字书，也是当时人们学习儒学经典和研究古文字的重要工具书。广平曲安（今河北曲周县东北）人程骏精通儒学和老庄之学，北凉时曾任东宫侍讲，迁至平城后，任著作郎，北魏献文帝常与其讨论玄学，并将其比作周文王时的姜太公。五凉时期，侨寓河西学者利用相对安稳和宽松的环境，保存阐发其学术成就，后又回输中原，河西成为北魏以后延续中原文明的起点之一。

二、五凉文化

十六国时期，甘肃河西地区（包括今青海河湟一带）先后建立了5个割据政权，分别是汉族张轨建立的前凉（301—376）、氐族吕光建立的后凉（389—403）、鲜卑秃发乌孤建立的南凉（397—414）、汉族李暠建立的西凉（400—421）、匈奴卢水胡沮渠蒙逊建立的北凉（397—439），史称“五凉”。

五凉时期，中原战乱不断，经济遭到极大破坏。中原有识之士为躲避战乱迁入河西，开馆延学、著书立说、参政议事，造就了五凉文化的繁荣。五凉文化，是十六国时期中国先进文化的代表，在中国文化史上产生了深远的影响。

五凉文化的成就突出表现在四个方面：

（一）儒学兴盛

五凉时期，各政权大力倡导儒学，积极培养选拔人才。张轨初掌凉州，便“征九郡胄子五百人，立学校，始置崇文祭酒，位视别驾，春秋行乡射之礼”；西凉李暠设立五经博士，训诫诸子熟读周礼之教。同时，征辟硕儒名士，传授儒学，编校经籍。酒泉人祁嘉博通经史，被前凉张重华征为儒林祭酒，传授儒学，受业者多达2000人；敦煌人刘昞是五凉最为卓著的学者，被誉为儒宗，以敦煌名士索敞、阴兴作为其助教。五凉政权重视汉文经籍的典校和编著。敦煌学者阚骃“博通经传”，被沮渠牧犍拜为秘书考课郎中，后阚骃率文士30人整理古籍，典校经籍3000余卷。刘昞曾主持编写《略记》130篇，84卷。这一时期敦煌、酒泉一带名儒开设私学之风盛行，仅宋纤、郭荷、郭瑀、祈嘉、刘昞等几位大教育家的受业弟子就多达六七千人。如前凉敦煌学者宋纤隐居酒泉南山，前来求学的弟子多达3000。郭瑀精通经学，隐居临松薤谷（今张掖市甘州区城南60千米的临松山下），专事著书授业，门下弟子千人。曾任西凉、北凉儒林祭酒的刘昞，拜郭瑀为师，他隐居酒泉时，开设私馆授学。

（二）文学繁荣

五凉文学上承建安，下启隋唐，创作成就居于当时中国北方之首。《晋书》《北史·文苑传》《十六国春秋》《隋书·经籍志》都记载了这一时期的文学创作盛况。南朝文学评论家刘勰在《文心雕龙》中对五凉张骏、谢艾、王济的创作给予充分肯定，说明五凉文学作品在南朝也有较高声誉。五凉文化发展过程中，形成了凉州、肃州、敦煌三个创作中心。西凉国主李暠重视文学创作，曾组织大规模文学创作活动，亲自参与，擅长辞赋，代表作《述志赋》《槐树赋》《大酒客赋》等，均是五凉文学中的佳作。前凉国主张骏擅长五言诗，多以咏史和抒怀为题材，颇有建安之风，《隋书·经籍志》载有张骏文集8卷。前秦秦州刺史窦滔之妻苏蕙曾作诗200余首，这些诗歌可正反诵读，故称“回文诗”，后世也称《璇玑图诗》。民歌民谣是诗歌的一个分支，魏晋以后在河陇广泛流传，这些歌谣内容均为歌颂英雄和揭露统治的黑暗。散文因文辞优美而受到文人的欢迎。天水人赵逸任职北魏时，魏太武帝命群臣赋诗，赵逸为诗集作序，序文文辞优美，流传甚广。陇西人王嘉著述颇丰，以《拾遗录》最为著名。

（三）史学成果丰硕

五凉时期，史学开始成为一门独立学科，取得巨大成就。五凉诸国都设立史馆，或置著作郎，或置太史令，负责记载和修撰国史，五凉史学在十六国史学中占有重要地位，对北魏史学有重要影响，也是为唐代大规模官修史书的渊源之一。五凉时期史书成果丰硕，据《隋书·经籍志》《史通》《旧唐书·艺文志》及《太平御览》等记载，五凉史学家有11人，其中曾修撰过前凉史的史学家就有索绥、刘庆、刘昞、索珲、张谘、喻归等6人。敦煌人索绥作《凉国春秋》50卷。前凉张重华时刘庆专修国史20余年，著《凉记》12卷记前凉张氏事。敦煌人刘昞隐居酒泉多年，潜心于典籍，是五凉时期的一位史学大师，总计著书5种共118卷、注述4种（本），其中《略记》130篇、84卷，《凉书》10卷，《敦煌实录》20卷，《方言》3卷，《靖恭堂铭》1卷；另注《周易》《韩子》《人物志注》《黄石公三略》。魏晋以前，还没有一部直接叙述上古至魏晋的通史，《史记》虽是我国第一部纪传体通史，但其内容只记载到西汉武帝太初年间，《汉书》只记载了西汉历史，《东观汉记》断断续续记载了东汉至曹魏的历史。刘昞对此3本书删削，整理成一部系统而又全面反映几千年历史的纪传体通史。《凉书》专门记述前凉史实的纪传体国别史，也是第一部详细记载公元4世纪河西历史的一部史书，刘昞成为专载河西历史的第一人。五凉史学的发展，不仅表现在政府设立史官组织修史和成书卷帙之多，而且表现在他们与东晋、南朝的学术交流方面。前凉张氏时期，曾“遣督护王该送诸郡贡计，献名马方珍、经史图籍于京师”，说明前凉与东晋保持着经济上和文化上的密切联系。北凉与前凉一样，在政治上与江南东晋、刘宋王朝信使往还，文化联系也特别密切。五凉史学的发展，为后世留下了不少重要资料，是研究我国西北地方史、西北民族史和中西交通史的珍贵资料。

（四）艺术成就辉煌

书法　五凉时期是写经书法的创立时期。佛教广泛传播，经卷翻译、抄写风靡一时，写经书法由此诞生。代表作品是敦煌发现的书写于升平十二年（368）的《法句经卷下》、建初七年（411）书写的《妙法莲花经》、承平十五年（457）书写的《佛说菩萨藏经》，笔法古朴、结构端严，真楷中略带隶法，其中以《法句经卷下》最具代表性。

绘画 五凉时河西绘画多取圣贤、神仙、高士形象，以人物画为主。这一时期河西绘画内容、形式，都不同程度地受到中原和西域影响，画工们沿袭汉魏以来传统，题材上既取古代神话和圣贤故事，又注意反映现实生活图景。绘画技巧显得较为成熟，在线条处理、色彩运用和细节刻画等都有值得称道之处；由于佛教传播，佛画绘作出现，从形象到线条都可看出西域画风的痕迹。

彩塑 五凉时期彩塑，以敦煌石窟最具代表性。敦煌莫高窟共有2400尊彩塑保留至今，魏晋南北朝时期彩塑共729尊，很大程度上代表着敦煌雕塑艺术的水准。佛教与佛造像均是外来文化，但古代中国人依据自身文化传统为基础，将外来文化因素进行了一系列去粗取精的艺术加工，形成了中国艺术发展的创造性成果。

佛塔建造 五凉时期佛塔建造艺术，以北凉成就最有代表性。北凉造像塔，大都小巧玲珑，以高善穆造像塔、程段儿造像塔、马德惠造像塔为代表；从形体特征上看，残留有印度“窣堵波”影响，属于北凉早期作品；从造像特点上看，无论是风格还是气质上均有一种古朴严峻的气氛，在我国早期造像中最常见。

乐舞 五凉时期，西域和中原乐舞在河西地区交流、发展。《天竺》《龟兹》《西凉》三乐从西域传入河西，前凉张重华时期，天竺乐舞传入凉州，包括凤首箜篌、五弦、琵琶、笛、铜鼓、毛员鼓、都昙鼓、铜钹、贝等9种乐器和乐工12人。太元九年（384），吕光征西域，从龟兹获取《龟兹乐》，对其加以改造，注入诸多河西中原音乐元素，形成了独特的“西凉乐”，盛行于敦煌、酒泉、武威等地。大业六年（610）加入高昌乐曲，形成完整的《龟兹乐部》。从敦煌壁画的一些内容看，有许多高鼻深目、肤色各异的人物形象以及西域乐器和民族服饰，具有浓厚西域特色。

三、科技

（一）历算

魏晋南北朝时期，天文历法取得了重大成就。前凉敦煌人索袭、西晋敦煌人索紞均精通阴阳天文，索袭曾著天文地理十余篇。北凉河西人赵歐著有《甲寅元历》《阴阳术历》。《甲寅元历》记载了经过赵䵺改订的闰周，以600年为一章，每章计算出221个闰月，纠正了先前的时日偏差，使历法中的闰法更为科学。北魏之初，通行《景初历》，北魏拓跋焘占凉州后，得赵䵺修订的《玄始历》，比《景初历》更加严谨，于是北魏以《玄始历》通行于世。

（二）医学

魏晋南北朝时期，我国医学有很大发展。甘肃名士皇甫谧在整理《灵枢》《素问》《明堂孔穴针灸治要》的基础上，于甘露年间（256—260）编撰完成《针灸甲乙经》，这部著作保留了大量晋代以前的主要医学原始文献，同时也是皇甫谧对针灸学理论框架的设计，对后世针灸学理论产生了深远影响。《针灸甲乙经》涉及经络、腧穴、针灸、病机、诊断、治疗等内容，首次对针灸穴位进行归类整理，奠定了针灸专科化的基础，并为后世提供了临床诊疗的理论依据和具体方法。皇甫谧完成该书后，遂成为历代习医者必读书目，唐朝太医署将该书指定为学生学习的重要依据，并传播到日本、朝鲜以及欧美地区，在国际上广为流传。

四、石窟文化

（一）敦煌莫高窟

敦煌莫高窟，俗称千佛洞，坐落于甘肃省敦煌市东南市郊鸣沙山东麓、宕泉河西岸断崖上，现存492个洞窟，根据原莫高窟第332窟《李君修莫高窟佛龛碑》记载，石窟中最早建于建元二年（366），高僧乐僔所建，最晚建于公元14世纪。

东汉明帝时，天竺僧人迦叶摩腾和竺法兰来到中国，后世竺高座、竺法护等高僧在河西一带传播佛教、翻译佛经，河西成为佛教东传的必经之地。五胡十六国时期民众饱受战乱之苦，迫切需要精神寄托，统治者也希望借助宗教来统治民众。五凉政权诸统治者推崇佛教，高僧鸠摩罗什被请到前秦，姚兴被请到长安，主持译经事业，推动了佛教文化在河西的传播。佛教文化兴盛，带动了建造寺院、开窟造像等事业的发展，凉州佛教的兴盛，使得敦煌佛教艺术受到凉州模式影响。莫高窟、榆林窟、麦积山石窟、炳灵寺石窟等均处于丝绸之路沿线，经济、文化等频繁交流，使得甘肃石窟，北受云冈石窟、东受龙门石窟、西受新疆诸石窟等佛教艺术的影响，成为佛教艺术汇集地，是中国佛教艺术文化不可缺少的一部分，也是特定时代艺术风格的缩影。

现存石窟分为十六国北凉、北魏、西魏、北周、隋、唐（又分为初唐、盛唐、中唐、晚唐）、五代、宋、回鹘、西夏、元等11个时代，现存壁画45000多平方米、彩塑2000多身，分南北两区。莫高窟之名最早见于隋代建造第423窟内题记《莫高窟记》，当时又称为崇教寺。西晋时期，莫高窟又称仙岩寺。敦煌石窟的建筑型制主要分为禅窟、中心柱窟、殿堂窟、人像窟、涅槃窟和僧房窟。北魏十六国时期主要以禅窟为主，如第268窟、第285窟等。壁画题材主要有佛像画、传统神话、佛经故事画（佛传故事、本生故事、因缘故事）、经变画、佛教史迹画、供养人画像和装饰图案画。十六国北凉时期现存洞窟7个，是目前敦煌石窟中开凿最早的洞窟，壁画中人物造型采用西域式晕染法，辅以铁线描，以表现人物面部和躯体的立体感。北魏洞窟现存10个，多为人字披顶的中心柱窟样式。第257窟故事画在艺术表现中成就很高，以长卷式连环画的形式表现故事情节，这种手法是北朝时期故事画表现的典型方法，同时人物服饰、山水、建筑等反映出北魏时期作为外来佛教艺术逐渐本土化的过程。我国北魏时期山水画作真迹存世极少，而鹿王本生以山水为背景，也成为研究中国早期山水画作技法的重要依据之一。北魏佛教信仰重视禅修，统治者对禅僧非常重视，魏太武帝以玄高为太子师，造像、观像、礼佛和供养是北魏时期禅僧修持的主要内容，也成为这一时期禅僧门大行开窟造像的重要原因之一。第259窟禅定佛像正是坐禅者的典范，佛像身披赤红袈裟，衣纹为阴刻技法，自然流畅，疏密有致，神态含蓄静谧，造型浑厚凝重，比例适当，面部浑圆，端庄秀美，鼻翼稍微隆起，双眉细如弯月，眼睛微睁，嘴角微微上挑，呈现出两个深陷的酒窝，深沉恬静，双手于胸前结禅定印，结跏趺坐于须弥台座之上。西魏洞窟现存11个，包括第246、247、248、285等窟。壁画中人物造型表现为北魏西域风格的延续和新的中原风格，即秀骨清像风格。北魏晚期，受到中原艺术风格的影响，敦煌彩塑正逐渐摒弃犍陀罗风格的窠臼，造像由原来饱满圆润趋向于清瘦秀美，佛衣袈裟也较为飘逸。佛龛外原应有四身塑像，今存二身胁侍菩萨，另二身可能是二弟子塑像。佛像身着褒衣博带式样袈裟，双领下垂，露出内着的僧祇支，内衣上的打结带饰露在外部。褒衣博带式样服饰流行于魏晋时期，而佛衣式样显然受到了南北朝时期世俗衣饰的影响。菩萨像形体消瘦修长，有重修痕迹，上身半裸，斜披天衣，下身着红色长裙，紧贴身体，裙衣纹饰具有曹衣出水的典型特征。北周洞窟现存16个，包括第250、290、291、428、296等窟。壁画题材和西魏一样，故事画出现新内容如睒子本生、福田经变等，人物造型以西域式晕染法和中原式晕染法并用。第297窟飞天羽人像与莫高窟中其他飞天造型截然不同，是莫高窟中唯一一尊带翼飞天彩塑，长期以来被学界认为是源自我国古代的神仙信仰思想，该形象夹杂着神仙方术的民族传统题材，与汉晋以来墓葬中的羽人乘龙形象有一定渊源关系。羽人是仙人的表现形式，羽人由飞天变化而来，是佛道思想融合的反映。

北朝石窟在河西文化基础上发展而来，最初受西域艺术风格影响，到西魏以后渐受中原艺术风格影响，石窟形制表现出自身特征，虽受西域和中原石窟形制影响，但又不完全一致。北凉时期，佛像雕塑显然受到西域影响较大，但本土倾向初露端倪，虽未形成一定规制，但这一时期佛像制作技法已十分成熟，层次感与立体感较强。北魏时期，彩塑作品通常被安置于流行的中心柱窟四面龛内，这一时期彩塑作品特征体态饱满丰腴，立体感强烈，以贴泥条的形式来表现衣服纹饰，是在西域艺术风格式样基础上的继承与发展，既可从中看到本地传统因素影响，也可看到西域与东方诸如云冈石窟影响。太和改制以后，北方开始受到中原以及南方审美情趣的影响，尽管西魏彩塑延续了北魏的风格特征，但壁画与彩塑人物形象塑造方面，秀骨清像与褒衣博带逐渐成为其主要特征，人物面容趋于清瘦，身材修长，衣纹贴体，具有曹衣出水之风。至北周、隋朝，重视与西域诸政权的关系，西域风格再度影响到河西佛教艺术，彩塑开始重视身体的量感与完整性，面部丰圆饱满，整体显得质朴而厚重，衣纹饰样渐渐简化，富有写实技法的多阶梯式样衣纹线出现。

（二）永靖炳灵寺石窟

炳灵寺石窟，位于今甘肃省临夏回族自治州永靖县西南35千米处小积石山中。炳灵寺之名源自古藏语“仙巴炳灵”音译，意思是“十万弥勒洲”或“十万佛”。唐代以前又称作唐述窟，即羌语“鬼窟”汉译名。据北魏郦道元《水经注》和第169窟题记所载，炳灵寺石窟最早创建于十六国西秦时期，后世续修重建，延续到明代。现存216个石窟，造像近800尊，壁画约1000平方米，另有摩崖石刻、石碑、造像题记等。

十六国时期，河西和长安形成了两大佛教中心，处于二者之间的西秦成为往来于河西和长安弘法讲经僧侣们的中转地和活动地。西秦国主乞伏氏崇信佛教，诸多高僧纷纷云集于此，炳灵寺地处丝绸之路要道，成为佛教发展的重心。以第169窟最具代表性，北壁有“建弘元年岁玄枵三月二十四日造像”题记，由此推断此窟开凿于建弘元年（420），是目前国内发现最早的壁画题记。该窟为北朝早期大型洞窟，四壁造像衣纹为阴刻。其中11龛《维摩诘经变》根据鸠摩罗什所译《维摩诘所说经》绘制，画面绘于长方形帷帐内，绘有两人，以线条刻画人物形象，简洁质朴，画面以石绿为主色，根据正中右侧题记“维摩诘之像”可知，右侧为维摩诘侧卧于床榻之上，圆脸，梳高髻，无胡须，袒右肩袈裟，有头光，上方是一华盖，左肘倚在枕上以支撑身体，右手高举，手中似有一物，因画面损毁无法辨识。左侧绘有一名菩萨装束的侍者立在帐前，题记为“侍者之像”。这幅《维摩诘经变》是目前我国现存最早的维摩诘变相，基本上具有后世维摩诘经变雏形。洞窟造像题记下方绘有数身供养人，为首者提名“□国大禅师昙摩毗之像”，其后为“比丘道融之像”，昙摩毗即昙无毗，道融是鸠摩罗什的著名门徒，显示了道融对维摩诘教理的理解，也透露出该窟造像特别是维摩诘变相与关中义学的关系。

（三）天水麦积山石窟

麦积山石窟位于甘肃省天水市东南45千米秦岭山脉余脉的东麓，石窟开凿于一独立突起的山峰上，其山形似农家积麦之状，故名。开创于5世纪初的十六国后秦时期，北朝前期史书中即见“麦积崖”之名。麦积山现编号洞窟211个，分西崖、东崖和王子洞三个部分，其中西崖142个，东崖56个，王子洞20个。造像7200多身，壁画1000多平方米。

麦积山石窟的艺术以泥塑造像精美而众多驰名中外，现存塑像最早的是北魏晚期作品。第123窟释迦牟尼造像塑于西魏时期，释迦结跏趺坐于窟内正壁石质四方台上，手持无畏印。头略低垂，涡纹高肉髻，无明显发纹。两眼微睁向下俯视，双眉细如柳叶，向上挑起；鼻梁拱起，鼻头圆润，明显类似中原地区人类鼻形；鼻下双唇扁平，远看像在微笑。衣着内有开领小衣，胸前系带，衣带下垂并打结。造像外塑通肩宽博袈裟，衣襟下垂至腹前向左上绕，通过搭在左肘后垂于左膝上。整个袈裟底部现八字形垂落在龛前，衣裾好像波纹状折叠着垂挂在宝座上。服饰看上去较厚重，衣纹流畅简洁。该造像保存最为完整，未经后人修缮，由于服饰采用当时中原宽衣博带式样，明显带有中国元素。该窟两壁童男童女造像是该窟维摩诘经变的组成部分，造像高1.14米。女侍者身材匀称窈窕，右手自然下垂，左手提于胸前，好像在拎衣带。面带微笑，头发绾成环形发髻偏向两边，为双丫髻，髻上发丝清晰，脸部圆润，眼睛微闭，眉毛弯曲，鼻梁高挺，人中线刻画清晰，嘴角内收，双唇半启，嘴唇两角微微上挑。她身穿红色圆领宽袖衫，外有喇叭状长裙，裙摆直至脚面，整个造型活灵活现，是一个典型的小女孩形象。男侍者头戴西瓜皮状毡帽，双手拱起至肚脐并相互交叉于袖中，身着窄袖、圆领长袍，脚蹬穿圆头靴，体态健美，面相浑圆俊美，前额饱满，两颊较瘦，眉骨隆起，鼻梁高挺，鼻头圆润，双眼向前远视并眯成一条缝，嘴角微翘，显出一副笑容模样，总体看来是一个少年。这二尊塑像，体现了塑造者对生活敏锐的观察力和高超的艺术表现力。

（四）西千佛洞

西千佛洞，位于今甘肃省敦煌市城西约35千米的断崖上，建窟具体年代不详。现存石窟22个，其中最早为北魏时期。第7窟建于北魏，第9窟建于西魏，第8、12窟建于北周。第7窟属于平面方形中心塔柱窟，后经西魏、清代重修。中心塔四面开圆券形大龛，南向面龛中倚坐像是唯一保存至今的北魏塑像，龛内北壁残存火焰纹佛背光。其他方向面龛内或存菩萨塑像，外壁有菩萨、飞天，塔座西魏重绘忍冬纹边饰以及供养人、比丘、比丘尼、力士等。

（五）文殊山石窟

文殊山石窟，位于今甘肃省肃南裕固族自治县祁丰区嘉谷山文殊沟北岸的两座山腰处，开凿具体年代不详，目前有北凉说和北魏说。若依《有元重修文殊寺碑铭》所载，文殊寺建于孝昌二年（526）之前。文殊山石窟现存洞窟120多座，现编号12座。其中，北朝中心柱窟8座，北朝佛殿窟1座，禅窟1座。

（六）马蹄寺石窟群

马蹄寺石窟群，位于今甘肃省肃南裕固族自治县马蹄区祁连山境内，包括金塔寺，上、中、下观音洞，千佛洞，马蹄寺南北二寺，以马蹄寺为中心分布于各处，现存石窟窟龛70余个，最早开窟时间为十六国北凉时期。千佛洞第8窟为中心塔柱窟，南北两壁各开一深龛，释迦、多宝二佛并坐说法图位于中心柱正面，佛龛内原有造像，已毁，仅存佛座。从佛背光边缘残存的飞天、供养菩萨等形象风格判定系北魏时期作品，后人在原作的基础上重新绘制。下层佛龛的上方绘制一身交脚弥勒菩萨坐于莲花宝座之上，高髻，上身袒露，斜披璎珞饰物，下身穿长裙。弥勒菩萨的正下方绘有结跏趺坐的释迦与多宝，二佛之间有一长方形榜题框："释迦牟尼佛　多宝……"以表明其身份，在释迦、多宝佛的两侧各站立一身胁侍菩萨，体型清瘦，面容椭圆，头戴宝冠，双手于胸前作说法状，右侧胁侍菩萨榜题为"文殊师利菩萨"，左侧胁侍菩萨榜题漫漶无法辨识，有学者认为释迦、多宝二佛并坐反映的是法华主题思想，多宝佛、释迦佛与上部所绘的交脚弥勒作为过去佛、现在佛和未来佛共同出现在一铺画面中，将三世佛的概念巧妙地表现出来。

（七）天梯山石窟

天梯山石窟，位于今甘肃省武威市城南中路乡灯山村天梯山西北麓。天梯山的名字早在前凉时期已存在，现存编号19个，最早开凿于北凉沮渠蒙逊时期，后世多有重修和兴建，一直延续到清代。其中北凉北魏石窟4个（第1、4、15、17窟），北魏中心柱窟1个（第18窟），方形佛殿窟3个（第7、8、16窟）。1958年，因修建黄羊河水库，文保部门对天梯山石窟进行了搬迁。天梯山石窟第4窟中心柱是保存北凉壁画最为集中的一处。中西柱西面共剥出北凉、北魏、盛唐、中唐、西夏、元、明等历史时期七层壁画，北凉壁画绘有飞天、菩萨、帝释天、化身童子等，特别是下层左侧所剥出的北魏立佛是该窟所剥出的唯一完整的北魏壁画；北向面共剥出北凉、中唐、元、清四层壁画，下层龛外右侧剥出一身北凉时期的菩萨像，这是天梯山石窟壁画所剥出的品相最完整、身姿最优美的菩萨。

（八）北石窟寺

北石窟寺，位于今甘肃省庆阳市西峰区西南25千米覆钟山西麓崖体上，由寺沟门、石道坡、花鸨崖、石崖东台四处石窟群和楼底村1号石窟组成，共有308个窟龛，造像2429身，壁画90多平方米。北石窟寺中北魏时期典型洞窟有第165、229、237窟等，西魏时期为第135窟，北周时期有第240窟等。其中，第165窟开凿于永平二年（509），由泾州刺史奚康生主持开凿，是北石窟寺石窟中规模最大、内容最为丰富的洞窟之一。

另外，五个庙石窟、一个庙石窟、昌马石窟、水帘洞石窟群等也不同程度保存有北朝时期塑像、壁画艺术。

（九）南石窟寺

南石窟寺，位于今甘肃省泾川县城东泾河北岸的蓄家村，于永平三年（510）由泾州刺史奚康生所造。保存在洞内的南石窟寺碑，有“大魏永平三年”题记，可见晚建于北石窟寺一年。窟龛开凿在泾河北岸红砂岩上，现存5窟，1号东大窟和2号西小窟保存较为完整。东大窟为南石窟寺的主窟，高达13米，宽约17米，深14米，结构独特，造型宏伟。入窟后迎面三壁围立高达2米多的7尊佛像，两旁有13座胁侍菩萨，形态各异，栩栩如生，为北魏风格。窟顶布满浮雕，诸如舍身饲虎、逾城出家，树下思维之类的佛经故事。雕刻简练概括，线条生动流畅，充分反映了古代能工巧匠的聪明才智和对未来生活的美好憧憬。其余4窟皆小，剥落处露出早期壁画。其风格与北石窟寺极为相似，故称姊妹窟。窟外崖壁上有10余个小龛，均系北魏、中晚唐开凿。

第五章　隋唐五代时期的甘肃

隋唐五代时期的甘肃历史，可以分为隋代（581—618）、唐前期（755年“安史之乱”爆发前）、吐蕃统治时期（755—848）、晚唐五代（848—960）四个阶段。

隋朝结束了自东晋十六国以来270多年的分裂割据局面，为社会生产力的发展创造了条件，甘肃社会稳定，农业、畜牧业、手工业、商业都得到迅速发展。唐朝建立后，统一了整个陇右河西地区，使陇右河西一带成为当时农业生产发达、商业经济繁荣的地区。“安史之乱”爆发后，吐蕃占领陇右河西，生产力遭到破坏。五代十国时期，政权更迭频繁，社会动荡，甘肃也呈现复杂局面。

综观隋唐五代时期的甘肃历史，主要有五个特征：一是陇右河西地区作为屏藩隋唐王朝京师长安的战略要地，其重要性在这一时期得到了全面重视，出于经营西域、巩固边防的战略需要，加强了对河西地区的军事设防，维护了这一地区的稳定。自唐朝之后，中原王朝都城东移，今甘肃地区战略地位相应下降，其发展速度明显减慢。二是创造了农业、畜牧业、手工业、商业全面发展的局面，屯垦规模扩大，畜牧业成效明显。三是丝绸之路商业贸易进入了历史上最繁荣的时期，开中央政府主持互市之先河，极大地促进了丝路贸易的发展。四是民族之间的交往交流交融获得新的发展，汉族与少数民族的融合达到新高度。五是文化发展呈现出前所未有的繁荣局面，从很大程度上奠定了甘肃作为文化大省的深厚底蕴。

第一节　隋朝时期

隋朝统一后，社会生活步入正轨，政治、经济、文化呈现出高速发展的态势，甘肃地区迎来了崭新的发展机遇期。

一、行政建制

隋代对地方行政区划和管理机构进行了大刀阔斧的改革，变地方管理机构州、郡、县三级为郡（州）、县两级制，又设立总管府、行台省、司隶台、牧等机构以为补充。大业五年（609），全国共有190郡、1255县，其中在今甘肃设22郡、73县。

安定郡　隋初沿置，开皇三年（583）废郡，为泾州。大业三年（607）改泾州为安定郡。辖安定、鹑觚、朝那、良原、临泾、阴盘、华亭7县，7.63万户。

北地郡　隋大业初年为豳州，大业三年（607）改置北地郡，治安定县（今宁县）。辖定安、罗川、彭原、襄乐、新平、三水6县，7.07万户。

弘化郡　开皇十六年（596）置庆州，大业三年（607）改庆州置弘化郡，治合水县。辖合水、马岭、华池、归德、弘化、弘德、洛源7县，5.25万户。

平凉郡　隋初为泾州，大业三年（607）又改原州置平凉郡，治所在平高县（今宁夏原州区）。辖平凉、会宁、百泉、平高、默亭5县，2.80万户。

天水郡　隋开皇三年（583）为秦州，大业中改秦州为天水郡。辖上邽、冀城、清水、秦岭、陇城、成纪6县，5.21万户。

陇西郡　隋开皇初为渭州，大业三年（607）改为陇西郡。辖襄武、陇西、渭源、障、长川5县，1.92万户。

金城郡　隋开皇初沿置。开皇三年（583）废郡，置兰州、兰州总管府，改子城县为金城县，为州治。大业初改兰州为金城郡，隋末治五泉县。辖金城、狄道2县，0.70万户。

枹罕郡　隋开皇初废郡，为河州。大业初改河州为枹罕郡。辖枹罕、龙支、大夏、水池4县，1.32万户。

武威郡　开皇三年（583）废郡，为凉州。大业初，改凉州为武威郡。辖姑臧、昌松、番和、允吾4县，1.17万户。

张掖郡　开皇三年（583）废郡，为甘州。大业三年（607）复置，移治张掖县（今甘州区）。辖张掖、删丹、福禄3县，0.61万户。

敦煌郡　开皇三年（583）废郡。大业三年（607）复置敦煌郡。辖敦煌、常乐、玉门3县，0.78万户。

汉阳郡 大业三年（607）置汉阳郡，治上禄县（今礼县西南西汉水东岸）。辖上禄、潭水、长道3县，1.10万户。

临洮郡 隋初废洮阳郡，为洮州，置洮州总管府。大业三年（607）改洮州为临洮郡，辖美相、叠川、合川、乐川、归政、洮源、洮阳、临潭、临洮、当夷、和政11县，2.90万户。

宕昌郡 隋初沿置。开皇三年（583）废郡，属宕州。大业时改宕州为宕昌郡。辖良恭、和戎、怀道3县，0.70万户。

武都郡 隋初废永都郡，为武州，治将利县（今武都区东南）。大业三年（607）改武州为武都郡。辖将利、建威、覆津、盘堤、长松、曲水、正西7县，1.10万户。

同昌郡 开皇七年（587）改为扶州。大业三年（607）改为同昌郡，治尚安县（今四川九寨沟县西北）。辖尚安、钳川、帖夷、同昌、嘉诚、金崖、封德、常芬8县，1.22万户。

河池郡 隋初沿置。大业三年（607）改为河池郡。辖梁泉、两当、河池、同谷4县，1.12万户。

会宁郡 约在隋大业年间设置，治凉川县（今甘肃靖远县东北），大业末废。

阴平郡 隋初沿置，开皇三年（583）废郡。义宁二年（618）复置，治曲水县（今文县西五里）。

同和郡 开皇三年（583）罢郡留州。大业三年（607）废州改县为临洮，属临洮郡。义宁二年（618）复置岷州。辖境相当今甘肃岷县一带。

浇河郡 开皇初废廓州总管府。大业初复置浇河郡，治河津县（治今青海贵德县）。辖境相当于今青海贵德、同仁和甘肃夏河县沙沟寺以西地域。

河源郡 大业五年（609）平吐谷浑后置，治赤水县（今青海兴海县东南黄河西岸）。辖境为青海共和、兴海、同德、贵南、玛沁等县和甘肃玛曲县黄河以南地区。

二、民族活动

（一）吐谷浑

吐谷浑，亦作吐浑，是中国西北的古代民族之一。它原属辽东慕容鲜卑，居于今辽宁一带。西晋“八王之乱”时，吐谷浑趁北方大混乱之机，从阴山南下，经河套，越过陇山而到了枹罕（今临夏一带），以此为中心驻牧下来。不久又向西南和西边拓展。叶延时，以其祖父吐谷浑的名字为姓氏，从此吐谷浑兼人名、姓氏、族号和国号，并形成了一套完备的国家政治机构。吐谷浑以游牧经济为主，手工业也较为发达。隋初，吐谷浑经常侵扰边地，开皇九年（589），隋灭陈统一天下后，采取和亲等政策赢得边地安宁。大业五年（609），隋炀帝杨广开始了以征服吐谷浑为目的的“西巡”，各路大军将吐谷浑可汗伏允围困在覆袁川（今青海北鄂博河）。伏允突围后逃到了党项，隋军进而占有了全部吐谷浑领地。同年六月，炀帝在吐谷浑故地设置了西海、河源、鄯善、且末四郡，并且征调各地犯轻罪的犯人徙居四郡，大开屯田。到隋末，隋朝国内大乱，伏允乘机收复了故地，吐谷浑复国。

（二）党项

党项，又称党项羌，起源于“赐支”或者“析支”（青海东南部）一带。突厥和西域人称之为“唐古特”，吐蕃称之为“弥药”。早期的党项发源于“赐支”或者“析支”，即今青海省东南部的黄河流域一带。他们以畜牧为业，居无常所，没有文字，以部落为单位，以姓氏作为部落名称。6世纪中叶，党项东部的活动区域扩大到洮、岷一带。自隋朝开始，虽有部落降隋，但大部分党项还是作为吐谷浑的属部活动。所以，隋初党项往往和吐谷浑一道联合侵扰隋边境地区。开皇四年（584），党项“千余家”归附隋朝；次年，党项拓跋宁丛等率部内附旭州（治今临潭附近）。开皇六年（586），又有党项羌内附，但叛服不定，隋王朝恩威并使，在其居地设置州郡，加强管理。大业五年（609），隋炀帝“西巡”击败吐谷浑后，吐谷浑王伏允可汗率数千骑依附党项。此后，党项诸部遍布于原吐谷浑故地及吐谷浑领有的今甘肃、川西北等地。后来统治区域随着驻牧区域的扩大逐渐拓展。

（三）粟特

粟特，又作粟弋、属繇等。本为地名，位于阿姆河、锡尔河之间。隋唐时期所谓“昭武九姓胡”大多聚居在这一地区，这些居民被称之为粟特人。汉唐之间，粟特人沿丝绸之路东行经商贸易，其中许多人就此移居西域、河西走廊甚至中国内地。隋末，粟特人在河西地区形成势力，大批粟特人还入仕隋朝各级军政机构，其中尤以从军者居多。

（四）突厥

突厥，原为北方草原上活动的铁勒族的一部，最初活动于叶尼塞河上游地区，后辗转迁至金山（今阿尔泰山）南麓。因金山形状像兜鍪，突厥人称兜鍪为"突厥"，故依此为族号。552年，土门自号"伊利可汗"，遂以漠北为中心建立了突厥汗国。到木杆可汗（553—572）时，统一了漠北。北齐、北周分立时期，惮于突厥的强大，争相向突厥示好，与之和亲并奉献财物粮食，突厥益骄。隋朝时，一改优待突厥的政策，发起征战。开皇二年至三年（582—583）间，沙钵略率兵多次南侵，劫掠多个州县。开皇三年（583），突厥分裂为东、西两个汗国。大业五年（609），隋炀帝利用西突厥内部的矛盾使西突厥处罗可汗率兵降隋。隋末，农民起义此起彼伏，地方割据势力乘机崛起，突厥也趁机壮大，成为隋朝乃至唐初大患。

三、隋炀帝西巡河西与"万国博览会"

隋炀帝杨广（569—618）在位时曾4次北巡、1次西巡、3次南巡。西巡河西是隋炀帝的第三次巡游，从大业五年（609）正月二十日离开东都洛阳，到十一月十三日回到东都，历时近10个月，其间登山丹焉支山，参禅天地，召见西域30余国使臣，举行"万国博览会"，这是中国封建社会历史上唯一一次中原王朝帝王西巡至张掖境内的重大活动。

（一）裴矩河西之行与《西域图记》

隋炀帝的此次西巡，与裴矩的河西之行有着密切关系。裴矩是隋炀帝时的能臣，官至吏部侍郎，他受炀帝派遣，亲至张掖，利用西域胡商纷至沓来河西的机会，了解到西域44国的风俗、山川情况，撰成了《西域图记》3卷，入朝上奏炀帝。《西域图记》的内容分三部分：序言、人物图及题记、交通路线图。其中人物图及题记是全书的主要内容，内有人物图44幅，图中既有国王，又有庶人。裴矩选取44国的标准主要有三点：一是户口在千户以上；二是出产奇珍异物；三是散居山区的民族部落。弥足珍贵的是，《西域图记》详细地描述了从敦煌通往地中海东岸、波斯湾、印度洋的3条重要通道，并强调："其三道诸国……总凑敦煌，是其咽喉之地。"裴矩向隋炀帝献《西域图记》并建议吞并吐谷浑，隋炀帝遂将筹划处理四夷事务的职责委托给裴矩，并再次派裴矩到张掖，招引西域各国胡人进行互市贸易，并劝告他们入朝。大业四年（608），裴矩游说铁勒，让他们出兵攻打吐谷浑。接着，隋炀帝命宇文述率部攻入吐谷浑境内，吐谷浑大举南迁，其原有领土皆被隋朝占领。

（二）隋炀帝西巡

隋炀帝一行于大业五年（609）正月二十日离开东都洛阳，二月十一日到达西京长安，进行阅军，整备军容。三月初二车驾离开长安西巡。四月初三大猎于陇西（今渭源一带），初九到狄道（今临洮），二十七日出临津关（今积石山保安族东乡族撒拉族自治县大河家镇）渡黄河至西平（今青海乐都）。五月初九围猎于拔延山（今青海拉鸡山），十四日入长宁谷（今西宁市北川河谷地），十六日度星岭（今大通县北），十九日宴群臣于金山之上（今门源县南达坂山），二十日到达浩亹川（今门源境内的大通河），因为桥未建成，炀帝斩都水使者黄亘以及监工九人。几天后，桥建成，才继续前进。五月二十一日至六月初七遣诸将追击吐谷浑，直到伏俟城。六月初八经大斗拔谷（今民乐扁都口），因山路隘险，风霰晦冥，与从官相失，士卒冻死者大半。十一日至张掖。十七日高昌王麴伯雅来朝，炀帝派殿内臣阎毗持节迎劳，并由阎毗一直陪同高昌王到东都。二十一日在张掖举行“万国博览会”。二十三日大赦天下，然后车驾东还。炀帝一行东返时，高昌王及各国使者先行，沿途令张掖、武威士女盛饰夹道迎谒。炀帝车驾途经焉支山时，高昌王及伊吾设以及27国使者谒于道左，皆令佩金玉、披锦绣，焚香奏乐，歌舞喧噪。车驾东行途经番和县（今永昌县），炀帝亲至北山瑞相寺瞻仰，改瑞相寺为感通寺，从此番和北山亦改称北御山。然后由武威太守樊子盖迎驾至武威下榻，并盛宴款待高昌王及各国使者。车驾继续东行经金城（今兰州）、狄道返京。九月二十日车驾入长安，十一月十三日车驾返回东都。在张掖时，心情欢悦的隋炀帝下令大赦天下，开皇以来流配犯人，全部放归原乡，还免除了陇右诸郡的赋税徭役一年，所途经的地方免除两年赋役。

隋炀帝巡狩河西的行动，不仅在军事上解决了隋朝的边患，消弭了突厥、吐谷浑的联盟势力，而且在经济上也有积极的作用。此次西巡，是汉代张骞、班超经略西域以来中原王朝通西域的最重要事件，使魏晋以来中原与西域阻隔的局面彻底解除。此后，丝路贸易畅通，中原与西域之间的往来不断，不仅加强了中原与边地之间政治、经济、文化的联系，密切了各族人民的交往与交流，同时，还对稳定隋朝的西北部边疆，促进国家的统一、民族的融合与社会的发展均具有重要的意义。

（三）“万国博览会”

隋炀帝于大业五年（609）六月在张掖焉支山下举办的由西域30余国参加的贸易盛会实际上已经具备了“万国博览会”的雏形。它比英国举办的第一届世博会早了1240多年。2010年5月1日至10月31日在上海举办的第41届世博会上，甘肃馆展出的一幅“焉支盛会——隋朝张掖万国博览会”的壁画即描绘了此次张掖“万国博览会”的盛况。

对于隋炀帝在焉支山下草原上举办的这次规模空前的贸易盛会及会见西域各国首领的盛况，史书上有明确的记载：上御观风行殿，盛陈文物，奏九部乐，设鱼龙曼延，宴高昌王、吐屯设于殿上，以宠异之。其陪列者三十余国。此“观风行殿”，为隋朝的能工巧匠宇文恺发明的可以根据需要自由拼装的移动宫殿，“上容侍卫者数百人，离合为之，下施轮轴，推移倏忽，有若神功。戎狄见之，莫不惊骇”。博览会上盛陈的“文物”，自然是奇珍异宝。所奏的“九部乐”，是指大业年间由炀帝审定的《清乐》《西凉》《龟兹》《天竺》《康国》《疏勒》《安国》《高丽》《礼毕》九部乐。其中的西凉乐，实为凉州音乐家在东传“龟兹乐”的基础上，创编出来的一种新型音乐，因形成和流行于河西地区的凉州而得名，其特点是“其音较龟兹乐为娴雅”。博览会上所设“鱼龙曼延”，是我国古代百戏杂耍名，属幻术（魔术），有弄剑、跳丸、倒立、走索、舞巨兽、耍大雀、马上技艺等。

为期7天的贸易盛会达到了预期的目的，取得了积极的效果，具有不同寻常的意义。“万国博览会”向西域各国显示了隋朝的强大与富有，更重要的是向各国表达了与之进行经贸文化交流、友好交往的强烈愿望。当年冬天，炀帝即在东都洛阳重复上演了张掖“万国博览会”的一幕。此后，类似的贸易盛会每年正月在西京长安、东都洛阳成为惯例。“每岁正月，万国来朝，留之十五日，于端门外，建国门内，绵亘八里，列为戏场。百官起棚夹路，从昏达旦，以纵观之。”洛阳、长安两地万人空巷，“求市者无远不至”。“万国博览会”进一步促进了丝绸之路贸易的繁荣。自东汉末以来，由于中原政权的频繁更迭及周边形势的剧烈变化，中西交通一直处于时断时续之中。隋炀帝的西巡及张掖“万国博览会”，使隋的影响远播中亚地区，隋的力量一直推进到且末、鄯善、伊吾等地。

四、经济社会的发展

隋朝一系列鼓励发展生产的措施，使得陇右、河西地区农业生产的发展成效非常显著，同时手工业、商业和畜牧业等均有了快速的发展。

（一）农业

关陇地区是隋朝的发迹之地，也是其基业所在，隋朝通过充实人口、兴修水利，使陇右、河西地区农业快速发展。

均田制的继续推行 隋代继承北魏以来的均田制，政府按人口授田给农民，均田户则须为政府缴纳租、调并承担各种徭役。为了发展农业生产，文帝、炀帝还采取了一些其他措施，如缩短农民服兵役和徭役的时间、临时性蠲免赋役、组织农民兴修水利等。这些鼓励人口增殖、发展农业的措施，使得隋朝人口在隋炀帝初年达到了中国古代自东汉人口峰值以来的第二个高峰，而且出现了“中外仓库，无不盈积”“计天下储积，得供五六十年”的富裕盛况。当时甘肃地区属于地广人稀的“宽乡”，授田数额会更多。在全国人口迅猛增长、农业发展的大背景下，甘肃户口的增加、农业的发展也非常明显。

屯田 隋代的屯垦制度比较健全，在尚书省的工部尚书之下设专司屯田侍郎二人执掌全国的屯田事宜，在缘边地区还设立屯监、副监各一人，内地的屯田则分别由司农寺及州县管理。甘肃地处防御突厥、吐谷浑的前哨地带，在屯田上自然也是率先实施的。迫于突厥、吐谷浑等的军事压力，隋政府在河西地区的驻军数量相当可观。河西远离内地，运输困难，屯垦正好可以解决这一棘手问题。大业五年（609），隋炀帝西巡河西，在青海、河西就有兴屯田之举。为了保证屯垦人手，隋政府还组织“犯屯”，即征调天下犯罪流配之人，编为戍卒，实行屯垦。

隋朝屯田取得的效益明显。一方面增加了政府的财富收入，保证了当地军费的开支，从而得以有效地抵御突厥、吐谷浑的侵扰；另一方面确保了丝绸之路的畅通。

（二）畜牧业

陇右、河西地区拥有广阔的草场，具备发展畜牧业得天独厚的条件。为了加强军事力量，隋朝在陇右、河西地区大力发展以马匹生产为主的官营畜牧业。设置大型官营牧场，是隋代发展官营畜牧业的主要措施。隋代官营牧场最集中的是由“陇右牧”所统辖的陇右地区。陇右牧设置总监、副监、丞三级官员，统领骅骝牧、驴骡牧、羊牧、驼牛牧及24军马牧。隋代官营牧地除了主要服务于军事外，也为农业提供了马牛等生产工具，促进了农业发展。隋炀帝时战事不止，马政愈加重要，但“扫地为兵”后，使包括陇右在内的官营畜牧业被严重破坏。隋末农民起义和群雄割据后，本来已经日趋萎缩的“陇右牧马，尽为奴贼所掠”，隋朝陇右官营牧场彻底瓦解。

隋代甘肃等地区畜牧业的发展，有力地促进了当地农业、手工业和商业以及交通业的繁荣，对于发挥当地地方优势、保持生态平衡，具有一定意义。

（三）手工业

隋代甘肃手工业的发展，主要体现在毛纺织业、酿造业、制盐业等方面。在毛纺织业中，最值得称道的是“金罽”，这是隋代发明的高级毛织品，是在毡的基础上改进而成的类似今日的粗纺毛呢之类，在当时盛行不衰，就连隋炀帝在张掖主持互市时，还令各国国王及使者穿用。隋代建立之初，依照北周之制，官办酒坊，禁百姓染指酿酒。开皇三年（583），开酒禁，容许百姓开酒坊，民间酿酒业恢复正常。在此背景下，甘肃地区的酿酒业有了较快发展，特别是丝路沿线的贸易活动更加促进了陇右、河西地区酿造业的发展。与酿酒业相仿，开皇三年（583）隋朝开放食盐专采，“通盐池盐井与百姓共之”。后随着政府军费开支与日俱增，食盐的税收逐渐被政府所重视，并回归到食盐专卖制度。隋代张掖郡删丹（治今山丹县城），就有盐池。而成州的煮盐也很兴盛，开皇十二年（592），秦州总管府长史豆卢寔就曾奉敕于成州督察煮盐。

（四）交通运输

隋炀帝即位后，除了在内地扩拓和新开辟交通道路外，还“西出玉门，东逾碣石，堑山堙谷，浮河达海”。隋炀帝在周边地区开拓道路，除了有扩大国威的因素外，还与军事上攻打突厥、吐谷浑及高丽有关。隋朝基于国家安全及政令畅达考虑，兴修“驰道”，并曾在大业九年（613）“诏郡县城去道过五里已上者，徙就之”。全国县级以上政府驻地均通国道，形成了以长安、洛阳为辐射点的联系各地的交通网络系统。尤其是隋代重视丝绸之路咽喉地区河西走廊以及西域地区的交通建设，进一步繁荣了丝绸之路，为中外交流做出了积极贡献。

第二节　唐代前期

唐代甘肃的历史可以分为前、中、后三个时期。唐代前期指从唐朝建立到“安史之乱”爆发之前的这段时期，共137年。

一、统一甘肃

大业十四年（618）五月，李渊称帝，建立唐朝。随后开始了统一全国的军事斗争。

（一）平定陇右

隋大业末年，薛举在兰州率众反隋，自称“西秦霸王”，建年号“秦兴”。薛举屯牧之处，由此被称为秦王川。薛举称帝后，不久迁都于秦州，攻下扶风，谋取长安，与刚刚占据长安的李渊父子势力形成对峙。大业十三年（617）十二月，李世民率军攻打扶风，不久平凉、河池、扶风等郡相继投降李渊。大业十四年（618）夏，薛举攻打泾州，进逼宁州定平县的高墌城（今陕西长武县北），大败唐军。八月，薛举派薛仁杲进围宁州，欲乘胜追击唐军，但因薛举暴病而死而停兵。不久，李渊任命李世民为元帅，出兵攻打薛仁杲。李世民率军到高墌后，双方形成对峙局面。之后因薛军粮尽多有降唐者，李世民采取诱敌深入之策，大败薛军，薛仁杲见大势已去，只得出城投降，唐军统一陇右。

（二）统一河西

隋末，盘踞凉州的李轨起兵反隋，自立为帝。大业十三年（617），李轨攻占武威内苑城，结束了隋朝在凉州的统治。武德元年（618），李轨正式称帝，史称大凉政权。金城薛举见李轨自立，遣兵进攻凉州，李轨派兵阻击于昌松（今古浪县），全歼薛举之兵，并乘胜追击。李轨还先后攻取了张掖、敦煌、西平（今青海西宁市）、枹罕（今临夏市）等地，河西五郡尽归大凉政权。唐高祖李渊为统一大计，采取远交近攻的策略，主动遣使与李轨结好，又遣使持节欲拜李轨为凉州总管、凉王。唐使到达凉州时，李轨已正式称帝，不愿接受大唐封号。武德二年（619）五月，李轨被叛乱的部将安修仁擒获并献给唐军，在长安被杀。李渊命李世民为左武侯大将军、使持节凉甘等九州诸军事、凉州总管，还命黄门侍郎杨恭仁安抚河西，河西归于唐朝。

二、军政建制

唐代的地方建制有道、州、郡、府、县等，道是地方行政制度中的一个虚级。州、郡和府名异而实同，州、郡、府之下都辖有县。

（一）道

贞观元年（627），按照山川形势、交通便利将天下分为关内、河南、河东、河北、山南、陇右、淮南、江南、剑南、岭南十道，今甘肃东部各州郡属关内道，西部各州郡属陇右道，南部少量州郡属山南道。永徽（650—655）年间，将原属陇右道的文州改属剑南道。景云二年（711），将陇右道黄河以西的州郡分出，设置河西道。开元二十一年（733），分山南道为山南东、西道，原属山南道的甘肃南部地区归山南西道统辖。

（二）州（郡）县

贞观十三年（639），全国有358州。到开元二十八年（740），有328州。各州置刺史一人，主持州的政务。上州刺史为从三品，中州刺史为正四品上，下州刺史为正四品下。唐初有1252县，到贞观十三年（639），有1551县。开元二十八年（740），则有1573县。县设县令1名。上县为从六品上，中县为正七品上，中下县为从七品上，下县为从七品下。唐代甘肃地方设有23州、71县。

陇右道

贞观元年（627）置。因在陇山之右（西），故名。景云二年（711）分出河西道后，陇右道统辖甘肃地区的秦、河、渭、兰、武、洮、岷、成、叠、宕等10州。

秦州　唐武德初改天水郡为秦州，开元二十二年（734）因地震移治成纪县（今秦安县）。天宝元年（742）还治上邽县，改为天水郡。乾元元年（758）复改为秦州。宝应后陷于吐蕃，大中三年（849）收复，复移治成纪县。领上邽、成纪、陇城、清水、伏羌5县，2.48万户，10.97万人。

河州　唐初沿置，治枹罕县。天宝元年（742）改为安乡郡，乾元元年（758）复为河州。宝应初陷于吐蕃。领枹罕、大夏、凤林3县，0.58万户，3.61万人。

渭州　唐初改陇西郡为渭州。天宝初改为陇西郡，乾元初复名渭州。宝应后陷于吐蕃，贞元四年（788）复置。元和四年（809）在原州平凉县（今平凉市）别置行渭州，广明元年（880）又为吐蕃所攻破，中和四年

(884) 在平凉县复置。领襄武、陇西、鄣、渭源4县，0.64万户，2.45万人。

兰州　唐初沿置金城郡，武德二年（619）改名兰州，治五泉县（今兰州市城关区），天宝元年（742）改为金城郡，乾元元年（758）复名兰州。广德元年（763）陷入吐蕃，大中年间收复。领五泉、狄道、广武3县，0.29万户，1.42万人。

武州　武德元年（618）改武都郡为武州，治将利县。天宝初复改为武都郡，乾元初复为武州。大中五年（863）移治覆津县（今陇南市武都区东南），景福元年（892）改为阶州。领将利、覆津、盘堤3县，0.29万户，1.53万人。

洮州　唐初沿郡置，武德二年（619）改为洮州，治美相县（今临潭县）。贞观四年（630）州、县移治洪和城（今临潭县东新城）。贞观八年（634）复还旧治。开元十七年（729）州废，以县隶岷州，开元二十年（732）复置，更名临州，开元二十七年（739）复故名。天宝元年（742）改为临洮郡。乾元元年（758）复为洮州。广德元年（763）后陷于吐蕃。领临潭1县，0.27万户，1.51万人。

岷州　唐初析临洮郡置岷州，治溢乐县。天宝元年（742）改名和政郡，乾元元年（758）复为岷州。上元中被吐蕃占领。领溢乐、祐川、和政3县，0.43万户，2.34万人。

成州　武德元年（618）改汉阳郡为成州，治上禄县（今礼县西南西汉水东岸）。天宝元年（742）改为同谷郡，乾元元年（758）复为成州。宝应元年（762）没入吐蕃。贞元五年（789）复置，徙治泥公山（今成县西南），咸通七年（866）又徙治宝井堡（今成县东），后徙治同谷县（今成县）。领上禄、长道、同谷3县，0.47万户，2.15万人。

叠州　唐初沿置同昌郡。武德二年（619）析洮州之合川、乐川、叠川置叠州，后改为合川郡。领合川、常芬2县，0.13万户，0.77万人。

宕州　武德元年（618）复置，治怀道县（今宕昌县西南）。贞观元年（627），与怀道县移治今舟曲县西北白龙江北岸。天宝元年（742）改为怀道郡，乾元元年（758）复为宕州，广德后没于吐蕃。领怀道、良恭2县，0.12万户，0.72万人。

河西道

凉州　唐初沿置武威郡，随后改为凉州。天宝元年（742），复改为武威郡，乾元元年（758）复为凉州。后被吐蕃占领，大中年间收复，领姑臧、神乌、昌松、天宝、嘉麟5县，2.25万户，11.03万人。另有吐浑部落、兴昔部落、阁门府、皋兰府、卢山府、金水州、蹛林州、贺兰州等8个羁縻府州，无县，皆为吐浑、契苾、思结等部所居，栖居在凉州界内，有0.50万户，1.72万人。

沙州　武德五年（622）析敦煌郡置沙州、瓜州。沙州治敦煌县。天宝元年（742）改为敦煌郡，乾元元年（758）复为沙州。后被吐蕃占领，大中年间收复。领敦煌、寿昌2县，0.43万户，1.63万人。

瓜州　武德五年（622）析敦煌郡置沙州、瓜州。瓜州治常乐县（今瓜州县锁阳城）。天宝元年（742）改为晋昌郡。乾元元年（759），复为瓜州。后被吐蕃占领，大中年间收复。领晋昌、常乐2县，0.05万户，0.50万人。

甘州　唐初沿置张掖郡。武德二年（619）改为甘州。天宝元年（742）复改为张掖郡。乾元元年（758）复为甘州。后被吐蕃占领，大中年间收复，领张掖、删丹2县，0.63万户，2.21万人。

肃州　武德二年（619）分张掖郡置肃州。天宝元年（742）改为酒泉郡。乾元元年（758）复为肃州。后被吐蕃占领，大中年间收复，领酒泉、福禄、玉门3县，0.22万户，0.85万人。

关内道

泾州　武德元年（618）改安定郡为泾州，治安定县。天宝元年（742）改名安定郡。至德元年（756）又改名保定郡。乾元元年（758）复改为泾州。领安定、灵台、良原、潘原、临泾5县，3.14万户，18.68万人。

行渭州　原属原州平凉县，元和四年（809）置行渭州。广明元年（880）被吐蕃占领，中和四年（884）复置。领平凉1县。户口缺载。

宁州　唐初改北地郡为宁州。天宝元年（742）又改名彭原郡，乾元元年（758）复为宁州。领定安、罗川、彭原、襄乐、定平、丰义6县，3.71万户，22.48万人。

庆州　武德元年（618）改弘化郡为庆州，治合水县。天宝元年（742）改为安化郡。至德元年（756）改顺化郡。乾元元年（758）复为庆州。领安化、乐蟠、合水、马岭、方渠、同川、洛源、延庆、华池、怀安10县，2.39万户，12.42万人。

会州　武德二年（619）改会宁郡为西会州，贞观八年（634）改名粟州，同年又改为会州。天宝元年（742）改名会宁郡，乾元元年（758）复名会州。永泰元年（765）升为上州。广德二年（764）陷于吐蕃，州废。领会宁、乌兰2县，0.46万户，2.67万人。

陇州　武德元年（618）析扶风郡之汧源、汧阳、南由县，安定郡之华亭县置。天宝元年（742）改名汧阳郡，乾元元年（758）复为陇州。领5县，2.47万户，10.01万人。

山南西道

凤州　武德元年（618）改河池郡为凤州，治梁泉县。天宝元年（742）又改为河池郡，乾元元年（758）复改凤州。领4县，0.59万户，2.79万人。

剑南道

文州　唐武德初析武都郡置文州，移治曲水县（今文县西五里白水江南岸）。天宝元年（742）改为阴平郡，乾元元年（758）复改文州。领2县，0.17万户，0.92万人。

（三）都督府

唐代都督府的建制，源于隋代的总管府。唐朝建立后，唐高祖恢复总管府。武德七年（624），总管府改名为都督府。都督府一般“统军戎”，也监管民政和临近的州，管10州者为大都督。贞观二年（628），去“大”字。都督官阶为：上都督府为从二品，中都督府为正三品，下都督府为从三品。唐代甘肃有9个都督府。

秦州都督府　武德二年（619）置秦州总管府，治上邽县。领秦、渭、岷、洮、叠、文、武、成、康、兰、宕、扶等12州。武德七年（624）改为秦州都督府，辖境逐渐缩小。贞观十四年（640）仅领秦、成、渭、武四州。开元二十二年（734）徙治成纪县。天宝元年（742）还治上邽县。

岷州都督府　武德四年（621）从秦州总管府析置岷州总管府，治溢乐县。领岷、宕、洮、叠、旭5州。武德七年（624）改称都督府，并加督芳州，武德九年（626）又加督文、武、扶3州。贞观元年（627）仅辖岷、宕、洮、旭4州，文、扶等州就近划归松州都督府辖之。贞观十二年（638），废岷州都督府。

凉州都督府　武德初设凉州总管府，管辖凉、甘、瓜、肃4州，武德七年（624）改为都督府，督凉、甘、肃、沙、瓜、伊、芳、文8州。咸亨元年（670）为大都督府，督凉、甘、肃、沙、瓜、伊、雄7州。上元二年

(675)为中都督府，督凉、甘、肃3州。

兰州都督府 武德八年(625)置，治兰州。督兰、河、鄯、廓四州。显庆元年(656)废。

庆州都督府 武德六年(623)于庆州置总管府，次年改为都督府，后屡有置废。开元四年(716)复置，督庆州和党项族侨寄庆州境内的芳池州、安定州、安化州、静边州4羁縻都督府下属41州。

原州都督府 贞观五年(631)置，治原州。领原、庆、会、银、达、亭、要7州。贞观十年(636)废亭、达、要3州。后银州还属夏州都督府，庆州又另置都督府。开元四年(716)后，仅领原、会2州。

洮州都督府 永徽元年(650)，置都督府。开元十七年(729)废，并入岷州。乾元元年(758)四月复设，后废。

瓜州都督府 开元十五年(727)闰九月设。

渭州都督府 乾元元年(758)四月设，后废。

(四)节度使制

节度使本来是大臣被派到边疆某地去统率当地军队的一种称号，和地方行政并无关系。但是，后来却演变成为将辖区内军权和政权集于一身的割据者。景云二年(711)始设节度使，天宝初年开始先后设置10个节度使，其中甘肃有3个。

河西节度使 这是唐代最早设立的节度使，驻武威郡，统领赤水、大斗、建康、宁寇、玉门、墨离、豆卢、新泉等军，张掖、交城、白亭、乌城等守捉，管兵7.3万人，马1.94万匹。其职责最重要者为“断隔羌胡”。具体统领情况为：赤水军，驻姑臧城内，管兵3.3万人，马1.3万匹，是“军之最大也”。大斗军，驻武威郡西200余里，即今民乐县扁都口，开元中置，管兵0.75万人，马0.24万匹。建康军，驻张掖郡西200余里，即今高台县骆驼城。证圣元年(695)王孝杰置，管兵0.53万人，马0.05万匹。宁寇军，驻张掖郡东北千余里，即今内蒙古额济纳旗哈拉和图，天宝二年(743)置，管兵0.17万人，马0.01万匹。玉门军，驻酒泉郡西200余里，即今玉门市赤金镇。武德中杨恭乂置，管兵0.52万人，马0.06万匹。墨离军，驻晋昌郡西北百里，即今瓜州县锁阳城，管兵0.5万人，马0.04万匹。豆卢军，驻敦煌郡城内，管兵0.43万人，马0.04万匹。新泉军，驻会宁郡西北200里，大足初郭元振置，管兵0.10万人。张掖守捉，驻武威郡南200余里，即今天祝县抓喜秀龙西北，管兵0.05万人，马0.10万匹。交城守捉，驻武威郡西200里，即今永昌县西北，管兵0.10万人。白亭守捉，驻武威郡西北500里，即今民勤县东湖镇一带，管兵0.17万人。乌城守捉，驻武威郡东南200里，即今天祝县安远镇南，管兵0.05万人。另有建昌军（驻张掖郡西北190里）、蓼泉守捉、酒泉守捉、威远守捉、百帐守捉、豹文山守捉等，所领兵马不详。

陇右节度使 驻西平郡（今青海省乐都），统河源、白水等军，合川等守捉。管兵0.75万人，马0.16万匹。其职责最重要者为防守吐蕃。所统辖的军与守捉大多在今青海境内，在今甘肃境内有：莫门军，驻临洮郡城内，仪凤二年（677）置，管兵0.55万人，马0.02万匹。镇西军，驻安乡郡城内，开元三年（715）哥舒翰置，管兵1.30万人，马0.03万匹。平夷守捉，驻安乡郡城西南40里，开元二年（714）郭知运置，管兵0.30万人。另有神策军（驻洮州西80里）、临洮军、天成军、振威军等，所领兵马不详。

泾原节度使 驻泾州（今泾川县北五里），大历三年（768）置，管泾、原二州，领兵于陇山一带防守吐蕃，但统领兵马情况不详。贞元六年（790）兼领四镇北庭行军节度使。元和以后增领渭州、武州。乾宁元年（894）赐号彰义军节度使。

三、民族活动

唐代前期，甘肃大地上活动的民族除了汉族外，还有突厥、铁勒、党项、粟特、吐蕃等。

（一）突厥

唐初，东突厥颉利可汗兵强马壮，在武德四年至武德九年（621—626）曾派兵进攻唐北边的山西、河北、陕西、甘肃、宁夏、青海等地，掳掠人口和财物。当时因突厥屡逼关中，唐廷曾商议迁都，但因李世民极谏乃止。贞观三年（629）八月，唐太宗命兵部尚书李靖为行军总管，指挥十多万唐军，分六道出击突厥。次年十一月，突厥侵河西，唐军反击，俘获一千余口。十二月，突利可汗、郁射设、荫奈特勤等率众相继投唐。唐太宗采取优抚政策，将其十余万降众安置在黄河河套以南的塞内边境上，设置州、都督府进行治理，其中包括今甘肃庆阳一带。唐朝通过任用突厥贵族为官，加以笼络。同时将突厥骑兵作为战争的工具，讨高昌、击龟兹、伐薛延陀、御吐蕃、征高丽及中亚等。调露元年十二月至开耀元年（679—681）间，突厥曾两度侵扰原、庆等州，双方互有胜败。永淳元年（682），“后突厥”汗国建立，形成自颉利可汗以来的强盛局面。圣历三年（700）十二月，突厥掠夺陇右诸监马一万余匹。次年春，又夺走盐、夏州羊马十万。神龙二年（706）突厥寇原、会等州，再次掠走陇右马万匹，使陇右官营牧场损失巨大。开元九年（721）秋，毗伽可汗率众西击拔悉密归途中，其谋臣暾欲谷掠凉州羊马及寄居凉州的契苾部落，并大败凉州都督杨敬述。甘、凉二州回纥、思结、浑、契苾诸部相继归后突厥汗国。天宝四年（745）正月，回纥首领骨力裴罗率众攻杀后突厥末代可汗白眉可汗。突厥各部大多归附回纥政权，部分归属唐朝，另有一部分迁往中亚。在中国北方活跃近2个世纪的突厥政权消亡后，代之而起的是回纥。

（二）铁勒

铁勒即之前北方草原地区活动的丁零、敕勒、高车。从铁勒族分出的回纥、仆固、浑、拔野古、同罗、思结、契苾、阿布思和骨仑屋骨9个部落，史称九姓铁勒，简称九姓。他们以游牧为主，逐水草而居。其分布区域，东起蒙古草原，西至中亚里海。突厥强盛时期，铁勒各部臣服于突厥。突厥派“特勤”“设”对铁勒进行管理。7世纪末至8世纪初，一部分漠北的铁勒人分两次越过沙漠进入河西走廊。“安史之乱”发生后，唐王朝组织各地军事力量“勤王”，其中便有河陇地区的13部军队东进参与平叛，他们中有契苾、浑、蹛林、吐谷浑、思结等，这说明，“安史之乱”前河西地区仍有铁勒人活动。

（三）党项

唐朝建立伊始，党项一方面常与吐谷浑联合搔扰西北边境，另一方面也派遣使者向唐廷朝贡。贞观九年（635），唐赤水道行军总管李道彦率军进击吐谷浑重镇赤水时，失信背盟，在阔水纵军掠夺党项牲畜，拓跋赤辞屯兵野狐峡击败李道彦军，唐军死者万余人，党项还乘势攻叠州。后唐朝治罪李道彦，以体现对党项的抚恤。7世纪中叶，青藏高原上吐蕃王朝兴起。党项诸部受到严重威胁，相继向北迁徙。到调露二年（680）前后，党项人的分布已毗连凉、松、茂、嶲等州。“安史之乱”前，内徙的党项部落分别散居在唐朝陇右道北部诸州（如洮、秦、临等州）和关内道诸州（如庆、灵、银、夏、胜等州）。唐朝在党项内迁驻足之地设立羁縻州府，以统辖党项各部。开元九年（721），唐朝设静边州都督府于庆州，统领达、悦等25羁縻州，以拓跋部大首领拓跋思泰任都督。同年四月，拓跋思泰参加了唐朝围剿以康待宾为首的六胡州动乱的战争，以身殉节。唐玄宗下诏书增进拓跋思泰为“特进兼左金吾卫大将军”，以其子守寂袭其爵位，又加授正三品的右监门卫大将军。不久又赠特进之名。

（四）粟特

唐代前期，粟特人活动范围较广，在甘肃地区的活动区域主要是河西地区的凉、甘、沙诸州。粟特人中的安氏在凉州势力强大，多位安氏将领屡立战功。8世纪中叶开始，由于粟特地区的动荡、唐朝的内乱、吐蕃对河西的占领，粟特势力随之衰落。

四、经济社会的发展

唐初，针对隋末社会离乱凋敝、百姓流离失所的现实，采取了一系列稳定社会、发展经济的措施，经济社会发展步入了良性轨道。陇右、河西地区成为全国最富庶的地区之一，“是时中国盛强，自安远门西尽唐境万二千里，闾阎相望，桑麻翳野，天下称富庶者无如陇右”。

（一）农业

唐代前期陇右、河西地区的农业生产有了一定程度的发展，其中均田制的继续推行、屯田的扩大、水利的兴修、农业生产工具的改进所起的作用显著。

均田制下的农业　唐代前期，继续推行均田制。唐代均田制与隋代有所变化，主要是取消了妇女、奴婢以及耕牛授田的规定，同时，增加了对僧、尼、道士、女冠以及工商业者授田的规定。均田制的有序推行，极大地刺激了农业生产者的积极性，使得甘肃地区的农业经济在当时有了长足的进步。唐玄宗时期，中央政府从河西地区收购粮食多达37万余石，占当年全国和籴总数的约1/3。商品经济在农业生产领域内也有所反映。蔬菜作为日常生活必需品，在当时也出现了专业户生产，购买者包括瓮匠、都料匠、画匠、梁户和农民等。这反映了当时农业生产专业化的发展趋势。人口快速增长，陇右道贞观时为5.60万户，天宝时期达到12.14万户，增长了约217%，年均增长率约8‰；贞观（627—649）年间的人口为19.82万人，天宝时期达到53.64万人，增长了约271%，年均增长率10‰左右。在当时的农业生产中，经济作物的生产也占到一定比例，如武州的椒、甘州的枸杞等，质量上乘，成为贡品。

屯田　唐代陇右、河西地区的屯垦在隋代的基础上有了进一步的发展。唐代对于屯田、营田的经营管理比较重视，其制度进一步完善，工部尚书及侍郎“掌山泽、屯田”等事务，其下属的屯田郎中，“掌天下屯田及京文武职田、诸司公廨田”。陇右营田使成为甘肃境内屯田、营田的重要官职。当时全国郡、州管屯总数是992屯，其中，陇右道172屯、河西道154屯，共326屯，约占全国总屯田数的32.86%。天宝八年（749），全国屯收191.40万石，其中，陇右道屯收44.09万石、河西道屯收26.01万石，陇右、河西地区屯收占到了全国的36.6%。陇右、河西屯田粮食收入除了满足当地军事补给外，余粮还向京师长安等地输送。开元（713—741）年间，河州、敦煌屯田收获的粮食，被转运到灵州，顺黄河而下，入藏太原仓，备关中饥年。

水利与用水细则　唐初甘肃农业生产的发展与兴修水利分不开。唐初无论是大型水利工程，还是小型灌溉工具，都有兴修和修葺。河西地区干旱少雨，但从祁连山流出的河川在河西走廊汇成石羊河、疏勒河、黑河三大水系，成为河西农业灌溉的主要来源，“渠堰”成为最重要的水利工程。瓜州都督张守珪巧妙利用山水漂来的木材，修复原来的水渠故道，“瓜州人刻石以纪其事”。仅敦煌一地在唐代修建的水利工程，有大小干支渠道90余条，构成了比较完整的灌溉系统。如大型水渠有长45里的北府渠，长20里的宜秋渠、孟授渠、都乡渠，长15里的阳开渠，长7里的阴安渠，长5里的三丈渠等。当时的水利灌溉工程大多数是由地方政府负责修建的。

唐代沙州地方水利管理的部门是平水校尉、旅帅等，民间灌溉用水已经有相当详细的“用水细则”。如敦煌文书中保存的《沙州敦煌县行用水细则》就是非常珍贵的古代灌溉用水细则。该细则明确规定，当时渠中有分水闸——斗门，调控诸渠水量与灌溉时间；水资源丰沛时的浇灌顺序是“早浇粟地，后浇商伤苗田水”；对官员和地主及农民弄虚作假以获得更多的水资源的防范和打击；对于虚报种植面积，浪费水者，或者浇灌田地质量不高，均要受到处罚。另外，细则还对河水的重复使用及其申报制度、用水许可制度等有规定。

经济林木种植　唐初，经济林木在政府有关法令的指导和督促下有所发展。政府在推行均田制时，对于永业田中种植一定数量的经济树木有强制性的规定：“每亩课种桑五十根以上，榆、枣各十根以上，三年种毕。乡土不宜者，任所宜树充。”而均田制下的租庸调制规定，田有租，户有调，身有庸。其中的“调”是要缴纳布帛和丝、麻的，自然也就要以种桑、种麻为前提。元稹《西凉伎》中所描述的“吾闻昔日西凉州，人烟扑地桑柘稠”，是河西广种桑树的明证。秦州和凉州，均盛产葡萄。诗人杜甫在流寓秦州时的《寓目》诗中就有“一县蒲萄熟，秋山苜蓿多”的名句。李白在《清平调词三首》诗题解中道：“太真妃持颇梨七宝杯，酌西凉州蒲萄酒。”王翰《凉州词》中有“葡萄美酒夜光杯”，此“葡萄美酒”就指在河西地区用当地所产葡萄酿造的酒。以至到唐代后期，在河西地区就有“种蒲桃于此城中，因号蒲桃城”的史事，其在后晋时期仍然如此。敦煌地区的种植林，主要分布在城外泉水灌溉区域。在敦煌村宅，以私人家庭园囿种植林为主，寺院佛窟附近僧众种植次之，其主要种类包括榆树、杨树和柳树等用材以及桑树、杏树、李树、梨树等经济林。敦煌当地的一般用材主要靠这样的种植林提供。

（二）畜牧业

“安史之乱”前的130多年，是唐代陇右、河西地区畜牧业经济恢复和发展的重要时期。陇右、河西地区官营畜牧业经济的繁荣，成为该地区经济的一大特色，并与关中、中原内地的农业经济形成了一种相需互补的关系。高祖武德（618—626）时期初创马政，以太仆寺卿张万岁负责全国马政，张万岁尽职尽责，对于唐初的马政做出了积极贡献。唐代初期，获得突厥马2000匹，在赤岸泽得隋马3000匹，唐中央政府将这些马匹安置在陇右牧马监，作为西北官营牧场的基础，并在这里建立了比较完善的马政管理制度——官营牧场“监牧”制。唐不断调整和拓展官营牧场，至唐太宗时已经颇具规模：“自京师东赤岸泽移马牧于秦、渭二州之北，会州之南，兰州狄道县之西，置监牧使以掌其事。”在岐、豳、泾、宁等州千余里地面上，唐朝设置宜禄、安定等八坊。八坊之内的马匹分为48监。“凡马五千为上监，三千为中监，余为下监。”后来随着马匹数量的不断增加，原来的官营牧场显得狭小不堪，难能承载官营牧业的发展，政府不得不另外分出八监，将其置于“河西丰旷之野”。这样官营牧场横亘陇右、河西全境。至天宝十二年（753），西北诸监马匹存栏数为31.94万匹，其中13.36万匹为骒马。唐代官营牧场马、牛10匹（头），驼、骡、驴6峰（头）或羊70只，分别配备一位放牧者，当时陇右官营牧场的直接生产者当不少于4.31万人。由于唐代官营牧场的马匹数量充足，所以马匹的价格非常便宜。唐初官营牧场并不是单一的马匹生产基地，而是以马匹为主，兼及其他，如饲养牛、羊乃至骆驼等，是综合性牧场。官营牧场不但为国防提供了比较充足的马匹武装，促进了畜牧业繁荣，而且还为农业及交通运输业和商业的进步提供了后劲。唐玄宗时，除了继续保证官营牧场人员配备和进行一系列马政改革外，还采取措施积极发展民间私人养马业，以作为官营养马业的重要补充。当时政府采取优惠的激励政策来刺激民间畜牧业经济的发展，规定凡“能家畜十马以上，免帖驿邮递征行，定户无以马为资”。正由于实行了一系列鼓励民间养马的优惠政策，至开元十三年（725）民间养马已经达到43万匹，其数量甚至一度超过了陇右牧监的存栏数。

（三）手工业

纺织、编织业　中唐以前纺织手工业比较发达的地区一直在黄河流域。天宝元年（742），陇右道有布、麻、毛褐、白毡等，毛织品中有毡、褐等。宁州的覆鞍毡、庆州的“胡女布”、凤州的布、凉州的白绫与毯、文州的细与绵等都是作为“土贡”特产，上贡朝廷的。按照租庸调制，百姓纳调必须有布、绢，所以手工纺织业是家庭必备的产业，渭、武、河、岷、芳、宕等州所产的布，就是作为调的主要内容。秦、渭、岷、泾、宁、陇、凉等州的贡品中就有龙须席，龙须席薄而轻、凉，最宜夏天使用，唐代诗人李商隐、李白、韩偓、孟浩然、李贺的诗中都有赞美。

酿酒业　民间酿酒业在唐代得到了进一步的发展，河西地区饮酒之风也很盛行，这里形成了较为成熟的酿酒业，其中敦煌地区形成了比较完整的酒的生产和消费市场。唐代比较流行葡萄酒。葡萄酒自张骞通西域后就已传入内地，唐代得到了进一步的改进，唐人已经可以将葡萄酒酿出黄、白、黑三种不同的颜色。唐代前期葡萄酒还是河西地区乃至西域地区重要的官方往来的物品之一。

采矿业　陇右、河西地区矿藏非常丰富，其资源在隋唐时期就已经被充分认识并进行开采，成为这里手工业经济发展的基础。渭州平凉产银、铜和铁等；凤州两当有银；文、兰、肃、河、宕等州均产麸金，并作为贡品；秦州成纪有银、铜、铁，陇城、清水有银；肃州酒泉县境内产金；沙州出产碁子、黄碁、石膏等，并作为贡品；瓜州出产黄碁、绛碁等，也作为贡品。开元时期（713—741），牛仙客任河西节度使时，这里曾经“仓库盈满，器械精劲”，兵器等制造业比较发达。另外，唐代人已经发现和利用河西地区尤其玉门地区的石油，作为照明燃料和车辆的润滑剂等。

制盐业 唐代前期甘肃地区的食盐生产虽然在全国并非最重要的产区，却有一定的生产和销售规模。甘、凉、沙、肃等州即有盐池，其中凉州姑臧的武兴盐池、黛眉盐池，沙州的西盐池比较有名。

（四）交通

唐代前期对交通运输十分重视，陇右、河西地区交通条件的改善，为丝绸之路的畅通、唐蕃古道的兴盛奠定了良好的基础。

丝绸之路 丝绸之路是我国古代以丝和丝绸织品为主要商品，从长安出发，经过河西走廊及中亚通往西亚、欧洲乃至北非的陆路贸易通道。唐代丝绸之路在秦汉以来发展的基础上，达到了历史上最繁盛的时期，交通基础设施、交通管理制度、交通保障等方面都比以往有了大的改进，形成的以京都长安为中心的交通网络，覆盖了从中原到边地的所有区域。为了道路的管理、维修和行人辨认，唐代在交通道路上每隔五里设置一个里程碑——“里隔柱”。同时延续历代积累的成熟做法，在交通沿线设置比较完善的驿站制度，保障商旅、使节的往来活动。驿站配备有驿车、驿马、驿驴和驿田，建有样式和规格不同的驿舍，划拨有一定的经费，以保证车船人马、迎来送往等的开支。每匹驿马，给地四顷，种植苜蓿以供饲料。一般30里设置一驿，驿马每天走70里，驴50里，车30里。遇有紧急事情，驿马一天能跑300里以上。驿站迎送不同属性不同级别的人员所使用车马多少，也有具体限制。在中央，有兵部尚书、侍郎之下设的驾部郎中、员外郎掌舆辇、车乘及天下之传驿，地方上道、州、府、县的各级官员，也均有兼管驿递交通的任务，要定期派员巡检道路、驿馆，负责桥路修葺。驿有长官，名为捉驿，后改称驿长，下辖驿丁若干名。在国都所在大驿，每驿配驿丁25人。各道陆驿分为六等：第一等驿配驿丁20人，第二等驿配驿丁15人，第三等以下递减，最后一等第六等驿为驿丁2至3人。驿运最繁盛时全国专门从事驿务的员工共有2万多人，其中驿丁1.70万人，这是一支很庞大的队伍。在政府建设和经营官道的同时，民间在交通沿线设置的店肆也很多，以满足过往商旅。

陇右、河西地区因军事战略地位突出，又地处陆路丝绸之路的关键地段，其交通的畅达因此备受关注。在陇右、河西，丝绸之路的路线主要有3条，即北道、中道和南道，其总汇点为敦煌。北道从长安开始，沿着泾河西北行，经过咸阳、泾川等地到达平凉，再通过六盘山东麓到固原，再西行通过今甘肃景泰过黄河后抵达武威。再沿河西走廊的山丹、张掖、酒泉、嘉峪关、安西等地直达敦煌。中道从长安出发沿着渭河到达宝鸡东，越大震关，经过秦安、通渭、陇西、渭源、临洮，北达兰州，从河口渡黄河，经过永登，越乌鞘岭，经武威、张掖后直达敦煌。南道从长安出发后沿着中道到达临洮后，经由临夏，在炳灵寺附近渡过黄河，再途经青海民和、乐都、西宁等地，翻越祁连山，过扁都口后到达张掖，与北路汇合后直达敦煌。这三道在敦煌汇合后再往西又分北、中、南三路，北线可达北庭、碎叶，至里海地区；中线经龟兹而至疏勒，远通波斯，直到地中海沿岸；南线可抵于阗而往天竺。无数的商旅、使节、宗教职业者、兵士、诗人东来西往于这条通道上，促进了中原地区与西域各国各族人民之间的经济文化交流。日常生活中的用具、食物、香料、药物、纺织品、颜料、矿石、宝石、金属制品、世俗器物、宗教器物、书籍乃至于家畜、野兽、飞禽、毛皮和羽毛、植物、木材等等，通过这条通道双向输入唐朝内地和中亚、西亚乃至欧洲。

唐蕃古道　唐蕃古道是当时中原地区通往吐蕃的最主要的道路，也是唐代以后中原内地去往尼泊尔、印度等国的重要通道。这条大道的起点是唐王朝的国都长安，终点是吐蕃都城逻些（今西藏拉萨），它的大致路线是，从长安沿渭水北岸越过陕甘两省界山——陇山到达秦州，溯渭水继续西上越鸟鼠山到临州。从临洮西北行，经河州渡黄河进入青海境内，再经龙支城境内西北行到鄯州，再从西宁经共和县、兴海县、贵南县、同德县、玛沁县、甘德县、达日县，进入今天四川境内，经阿日扎部落到色须，再到玉树，进入今西藏境内，经囊谦县、类乌齐县、丁青县、巴青县、索县到柏海，再经过当雄县到达逻些。唐蕃古道的驿站不少于14个，每个驿站之间的距离不等，途中至少有6座比较有名的桥梁。在唐蕃古道上，除了中原地区的交通运输工具外，吐蕃的交通运输工具马、高原之舟——牦牛、沙漠之舟——骆驼，还有毛驴、绵羊、皮舟等，发挥了不可替代的作用。据史载，仅贞观元年（627）之后的两百余年间，唐蕃使臣相互往来就多达142次。至今在古道经过的许多地方，仍然矗立着人们曾经修建的驿站、城池、村舍和古寺，遗留着人们世代创造的灿烂文化遗存，传颂着数不清的反映藏汉人民友好往来的动人佳话。

第三节 吐蕃统治时期

“安史之乱”是唐朝历史的重要分界线。安、史叛军起兵并迅速南下后，唐朝在河西、西域地区驻扎的精兵猛将被内调“勤王”，吐蕃趁机攻占河西、陇右地区。此后，吐蕃在河陇地区进行了长期的统治。吐蕃以部落制代替了唐朝的郡县制，并在河西、陇右地区设置了5个节度使，对各民族实行统治。

一、“安史之乱”后的甘肃政局

（一）“安史之乱”的爆发与河陇军队东调“勤王”

“安史之乱”爆发后，玄宗、肃宗在组织反击叛军的过程中，急忙征调朔方、河西、陇右、安西、北庭等地的边防军到战争前线。这些内调的部队包括：河西节度副使李嗣业所部0.50万兵，安西行军司马李栖筠所部0.70万兵，马璘所部0.30万兵。此外还有西域的拔汗那兵、于阗王尉迟胜的兵、吐火罗叶护乌利多并九国首领的兵、大食兵、回鹘兵等。到至德二年（757）九月，由肃宗子广平王李俶（后为代宗）和郭子仪率领蕃汉之师15万人，先后克复长安、洛阳。

（二）吐蕃对河陇的占领

陇右和河西守军内调“勤王”，直接导致边防空虚。曾与唐朝在西域争雄的吐蕃趁机集中兵力向河西、陇右地区发起进攻，使唐朝陷入东有叛军、西有吐蕃，腹背受敌的窘境。吐蕃进攻唐朝的战略是先重点突破陇右，兵锋直指唐帝国的政治中心长安，进而截断河西、西域与内地的联系。至德元年（756）十二月，吐蕃接连攻陷威戎、神威、定戎、宣威、制胜、金天、天成（今临夏市西）等军，入据石堡城、百谷城、雕窠城。次年十月，吐蕃攻陷西平。至广德元年（763）七月，吐蕃又先后陷兰、廓、河、鄯、洮、岷、成、渭等州。十月，吐蕃20万大军围攻泾州，泾州刺史高晖献城投降，并作为吐蕃向导，越邠州东进至奉天、武功、大震关，长驱攻入长安，立金城公主侄广武王承宏为帝，大有灭唐的野心。幸赖郭子仪等竭力援救，吐蕃只在长安逗留13天即撤兵西去。吐蕃退出长安后，据守秦、原、安乐、会、成、渭诸州，直到元和元年（806）与唐朝有了约和之愿望后，吐蕃才将秦、原、安乐三州退还给唐朝。而陇右其他地区，吐蕃则一直统治到9世纪中叶。广德二年（764），吐蕃围攻凉州，河西节度使杨志烈突围奔甘州，凉州陷落。大历元年（766）吐蕃占领甘州、肃州，大历十一年（776）攻占瓜州，贞元二年（786）占领沙州。当时，河西诸地军民，克尽守土之责，沙州军民在与内地隔绝无援的艰苦情况下坚守沙州11年之久。

二、军政建制

吐蕃占领河西、陇右地区以后，将它本土的行政管理制度推行到统辖区，开始按吐蕃军事、部落制度编管辖下的居民，并利用各族上层进行统治。

（一）部落制

吐蕃占领陇右、河西地区后，废除了原有的郡县乡里制度，而代之以部落制度。其方式基本上是将原来的乡改造为部落。部落最基本的单位是千户，千户之下是小千户（五百户组织），小千户之下为百户（将），最后是十户。吐蕃所推行的部落制是集政治、军事、经济三位一体的组织系统，有严格的户籍制度作为保障，这种户籍制度下，家庭人员（包括奴婢）的死亡、出家为尼、嫁娶等都有详细的记载。落蕃的汉人在统治系统里充当了一定的角色，只担任千户长副职、小千户长副职，附庸地位十分明显。节儿论、万户长、万户都督、千户长、副节儿、小都督、小千户长、小节儿等重要官职都由吐蕃人担任。

（二）东境节度大使

东境节度大使是吐蕃在陇右、河西辖区设置的最高军政机构，统辖河州节度使、青海节度使、鄯州节度使、凉州节度使和瓜州节度使等“东境五节度大使”，主管陇右、河西乃至西域的重大军事活动。由于其地位重要，故一般东境节度大使都是由宰相兼任。吐蕃设立东境节度大使的目的，在于统一指挥所属各千户及其他相应机构的行动，对陇右、河西地区各族进行管理。这种集军事、政治、经济职能为一体的地方统治机构，与本土原有的军事系统虽同出一辙，但由于统辖地区的特殊性，故表现出某些封建军政官制的特点，因而与唐朝的节度使有近似之处，即军民通管。吐蕃东境节度大使的驻节之地在河州。在吐蕃统治陇右、河西时期，河州一直充当着地区政治、经济、文化中心的角色。

（三）五节度使

五节度使即在东境节度大使统辖之下的5个节度使，其中的3个在今甘肃境内，分别为河州节度使、凉州节度使、瓜州节度使。节度使一般由吐蕃豪门贵族及有功将帅担任。一般而言，汉人只能担任节度使的幕僚。吐蕃对瓜沙地区同时采用以蕃治汉和以汉治汉两套管理系统。吐蕃对汉族官吏的任用，有如下原则：首先，吐蕃任用的汉族官吏，一般都是累世簪缨的汉族大族；其次，比起世俗官员来说，一些汉族僧人在推崇佛教的吐蕃政权下，地位要相对高一些；再次，吐蕃任用汉族官吏，带有一定的强制性，这些汉官自嘲为“破落官”。在被占领区设置的行政官员中，最带有吐蕃色彩的名称是“节儿”，意为一寨之主，属吐蕃自身的一种职官，吐蕃人又将其推行到瓜沙等地区。节儿是隶属于节度使之下的长官，由节度使任免，既是军事长官、财政长官，也是司法长官。

三、唐蕃会盟

会盟是唐蕃政治关系发展的一种特殊形式，几乎贯穿于双方关系的始终。会盟制度也是吐蕃最古老的制度之一。唐蕃会盟始于神龙元年（705），止于长庆二年（822）。在此期间，吐蕃与唐朝之间进行过多次会盟，其中比较重要的有8次，在今甘肃地方上举行过的会盟有2次。

（一）清水会盟

吐蕃完成对唐朝陇右、河西诸州的占领后，其最高统治者赞普曾多次派遣使臣到长安要求和谈，但唐朝上下一致反对。大历十四年（779）五月，唐德宗李适即位后，调整了对吐蕃的政策，主张以和为主，和战结合，为清水会盟创造了条件。建中三年（782）四月，吐蕃放回所俘唐将士僧尼百姓800人，以示修好。九月，唐使崔汉衡从吐蕃返境，吐蕃赞普赤松德赞遣其官员区颊赞随之入长安请和，获准会盟。原定的会盟时间是本年十月十五日，因具体细节未能商议周全而过期。后唐朝都官员外郎樊泽在原州与吐蕃大相尚结赞商定，会盟时间改在了建中四年（783）正月十五日，地点在唐蕃交界的清水西，选平地筑坛，歃血会盟时用牛马为祭牲。唐德宗拜崔汉衡鸿胪卿，以都官员外郎樊泽为计会使，同时让陇右节度使张镒参加会盟。唐朝参加会盟的有张镒、崔汉衡等7人。吐蕃参加会盟的有大相尚结赞、大臣论悉颊藏等7人，同时，各派2000兵士在坛外观盟。其中1000人携带兵器，排列在坛外200步的地方，另1000人为散从，分立在坛下。会盟时，张镒要降低对吐蕃的礼节，以“唐非牛不田，蕃非马不战”为由，改用犬、豕、羊为祭牲。但因边地无豕，尚结赞请以羝羊代替，张镒则用犬、白羊为牲。在盟誓文书中，先回顾了唐朝“与吐蕃赞普，代为婚姻，固结邻好，安危同体，甥舅之国，将二百年”的关系，表明今后双方之间“诈谋不起，兵车不用”的愿望。双方按既成事实的占有为原则划定了边界，唐朝方面的边界为：泾州西面至弹筝峡，陇州西面至清水，凤州西面至同谷，剑南至西山、大度水（大渡河）；吐蕃拥有兰、渭、原、会州，西面抵达临洮，东面抵达成州，到剑南西磨些诸蛮、大度水之西南；盟文中所有未提到的地方，“蕃有兵马处蕃守，汉有兵马处汉守，不得侵越”；整个黄河以北，从新泉军到大漠，南面至贺兰橐它岭，中间作为“闲田”空地。双方所放弃的戍守之地不再增兵，不修建城堡，不耕种边田。盟文最后强调：“其盟文藏于郊庙，副在有司，二国之诚，其永保之。”宣读完会盟文书后，尚结赞请张镒到盟坛西南角的佛帐中焚香起誓。之后双方参加盟誓的官员登上盟坛举行盛大宴会，互相酬劝饮酒后返还。建中四年（783）七月，为最后签订清水盟约，德宗又让宰相、尚书与吐蕃使者在长安丰邑里坛所盟誓。为此，让崔汉衡再次前往吐蕃，与赞普赤松德赞议定边界事宜。长安盟誓的规程、礼仪完全仿照清水会盟。唐朝方面参加的有宰相李忠臣、关播，金吾卫大将军浑瑊等11人，吐蕃方面参加的是区颊赞等人，盟誓地改到了京城的西郊。前二日祭告太庙、斋戒，第三日，由关播跪着宣读盟文，订盟后再次举行大宴。会盟后，德宗令左仆射李揆为入蕃会盟使，送还区颊赞等。盟约达成后，在唐蕃边界树立了定界碑。

清水会盟大大缓解了双方之间的战争冲突，但清水会盟的成果很快就被之后发生的震惊朝野的“平凉劫盟”所葬送。

（二）平凉劫盟

建中四年（783）六月，唐朝发生了“泾原兵变”（也称为“朱泚之乱”）。驻扎在泾原镇（治今泾川）的兵士哗变，洗劫长安，唐德宗仓皇出逃奉天（今陕西乾县），并被叛军包围一月。危难之际，陇右留后韦皋上奏唐德宗，请吐蕃军帮助平定叛军，唐德宗同意遣使向吐蕃求援。吐蕃大相尚结赞亦主动提出助唐收复京师。唐廷允诺平叛成功后割让安西、北庭之地给吐蕃。兴元元年（784），唐遣崔汉衡使吐蕃，请其尽早发兵。吐蕃大相尚结赞一直在犹豫观望。同年四月，浑瑊率诸军出击朱泚，其他唐军也出师与浑瑊会合，经崔汉衡多方催促劝说，尚结赞才遣其将论莽罗将兵2万配合行动，大破朱泚将韩旻、宋归朝、张庭芝等于武功，歼敌万余人于武亭川。在关键性决战的武亭川战役进行前，唐廷又进一步答应以泾、灵二州割让吐蕃。尚结赞还“屡遣人约，刻日共取长安”，要彻底肃清朱泚残余势力，但只因那年春天气候炎热，瘟疫盛行，吐蕃军马未能出兵长安，而是中途撤走。“朱泚之乱”平息后，吐蕃遣使入唐，请唐廷兑现约定的割地条件，唐德宗也同意将安西、北庭两镇割让给吐蕃，拟将西域将士、官吏、僧道、耆寿、百姓等撤回内地，然后将西域交割给吐蕃。但唐德宗的计划遭到了大臣的反对。李泌、陆贽等人劝阻德宗，安西、北庭为控制西域各国及突厥的关键，又能分解吐蕃对唐朝的压力，不能轻易割让；同时，吐蕃军旅在唐军收复长安中并未出力。最终，唐廷只答应给赞普、尚结赞以万匹缯帛作为武亭川战功的赏赐。这导致了吐蕃的“举国同怨”，唐、蕃关系再度吃紧。

吐蕃对唐朝出尔反尔的行为心怀憎恶，一面由尚结赞与唐廷进行交涉，一面武力进攻泾、陇、邠、宁、盐、夏、银等州。但吐蕃的这几次进攻均为当时镇守边关的唐朝名将李晟、马燧、浑瑊等人所击退。唐朝的此西北“三大将”对吐蕃的扩张构成了巨大的障碍。为此，尚结赞使用反间计，挑拨他们与唐中央王朝的关系。多疑的唐德宗终于上当，相继罢免了李晟、马燧。为了平息怨言，夺取武亭川战前唐廷许诺给吐蕃的灵、泾二州，尚结赞在贞元三年（787）闰五月精心策划了平凉劫盟。

之前，尚结赞在屡次求盟未能成功后，又派遣大将论颊热送厚礼贿赂马燧，请马燧代为求和。贞元三年（787）四月马燧与论颊热一同入朝，马燧竭力劝说德宗与吐蕃结盟，德宗终于同意。尚结赞希望唐朝灵州节度使杜希全、泾州节度使李观能主盟。唐朝以“杜希全职在灵州，不可出境。李观今已改官”为由，派侍中浑瑊担任盟会使、兵部尚书崔汉衡为盟会副使，同司勋员外郎郑叔矩、华州潼关节度使骆元光等参加会盟。先期双方约定的会盟地仍然是清水，时间是五月二十四日。尚结赞以清水此地不吉祥为托词，请求于五月十五日在原州之土梨树会盟。唐朝左神策将马有麟上奏德宗认为，原州土梨树地多险隘，恐吐蕃军有埋伏，建议把会盟地改到空旷平坦且距离泾州较近的平凉。浑瑊从长安出发时，深谙吐蕃军情的李晟告诫他在会盟地点的防备不可不严密。为此，李晟受到德宗的传召，被告诫对待吐蕃要有诚意。德宗命骆元光率兵驻扎于离会盟地点70里的潘原，韩游瑰率兵驻扎在洛口，以防不测。骆元光冒着违旨风险将军队驻扎在了离会盟地30多里之地，并把壕堑挖得很深，栅栏扎得很牢。

闰五月十九日，会盟举行。浑瑊与尚结赞约定，双方各带兵士3000人排列于盟坛东西，散从400人在坛下，并各派游骑数十人互相巡视，作为监督。但是，尚结赞早已秘密将3万多精骑埋伏在盟坛西部。会盟时，吐蕃军游骑频繁巡监于唐军之中，当唐军游骑60余人进入蕃军巡视时，全被扣押，浑瑊全然不知。随后，浑瑊带领唐副使崔汉衡等一行21人入坛，由于丧失警惕，被尚结赞以换服为名诱入吐蕃军帐。吐蕃军队以3声征鼓为号，冲杀而至。除浑瑊在混乱中从幕后逃出，幸运得马逃脱，被骆元光所救外，监军特进宋凤朝、判官韩弇等四五百将士战死，其余60余名唐使及千余名兵士被俘虏。唐德宗得报，为之惊愕。浑瑊因败盟而被贬奉天，足智多谋而英勇善战的骆元光受到嘉奖并被赐姓与名——李元谅。平凉劫盟后，尚结赞又令部将进攻汧阳、吴山、华亭等县，驱赶丁壮万余人退回清水境内。此次战事给陇右地区百姓造成了极大的灾难。

四、民族关系

（一）吐蕃对汉人的统治及相互关系

吐蕃在陇右、河西地区对汉人采用积极的同化政策，让汉人学说蕃语、穿左衽衣服、行辫发之俗，当地汉人不得不“形遵辫发，体美织皮，左衽束身，垂肱跪膝”。只有在特殊场合，私下才穿着中原服饰。正如《新唐书·吐蕃传》所记：“州人皆服臣虏，每岁时祀父祖，衣中国之服，号恸而藏之。”即使是落蕃几十年后，许多落蕃汉人仍在嘱咐自己的子孙不要忘记自己是大唐人，一有机会便计划出逃。为了消弭民族矛盾，吐蕃逐步改变原来的高压同化政策，做出了一些政策调整，如适当提高汉族士绅、僧侣的地位。这样使吐蕃统治下的汉蕃关系逐渐过渡到和平共处阶段。

（二）吐蕃统治时期的吐谷浑

吐谷浑被吐蕃征服后，成为吐蕃的属国。吐蕃统治者对吐谷浑的压迫和剥削是较为沉重的。定期的贡赋、强征军粮马匹以及无休止的战争兵役，给吐谷浑人民带来了很大的灾难。为了加强对吐谷浑的统治，吐蕃政权对吐谷浑的上层贵族采取笼络和控制的政策，赋予其比汉人要高的政治地位，不断地把吐谷浑王族及上层贵族吸收到地方政权中，给予一定的权力，从而维护吐蕃的统治，缓和民族矛盾。

（三）吐蕃统治时期的粟特

吐蕃攻入河陇地区后，这里的粟特人也成为吐蕃的属民。像敦煌从化乡那样的粟特人聚落，与敦煌的其他乡都被取消，改为部落。其中有势力的粟特人有的归还了本国，有的散入回鹘势力圈内或其他地方，剩下的一些粟特人后裔则依附于汉人的寺院，成为寺户。在吐蕃设置的各个部落中都生活着许多粟特人，吐蕃人和粟特人基本上处于交错杂居的状态。粟特人在各个部落中从事着商业贸易和手工业生产。吐蕃统治者还任用一批粟特人担任判官、参军、部落使、都督等瓜州使衙和敦煌的各级官吏，成为吐蕃统治敦煌及河西地区依靠的重要力量。值得一提的是，吐蕃统治时期，敦煌的粟特大族与其他民族的世家豪族也都进行了积极的联姻。通过联姻，粟特与汉、蕃之间不仅加强了血缘上的联系，而且与敦煌大族之间也形成了政治联合。这使得吐蕃统治时期，粟特人的势力得到一定的发展。

五、吐蕃统治时期的社会经济

（一）土地分配与赋税制度

在吐蕃占领时期，汉人仍是陇右、河西地区的主要经济支柱。为维系社会的稳定，吐蕃一方面拉拢唐朝的破落官、汉族世家豪族参与政治管理，封他们做部落使等；另一方面，实行类似于唐代均田制的“计口授田”等措施，力图维护汉族百姓原有的经济地位，以安定民心。吐蕃实行的这种“计口授田”，又称突田制。“突”是田地计量单位，一突相当于十亩。按照这一制度，授田标准为每人一突，即一人授田十亩。并以此为标准，向百姓按户征收课税，即“纳突”，同时承担差科，包括身役、知更（巡夜）、远使（到远处当差）等。在吐蕃的“计口授田”制度下，农户都能按家庭的人数拥有一块土地，有一定的经济独立能力，而不至于沦落为吐蕃统治者的奴隶。同时，吐蕃统治者还下令禁止抄掠汉人，容许自择配偶。这些政策的实施都有利于维护当地汉人的合法权利和经济利益，为各民族之间的和平共处和经济的稳定打下了坚实的基础。

（二）农业

吐蕃统治下的河陇地区除了畜牧业有明显发展外，农业生产也有一定的规模。但总体而言，吐蕃占领陇右、河西等地后，使得这里的农牧比例发生了比较大的变化，即农业比例减少而畜牧业经济的比例在提高。农业生产的粮食主要有青稞、小麦、荞麦、稻等。适合吐蕃饮食习惯的青稞已经成为这里的主要粮食品种。也从事蔬菜生产，青菜、腌菜等是居民当时的重要副食。在吐蕃占领的河西地区，在一定范围内实行具有租佃关系的生产方式，有作为劳役地租形式报酬的“差地”。在河西地区有从事农业生产的佃奴，也有“专种蔬菜”的佃奴，还有将犯有禁令者罚作“佣奴”的情况。

（三）畜牧业

唐代陇右、河西等地被吐蕃占领后，原有的官营畜牧业的管理和经营方式发生了很大变化，畜牧业得到进一步发展。吐蕃时期畜牧业经济比较活跃，其品种主要包括牛、马、犬、彘和骆驼以及驴等。牛是吐蕃时期无可替代的重要生产工具和生活资料。扩大畜牧业的草场是吐蕃决策者自始至终奉行的一项基本国策，把一些地方的良田划为草场。陇西地区在吐蕃占领的百余年间，虽然还有若干农业，但主要已经成为牧业地区，农业所占比例较畜牧业要小得多。

（四）手工业

吐蕃统治时期，毛纺织业成为最重要的纺织内容，毛纺织品的品种主要有毛绳、毛线、褐子、绢缯、氆氇、帐篷、毡帽、驼毯等。皮袄在吐蕃辖区比较盛行。皮袄制作是手工业的一个主要门类。皮囊是吐蕃地区重要的装载物品工具，皮革甲胄是吐蕃时期的重要军事装备。从唐朝境内掠夺来的纺织工匠，要向吐蕃官府“平岁赋一缣”，这类工匠在吐蕃境内享受一定的优惠，工匠所负担的岁赋比较轻，便于工匠维护生产和生活，改进技术。在社会生活和生产中，铜、铁等金属用品的加工制作也是吐蕃时期手工业生产的基本内容。吐蕃时期的金属手工业品见于记载的就有红铜锅、小铜锅、铜缸、铁锅、斧头等。吐蕃部落使用的武器包括盾、刀、刀鞘、箭、弓、箭筒、铠甲、腰带、盔甲、唐人矛、皮革甲胄、宝剑等，也反映了当时吐蕃手工业的水平。

（五）酿造业

吐蕃时期饮酒比较盛行，吐蕃的这种好饮风俗，在一定程度上对吐蕃统治下的陇右、河西地区酿造业的较快发展提供了基础，至迟在公元7世纪前期，吐蕃地区就已经自己酿造青稞酒。随着社会经济的发展尤其对外交往的不断扩大，吐蕃地区酒的种类也在不断增加，其中葡萄酒的传入就是一个典型例子。唐高宗时曾经批准吐蕃赞普“请”酿酒师的要求，内地对于吐蕃的酿造业的发展影响是直接的。河西地区有专门从事酒生产的“酒户”。吐蕃等民族还创造性地生产出了由马乳发酵的乳酒，进一步丰富了酒的内容。

第四节　晚唐五代时期

晚唐五代时期，中原军阀混战，社会凋敝，人民饱受战乱之苦。在陇右、河西地区吐蕃统治的军事实力也大为衰落。大中二年（848），沙州张议潮发动起义，相继收复河西各地，归义军政权正式成立，成为唐王朝在河西地区的一个藩镇。之后，归义军政权采取了一系列有效措施，维持了甘肃地区社会经济的有限发展。

一、晚唐五代时期的甘肃政局

（一）吐蕃统治在陇右的结束

会昌二年（842），吐蕃赞普达磨遇刺身亡。吐蕃王朝陷入二子争立的分裂时期，两派互相对峙攻伐，大大削弱了吐蕃的实力。吐蕃本土统治集团内部的矛盾，也影响到了陇右、河西地区，在甘肃及河湟一带发生了长达二十多年的边将混战。军阀的内部混战给唐收复失地提供了良机。会昌四年（844）之后，唐相继向吐蕃军发动进攻。大中二年（848），凤翔节度使崔珙克服清水。次年又相继取秦、原、安乐之州及石门、驿藏、制胜、石峡、木靖、木峡、六盘山关地，继而又取长乐州、萧关等地。到大中二年（848）张议潮发动起义前，河西、陇右地区的吐蕃边将由于旷日持久的混战，已组织不起力量与唐军对抗，对这些地方失去了有效的控制，唐朝的势力遂逐步占领上述地区，恢复了旧有统治。但这时唐朝的国力也日趋衰弱，对上述各地的统治十分松散，有的地方则仅是名义上的收复，实质仍是由边将甚至吐蕃的旧将在进行统治。

（二）张议潮沙州起事与归唐

大中二年（848），张议潮看到吐蕃因发生内乱对河西的统治有所削弱，而当地百姓的反抗情绪高涨，于是发动起义，得到城中汉人的响应，驱逐吐蕃守将节儿，收复了沙州、瓜州。之后，在派使者报告唐廷的同时，修治兵甲，且耕且战，和吐蕃贵族展开了进一步的斗争。大中三年（849）、大中四年（850），又先后收复肃州、甘州、伊州等地区。大中五年（851）八月，张议潮派遣其兄张议潭为使者，携带天宝年间河西陇右11州旧图归朝。这11州分别为瓜、沙、肃、伊、鄯、甘、河、西、兰、岷、廓州。张议潭于翌年十月抵达长安。十一月，唐廷宣布在沙州设归义军节度，授张议潮为节度使、十一州观察使，管理这11州的军政事务。至此，归义军政权正式成立，成为唐王朝在河西地区的一个藩镇。

（三）秦岐政权对陇东、陇南地区的统治

唐末五代时期，趁中原政局混乱，李茂贞建立了秦岐割据政权，成为当时西北东部一支显赫的政治势力。李茂贞（856—924），原是晚唐一名小军官，因镇压黄巢起义有功，在晚唐军队中博得了一席之地。不久，以保驾功臣，被僖宗委任为检校太保，同平章事，洋、蓬、壁等州节度使，并赐姓李。光启三年（887），唐僖宗由凤翔返回长安，遭遇藩镇李昌符拦截，僖宗命李茂贞追击，李茂贞不负僖宗所托将李昌符击败斩杀。李茂贞晋升为凤翔节度使，加检校太尉兼侍中、陇西郡王。李茂贞势力壮大后，萌发了干涉朝政、问鼎天下之志。他以武力赶走泾原、洋州、凤州等地的官员，夺据其地。乾宁（894—898）初，唐昭宗不忍其逼，调兵讨伐李茂贞，被李茂贞所败。李茂贞乘胜夺据了凤翔府、陇州、秦州、成州、阶州、宁州、庆州、泾州、原州、渭州、武州等20州之地，成为关陇地区的霸主。李茂贞割据政权所控地域一度扩展到关内道、山南道、陇右道、剑南道等4道15镇，势力范围达45州以上。光化（898—901）中，唐昭宗封李茂贞为尚书令、岐王。

李茂贞父子统治时期，使得秦岐陇右数州在久经战火之后可以获得喘息的机会，有利于社会的稳定，但由于秦岐政权在政治、军事方面的局限，失去了进一步发展和巩固的机遇，最终招致了军事上的衰败。天复元年（901）十月，占据汴州一带的军阀朱温提兵西向，连败秦岐军。天复三年（903），李茂贞所辖泾、原、秦、陇、邠、鄜、延、夏等州投降朱温，在军事和政治上陷入困境。开平元年（907），朱温称帝，国号大梁，史称后梁。李茂贞仍用唐哀帝天祐年号，以示与后梁对抗。此时，诸侯中的强者皆先后称帝，唯独李茂贞还是只称岐王。开平二年（908）五月，蜀王王建、岐王李茂贞、晋王李存勖等合兵攻打后梁。后梁大败联军。岐兵败逃，后梁乘胜攻取了邠、宁、庆等地。之后的十余年间，李茂贞屡为河东、后梁和前蜀所败。到后梁末年，他的领地只剩下了7个州。同光元年（923），后唐灭掉后梁，改封李茂贞为秦王，后李茂贞亡。李茂贞长子李从曮（897—946）在后唐庄宗时接替其父，拜凤翔节度使。晋高祖石敬瑭登极后，继封其为秦王、岐王，食邑至一万五千户，实封一千五百户。少帝嗣位，加守太保。开运三年（946）冬，李从曮卒于任上。秦岐政权从自光启三年（887）建立，至开元三年（946），历时59载。

二、民族活动

（一）甘南藏族的形成

会昌二年（842）吐蕃王朝崩溃后，唐朝在名义上先后收复了北自河西陇右、南到岷江以西地区，大量未迁走的吐蕃部落遂散居于仪、渭、泾、原、环、庆、镇戎、灵、夏诸州及河西、陇南一带。这些吐蕃后裔中的一部分以凉州为中心，形成势力强大的凉州六谷部联盟；另一部分退往今甘肃南部，与当地的党项、氐、羌等部落结合，成为甘南藏族的直系先民。他们重新得到了一个相对稳定的环境，恢复和发展了被破坏的农牧业生产。这些地方部落势力不断向唐朝和五代十国的各个王朝纳贡、请封，从而与之建立起各种不同形式的隶属关系。长兴四年（933），甘南地区的吐蕃部落归附后唐，以检校太尉鲍君福为保顺节度使、洮州观察使。后晋时，鲍君福仍为“遥领洮州保顺节度使”。之后，汉隐帝刘承祐时，甘南地区的藏族部落仍与之保持着联系与往来。

（二）嗢末

嗢末是吐蕃军队出征时所带的奴从，平时散处耕牧。吐蕃王朝崩溃后，这些奴从聚合而自称“嗢末”。嗢末中还有一部分是被吐蕃所征服的一些部落，如苏毗、羊同、党项、吐谷浑、回鹘等人，另有一部分为被掳掠的汉族。散处于甘、肃、瓜、沙、河、渭、岷、廓、叠、宕等地的嗢末，在唐末动荡局势下自相结合成部落，推举首领，建立起自己的组织，并乘吐蕃王室内部纷争，边将混战，发动了反抗吐蕃奴隶主的武装起义。起义发展很快，得到了河湟、河陇地区各族百姓的响应。后来，嗢末起义军大致分成了两部分：一部分应剑南节度使高骈之召，由首领鲁耨月率领，向南进驻大渡河流域，协防南诏；另一部分向西北方向推进，移居河西诸郡县，主要是凉州一带。进入河西地区的嗢末，利用这里得天独厚的自然条件，发展政治、经济、军事和文化，和原来的小部落逐渐结合成足以同回鹘、龙家等其他部族抗衡的强番之一。至唐末，嗢末成为左右凉州地方政局的一支政治力量——六谷部。咸通三年（862），嗢末派使者到长安，向唐朝进贡。乾符元年（874）左右，嗢末与吐谷浑残部联合，击败了甘州回鹘，甚至曾一度攻占其地。其势力一直延续至五代。乾化元年（911），嗢末还遣使入朝，此后销声匿迹。

（三）党项

"安史之乱"后，原在陇右北部诸州的内迁党项进一步东进，进入关内道的庆、夏、盐、灵等州，而原在庆、灵、夏等州的党项更向东迁至银、绥（今陕西绥德）等州。至此，内徙党项逐渐以地域形成几个大的部落集团。迁居于庆州一带的党项部落称作东山部落，迁居于夏州一带的党项部落称作平夏部落。平夏部落即五代时建立夏州割据政权的拓跋部。唐末黄巢起义时，党项首领拓跋思恭率领党项军队参与镇压，被任命为定难军节度使、夏国公，赐姓李，统辖夏、绥、银、宥四州，成为唐末藩镇之一。居于庆、灵之间的党项东山部落，五代时称为"西路党项"。后唐时期，西路党项经常抢掠河西至内地的贡使和商队，唐明宗诏令邠州节度使药彦稠、灵武节度使康福征讨党项阿埋等部，党项对贡使商队的劫掠稍有收敛。天成四年（929）以后，康福积极发展农牧业，稳定了部落。广顺二年（952），因庆州刺史郭彦钦向党项勒索羊马，并私自增加税钱，激起党项诸部不满，党项野鸡部遂起而反抗。直至后周太祖命解州刺史郑元昭为庆州刺史，同时明确规定盐税率，不准私自抽税、加税，才平息了此次反抗。

（四）达怛

达怛是唐中叶以后活跃在我国北方地区的一支游牧部族。其中河西达怛是随亡国后的回鹘迁居到河西地区的九姓达怛的一部分，主要分布在河西北部地区，以肃州至甘州北部较为集中。五代时期，达怛同回鹘经常一起朝贡或回鹘附达怛朝贡。河西达怛政权的治所应在合罗川。由于合罗川绿洲位居居延路要冲，是各政权交往的十字路口。当唐末、五代、宋初之际，河西多事，交通阻隔，达怛则肩负着中西交通中继站的重任，各国使节、商人、僧侣，正是通过这里东来西去，南下北上，进行经济、政治、文化交往。西夏占领河西后，达怛人成为西夏统治下的属民。

（五）龙家

龙家是晚唐归义军时期活跃在河西地区的一支部族。在张议潮驱逐吐蕃势力后，龙家成为河西地区五大部族之一，活动相当频繁，对当时的社会产生了重大影响。龙家主要分布在甘、肃、伊、瓜、沙诸州，长于畜牧业，负责饲养官府的马群。甘州曾是龙家及吐蕃、吐谷浑、羌等部族驻守的城镇，后来由于回鹘威胁，退出甘州，徙入肃州，归附于归义军。龙家从甘州退出，到肃州活动，是龙家历史的转折点，龙家的名称也往往称作“肃州家”，后龙家被回鹘吞并。

三、归义军政权

归义军政权自大中五年（851）成立，至景祐三年（1036）灭亡，前后经历了185年的时间，其中除唐末五代之交曾一度出现西汉金山国（906—914）称号外，一直是一个以节度使为最高统治者的地方政权。以金山国的出现为标志，归义军政权可以划分为张氏归义军政权和曹氏归义军政权两个时期。

（一）张氏归义军政权

大中五年（851）十一月张议潮被唐朝授予沙州节度使、十一州观察使，标志着归义军政权的建立。归义军建立后，针对河西复杂的情势，张议潮及其后继者采取了诸多相应的措施，以恢复社会秩序，发展生产。第一，恢复唐制。归义军政权废弃了吐蕃编组的大部分的军民部落，重建唐前期实行的州县乡里制度。同时归义军本身的军政机构，也按唐朝藩镇的体制，设立了文武官吏，恢复了相应的行政制度并恢复唐装，推广汉语。第二，实行新的户籍、土地制度。废除了吐蕃统治时期实行的突田制，重新登记人口，按照唐制，编制新的户籍。第三，制定了新的赋税制度。赋税的名目主要有地子、官布、柴草三项，由官府指派布头、枝头、刺头或堰头各负其责，按亩进行征收。其税额加在一起虽然比唐前期的租调略重，却远比吐蕃统治时期的重敛要轻得多。第四，实行宽松的民族政策。根据不同民族的情况，采用了两种不同管理办法：凡吐蕃统治以前已开始汉化的西域各少数民族，如粟特、龙家，大多编入乡里，与汉人百姓同等对待，其中有些人，成为帮助张议潮收复河陇的重要将领，例如康通信。对于吐蕃化较深的退浑和通颊人，则部分沿用吐蕃旧制，仍用部落的形式统治。这些部落也和吐蕃时一样，设部落使及副使领之。对吐蕃化部落的管理，虽用汉官，但下达的文书仍用藏文书写。这些措施行之有效，使当地少数民族“驰诚奉质，愿效军锋”，“以为军势”，对巩固归义军政权的发展壮大和稳定经济社会起到重大作用。

咸通十三年（872）张议潮去世后，其侄张淮深执掌归义军大权。张淮深一方面请求唐政府授予节度使实职，一方面继续发展归义军的势力。对东边控制甘、凉及其以东诸州，以保持与长安的交往畅通无阻；对西边则倾全力与东侵的西州回鹘争战。乾符二年（875）黄巢起义爆发，归义军参与了“勤王”战事，却因此而卷入藩镇之间的矛盾，被人利用，削弱了自身的力量。大顺元年（890），张淮深的反对派突然发动政变，杀张淮深夫妇及其六子。张淮深死后，归义军大权落入张议潮之子张淮鼎之手。景福元年（892），张淮鼎病重，托孤于张议潮女婿索勋，索勋自立为节度使。后张议潮之女与诸子合力，于乾宁元年（894）前后发动政变，除掉了索勋，虚尊张承奉为归义军节度使，但实权却掌握在张氏诸子之手。长子李弘愿为沙州刺史兼节度副使，次子李弘定任瓜州刺史、墨离军押蕃落等使，三子李弘谏充甘州刺史，三人分掌瓜、沙、甘三州军政大权。之后归义军内部发生政变，李氏家族被推翻。光化三年（900），张承奉被授沙州刺史、归义军节度使，真正掌握了归义军大权。但经过10年内乱，归义军元气大伤，凉州、甘州、肃州陆续脱离归义军的控制。至10世纪初，归义军控制的地盘已仅剩瓜、沙二州。

（二）“西汉金山国”政权

天祐四年（907），朱温废唐哀帝自立，建立后梁王朝。张承奉因不满朱温而于开平四年（910）在沙州建西汉金山国，自称白衣天子，沿用唐昭宗年号，以示对唐忠贞不贰，而与朱梁王朝分庭抗礼。西汉金山国建立以后，张承奉改变与中原王朝结盟的旧有国策，而是西结于阗，南联吐蕃、吐谷浑诸部以抗击宿敌——甘州回鹘。开平五年（911），回鹘再次大举进攻金山国。金山国由于连年战争，国力衰微，张承奉遂遣罗通达向吐蕃求援，吐蕃未答应。于是张承奉被迫派使赴甘州议和，与回鹘立城下之盟。大约在此年七月之后不久，张承奉改弦更张，被迫取消了“西汉金山国”国号和“圣文神武白帝”“天子”帝号，并在甘州回鹘的恩准下，屈尊降格而改建为诸侯郡国——敦煌国。至乾化四年（914）十月，随着张承奉的去世，敦煌国亡，“西汉金山国”政权前后不满4年。

第五节 隋唐五代时期的文化

隋唐五代时期，甘肃文化无论是文学、艺术还是教育、科技、宗教等，在继承前代已有成就的基础上，推陈出新，取得了令后世叹为观止的巨大成就。

一、文学

（一）小说

在中国小说的历史发展中，唐代是一个承前启后的关键时期。而唐代小说的发展与陇右文化有着十分紧密的联系。

陇西人李朝威（约766—820）的《柳毅传》是传奇小说代表作之一。《柳毅传》在塑造人物和表现爱情上的突出成就，以及艺术语言的洗练纯熟，一直受到人们的推崇。

陇西人李公佐（约770—850）的《南柯太守传》《谢小娥传》《庐江冯媪传》和《古岳渎经》都是影响后世文学极深远的作品。其中《南柯太守传》是李公佐作品中最著名的一篇，也是最优秀的一篇。故事情节不仅直接影响到汤显祖《南柯记》的创作，叙事言情的幻梦模式也影响到后世许多小说；《古岳渎经》叙述的水怪故事，更直接给《西游记》作者以启迪；《谢小娥传》对后世侠义小说具有较大影响。

安定鹑觚（今灵台县）人牛僧孺（779—848）对唐小说艺术的发展做出的贡献更加引人注目，其《玄怪录》在文学上的最大意义，在于它在唐传奇中较早地明确张扬故事的虚拟造作性质，为小说与杂史的分流、独立做出了贡献。

陇西人李复言（775—833）著有《续玄怪录》，其中有许多著名的故事对后世影响颇大。

安定（今泾川县）人皇甫枚（约841—911）其《三水小牍》堪称五代小说的代表性作品。

秦州上邽（今天水市）人王仁裕（880—956）的《玉堂闲话》10卷、《开元天宝遗事》4卷及《唐末见闻录》等对后代小说产生了不小的影响。

1900年敦煌遗书的发现，为小说在唐代陇右地区发展历史的研究提供了新的资料。敦煌文学作品包含较多种类，现代学者给予了细密的划分，主要品类有变文、故事赋、诗话、词文、话本、讲经文或俗讲文、小说等。对后世都产生了较大影响，其中话本在中国小说史上占有重要地位。它的存在与发现填补了古代小说由志怪传奇向话本转变的空缺，是非常珍贵的文学史料，对后世的文学创作产生了比较广泛的影响，特别是为宋代话本的繁荣发展奠定了基础。

（二）诗歌

在唐代诗歌中，陇籍诗人的作品占有特殊的地位，见于《全唐诗》和《全唐诗补编》的陇籍诗人约95位，诗作达3000多首。作者有帝室宗亲、朝臣布衣、僧人游客，有著名诗人，也有连姓名都不知道的"西鄙人"。诗歌的内容，朝政礼乐、僧道隐逸、边塞山水，无所不包。他们有的人存诗甚少，有的人存诗相当多。这些诗人中，除李益、李约、权德舆、王仁裕、牛峤、牛希济等名家外，还有赵彦昭、赵徵明、牛仙客、胡皓、赵居贞、李幼卿、李揆、李程、李观、李翱、李愬、李愿、牛僧孺、李建勋、李拯、李琪、李中、王梵志、高僧悟真、历算家翟奉达等人。

唐代边塞诗是中国边塞文学中最为动人心弦的乐章。一部《全唐诗》中，边塞诗约2000首，而其中1500首与大西北有关。更为引人注目的是，这些诗中反复歌唱的又多是这样一些地方：阳关、玉门关、敦煌、酒泉、凉州、临洮、金城、秦州、祁连、河湟、皋兰、陇坂等，它们犹如一串耀眼的明珠，连接起了自陇山到玉门关、阳关东西长达1700千米的山川。初盛唐边塞诗人的代表如骆宾王、陈子昂、王昌龄、王之涣、岑参、高适等诗作均在其中。仅岑参（715—770）一人就有30多首诗是他远赴西域路经甘肃时写的。如他在《凉州馆中与诸判官夜集》的名诗中，真实地描绘出凉州人烟扑地、繁荣昌盛的气象："弯弯月出挂城头，城头月出照凉州。凉州七城十万家，胡人半解弹琵琶。"此外，岑参还以快意的笔法，以一个局部的场景，描绘了一幅大唐盛世、万国朝宗、中西经济文化交流繁盛的图画："琵琶长笛曲相和，羌儿胡雏齐唱歌。浑炙犁牛烹野驼，交河美酒金叵罗。" 在《初度陇山途中呈宇文判官》诗中，诗人怀着炽热的爱国主义激情，描绘了从西域前来报告军情的将士不辞劳苦、日夜兼程的动人情景："十日过沙碛，终朝风不休。马走碎石中，四蹄皆血流。"从而抒发了戍边将士慷慨从戎、保卫边疆、为国建功立业的爱国情感。

乾元二年（759），诗人杜甫辞官西行，在秦州居留三月，又南下同谷

（今甘肃成县），困顿一月后，入蜀寄居。杜甫一生，与甘肃发生直接的联系仅此数月，但对杜甫的诗歌创作来说，却很重要。在此期间，杜甫作诗117首。这些诗真实地记录了杜甫在甘肃近四个月的飘零生活，细致地描写了甘肃雄伟壮丽的山川景物，抒发了作者对时事的感慨，对亲友的怀念和忧国忧民的真挚感情，是我们了解杜甫这段不寻常的经历和唐代甘肃社会生活、自然风貌的珍贵资料。尤其值得注意的是，杜甫居陇期间所写的诗，与以前的作品在风格上发生了很大的变化。可以说，陇右诗标志着杜甫诗歌创作的重大转折。

敦煌发现的诗歌在隋唐五代甘肃文学史上也占有相当重要的地位，敦煌遗书中保存的隋唐五代诗歌作品有2000首左右，且多系以往典籍中所不见的遗诗，不失为一份相当丰厚的文学遗产。如《敦煌廿咏》是一组歌咏敦煌地方风物的五言律诗，依次通过如《三危山咏》等20个篇题，较为全面地使敦煌地区的山川名胜、古迹灵奇得以生动展现，抒发了作者对于敦煌乡土的挚爱之情。

（三）散文

就甘肃而言，在唐以至五代，散文创作也是颇有成就的，与古文运动紧密相连的有梁肃、权德舆、李翱等散文名家以及李大亮、李俨、李审儿、辛怡谏、赵居贞、吕向、牛仙客、李适之、李舟、赵昌、李约、牛僧孺、李观、李逢吉、李罕、李蔚、牛丛、牛希济、李季平等，其中不少都是古文运动的骨干人物或积极追随者。

安定（今泾川）人梁肃（753—793）有文集10卷，今已不存。梁肃作为古文运动的先驱之一，比较重视文学形式，认为内容和形式需相互适应，在古文运动的发展中起过较为重要的作用。

陇西成纪（今秦安）人李翱（772—836）今存《李文公集》18卷，又《补遗》1卷，共计104篇，是韩愈指导古文运动的得力助手，也是古文运动的一个重要骨干。李翱的古文主张和韩愈十分接近，其核心是“文以载道”。他反对把文学创作仅仅视为一种技术，而要求文章成为载道的一种工具，另一方面，又不只是把文章当作载道之器，而是要求文章写作讲求艺术，讲求形式。李翱还特别注意创新，在其著名的《答朱载言书》中，主张“创意造言，皆不相师”。李翱撰有强烈辟佛思想的《去佛斋文》和具有一定现实寓意的《知风说》《国马说》，同时还有因感而发的《高愍女碑》

《杨烈妇传》等等，都是指事书实、不饰虚言、平易畅达、简静清通之作。宋人把他和韩愈并称为“韩李”。

敦煌遗书中的散文作品，更是琳琅满目，美不胜收。比较重要者如《都河玉娘子文》《讲经和尚颂》《敦煌录》《茶酒论》《沙州百姓上回鹘可汗书》《敦煌名人名僧邈真赞》以及众多的佛事“功德记”和书仪作品等。这些作品由于和敦煌当时的社会生活实际关系直接，所以更富有时代气息和地域特征，对于敦煌社会生活的反映，也就更为具体，更为本质。

（四）敦煌变文与歌辞

变文是唐五代甘肃文学中的奇葩。变文的形成，与普及佛典教义的“俗讲”有着密切的关系，历经发展，遂成我国民间讲唱文学的一种新样式。在敦煌发现的变文中，有的用散文体书写，如《刘家太子变》；有的以韵文写成，如《舜子至孝变文》，而变文的基本式样则是韵散相间，诗文结合，说唱交错。在敦煌变文作品中，明显为敦煌僧俗创作或加工者计有5篇，其中尤以《张议潮变文》《张淮深变文》最为珍贵。两者虽都已残缺不全，但现存部分仍不失为气势浑厚的英雄史诗，叙事层次分明，言简而意赅。最可贵的是，作品还能够从事件发展过程中，以人物的语言行动，较为成功地塑造出主人公勇谋兼备、刚强决断的性格特征。

歌辞类作品，在唐代敦煌文学中占有十分重要的地位。这是配合音乐歌唱的一类作品。其中，最应引起重视的是词，其次是俚曲小调以及《儿郎伟》等。这些歌辞，不仅以其丰富的思想内容拓展了古代文学的领域，而且还从自身体例的构造演变中，证实了词体产生和发展的历史轨迹，解决了词学研究中的许多疑难。在全部敦煌歌辞中，属于甘肃文学范畴的作品虽然不是很多，但因其大多结合敦煌“地邻蕃服，家接浑乡”的地方特征和时代背景，真实地反映了敦煌社会的现实。

二、音乐舞蹈

（一）音乐

隋唐五代音乐中最值得称道的是西凉乐与凉州大曲、甘州大曲。河西音乐对中原音乐乃至于文学的发展都产生了深远的影响。西凉乐自五凉时期由龟兹乐改编为“秦汉伎”后，在凉州一带流行。到魏太武帝平定河西后，带到中原，更名为西凉乐。至魏、周之际，被称为“国伎”，实际上是河西一带所传的中原旧乐与龟兹乐混合的产物。隋朝初年，文帝定七部乐为正式的宴乐，其中之一是西凉乐。炀帝即位之后，在此基础上加以改革，定西凉等乐为九部乐。唐太宗时在隋朝九部乐的基础上形成了唐朝的十部乐。七部乐、九部乐和十部乐中都有来自河西的西凉乐。大曲是唐代音乐文化发展的成果，在我国音乐戏曲史上有着承上启下的历史地位。它上承汉晋以降的“相和大曲”“清商大曲”，并融合了西域传入的传统胡乐，下启宋元戏曲。“法曲”则是唐代大曲的一个主要品种，盛极于初唐，其巅峰就是《霓裳羽衣曲》的出现。《霓裳羽衣曲》应是由河西节度使杨敬述于开元年间所进献的天竺乐曲《婆罗门》改编而成的。其进献时间应在开元九年（721）以前。《婆罗门》乐曲是由西域传到河西地区的佛教乐曲中的一种，传入河西后被改编成为西凉乐舞的一种。唐玄宗听到后极为欣赏，亲自为之润色并命名。天竺乐曲由西凉节度使进献，正表明河西是中西音乐荟萃并进行创新的最好场所。在今存的唐代大曲中，最重要者莫过于凉州大曲。凉州大曲产生的基础，就是前文所述的西凉乐。凉州大曲形成后，风靡天下，被视为西北音乐的代表。从晚唐大诗人杜牧的“惟有凉州歌舞曲，流传天下乐闲人”诗句来看，凉州大曲以其特有的艺术魅力，成为天下歌舞中的精品，为王公贵族和普通百姓所共同喜爱。唐代歌舞乐还有《甘州子》《甘州》《八声甘州》等曲名。甘州大曲的产生，比凉州大曲稍晚一些。元稹《琵琶》诗云：“学语胡儿撼玉铃，《甘州破》里最星星。使君自恨常多事，不得工夫夜夜听。”唐代诗文对甘州大曲的讴咏举不胜举。此外，唐代流行于酒泉的小曲，被称为《酒泉子》。唐代燕乐调的形成，也是在西凉乐、龟兹乐、天竺乐、康国乐、安国乐等基础上发展而来的，这些音乐或产自河西，或通过河西而东渐，故而河西成为中原音乐的源泉之一。河西是中原文化吸收并改造外来文化的第一站，也是最重要的一站。

河西音乐是通过众多乐器来表现的，乐器中既有中原传统乐器，也有从西域和北方草原地区传入的。仅莫高窟壁画中出现的乐器就有4000余件，44种，可分为气鸣乐器、弦鸣乐器和打击乐器。气鸣乐器有横笛、风笛、异形笛、竖笛、筚篥、排箫、笙、角、画角、铜角、贝、埙；弦鸣乐器有琵琶、五弦、葫芦琴、阮、弯颈琴、琴、筝、箜篌、凤首箜篌、胡琴；打击乐器有腰鼓、毛员鼓、都昙鼓、答腊鼓、羯鼓、节鼓、檐鼓、齐鼓、鼗鼓、鸡娄鼓、大鼓、军鼓、手鼓、扁鼓、鼓、方响、铙、钹、拍板、钟、锣、串铃、金刚铃。其中从周边少数民族引进的有羯鼓、胡角、羌笛、筚箫、琵琶等。此外，胡笳在唐代的天水地区很流行。这种古老的打击乐，在天水麦积山六朝壁画中多有反映。杜甫客居秦州时，亲见这种乐器，并留下诗句“胡笳楼上发，一雁入高空”。可见，笳板在天水历史的悠久源远。

（二）舞蹈

当《西凉》与《龟兹》《清乐》等部乐曲在隋唐盛行后，随之而来的是由河西或经由河西走廊传入中原的各种舞蹈。在唐代的宫廷和民间，广泛地流行着由河西地区传来的胡旋舞、柘枝舞和胡腾舞等曲调欢快、节奏活泼的西域乐舞。前者来自昭武九姓的康国、米国、史国，后二者则来自石国。唐教坊曲“立部”中的《庆善舞》就是在西凉伎的基础上改编而成的。《庆善舞》又名《九功舞》或《九功庆善舞》。此乐舞以李世民出生于武功（今陕西武功县）的庆善宫而得名。属于室外军旅乐舞，前有战车，后列战阵，还有马队出场。这种乐舞不仅可见于酒泉、嘉峪关魏晋墓出土的画像砖上，而且以活的形式保存于河西地区的民间社火“地蹦子”中。经由河西传入中原的波斯狮子舞也在隋唐时代大放异彩。狮子舞在唐朝以前由波斯传入龟兹，后又传入河西，到唐代再由河西流传到长安，与凉州的剑舞、弄丸、百戏等，被合称为《西凉伎》，成为宫廷乐舞中不可缺少的节目之一。当时，无论是宫廷宴会、迎送使节，还是庆功祝捷等仪式中，都多以西凉伎表演的狮子舞为最主要节目之一。白居易的《西凉伎》诗，极其详尽地再现了凉州狮子舞的表演场面。诗中说：

> 西凉伎，西凉伎，假面胡人假狮子。刻木为头丝作尾，金镀眼睛银贴齿。奋迅毛衣摆双耳，如从流沙来万里。紫髯深目两胡儿，鼓舞跳梁前致辞……

这些诗句精彩地描绘了当时西凉艺人表演狮子舞时那种光彩夺目、欢跃腾飞的形象和绚丽多姿、镀金贴眼的化妆，还有那迅疾万里、扑天掀地的气势，与当今凉州乃至全国民间流行的狮子舞是相当一致的。有理由认为全国各地的狮子舞源于凉州，而凉州狮子舞又源于西域、印度和南亚各国。在敦煌莫高窟中，保存有大量隋唐至五代时期的舞蹈壁画，这些都是那个时代真实舞蹈场景的直接或折光再现。

三、宗教

隋唐五代时期甘肃地区的宗教几乎囊括了中古中国所有的宗教类型。有佛教、景教、摩尼教、祆教、民间宗教等。

（一）佛教

隋及唐前期 甘肃佛教在隋代有了进一步的发展。仁寿年间（601—604），隋文帝三次诏令分舍利建塔，在全国113州，共修建了相同数目的舍利塔。当时在甘肃起塔三座，分别位于泾州的大兴国寺、秦州的静念寺和瓜州的崇教寺。隋炀帝于大业五年（609）西巡河西时，有众多僧尼、道士相随，沿途州县的许多大寺院均受到炀帝的巡视和布施，同时又有僧尼讲经说法，佛事活动极为昌盛。隋炀帝西巡返程时，曾亲往番禾县（今永昌）礼拜石佛瑞像和瑞像寺，厚施财物，并御笔题词，改瑞像寺为感通寺，命天下摹写供奉瑞像。感通寺从此声名大振。唐朝初年，玄奘由印度取经东归，即曾住锡于感通寺。吐蕃统治河西时，又把感通寺改为圣容寺，香火有增无减。敦煌莫高窟绘有该寺的石瑞像。贞观三年至十八年（629—644），西去取经的高僧玄奘来回途次甘肃，对当地佛教的发展产生了一定的影响。玄奘西行，受到了当时在京修习《涅槃经》的秦州僧孝达的支持，并由孝达陪同至秦州，再由秦州人送至凉州。因西行受阻，居凉州一月，在各寺庙拜佛讲经，声名很高。后由慧成法师遣弟子慧琳、道整二人送玄奘出凉州。玄奘到达瓜州后，刺史独孤达对他十分优待，一起谈论经典，极为投机。当凉州都督行文瓜州要求拘留玄奘时，独孤达派州吏李昌护送出境。贞观十八年（644），玄奘由印度取经返回，唐太宗令敦煌官员于流沙迎接。沙州、凉州举行了大规模的欢迎活动，并请玄奘在一些大寺讲经。玄奘译出《瑜伽师地论》100卷后，唐太宗敕令秘书省缮写9部，分颁凉州等9州。689年，武则天敕令赐沙州、凉州《大云经》各一部，并敕令于敦煌修建大云寺。凉州建于北凉张天锡时期的宏藏寺，也被改名为大云寺，用于存放《大云经》。此外，在泾州等地亦建有大云寺。开元末年，仅陇右道有23寺，除了秦州有8寺、兰州有3寺外，其他各州都有1至2寺。中国佛教派别三论宗、法相宗、华严宗、律宗、贤首宗、密宗、净土宗、禅宗等在甘肃都有所传播。华严宗的形成，与天水高僧智俨（602—668）有着密不可分的关系，时人称他为云华尊者，或称为至相大师，后世称他为华严宗二祖。

吐蕃统治时期　在吐蕃统治时期，甘肃境内的佛教继续发展，除了原有的石窟、佛寺外，还兴建了一大批新寺院，如天祝县天堂寺就是在唐宪宗（806—820）时修建的，河州北寺也是此时建成的。吐蕃对河西佛教给予了不少支持，不仅将大批的俘囚赐给寺院当寺户，而且大量布施财物。在吐蕃当局与河西佛教界的互相扶持、互相利用下，敦煌的佛教迅速兴盛起来。吐蕃占领之初，敦煌有13所寺院，共有僧尼310人。吐蕃统治稳固后，敦煌新增寺院9所，其中僧寺7所、尼寺2所。僧尼的数目估计约有六七百人，比初期增长了一倍以上。这时最奇特的一种现象就是大部分僧尼并不离"家"，他们过着与俗人相同的生活，拥有俗人拥有的一切。吐蕃统治者将他们编入原来家庭的户籍，给他们一份土地，照常人一样纳"突"税；又把他们编成僧尼部落，免除徭役和兵役，允许寺院役使他们，并由寺院进行管理，从事必要的宗教活动。这一时期，敦煌涌现出许多高僧大德，如昙旷、摩诃衍、法成等。

昙旷，约于700年前后生于建康（今高台县骆驼城）。早年出家后云游长安，大致在"安史之乱"爆发后，先到凉州和甘州，在这里先后完成了《大乘起信论广释》和《大乘起信论略述》，宝应二年（763）之前住锡于沙州龙兴寺。作为唯识学的泰斗，昙旷著述十分丰富，其在河西地区完成的著述有《金刚般若经旨赞》《大乘起信论广释》《大乘起信论略述》《大乘入道次第开决》《大乘百法明门论开宗义记》《大乘百法明门论开宗义决》。这些著作，长期充当着敦煌僧尼们学习的读物，一直流传到10世纪，敦煌因而也成为河西义理佛教的中心。

摩诃衍，大约在沙州陷蕃后不久奉吐蕃赞普之命，由敦煌进入了吐蕃的首都拉萨，宣讲自己的"顿悟"学说，连赞普的姨母、王妃及诸大臣的夫人等30余人都出家为尼。摩诃衍的影响日益扩大，加剧了与吐蕃僧人之间的矛盾，其"顿悟"学说与寂护所传的"渐修成佛"法门形成尖锐的对立。于是，赤松德赞遂迎请寂护的弟子莲花戒来拉萨和摩诃衍进行辩论，这场宗教辩论又被称为吐蕃僧诤会。在辩论中摩诃衍一方曾一度获得优势，但最终在赤松德赞的偏袒下，摩诃衍被判负。接着，赤松德赞下令在吐蕃禁止传播、修学摩诃衍所传的禅宗顿悟教法，并将摩诃衍遣送回汉地。禅僧摩诃衍在吐蕃的失败，从而也影响了禅宗在河西的势力。禅宗在吐蕃统治河西时期，并不像在中原其他地方在佛教社会中占有明显的优势。

法成，是吐蕃统治河西时期的一位佛教名僧。法成学识高深，在吐蕃统治河西时期已负有盛名，译经众多，著述丰富。既有从汉文译为藏文的经，也有从藏文译成汉文的经，还有从梵文译成汉文的经。直到归义军初期，法成仍是河西地区最具权威的义学高僧，至迟于大中十一年（857）六月开始，在沙州开元寺进行讲经，约以每月2卷的速度进行，直到大中十三年（859）不见于史料记载为止，共讲《瑜伽师地论》61卷。

归义军时期 佛教僧团为归义军政权的建立与河西诸州的收复都起到了重要作用，故而归义军政权建立之初，佛教备受重视，发展较快。但僧团的急剧扩大，需要庞大的寺院经济来支撑，而且会直接影响归义军的施政。故在归义军政权建立不久，张议潮就采取一系列措施，对河西佛教进行整顿。他确立了以都僧统为首的僧官制度，通过对都僧统的任免、施令等将庞大的教团纳于自己的管理之下，对佛教教团进行清理调查，以便管理。咸通八年（867），张淮深继掌归义军政权后，重修了莫高窟北大像，还对河西都僧统的官寺龙兴寺进行了修复。张氏归义军初期继承了吐蕃统治时期的余绪，佛教昌盛，涌现出不少著名的宗教领袖，其中最著名的当数洪辩、悟真与道真等。

洪辩，又称吴和尚，精通藏语而传译佛书，也精通唯识之学，在吐蕃统治时期任沙州释门都法律兼摄副教授、都教授十数年，讲授禅宗教义，同时亦讲授唯识学，强调中国禅宗南宗顿悟学说与印度中观派学说的结合。大中二年（848），力助张议潮起事，当张议潮遣使入唐奉表时，洪辩也派遣弟子悟真从行。大中五年（851），唐宣宗敕授洪辩为“京城内外临坛供奉大德，兼释门河西都僧统，摄沙州僧政，法律三学教主”，这是对河西佛教教团势力的认可。

悟真，俗姓唐，为沙州灵图寺僧，曾参与张议潮起义。大中五年（851），被授予京城临坛大德、赐紫、沙州释门义学都法师。咸通十年（869），悟真继任河西都僧统，在任26年，是归义军时期最活跃、最具影响力的关键人物。悟真一生著作丰富，包括为当时名人高僧写邈真赞、功德记、造窟碑铭、《百岁书》、与京城两街大德互赠酬答诗、《四兽因缘》以及一些进行佛教活动作法事应用文等。

道真，俗姓张，三界寺僧。当他看到归义军辖区内经典多有缺损时，发起了一场搜集修补损坏佛经、整理经藏的活动。从敦煌出土文献看，有不少佛经或宗教作品都是由道真搜集或写记的，这种认真的态度，虔诚的信仰，使得道真威望大大提高，得到了信徒们的尊重及教团领导和归义军政权的重视。

（二）道教

唐朝开国皇帝李渊，笃信道教，好神仙方术。到唐太宗李世民时，大肆宣扬皇权神授思想，自认为是老子后裔，提高道教地位，于是，道教在唐代获得了很大发展。有唐一代，甘肃道教最盛的地方，东部为平凉、泾川，中部为陇西。另外，西和真武庙、正宁承天观、文县慈霈庙、天水玉泉观等，也都为唐代所建。这一时期，甘肃出现了不少著名的道士，如陇西人李筌和李抱祖、岷县人李渤、天水人尹文藻、平凉人员半天等，都名噪一时。在“安史之乱”前，敦煌道教相当繁荣。从出土文献看，敦煌最早的道观为乾封元年（666）建成的灵图观。其后又建成男女道观5所，分别为神泉观、开元观、龙兴观、紫极宫、冲虚观。其中，紫极宫是祭祀唐朝圣祖玄元皇帝的官方道教宫观。冲虚观为当地女冠庙，观中女道士抄经与授经活动一度相当活跃。吐蕃占领陇右、河西后，对唐室一贯崇奉且有“亲缘”关系的道教给予了打击和压制，致使道教式微，仅在民间信仰。大中二年（848），张议潮逐蕃归唐，道教有重新抬头之势。

（三）三夷教

祆教　又称拜火教，是世界上最古老的宗教之一，起源于波斯和中亚。随着九姓胡的东来，祆教也随之传到了中国。到了隋唐时代，甘肃境内的祆教有了进一步的发展。特别是在河西地区，火祆祠明显增多，由祆神崇拜而形成的赛祆活动成为当地一种民俗。所谓赛祆，是一种祭祀活动，有祈福、酒宴、歌舞、幻术、化装游行等盛大场面，类似庙会。敦煌文书对此有丰富的记载。

景教　所谓景教，即基督教之聂斯托里派，该派以其创始人聂斯托里而得名。唐初，景教开始传播。建中二年（781），景教僧徒在长安附近建了“大秦景教流行中国碑”（现存西安市陕西省博物馆），碑文记载了景教传入中国146年的历史。甘肃是景教东行必经之地，敦煌出土的景教艺术品与景教文献印证了景教在甘肃境内的流传。

摩尼教　又称明教，是公元3世纪中叶波斯人摩尼（约216—277）所创。延载元年（694）为摩尼教入华之始。回鹘自牟羽可汗时期开始，以摩尼教为国教，9世纪中叶随回鹘的南下在河西地区流行。应顺元年（934）正月，后唐闵帝曾赏赐回鹘入朝的摩尼教徒8人。广顺元年（951）二月，甘州回鹘“遣使并摩尼贡玉团七十有七”。广顺二年（952）二月，甘州回鹘又遣摩尼为使来朝贡。说明五代时期，甘州回鹘仍是流行摩尼教的。

四、石窟

隋唐时期，国家统一，经济繁荣，中西交往频繁，佛教兴盛，甘肃境内开凿了众多的佛教石窟。

（一）莫高窟

莫高窟现保存下来隋代洞窟有70多个。与前代相比，隋代石窟艺术有着不少的改革与创新。从壁画内容上说，早期那种宣传忍辱牺牲、积累功德的故事画的题材开始减少，原来流行的因缘故事画几乎消失了，只剩下佛传故事画和佛本生故事画，故事情节也越来越简单，体现了由佛传故事向经变画的过渡。隋代的菩萨，多半袒露右肩，着覆肩衣，腰束锦裙，衣裙上遍饰各种波斯风织锦花纹，形成隋代菩萨像特有的风姿。这与隋王朝经营丝路，在张掖举办“万国博览会”，大力促进中西文化交流是分不开的。

唐代吐蕃占领敦煌之前，敦煌莫高窟的营造规模与艺术水平都走向巅峰。莫高窟今存初唐洞窟52个。初唐窟仍以覆斗形或人字披顶，西壁开一龛为主。初唐壁画在人物造型上比例适度，凝练健康，更趋写实。初唐时期经变画大量出现，约有80多幅。初唐时期的雕塑上承隋代之余绪，但在人物造型上人体比例日趋协调，改变了隋代塑像给人以腿短矮矬的印象。再一个特点就是群塑的气魄宏大，由一铺五身、七身而九身、十一身发展。在初唐雕塑中，高达35.6米的北大像特别值得重视，这是莫高窟最大的塑像，石胎泥塑彩绘，坐佛从头到脚，体形圆浑饱满，气度雍容，表情庄重，佛头微微下俯，眼光下视，极具艺术感染力。该窟完成于延载二年（695），由僧人灵隐和居士隐祖等合力完成。该窟的形成，与武则天以弥勒佛自居的背景应有一定关系。盛唐时期敦煌艺术臻至极盛，在莫高窟开窟98个，此外还续修初唐洞窟1个、重修前代洞窟4个。盛唐窟形，绝大多数是覆斗形顶，两壁开龛或设坛塑像。壁画内容主要是经变画，单身的观音像在这一时期显得特别多。盛唐壁画富有浪漫色彩，是现实生活的升华，又不乏非常写实的社会内容。在绘画技巧上，叠晕法的广泛运用，使同一颜色由浅入深逐渐过渡，青绿朱白诸色套叠，更使色彩变化无限丰富，给画面带来光辉灿烂的效果。进入盛唐以后，以杨贵妃为标准美人的审美观不仅体现在壁画中，也进入雕塑中，菩萨们一个个丰满健硕，作“秾丽丰肥之态”。

吐蕃统治敦煌前期共开窟29个，补绘前代洞窟约20个，后代重绘约5个。在这一时期的洞窟中，主要有两种情况：一种是补绘前代洞窟，另一种为新开洞窟，规模一般为特小型或小型洞窟，极个别属于中型洞窟。这主要是因为当时沙州经济凋敝，佛教洞窟的开凿受到了影响。吐蕃统治敦煌后期，共开窟28个，重绘6个。洞窟规模一般为中型，少数为小型偏大或大型窟。与前期相比，洞窟规模扩大很多，且窟形更加规范。窟形绝大多数仍为四壁一人龛覆斗顶窟，龛口皆呈盝顶直口形，单坡顶已完全消失，窟内几乎均设倒凹字形坛，龛外已基本上不设小方台。洞窟龛内屏风画的发展达到了顶峰。屏风画的盛行使洞窟更富于生活气息，更加世俗化。

张氏归义军统治时期，莫高窟的洞窟营造活动空前高涨，上自最高统治者归义军节度使，下至平民百姓甚至奴婢，都在莫高窟留下了痕迹。这一时期新建窟龛近80个，重修窟宇20多座。洞窟主要集中在莫高窟崖面的南北两头，也有在中部崖面上下各层插建者。这一时期敦煌佛教艺术虽有一定发展，但从总体上进步不是很大。人物造型基本承袭吐蕃期余波，唯面相丰圆而略扁。一般人物形体描绘比较准确，但缺乏生气。构图上内容庞杂，公式化日益严重，线描工整有余而韵致不足，但在供养人画像上，在经变中穿插的生活小景里，却出现了许多绮罗人物，代表着晚唐壁画的时代风格。

敦煌石窟中只有两窟为五代兴建，其他窟均是在前代窟的基础上重新修饰。归义军后期社团十分活跃，而社团本身即与佛教信仰、寺院有密切关系，因而五代宋初是社团修造洞窟的高潮时期。由于社团财力、物力有限，造窟本身又花费昂贵，故大多数社团只是将旧窟重新修饰一番，既做了功德，也不需花费太多的财力。这就是社团修建功德窟的特点。

（二）榆林窟

榆林窟又称万佛峡，位于甘肃省瓜州县西南70千米处，是敦煌石窟的重要组成部分，现存洞窟43个，分布在东西两崖断面上，计东崖32个窟、西崖11个窟，分别开凿于唐、五代、宋、西夏、元、清代时期，壁画面积

5200多平方米，彩塑200余身。榆林窟至少在唐初就有大规模的营建活动，其中，第28窟被认为是榆林窟现存最早的洞窟之一。吐蕃时期唐代的大乘佛教艺术在榆林窟继续发展。榆林窟在佛教思想、壁画内容、艺术形式等方面，与莫高窟相一致，但个别作品的艺术成就甚至超过了莫高窟同期同类作品，如保存相当完好的中唐第25窟。此窟的大幅观无量寿经变、弥勒经变图等壁画的构图、色彩、线描等，为唐代壁画中的精品。尤其是该窟壁画中的人物形象，无论是世俗人物，还是神灵形象，比例适度，体魄健美，面相丰腴，眉目娟秀，性格刻画细腻入微，壁画的线描技术更是达到了炉火纯青的境地，是整个敦煌石窟中唐时代石窟壁画的典范。

（三）麦积山石窟

隋文帝于仁寿元年（601）在麦积山顶敕建舍利塔，并赐寺院名“净念寺”。开窟造像得以延续。现存隋代洞窟12个，主要有13、24、25、37等窟。隋代麦积山石窟以圆拱顶和穹隆形居多，雕塑38身，作风写实，个性突出，采用大体积、大块面的塑作手法，给人以概括简洁、厚重饱满的形象，为唐代雕塑艺术的辉煌发展拉开了序幕。壁画现存10余平方米，形神兼备，格调清新。现存唐代洞窟较少，这与当时特殊的历史和地理环境有关，景龙二年（708）和开元二十二年（734），天水经历两次大地震，使现东、西崖间的大部分洞窟塌毁，致使寺院僧人逃离，寺院衰败，杜甫避“安史之乱”途经天水，于乾元二年（759）来麦积山时已是“野寺残僧少”的荒凉景象。其后，吐蕃统治的86年内，麦积山石窟开凿处于停滞状态。大中二年（848）迥觉大师寻其旧迹而重构伽蓝。唐代仅在前代洞窟中保留少量雕塑和壁画。现存泥塑9身，壁画约20平方米。麦积山现在共保存9座崖阁，其中编号为1、3、4、5、15、43的崖阁开凿于悬崖峭壁之上，雕凿精工细致，气势宏伟壮丽，规模震撼人心，这些崖阁作为一种建筑形式，恰好弥补了北朝至隋唐这一时期建筑史的空白和薄弱环节。

（四）炳灵寺石窟

隋代在炳灵寺开窟并不多见，现仅存两窟。唐代是炳灵寺石窟发展史上的最盛期。唐朝所建的窟有20个，龛113个，占窟龛总数的2/3以上，其中又以盛唐时期的居多，达118个。在唐代修成的窟中，具有代表性的有3、4、49-58、64、147、168、171等窟。其中171窟（大佛窟）高约30米，依山雕凿有高达27米的石胎泥塑弥勒大佛一尊，善跏趺坐于方形台上，虽历经修缮，但仍保存着唐代造像面形丰满、比例匀称的特征。第30、41龛菩萨像小巧玲珑，活泼自然。64龛菩萨像更是眉清目秀，气韵生动，丰颐和悦中蕴藏着腼腆气息。总体来说，炳灵寺石窟的唐代造像丰满清俊，比例协调，摩崖小龛的雕技更为高超，这是炳灵寺石窟的一大特点。唐代壁画保存不多，在一些小龛内保留有精美的藻井和象征菩提树的绿色、红色植物，藻井顶绘华盖，四周饰以云纹、火焰、宝珠、垂幔、植物纹，线条均匀，形象多变。还有飞天形象，轻盈洒脱，给人以超脱之感。

（五）庆阳北石窟寺

北石窟寺现有隋代窟龛共63个，以中小型窟龛为主，代表洞窟有第53、55、81、85、151、194、199、206等。北石窟寺以唐代窟龛最多，大小窟龛共有198个，约占总数的70%以上。依据窟龛形制及造像题材等因素，可将唐代窟龛划分为初唐、盛唐、中晚唐三个阶段。初唐窟龛有19个，盛唐窟龛有198个，中晚唐窟龛仅1个。第222窟是唐代开凿的规模最大、造型最多的洞窟。主尊佛像高大威严，面相圆润，细眉大眼，显然是当时人们依照着某位活着的女性所做的雕像，被一些专家认为是按照武则天相貌雕成。还有建于如意元年（692）的32窟，也是唐代石窟艺术的精华。

（六）天梯山石窟

天梯山石窟造像现存者以唐代的为最多且最好，其中又以第2、3窟的唐代泥塑为代表。如第3窟左壁龛内的主尊坐佛，高130厘米，阴刻波线纹肉髻，丰颐秀目，低垂下视的双眼和紧闭的双唇，流露出庄重沉思的神情。右手结定印，左手扶膝，身着圆领通肩大衣，衣纹线条流畅，简练写实，表现出质地的柔软。造像比例适当，体态雍容华贵。虽经后世多次重妆，仍不失盛唐风韵。天梯山石窟最大的佛像为大佛窟（第13窟）中的大佛，高28米，为石胎泥塑倚坐弥勒佛，左右两侧立弟子、菩萨、天王六尊造像。大佛窟为唐代创建，释迦牟尼是全身贴金铂的一尊金佛。佛龛顶部绘有龙、虎、鹿、象、树木、花卉等，壁画色彩艳丽，画面线条流畅，不失为古代壁画的艺术精品。

（七）其他石窟

除了上述诸石窟外，甘肃其他石窟中也保存着不少隋唐时代的艺术作品。如徽县城南约8千米的佛爷台石窟，较好地保留了唐代造像的原貌。现存4个大龛，14个小龛，各类浮雕造像18身。泾川南石窟罗汉洞（第4窟）

为中型方窟，此窟以观音为主尊，配以文殊和普贤的组合，共成“三大士”。这是初唐以来形成于中原的汉传佛教特殊题材。在泾川县王母宫石窟中，至今保留有隋唐时代的石佛像，说明至少至唐代，这里曾经过了不断的扩建和完善。盛唐时期，甘谷县大像山开凿了高达23. 3米，腰宽10.4米的弥勒大佛。在武山县拉梢寺石窟壁画中，可以看到唐及五代有经变画。在合水县平定川莲花寺石窟中，保存有唐代开凿的小龛。在庄浪县有朱林寺石窟，为初唐至盛唐时代的作品。还有张掖马蹄寺千佛洞6号窟，属于隋末、唐初的作品。在敦煌市西千佛洞、瓜州东千佛洞和旱峡石窟中，都可见到唐代的艺术品，它们是敦煌佛教艺术体系不可忽视的组成部分。

第六章　宋元时期的甘肃

宋元时期可分为三个发展阶段：辽、宋、夏对峙阶段，这一阶段甘肃历史主线是宋夏争战，副线是宋取河湟吐蕃部落领地；北宋灭亡、南宋建立后，进入宋、夏、金对峙阶段；元朝结束了之前甘肃地区各政权分立共存的局面，进入大一统时期。综观宋元时期的甘肃历史，主要有五个方面的特征：一是启动了新一轮的民族交融，奠定了今天西北民族的基本格局。自唐代以来，河陇地区就已形成汉、回鹘、党项、吐蕃等众多民族部落共处杂居的局面，金时又有女真人入居。宋、夏、金局部统一时期，甘肃境内民族交融的程度已经很深，如临洮以东宋金境内的汉蕃交融已打破熟户、生户的区别，无分畛域，西夏境内各族也超越了部落、地域关系而达到更高层次的认同。元朝大一统时期，一方面，在更大范围进一步整合多元文化，巩固民族交融成果；另一方面，又将草原蒙古部落、西域中亚各族迁入西北广大地区，利用民族差别进行统治，形成新的民族杂居交融局面，今天西北部分少数民族，如土族、回族、东乡、保安、撒拉、裕固等族，都可溯源于元代的民族政策。二是基于多民族多元文化的现实，夏、金、元各朝的政治体制都具有二元或双轨制特色，给当地基层社会治理带来了深远影响，后世颇有特色的政教合一制度、西番诸卫体制、关西诸卫体制、千百户制度、土司制度、茶马制度等，都是由这一时期二元体制的某一方面演变而来的。三是分立时期的长期战乱，造成人口和生产水平的急剧下降。这一阶段，是甘肃地区人口最低潮时期。以元代的情况为例，今天甘肃境内的各州基本都是下州，即人口在五千户以下，制约了这一时期甘肃地区的社会经济发展。四是民族贸易与丝路交通有了大的发展。分立局面造成交通线路变化，为适应新的局面兴起了新的线路，出现沙州至天德军路、青海路，灵州道等，反映了丝绸之路上各族对贸易的渴求。党项的兴起和发展，就与丝绸之路的畅通有密切关系。金属秦陇地区，与周边的南宋、西夏、吐蕃都开展榷场贸易，给当地社会经济注入了活力。五是中华文化更加丰富多彩，西夏、金、元虽然都是少数民族建立的政权，但都重视儒学教育和道统传承。西夏设州县学，推行庙学制。金元两朝都崇儒重学，恢复科举。汉传佛教、回鹘佛教、藏传佛教交汇融合。元朝统一后，随着中西交通大开，多民族迁入，佛教更受尊崇，传统道教得到复兴，伊斯兰教、景教等因信教人群大批迁入而广泛传播。

第一节　北宋统治下的秦陇地区

建隆元年（960），北宋建立。大庆三年（1038），西夏立国。宋与西夏开始形成对峙局面，宋朝把防御重心从北面防辽，转向西面御夏。陇山东西一带成为双方对峙的前沿。

一、北宋时期秦陇地区的行政建制

北宋康定（1040—1041）、庆历（1041—1048）年间，为适应西北沿边局势的变化，宋政府调整陕西沿边地区行政建制，陕西沿边既是行政区，又是抵御西夏的军事区。

陕西路西接羌戎，东界潼、陕，南抵蜀汉，北际朔方。北宋初期的陕西沿边就是今陕西、甘肃和青海、宁夏的部分地区。深受宋夏战争影响的甘肃所在的陕西沿边，随着北宋行政建制的整体调整也有所调整。庆历元年（1041），分陕西沿边为秦凤、泾原、环庆、鄜延四路。熙宁五年（1072），以熙、河、洮、岷州和通远军为一路，置马步军都总管、经略安抚使。又以熙、河等五州军为一路，加上原鄜延路共为五路，三十四州军。

原属陕西沿边的永兴军路和秦凤路，被分为永兴、鄜延、环庆、秦凤、泾原、熙河路六大行政区。宋朝的地方行政机构，路以下的是州、县两级，与州平级的有府、军、监以及领县的监，县级行政系统有县、军使和隶属于州军的监，县以下的城镇则设镇。甘肃地区的行政设置既有州、县，也有府、军、监等地方机构。北宋时期秦陇地区设置有四路辖区，反映了北宋政府的有效管辖。

环庆路辖区。现今的陇东地区原本属于宋永兴军路辖区。庆历元年（1041）分陕西沿边为四路时析出环庆路——陕西四路之一。环庆路下辖庆阳府（治今甘肃庆阳市西峰区），领庆、环、邠、宁、乾五州，属于今甘肃东部的有庆州、环州、宁州。

秦凤路辖区。宋秦凤路辖区设经略安抚使，开府秦州（治今甘肃天水市秦州区）。秦凤路原有十二州，镇三军，属县三十八。十二州——秦、泾、陇、成、凤、岷、渭、原、阶、河、兰、熙。三军——镇戎军、德顺军、通远军。其后经过一番增减，变成一府，十九州，五军，四十八县。新增加的六州——西宁、乐、廓、西安、洮、会。新增三军——积石军、震武军、怀德军。改前述通远军为巩州。庆历元年（1041）秦凤路改置，辖区缩小，只包括五州一军，后来将通远军析出，秦凤路只辖五州，其中除了陇州、凤州以外，大部分辖区在今甘肃东部。

泾原路辖区。泾原路辖区原属于秦凤路辖区。庆历元年（1041）宋朝改置，从秦凤路析出为泾原路。原置泾原路经略、安抚使，开府渭州，统四州二军。四州——泾、原、渭、仪州，二军——德顺军、镇戎军。熙宁五年（1072），废仪州（治今甘肃华亭县），增三县——安化、崇信、华亭。元符二年（1099），增置西安州。崇宁二年（1103），以熙河路的会州来属。大观二年（1108），增置怀德军。至此，泾原路辖区共统五州三军，除了西安州、怀德军以外，其他的州、军辖区在今甘肃境内。

熙河路辖区。这是"熙河开边"中设置的新行政区，也是四路辖区中改名次数最多的一个辖区。熙宁五年（1072），以四州一军为熙河路，四州——熙、河、洮、岷州，一军——通远军。之后得兰州，改为"熙河兰会路"，之后名称经历几次更改。其中除了湟、鄯、廓三州和积石、震武二军之外，其余辖区在今甘肃境内。

二、北宋对秦陇地区的经营

西夏政权建立后，对北宋西北沿边构成极大的威胁。泾原、环庆、秦凤三路辖区地处陇山东西，成为北宋王朝与西夏争夺的前沿地区。在这种情势下，北宋加强了对秦陇地区的经营。

（一）加强对泾原、环庆地区的戍守

北宋采取一些措施以加强对相关地区的经营。首先是选派能吏，加强对泾原、环庆地区（今甘肃东部地区）的戍守。建隆三年（962），宋太祖选授原虢州（治今河南灵宝市）刺史姚内斌为庆州刺史。乾德六年（968），通远军（治今甘肃环县）因与西夏临近而受到北宋的重视，委派董遵诲为通远军使。范仲淹于康定二年（1041）五月知庆州兼庆环路都部署司事，到任后即以朝廷名义犒赏羌族各部，与之签订条约，严明赏罚，羌族遂脱离西夏，为宋效力。为进一步稳固边防，范仲淹又修筑大顺城，遏止白豹城、全汤城一带的敌军进犯；同时，修葺细腰、胡芦等军塞，切断敌军通路，使明珠、灭臧两部族安心归附大宋。庆历二年（1042）闰九月，元昊分兵两路，再次大举攻宋。泾原路经略安抚招讨使王沿获知夏军来攻，命副使葛怀敏率军阻击，进抵定川寨，宋夏会战，宋军大败，葛怀敏与部将等16人战死，丧师9400余人（定川寨之战）。元昊获胜后，挥师南下，进逼潘原，关中震动。十月，范仲淹率领6000军队，从邠州、泾州出发来进行援救，西夏军队撤出边塞。仁宗非常欣赏范仲淹的军事才能，加封为枢密直学士、右谏议大夫，任鄜延路都部署、经略安抚招讨使。十一月，仁宗采纳范仲淹建议，恢复设置陕西路安抚、经略、招讨使，让范仲淹、韩琦、庞籍分领职事。范仲淹与韩琦在泾州设置官第，将文彦博调到秦州做统帅，滕宗谅调到庆州做统帅，张亢担任渭州的统帅。范仲淹做将领，号令清楚，爱护士兵，对于前来归附的各部羌人，诚恳接纳，信任不疑，因而，至元昊向北宋称臣（庆历和议），西夏军队不敢轻易侵犯他所统辖的地区。根据具体情况采取不同措施招抚北宋时期居住在陇右地区的吐蕃部族（生户、熟户）归附。熟户名义上受宋王朝管辖，受汉文化的影响比较深，生活在西北沿边地区，成为屏障与护卫北宋边境的民族力量。宋政府采取招抚蕃部内属、羁縻与武力迫使、军事打击双管齐下的措施以招抚吐蕃部内附，有效控制沿边局势，加强戍边力量。此外，用土地安抚边民，实行汉法，赐官爵以羁縻。宋用土地来安抚边民，立条约，定律令，加强相关地区社会秩序的稳定，促进生产发展。还给蕃部首领赐官爵以羁縻，充分发挥他们的作用。北宋还在位置重要处修筑堡寨，巩固边防。如庆州的耳朵城，渭州西部的笼竿城（陇干城），庆州的大顺城等。

（二）加强对秦州的经营

秦州地处渭水南岸，控接三蜀，是陇右通关中、蜀中的三岔交会之地，也是历代军事重镇。北宋统一全国以及西夏党项的崛起，更加突显了秦州的重要地位，秦州成为北宋重要的经营地区之一。北宋政府选派文彦博、张方平等名臣身居高位而兼任秦州职务，曹玮、曹琮、李师中、刘仲武、何常等人在秦州任上也颇有政绩。秦州地区蕃汉杂处，蕃部众多，“边鄙安宁”是宋朝统治者处理民族杂居、矛盾频发的秦州事件及选任秦州官员的主导思想。马知节、梁适、薛奎等人知秦州时，纷纷为秦州民众兴利除弊，为民谋利，平息、解决了纠纷，缓和了民族矛盾。熙宁（1068—1077）年间，北宋政府向西开拓，攻击西夏，意欲收复河西走廊，实施伸出宋朝左臂，切断西夏右臂的战略。事实上，北宋时期，秦陇与西夏关系密切，宋政府在秦陇境内的政策、措施、用兵河湟、拓边与开疆等活动，均与宋夏战争相关，受其制约与影响。

（三）建设五路堡寨以加强对吐蕃居住区的经营

加强对吐蕃居住区的经营是北宋加强对秦陇地区的经营的重点内容。河湟地区的熙河路生活着古渭州蕃部，兰州蕃部，会州蕃部，熙州蕃部，河州蕃部。黄河以南地区也是宋代吐蕃的重要分布区，包括积石军蕃部，岷州蕃部，洮州蕃部，阶、叠、宕州蕃部。为了防御西夏党项，北宋在沿边秦凤、泾原、环庆、鄜延、熙河五路修筑了许多堡寨。相关地区是北宋、西夏经常作战的地区，沿边各路的州、军统辖许多堡、寨、关、城，有保障边境的职能，也往往成为对方的攻击目标。庆历至嘉祐（1041—1063）、熙宁至元丰（1068—1085）、绍圣至崇宁（1094—1106）年间，宋政府在陕西沿边掀起三次修筑堡寨的高潮。北宋160多年在西北沿边一带修筑了近五百个城关堡寨，其分布受军事形势和地理条件的影响，分别属于环庆、秦凤、泾原、熙河各路。这些大小不等的堡寨，往往利用山水形胜的便利依山带水建成，外有围墙。堡子周围三百步至六百步的地方，还修建护耕堡。城、寨、堡是同类型的军事地区，城大于寨，寨大于堡，堡寨或属于州、军，或属于县和比较大的城寨，时有升降隶属变化。由于秦陇地区地理位置的特殊性，这些地区的堡寨当仁不让地成为宋政府招纳、安抚蕃民的据点。蕃兵是堡寨的守护人，成为北宋防御体系中的一支劲旅。

（四）开发水利、森林、矿藏资源

宋政府在秦陇地区开渠引水灌溉田地，还在一些河流渡口架设桥梁方便送粮运兵，使秦陇地区水利资源得到充分的开发利用。熙宁六年（1073），宋政府在熙州城下洮河以南、北渡口修建浮桥。元丰四年（1081），修复兰州金城关，建造浮桥。随着秦陇地区水利的兴修，宋政府着力疏通洮水，建立漕运水道。唐末五代至宋初，河陇地区森林草地茂盛，洮州、岷州山林深险，秦州多“巨木”，熙河地区山林浩瀚，秦陇地区成为宋政府重要的林木供给区之一。宋政府开采秦州材木时采取“以缗帛求采木”的交易方式。北宋秦陇地区有盐、金、银、铜、铁、锡、水银、雄黄、硫黄等丰富的自然资源，其中开采量最大、生产规模最大的是盐，通远军、岷州等地产井盐，文州、阶州产青白盐，阶州还产石盐。

三、北宋时期秦陇地区的经济

（一）屯田

北宋时期，持续在西北地区屯田，有效地解决了边防及兵饷粮运问题。至道元年至治平四年（995—1067），主要有笼竿川屯田，渭州屯田，泾、原五州屯田，秦州屯田，黑谷屯田和牟谷口屯田。熙宁元年至靖康元年（1068—1126），主要是陇右、陇东地区屯田，陇右屯田主要包括渭水上游、毕利川、伏羌城、兰州、古渭寨至武胜军、定西、龛谷、榆木、岔堡、熙和路、河州、洮西、阶州、岷州屯田；陇东屯田主要包括陇山、庆州和渭州屯田。甘肃地区的屯田促进了社会生产，减轻了军需负担，减少了军粮的运输负担，增强了西北边防。

（二）畜牧业

北宋秦陇地区的畜牧业分两种类型：一种是以部落为单位的不定居游牧经济，以畜牧业为主，以狩猎为辅，主要包括洮河以南、阿尼玛卿山以北的吐蕃部落；一种是半农半牧型经济，主要由居住在秦、渭、泾、原、熙、河等地的吐蕃部族从事。畜牧业主要是饲养马、牛、羊，也饲养猪、骆驼等。秦州连接熙州、河州和青唐羌界，自古以来就是产好马的地方，安多藏区有养名马的传统，养马业在秦陇社会经济中占有重要地位。比如六谷马，这种被誉为活着的“天马”是全国名马之一，即产自今甘肃天祝藏族自治县的岔口驿马，与武威出土东汉铜奔马极为形似。北宋政府利用秦陇地区的自然条件和蕃部善于养马的生产方式，改变官府养马的弊端，既促进了养马业的发展，又节省了开支。

（三）手工业

秦陇地区的手工业大多以当地农牧业产品和丰富矿藏为原料，地域性、民间性都比较突出，有一定民族特色。散居在秦陇地区的吐蕃部族擅长金属加工和兵器制作，有专门的作坊制造刀、剑、枪、矛、弓箭，其中以铁甲胄为名品，冷锻铁甲的出现是当时工匠已经掌握冷锻金属处理工艺的明证。他们多用金、银、铜、锡等制作金佛像、金瓶、金镜匣、银枪、铁衔等生活器皿。皮毛加工业方面，主要生产毡、褐、毾等毛制品，可用来制作毡帐、帽子、鞋子等生活用品。

（四）商业

北宋秦陇地区商业主要有贡赐贸易、边境贸易和城镇市场贸易三种方式，有一定的地方特色。贡赐贸易，秦陇吐蕃对宋朝进贡增多，贡品数量大，尤其以马居多，此外还进贡牦牛、骆驼、狮子、象牙、玛瑙、铁甲、铜印等多种本地特产或与西域、中亚各国商人贸易所得之物，宋朝的回赐物多是茶、药、锦袍等。边境贸易，主要是蕃商携带商品到宋边境地区的榷场或博易务进行合法买卖的榷场贸易和汉商、蕃商在边境地区进行的民间私市。汉蕃商人走私贸易活跃，盐、茶、马是其中的大宗走私商品，兼及金银珠宝、药材香料、农副产品及手工业品等多种物品。秦陇地区的城镇市场贸易分国家市场贸易和民族市场两种形式。

第二节　北宋时期的河西割据政权

北宋时期，河西地区形成了几个大的独立性地方割据政权，即甘州回鹘政权、曹氏归义军政权、沙州回鹘政权和西凉府吐蕃政权。

一、甘州回鹘政权

甘州回鹘政权是以甘州为中心的河西割据政权，光化三年（900）建立政权至天圣六年（1028）灭亡，存在约130年，对河西地区的经济社会产生重大影响。

“安史之乱”爆发后，吐蕃占有河西，当地回鹘成为吐蕃部属。开成五年（840），回鹘汗国灭亡，各部解体，更有大批的回鹘人自漠北迁至河西走廊，与先期居留此地的族人汇合，分布于甘州、凉州、肃州、瓜州、沙州、合罗川（今内蒙古额济纳河流域）一带。回鹘迁居河西后，经济生活也逐渐向半牧半农转变，接受当地文化和生产技术，不断发展壮大。光化三年（900），回鹘设立牙帐，正式建立甘州回鹘政权。归义军内部发生动乱后，甘州回鹘乘机向外扩张，扼守从河西走廊地区到唐朝内地的要道，还控制了河州、兰州，成为金山国的强敌。乾化元年（911），甘州回鹘军几次攻打敦煌占领伊、西两州，后金山国又向回鹘割让甘州、肃州，沙州政权正式成为甘州回鹘的附庸。同光二年（924），甘州回鹘可汗仁美遣使入贡后唐，唐庄宗册封仁美为“英义可汗”，甘州回鹘可汗成为河西各地回鹘的“共主”。之后不久，居住在沙州地区的回鹘人被并入甘州回鹘，甘州回鹘还领有西州回鹘（高昌回鹘）。天圣六年（1028），元昊率军攻占甘州，甘州回鹘政权灭亡。

甘州回鹘建立政权后，在游牧的同时，积极发展农业，种植小麦、大麦、青稞、稻谷、芝麻、粟、豆、黍、棉、麻、桑等，还种植各种蔬菜、瓜果。用骆驼代替人力耕种，用水碾代替人力杵臼。农牧业的快速发展，带动了回鹘手工业的进一步发展，主要有织造、铁器加工、玉器和金银饰品加工业等。甘州回鹘还积极发展与周边民族的经济文化交流，既与中原、西藏、西夏及东北的契丹、女真交往频繁，又与波斯、印度、大秦保持着直接或间接的商业交往。从五代至宋，回鹘与中原王朝始终保持着密切联系，经常派遣使者朝贡，并接受中原王朝的册封和回赐，还以“朝贡”的名义和方式进行贸易活动。

二、曹氏归义军政权

乾化二年（914）十月，张氏归义军节度使张承奉去世后，索勋女婿、张议潮外孙女婿、敦煌世家豪族、沙州长史曹议金（？—935），取代张氏，掌握瓜、沙二州的实权，曹氏归义军政权建立。曹氏归义军政权长期处于回鹘、吐蕃、吐谷浑、羌、龙家等民族的包围之中，采取了“西合于阗、东结回鹘”的策略，努力改善与周边少数民族政权的关系，通过联姻等办法与甘州回鹘、西州回鹘、于阗等少数民族政权建立了在平等基础上友好往来的新关系，以图共存。贞明二年（916），兵马使李吉顺、康奴子出使甘州，以求通好。之后，曹议金娶甘州回鹘天睦可汗的女儿圣天公主为妻，改善了与甘州回鹘的关系。同光三年（925），曹议金乘甘州回鹘汗位交替之际，亲率大军东征，取得了甘州之役的胜利。同光四年（926），曹议金将女儿嫁给了新继位的甘州回鹘阿咄欲可汗，开创了归义军与甘州回鹘外交关系的新局面。这种和亲外交改善了归义军政权的周边环境，打通了通往中原的丝路故道。曹延禄执政晚期，归义军再度与甘州回鹘发生战争，引起瓜沙民众的不满。咸平五年（1002），归义军内部发生兵变，曹延禄与其弟曹延瑞被迫自杀，曹延禄的族子曹宗寿在众人推举下掌握了归义军政权，宋廷遂任命曹宗寿为归义军节度使。曹宗寿统治时期，宋朝日趋昏弱，无暇西顾，将瓜州、沙州地区当作“羁縻”州县看待。此时，辽国日益强大，逐渐向西扩张，曹宗寿为巩固其地位，除保持和宋朝的正常朝贡关系以外，还和辽国发生往来，以免受其攻击。大中祥符七年（1014），曹宗寿之子曹贤顺继任归义军节度使。曹贤顺注重与辽的关系，多次遣使向辽进贡，并于天禧三年（1019）亲自入辽觐见，受到辽的宠遇，先后封其为"于越""敦煌郡王"等显爵，辽还派专使护送其回沙州。景祐三年（1036），西夏元昊占据瓜、沙、肃三州之地，归义军节度使曹贤顺归降西夏，统治瓜州、沙州122年的曹氏归义军政权灭亡。

曹氏归义军政权统治时期，继承唐代前期的有关土地制度，对于荒地、逃户土地等允许民户"请射承佃"，继续实行奖励农耕的措施。曹氏归义军政府设置羊司、官马院和知驼司等机构管理畜牧业，还设有专门管理草料和草场的草场司，官营畜牧业较快发展的同时，私营畜牧业、寺院畜牧业在牧业经济中也占有较大比重。主要粮食作物有麦类、粟、黍、粳米、豆类等，最主要的农作物栽培品种是小麦。豌豆、豇豆、黑豆、绿豆、大豆是当时豆类的主要品种。油料作物有黄麻、红蓝、棉花等。瓜果主要有葡萄、梨、桃、杏等。蔬菜主要有萝卜、葱、韭、蔓菁等。毛纺织、皮革加工等手工业发展较快，在纺织技术和工艺流程等方面，采用了当时先进的织机和提花、印染等复杂工艺，其产品不仅可满足当地物质文化生活的需要，而且通过市场交换，远销外地，加速了商业经济的发展。官府中还设置酒司机构，专门管理官方用酒事宜，实行榷酒专卖。丝路贸易再度兴盛，除了原有的转运贸易之外，又增加了一种新的形式——贡赐贸易。通过互遣使团这种政治行为掩盖下的商业贸易形式，敦煌地区的许多商品源源不断地流入中原地区。这一时期，沙州对外贸易出口的主要是驼马等畜牧业产品以及麻布、丝绸、褐、毡、毯等手工业产品。外来商品种类丰富，既有中原的铁器、丝绸、珍珠、银器，也有吐蕃的畜牧产品、药材，还有波斯、印度等地的香料、银器、药材等。

三、沙州回鹘政权

在甘州回鹘统治河西的时候，沙州回鹘有相对独立的部落组织——族帐。曹氏归义军政权归附甘州回鹘后，甘州回鹘王景琼自称甘、沙州回鹘可汗，沙州回鹘势力随之壮大。到曹贤顺时期，甚至以"沙州回鹘敦煌郡王"的身份，向辽朝进贡或接受回赐。天圣六年（1028），甘州回鹘政权为西夏所灭，余部向西流徙，一部分迁居于瓜、沙一带，进一步壮大了沙州回鹘的力量。沙州回鹘势力成为曹氏归义军政权的中流砥柱。景祐三年（1036），西夏攻占曹氏归义军属地后，沙州回鹘残部开始对沙州进行反攻，并受到宋朝秦州知府、秦凤路副都部署曹琮的支持。景祐三年（1036），沙州回鹘在“镇国王子”的率领下，占据瓜州、沙州，建立沙州回鹘国。沙州回鹘始终奉北宋为正统，使用宋朝年号，多次向宋廷入贡，不向西夏屈服。熙宁六年（1073），西夏军队再次占据沙州，沙州回鹘政权灭亡。

四、西凉府吐蕃政权

“六谷蕃部”指居住在凉州城南六条山谷中的吐蕃人和吐蕃化的各民族部落联合体，六谷吐蕃联盟在潘罗支时达到鼎盛阶段。咸平五年（1002），党项首领李继迁集中蕃部全力攻陷灵州，派人招降吐蕃六谷部大首领潘罗支，被潘罗支严厉拒绝。咸平六年（1003），潘罗支派铎论朝贡，提出六谷吐蕃联盟已经聚兵，愿意和宋朝军队共同对付党项。宋朝鉴于潘罗支的忠心，授潘罗支为朔方节度使、灵州西面都巡检使，依旧遣使赍国信及铠甲赏赐。不过，宋朝廷对潘罗支提出的“会兵”的建议并没有积极配合，没有足够的诚意，只是想利用六谷蕃部牵制、消耗党项实力。咸平六年（1003）年底，六谷蕃部大败李继迁，使六谷蕃部地方政权达到鼎盛。党项设计拆散了宋朝、六谷蕃部、甘州回鹘的军事联盟，使凉州吐蕃处于孤立无援的境地。景德元年（1004），党项李德明进攻凉州，被潘罗支联合宗哥、龛谷诸族击败。李德明设计杀害潘罗支，六谷联盟由盛转衰。大中祥符八年（1015）六月，党项李德明一举攻下西凉府，六谷吐蕃联盟灭亡。

六谷吐蕃联盟占据丝绸之路的枢纽和东端门户凉州，不仅维护了丝绸之路河西道的畅通，更促进了凉州地区社会经济的发展。农业的发展给牧业、商业的发展提供了动力，六谷部以畜产品，主要是马牛驼等换取北宋的金银、布匹、绢彩、茶、香药、器械、手工业品等，与北宋的茶马贸易关系频繁，密切了宋蕃人民的友好关系。凉州是重要的战马基地，六谷吐蕃发达的养马业为宋朝提供了大批战马，影响了宋夏双方力量的变化。

第三节　西夏统治下的河西地区

西夏是北宋时期党项族在西北地区建立的割据政权。党项族经历了从唐朝末年到宋初的发展，明道元年（1032）十月，元昊继承父位，之后去掉唐、宋王朝所赐的李、赵姓氏，自号嵬名氏，称“兀族”（天子）。明道二年（1033），元昊以避父讳为由，改宋的明道年号为显道，开始使用西夏年号。元昊继位后，通过一系列战争占有河西地区，统治190余年。

一、西夏政权统治河西

党项族建立夏州政权后，积极争夺河西地区。咸平五年（1002），李继迁攻取灵州后，把灵州改为西平府，还把都城迁到西平府。与甘州回鹘、凉州吐蕃争夺水草丰茂、土地肥沃且处于中西交通要道上的河西地区，逐渐成为李继迁统治的夏州（治今陕西靖边县西北白城子）党项势力向西扩展的主要目的。

占领凉州　咸平六年（1003），李继迁攻占西凉府，将西凉府改为凉州。不久，在与吐蕃六谷首领潘罗支相互征战中李继迁于景德元年（1004）正月战亡，西凉府得而复失。景德元年（1004）六月，党项杀死潘罗支进攻凉州。大中祥符九年（1016），甘州回鹘占据凉州。明道元年（1032），党项李元昊夺取凉州，统一河西地区，为元昊称帝建国奠定了基础。

夺取甘州　党项攻占西凉之后，先后六次调兵遣将进攻甘州均未成功。直到天圣六年（1028），李元昊率兵突袭甘州回鹘，攻取甘州。

攻占肃州、瓜州、沙州　景祐三年（1036），李元昊引军西进，肃州、瓜州和沙州相继被西夏所攻占，曹氏归义军政权灭亡。但沙州回鹘很快又夺取瓜州、沙州，建立了沙州回鹘割据政权。熙宁六年（1073），西夏再克瓜、沙，沙州回鹘政权灭亡，河西地区全部纳入西夏统治范围。

二、行政建制

（一）州府设置

西夏时期在甘肃地区设置了6个州府，即会州、凉州、甘州、肃州、瓜州、沙州。

会州　治今甘肃靖远县东北，位于黄河东岸，控制渡口，地处交通要冲。西魏置，保定二年（562）改置会宁防，开皇元年（581）改为会宁镇，武德二年（619）升置为西会州，贞观八年（634）改为会州。宝应（762—763）后被吐蕃占据。

凉州　天圣六年（1028），李元昊攻占凉州，治凉州，也就是今武威市凉州区。

甘州　治甘州，今张掖市甘州区。天圣六年（1028）西夏攻取甘州，改为镇夷郡，在此立宣化府。

肃州 治肃州，今酒泉市肃州区。景祐三年（1036），西夏攻占肃州。

瓜州 治瓜州，今瓜州县锁阳城镇附近。景祐三年（1036），西夏攻取后置瓜州。

沙州 治沙州，今敦煌市沙州镇。景祐三年（1036），西夏攻占沙州，置沙州。

（二）监军司的设立

西夏建国初期，在全国境内设置左右厢十二监军司。“监军司既是一级地方行政机构，又具有部族兵性质的军事组织，是西夏地方行政体制中主要的组成部分。监军司辖区比经略司小。职责为兼治军民，举凡人事、军事、边防外事、司法、畜牧，无所不管。”西夏监军司仿宋朝厢、军建制，元昊嗣位后，整顿西夏军事，分全国兵力为左右两厢：以黄河为界，河东是左厢，河西是右厢，各立军名并规定驻地。西夏监军司左右厢的划分，有地理位置和防御职能的双重因素。左厢六个监军司的职能主要是防御北宋、契丹，右厢六个监军司的职能主要是防御吐蕃、回鹘等周边少数民族政权。西夏立国后，监军司的数量并非一成不变，有增、删、更名、迁移驻地等情况。但设置在河西地区的监军司始终存在，主要包括卓啰和南监军司、西寿保泰监军司、右厢朝顺监军司、甘州甘肃监军司和瓜州西平监军司。

三、西夏时期的河西经济社会

西夏统治的河西地区属于半农半牧生态区，也是西夏的粮仓和放马牧地。河西宜农宜牧的自然环境和资源为其经济发展提供了较好条件，是东西交通咽喉和关陇屏障。为了将其打造为与宋、辽、金周旋、抗衡的基地，西夏历代统治者采取一系列有力措施开拓经营河西地区。通过迁徙人口、俘获人口增加劳力；实行羁縻怀柔政策；设置受纳司、农田司、群牧司等劝农机构和管理生产技艺的机构工技院、刻字司、造案司、金工司、绢织院等，重视农业和手工业生产。

（一）畜牧业

党项族原本以畜牧为主业，内迁后逐渐学会耕作。西夏统治下的河西地区畜牧业、农业并重，畜牧业仍在西夏经济生活中占有举足轻重的地位。武威、张掖、酒泉、敦煌等地“善水草，宜畜牧”，凉州“畜牧甲天下”，瓜沙等州“素鲜耕稼，专以畜牧为主”，河西地区的牧业成为西夏畜牧经济的重要组成部分。西夏人全民皆兵，马既是其立国之本，又是其与周边政权进行贸易的主要商品，因此十分重视牧养马。西夏四种官畜为马、牛、骆驼、羖攊（山羊），养牛、骆驼、羖攊年年都要交毛、酥等副产品。

（二）农业

党项族原本不事农业，西夏立国后，农业才逐渐成为社会经济中的一个重要组成部分，河西地区日渐成为仅次于兴灵地区的又一重要的灌溉农业区。西夏采用了犁、耙、锹、锄、耧、镰刀等汉族先进的生产工具，主要采用耧播和撒播两种播种方式，普遍使用牛耕。普遍种植小麦、大麦等粮食作物，其他粮食作物如糜、粟、黍、黄谷、红豆、黑豆、豌豆、绿豆等也有种植。盛产葡萄、桃、李、杏、枣、梨等瓜果和萝卜、瓠子、冬瓜、南瓜等蔬菜。兴修水利、使用牛耕、开垦荒地等举措使河西地区粮食产量增加，成为巩固西夏政权、供给战时军需储备的重要基地。

（三）手工业

西夏时期，河西地区的手工业发展速度较快。其中冶金铸造业很发达，拥有当时先进的冶铸工具和优质产品。西夏统治者重视冶铁，制造兵器和农具，有专门的冶铁工场，中央机构还设有铁工院、冶金司统领全国的冶铁业。西夏的铁制品在日常生活、生产及战斗中用途很广，如针、钻、锅、铲、壶、锁、耙、锄生活生产工具和刀、剑、斧、枪、弓箭、铠甲等兵器都可以生产。这些铠甲都由冷锻工艺制作而成，既坚固光滑，又有光泽，不是一般的弓弩能射入的。被宋人誉为“最为利器”的神臂弓，也是西夏人所造。河西地区有丰富的以池盐为主的盐业资源，西夏政府设有盐铁使专门负责盐的开采、管理、销售。此外，西夏政府中设铁工院、木工院、砖瓦院等与建筑有关的机构，工匠种类多而分工明确，建筑以砖木结构为主，凉州护国寺的重修、“庙学制”下众多庙学的修建更是彰显了西夏建筑业的发达。织褐制毡是党项人最普遍的家庭手工业，内迁后伴随畜牧业发展的就是毛纺织业的发展。

（四）商业

西夏生产的羊马毡毯数量多，往往作为商品与其他政权进行交易。袄子裘、马毯、皮毯、白帐毡、皮裘等畜牧产品，都是《天庆十一年典卖契》中所记载的典出物品，尽显西夏以畜牧业为主的经济特色。以凉州、甘州为中心的交通网络及甘州通道使河西走廊将西夏与中原、西域地区连为一体。《凉州护国寺感通塔碑》中“当四冲地，车辙马迹，辐辏交会，日有千数”的记载，生动呈现了凉州这样一个商业繁荣的城市。

第四节　南宋统治下的陇南地区

绍兴八年（1138），宋定都临安府（治今浙江杭州市），南宋王朝从此偏安江南，宋金对峙局面形成。

一、宋金秦陇之争

建炎（1127—1130）年间，金军曾三次向宋展开大规模进攻，也向关陕重地发动进攻。建炎元年（1127）十二月，金军分三路南下，西路军统帅宗翰向洛阳进军，命娄室率兵进攻关陕重地。建炎二年（1128）二月，娄室军攻下同州（治今陕西合阳县）、华（治今陕西华县）、京兆（治今陕西西安市）、凤翔（治今陕西凤翔县）等地。建炎四年（1130），宗弼、兀术分别在进攻江南时受到阻击、重创，于是把进攻的重点放到陕西。当年七月，先遣娄室经略陕西，所下城邑“叛服不常”，后来金太宗采纳宗翰提出的“陕西五路兵力雄劲，当并力攻取”的意见，派遣右副元帅宗辅去陕西。九月，宋川陕宣抚处置使张浚调诸路军队，集合骑兵六万，步兵十二万，进至富平（今陕西富平县）欲与金军决战。宗辅到陕西洛水治兵，娄室为左翼，宗弼为右翼，两军共同进攻富平。当时宋军屯于富平，金兵屯于下邽（今陕西富平东），娄室的军队在绥德（今陕西绥德县）。宋军诸将要求乘机发动进攻，被张浚拒绝，宋军在设营布阵上也犯了军事错误。宋军人心不齐，金军进攻环庆军时，宋军其他各路不去援救，正好赵哲撤离部队，见到尘土飞扬的宋军误以为战败，于是溃散逃跑导致大败，之后耀州（治今陕西耀州区）、凤翔府（治今陕西凤翔县）相继附金。

富平之战的失败导致西北五路的危机，之后张浚轻率杀死赵哲、曲端，直接导致西北五路被金人占领。在金军的强大攻势下，宋军无力抵抗，从兴元（治今陕西南郑县）退至秦州，再从秦州到兴州（治今陕西省略阳县），可谓节节败退。建炎四年（1130）十一月，宗辅军攻下泾州（治今甘肃泾川县），在瓦亭（今平凉安国镇西）打败宋军，原州降，撒离喝破德顺军精边寨（今甘肃静宁县东南），宋泾原路统制使张中孚、知镇戎军李彦琦以城降。绍兴元年（1131）正月，金军遂得巩、洮、河、乐、西宁、兰、廓、积石等州，定远、和政、甘峪、宁洮、安陇等城寨及镇堡蕃汉营部四十余。十月，庆阳府（治今甘肃庆阳市西峰区）被撒离喝攻下，慕洧以环州降，西北五路全部被金朝占领。金占领北方后，树立傀儡政权，想要有效统治占领区，并缓和北方人民对金朝的反抗情绪。建炎元年（1127），金立张邦昌为大楚皇帝，定都金陵（今南京市），宋高宗即位后杀张邦昌。建炎四年（1130）九月，金立刘豫为大齐皇帝，以大名府（治今河北大名县）为都，把山东、河南、陕西都划归其管辖。在占领西北五路后把统治权也交给了刘豫，之后西北五路地区长期处于金统治之下。

吴玠、吴璘抗金斗争。吴玠，字晋卿；吴璘，字唐卿，是吴玠的胞弟。他们是宋时德顺军陇干人，即今甘肃省静宁人，后迁居庄浪水洛城。吴玠37岁时，因在宋金富平大战中，作战英勇，重创金兵，因而被任命为陕西都统制，扼守大散关以东的和尚原，从此揭开了吴玠兄弟俩领兵抗金生涯的序幕。当时，金把川陕作为战略重点，想从此迂回灭掉宋朝。而宋朝也意识到了川陕的重要，认为“守川陕”就是“保江南”。于是，双方都在和尚原集结兵力，时刻准备一决雌雄。和尚原位于宝鸡西南，大散关以东，金兵想要攻蜀就得先占领和尚原。绍兴元年（1131）三月至五月，五万金兵多次进犯和尚原，都被吴玠率领的几千人马凭据险要打退。当年秋天，金兀术亲率10万金兵，向和尚原发起了更大规模的进攻。吴玠命吴璘依托有利地形挡住金兵，又派出奇兵袭击金军后路和金军大营，截断金兵的粮道，使金兵顾此失彼，损失惨重。经过三十多次的激战，金兵大败。宋军取得了以少胜多的大捷，也是靖康之变以来同金作战的第一次大捷，高宗授年仅39岁的吴玠为镇西军节度使，吴璘则以功升泾原路马步军副总管。绍兴三年（1133）春，金大将撒离喝纠集十多万兵马，企图绕过和尚原，从当时相对薄弱的饶风关夺取蜀地。吴玠率兵提前到达饶风关，在激战六昼夜后，宋军最终收复失地，吴玠因功进封检校少保，吴璘因功升秦州知州，兼节制阶、文州军马。此后，吴玠又命统制官吴胜等率忠义民兵进取秦安莲花城，大败伪齐军。之后又转战至腊家城，即今秦安兴国镇古城一带，但因敌兵众多，作战失利而回撤。绍兴四年（1134）春天，金兀术又率领十万金兵攻打仙人关，在吴玠兄弟的顽强阻击下，金兵大败，从此一度不敢进窥四川。吴玠以功升任川陕宣抚副使，进封检校少师，吴璘以功升熙河路经略安抚使。吴氏兄弟因屡败金军，声威大震，名扬陇蜀。此后，吴玠兄弟乘胜分兵北上，收复秦州。并进而攻克位于如今马跑泉的陇城县，之后又率军北进，大败金兵于腊家城。次年，吴璘还率军出仙人关，经岐山、天水关、皂角堡北上，几次打败围攻秦州城的金齐联军。绍兴九年（1139），皇帝以吴玠功高，授开府仪同三司，晋升为四川宣抚使。但吴玠不久病重，卒于仙人关，年仅47岁。吴玠去世后，吴璘任右护军都统制、秦凤路经略使兼知秦州。两年后，吴璘率军与金兵又战于剡家湾。金人大败，逃入腊家城。后来，吴璘被任命为四川宣抚使，曾多次扶病上仙人关指挥抗金战争。乾道三年（1167）五月，吴璘病逝，终年66岁。吴玠吴璘兄弟的抗金斗争，使金军入蜀的战略意图始终未能实现，南宋王朝因此得以保全。

二、南宋对陇南地区的经营

南宋于绍兴年间（1131—1162）与金朝划界，南宋境土主要在江南地区，在甘肃的辖区只有陇南一隅，不过陇南是入蜀通道，地理位置特殊，南宋政府在陇南地区设置行政机构，路下置州、县，进行有效的治理经营。

（一）南宋在陇南地区的行政建制

陇南地区有一部分由南宋利州路管辖。南宋时的利州路有3府——兴元、隆庆、同庆，12州——利、金、洋、阆、巴、沔、文、蓬、龙、阶、西和、凤州，2军——大安、天水。绍兴十四年（1144），分利州路为东西二路，东路：兴、元、剑、利、阆、金、洋、巴、蓬、大安，西路：阶、成、西和、凤、文、龙、兴。之后屡经分合，乾道四年（1168）合为一路，兴元帅兼领。之后的淳熙二年（1175）分，淳熙三年（1176）合，淳熙五年（1178）分，绍熙五年（1194）合，庆元二年（1196）又分，嘉定三年（1210）又合，嘉定十一年（1218）分，端平三年（1236），兵乱废。尽管屡经分合，但今甘肃境内的文、阶、西和、成四州和凤州两当、河池地区及天水军都属利州西路管辖。

文州　治今甘肃文县，阴平郡，建炎后，带沿边管内安抚，不久罢，隶利州西路。绍定（1228—1233）末，置司成都；端平（1234—1236）后，兵乱州废。辖曲水（今文县）一县，西魏时设，文州下辖十寨——重石、毗谷、张添、磨蓬、留券、罗移、思村、戎门、披波、绥南。

阶州　治今甘肃陇南市阶州区，武都郡，原隶属秦风路，绍兴

(1131—1162）初，陕西地尽入于金之后，只有阶、成、岷、凤、洮等五郡，凤翔府和尚原、陇州方山原存。阶州辖两县——福津（今甘肃陇南市武都区)、将利（今甘肃康县)。

成州　治今甘肃成县，同谷郡，隶属秦凤路，绍兴十四年（1144）隶属利州路。宝庆元年（1225)，以宋理宗潜邸升同庆府。成州下辖两县——同谷（今甘肃成县)、栗亭（今甘肃徽县西)。

西和州　治今甘肃西和县，和政郡，本隶属秦凤路，绍兴元年（1131）入于金，改祐州（治今甘肃宕昌县西北48里理川镇)，旧名岷州，绍兴十二年（1142）避讳改为西和州。开禧二年（1206）又入于金。西和州下辖3县——长道（今西和县北)、大潭（今甘肃西和县西南)、祐川（今甘肃宕昌县西北48里理川镇)。

凤州　治今陕西凤县东北，河池郡，旧属秦凤路，绍兴十四年（1144）隶属利州路。凤州下辖3县——梁泉（今陕西凤县东北)、两当（今甘肃两当县)、河池（今甘肃徽县)，其中两当、河池在今甘肃境内。

天水军　治今甘肃天水市西南天水乡，绍兴初，秦州（治今甘肃天水市秦州区）入于金。分置南、北天水县。绍兴十三年（1143）隶属成州，后以成纪之太平社、陇城之东阿社来属。嘉定元年（1208）升为军，嘉定九年（1216）移天水县旧治。仍置天水（今甘肃天水市天水乡）一县，绍兴十五年（1145)，废成纪、陇城二县来入。

（二）南宋统治时期的陇南经济社会

吴玠与弟弟吴璘，吴璘的儿子吴挺两代人坚守陇南地区，采取诸多措施恢复、发展生产，加强战备。一是裁减冗员，节约开支，体恤灾民。积极卫国守土的吴玠、吴璘兄弟得到百姓拥护，百姓冒着生命危险送粮接济吴家军。吴玠、吴璘为了减轻民众的负担，屡次裁减冗员，节省费用。淳熙十年（1183)，成州、西和发生严重灾害，吴挺全力赈恤。二是兴修水利。吴玠曾调戍兵，命梁州、洋州守将修治褒城废堰，修复后的褒城堰灌溉土地，为百姓带来了便利，愿归业者数万家。绍兴（1131—1162）末，吴璘到汉中，继续修理褒城古堰，溉田数千顷，继承吴玠的事业，继续以恢复与发展生产为己任。绍熙二年（1191)，洪水暴发入城，吴挺既尽力赈济遭受水害的灾民，也注意重新增修长堤，为百姓的生命、财产安全提供保障。三是主张互市羌马。起初宋军为了加强骑兵，在宕昌设置互市，招买当地蕃马，马匹增多后，宋军骑兵力量增强。四是加强战备防御。针对属下诸军“漫不相属”的现状，吴挺上奏分诸部为十军，从北边至武兴（治今陕西略阳县）有五军——踏白、摧锋、选锋、策选锋、游奕，武兴以西至绵分三军——左、右、后，驻武兴的分两军——前、中军。此后各部井然有序。

第五节 金朝统治下的秦陇地区

金朝的建立者完颜阿骨打出生在女真族完颜部。11世纪中期，完颜部乌古廼继任酋长，接受辽朝节度使官职，声势大盛，完颜部成为统一女真各部的核心；11世纪末，完颜部统一生女真各部，政令统一，奠定建国基础。天庆三年（1113），乌古廼的孙子完颜阿骨打继任生女真部落联盟酋长，起兵反辽。天庆五年（1115）正月，完颜阿骨打仿汉族制度，称皇帝，即金太祖，建国号大金，年号收国，都会宁府（治今黑龙江省哈尔滨市阿城区南白城子）。金太祖在建立金国后立即率军攻克辽北方重镇黄龙府，继而击破辽军主力。天会三年（1125），辽天祚帝被擒，辽朝灭亡。金在辽灭亡后全力攻宋。天会三年（1125），金太宗正式下诏，兵分两路伐宋。西路以完颜宗翰（粘罕）为主将，由大同进攻太原；东路以完颜宗望（斡离不）为主将，从南京入燕山（宋改燕京为燕山府，治今北京市），东西两路金军计划在宋朝首都东京会师。天会五年（1127）四月，金军在东京大肆掳掠后，俘宋徽宗、宋钦宗二帝和大批人口、财物北返，北宋灭亡。天会五年（1127）五月，宋朝河北兵马大元帅、康王赵构在归德（治所在宋州，今河南商丘市南）即位，改元建炎，史称南宋。

一、金朝疆域划分

皇统元年（1141）十月，都元帅宗弼与南宋议和划定的疆界：“金之壤地封疆，东极吉里迷兀的改诸野人之境，北自蒲与路之北三千余里，火鲁火疃谋克地为边，右旋入泰州婆庐火所浚界壕而西，经临潢、金山，跨庆、桓、抚、昌、净州之北，出天山外，包东胜，接西夏，逾黄河，复西历葭州及米脂寨，出临洮府、会州、积石之外，与生羌地相错。复自积石诸山之南左折而东，逾洮州，越盐川堡，循渭至大散关北，并山入京兆，络商州，南以唐邓西南皆四十里，取淮之中流为界，而与宋为表里。”

金和西夏的疆界划分经历了二十多年的变化。天会二年（1124）正月，西夏奉表附金后，金把原属辽的西北地区，阴山以南、吐禄泊以西的土地给夏。天会五年（1127），金又将陕西西北地割给西夏，以河为界，抵偿金夺回的天德（治今内蒙古乌拉特前旗西南）、云内（治今内蒙古托克托县东北古城乡）之地。“天会五年，元帅府宗翰、宗望奉诏伐宋，若克宋则割地以赐夏。及宋既克，乃分割楚、夏疆封，自麟府路洛阳沟距黄河西岸，西历暖泉堡，鄜延路米脂谷至累胜寨，环庆路威边寨踰九星原至委布谷口，泾原路威川寨略古萧关至北谷口，秦凤路通怀堡至古会州，自此距黄河，依见流分熙河路尽西边，以限楚、夏之封，或指定地名有悬邈者，相地势从便分画。”这是《金史》卷26《地理下》记载的金与西夏在陕西的划界情况。天会十四年（1136）七月，西夏攻占乐州（治今青海乐都县）与西宁州（治今青海西宁市），天会十五年（1137），金接受西夏的请求，把乐州、积石州（治今青海贵德县）、廓州（治今青海化隆县）割给西夏。皇统六年（1146），又应西夏请求把德威城（今甘肃靖远县西南黄河东岸）、西安州（治今宁夏海原县）、定边军（治今甘肃环县东北）等沿边地赐予西夏。金疆域的划定，确定秦陇大部分地区为金的领地，只有陇南一小块地区为南宋辖地，河西走廊属西夏。

二、金朝统治时期的秦陇行政建制

金熙宗之前，金没有统一的行政建制。熙宗时，金按照辽、宋旧制改革，确定全国区域划分，金才有了全国性统一制度。收复河南、陕西地区之后，金熙宗设京、路、府、州、军、县。诸京设留守司，留守带本府尹兼本路兵马都总管。路设兵马都总管统领军兵，路治所在有些地方称为总管府，由兵马总管兼任总管府的称尹；不兼总管府的只称府，长官为府尹。各地州、军设节度使、防御使、刺史，领军兵兼管。县一级不专设军兵，县令只管民政。州县以下基层组织为村社。京、路、府、州、军的军事、行政统由各京、路官员管理，这是在采用汉制的同时，还保持女真军政一体的旧俗，是金行政建制的特点。秦陇地区主要归金朝的庆原、临洮两路管辖。

（一）庆原路

旧称为陕西西路，也就是宋环庆路、泾原路，该路辖府1，领节镇2，刺郡3，县18，镇23，城2，堡4，寨22，边将营8。庆原路北接西夏，西及南与临洮路，东与鄜延路相接，除了邠州（治今陕西彬县）以外，其余大部州县都在今甘肃境内，主要包括庆阳府、环州、宁州、邠州、原州、泾州、边将营等。

庆阳府 治今甘肃庆阳市西峰区，宋安化郡庆阳军节度，本庆州军事，金初改安国军，后置安定军节度使兼总管，皇统二年（1142）置总管府。辖3县（安化县、彭原县、合水县），共7镇、2城、3寨、1堡。其中安化县（治今甘肃庆阳），彭原县（今甘肃庆阳董志北）辖2镇——董志、赤城，合水县（治今甘肃合水县）辖5镇——金樻、怀安、业乐、五交、景山，2城——白豹、大顺，3寨——安疆、华池、柔远，1堡——荔原。

环州 治今甘肃环县，原宋永兴军路辖区，后为环庆路属州，金初因之。金大定年间（1161—1189）升为刺郡，辖1县——通远（治今甘肃环县），有3镇——合道、马岭、木波，6寨——定边、平远、永和、洪德、乌伦、安边，旧有3堡——惠丁、射香、流井，废后，有3堡——木瓜、归德、兴平。

宁州 治今甘肃宁县，原宋永兴军路辖区，后为环庆路属州，由彭原郡兴宁军节度，金朝初期袭用。皇统二年（1142）降为军，依旧加“西”字，天德二年（1150）去掉“西”字为刺郡。辖4县、5镇。安定县（治今甘肃宁县），本名定安，大定七年（1167）改为安定，辖交城镇。定平县（治今甘肃宁县东南），辖枣社、大昌2镇。真宁县（治今甘肃正宁县西南），辖要关、山河2镇。襄乐县（治今甘肃合水县南）。

邠州 治今陕西彬县，宋新平郡静难军节度，金朝初期袭用。领5县——新平（今陕西彬县）、淳化（今陕西淳化）、宜禄（今陕西长武）、永寿（今陕西永寿北）、三水（今陕西旬邑北）。宜禄县辖亭口镇，永寿县辖永寿镇、常宁寨，旧有邵寨镇，后割属泾川（治今甘肃泾川县），三水县辖清泉镇。

原州 治今甘肃镇原县，原宋泾原路属州，系宋平凉郡军事，大定二十七年（1187）为泾州支郡，后复军事。辖2县——临泾（今甘肃镇原县）、彭阳（今甘肃庆阳董志东），彭阳县辖3镇——萧镇、柳泉、新城，5寨——绥宁、平安、靖安、开边、西壕。

泾州 治今甘肃泾川县，原宋彰武军节度，旧治在泾川，元光二年（1223）移治长武（今陕西长武县），辖4县——泾川（今甘肃泾川县）、长武、良原（今甘肃泾川西南）、灵台（治今甘肃灵台县），泾川县辖官地寨，灵台县辖2镇——百里、邵寨。

边将营　《金史·地理下》记载第二将营在荔原堡西，白豹城南75里，次西第四将营，次西第三将营，次西第八将营，次西第七将营，次西第九将营，次西第六将营，次西第五将营。

（二）临洮路

原宋熙河路、秦凤路　皇统二年（1142），改熙州为临洮府，置熙秦路总管府。大定二十七年（1187）改临洮路。有府1，领节镇1，防御1，刺郡4，县13，镇6，堡12，寨9，关2。临洮路北与西夏、西与河湟吐蕃、南与南宋相接，东与庆原路及京兆府路一部分相接，除积石州部分地区在今青海省外，大部在今甘肃境内。

临洮府　治今甘肃临洮县，宋旧熙州临洮郡，镇洮军节度，后改为德顺军。皇统二年（1142）置总管府。辖3县——狄道县、当川县、康乐县，其中狄道县（今临洮县）辖镇平镇、景骨城，当川县（今甘肃康乐县北）辖通谷堡，康乐县（今甘肃康乐县）辖渭源（今甘肃渭源县）、临洮、南川3堡。

积石州　治今青海循化县，本宋积石军（治今青海贵德县）溪哥城，大定二十二年（1182）升为州。辖1县——怀羌县（今甘肃临夏市南），怀羌县辖3城——循化、大通、来羌，3堡——通津、临滩、来同。

洮州　治今甘肃临潭县，宋熙河路属州。元符二年（1099）收复，后弃之不守。大观二年（1108）再收复，改临洮城为洮州。金时，与南宋边界相邻，辖通祐堡、铁城堡。

兰州　治今甘肃兰州市，宋熙河兰会路属州，宋金城郡军事。辖3县——定远（今甘肃榆中县定远）、龛谷（今甘肃榆中县小康营）、阿干（今兰州阿干镇）。定远县兼第十将。龛谷县即宋龛谷寨。阿甘县即宋阿甘寨，辖2城——宁远、安羌，3堡——东关、质孤、西关，质孤、西关二堡临西夏边境，质孤堡兼第八将，辖3镇——原川、猪觜、纳米，辖京玉关。

巩州　治今甘肃陇西县，本宋通远军，皇统二年（1142）为通远军节度。辖5县——陇西（今陇西）、通渭（今通渭）、定西（今定西南）、通西（今陇西北）、安西（今定西市安定区）。贞祐四年（1216）定西县升为州，以通西、安西县隶属，辖盐川镇，原有赤觜镇，后废。安西县辖4寨——熟羊、来远、永宁、南川，来远寨原来是镇，南川寨旧有平西、宁远2寨和南三岔堡。

会州 治今甘肃靖远县东北，宋熙河路属州，旧名汝遮，辖1县——保川县（今靖远县南），2寨——平西、通安，会安关旧为会宁关。

河州 治今甘肃临夏市东北，宋熙河路属州，安乡郡，皇统二年（1142）升为防御，贞祐四年（1216）升为节镇，为平西军。辖2县——枹罕县（今甘肃临夏市东北），金初废，贞元二年（1154）复置；宁河县（今甘肃和政县），辖积庆镇、安乡关城及3寨——南川、通会关、定羌城。

三、金朝统治时期秦陇地区的经济社会

金朝统治时期，加强对秦陇地区的经营，促进了秦陇地区的经济恢复和社会发展。

（一）赈灾免税与民休息

天眷三年（1140），陕西大旱，饿死的人有十之七八，金熙宗下令招抚陕西五路。当时任京兆、鄜延、环庆三路经济使的傅慎微，募集粮食二十余万石赈灾，使众多灾民得以生存。皇统二年（1142）二月，熙河路饥荒，金赈熙河路。皇统四年（1144），因陕西等地发生饥荒，致使百姓四处流落，甚至典雇为驱口，金熙宗于皇统四年（1144）下诏募集钱粮赈灾。金政府的赈灾免税，使属于陕西五路的甘肃获益不浅。金初期，“关、陕以西，初去兵革，百姓多失业”，徒单合喜在平凉、临洮任职期间，采取休养生息的政策，吸引许多老百姓回到故乡。大定（1161—1189）年初，庞迪任临洮尹，由于“省事惜费，安静为政”而深得人心。明昌六年（1195）二月，金下诏罢括陕西之地，百姓们就不会失去土地，能够在自己有限的土地上从事生产劳动。

（二）兴修水利发展生产

金在占领西北地区后着力招集流亡，恢复经济，发展生产。正隆年间（1156—1160），南下攻宋战争结束后，金世宗让士兵解甲归田。大定二年（1162）正月，诏令“河北、山东、陕西等路征南步军并放还家”，三月，又下诏“河南、陕西、山东，昨因捕贼，良民被掳为贼者，釐正之”。大定三年（1163）十二月，诏“流民未复业，增限招诱”。泰和四年（1204），诏令“陕西、河南饥民所鬻男女，官为赎之”。从事农业生产的劳动力大大增加。正大六年（1229），完颜仲德在巩州地区招集流亡几万人，从事生产。天眷元年（1138），关陇地区发生严重自然灾害，流民增多，当时的临洮尹兼熙秦路兵马都总管庞迪“开渠溉田，流民利其食，居民藉其力，各得其所”。鲁庸当丁平（今甘肃宁县东南）县令时，曾治理原有旧渠堰，引泾水溉田，老百姓也因此受益。

（三）设置榷场促进贸易

金朝时期，秦陇地区西与夏国相接，南与陇南地区为邻，商业贸易主要是在沿边地区设置榷场进行，还与陇南地区的吐蕃部族进行市马交易。秦陇境内榷场与宋夏有着密切关系。宋界各榷场因战争而停止运营，后来得以恢复。皇统二年（1142），金许宋人的请求，在金宋边界设置榷场。由于金主完颜亮南下攻宋，正隆四年（1159）正月，关闭凤翔、唐、邓、颍、蔡、巩、洮、胶西各榷场，甘肃境内巩、洮二州榷场也被关闭，只在泗州（治今安徽泗县）设置榷场。大定四年（1164），复置泗、寿、蔡、唐、邓、颍、密、凤翔、秦、巩、洮诸场，禁“秦州场不得卖米面及羊豕之腊、并可作军器之外界”。大定十七年（1177）二月，罢西部沿边兰州、保安、绥德三场，在环州置一场。秦州西子城榷场的贸易数额相当大，大定年间（1161—1189）岁获三万六千六百五十六贯，承安元年（1196年）岁获一十二万二千零九十九贯。承安二年（1197），兰州榷场重新恢复。泰和八年（1208），唐、邓、寿、泗、息州及秦、凤之地恢复榷场。盛产良马的秦陇地区是北宋的招马、市马之地，南宋吴玠、吴璘扼守四川时在军中“自置互市于宕昌，以来羌马”。南宋政府曾派官员赵彦博到宕昌买马准备发展骑兵，陇南地区也是一个重要的市马之处，金朝也把陇南地区视为招马、市马之地，贞祐元年（1213），遣官市木波、西羌马。

（四）增强防御巩固边防

甘肃成为金朝在边境屯兵驻守的重要屯兵之地。当时全国有38个屯兵之州，巩、熙、秦、河、洮、兰、会、环、庆、积石州都在甘肃境内，置于要州者有临洮，与西夏、南宋相邻的甘肃，自然成为金朝加强边防的重要屯兵之地。此外，金朝还在甘肃境内要冲之地筑城防御。大定十年（1170）四月，在德顺州（治今甘肃静宁县）兴建营房，安置屯军。金政府选任“有才谋、有宿望、善将兵”的女鲁欢屯兵西陲要地平凉以加强防御。

（五）金朝统治时期秦陇地区的屯田

金朝在西北地区的屯田主要在天会十五年（1137）至天兴三年（1234）

间进行。天会十二年（1134），金军在仙人关（今甘肃徽县南）惨败，之后金将萨里罕留屯凤翔（今陕西凤翔县），准备等战机成熟再战，于是给甲士们授田，想要把他们长久地留在当地。这是金在西北屯田的最早记载。金朝在西北地区屯田，设置屯田军，加强对西北地区的统治，巩固边防。驻屯在甘肃的军队有许多是河北、陕西的失业之人，屯田可以解决驻军的兵饷、粮运问题。西北地区有猛安谋克户屯田，由庆原、临洮二路管辖的秦陇地区也是金朝屯田分布地区，主要有镇戎州（今宁夏固原市）、巩州（治今甘肃陇西县）、泾州（治今甘肃泾川县北）、原州（治今甘肃镇原县）和金夏宋沿边地区。金的镇戎州辖区包括今宁夏和甘肃的一部分，镇戎州的赤沟川一带东西四十里土壤肥沃，没有险阻，是理想的屯田地区。泾州、原州的屯田，在刘豫伪齐时期就已经存在，此处的弓箭手屯田沿袭宋代的泾原路屯田。此外，金夏宋沿边地区如临洮府、德顺州、秦州、巩州等地也分布有屯田区，平时生产，战时出征。

第六节　蒙元时期

蒙元时期指蒙古汗国和元朝统治时期。开禧二年（1206）春，铁木真在蒙古草原各部落共同拥戴下，召集蒙古各贵族及诸那颜（官员）在斡难河源（今黑龙江上）举行大会，即位蒙古大汗，号“成吉思汗”，建立蒙古汗国政权。成吉思汗及其继任者经三次大规模西征，先后灭西辽、战花剌子模等中亚、西亚政权。宝庆三年（1227），蒙古汗国灭西夏，端平元年（1234）灭金。至开庆元年（1259），蒙古汗国已控制包括蒙古高原、中国西北、东北、华北和中亚、西亚以及东欧在内的广大地域。至元八年（1271）十一月十五日，忽必烈发布建国号诏，建国号“大元”，定都燕京（今北京市），改名大都。元灭西夏、金国、南宋，统一全国，打破了长期以来各政权在甘肃境内各自称雄割据的局面。至元十八年（1281），甘肃等处行中书省的设置，是甘肃作为省一级行政建制之始。淳祐七年（1247），蒙古贵族阔端与西藏地方领袖萨班举行的凉州会谈，标志着西藏正式纳入中央政权的管辖。元朝庞大的地理空间促进了中国历史上的民族大融合。

一、蒙古对河陇地区的统一战争

蒙古汗国建立后，在西征的同时，进行了统一全国的战争，首要目标便是西夏。天庆十二年（1205），蒙古建国的前一年，曾发兵攻略过西夏。蒙古建国后，矛头指向西夏和金国，采取先弱后强的战略，先发兵伐西夏。应天二年（1207），蒙古军又大举攻夏，破兀剌海城（今内蒙古阿拉善右旗西南）而还。应天四年（1209），蒙古第三次攻夏，兵围西夏都城中兴府（今宁夏银川）。夏襄宗求救于金，金坐视不救，遂献女向蒙古求和，并附蒙攻金。夏与金交战多年，两败俱伤，双方议和。乾定二年（1225），蒙古又发兵攻夏，并攻占银州（今陕西米脂西）。

（一）攻克黑水城

河西走廊北部居延地区的黑水城位于内蒙古额济纳旗，在张掖以北约300千米处，本是历史上重要的军事重镇。五代宋初河西道路受阻，位于河西走廊以北的沙漠路、以南的青海路都重新兴盛起来，黑水城的重要地位再次凸现。李元昊于广运二年（1035）在居延置黑水镇燕监军司，以黑水城为治所，属西夏十二监军司之一，不仅是西夏防卫吐蕃、回鹘的北方军事重镇，而且是河西走廊通向漠北的交通枢纽。元朝沿袭西夏黑水镇燕监军司的名称，设亦集乃路。成吉思汗六次征西夏，多从西夏北部边境地区的沙州、黑水城、兀剌海进攻。宝庆元年（1225）秋，蒙古第六次征讨西夏，成吉思汗率大军从秃剌河黑林行宫出发，宝庆二年（1226）正月，到达西夏黑水城附近，近一个月后攻克黑水城。随后，成吉思汗率军赴贺兰山与阿沙敢卜交战，在贺兰山上围困、擒获阿沙敢卜。成吉思汗率军转西，四月时在垂浑山（察速秃山，在今甘肃酒泉北）避暑，准备增援西路军。

（二）攻克肃州

宝庆二年（1226）五月，蒙古大将阿答赤率领的蒙古西路军围肃州（治今甘肃酒泉市肃州区），肃州守将昔里都水（举立沙）是蒙古千户昔里钤部之兄。昔里都水与蒙古讲和，与成吉思汗的养子察罕建立深厚友谊，有了秘密归附蒙古的心思。因此，当蒙古军围攻肃州时，昔里都水射书城外，准备与蒙古约定以肃州城附蒙古。不料他的行为被同城的其他将领发现，昔里都水及其全家被杀。肃州城被蒙古攻下后，成吉思汗下旨屠城，以泄肃州城久攻不下的怒意。成吉思汗准了昔里钤部为自己亲族家人求情免死的请求，昔里都水的亲戚、奴婢等有106户免于被处死。

（三）攻克甘州

宝庆二年（1226）六月，蒙古乘胜进攻甘州（治今甘肃张掖市甘州区），当时甘州的守将曲也怯律是成吉思汗的养子察罕的父亲。察罕随成吉思汗攻西夏，成功破肃州后继续攻甘州，驻军甘州城外。当时察罕的亲生父亲曲也怯律守甘州城，察罕射书招降，要求见自己的弟弟。察罕的弟弟13岁，察罕命对方叫自己的弟弟登城于高处相见，还派遣使臣规劝甘州守将早降。曲也怯律的副使阿绰等36人合谋杀了曲也怯律父子，还杀了蒙古使臣，合力抵御，坚守甘州城。蒙古军攻破甘州城后，成吉思汗准备坑杀所有甘州城民，甘州城几乎将重蹈肃州被屠城的覆辙。察罕进言百姓无辜，主张治36人的罪，成吉思汗下令斩了36人，甘州城免去被屠城的厄运。

（四）攻克凉州

宝庆二年（1226）七月，蒙古军进攻西夏重镇西凉府。当时河西走廊大部分地区已经被蒙古大军攻占，只剩下西凉府这座西夏河西走廊重镇。西夏守臣斡札篑奋力抵抗，但终究力弱不敌，为了避免城破之后被屠城的厄运，斡札篑只好率领部下投降，搠罗、河罗等县也弃城归附蒙古。

（五）攻克沙州

嘉定十七年（1224）五月，成吉思汗率军从西域返回时，制定了灭夏计划，派遣大将阿赤塔赤率领西路军围攻沙州。为了防备银州（治今宁夏银川市）、夏州出兵增援，蒙古派遣大将孛罗、黑以等分兵攻银州。夏国主德旺派遣使臣到蒙古军队请降，许诺将送去质子为信，蒙古才停止围攻沙州。被围困半年也坚守半年之久的沙州军民，困乏至极，城中的牛羊马驼都快被作为食物吃光。宝庆三年（1227）三月，蒙古再次派兵攻打沙州，成吉思汗命令昔里钤部和忽都铁穆儿招谕沙州，当时的沙州州将假装投降，备好酒肉犒劳蒙古军队，但暗中设好埋伏准备偷袭。攻破伏击后，成吉思汗怒于沙州的久攻不破和设伏偷袭，准备屠城。由于昔里钤部的求情，沙州免于被屠城。河西走廊全部被蒙古占领。

（六）攻克河西走廊以东地区

宝庆二年（1226）七月，蒙古占领凉州之后，成吉思汗派速不台做先锋，攻下撒里畏吾、特勒（勤）、赤闵等部，还攻陷德顺军（治今甘肃静宁县）、镇戎军（治今宁夏固原市）、兰（治今甘肃兰州市）、会（治今甘肃靖远县东北）、洮（治今甘肃临潭县）、河（治今甘肃临夏西北）各州。宝庆三年（1227），成吉思汗留一部分军队继续攻打西夏都城中兴府（治今宁夏银川市），亲自率兵南下，以进一步断绝西夏退路。当“夏国春寒，马饥人瘦，兵不堪战”的时候，成吉思汗带兵渡过黄河进入金国境内，进攻积石州（治今青海贵德县西十里黄河南岸），破城后驻军积石州城中。二月攻占临洮府，三月破洮、河、西宁等州，四月攻破德顺等州。宝庆三年（1227年）七月，成吉思汗病故于六盘山南的清水县（今甘肃清水县），临死前遗言秘不发丧。一月后西夏国主南平王投降被杀，西夏灭国。绍定二年（1229），遵成吉思汗遗命继任可汗的窝阔台亲率蒙古大军继续南下攻金。绍定四年（1231）九月，蒙古兵分三路进攻，其中拖雷军攻破宝鸡、大散关，进入南宋境内，先屠洋州（治今陕西洋县），再攻兴元（治今陕西汉中市）。攻破饶风关（今陕西石泉县西北饶风岭上）之后，一路攻取，直指汴京。灭金后，蒙古继续攻伐秦、巩一带的金朝势力。端平二年（1235）春，窝阔台派遣诸王拔都及皇子贵由、皇侄蒙哥征西域，皇子阔端征秦、巩。阔端率兵到达巩昌（治今甘肃陇西县）城下，金朝镇远军节度使、巩昌便宜总帅汪世显率众降附，秦、巩二十多个州先后归附蒙古。蒙古几乎消灭了金朝在西北的全部残余势力，占领甘肃地区。

二、凉州会谈

淳祐六年（1246）八月，西藏佛教萨迦派首领萨迦班智达·贡噶坚赞（简称萨班）应蒙古皇子阔端之召，和侄子八思巴、恰那多吉来到凉州（治今甘肃武威市凉州区）会谈，确定了蒙藏关系，为元朝管理西藏事务奠定了基础。

成吉思汗之子窝阔台汗在位时期（1229—1241），蒙古同西藏发生正式联系。第一个和西藏发生政治联系的是皇子阔端。利用萨班的声望和地位劝说、号召西藏各教派归顺蒙古，迅速解决西藏问题是阔端的主要目的。淳祐四年（1244）八月，阔端决定向萨班发出邀请诏书，请高僧萨班来凉州会谈。阔端派多达那波为金字使者，和一个名叫杰曼的将领率兵，带着诏书和礼物去西藏。萨迦派是西藏佛教一个实力雄厚的教派，创始人是贡却杰布（1034—1102），最早崛起于今西藏日喀则的萨迦县附近。蒙古皇室和西藏萨迦派领袖出于各自的政治、宗教目的而接触，促进了凉州会谈的发生。淳祐六年（1246），接受阔端邀请的萨班，带领侄子八思巴、恰那多吉前往凉州。淳祐七年（1247），阔端从和林出发到凉州，和萨班举行了意义重大的凉州会谈，共同达成西藏归附蒙古的协议。在阔端的授权下，萨班开始代表西藏事务；在蒙古的支持下，萨迦派取得对全藏的领导权。蒙古方面最大限度地保留了西藏各界的既有利益。萨班奉命撰写《萨迦班智达致蕃人书》，晓谕西藏僧俗各首领归顺蒙古，受到积极响应。凉州会谈之后，阔端与西藏宗教领袖正式建立政治关系，西藏在形式上归顺蒙古。阔端招抚、经略吐蕃，为蒙古进一步统治西藏奠定基础，凉州会谈正式建立了蒙藏政治关系。

凉州会谈是元朝统一之前，蒙古皇室和西藏地方宗教领袖的一次接触，也是蒙藏两族在历史上第一次建立政治关系，是西藏各派向外部寻求支持的结果，对蒙藏关系的建立、发展有很大促进作用。其一，促成了中央政府对西藏的正式管辖，首次解决了西藏的归属问题。凉州会谈标志着吐蕃正式归附蒙古汗国，成功结束西藏社会持续四百年的政治分裂状态，西藏归属蒙古皇室管辖，迈出西藏统一于中国的第一步。凉州会谈的成功，使西藏避免了战乱，西藏的社会、经济、文化得以持续发展。忽必烈接管阔端领地，建立元朝，统一中国之后，西藏归属元朝中央政府的管辖之下，正式纳入中国版图，成为中国领土不可分割的重要组成部分。其二，奠定了中央政府管理西藏的基本模式，促进了西藏政教合一制度的发展。元朝政府管辖西藏，其中一个重要原因就是宗教关系处理得当，使之起到了政治纽带作用。萨迦派在西藏的领袖地位在凉州会谈之后被蒙古认可。萨迦派作为蒙古的“达鲁花赤”，被授权全权管理卫藏、阿里。西藏开始由政教合一的萨迦地方政权统治，西藏由此从分裂开始走向统一。后八思巴成为元朝帝师，恰那多吉作为忽必烈任命的“蕃地三区的总法官”——西藏首席行政官员返回西藏，“标志着萨迦的世俗行政权力系统在西藏正式确立”。其三，促进了藏传佛教在全国的传播、发展。萨班的凉州之行用佛教文化征服了蒙古贵族。凉州会谈后，萨班留在了凉州，继续讲授佛经，弘扬佛教，使阔端及其蒙古统治者皈依佛教，虔诚礼佛。凭借蒙古势力的支持，萨班成功扩大了藏传佛教的影响，使藏传佛教的传播进入新阶段。其四，巩固发展了统一的多民族国家。在统一的强有力的元朝政府管辖下，各少数民族居住的边疆地区同中央和内地的联系进一步加强，各民族间的往来更加频繁、密切。

三、元代的甘肃行政建制

（一）甘肃行省的设置及其建制

忽必烈即位后，为了更方便有效地管理各地事务，最初设置十路宣抚司作为地方一级的最高行政机构，以中书省官行某处省事系衔，代表中书省到各地处理政务，行使中书省的职权。这时设置了不少行省，仍属临时性的中央派出机构。后来改为某处行中书省平章或右丞、左丞、参知政事等。行省从中书省派出机构，逐渐成为地方最高行政机构。“掌国庶务，统郡县，镇边鄙，与都省为表里”是元代行省的主要职责，“凡钱粮、兵甲、屯种、漕运，军国重事，无不领之”。至元二十八年（1291），元代的行省建制基本定型；皇庆元年（1312），改和林行省为岭北行省，元代十一行省的建制格局建立并延续下来。在行省制下，元代还依次设置路、府、州、县四级行政组织，分别管理辖区内各种政务。随着蒙古族的崛起并逐步统一全国，甘肃地区各个政权分立、共存的局面终结。甘肃地区被元朝中央政府纳入统一管辖范围。甘肃行省管辖原本属于西夏的河西地区，陕西行省管辖原本属于金朝辖区的河西以东地区，宣政院所属的吐蕃等处宣慰司都元帅府管辖甘肃南部少数民族地区。今天的甘肃在元代分属甘肃、陕西两个行省和宣政院所属的吐蕃等处宣慰司都元帅府管辖。中统二年（1261），甘肃行省设置，刚开始称西夏中兴行省，省治设在中兴府（今宁夏银川市）。至元十年（1273）撤罢，至元十八年（1281）重新设置，至元二十二年（1285）又撤罢，改置宣慰司。至元二十三年（1286），徙西夏中兴省于甘州（治今甘肃张掖市甘州区），改称甘肃行省。至元三十一年（1294），分省按治宁夏，之后不久又并归甘肃行省管辖。元代甘肃行省全称“甘肃等处行中书省”，全部占有原西夏的属地，相当于今甘肃省的河西地区、宁夏回族自治区的全部和内蒙古自治区的一部分。与今天甘肃省的行政区划相比，元代的甘肃行省范围差别很大。虽然“甘肃省”这个名称起源于13、14世纪元代的“甘肃等处行中书省”，具体辖区却有很大的变化。元朝在甘肃设置的地方行政机构主要有路、直隶州、属州共14处。甘肃等处行中书省的管辖范围，在今甘肃境内主要有甘州（治今甘肃张掖市甘州区）、肃州（治今甘肃酒泉市肃州区）、沙州（治今甘肃敦煌市）、永昌府（治今甘肃永昌县）四路，山丹直隶州，西凉州、瓜州两个属州。在甘肃行省所辖的河西地区还设置脱脱禾孙马站六处，专职稽查出入河西的乘驿人员。

（二）甘肃行省所辖的路

甘州路　唐代称甘州，又称张掖郡，北宋初被西夏占领，西夏在甘州设镇夷郡，后又立宣化府。蒙古得甘州后保留原名。至元元年（1264），置甘肃路总管府。至元八年（1271），改为甘州路总管府。至元十八年（1281），立甘肃等处行中书省于甘州以控制河西各郡。甘州成为甘肃行省的政治中心。

肃州路 唐代称肃州，也称酒泉郡，宋初被西夏占据。成吉思汗西征时，于蒙古太祖二十一年（1226）攻占肃州。元世祖至元七年（1270），设肃州路总管府。

沙州路 唐代是沙州，也称敦煌郡，宋初还是沙州，景祐（1034—1037）初，西夏攻陷瓜州、沙州、肃州，得到河西走廊全境。蒙古太祖二十二年（1227），蒙古灭西夏，攻占沙州。至元十四年（1277），立为沙州。至元十七年（1280），元朝政府把沙州升为路的建制——沙州路总管府，将瓜州归沙州辖属。

永昌路 唐代称凉州，宋初改名西凉府。景德（1004—1007）中被党项占据，蒙古占据河西后的西凉府成为河西走廊地区重要的政治和文化中心。窝阔台汗即位后，西凉府成为太子阔端的封地。阔端以西凉王身份代表蒙古王室，与吐蕃萨迦派领袖萨迦班智达·贡噶坚赞在凉州会谈，实现了蒙古对西藏地区的政治统一。永昌路地处河西走廊东段要冲，南临宣政院辖地和西宁州，主要职责为镇守河西、与宣政院临接地区。

亦集乃路 在甘州以北1500里处，东北有大泽，西北与沙漠连接，治亦集乃路城。这里是西海郡居延故城，西夏立国后曾在此设黑水镇燕军司，以抵御蒙古南下进攻。蒙古太祖二十一年（1226）被蒙古占领。至元二十三年（1286），元朝立亦集乃路总管府。

宁夏府路 治今宁夏银川市，唐代属灵州，宋初废为镇，领蕃部，西夏立国后，成为西夏王都所在地，刚开始称兴庆府，后来改为中兴府。西夏灭亡后，蒙古占有该地，中统二年（1261）置西夏中兴行省。至元八年（1271），立西夏中兴等处行尚书省。至元二十三年（1286），徙西夏中兴行省于甘州，改称甘肃行省。直到元朝灭亡，宁夏府一直保留路一级的行政建制。

兀剌海路 在原来西夏疆域的东北部，有兀剌海城（斡罗孩城）。西夏曾在兀剌海设立黑山威福军司，这里也是蒙古经西夏北部边境进攻西夏的重要突破口，双方在此展开过激烈争夺。元朝建立后在此设路的建制，突出了其军事防御性。

（三）甘肃行省的直隶州和属州

甘肃行省的直隶州主要有山丹州（治今甘肃山丹县）和西宁州（治今青海西宁市），其中山丹州在现今的甘肃境内。

山丹州　唐代的删丹县，隶属甘州。宋初被西夏占据，是西夏军事重镇，曾在此设甘州军司。蒙古占据山丹之后，此地成为察合台的孙子不里的儿子威远王阿只吉长期驻守的地区。蒙古国时期在此设置驿站，连接由内地到西域的驿路，以便于沟通察合台汗国和中原内地的交通往来与联系。至元二十二年（1285），被升为山丹州，直隶甘肃行省管辖。

西宁州　唐代在当地设鄯州，上元年间（761—762）陷入吐蕃时称为青唐城，北宋时改为西宁州。成吉思汗灭西夏时蒙古军曾占领西宁州。元初属于章吉驸马的封地。至元二十三年（1286）设立西宁等处拘榷课所，隶甘肃行省直辖。该地区现今属于青海省。

甘肃行省主要有五个属州——西凉州（治今甘肃武威市凉州区）、灵州（治今宁夏市吴忠市北）、瓜州（治今甘肃瓜州县）、鸣沙州（治今宁夏中宁县东北鸣沙镇）、应理州（治今宁夏中卫市）。其中，只有西凉州、瓜州在现今的甘肃境内。西凉州历代数次更名，元初改西凉府为西凉州。瓜州，在唐代时为晋昌郡，后仍称瓜州，宋初陷于西夏。西夏亡国后废州，至元十四年（1277）重立瓜州。至元二十八年（1291）元朝政府保留瓜州之名，把瓜州居民迁到了肃州。

（四）陕西行省统管的甘肃辖区

元朝的陕西行省包括“路四、府五、州二十七，属县八十八”，包括东起黄河，西至兰州，北至今内蒙古杭锦旗，南接大巴山，即今陕西全部和甘肃、宁夏、内蒙古部分地区。而现今甘肃省所辖的东部、中部及西南部地区，元代时分别属于陕西行省和宣政院所属的河州路和脱思麻路管辖，即陕西行省直隶泾州、开成州、庄浪州与巩昌等处总帅府、吐蕃等处宣慰司的辖区。陕西行省直隶州辖区主要包括泾州、开成州和庄浪州。其中，泾州（治今甘肃泾川县北），唐代改为安定郡，后仍为泾州。宋改为彰化军，领四县——保定、长武、灵台、良原。金改保定县为泾川。元初以泾川隶都元帅府，立总司辖邠州，后属巩昌都总帅府，或隶平凉府、陕西行省，所隶不一，最后直隶陕西行省。领二县——泾川、灵台。开成州（治今宁夏固原市南），唐为原州，宋时为镇戎军，金为镇戎州，元初期仍然是原州。至元十年（1273），皇子安西王分治秦、蜀，立开成府。至治三年（1323），降为州，领开成县和广安州。庄浪州（治今甘肃庄浪县西北），元成宗大德八年（1304）降路为州，没有属县。

（五）巩昌等处总帅府的甘肃辖区

巩昌府 治今甘肃陇西县，唐初置渭州，后称陇西郡，不久陷入吐蕃，宋复得其地之后置巩州。金为巩昌府。元初改巩昌路都总帅府，统5府——巩昌、平凉、临洮、庆阳、隆庆，另统27州——秦、陇、会、环、金、德顺、徽、金洋、安西、河、洮、岷、利、巴、沔、龙、大安、褒、泾、邠、宁、定西、镇原、阶、成、西和、兰州，于成州行金洋州事。至元五年（1268），把安西州割给脱思麻路总管府管辖。至元六年（1269），以河州属吐蕃宣慰司都元帅府。至元七年（1270），把洮州并入安西州。至元八年（1271），把岷州割给脱思麻路管辖。至元十三年（1276），立巩昌路总管府。至元十四年（1277），复行便宜都元帅府事，割隆庆府以及利、巴、大安、褒、沔、龙等州隶属广元路。至元二十一年（1284），以泾、邠两州隶属陕西汉中道宣慰司，巩昌等处总帅府统辖4府——巩昌、平凉、临洮、庆阳和15州——秦、陇、宁、安西、镇原、阶、成、西和、兰、会、环、金、德顺、徽、金洋，领1录事司和5县——陇西县（治今甘肃陇西县）、宁远县（治今甘肃武山县）、伏羌县（今甘谷县，原伏羌寨，至元十三年升为县）、通渭县（治今甘肃通渭县）、彰县（治今甘肃漳县，宋为盐川寨，金为盐川镇，至元十七年置县）。

平凉府 治今平凉市崆峒区，唐时为监，隶属原州。宋为泾原路，升平凉军，金立平凉府。元初把潘原县并入平凉，把化平县并入华亭，隶属巩昌帅府。领3县——平凉（治今甘肃平凉市）、崇信（治今甘肃崇信县）、华亭（治今甘肃华亭县）。

临洮府 治今甘肃临洮县，唐为临洮军。宋为镇洮军，又为熙州，金为临洮府。至元初，属巩昌路便宜都总帅府管辖。至元十三年（1276），改为巩昌路总管府，至元十四年（1277），复行便宜都总帅府事，仍归治下。至元十三年（1276）十二月，升临洮渭源堡为县，领2县——狄道（治今甘肃临洮）、渭源（治今甘肃渭源县）。

庆阳府 治今甘肃庆阳市西峰区，唐为庆州，宋为环庆路，后改庆阳军且升为府，金为庆原路。元初改为庆阳散府，至元七年（1270），并入2县——安化、彭原。领1县——合水（治今甘肃合水县）。

秦州　治今甘肃天水市秦州区，唐初为秦州，宋为天水郡，金为秦州，旧领6县。至元七年（1270），并鸡川、陇城入秦安，并冶坊入清水。领3县——成纪（今甘肃天水市）、清水（今甘肃清水县）、秦安（今甘肃秦安县）。

陇州　治今陕西陇县，唐改汧阳郡，复为陇州，宋、金置防御使。旧领4县，至元七年（1270），吴山、陇安入汧源，至元十三年（1276），罢防御使为散郡。领2县——汧源、汧阳。

宁州　治今甘肃宁县，唐改北地郡为宁州，宋、金因之。至元七年（1270），并襄乐、安定、定平入宁州。领1县——真宁（今甘肃正宁县西南）。

定西州　治今甘肃定西市安定区，本唐渭州西市，五代沦于吐蕃，宋置定西城，金改定西县，复升为州，仍置安西县和2寨——倚郭、通西，并成为属县。至元三年（1266），并3县——安西、倚郭、通西入定西州。

镇原州　治今甘肃镇原县，唐原州，又为平凉郡，宋、金因之。元改镇原州，以镇戎州的2县——东山、三川来属。至元七年（1270），并州县，遂以4县（临泾、彭阳、东山、三川）入镇原州。

西和州　治今甘肃西和县，唐岷州，又改和政郡，后仍改为岷州，宋改为西和。旧领3县，大潭、祐川军兴久废，只有长道县于至元七年（1270）并入西和州。

环州　治今甘肃环县，唐改威州，宋复为环州，之后和庆州定为环庆路，金隶庆阳府，元初为散郡。旧领通远县，至元七年（1270）并入环州。

金州　本为兰州龛谷寨，金升寨为县，以龛谷为金州治所，至元七年（1270）并县入州。

静宁州　治今甘肃静宁县，宋庆历中以渭州陇干城置德顺军，复置陇干县，金升为州。元初并治平寨、水洛城入陇干，后复省陇干，改为静宁州。领宁夏隆德县。

兰州　治今甘肃兰州，唐初置，改为金城郡，后仍为兰州，宋、金因之，元初领阿干县和司候司，至元七年（1270）并司县入兰州。

会州　治今甘肃会宁县，唐初改西会州，又为粟州、会宁郡，又为会州。宋置敷川县，金置保川县，元初弃新会州（治今甘肃靖远县西南），迁于所隶西宁县（今甘肃会宁县东）。至元七年（1270）并县入州。

徽州 治今甘肃徽县，元兵入蜀，凤州（治今陕西凤县）二县先降，以凤州仍治梁泉，别置南凤州治于河池，后升永宁乡为县，和两当（今甘肃两当县）同为属邑。至元元年（1264）改为徽州。至元七年（1270）并河池、永宁两县入州，领两当县。

阶州 治今甘肃陇南市阶州区，唐初置武州，又改为武都郡，后更名阶州。宋因之，旧领2县——福津、将利，至元七年（1270）并入该州。

成州 治今甘肃成县，唐初为成州，改同谷郡，又改回成州，宋因之。旧领2县——同谷、栗亭。元初岁壬寅（1302），以田世显挈成都府归附，令迁于栗亭，行栗亭管民司事，不隶成州，割天水县来属。至元七年（1270），并2县——同谷（今甘肃成县）、天水（今甘肃天水市西南天水乡）入州。

金洋州 治今成县，本隶属兴元路，大德二年（1298），有雷、李二将挈民户归附，令迁至成州，自行金洋州事。

（六）吐蕃等处宣慰司辖区

吐蕃等处宣慰司都元帅府属宣政院。作为元朝掌管全国佛教事务、统领吐蕃地区的中央机构，宣政院军民通摄，僧俗并用，在用人方面有很大自由。至元初，立总制院，以国师为首领。至元二十五年（1288），由于按照唐制，吐蕃来朝见都在宣政殿，因此，改总制院之名为宣政院，设有吐蕃等处宣慰司，吐蕃等路宣慰司，乌斯、藏、纳里速古鲁孙三路宣慰司。现今的青海省大部分地区，四川、甘肃、西藏等省（自治区）的部分地区都属于宣政院辖区。

脱思麻路军民万户府、河州等处军民总管府都属于吐蕃等处宣慰司都元帅府管辖，具体包括：现今的甘肃临夏回族自治州、甘南藏族自治州、武都地区西部，以及青海西宁以西、扎陵湖以东、青海湖以南、巴彦喀拉山以北地区，大约是现今的青海海北、黄南、海南、果洛等藏族自治州。甘肃辖区主要有河州路，领三县——定羌（定羌城寨，今甘肃广河县）、宁河（今甘肃和政县）、安乡（安乡关城，今甘肃临夏市北）。洮州（治今甘肃临潭县），领可当县。脱思麻路所属有岷州（治今甘肃岷县）、铁州（今甘肃岷县东）。

（七）宣政院所属的甘肃机构

甘肃在元朝是吐蕃的重要聚居地，在甘肃设置的宣政院所属的吐蕃等处宣慰司都元帅府的属下机构，主要包括：脱思麻路军民万户府，西夏中兴河州等处军民总管府，洮州十八族、积石州元帅府，礼店文州蒙古汉军西番军民元帅府，永昌等处宣慰使司都元帅府，吐蕃等处招讨使司。

脱思麻路军民万户府 作为吐蕃等处宣慰司都元帅府下辖的两路之一，脱思麻是较早的、主要的辖区。脱思麻路是脱思麻军民万户府的省称，其辖区东与陕西行省、四川行省西部为邻，西至贵德州等地，南至黄河河曲，北接河州路。

西夏中兴河州等处军民总管府 元初，河州归“巩昌路便宜都总帅府”统辖，至元六年（1269），罢行省而设宣慰司，直隶于中书省，以河州来属。至元八年（1271）立西夏中兴等路行尚书省，不久改行中书省。至元十年（1273）罢。元贞元年（1295），罢宁夏行省以其地入甘肃行省。河州路是该机构真正归吐蕃等处宣慰司管辖的常设机构，也是该宣慰司治所在地，一度与西夏中兴连为军民万户府，后分立为路。领3县——定羌（治今甘肃广河县）、宁河（治今甘肃和政县）、安乡（治今甘肃临夏县北莲花乡）。

洮州十八族、积石州元帅府 元初，洮州（今甘肃卓尼县东北）归巩昌府。至元五年（1268）入西安州（治今宁夏海原县西北西安乡）后，归属脱思麻路管辖，该州所设的元帅府延续到元末。至元元年（1264）七月，“以西番十八族部立安西州，行安抚司事”，归巩昌路便宜都总帅府管辖。至元五年（1268），割安西州属脱思麻路总管府。至元七年（1270），并洮州入安西州。元朝因袭置元帅府，隶吐蕃等处宣慰司都元帅府，在河州西北部。

礼店文州蒙古汉军西番军民元帅府 吐蕃等处宣慰司都元帅府辖下的“蒙古汉儿军民元帅府”就是该机构，说明蒙古较早控制该地区并开始置官施政。元代在礼店（治今甘肃礼县）驻扎探马赤军、蒙古汉军，设有蒙古汉军元帅府、蒙古军万户府等，在文州设置吐蕃万户府，之后合并为上级机构“礼店文州蒙古汉军西番军民元帅府”，下辖三个机构。

永昌等处宣慰使司都元帅府 元末建立永昌宣慰使司都元帅府。至正三年（1343）七月，定置永昌等处宣慰使司都元帅府予以管理，以保护当地蒙古人免受西番的侵害。十月在永昌增立巡防捕盗所。至正十三年（1353）四月，以甘肃行省平章政事锁南班为永昌宣慰使，总永昌兵马，仍给平章政事俸。至正十四年（1354），永昌宣慰使锁南班和宣政院使哈麻同为中书平章政事，进阶光禄大夫，完者贴木儿继任永昌宣慰使。至正十七年（1357），诏以“永昌宣慰司属詹事院”管辖。阔端去世后，永昌由阔端的儿子只必帖木儿镇守，渐渐衰败。元末战乱之际，永昌所处的南部吐蕃地方局势变化，其地位有所上升。

吐蕃等处招讨使司　“招讨司”所载“土番”就是该机构，在甘肃境内主要有六种附属机构。

（八）河西诸王及巩昌汪氏家族

元代实行宗王分封和出镇制度，宗室贵族得以分封，出镇各地为王。阔端系诸王、出伯系诸王较早分封到水草丰茂适宜放牧，既有优越的地理位置、生态环境，又有重要战略地位的河西走廊，势力强大。称雄陇右的巩昌汪氏家族也是甘肃历史上有重要影响的名门望族。元代，河西的阔端系、出伯系诸王和巩昌汪氏家族都是甘肃历史上的显赫家族，其活动、功绩对甘肃甚至陕西、四川的历史进程均产生较大的作用和影响。

阔端系诸王　阔端家族是窝阔台之后，分封较早，即后来的永昌王（后封荆王），在河西地区影响深远，势力最大。绍定二年（1229），窝阔台即汗位之后，把以西凉为中心的西夏故地分封给次子阔端，还把“唐古惕地区分给他作封地，并把他和军队一起派遣到了那里”。端平二年（1235），阔端率兵进攻四川，不久出镇凉州，形成自己的封地（兀鲁思）。阔端封地以凉州为中心，原西夏故地（唐古惕）、故金陇右和京兆等地都属于他的势力范围。世守巩昌的汪氏、临洮赵氏都纳质于位高势重的阔端帐中。阔端还派部下入西藏，迎请萨迦班智达到凉州会谈，把西藏纳入统治之下，与西藏建立起密切的关系。阔端担负经略四川、西藏的重任，使其封地获得更大的发展潜力。中统二年（1261），忽必烈在西夏故地设立中兴等路行中书省，开始把窝阔台以来阔端系诸王对西夏故地的部分统治权收归中央，采取一系列措施削藩，把阔端系的权力范围局限在河西领地一隅。阔端去世后，他的子孙世袭相承统治河西，直到脱脱木儿身后绝嗣。永昌等处宣慰使司都元帅府的设立，宣告阔端系诸王统治的终结。阔端家族前后统治河西一百多年（1229—1343），从此退出历史舞台。

出伯系诸王 出伯系诸王出自察合台汗国，是蒙古汗国时期活动在嘉峪关外的一个重要的游牧军事集团，河西地区肃州以西到瓜沙地区是出伯的封地。忽必烈与阿里不哥争夺汗位，引发蒙古汗国严重的政治分裂，术赤、察合台、旭烈兀等汗国纷纷走向独立。从察合台汗国中分裂出来后投靠忽必烈的出伯兄弟——合班、出伯（术伯、术白）在抗御海都、都哇的战争中脱颖而出，受到倚重。出伯以诸王身份出任河西方面军事统帅，节制甘肃行省诸军、镇戍诸王军马和军站仓库，位高权重。元朝廷重兵屯守和林（哈剌和林，今蒙古国鄂尔浑河上游东岸哈尔哈林），以西陲军事委于出伯，兼领瓜沙西北至合剌火者畏兀儿地征戍事，陇右诸王驸马、兀丹等处宣慰司都元帅、吐蕃乌思藏宣慰司、巩昌等处便宜总帅府并听节制。出伯长期镇守上述地区，其镇戍地逐渐向封地转化。瓜州、沙州一带成为出伯的封地，其领地内的部民要承担站役、军役等各种封建义务。元政府在出伯封地内设屯储总管万户府、征西都元帅府，驻军屯田，镇守要隘。出伯家族共拥有豳王、西宁王、威武西宁王、肃王四个王号。元末明初，肃州以西到哈密一带，已由出伯家族统一。

巩昌汪氏家族 金元之际，巩昌（治今甘肃陇西县）汪氏以武功起家，世居陇西盐川（今甘肃漳县盐井乡），称雄陇右。元代的汪氏家族依旧世袭该地区，既是陇右首屈一指的名门望族，又是元代统治集团中的一个较重要的家族。在金夏关系交恶的十多年间，汪世显等陇右地方势力被处于危难中的金朝依靠，势力逐渐雄厚，奠定了日后称雄的基础。正大四年（1227），攻灭西夏后的蒙古进入金朝境内。汪世显一方面与南宋联系，另一方面屡次遣使约会州（治今甘肃靖远县东北）郭虾蟆合力破秦州，准备乘乱割据陇右。汪世显劫杀秦州元帅粘葛完展，阻断金哀宗退路，加速金朝灭亡。端平二年（1235），蒙古军分两路进攻南宋，皇子阔端、都元帅绀卜等率领西路军进攻四川，年底，阔端兵临陇右。蒙古军许诺保全全城军民，汪世显率军民万家约十万人来降，使秦、巩二十多州被蒙古占有。归降后的汪世显依旧担任便宜都总帅，节度自己之前管理的二十四城，世官其地，专制一方。端平三年（1236），阔端率军入蜀，熟知山川道路、边备情况的汪世显率部充当前锋，为蒙古军做向导。汪世显在蒙古军入蜀作战的过程中受到蒙古统治者的赏识，汪氏家族的显赫地位也在入蜀作战过程中确立。嘉熙四年（1240）秋，窝阔台汗召见汪世显，列举其功，按照蒙古惯例赐金虎符，汪氏获得万户总管兼领军民的特权。宋淳祐三年（1243）正式擢汪世显为便宜都总帅。汪氏成为蒙古的汉代世侯，管辖今甘肃中东部。汪世显于淳祐三年（1243）病逝，他的二儿子汪德臣（1221—1259）承袭父亲的爵位，继续统领汪家军。宝祐五年（1257），蒙哥亲率大军攻蜀，汪德臣为先锋。蒙哥在利州高度评价汪德臣修治利州的战略意义，利州成为汪家军屯田的地方。开庆元年（1259），汪德臣病死。开庆元年（1259），蒙哥汗病死军中，蒙古统治集团围绕汗位继承问题出现分裂，阿里不哥和忽必烈为汗位展开争夺战争。双方在秦陇川蜀地区开始较量。忽必烈敕令以汪惟正为巩昌等处便宜都总帅，派遣其部将李庭玉、赵阿哥潘等还镇巩昌，以总帅汪良臣统陕西汉军于沿河守隘，与浑都海部相抗衡。在战胜阿里不哥西路军的过程中，汪氏家族起了重要作用。中统二年（1261），忽必烈把首功归于汪氏家族。由于拥戴有功，汪氏家族在忽必烈的汗位巩固之后更加受到器重，逐渐取得陕西、四川军政要职，地位、势力显赫。至元十九年（1282），忽必烈借汪良臣病故、汪惟正升任陕西四川行省左丞的机会，罢汪惟正总帅，收了他的制命虎符，以巩昌路达鲁花赤别速帖木儿为巩昌平凉等处二十四处军前便宜都总帅府达鲁花赤，夺去汪氏军权。之后袭总帅的汪惟孝位在别速帖木儿之下，已经有名无实。不过经营秦蜀几十年的汪氏根底深厚，西北的情况又比较特殊，忽必烈同意了至元二十一年（1284）汪惟正上书为家族请命的要求，恢复了一度废罢的总帅府，由汪德臣第三子汪惟和袭便宜都总帅兼巩昌路总管，汪世显的孙子、汪直臣的儿子汪惟孝（1246—1297）担任四川宣慰使兼万户。汪氏家族于元代中期开始衰微。洪武二年（1369），徐达进攻陇右，巩昌便宜总帅汪庸（灵真保）以城归附，明太祖授汪庸为昭勇大将军、巩昌等处都总府都元帅。之后罢元帅府，改授巩昌卫世袭指挥同知，结束巩昌便宜都总帅府的历史。

四、元代的甘肃经济

蒙元贵族集团在依靠武力建立政权的过程中，给甘肃地区的社会经济造成严重破坏，生产力水平下降，经济凋敝残破。元朝建立后，为了巩固政权，逐步调整生产关系，促进生产力的发展。

（一）贯彻重农政策

忽必烈即位后昭告天下，在全国设立管理农业的政府机构，制定并实施保护和促进农业发展的政策。主要包括：一是迁徙人口，通过向甘肃地区迁入大量境外人口以增加劳动力，恢复发展农业生产。二是鼓励垦荒，给入居甘肃进行开垦荒地的移民贷给耕牛、种子、农具，以激励农民开荒种田。三是兴修水利，从忽必烈开始在西夏中兴、西凉、甘、肃、瓜、沙、亦集乃等地屯田，并兴建水利工程。元朝宣政院所辖的甘肃吐蕃地区有独特的自然地理环境，大部分地区都是高山、荒漠、草甸、山地、草原，气候寒冷，自古以来适宜于畜牧，使畜牧业得到发展。一部分吐蕃聚居的洮、岷流域和礼店、文州一带是传统农业经济区，青稞、小麦、荞麦、莜麦、豌豆是主要的粮食作物，萝卜、蔓菁、白菜、葱、蒜是主要的蔬菜，油料作物有油菜籽。

（二）实行赈灾措施

元代西北地区久经战乱，加上频繁的水灾、旱灾、蝗灾、火灾等自然灾害，民众生活困难。元朝政府在甘肃地区实行了一些优惠政策以赈济灾害，包括把粮食或钞币贷给灾民，等年成好或借贷的人有能力偿还时再还，蠲免赋役、补给相结合等。

（三）屯田

蒙元统治者重视发展屯田，包括军屯、民屯。元政府从军屯中分出专业性的屯田军，酒泉境内的军屯人员具体由屯田军、蒙古军、新附军等组成，屯田的直接生产者为戍边士兵。军屯一般由政府发给耕牛、农具和种子，或者直接拨款作为兴建屯田的资本，被指定屯田的汉军要自备耕牛和农具。元代军屯对恢复和发展农业生产、边疆地区开发和庞大军队的供给，都发挥了积极作用。元代中后期，由于军屯官吏残酷剥削，这一制度遭到破坏，屯军逃亡成为普遍现象，大多数军屯名存实亡。民屯具体由所在地的路、府、县或专门设立的屯田总管府、屯田署等管理。民屯的实施促进了人口的大量流动，有利于各民族之间互相交流和融合。元代屯田的重点地域在河西。随着蒙古大军征服战争的节节胜利，元政府不断将南宋降服的“新民”，有组织地迁移到河西地区进行屯垦，以充实边地。从外地迁入河西的人口成为屯田开发的重要生产者。元朝立国初期，是甘肃屯田的全盛时期，屯田增加了粮食产量，满足了甘肃的驻军需要，减轻了政府和人民的负担，促进了民族迁徙和融合。从元贞元年到至顺二年（1295—1331），甘肃屯田和全国其他地区一样，规模缩小，数量减少。从元统元年到至正二十八年（1333—1368），是元朝统治衰败、行将灭亡的时期，没有精力顾及屯田，全国屯田衰落，甘肃地区只剩成州一处的屯田。

（四）畜牧业

元朝政府重视畜牧业发展，蒙古贵族、汉族地主和各少数民族也从事畜牧业，不少一般民户也以织毛褐、勤于耕田为自己的本业。元朝政府向民户征取羊马税，还经常从河西“和市”羊马、牦牛等牲畜。甘肃地区所产牲畜数量多，质量好，河西牛驾车、役犁的耐力强，牦牛和黄牛杂交而成的犏牛行走、耕田、运物很方便，力气大。河西地区多食棘茨的骆驼，在沙漠戈壁运载货物很方便。元朝畜牧业的从业人口比例扩大，畜牧业在整个产业结构中的地位增强，不过，由于战乱、灾害的影响，劳动力急剧减少，元朝甘肃地区畜牧业的整体发展水平远远比不上唐宋时期的繁盛水平。

元朝时期，属于西藏“朵麦马区”的今甘南藏族自治州是传统的主要畜牧区，以畜牧业为主要经济成分。河曲马（今称南番马），产于甘、青、川三省交界黄河河曲地区（今甘肃玛曲县），是良种马，适应海拔三千米以上的严酷的自然条件，在形体、外貌、速度等方面都具有优良特性。在甘南藏族地区，还有体型小、瘦肉型的良种猪，因为喜欢吃蕨麻（人参果）而被称为蕨麻猪，成年猪只有五六十斤重，可以耐高寒并终年放牧。

（五）手工业

元朝政府在甘肃地区设置了制造特色手工业产品的专门机构，比如织染提举司，就是专门掌织造缎匹的机构。至元十八年（1281），元朝政府在河西设置织毛段匠提举司，毛纺织业成为甘肃的特色手工业，从事生产的人员也比较多，具有一定规模。由于河西、西域地区生产皮硝，各族人民都以皮硝熟皮，制成皮衣、皮帽、皮靴等物品。元朝时期甘肃的一些金属矿藏已经得到开采和冶炼。甘肃不少地区产盐，巩昌、环州、庆州等地区的盐都得到开采，生产有一定规模，政府还对其征税。同时，酿酒、制醋等手工业在甘肃地区也有一定的发展，元政府也对其课税。

（六）商业

疆域空前辽阔的元朝在全国设置了数以千计的驿站、急递铺，陕西等处行中书省所辖范围有八十处陆站，一处水站，甘肃等处行中书省有六处马站。驿站和急递铺的设立促进了中西陆路交通的畅通，方便了中央对地方、边疆的控制，更促进了甘肃与中原内地的经济交往。甘肃盛产褐缎、毡毯、野马革、药材、玉石器等土特产，需要中原内地、西方的许多物品。地域经济差异和物资交流的需要促使甘肃与中原内地加强经济交往，频繁的商业贸易往来包括官方贸易、官民贸易、民间贸易。官方贸易是诸王等统治者和元朝中央的贸易往来，即具有贡赐性质的官方贸易活动。官民贸易指元朝政府和民间的贸易活动。延祐元年（1314）至至治二年（1322），元朝政府每年从兰州等地籴粮二万石以上，经甘州转运到亦集乃路（治今内蒙古额济纳旗）。元武宗、仁宗和文宗时期，都曾以官民贸易的形式在甘州收购牛羊马匹。民间贸易则是甘肃与内地以及甘肃各地区之间自发的商贸活动，也是生产者之间交流生活资料、维持生计的重要途径。西北地区有粮食、畜牧产品，有大黄、锁阳、甘草等药材，还有食盐、硝石等矿藏品。河西地区所产的盐物美价廉，畅销各地。由于商品货币关系的发展，元朝的甘肃地区对货币的需求量也增大，元朝政府在西北设立交钞提举司、交钞库等货币管理、发行机构，全国性的中统钞、至元钞在西北市场都有流通。陕西行省每年的商税额数是“四万五千五百七十九锭三十九两二钱”，甘肃行省每年的商税额数是“一万七千三百六十一锭三十六两一钱”。以茶叶贸易为主的互市贸易是元朝时期甘肃吐蕃地区主要的商业活动。元朝从初期开始就沿袭宋朝的榷茶制度。至元五年（1268），政府“榷成都茶，于京兆、巩昌置局发卖，私自采卖者，其罪与私盐法同”。西番人（包括甘肃地区的吐蕃人）是西北地区茶叶销售的主要对象，吐蕃人喜欢的茶叶品种有“西番大叶茶”。

五、元代的甘肃交通

元代甘肃境内驿站系统完备，道路四通八达，驿马充足，连通大都、上都、漠北、乌思藏、中亚各汗国，为政治大一统和经济繁荣提供了交通保障。

（一）驿道助力中西交通

蒙元时期的甘肃驿道，按其性质、用途，可分为三路，即长行站道、纳怜站道和两兀鲁思站道。

长行站道　中兴、永昌、甘州三路诸站赤是甘肃行省所辖长行站道，也是甘肃行省境内的主要交通干道，是元朝时期诸王、驸马、使臣、番僧、商旅乘驿长行或者乘自己的马长行的大道。

纳怜站道　元朝时期在岭北行省南部的和林路设置包括帖里干、木怜、纳怜在内的119站，都属于通政院管辖的“蒙古站赤”。纳怜站道以亦集乃城为枢纽，北通和林，南连甘州，西抵察合台汗国，东到大都，是一个四通八达的军事专用驿道。

两兀鲁思站道 指河西境内蒙古宗王阔端系和察合台系后王出伯、宽彻等所代表的察合台系诸王所立站赤，也是甘州通往宁夏、奉元（今陕西西安市）的道路。

（二）丝绸之路的畅通

丝绸之路在元代更加畅通，从和林、大都到欧洲的北道、中道、南道三条道路均在前代基础上有所发展，波斯、大食、印度等西亚、南亚和欧洲等地的使臣商旅，经过西域、河西走廊来中原地区也在增多。甘肃境内中西交通的畅通，既有利于中央对地方、边疆地区的控制，又能促进中西经济、文化交流。蒙古帝国的西征，还消除了以往丝绸之路上大量的关卡，使得元代丝绸之路的通行比以往任何朝代都要方便。元代丝绸之路交往的主要目的也发生了较为明显的变化，即大多以宗教信仰和其他文化交流为使命，而不再像元代之前那样以商人为主导。马可·波罗在甘州居留了将近一年，见识了甘州雄伟的寺庙建筑和精巧的雕塑艺术，他在自己的游记中，把沙州、肃州、甘州、山丹、凉州等地方的风土人情、物质资源、宗教信仰等都生动鲜活地介绍给了欧洲人。从侧面反映出，西北丝绸之路的文化交流依然通畅，但贸易已日渐衰落。

第七节 宋元时期的文化

宋夏金元时期是儒学理学化的阶段，也是儒学发展不可或缺的历史时期。在中原王朝统治区，儒学以崭新的理学形态兴起、发展、盛行，由于各政权的频繁接触往来，与北宋、南宋对峙并存的西夏、金、回鹘、吐蕃等少数民族政权也深受影响，儒学在这些政权中也得以传播和发展。地处偏远西北的甘肃地区，各政权之间对峙而形成的民族斗争促进了各民族文化的融合，以传统儒家思想文化为内容的学校教育得以传播和发展。

一、教育

（一）北宋西北边区民族教育

北宋立国之后，大力重文兴学，把学校当作培养人才的场所。宋仁宗以后，各级学校逐渐发展，宋神宗开始重视在西北地区兴办学校，加强对沿边少数民族子弟的教育。宋王朝建立蕃学，对吐蕃子弟进行文化教育，除了招抚吐蕃部族之外，还加速了民族融合，促进了蕃汉之间的文化交流。北宋神宗赵顼启用王安石进行变法革新，兴办教育是他们开拓经营西北地区的一项具有深远意义的文化措施。当时在相关缘边州军地区都设立蕃学，吐蕃部族聚集的环、秦、渭、熙、河、岷等州和通远军都兴办了蕃学，还资助蕃族子弟入校学习。河州蕃学每年能得到宋政府拨付的一千缗经费，还有所划拨的十顷公田的租赋收入可以使用。蕃学、国子监中使用的课本主要是《诗》《书》《礼》《乐》等儒家经典。蕃族士子往往能受到宋政府的政策优待，既可以参加各级科举考试，又能享受到为他们特别修订的蕃区考试章程。在民族的融合过程中，由于受儒家思想文化的影响，吐蕃人和汉族的民族差异逐渐缩小，共同的文化心理逐渐增强，价值取向也慢慢接近。

（二）西夏的儒学教育

西夏占领之前，河西地区教育的发展非常不平衡，除了瓜、沙二州有一些成就以外，其他地区的文化教育发展水平都比较低。党项人攻占河西地区后，尽力吸纳儒学人士，西夏政府多次颁布诏令，兴办学校。短短两三年时间，西夏国内普遍设置学校，儒学迅速发展，河西地区实行庙学制。元昊把西夏文字的创制作为建国的一项重要准备工作。熟读儒家经典，精通蕃汉文字的野利仁荣在民间原有文字的基础上，搜集、整理、归纳、演绎成蕃书十二卷，定为国书（蕃书）。西夏政府推动编写各类字典，促进了西夏文字的学习和教学。蕃书的创制促进了河西地区语言文字的规范和民族教育的发展。西夏政权统治河西地区的200多年间，统治者继承、继续推进了瓜、沙归义军政权的儒学教育成果，还重新恢复、发展甘州、凉州等地从吐蕃占领以来一度中断的文化教育，既有助于西夏统治的稳固，对元朝文化也有一定影响。

（三）金朝的学校教育

崇尚汉族文化是女真族的传统，女真先世请唐官，采用中原制度建立渤海国。在辽之后，金成为北方的统治民族，随着女真族封建化的逐渐加深，儒家思想成为金朝统治人民的基本思想。金朝建立后，设立许多学校，既能适应经济、政治、文化发展的需要，也是其重视文化教育的表现。天德三年（1151），置国子监；大定六年（1166），置国子太学；大定十三年（1173），正式成立女真国子学。各地都设立府、镇、州学，学校包括女真府学和汉儿府学。甘肃有庆阳、临洮、平凉府学，各地有州学。金朝统治者也尊崇儒学宗师孔子，金朝州县有学校的会建孔庙。甘肃境内地方官纷纷热衷于崇儒重学、兴建孔庙。金朝教育制度的特点之一就是学校、孔庙和谐地结为一体，这一特点还影响到元朝。金朝学校使用的教材主要有：《经》《书》《诗》《春秋左氏传》《礼记》《周礼》《论语》《孟子》《老子》《荀子》《史记》《前汉书》《后汉书》《三国志》、新旧《唐书》、新旧《五代史》等，所有教材由国子监负责印刷后分发给各学校。

（四）元朝的学校教育

元朝建立之后，统治阶级中的有识之士建议采用封建礼乐刑征，建立专制主义中央集权。元代官学分三类——国子学（汉学）、蒙古国子学、“回回国子学”，由大司农司掌管。元代的路有路学，府有府学，州县有州县学，每个路还有小学，地方官学比较发达。各路还有一些专门性质的学校，比如医学、阴阳学、蒙古字学等，地方上还有社学，每社设立一所社学，在从事农业生产之余，方便子弟们去学习。元代以家塾为代表的私学也比较发达。“凡读书必先孝经、小学、论语、孟子、大学、中庸，次及诗、书、礼记、周礼、春秋、易。”开科取士逐渐成为元朝政府选拔人才的重要途径。元仁宗于皇庆二年（1313）下诏开科取士。延祐（1314—1320）年间开始科举选士，取士既重视德行，又考查对所学经书等的掌握程度。元代实行三级考试制——乡试、会试、殿试。十一行省和山东、河东两宣慰司都实行乡试，甘肃、陕西行省也属于科举乡试的地区。

二、宗教信仰

宋元时期佛教文化在甘肃广泛传播，汉传佛教、回鹘佛教、藏传佛教交汇融合。元朝统一后，随着中西交通范围扩大，多民族迁入，佛教更受尊崇。传统道教得到复兴，伊斯兰教、基督教、景教有了一定的发展。

（一）佛教在甘肃的传播

归义军时期的统治者继续尊崇佛教，藏传佛教也传入河西地区。河西地区因为有汉传佛教和藏传佛教的交融，有着浓厚的藏密色彩。曹氏归义军政权的统治者曹议金及其继任者都热心佛教，开窟建寺，设置画院、伎术院等机构，主要从事洞窟营建，花大精力进行开窟造像活动，还举行各种法会，写经施舍，热心“做功德、祈福、禳灾之类的‘实用佛教’”。二月初八行像、四月初八释迦降诞之大会和七月十五盂兰盆法会等三大法会是河西地区一年之中重要的宗教活动。

西夏时期，河西地区佛教有着重要的承前启后作用，具有鲜明的民族性和地域性。西夏统治者的大力提倡，使佛教在夏崇宗李乾顺时和夏仁宗李仁孝时达到鼎盛，佛教中心也逐渐从兴庆的贺兰地区扩展至河西地区。此时的河西地区，拥有凉州的护国寺、圣容寺、崇圣寺，甘州的卧佛寺（又称为大佛寺）、崇庆寺、诱生寺、禅定寺等林立的著名寺院。敦煌莫高窟、安西榆林窟更是历代以来的佛教重地，大庆元年（1036），西夏统治者占领这里之后，耗费巨大的人力财力物力继续修建佛窟。敦煌莫高窟和瓜州榆林窟的五百多个洞窟中，有1/5左右是西夏时营建的。西夏国内以佛教为主要信仰，林立的寺院中有众多的僧人，河西地区也是大批信仰佛教的吐蕃居民的主要聚居地区。当时的一些礼佛活动，比如重要的佛事活动，西夏僧俗人众有关朝山礼佛、烧香求愿、诵经念咒、修整寺庙等佛事活动和功德善事，生动呈现在莫高窟西夏时期的汉文、西夏文题记中。西夏时期的供养人题记，有画像，也记录相关供养人的姓名与身份，是非常珍贵的，可以用来研究西夏历史、地理、宗教、文化和经济的资料。

两宋时期，散居在河西地区、陇右地区的吐蕃也有虔诚的佛教信仰。潘罗支和他的弟弟厮铎督派人兴修西凉佛的洪元寺，还请宋朝出资修缮大云寺，以示礼佛的虔诚之心。

回鹘奉行兼容并蓄的宗教政策，对任何宗教都不排斥。早在西迁之前，回鹘人就信奉摩尼教。迁居河西之后，回鹘原来被奉为国教的摩尼教虽继续流行，但势力越来越弱，河西走廊地区历来佛教兴盛，敦煌莫高窟、榆林窟里久盛不衰的佛教文化对迁来的回鹘人产生了深远的影响，佛教由此取代摩尼教而成为甘州回鹘国最为流行的宗教。甘州回鹘很早就尊崇佛教，尊佛必然重僧，甘州回鹘的重佛在河西地区的诸多石窟中均有反映。沙州回鹘时期，回鹘上层贵族把修建佛寺、开凿洞窟、在石窟壁上绘画视作一种功德。在敦煌莫高窟、西千佛洞和瓜州榆林窟中有不少回鹘洞窟。沙州回鹘一直崇信佛教，为了适应讲说佛经的需要，不但翻译了很多佛教经典，有时一部佛经就有很多种译本。一部分出自名家之手的译经，用词非常优美，质朴典雅，达到很高的水平。回鹘人的国教，从最初的萨满教，到公元8世纪中期以摩尼教作为国教。甘州回鹘政权建立之后，受河西地区佛教文明的影响，从摩尼教转而信奉佛教。沙州回鹘同样笃信佛教，开凿有莫高窟、榆林窟、西千佛洞等处的一些洞窟。

元代实行开放的民族政策，对各种宗教采取各随本俗的政策。西藏萨迦派在元朝地位特殊，八思巴被忽必烈封为帝师，佛教被忽必烈尊为国教。西藏宗教僧侣利用元朝驿站往返于元大都和青藏高原之间，在促进元朝藏传佛教传入内地方面起到很大作用。蒙古统治者采取兼容并蓄的宗教政策，重视佛教，凉州会谈之后，阔端等蒙古王室成员皈依佛教，他们虔诚礼佛的态度促使藏传佛教的传播进入新阶段。萨班在凉州地区主持改建、扩修了百塔寺、海藏寺、金塔寺、莲花寺等四座寺院。甘州的马蹄寺因为其右侧石岩上格萨尔王马蹄遗迹得名。肃州最有名的佛寺是大佛寺。元代甘南地区主要的佛教寺院有：卓尼寺（禅定寺），知知寺夏珠格培朗（知知寺）等。元世祖忽必烈时曾下令雕刻河西字（西夏文）大藏经，元代刻印了190部西夏文佛经。

（二）伊斯兰教、道教、基督教在甘肃的传播

伊斯兰教、道教、基督教等多种宗教随着丝绸之路的畅通以及元代驿站交通网络传播到泉州、杭州以及中原地区。

公元7世纪初，伊斯兰教在亚洲西南部的阿拉伯半岛兴起，大约在唐初传入中国。西夏时期，伊斯兰教在沙州、甘州、凉州地区都有传播。13世纪，意大利人马可·波罗在途经西夏故地沙州、甘州时就说当地有“回教徒”。到了元代，甘肃的伊斯兰教有了较大发展，大批穆斯林来到甘肃，形成“元时回回遍天下，及是居甘肃者尚多”的局面。蒙古军队的三次西征，“把大量信仰伊斯兰教的回回人签发到中国。并把其中的大部分组成回回军。回回军是‘西域亲军’中强有力的一支军队……在甘肃的大批回回军士也随处入社，屯聚牧养，由侨居变为永住居民。河西则成了甘肃屯田的一个重要区域……有元一代，由于在甘肃所驻的蒙古军很多，往来使者、商人、贡使络绎于道，又有宗教机构。于是就形成了回回人活动的主要地方。穆斯林在甘肃人数如此之多，则其信奉的伊斯兰教必发展迅速，得到进一步传播”。天水北关的清真寺创建于元代至正年间，是元代现存最古老的清真寺之一。伊斯兰教传播较快，但元代大力推崇佛教，佛教仍居主要地位。

道教被唐宋以来中原王朝的许多皇帝、大臣和百姓们推崇、笃信。西夏境内生活着不少汉族民众，他们信奉神仙方术，这容易和崇尚自然崇拜、鬼神观念的党项人形成共鸣。甘州回鹘、沙州回鹘也有道教传播。“沙克斯道人”“基文道人”“库文道人”“法师道人”等提法，在回鹘文书中提到的次数也比较多，说明道教对其也有一定影响。元代宗教政策较为宽松，因此道教徒积极在甘肃传道布教，兴建了玉泉观（位于今天水市西北天靖山麓），玉阳观（位于秦州关子乡半坡山），临夏万寿观，成县金莲洞（华阳洞），巩昌（治今甘肃陇西县）七真观、玄都观、紫霄观、三灵侯观、玉清宫、关侯庙、府隍庙等道教宫观，充分呈现出元代道教在甘肃的广泛传播、发展。

景教是基督教的一支，又被称为“聂斯托里派”。景教大约在贞观九年（635）由叙利亚人阿罗本传入中国，唐初很快传播开来。北宋时，景教只在高昌回鹘及其附近的地方流行。景教在归义军时期的敦煌是比较活跃的。马可·波罗在自己的游记中就记载，从喀什噶尔（今新疆喀什）到肃州（治今甘肃酒泉市肃州区），再到甘州（治今甘肃张掖市甘州区），有不少居民信仰景教。肃州有基督教徒，沙州“稍有部分聂斯托里派之基督教徒若干”；凉州居民分为三种，“若干聂斯托里派之基督教徒”就是其中的一种；基督教在甘州城还建筑了三座宏伟壮丽的教堂，甘州城居民中也有一部分“基督教徒”。

三、文学艺术

宋元时期，甘肃地区最突出的文学样式有碑志文和诗词，敦煌石窟的音乐、舞蹈艺术别具时代魅力，丰富多彩，绘画、书法、雕刻也有较为鲜明的特点。

（一）诗词与碑志文

宋元时期的甘肃文学虽然不复昔日盛唐时期的辉煌，日趋衰落，不过其中也有一些比较有特色的诗词作品，最具有浓郁民族、地域特色的文学类型是碑志文。

曲端的无题诗　“破碎江山不足论，何时重到渭南村？一声长啸东风里，多少人归未断魂。”这是宋镇戎军（治今宁夏固原市）人曲端所作的七绝《无题》。曲端（1091—1131），字正甫，自幼聪明好学，喜欢文史，长于兵略，多次立下战功。这首诗情真意切，积极昂扬，直白抒发作者渴望重整山河、报效国家的情怀，自然流畅、直抒胸臆。

余阙的诗文 “晨光开翠崿，广路净炎气。玉驮度流水，华盖烂垂云。既御大宛马，还朝鳀海君。都人望旌纛，乐哉歌采芹。”“仗出弹筝峡，川原彀骑分。天行肃大化，时迈耀前闻。整跸传清道，激吹入行云。日暮望双阙，草木亦欣欣。”这是余阙所写的《大口迎驾和观应奉韵二首》，气势恢宏，地域色彩鲜明。余阙（1303—1358），字廷心，唐兀氏人，世居武威，后来因为他的父亲去合肥做官而搬迁至合肥。余阙本身的素养很高，儒学研究成果精湛，诗文作品内容丰富，精通书法。余阙撰写的诗、序、记、碑铭、策书、杂著都收入其作品集《青阳集》6卷，《白马谁家子》《黄鹤楼》等91首诗作收入卷1。

以陆游《梦从大驾亲征》《凉州行》等为代表的外籍作者诗词 “天宝胡兵陷两京，北庭安西无汉营。五百年间置不问，圣主下诏初亲征。熊罴百万从銮驾，故地不劳传檄下。筑城绝塞进新图，排仗行宫宣大赦。冈峦极目汉山川，文书初用淳熙年。驾前六军错锦绣，秋风鼓角声满天。苜蓿峰前尽亭障，平安火在交河上。凉州女儿满高楼，梳头已学京都样。”这是陆游《梦从大驾亲征》诗的全部语句。南宋时的河西已经成为西夏的领地，宋王朝无力收复河西，南宋统治者的苟安政策，使得陆游等人的报国理想无法实现。陆游从梦境入手，用梦幻手法寄托理想。诗歌所描述的在梦中从驾亲征，尽复汉唐故地的情形，虽然写得很逼真，却只是作者在用幻想与梦境的形式来解决理想和现实之间的矛盾。陆游还借用唐代诗人王建的同名诗题《凉州行》写了一首乐府歌行，用浪漫主义的创作手法，借梦中收复汉唐失地的喜悦，抒发内心的沉痛，表达自己的理想和愿望，抒发忧国忧民的爱国情怀。

宋元时期甘肃境内的碑志文 碑志文是刻在石碑上的各种文辞的总称。宋元时期留存在甘肃境内的众多碑刻主要有《广仁禅院碑》《重修护国寺感应塔碑》《黑河建桥敕碑》《亦都护高昌王世勋碑》《元重修文殊寺碑》《大元肃州路也可达鲁花赤世袭之碑》《大元敕赐西宁王碑》等，既真实反映民族历史，也是民族文学的生动体现。

凉州护国寺保存至今的《重修护国寺感应塔碑》，阳面刻西夏文，阴面刻汉文，记写了建立、修缮感通塔的情况。西夏文的碑文叙述更详尽，更具有民族特色，语句整齐，比喻形象，用大段“四七四七”的对偶句式宣扬佛法，赞美塔的功用；阴面汉文碑文用四言形式写成，共64句，256字，严谨的章法，雅正优美的词语，宏伟壮观的气势，堪称西夏铭文之最。《黑河建桥敕碑》于乾祐七年（1176）立于甘州（治今甘肃张掖市甘州区）城西约十里处的黑水河。桥碑两面都刻有碑文，阳面的碑文是汉文，包括题名、落款共293字。阴面的碑文是藏文楷书，共21行，大部分已经漫漶不清。碑刻是西夏仁宗皇帝的敕令，主要内容是张掖黑水河桥的修建，祈祷神灵保佑桥梁安全，是西夏碑文中的精品。元丰七年（1084）所刻《岷州广仁禅院碑》，碑文26行，每行52字，共计1352字，石碑只是稍有剥落，文字基本完好，只缺一字。该碑文记述熙宁、元丰年间，宋朝开拓熙河，收回岷州后修建佛寺的事，不但反映宋朝对吐蕃的民族政策，而且有珍贵的吐蕃佛教资料价值，在表达方式上颇具民族、地方特色，更是宋朝开拓西北的历史见证，弥足珍贵。

（二）*石窟艺术*

曹氏归义军时期的石窟艺术　曹氏归义军时期，敦煌莫高窟开凿41个洞窟，重修了248个前代洞窟；榆林窟新开11个洞窟，重修15个前代洞窟。洞窟形制大多沿袭晚唐的中心佛坛覆斗顶殿堂窟形制，莫高窟的大型洞窟，如第98窟、100窟、61窟、55窟等大多是曹氏家族营建的家窟。洞窟规模超过前代，覆斗顶窟，中心设佛坛。窟顶四角各开一个浅龛，其中分别绘制天王形象，有护法镇窟的意义。曹氏家族开的大型洞窟都在莫高窟崖壁的下层，开新窟时破坏了不少旧的洞窟。莫高窟现存的第427窟、437窟、444窟、431窟的窟檐都是曹氏归义军时期所修。窟龛的壁画内容以经变画为主要题材，经变有19种，基本承袭晚唐五代的表现手法，把当时流行的俗讲、变文的内容加入经变画中。曹氏归义军时期，新出现了一些经变画的表现手法，比如有表现佛教所说地狱景象和相关故事的目连变（榆林窟第19窟）、地狱变（榆林窟第33窟），有表现佛教戒律的梵网经变（榆林窟第33窟）。此时的尊像画多表现四方佛、十方佛等形式，佛和菩萨、天王等组合在画面中。佛教史迹画的新发展和最具有创意的作品是第61窟出现的通壁巨制五台山图。曹氏归义军时期的石窟大多是曹家直接出资营造或官府要员所建，曹议金、曹元德、曹元忠等节度使和家眷都在敦煌石窟中留下了供养人像和题记。第98窟的供养人像是对当时错综复杂的政治外交关系的反映。画像既反映出曹氏家族的姻亲关系，也反映出其外交关系。这些供养人像人物神情庄严，衣饰华丽，凤冠用沥粉堆金的手法画出了具有立体感的装饰物。自曹氏归义军政权晚期到西夏占领敦煌初期，敦煌的回鹘势力较强，在敦煌石窟中能看到一些具有回鹘风格的壁画。莫高窟第330窟是回鹘新开洞窟，有15个窟存在回鹘重修的壁画。榆林窟有2个洞窟有回鹘风格壁画，西千佛洞有5个窟有回鹘风格壁画。大部分回鹘壁画是对前代洞窟的重绘或者改绘。莫高窟第409窟出现回鹘王与王后的供养像，画风与吐鲁番地区回鹘壁画一致，说明高昌回鹘风格影响了敦煌石窟艺术。回鹘敦煌石窟艺术早期沿袭宋窟遗风，后期则形成了具有简率粗放、构图疏朗、色调明快、装饰趣味浓郁、人物造型圆润丰满的民族风格。

西夏时期的石窟艺术　西夏统治敦煌近200年，在莫高窟重修洞窟约60个，新开凿1个洞窟，榆林窟确定为西夏时期的洞窟有第2窟、3窟、10窟、29窟，以密教内容为主。莫高窟的西夏彩塑，确认的有第263窟龛内一铺七身、265窟内一铺五身像等少量余存，这些塑像身体比例匀称，体型较瘦长，面形较圆，保持了唐代的衣饰风格。窟龛壁画主要包括尊像画、经变画、密教曼荼罗、供养人画像、装饰图案画等，较被人们注意的是水月观音像。榆林窟第2窟窟门两侧各有一铺水月观音像，两幅水月观音都以青绿色调为主，观音的面部、身体等部位贴金，金碧辉煌。

蒙元时期的石窟艺术　蒙元时期的石窟艺术，不但能看到中原的绘画风格，而且能看到藏传佛教的艺术风格。元代，莫高窟新开8个洞窟，重修19个；榆林窟有元代洞窟1个，重绘壁画不少。元代壁画主要分为汉风绘画和藏密绘画两种类型，莫高窟第465窟呈现出独特画法，与西藏传来的绘画风格有关。在开凿、修复洞窟时留下了不少供养人的形象，都穿蒙古服饰，特征明显。以莫高窟第465窟为代表，是一种偏冷色调的神秘风格——强烈的蓝色、绿色与红、白、黑色相配合，呈现为藏密特色。

（三）音乐、舞蹈与绘画

宋元时期的甘肃，众多民族相互融合，音乐、舞蹈丰富多彩，绘画也有着鲜明的民族、地域特点。

莫高窟有伎乐图的西夏洞窟11个，其中有伎乐图的壁画共17幅；榆林窟有伎乐图的西夏窟2个，其中有伎乐图的壁画共2幅。古琴、筝、琵琶、碎叶曲项琵琶、竖箜篌、凤首一弦琴、排箫、笙、笛、横吹、筚篥、锡杖、小金铃子、答腊鼓、腰鼓、拍板等西夏乐器都出现在以上石窟壁画中。中国古代乐器的大部分类型都可以在壁画所反映的西夏时期的甘肃敦煌地区见到踪影。优美动人的舞姿可以在西夏壁画中见到。在莫高窟第327窟壁画中看到手持琵琶的西夏飞天伎乐，在第164窟北壁经变画中欣赏挥洒自如、身姿呈“S”形而轻盈优美的舞伎。在榆林窟第3窟《乐舞图》中见证另一种风格的美丽——两个舞伎赤足相对而舞，舞姿刚劲有力，颇有游牧民族的飒爽英姿。在东千佛洞第2窟，有两个造型奇特优美的舞伎，身披“S”形长带，一手弯曲上举，一手斜直下垂，一腿着地，一腿弯曲。莫高窟第97窟的一个西夏飞天宽脸高鼻，高大健壮，秃发，头侧有一绺头发拖在耳边，一手托盘，一手散花，呈现出浓郁的党项民族特色。

（四）砖雕、铜镜、漆器、石刻与书法

甘肃出土砖雕最多的地方是兰州、临夏和六盘山周围的墓葬。二十四孝图、植物花卉、吉祥动物和社火戏剧等是这些砖雕经常表现的内容。金代砖墓碑、砖雕画在临夏出土文物中很有特色，其中有模制的条形砖雕，也有模制、雕刻的方形砖雕。

甘肃金墓中出土了不少制作精美的铜镜。比如“承安三年”四兽镜，镜背重圈，中间铸有四头神兽，向同一方向昂首奔驰。“双鲤鱼纹”铜镜，素宽缘，圆纽，浅浮雕纹饰，铸有富有动感的双鲤鱼。

元代漆雕富有特色，漳县汪世显家族墓葬群出土的漆器保存完好，其中的漆案更是我国早期漆雕工艺的精品，画面生机盎然，线条舒展流畅。

元代的石刻作品，除了武威的《凉州重修护国寺感通塔碑》和张掖甘州《黑河建桥敕碑》外，还有成县《吴挺碑》、礼县《赵世延家庙碑》和永昌《亦都护高昌王世勋碑》等。

四、科学技术

（一）天文历法

西夏的天文历法起源很早，受汉族和其他民族天文历法影响，也有自己的特色。西夏关于天象的记载始于太平兴国七年（982）二月。从李继迁抗宋到西夏灭亡一百多年，有关天象特殊变化的记载大约有六十多次，比如日食的发生、星宿的孛犯、彗星的出现等。西夏设有专门观测机构“司天监”，还有一批专职人员观测天文。骨勒茂才《番汉合时掌中珠·天相中》较为详细地记载了日月星辰。西夏对水灾、旱灾、地震等记载比较详细，《重修护国寺感应塔碑》记载天祐民安三年（1092）凉州大地震的情况。景德四年（1007），德明向宋王朝请历，宋真宗把新制的《仪天历》颁赐西夏。乾兴元年（1022），宋又赐西夏《仪天具注历》。元昊时，又赐新制《崇天万年历》。从唐宋五代直到南宋初的200多年里，西夏国内主要通行汉族历法。蒙古族最早的自然历法是草木纪年。成吉思汗时，草木纪年和十二兽名纪年两种纪年方式已经开始并用。耶律楚才随成吉思汗西征，得到西域历法之书，还从西域的天文学家那里得知许多西域天文知识，制定出西征庚午元历。元世祖忽必烈任用回回天文学家札马剌丁主持修建上都天文台，建司天监，掌管观象，订历。札马剌丁在上都天文台制成浑天仪、斜纬仪、平纬仪、浑天图、地球仪、观象仪等观测天象的各种仪器，更精确、全面地观察天象，测定时历，促进了中国天文学的发展。至元十六年（1279），忽必烈命在大都建天文台，制作了简仪、仰仪、圭表、景符、窥儿、浑天象、立法仪等大量天文仪器。忽必烈还命令制定新历，于至元十八年（1281）开始使用。这也是中国当时最先进的历法。

（二）造纸和印刷术

西夏拥有相当精湛的造纸术，由中央设置的造纸院负责专门掌管造纸。西夏人用的纸，品种多，质量较好，有胶合纸、烟卷纸等。西夏大力推广和改进了活字印刷术。1987年5月，甘肃武威市新华乡缠山村亥母洞遗址出土的西夏文印本《维摩诘所说经》（下集）是经折装，印刷年代不晚于13世纪初，是全国乃至全世界最早的泥活字版书籍。莫高窟西夏文文献中有两种非常重要的木活字版西夏文佛经：其一是《地藏菩萨本愿经》，是世界上最早的木活字版书籍之一，木活字版西夏文佛经中罕见的海内孤本；其二是《诸密咒要语》，是一部关于藏传佛教密教修行仪轨的佛经，文字清晰端正，版面舒展大方，是早期活字版印刷精品。

（三）金、银、铜、瓷器制作

甘州回鹘的金器和金银饰品加工业有较高水平。西夏金器在继承唐代传统工艺的同时，还受到宋、辽、金和回鹘文化的影响，富有特色。不但集中体现了党项贵族的奢华生活，而且反映出西夏本土文化与中原文化、西域文化之间的交融。甘肃发现的萨班铜铁像和元代金属火炮都有较高的价值。其中萨班铜铁像，头是铜铸的，身体是铁铸的，高122厘米，肩宽60厘米，造像结跏趺坐在代表坛台的方板上，造型生动，脸上肌肉润泽，身躯坚挺庄严，衣饰线条流畅，作为元代藏传佛教造像的优秀作品，反映了元代铜像制作较高的技艺水平。甘肃武威塔尔湾遗址是中国西夏考古史上迄今发现出土西夏瓷器数量和种类最多，釉色、花纹最为繁杂的一处遗址。武威塔尔湾出土的酱釉剔刻花四系瓷罐、彩绘天鹅纹瓷瓮、荷叶口酱釉瓷尊等，是国内外罕见的珍品。甘肃也有宋代、金代的瓷器出土。金代瓷器业在辽、北宋的基础上进一步发展，金统治时期，属于其辖区的甘肃地区出土了许多金代耀州、磁州窑瓷器。元代瓷器在甘肃的许多地方都有出土、收藏。

第七章　明清时期的甘肃

明朝建立后，朱元璋在政治、军事等方面对前朝的制度进行了改革，将专制主义中央集权的官僚政治推到了一个新的高度。今甘肃在明朝没有省一级建制，属陕西行省管辖。明朝在陕西行省驻有大量军队。在今甘肃境内设有21卫，戍边屯田，这在全国边疆省份中是绝无仅有的。明代今甘肃境内的戍边屯田为农业发展带来了充足的劳动力，开垦出大量的农田，使得元代以来早已残破不堪的甘肃经济有了明显回升。明朝是甘肃现有民族分布格局的定型时期，随着大量落居在甘肃的蒙古族逐渐融入当地各民族中去，以及回族、东乡族、裕固族、撒拉族、土族等民族的形成，最终奠定了甘肃现有民族分布的基本格局。

清朝（1644—1911）是甘肃政治、经济、社会、文化等各项事业全面发展的重要时期。陕甘分省是清朝甘肃的一件大事，在新疆建省前，清朝甘肃省管辖着今甘肃、青海、宁夏及新疆的部分地区。清陕甘总督驻兰州，兰州由此成为西北军事重镇和经济、文化交流的中心之一。清朝的甘肃农耕面积进一步扩大，人口空前繁盛，玉米、百合、水烟等农业品种与经济作物被普遍推广，商业的发展又使得明代以来所形成的若干具有特色的区域性市场有了进一步的拓展。特别是左宗棠任陕甘总督以及清末实行新政以后，甘肃近代工业开始出现。

第一节　明朝对甘肃的治理

一、平定甘肃

洪武元年（1368）正月，朱元璋即皇帝位，国号大明。明朝建立之初虽然控制着中原、江南和闽广等地，但元朝的势力仍控制着陕甘等地，朱元璋集中兵力致力于中国的政治统一。洪武元年（1368）的太原战役，明军大败扩廓帖木儿，扩廓帖木逃亡大同，翌年底又从太原辗转退据巩昌（今甘肃陇西县）等地，从而拉开了明军与元末军事力量在今甘肃的会战。

（一）庆阳会战

洪武元年（1368）太原战役后，元将张良弼退守庆阳（今甘肃庆阳市）。三月，徐达率大军进占奉元路（今陕西西安市），元守将张思道遁守庆阳，随后常遇春攻克凤翔，盘踞在关中地区的元太尉枢密使总理全陕西军务的李思齐不战而退，率部众10余万人逃奔临洮（今甘肃临洮县），企图西入吐蕃，负隅顽抗。至此，曾经活动于秦晋一带的故元军队基本上退守到了今甘肃境内。明军绕开庆阳，连克陇州（今陕西陇县）、秦州（今甘肃天水市）、宁远（今甘肃武山县），守备巩昌的元将汪庸、梁子中等在明军的紧逼下开城出降。明军乘胜攻克通渭（今甘肃通渭县），遂兵分两路，一路趋兵庆阳，直捣张良弼所部；一路由冯胜率领，跟踪追击李思齐于临洮城下。李思齐在朱元璋的劝说下率众投降，困守岷州的元守将完颜铁木尔也率部归降。此后，徐达又遣顾实、戴德各将本部攻破兰州。退守庆阳的张良弼逃往宁夏，庆阳由其弟张良臣、姚晖驻守。五月，张良臣以其兄走宁夏后为扩廓帖木儿所执，遂以庆阳诈降。六月，张良臣复叛，明军以重兵围困庆阳。北元政权派扩廓帖木儿部将韩扎儿攻陷原州（今甘肃镇原县）、泾州（今甘肃泾川县），试图从西南方向缓解庆阳之围。八月，元将贺宗哲率兵攻凤翔，增援庆阳；孔兴、脱列伯也受惠宗之命围攻大同，以牵制明军。围困已久的庆阳城在外援不至、粮断弹绝的情况下被迫开门纳降。庆阳会战是明军西征以来与各路故元军队的第一次联合作战。庆阳的失守意味着明军大举进入陇东、河西的道路已基本铺平。

（二）兰州保卫战

陇右平定后，故元军队或降或逃，但扩廓帖木儿部并未受到致命打击，于洪武二年（1369）底率所部搜集流散于附近的各路元军10余万，重新活跃于陇西、定西一带，并试图打通兰州、庄浪（今兰州永登县）一线与北元汇合。扩廓帖木儿趁明军南下之机兵袭兰州，在兰州东关（今兰州市东岗镇古城坪）和白塔山东侧半山腰筑城堡两座（当地至今仍称后者为王保保城）。面对扩廓帖木儿部的重重包围，兰州卫指挥张温据城坚守，不与之战。此时，驻守在巩昌的鹰扬卫指挥于光闻讯前来救援，但寡不敌众被俘并杀害于兰州城下。兰州守军见状愈加固守城池，与元军对峙达四个月之久。扩廓帖木儿久攻不下，又闻徐达大军将至，不得不放弃攻打兰州转至安定州之西巉（今甘肃定西市安定区巉口）一带。兰州保卫战的胜利，成功阻隔了扩廓帖木儿与北元的联系，也为徐达与扩廓帖木儿的决战奠定了良好的开端。

（三）沈儿峪决战

洪武三年（1370）正月，朱元璋分兵二道：一道由大将军徐达自潼关出西安直捣定西，与扩廓帖木儿决战；一道令左副将军出居庸入沙漠，以追元主，迫使其不暇应援。三月底，徐达率十万大军抵达安定州（今甘肃定西市安定区），元守备吕显率众投降。扩廓帖木儿兵至安定，以十万之众分屯于地形险要、交通便利的沈儿峪（今名大涧沟，在车道岭以南，安定区巉口一带）与明军对决。最终元军大败，明军擒元郯王、文济王及国公阎思孝、平章哈扎儿、虎林赤等文武僚属1865人，将校士卒84500人，获马15280匹，骆驼、驴、骡、牛、羊、杂畜以万数。扩廓帖木儿仅与长子、妻子毛氏及少数随从经宁夏逃往岭北行省的和林（今蒙古国鄂尔浑河上游东岸哈尔和林）。扩廓帖木儿虽侥幸存活，但其军队已丧失殆尽。

（四）进军河州、河西

扩廓帖木儿失败后，明军乘胜向西、向南挺进。洪武四年（1371），征虏前将军傅友德潜兵出陈仓克阶州（今甘肃陇南市武都区）、拔文州（今甘肃文县），进军绵州（今四川绵阳市）。在西南方向，明军麾师河州（今甘肃临夏回族自治州），故元将领何锁南普、镇西武靖王卜纳剌归附。河州地处内地通往藏区的咽喉要道，又是内地通往河西走廊的门户之一，自蒙元以来一直在中央政府中享有特殊地位，同时也是蒙古军队频繁往来、重兵把守的地区之一。河州的收复不仅为明朝势力进入藏区开启枢机，而且还为明朝安辑河湟以及河西地区的蒙古军民提供了良好的平台。

洪武五年（1372）五月，冯胜将兵至河西，元守将平章委的弃城逃遁。六月，明军追至永昌（今甘肃永昌县），败元太尉朵儿只巴于刺罕口；败元岐王多尔济巴勒于罗噶口，获其辎重驴马。明军进至甘州（今甘肃张掖市），大破元军失剌罕部，获人口数十万，马、牛、羊十余万头。旋即进取肃州（今甘肃酒泉市），射杀元将平章不化；元将上都鲁率所部民八千余户诣军门降；元太尉锁纳儿等亦投降。冯胜抚辑其民，留官军守之，继续进军瓜州（今甘肃瓜州县）、沙州（今甘肃敦煌市），获金、银印及杂畜两万余头，大部元兵北逃。明军沿弱水追至亦集乃（今内蒙古额济纳旗），攻取扫林山，大破俞宝兵，元守将巴额特穆尔出降。又至别笃山，岐王朵儿只班逃遁，追获其平章加奴等27人及马驼牛羊10余万，甘肃遂平。

二、军政建制

明永乐后共有南京、北京2个和13个省一级的行政区划，简称行省或省。今甘肃省在明朝没有省一级的建制，其军政事务分属于陕西布政司、陕西都指挥使司（治所均在今陕西西安市）、陕西行都指挥使司（治所最终定在今甘肃张掖市）管辖。

（一）陕西布政司

洪武二年（1369），明朝设置陕西等处行中书省，辖地包括今陕西、甘肃、宁夏全部及青海和内蒙古的部分地区。领府8，属州21，县95。今甘肃境内有庆阳府（今甘肃庆阳市）、平凉府（今甘肃平凉市）、巩昌府（治所在今甘肃陇西县）、临洮府（治所在今甘肃临洮县）及宁、泾、秦、阶、徽、兰、河等7州。

（二）陕西都指挥使司

都指挥使司是明朝省一级的最高军事机构，全国共有16个都指挥使司。陕西都指挥使司上隶于中央右军都督府，负责今陕西、宁夏及甘肃、青海、新疆部分地区的军事。陕西都指挥使司在今甘肃境内管辖的指挥使司有：临洮卫、平凉卫、巩昌卫、兰州卫、庆阳卫、秦州卫、靖虏卫以及军政合一的岷州卫、河州卫、洮州卫、礼店前千户所、环县千户所、文县千户所、阶州千户所、镇羌千户所、安边千户所等。

（三）陕西行都指挥使司

明朝设有5个行都指挥使司。陕西行都指挥使司是明朝北方仅有的两大行都指挥使司之一，治所在甘州，主要管辖河西12卫，即甘州左卫、甘州右卫、甘州中卫、甘州前卫、甘州后卫、永昌卫、凉州卫、庄浪卫、西宁卫、山丹卫、肃州卫、镇番卫。

陕西布政使司、陕西都指挥使司、陕西行都指挥使司除管辖府、州、县外，还管辖着大量的土司。主要有：庄浪卫的鲁土司，岷州卫的虎土司、马土司、后土司、赵土司，临洮卫的赵土司，河州卫的何土司、韩土司，撒拉族的韩土司，洮州卫的杨土司、昝土司，巩昌卫的汪土司等。

三、明朝驻甘藩王

朱元璋总结前朝治乱兴衰的经验教训，把朱家子弟分封各地，让他们共同拱卫中央皇权。从洪武三年（1370）开始，先后有62名皇子被封为亲王，在今甘肃境内，明朝曾封过5位藩王，即肃王、韩王、安王、岷王和庆王。其中岷王朱楩为朱元璋第十八子，洪武二十八年（1395），岷王朱楩被废为庶人，远徙福建漳州；永乐元年（1403），复国云南；洪熙元年（1425）四月，再迁湖北武冈，藩国不存。庆王朱㮵是明太祖朱元璋第十六子，开国宁夏，洪武二十六年（1393），庆王朱㮵就国宁夏，以粮饷未备，驻庆阳北古韦州城；洪武三十年（1397），始建府邸；宣德时，庆王每年到庆阳韦州度夏成为定制。因此，真正在甘肃建藩且延续更替的仅有肃王、韩王和安王。

肃王　肃王朱楧是明太祖朱元璋十四子，出生于洪武九年（1376）九月，朱楧自幼聪慧，深得太祖喜爱。洪武十一年（1378），年仅3岁的朱楧被封为汉王，食邑安陆（今湖北钟祥市）。由于诸王年幼，他们仍留在京城接受教育。洪武二十四年（1391），朱楧与卫、谷、庆、宁、岷诸王一起被派往山东临清练兵。经过一年的实际锻炼，朱楧的才干展现出来，以“善骑射，能诗文，谋勇兼资”受到朱元璋的赏识，被改封为地位更为重要的肃王，食邑西北军事重镇甘州（今张掖市）。洪武二十五年（1392），肃王准备赴甘州就国，但“以陕西各卫兵未集，驻平凉”，同时开始营建肃王府。第二年，陕西行都司由庄浪卫徙置甘州，朱元璋同时命李文忠之子李景隆为平羌将军，镇守甘州，为朱楧顺利就国铺平了道路。洪武二十八年（1395），甘州添设右、中二护卫。六月，朱楧“始就藩”甘州。是年八月，朱元璋委以重任，“陕西行都司甘州五卫及肃州、山丹、永昌、西宁、凉州诸卫从肃王理之”，此时，肃庄王统领5.6万军队。肃王初到甘州就产生了较大的政治影响，明朝羁縻的安定卫马上派人到甘州晋见肃王，以示诚心归附。朱楧依制上疏朝廷，奏授安定卫土酋哈昝为指挥使。建文元年（1399），肃王府迁至兰州。此后，历代肃王皆坐镇兰州，直至明朝灭亡。从洪武二十五年（1392）第一代肃王朱楧受封，到崇祯十六年（1643）末代肃王被李自成农民军所杀，明肃王共传袭九世十一王，延历252年之久。

韩王　韩王朱松，朱元璋第二十子。洪武二十四年（1391）封于辽东的开元，因开元近边防，不安全，未去。永乐五年（1407）死于南京，是为韩宪王，葬南京安德门外。永乐八年（1410），其子冲堿嗣封，永乐二十二年（1424）接替安王改封平凉。宣德五年（1430）就藩。韩王共传十一世，213年。除宪王外，其余十世均在平凉。

安王　安王朱楹，明太祖朱元璋第二十二子，生于洪武十六年（1383）。洪武二十四年（1391），封藩平凉；永乐六年（1408），26岁时就藩；永乐十五年（1417），安王朱楹死，谥安惠王，葬于今平凉市安国镇泾河北油坊庄，由于无嗣，封国被朝廷撤销。

四、明朝的甘肃边患与军事斗争

（一）甘肃镇

明初，为防止北元军队南下，朝廷设辽东、大同、宣府、延绥四镇，继又设宁夏、甘肃、蓟州三镇。又以山西镇巡统驭偏头三关，陕西镇巡统驭固原，亦称二镇，遂为九边。在九边中，甘肃镇既有防御蒙古的作用，又有扼制西域、阻隔蒙古与青藏高原的藏族联系的作用，这是其他边镇所不具备的，故有“各边只知防秋，而甘肃四时皆防；各边只知防虏，而甘肃则又防蕃、防回，兵马奔驰殆无虚日”之说。明中期以来，围绕甘肃镇为中心，以河西12卫为依托，逐渐形成了以河西走廊为重点的防御体系。明朝陕西行都司境内驻有重兵，其中仅甘州、肃州两地卫所就有军队近8万人，而在今甘肃境内大约有兵员13万余人。甘肃镇作为明朝北边防务链的一个重要环节，从洪武、永乐时期就受到故元宗室势力的侵扰，直到明朝灭亡，甘肃镇所经历的边患大约为四个时期。

洪武、永乐时期　这一时期甘肃镇所面临的边患主要是哈密残元势力、本雅失里及凉州叛乱土军。明初，西域哈密王一方面慑于明朝强大的武力，多次遣使纳款，示好明朝，但同时又劫杀西域回鹘的朝贡使者，丝绸之路为其所阻。为此朱元璋遣都督佥事刘真偕宋晟督兵征讨哈密。建文四年（1402），鬼力赤被拥立为蒙古大汗，去元国号，蒙古明显分裂为两大部分，即西部蒙古的瓦剌和东部蒙古的蒙古本部。永乐六年（1408），鬼力赤因被传非元裔（有说为伊朗裔），引起部下不满，被知院阿鲁台刺杀，拥立本雅失里为蒙古大汗，阿鲁台为太师，并与瓦剌部攻战不已，被马哈木等击败。阿鲁台虽兵败，但仍与明王朝为敌，不断南下入寇甘肃镇。永乐七年（1409），阿鲁台杀明朝使者郭骥，明成祖派何福率10万骑征阿鲁台和本雅失里。何福孤军轻进，被阿鲁台和本雅失里打败，全军覆没。永乐八年

(1410)，明成祖朱棣率50万大军征讨阿鲁台和本雅失里。明军首战本雅失里，蒙古军大败，本雅失里仅以7骑逃入瓦剌。不久，蒙古诸部遣使贡马，要求内附，何福亲至亦集乃（今内蒙古阿拉善盟额济纳旗）镇抚之。永乐十年（1412），投降明廷的凉州土军首领老的罕起兵反明，都指挥何铭战死，土官李英追击之，老的罕逃至赤金蒙古。翌年，赤金蒙古缚老的罕以献。明王朝封阿鲁台为和宁王。

宣德、正统年间 这一时期甘肃镇的边患主要来自阿台、朵儿只伯和瓦剌也先势力。宣德元年（1426），阿鲁台拥立阿台王子即汗位（阿岱可汗），但此时的大汗已经无权与明王朝交往，完全成为傀儡。宣德三年(1428）以后，阿鲁台西迫于瓦剌部的威胁，东受兀良哈三卫的压迫，不得不南迁至明宣府以西的大同、宁夏、甘肃边外一带驻牧，并零零星星地寇扰明边。宣德九年（1434），瓦剌脱欢所立脱脱不花可汗率众袭击阿鲁台，杀掠他的妻子部落，阿鲁台逃窜至亦集乃，屡为甘、凉边患。从宣德九年(1434）至正统三年（1438），阿台、朵儿只伯等先后六次入境甘、凉、山丹为患，杀死山丹卫指挥陈玘等。正统二年（1437），明廷派兵部尚书王骥往陕西经理甘肃边务。王骥会同蒋贵、任礼等先后败阿台、朵儿只伯于石城、兀鲁乃等地，自此明之西陲稍有安宁。在阿台、朵儿只伯为患之时，西蒙古瓦剌部迅速崛起，正统四年（1439）也先嗣位，正统十四年(1449)，也先遣别将攻肃州。甘肃镇守总兵官任礼遣将御敌，再战再败，损失兵士、牲畜数以万计，甘肃镇遭受置镇以来最大的重创。

景泰、天顺年间 这一时期边患主要为蒙古“小王子”及其部属。天顺年间，鞑靼部首领孛来数度大举入侵甘州、凉州、永昌、山丹、古浪、庄浪、西宁、兰县（州）等地，杀略军民数千人，明军无力抵抗，每每以小胜掩盖失败。天顺五年（1461）后，蒙古内部陷入混乱，势力稍衰，但毛里孩、满都鲁汗等仍不断南下侵扰，尤其是蒙古势力入驻河套后，明朝北边防线更遭遇严峻考验，只是此时期蒙古骑兵对宁夏、延绥的扰略较多，甘肃镇则相对安宁一些。

成化至万历年间 这一时期的边患主要来自达延汗、河套蒙古势力和蒙古右翼三万户。成化十五年（1479）达延汗继位后，对明代北部边境的扰掠也更加频繁起来。从成化二十一年（1485）到正德年间（1506—1521），仅《明实录》记载的达延汗部大规模入寇甘、凉、永昌、古浪、庄浪等地就达30余次。天顺年间，蒙古各部开始出入河套地区，汉文史籍称之为“套虏”。正德、万历年间，庄浪、凉州、甘州、永昌、山丹等地不断有蒙古军队入边的奏报，如嘉靖十年（1531）三月丙申，甘肃镇巡等官奏报：“套贼二万、西海贼数千一时并犯，自庄浪至甘州无处非寇。”明代游徙于蒙古本部与青海之间的蒙古诸部十分复杂，正德初，达延汗为加强对蒙古右翼的控制，任命次子乌鲁斯博罗特为济农（地位仅次于大汗），前往统治右翼三万户（鄂尔多斯、永谢布和蒙郭勒津），驻帐于鄂尔多斯万户，这激起右翼领主的强烈反抗。他们共同设计刺杀了乌鲁斯博罗特济农。达延汗闻知极为气愤，立即兴师讨伐。亦不剌、阿尔秃厮战败后于正德五年（1510）率众到河西走廊一带驻牧，从此拉开蒙古军队进入青海的序幕。蒙古军队进入青海后，河州、洮州等地完全暴露在蒙古军队面前，而蒙古军队的不断南下更成为明中期以来河、湟、岷、洮一带最为棘手的边患。蒙古军队进入青海后很快与当地藏族联合起来，侵犯甘、凉、河州等地，明廷为此派郑洛前往甘肃、青海一带，经略七镇。郑洛用强硬的军事手段迫使蒙古势力大规模退出青海地区，并焚毁仰华寺，这在一定程度上打击了蒙古势力，巩固了明朝西北边防。

（二）固原、平凉、庆阳的军事防务

固原镇　宣德时期，明廷在陕西设镇守，全面负责除宁夏外陕西军务。成化以后，鞑靼诸部入据河套，环州（今甘肃环县）、庆阳一带屡有边警。在这种情况下，明廷开始认识到固原一带在边防中的重要性，弘治十五年（1502），明廷命秦纮为陕西三边总制，设总制府于固原。至此，一个新的防区开始形成。但总制时设时废，固原建制并未因总制之设而固定下来。弘治十八年（1505），陕西镇移驻固原，以固原为中心，“合环、庆、兰、靖为一镇”实施防守。嘉靖时，正式设陕西总兵官，亦称固原镇。

固原、平凉、庆阳一带的边患与军事防务　明朝固原、平凉、庆阳一带的边患主要是“松虏”。明代史籍中的“松虏”是明人对进入庄浪以东、以北、以西的大、小松山地区蒙古族歧视性的称呼。嘉靖三十九年（1560），俺答汗在从青海返回土默特本部途中，将他的侄儿鄂尔多斯部的宾兔、阿赤兔、宰僧、著力兔及其部众留驻于大、小松山。“套虏”“海虏”“松虏”共同构成明中叶以来困扰陕西边防的三大边患。蒙古军队进入大、小松山后，宁夏西部、庆阳北部以及固原、靖虏、兰州、庄浪一带的防御压力骤然抬升，如明中叶，蒙古鞑靼、瓦剌“交相雄长”，迭为庆阳等地边患。明廷为抵御鞑靼入侵，集官军役夫“筑陕西延绥至甘肃一带墩堡、沟墙”，其中自安边营接庆阳，自定边营至环州，每二十里筑墩台一个，计凡三十有四。边墙内之地“悉分屯垦”，戍守将士耕战兼行，足食强兵。为了增强防御能力，正德十六年（1521），明廷令兵部尚书彭泽组织修筑宁夏花马池到灵川，以及蓟州、辽东、宣府、大同、甘肃等地的边墙。嘉靖即位之初也把防御蒙古的重点放在甘肃、宁夏一带。当时主政的内阁首辅杨廷和认为：“我国家边守之务，西北为重，而陕西居其半。”嘉靖四年（1525），三边总制杨一清接任为内阁首辅后，采取了积极筹措边储、整顿马政、广修边墙等加强北部边防的措施，最后是调整军事部署，将陕西镇守将官移到战略要地固原、平凉一带驻扎，以统一协调指挥各处军马，同时又将新式武器“大将军”炮布置在西北沿边城堡。这些措施对有效防范蒙古骑兵的南下起到了很好的作用。

五、关西七卫

（一）关西七卫的设立和变迁

“关西七卫”是指明朝设置在嘉峪关以西、哈密以东的安定、阿端、曲先、罕东、沙州、赤斤蒙古、哈密七卫，后沙州卫裁撤内迁，在其地又设罕东左卫，史称“关西七卫”。

安定卫 洪武八年（1375）设立安定卫，原为撒里畏兀儿地，元末封其宗室卜烟帖木儿为宁王镇之。洪武三年（1370），明朝遣使招抚撒里畏兀儿。洪武八年（1375），卜烟帖木儿派遣卜颜不花来朝，献“元所授金银字牌，请置安定、阿端二卫，从之，乃封卜烟帖木儿为安定王，以其部人沙剌等为指挥”。

阿端卫 洪武八年（1375）与安定卫同时设置。《明史》卷330《西域二》“阿端卫”条载“阿端故城在回回境”，这说明阿端的祖居地在西域范围内。《明史》记载说，宣德六年（1431）令阿端散亡部众“还居帖儿谷旧地”，而阿端故城“去帖儿谷尚一月程”。帖儿谷位于今天青海茫崖镇尕斯西，距离此地一月路程的地方，应是今天新疆于田、且末一带，那里应是阿端故城所在地，也符合“在回回境”的说法。

曲先卫 其地在安定西，元朝时设立曲先答林元帅府。洪武四年（1371）来朝，设曲先卫，以土酋散西思为指挥同知。此时曲先卫的治所应该在今天的罗布泊附近，是撒里畏兀儿最西边的一个部落。后遭到朵儿只巴攻击，部众窜亡，并入安定卫，居阿真地。阿真地就是今天青、新交界处的阿尔金山东麓，这说明曲先卫也有一个向东迁徙的过程。

罕东卫 洪武八年（1375）设置5个罕东百户所，洪武三十年（1397），酋长锁南吉剌思遣使入贡，朝廷设罕东卫，以锁南吉剌思为指挥佥事。其地大体在今党河上游的海屯地方。

赤斤蒙古卫 位于嘉峪关西200余里。永乐二年（1404），“故鞑靼丞相苦术子塔力尼率五百人来归，设赤斤蒙古千户所，以塔力尼为千户，赐诰印”。永乐八年（1410），诏改千户所为卫，升擢塔力尼为指挥佥事。卫治就在今天甘肃玉门市境内的赤金堡。永乐十年（1412），叛将老的罕逃匿于赤斤，永乐帝遂诏谕塔力尼，塔力尼最终于第二年遣头目锁南吉利剌等献俘至京。朝廷赏赐他绮币和袭衣，晋为指挥同知。塔力尼死后，他的儿子且加失旺嗣职为指挥同知。

沙州卫与罕东左卫 沙州卫与赤斤接境。永乐二年（1404），“酋长困即来、买住率众来归，命置沙州卫”，授二人指挥使，给冠带印诰，困即来领卫事，旋为都督。卫治在今天甘肃敦煌。成化十五年（1479）明朝在沙州卫故地设立罕东左卫。永乐年间，罕东卫内部发生分裂，酋长奄章因与诸族仇杀，逃居沙州。明朝许其耕牧输贡，自此以后，罕东的一部分部众就在沙州繁衍定居下来。

哈密卫 永乐四年（1406）设立。洪武时，明太祖曾先后派沐英、濮英西征河西，大胜而归。洪武二十四年（1391）八月，明朝再次令刘真、宋晟率兵征讨哈密。蒙古部兀纳失里携家属逃遁，明军攻陷哈密，兀纳失里又一次领略了明朝的实力，不敢与明朝继续对抗，遂于第二年遣回回哈只阿里等向明朝贡马46匹、骡16只，表示臣服。这次大规模的军事行动，不仅消灭了哈密残元势力，而且震动了整个西域，“自是番戎慑服，兵威极于西域”，展示了明朝的实力，为以后明朝经营西域奠定了基础。

（二）关西七卫的民族与羁縻性质

明朝关西七卫地处河西走廊与西域往来的交通要道，自古以来就是多民族杂居的地区。明代许多民族比如蒙古（瓦剌和鞑靼）、藏族、回回、畏兀儿、撒里畏兀儿等都曾在这一广阔区域留下活动的足迹。七卫中安定、阿端、曲先三卫的主要民族成分是撒里畏兀儿，三卫的官员主要是蒙古人，另外部众中还有少许藏族和汉人。罕东、罕东左、沙州、赤斤蒙古四卫的主要民族是蒙古族和藏族。罕东、罕东左、沙州、赤斤蒙古的最初卫所官员都自称是蒙古族，他们所属部众也以鞑靼人为主。哈密卫辖地本是民族杂居地区，其中回回居住在哈密城西，畏兀儿居住在城东北，哈剌灰居住在城东南，三种姓中以回回人数为最多，势力最大。明朝的土司从管理性质看，主要分为“土流参治”与“羁縻土司”两大类。羁縻卫所的职官由中央政府封授，赐予袭衣、诰命、印玺，允许世袭，但不食俸禄。羁縻卫所承担保境抚民之责，服从朝廷征调；卫内事务“因俗而治”，国家一般不予干涉，亦不需向地方缴纳赋税，但卫所官员要定期朝贡，奉明朝为正朔，以示接受明朝统治。与“土流参治”土司相比，羁縻卫所享有较强的自治性质，它是明朝统治地方的一种特殊模式。明朝所设关西七卫的性质属羁縻土司。在洪武、永乐时期，关西七卫发挥了巩固边疆的积极作用，成为明朝彰显国家实力的触角。然而由于政治和经济利益的驱使，七卫之间也不断发生互相侵扰，经常劫掠朝廷和西域的贡使，有的甚至还私向瓦剌臣服，表现出羁縻卫所游离于中央政权之外的一面。对此朝廷并不是一味怀柔，往往采取“恩威兼施，以抚为主”的羁縻政策。从实施的效果看，达到了以较小的政治代价换取较大的政治收益，否则连年穷兵黩武，朝廷无力应付。明朝与关西七卫建立政治隶属关系的同时，也通过“朝贡贸易”加强与七卫的经济联系。“厚往薄来”的朝贡贸易是保持中央与关西七卫隶属关系的重要形式。

第二节　明代的经济

一、农业开发

元代时，今甘肃的经济是畜牧业与农业并重。进入明代后，随着经济的发展，农业生产在今甘肃经济中占有极为重要的地位。明朝今甘肃农业开发主要表现在屯田带动下的耕地面积扩大；农业人口大幅增长；新的农作物品种大量引进；农业生产技术得到改进等方面。

（一）明朝甘肃的屯田

明朝今甘肃的屯田主要有三种形式：军屯、民屯及商屯。

军屯　明定鼎后，驻扎在今甘肃境内的10余万军队若靠国家供养，势必给朝廷带来难以承受的经济负担，尤其是在明初经济极其凋敝的情况下更是不可能。河西地区孤悬“天末”，粮饷转运极为困难，所以军队屯垦以自给乃势在必行。明初今甘肃耕地面积的扩大主要得力于军垦。明代今甘肃军屯大体以兰州为界，分为河西与河东（含陇东、陇西、陇中）两大区域。明朝河东地区的军屯最早见诸史载的是洪武三年（1370）平凉卫指挥秦虎率五千余士兵屯田西（安）、凤（翔）、平凉三地，人均分得屯田120亩，共计屯田160余处，3450余顷。明朝河州、岷州、洮州三卫有军户3万余，屯田1.2万余顷。临洮卫、靖虏卫、兰州卫有军户约1.5万，屯田0.8万余顷。巩昌卫、秦州卫有军户近1万，屯田1.4万余顷。庆阳卫有各边军士及民兵1.4万，屯田0.4万余顷。仅从上述记载以及推算的军屯数额看，明代今甘肃河东地区的军屯数额已近6万余顷，若加上未被记载的军屯数额，则明代今甘肃河东地区的军屯数额约为7万顷。这是一个非常可观的成绩，它表明明朝今甘肃河东地区的军屯是卓有成效的。

明代河西军屯是今甘肃乃至九边的重点军屯区之一，它对西北边防发挥了重要作用。明朝河西诸卫所属于今甘肃省境内约6.16万人。弘治前，正军维持在7万人左右，弘治以后，军士大量逃亡，实有军士降至4万人左右，嘉靖时又降到3.3万人。河西地区由于“临边险要，守多于屯”，故大部分地区下屯正军的比例仅占到正军的55%，约3.4万人。以此计算，明朝河西屯田军士在明前期维持在3.5万人左右，明中后期则只有2万人左右，屯田约1万顷至1.6万顷。

除正军屯田外，此时期余丁及军卒家属的屯田也发展成为军屯的重要组成部分。正德三年（1508），监察御史李璞奉命前往今甘肃各地清查屯田，其中甘州等12卫、古浪等3所屯田旧额为1.1万余顷，产粮13.4万余石；舍余人等屯田共1.5万余顷，产粮8.5万余石。

军屯的主要政策与措施　明初朝廷极其重视屯田，将其作为一项长期的政策加以贯彻执行，并制定了较为完善的屯田制度，这些制度包括军屯赏罚例、红牌事例制度、样田考较法。这其中最值得一提的是红牌事例。红牌事例创于洪武朝，定制于永乐朝。永乐三年（1405），令各屯置红牌一面，将管理例则写刊于上，颁布全国，明代今甘肃亦行之。有关屯田管理的具体法规包括：第一，屯种的屯军务要趁时耕种，朝作暮息，不许推奸躲懒；管屯官不许离开屯所，谨慎提督，不许徇情纵放军人懒惰；要公平抚恤，一毫不许擅科，一刻不许擅差，亦不许无故虐待屯种的屯军。第二，凡强占屯田者问罪，为官者强占屯田要调遣到边卫带俸差操，属旗军丁人等强占屯田均发边卫充军，民发口外为民，管屯等官不用心清查者纠奏治罪。第三，屯军人等将屯田转与典主、卖主，俱照用强例问罪调发，管屯指挥等官知情不举或受贿容隐，一体参问。第四，屯田籽粒年终不完者，都司管屯、各卫所掌印管屯并屯种官员之家，俱各停俸。若一年不完，都司掌印、卫所佥书及首领官并按察司管屯官一体停俸；屯粮不完二年，三年以上，卫所管屯不必参奏，听管屯佥事提问，停俸比较。第五，不许听纵大小官旗私下役使屯军，亦不许依势刁顽；若有侵欺情弊，比照私役军人事例。每粮一分准军一名，五名以下降一级，以上二级。第六，本管官员如有指以公用差使为由科取钱财，逼令逃窜，以致屯田荒芜事发，听抚按等官奏拿究治。第七，弘治年间规定：律纵放军人歇役者，一名杖八十，每一名加一等，例则额设军伴之外，多占五名以下者降一级。第八，凡不服本管官旗约束，破坏法纪者，定将犯人处以极刑，家小迁于化外。

军屯的管理机构与屯守比例 明朝军屯的管理组织与卫所管理相一致，即督率10人屯田者为小旗，督率50人屯田者为总旗，督率100人屯田者为百户，督率300人以上屯田者有千户1人和副千户2人。千户以上有指挥使、都指挥使乃至五军都督。屯、堡是屯田的基本单位，屯始于今甘肃。洪武二十八年（1395），因甘州五卫军士分耕塞上，相距远者有至二百里，军不成伍，将吏不能朝夕督视，以致军士怠惰，所获不足自食。明廷准令一个百户为一屯，以便耕种。屯的设立一可改善“军不成伍，将吏不能朝夕督视”的状况，二可加强对屯军的管理监督，故此后“屯”遍设全国，于边地更是风行。堡是针对屯的防御能力较低而设置的，最初试行于永乐年间的宁夏。永乐二年（1404），成祖敕令总兵何福在今宁夏于四五屯内可择一中心屯筑堡，以便旁近四五屯辎重粮草皆集于此。无警则各居本屯耕牧，有警则入堡固守，以待援兵。此后堡的设置推广至全国。堡与屯寨的区别在于堡可以筑土城，屯寨则不可以。土城高七八尺或一二丈，城八门；城外濠堑阔一丈或四五尺，深与阔等，聚各屯粮刍于内。每大堡设屯长一人，屯副一人，小堡只设屯长一人，城堡大者有守备、操守、防守等官，城堡小者只设防御掌堡官，或总旗。

屯军受田额与上仓制度 明朝今甘肃军屯人均受田一份，一份通常为

50亩，但也有受田百亩、70亩、30亩、20亩不等者。明朝的军屯，政府每月要给守城军士米1石，屯田者减半，在边地者减3斗。正粮上缴屯仓后，按月发给屯军本人，作为“口粮”；余粮上缴后作为本卫官军俸粮。洪熙元年（1425）更定税则，余粮减半，只纳6石。英宗正统初年进一步规定，正粮不再上仓，只纳余粮6石。至此，军屯的上仓制度基本固定下来。

民屯　民屯是由政府组织移民进行的屯田，其管理机构附属于各级政府。明中叶以后，随着西北边防形势的日益严峻，向边地移民的规模越来越大，民屯随之在西北地区发展起来。正德九年（1514），督理陕西粮饷右侍郎冯清建议：“甘肃流民，岁久奠居，虽有出粮之徭，殊非良法，宜行守臣清查造册，量给官地二十五亩，照例纳粮，免去银差。”此建议得到“允行”。遂召集甘肃流民给田兴屯，既解决了流民衣食问题，又增加了国家税收。

商屯　明廷兴办商屯的主要目的是为了解决军屯所面临的资金紧缺问题。明朝今甘肃地区的边防之需和物资储备，仅仅靠中央政府的直接拨款是不可能的。所以，在直接拨款的同时，明廷又依靠国家权力进行宏观调控，引导一部分私人资本流向边备，以弥补中央财政的不足。这种方式在明朝被称为“开中法”，即政府招募商人输粮（也可为实物、货币）或允许商人出资招人在边地屯种，就地生产，就近缴粮，然后由官府发给引票，凭引就场支盐贩卖。与此类似的还有纳米中盐、纳马中盐、纳布中盐、纳铁中盐、纳钞中盐、纳钱中盐等等。

（二）明朝今甘肃屯田的作用与影响

明朝今甘肃的屯田虽然从规模和数量上不及唐代，但明廷对于甘肃屯田仍十分重视，特别是河西走廊一线的屯田，其作用与影响是明显的。其一，甘肃的军屯在一定程度上达到了“强兵足食”的目的。其二，明朝由于实行了大规模的屯田，不仅使大量的荒地被开垦出来，而且使大片的草地、森林变成了农田，特别是明朝中后期，在河西走廊和河湟地区，屯田在很大程度上改变了以畜牧业为主的格局。从此以后，这些地区农业生产开始发展起来，以农业生产为主的汉族生产方式进一步发展到边疆地区。其三，明朝屯田使明朝今甘肃的人口有了较大的增长，明朝初年，为了防边，将10多万大军屯守于今甘肃，而且迁徙、招抚流民于边地垦种，使人口有较明显的增加。洪武初年，陕西三边还是“地广人稀”，永乐时已是

“塞下充实，地渐开辟”。其四，经过屯田和移民，今甘肃境内一大批城镇发展壮大，同时出现了一些新兴的城镇，这些城镇大部分为清朝所沿袭并发展成为今天居住的城市，如洮州、岷州、河州、秦州、兰州、凉州、巩昌、渭源、安定、镇番、大靖等。其五，移民与戍边军屯田的发展，使得一些新的农作物品种被引入甘肃境内，如玉米、棉花等。

（三）农业生产力的提高

兴修水利 明代今甘肃水利的修建在各地方志中有相当多的记载，从洪武二年（1369）榆中县烽火岔及大河峡开渠灌田起，一直到明末，修建了许多水利设施。这些水利设施主要分布在以兰州为中心的黄河沿岸与河西走廊地区。明朝今甘肃黄河流域水利工程的修建是以兰州为中心，向上到达河州，下游到靖虏卫（今甘肃靖远县）。兰州虽濒临黄河，但由于黄河水位较低，在水车尚未使用前，引黄河水灌溉困难较大。因此兰州东、西两川良田菜地只能靠阿干河、五泉水、笋罗沟水以及黄峪沟水来灌溉，其中发挥主干作用的是阿干水诸渠。嘉靖年间（1522—1566），时任云南御史的兰州人段续将水车引进今甘肃后，很快得到广泛应用。黄河两岸众多水车浇灌着周围的农田菜园，其势蔚为壮观，以至兰州赢得了“水车之城”的美誉。明朝河西自然条件相对较差，水利是河西地区农业必不可缺的生产要素。河西走廊的水利建设以凉州卫、甘州卫和肃州卫为中心，相较而言，成效显著者为甘州卫，其次为肃州卫，凉州卫的水利工程明显较前两个地区要少。甘州水利之源主要为两大类：一为泉水，一为雪山融水。凡冬季多雪，夏季高温之年，南山（祁连山）雪融，河水、谷水及泉水皆饶裕而必得丰年，历代垦屯全靠引入上述水源进行灌溉。在地方政府不遗余力的推动下，甘州地区出现了大大小小的渠坝，如虎剌孩东渠、阳化西渠等，可灌田9200余顷。肃州卫水利主要是利用讨来（赖）河、红水河与丰乐川之水，水源出自雪山，融化流入大河，分成渠坝，浇灌田地。明代在河西一带水利工程的兴修，为明朝政府在河西地区的屯田打下了基础，大量土地的开垦，使河西一带的人口数量不断增加，如杨博巡抚甘肃时，重开甘州木龙坝的龙首渠，使当地屯田大兴，“人丁繁衍”。

农业生产技术的提高和改进 明朝今甘肃地区创造性地发明了“砂田”技术。“砂田”又称“石头地”，主要分布在甘肃中部的兰州、皋兰、永登和靖远等黄土高原地带。这里土质瘠薄，有机质含量低，地势高寒，平均海拔在2000米左右，昼夜温差大，作物生长期短，无霜期仅150天左右，年降雨量仅300毫米左右，而年蒸发量却高达1500～1800毫米。在这一地区，农业生产的关键是控制蒸发量，而砂田技术正是在控制蒸发量上有其独到之处。砂田是甘肃农业生产技术史上一个独具匠心的创造，其产生年代大体在明朝中叶。砂田铺设的方法是在耕地上铺上一层沙砾，厚度约30厘米。砂田的寿命一般为20～30年，每铺一次沙砾可连续种植十余年。在此期间，频繁的土地耕翻可以免去。砂田由于地面覆盖沙砾，可以防止日光直接照射土壤，显著减少水分的蒸发，而且雨水还可以沿沙砾缝下渗，避免雨水冲刷造成地面径流，最大限度地收蓄雨水。因此，"砂田"不仅具有保土、保水、保肥的作用，还能调节地温，改良土壤，防止耕作层盐碱化，避免风暴危害表层土壤，为农作物生长创造良好的条件。在正常情况下，砂田上种植的棉花比未铺砂田的土田产量高出50%～80%；谷物类的旱作砂田比未铺土田高出1～3倍；水砂田比水浇地高出0.5～1倍。由于铺砂田的成本较高，所以新铺的水砂田一般种植瓜类等经济作物，以后才以粮食作物为主。砂田种植可稳产高产，其栽培瓜果，质量特佳，驰名中外的兰州白兰瓜、迟水桃、大接杏、冬果梨、软儿梨等都出产在砂田上。兰州素有"瓜果之城"的美誉，与砂田的栽培有着直接的联系。

甘肃地区农业生产的制约因素　尽管明朝甘肃地区农业生产取得了一定的发展，但仍有许多不利因素制约着农业发展。首先，脆弱的自然环境是制约甘肃农业发展的主要因素。甘肃大部分处于干旱、半干旱地区，降水量小，空气干燥，不适宜农业生产。特别是河西地区，星罗棋布的绿洲被四周的戈壁荒滩和沙漠包围，而滥垦滥伐和过度开垦，造成了植被大量破坏，沙漠化越来越严重，这使得原本就已非常脆弱的河西生态环境变得愈加脆弱。其次，频繁发生的自然灾害严重阻碍了农业生产。甘肃的自然灾害种类繁多，主要有地震、旱灾、冻灾、水灾、风灾、雹灾等，仅洪武年间（1368—1398）发生在甘肃地区的自然灾害就有50次。从正统二年到弘治二年（1437—1489）的52年间，甘肃仅雹、旱、水、霜、蝗、风等特大型自然灾害就有13次之多。一旦发生严重的自然灾害，必然造成大量人员严重饥荒，流离失所，土地荒芜。再次，民族间的冲突和战乱给正常的生产带来严重破坏。明代，蒙古封建主雄居北方，双方经常因各种原因发生争执、冲突甚至战争，从而导致边民迁徙流浪，人口减少，田园荒芜，生产停滞不前。

（四）明朝的马政及甘肃畜牧业的发展

明朝今甘肃的畜牧业在继承前代的基础上，发生了新的变化，这主要体现在明中叶以前官营牧马业的发展。明朝今甘肃地区的畜牧业首先是为抗击蒙古服务的。明朝是中国历史上马匹资源十分匮乏的朝代之一，战马的来源一直是政府关切的要政。永乐年间全国各镇拥有军马34万余匹，绝大多数分布在北方各镇，其中甘肃镇拥有军马约3万匹。万历年间（1573—1620），全国各镇拥有军马数下降至28万余匹，其中甘肃镇拥有军马约2.2万匹。明朝军队作战所需要马匹的来源除通过与藏区的茶马贸易、朝贡贸易，以及从西域诸国的朝贡贸易中获得外，在西北地区设立苑马寺饲养和繁殖马匹也是马匹来源的主要途径。明朝河陇各地无论“中盐”“中茶”，所得之“茶马”“盐马”，除一部分直接拨付军营使用外，另一部分则留在苑马监饲养孳生，以备调用。永乐六年（1408），陕西、甘肃苑马寺共辖12监48苑。其中甘肃苑马寺主要分布在河西走廊以及石羊河、大通河、湟水、黄河上游一带。陕西苑马寺大致分布在今甘肃的榆中、临洮、陇西、通渭、会宁、平凉、庆阳及宁夏、陕北一带。苑视地之广狭可分为上、中、下三等，上苑牧马万匹，中苑七千匹，下苑四千匹。若平均以每苑养马五千匹计之，应有24万匹之多。明朝今陕西、甘肃官营牧场上主要的劳动者是隶属于军事系统的牧军。明制官牧之地曰草场，或为军民佃种曰熟地，岁征租佐牧人市马。明朝今甘肃官营牧业在明中后期开始衰落，这与当时的军事形势有密切关系。明中后期西北蒙古势力在河西等地的活动，使苑马寺经常被劫掠，官牧各苑在烽火警报中自然无从发展。加之茶马贸易的衰落，马源短缺，最终导致陕甘大部分监、苑被裁撤。正统二年（1437）前，陕西苑马寺之威远、同川、熙春、顺宁4监16苑已被裁撤；正统二年（1437），甘肃苑马寺6监24苑全部裁撤。

二、明朝今甘肃的手工业

明朝今甘肃手工业主要有毛纺织业、粮油加工业、兵器制造业、砚作业、造纸业和金属矿冶业及以煤、朱砂等为主的非金属矿冶业。

（一）手工毛纺织业

手工毛纺织业是明代今甘肃最著名的传统手工制造业之一，其生产的绒褐闻名遐迩。绒褐以羊毛为原料，手工捻线或纺车纺线，再用褐机手工织造而成。明代生产绒褐的织机与织布机不同，其结构较织布机更为复杂，以拔绒的方式纺织而成的绒，即今日被誉为固体黄金的羊毛绒，这在明代的兰州已能生产出来。褐织成后必须煮染成色，常见的染色有紫红、大红、藏青、藏蓝等。明末清初，秦安县织褐子的农户极为普遍，所织褐子以“质地柔软，严密精细，染色鲜艳”而享誉周边。明人杨继盛在《自叙年谱》中云，狄道百姓“惟以织褐为生”，“一褐之不得其价，则一家之不得其养”。刑部左侍郎吕坤于万历二十五年（1597）四月在看到兰州地区绒褐生产盛况时写：“洮兰之间，小民织造货贩以糊口，自传造以来，百姓苦于催逼，弃业农而捻线者数百万人，提花染色，日夜无休。”有数百万人“弃业农而捻线”，可见明代兰州地区绒褐生产的巨大规模，且技术处于国内领先地位。

（二）兵器制造

明代今甘肃各府、州、卫、所均有数量不等的役匠、局匠军和军器局，如嘉靖时庆阳府有各项工匠924名，其中安化县有纸匠54名、银匠4名、铁匠36名、钉铰匠1名、染匠5名、织匠10名、毡匠30名、油漆匠1名、双线匠10名、腰机匠4名、弓匠6名、箭匠3名、熟皮匠12名、鞍子匠1名、木匠36名、瓦匠1名、五墨匠23名、锡匠3名、石匠4名、铸匠2名、镟匠1名、索匠3名，共250名，涉及工种22个。明初巩昌府设有军器局、鞍子局，负责制造盔甲、刀、矛、箭、铁炮、马鞍等。万历时，庄浪卫亦设有军器局，该局工匠各有分工，工作各有定额，其中包括铁匠31名，钉甲匠4名，弓匠、箭匠、皮匠共11名，火药匠31名。从庄浪卫军器局的工匠分工、工匠结构及年解额铜6000斤的数量看，河陇地区当时已能够进行铜炮及其他火器的制造。明代甘州为军事重镇之一，同时也是重要的兵器制造中心。西宁兵备副使刘敏宽撰《西宁铁厂碑》说陕西行省岁供甘州军需熟铁9.5万千克，足见其兵器制造规模之大。

（三）砚台产业

明代今甘肃砚产地有洮州、庆阳等地，不过执牛耳者，非洮砚莫属。洮砚至迟在唐朝就已出现，唐代大书法家柳公权《论砚》云：“蓄砚以青州为第一，绛州次之，后始重端、歙、临洮。”洮砚以砚石产于洮州（今甘肃卓尼县洮砚乡）而得名，是我国三大名砚之一。制作洮砚的洮石有数种：一曰鸭头绿，也称“绿漪石”，色泽绿，有水波状纹路，石质坚细，莹润如玉，是洮石上品。若在绿色纹路中夹杂黄色痕迹者则更为名贵。二曰鹦鹉绿，色泽深绿，石质细润，其中带有深色“湔墨点”的更惹人喜爱。三曰柳叶青，色绿而又带有朱砂点，石质坚硬。四曰淡绿色洮石，具有渗水缓慢的特点。明初洮砚石料矿为藏族老噢什部落所有。永乐二年（1404），卓尼族部落首领些地内附，授指挥佥事、武德将军衔，实授千户所世袭千户，老噢什尕的大部分部落归顺新土司些地，喇嘛崖石料产地也归土司管辖。正德初年，土司旺秀被赐姓杨名洪，自此称卓尼土司为杨土司，洮砚石料亦为“杨家洮砚”。历代杨土司深知洮砚的珍贵，对矿区开始严加管理，规定凡采石者必须以土司衙门的尕书为执照，知会驻纳儿村的老噢什旗总管，再由总管通知达窝村的采石工去采石。绝不允许外人无照采石。达窝村民除担负采石任务外，同时负有监视、保护石窟的职责，经常派专人守护，“但闻窃石之声，即纠合村民，前往制止，丝毫不予通融”。明代洮砚石料以三条流通渠道输送到外地：一是老噢什村民将采得的上等石料交给土司衙门，顶替当年的部分差赋徭役。土司衙门中的专业砚工们在收到石料后，专门雕刻成贡品作为土司结交权贵、亲友、学士文人的礼品。二是外地商贩中以贩石砚为业者，设法求来土司批准，直接去老噢什矿区采购石料，然后卖给新城等地的砚工制砚。三是本地的采石工将每次采得的石料，挑去给土司的贡品、购石者的售品，所剩质量、体积稍不合规格者，廉价售给本地砚工制砚。从以上三条渠道中每年流出的石料，约折合砚台六百余方。洮砚的加工者称为砚工，最早的砚工据当地传说是来自西藏的吐蕃民族。明代洮砚雕刻艺人的发展主要呈两支主线，承师流派也随这两支主线沿袭传承。一支主线即产地附近村寨中的民间砚工，祖祖辈辈刻制贡品砚台。名师以纳儿、喀日山、丁尕、卡古等地为中心，逐渐向石门峡外的东岸村寨发展。这一时期，峡外移民拥至，古路坪、杜家川一带居民大增，人口丰盈，劳力过剩，有着充裕的制砚时间。加上峡口外村寨各民族聚居，文化教育素质有了根本的改观。同时，峡外不受土司辖属，每年没有那么多义务性的差赋砚制作，自己刻的砚即可从中寨、岷县等地就近销售，得利颇丰。所以峡外诸村的民间制砚业发展很快，技艺反而超出峡内师辈们许多。这一流派的砚工以藏族为主，图案以贡品龙砚为主，尤其擅长对龙凤图案的创作、设计、雕刻，以刀工细腻、石形自然、选料严格见长。其风格可为洮砚中的代表。另一条主线沿洮河西岸以新城为中心而发展。据说始于明永乐中，师承于城内药王庙的李道长。李道长原来是一名擅长雕刻艺术的屯军，因年迈退役，出家修道，就居于药王庙中。每逢集日，收得数枚洮水东岸徒工所制之粗坯砚台，重新修凿打磨，使之面貌焕然后再行出售。他传授的徒弟主要分布在党家沟、刘旗、李家庄、扁都、下川一带。洮河西岸流派的主要砚工名匠均源于屯军之中，他们不拘泥于传统图案。构思大胆新颖，凿刀粗犷豪放有篆刻风，擅长于各种奇特款式与花鸟鱼虫的雕刻。这一民间砚工流派发展极快，队伍也非常庞大，遍及今临潭境内的新城、羊沙、石门、陈旗、扁都、流川数乡范围。

（四）矿业开发

甘肃矿产资源十分丰富，金、银、铜、铁等金属及煤、盐、朱砂、水银等非金属矿产在甘肃均有分布，而且这些矿产资源在明代已经得到广泛开采和利用。除黄金、银矿开采外，铁矿与煤矿的开采最为突出。明代今甘肃的铁矿开采与冶炼主要集中于陇西地区。洪武七年（1374）全国设铁冶所13座，其中陕西巩昌冶，岁产铁8.5万余千克，在全国列第十，在北方列第四。今陇西、武山、甘谷、漳县、通渭等地，以及两当、徽县、武都、文县、秦安、平凉等处，是明代今甘肃最重要的铁矿产区。除此之外，陇东的安化、伏羌、秦州以及兰州、靖远一带也是重要的铁矿产地。铸于洪武十六年（1383），至今仍悬挂在岷县二郎山正气亭的铁钟，铸造工艺精湛，造型古朴典雅，发音洪亮。洪武九年（1376）修兰州黄河浮桥时，曾铸四根铁柱于两岸，铁柱每根直径0.45米，长6.2米，堪称巨制。据铁柱铭文，该铁柱系用窝窝洞之炭及怪石沟之矿石铸成，窝窝洞即阿干镇之铁冶沟。黄河铁柱的铸造说明，明初在原有的以木炭为燃料铸铁的同时，还有以煤炭铸铁者，这些都足以代表甘肃冶铁业的水平。

明代今甘肃产煤地区有40余处，主要产煤区有六处：一是兰州阿干镇煤矿。炭化坪即阿干镇北沙子沟一古煤窑所在。二是永登窑街之炭窑，在煤洞内曾发现有洪武时代遗物。三是华亭安口窑，相传窑头镇窑神庙碑载，“该庙建于明天启年间”。四是华亭砚峡镇煤矿，镇北老君庙前碑记载：“当嘉靖初年，此处尚未林薮，至十二年市之山民，渐芟作耕陶，十八年始易沪为窑，作庙不容尊祖，三十九年始易堂及门各三楹，仰明长治之泽，兹亦一征也。”五是平凉土谷堆煤矿，传说明洪武前即已开采。六是崇信新窑镇煤矿，附近居民多陕、豫移民，据传该镇煤矿发展较安口为早，嘉靖时开始兴盛。煤炭业的兴盛带动了陶瓷、建材等产业的发展，如平凉华亭就曾是明代陇上著名的窑所。《天工开物》载："凡白土曰垩土，为陶家精美器用。中国出唯五、六处，北则真定定州、平凉华亭、太原平定、开封禹州，南则泉郡德化、徽郡婺源祁门。"《重修靖远县志》卷2《山川》载："靖远宝积山，俗名磁窑儿，在打剌赤堡北四十里。上有真武庙，有石窝白垩，垩则烧造磁器。"永昌红山在县西35千米，其坳多煤炭，窑较东山产尤佳，居民半以陶为业。北山亦产煤炭，陶瓷者居之。盛产煤炭的阿干镇，其附近是柳沟山，"有黄坡，下有磁窑"。

明代今甘肃所产盐主要为池盐、土盐、井盐三种。盐矿主要分布在漳县、西和一带。明廷在漳县、西和设有盐大使，以控制漳县、西和等地的井盐。洪武至弘治时，西和盐官岁办盐6.6万余千克。万历时，陕西灵州、漳县、西和三处年产盐630万余千克，行销于陕西巩昌、临洮二府及河州。明代官课盐引和盐赋是甘肃地方财政的一项重要收入。明初漳县盐赋为额办26万千克，万历时，甘属盐引收入约白银1.5万两，嘉靖时增至1.9万余两。

明代甘肃地区手工业虽有长足的发展，但与江南手工业发展相比还有很大的差距。首先是手工业发展的门类少，规模小。其次是明代今甘肃地区规模较大的手工业与军事需要密切相关，这些行业很少与民用经济发展相联系，再次是明代今甘肃地区商品经济不发达，自然经济仍然占有绝对优势，手工业的发展难以与市场相联系。因此明代今甘肃手工业仍然从属于自然经济，是自然经济的一种补充形式。

三、明朝今甘肃商业贸易

（一）各地的城镇贸易

明代前期，随着农业、手工业生产的恢复和发展，在今甘肃一些地方出现了若干地方性的中心城市，他们承担着地方商品交换的任务，在一些地方甚至还出现了相对集中的专业市场，如兰州、河州、肃州和甘州等。兰州早在宋元时期就已存在榷场，明初黄河浮桥建成后，兰州逐渐成为青藏、河西、河套、河曲等地蒙古、藏、回、汉族等各民族的交汇地带，各路货物均集散于此。河州地处丝绸之路的要冲，是明代今甘肃地区人口最密集的地方之一。明代河州是今甘肃境内茶马贸易的交易中心，素有"秦陇以西繁华称首"之美誉。河州有专门从事粮食贸易的大市，在城中大十字街；有专门从事畜类贸易的中市，在城中小十字街；在南关有客店18座，接待四方商贾。河西地区的地方性市场首推甘州。明代甘州不仅是河西重要的地方性市场，更是西方贡使、商人和旅行家的聚居地，凡大宗贸易大多要在甘州进行，因此大量西来之人留居甘州，从事商业贸易。甘州还是一个重要的民族贸易市场，明廷在甘州等地开设不定期的“马市”，招引西北边地的蒙古诸部在甘州进行互市贸易。明代肃州也是西方贡使、商人和旅行家的聚居地之一，但多为小宗贸易。

（二）明朝今甘肃地区的茶马贸易与朝贡贸易

明朝的茶马贸易主要集中在今甘肃、青海、四川与周边藏族之间。茶马贸易的主要目的是以茶易马，“以茶御番”，减轻朝廷财政负担。正是出于这些目的，西北茶政遂与边政、马政紧密联系起来，成为备受明廷重视的国之大政。明朝的茶马贸易大体可分为三个阶段，第一阶段为洪武、永乐时期。这一时期茶马贸易的特点是茶叶的交易时间、交易方式、交易地点、交易价格等全部由国家垄断，商人不得参与官营茶马贸易。第二阶段大体为宣德至弘治年间。这一时期的特点是国家垄断的茶马贸易因茶叶运输得不到保障而濒于瓦解，私茶泛滥。第三阶段为弘治至明末。这一时期茶马贸易的特点是国家与茶商共同经营茶马贸易，茶商可凭“茶引”将茶叶运到茶马司，将一半交给茶马司，另一半则在边地自行销售。

永乐元年（1403）规定：来自河州、洮州藏族部落朝贡，礼部根据职官大小赏银、彩币、钞等。宣宗即位后，规定了对周边番夷朝贡的马匹等物的回赐标准：中马每匹给钞250锭、纻丝一匹；下马每匹钞200锭，纻丝一匹；下下马每匹钞80锭，纻丝一匹。有疾瘦小不堪者，每匹钞60锭、绢二匹。英宗时，针对藏族朝贡的路线有四川南道与洮、岷北道的不同制定了相应的回赐标准，并就朝贡者返回时茶叶运输等相关事宜做出了更为细化的规定。在丰厚回赐的诱惑下，围绕朝贡而进行的贸易活动也迅猛活跃起来，朝贡者趋之若鹜，如洮州卫大崇教寺番僧藏卜端竹等在成化元年（1465）正月朝贡后，七月，洮州卫大崇教寺又有番僧叁竹藏卜前来朝贡。再如仅成化元年（1465）五、七、九月，就有三拨岷州“番僧”来朝贡方物。次年又有“陕西岷州卫大崇教寺剌麻番僧边爵撒节……各来朝贡马及佛像等物”。这种朝贡由于可免去途中一切费用，还可挟带大量回赐物品或私货返乡，因此朝贡贸易便应运而生。藏族部落的朝贡本是对中央政权认同的一种表示，但明朝的巨额回赐却将朝贡演变为另一种形式的茶马贸易，这是明朝的创举，其积极意义在于明朝的朝贡贸易大大推动和促进了朝贡的实施，朝贡贸易带动了地方经济的繁荣，朝贡贸易为甘肃藏区社会的稳定和各民族间的交往发挥了重要的作用。

第三节　明清之际的甘肃

一、李自成在甘肃

明末活动于今甘肃境内的反明武装主要是李自成领导的农民军。宁州、真宁之战后，李自成农民军曾长期转战于秦中及陇东、陇南等地。崇祯四年（1631）三月，农民首领刘五、可天飞、混天飞、独行狼、混天猴等率众攻略平凉、固原、耀州、泾阳、三原、宁州、环县、武安、华亭、庄浪等地。十一月，饥民不粘泥、张存孟等率三千余人内应外合，自鱼河川入安定。崇祯七年（1634），“临洮营兵蔡虎作乱，率众焚掠，欲杀巡按御史李嵩。寻为其同党所杀”。崇祯九年（1636）二月，李自成、过天星、满天星等率众八九万，与洪承畴转战于陕西澄县、韩城、宜川、鄜州、延安及今甘肃环县、庆阳、兰州等地，后绕塞东走宁夏。崇祯十一年（1638）三月，李自成自羌中还走临洮，屯住于洮河一带。四月，李自成强渡洮河，自宁远（今甘肃武山县）南入西和、礼县山中，再南越成、阶二州，进入略阳，以图东山再起。崇祯十四年（1641）四月，秦陇州县大饥，斗米银1.5两，人相食。九月，三边总督傅宗龙被农民军击毙。崇祯十五（1642）年三月，三边总督王乔年被农民军击毙。崇祯十六年（1643），李自成攻克西安后，又遣兵攻下榆林、庆阳，俘获明韩王。

为了牵制明朝西北边兵援助京师，李自成令部将贺锦、田秀等攻取今甘肃、青海各地。贺锦等先后攻破秦安、安定、会宁，兵临金县。金县守军开门迎降。农民军随即兵临兰州城。明朝甘肃总兵马爌、副将欧阳衮等人见形势危急，力劝肃王朱识鋐西走甘州。朱识鋐驽马恋栈豆，未采纳这一建议，马爌等人自行赶往甘州。崇祯十五年（1642）十一月二十一日，兰州百姓开城降迎农民军。肃王朱识鋐在慌乱中被校尉张鼎背着从王府水洞钻出逃亡，潜行至哒什哼啰（今甘肃永靖县三条岘乡塔什堡村），被明朝卸任总兵杨麒派人擒获，并将肃王当作自己投诚农民军的见面礼。贺锦厌恶杨麒卖主以牟取富贵，既不忠于明王朝，也不是真心投顺农民军，遂将杨麒父子斩首。同时认为张鼎忠义可嘉，释放而归。肃王则被送至西安李自成营下处死。贺锦进驻兰州后，农民军继续向西挺进，庄浪、凉州二卫相继投降。农民军进逼甘州，击毙巡抚林日瑞、马爌等，甘州遂破。山丹、永昌、镇番（今甘肃民勤县）、肃州等地悉归农民军。甘州陷落后，贺锦得知农民军将领鲁文彬在攻打西宁时被甘青土司打败阵亡的消息，立即率大军由甘州南下，在北大通（今青海门源县）与土司鲁允昌交战。允昌兵败，退守连城。在农民军步步紧逼之下，连城不满土官长期欺压的土民纷纷阵前倒戈。农民军很快攻破鲁土司城堡，杀鲁允昌，俘获其子鲁宏。至此，陕西三边之地悉归农民军。

二、清军平定甘肃

清朝建立后，即以英亲王阿济格为靖远大将军，偕平西王吴三桂、顺义王尚可喜等由大同边外会诸蒙古兵赴榆林、延安，出陕西之背，进攻李自成，以防止李自成退往甘肃。又以豫亲王多铎为定国大将军，率孔有德等由河南夹攻潼关之大顺军，以期会于西安。顺治元年（1644），清廷以孟乔芳总督陕西三边军务。孟乔芳遣土官李天俞、祁廷谏等安抚西宁及河西各土司，并追剿甘州“流寇”。顺治二年（1645）二月，李自成在清军的步步紧逼下，被迫放弃西安南走商州。清军很快攻下秦属州县。英亲王阿济格招抚陇右、河西，西北四镇（延绥、宁夏、固原、甘肃）八府（西安、汉中、凤翔、榆林、庆阳、平凉、巩昌、临洮）官民受清廷管辖。四月，清廷任命黄图安为甘肃巡抚，今甘肃境内基本为清朝所控。

第四节　清代甘肃政局及对甘肃的治理

清代甘肃政局最大的政治事件莫过于陕甘分省，这是甘肃地位提升的关键，同时也推动省会兰州一跃成为西北地区政治、军事、经济、文化的中心之一。清代甘肃境内的反清事变层出不穷，其中影响最大的当属发生在同治年间的甘肃回民反清斗争。这次反清斗争迫使清政府对其民族政策进行调整，也促成了甘肃境内民族格局的分布。清代的甘肃虽然没有进行大规模的“改土归流”，但经过一系列的整治，长达几百年的土司制度基本终结。清代乾隆末年，影响极坏的“捐监冒赈”在甘肃被揭露，这是清朝建立后最大的一起腐败案件。它暴露出甘肃吏治最黑暗的一面。

一、米喇印、丁国栋领导的反清斗争

清初，朝廷在甘肃的统治大多靠一些明朝的降将来维持。清初甘肃地区不仅李自成余党的活动十分频繁，而且各民族反清力量也打着“复明”的旗号进行抗清斗争。在这些反清斗争中，以河西米喇印、丁国栋领导的反清斗争规模最大。

领导这次反清斗争的首领米喇印、丁国栋清初归附后成为清朝驻甘州的回族军官。顺治五年（1648）四月，甘州军队奉命调往四川、湖广边界去镇压李来亨为首的“夔东十三家”。米喇印、丁国栋抓住这一时机，举旗反清，打着故延长王朱识璓旗号，“反清复明”。回民军迅速攻占凉州（今甘肃武威），继而向巩昌、岷州、兰州、临洮、渭源进军，控制了整个陇西地区。为了迅速扑灭河西回民的抗清斗争，清廷命固山贝子吞齐为平西大将军，同固山额真宗室韩岱统帅满蒙旗军，分三路发起进攻，相继攻陷巩昌、临洮、兰州等城邑。六月，清军渡河而西，攻占了河西重镇凉州，米喇印战殁于水泉子（今甘肃永昌西北）。丁国栋集结余部，由甘州进据肃州（今甘肃酒泉），拥立哈密巴拜汗之子土伦泰为王，继续战斗。顺治六年（1649）十二月，清军集中兵力围攻肃州，丁国栋部顽强抵抗，最终矢尽粮绝，归于失败。丁国栋、土伦泰和大部分反清战士被清军杀害，余部至顺治十年（1653）被平定。

二、王辅臣之变

发生在康熙年间的王辅臣事变是“三藩之乱”在甘肃的延续。康熙十三年（1674）二月，朝廷授刑部尚书莫洛经略陕西，并给予极大的权力。此时，平凉提督王辅臣瞒着康熙帝接受了吴三桂请他出任平远大将军、陕西东路总管的请求，于十二月起兵于宁羌，杀陕西经略莫洛。康熙十四年（1675）正月，吴三桂任命的总兵赵时申、守备马宏攻陷临洮、兰州、河州。二月，甘肃提督张勇、西宁总兵官王进宝提兵征讨赵时申。六月，城中粮尽，赵时申以兰州降，余党悉平。清军随即克临洮、金县、安定、靖远、秦州、巩昌。王辅臣节节败退，困守平凉，试图负隅顽抗。为了尽快平息“三藩之乱”，七月，康熙再次敕谕王辅臣，告之平凉灭在旦夕，令其投降。接到康熙皇帝的敕谕，王辅臣一方面不拒绝招抚，另一方面又暗中窥视，不断寻机突围，避免城破身亡，以期东山再起。经过数月的权衡与挣扎，王辅臣终于康熙十五年（1676）六月投降。康熙帝仍命王辅臣为平凉提督，加太子太保头衔。康熙二十年（1681），郁闷中的王辅臣饮鸩自尽。

三、陕甘分省及兰州的崛起

清朝设甘肃省，这是甘肃地位提升的关键标志，也是清初甘肃的崛起以及清政府为进一步深化管理、加强中央集权的重要措施。康熙二年（1663），清廷移陕西右布政使司于巩昌府，辖临洮、巩昌、平凉、庆阳四府，翌年添设甘肃按察使司于巩昌，甘肃其余地方仍归陕西行都指挥使司管辖。康熙六年（1667），清廷颁布裁官规定，沿用多年的陕西右布政使司更名为巩昌布政使司。康熙八年（1669）又更名为甘肃布政使司并迁往兰州，陕、甘正式分省。甘肃正式拥有“行省”之名，出现在清朝省级序列之中。雍正三年（1725），裁陕西行都司及所属卫、所，归甘肃布政司管辖。甘肃布政司在原有四府的基础上又增加凉州、甘州、西宁、宁夏四府及肃州直隶州等，其辖境覆盖了今甘肃、宁夏全境及青海大部。甘肃自此拥有名副其实的“行省”之实。乾隆二十八年（1763），在平定准格尔叛乱后，清廷设迪化府，归甘肃省管辖。甘肃省的版图达到极盛。在疆域演变中，兰州已不再是西北边防线上的重镇，而一跃成为西北地缘政治中心，成为西北地区东西交通、南北交往的汇聚点，这为兰州入选省会创造了得天独厚的条件，也为兰州地区的发展带来了绝佳的历史机遇和新一轮优势。入清以后，随着甘肃地位的提升，兰州的战略地位和地缘政治中心的重要性亦随之凸显出来。乾隆三年（1738），改临洮府为兰州府，府治皋兰县。至此，兰州一直是甘肃省会。在军事设置上，早在陕西右布政司移驻兰州之前的康熙五年（1666），甘肃巡抚就已从凉州移驻兰州，这是入清以后首次驻扎到兰州的省级官员。康熙九年（1670），清廷进一步令甘肃、宁夏、西宁等处官兵由甘肃巡抚统辖。乾隆二十九年（1764），裁甘肃巡抚，以陕甘总督治兰州，行巡抚事，遂为定制。随着甘肃布政使司、甘肃按察使司、陕甘总督均聚集在新设置的兰州府，兰州成为西北军政中心。

四、清朝甘肃的军事建制

（一）驻防八旗

清朝在甘肃的军事力量主要为八旗兵与绿营兵，辅之以少量土司军队。清朝八旗又分为“禁旅八旗”与“驻防八旗”。清代驻扎在西北的八旗兵约

1.8万人。至乾隆年间，甘肃境内的驻防八旗兵基本布置完毕，分驻在凉州、庄浪两地，其数量不多，变化不大，具体为：乾隆二年（1737），凉州府设将军一员，副都统一员，满洲协领四员，蒙古、汉军协领各一员，以及满洲佐领、防御、骁骑校、蒙古、汉军佐领等各级军官近百人。是年，庄浪设副都统一员，满洲、蒙古、汉军协领各一员，以及佐领、防御、骁骑校等各级军官近40人，听凉州将军管辖。乾隆二十八年（1763），裁庄浪副都统。乾隆三十二年（1767），以天津兵丁移驻凉州。乾隆三十八年（1773），以凉、庄兵数无多，毋庸设立将军，凉州留副都统一员，庄浪设城守卫一员。同年，凉、庄满洲兵移驻伊犁。由西安拨副都统一员为凉庄副都统，率兵2000名移驻凉州、庄浪。凉州设协领兼佐领二员，分为左右翼八旗，设佐领六员，防御、骁骑校各八员。庄浪设城守尉一员，佐领、防御、骁骑校各四员。乾隆五十一年（1786），凉州增设佐领、防御、骁骑校各二员。至乾隆五十一年（1786），凉州、庄浪驻防八旗兵共有2 300余名，其中，凉州有：前锋领催120名，马甲1150名，炮甲20名，养育兵180名，弓箭铁匠40名，马770匹；庄浪为：前锋领催、马甲680名，步甲64名，炮手10名，养育兵75名，弓箭铁匠15名，马320匹。

（二）绿营建制

绿营兵主要是清军入关后以招募的汉人和汉族地主武装组建而成的。清代甘肃境内的绿营兵自顺治二年（1645）始设，屡经变革，雍正年间（1723—1735）增定兵额有马、步、守兵8.29万名，官马0.21万匹，兵马4.04万匹。职官有：抚标一及左右二营；提标二：固原、甘肃；镇标六：凉州、宁夏、西宁、肃州、安西、大通。乾隆四十六年（1781）苏四十三反清斗争后，甘肃增兵1.29万余名，以固原总兵驻河州。此时甘肃境内兵员总数接近10万，占全国的1/6。同治年间（1862—1874），左宗棠坚持兵贵精不贵多，一举裁掉甘肃绿营兵近4万人，光绪年间（1875—1908）再次裁汰甘肃绿营冗兵1.25万。陕甘总督驻兰州后的职官系列为陕甘总督统辖本标兼节制府标二：陕西、新疆各一员；提标三：陕西、甘肃、新疆各一员；镇标八，其中固原提督一员，统辖本标及分防各营兼节制镇标四：河州、延绥、西安、汉中；甘肃提督一员，统辖本标及分防各营兼节制镇标四：凉州、宁夏、西宁、肃州；宁夏镇总兵官（时属甘肃）、西宁镇总兵官（时属甘肃）、河州镇总兵官、凉州镇总兵官、肃州镇总兵官各一员，管辖本标及分防各营。

（三）新军建制

八国联军侵华后，清廷推行新政，统一新军编制，将全国新军分为常备军、续备军、后备军三等。陆军常备军的编制是：军、镇、协、标、营、队、排、棚，分别由军统（或称总统）、统制、协统、标统（或称统带）、管带（副营职称帮带或督队官）、队官（或称哨官）、排长、正目（副职称副目）率领。甘肃陆军常备军有：陕甘督标，辖常备军步队三标，马队、炮队各一营及亲军步队。其中，步队一标、三标、马队、炮队驻扎在省城迎恩门外大教场，步队二标一营驻扎在固原，二标二营驻扎在河州，二标三营驻扎在西宁，亲军步队驻扎在督署。甘肃巡防队的分布为：固原提标，驻扎在固原、平凉一带；甘州提标，主要驻扎在甘州；宁夏镇标，驻扎在宁夏府城及中卫一带；西宁镇标，主要驻扎在西宁府城；河州镇标，分驻在循化厅、狄道、秦州及河州城；凉州镇标，主要驻扎在凉州府城；肃州镇标，主要驻扎在肃州府城；甘肃镇南巡防马队，主要驻扎在河州城；西宁办事大臣乾字马队，主要驻扎在西宁府城。此外，尚有部分巡防队散驻在全省各地。

五、明清两代对甘肃土司的治理

（一）明朝“土流参治”下的甘肃土司

土司制度是明朝政府治理周边各民族的主要制度。明代的土司主要有两大类型：一是“土流参治”，这是明代土司制度的主流；一是羁縻土司。明代的“土流参治”又可分为以土官为主、流官为辅的“土流参治”和以流官为主、土官为辅的“土流参治”，前者主要实施于华南、西南等地；后者主要实施于甘青地区。

明朝建立后，面对甘肃境内众多的民族和宗教，册封了一大批土司，以便达到以流官制土官，以土官治土民的目的。明代今甘肃主要少数民族和土官有：

藏族　明朝对于今甘肃境内的藏族采取了恩威并施的政治手段、“群封众建”“尚用僧徒”的宗教政策和“以茶驭番”利用封贡的经济政策强化治理。明朝将藏区的吐蕃人以与中央王朝关系的远近分为“生番”与“熟番”。明代今甘肃境内影响较大的藏族土司有：岷州萨底族后土司至明末共传18人；岷州革那族赵土司至明末共传7人；洮州卓尼杨土司，杨土司是明代甘肃最大的土司之一，杨氏土司至明末共传9人；洮州底古族土百户昝氏土司至明末共传9人；洮州着逊族土百户杨氏，又称“小杨土司”“永土司”，小杨土司至明末共传7人；岷州卫马土司、河州珍珠族韩土司至明末各传8人；河州乩藏族王土司至明末共传6人；临洮土指挥同知赵氏至明末共传27人。针对甘肃藏区教派林立、政教合一的特点，明朝在今甘肃藏区积极推行“群封众建”“尚用僧徒”的宗教政策，以适应藏族信仰藏传佛教的现实。明朝对于藏传佛教的管理主要包括几个方面：一是根据番僧的地位高低，授予封号，如法王之下封有西天佛子、大国师、国师、禅师、左右善世、左右禅教、左右讲经、左右觉义、都纲、喇嘛等共十一级，其中最著名的有大宝法王、大乘法王、大慈法王等。二是从中央到地方设置僧录司、僧纲司、僧正司、僧会司作为掌管佛教徒事务的宗教机构。在藏区，僧纲司又分为番僧纲司与汉僧纲司。三是广建和册立寺院。明代藏区的寺院一般须经朝廷确认，方可讲经布道。明朝今甘肃藏区的僧官按等级不同均辖有大小不等的部落和庄园，僧职皆可世袭。僧、俗世官虽有名义之分，但实际多由同一家族中的不同成员担任，行政教合一之实。明朝在今甘肃藏区所确认的寺院主要有：河州地区的弘化寺、马营寺、显庆寺、普岗寺、乩藏大寺等，洮州地区的禅定寺、垂巴寺、著洛寺、麻尔寺、圆成寺、阎家寺，岷州地区的大崇教寺、法藏寺、广福寺、报恩寺、弘教寺等。

蒙古族 明代今甘肃境内及缘边落居的蒙古人大体分为两大类：第一类是明初散落在河西走廊以及河湟、庆阳一带归降的蒙古军民，这些归降的蒙古军民到了明朝末年，大部分都融入其他民族中或组建成新的民族，从而改变了当地的民族格局；第二类是明朝中期以后陆续从中国北部移居到今青海、甘肃河西走廊等地的蒙古人。甘肃河西走廊曾经是元代屯兵把守的重要地区，其中有驻扎在凉州一带的阔端后王和回鹘亦都护高昌王；有驻扎在河西西部以及哈密、柴达木盆地的察合台系诸王、忽必烈第六子爱牙赤、亦集乃路宁、肃王系统、柳城王系统等；有驻扎在湟水流域至永登、兰州一带的弘吉剌部驸马宁濮郡王——岐王系统、西平王——镇西武靖王系统。除此之外，在甘肃南部有创建礼店万户府的按竺尔蒙古五千户；有高昌回鹘王帖木儿不花所部探马赤军万人；有万户晃里达儿等部蒙古军；有驻扎在脱思麻地区以及陕西、甘肃行省各路、州、县的蒙古探马赤镇戍军队以及屯田将士。元明之际，以李思齐、张良弼、张思道、扩廓帖木儿为首的故元军队也曾大量涌入甘肃境内。沈儿峪一战，明军俘获扩廓帖木儿军八万余人，这些人中的大部分就近安置于今甘肃境内。明代河湟地区也是蒙古族较为集中的地区之一。史载“河州所属地方多是土达、番人”，河州等处“所管辖者皆土达人户”。对于这些归附的蒙古诸部，明廷或设卫给诰印授以指挥官，成为羁縻土司，如关西七卫等，但大多数为“土流参治”下的土司。在众多的蒙古土司中，庄浪卫鲁土司家族与河州卫何土司最具代表性。

庄浪卫土指挥使鲁氏。庄浪卫鲁土司家族世居庄浪（今甘肃永登县），是甘肃土司中最为显赫的家族之一。洪武三年（1370）脱欢降明，被安置在连城，为一世土司。永乐九年（1411），巩卜失加子失加升副千户，赐姓鲁，名贤。正统二年（1437），升指挥使。明朝建“三边”于西北，北拒蒙古，南捍诸蕃，庄浪地处这条防线的中心，故鲁土司的作用十分重要。终明之世，鲁土司家族不仅统辖着数万鲁家土军，而且充任着明廷的封疆大吏。鲁氏家族先后有鲁鉴、鲁麟、鲁经等以总兵官、副总兵官、都指挥佥事、指挥使等职，镇守于甘肃、庄浪、延绥等要地，极受朝廷倚重。崇祯十七年（1644），李自成部将贺锦经略河西，鲁家军拼死抵抗，遭受了灭顶之灾。鲁氏土司传至明末共传10人。除此之外，庄浪卫鲁土司家族还有鲁镛、鲁福、鲁臣等五个分支，居住在天祝、古浪、永登等地。

河州卫何土司。明代河州何土司始祖何锁南，元末任吐蕃等处宣慰使司都元帅府宣慰使、宣政院使。洪武三年（1370）归附。太祖赐姓何。同年，明廷设河州卫，以宁正为指挥使，何锁南为指挥同知，朵儿只、汪家奴（何锁南胞弟）为佥事。何土司传至明末共10代。

回族　回族大体在明中期形成，主要标志是信仰伊斯兰教和以汉语为本民族语言。明代今甘肃回族的形成与蒙元时期大批信仰伊斯兰教的西域人东迁有直接的关系。蒙古军三次西征，将大批被征服者迁徙到中国，从而使信仰伊斯兰教的西域各族大规模留居中国。元朝建立后，这些人按照“上马则战斗，下马则屯聚牧养”的原则就地入社，“与编户齐民等”，被称作回回户，从此转入屯垦牧养的经济生活。明代今甘肃回族人口继续壮大，除来自境外中亚的“西域回回”“归化回回”“附籍回回”外，境内其他民族的融入也是一大来源。明代后期，陕西和陇右已成为甘肃回族聚居最多的地区之一，故明朝末年这一地区多次发生回族反抗斗争，如正德九年

(1514)，庆阳合水县（今甘肃合水县）回族李大禄因不堪官府掠夺，率领当地回族群众反抗政府；正德十二年（1517），甘肃河西回族数千人，拥众南山，而分千骑攻高台；正德十六年（1521），陕西回族陈克己率众起事。

东乡族 东乡族主要分布在甘肃省临夏回族自治州东乡族自治县境内，因居住在河州东乡而得名。对于蒙古人落居东乡地区的直接记载是明初曾随从邓愈招抚卜纳剌的俞本在其《明兴野纪》一书中写卜纳剌归附后，“率家属于城东驻扎十营”，明廷于河州设武靖卫，以卜纳剌为指挥同知，设千百户镇抚之职，管理旧蛮、番酋。另嘉靖《河州志》卷2《人物志·国朝武功》载：“脱晟，本州麻失里（位于河州东三十里）人。累有军功，由蒙古千户所百户升本卫指挥佥事。”明朝初年就已废置万户一职，元时的万户在明初大多改为千户，因此，明代驻扎在河州东乡麻失里的蒙古千户所应当是部分脱思麻探马军四万户府改置而来。明初河州卫下“置千户所八……曰蒙古军、曰灭乞军”。至于回鹘人何时落居河州，《亦都护高昌王世勋碑》及《元史》卷122《巴而术阿而忒的斤传》中均有记载。

保安族 保安之名因明初设保安站而得名。明初的保安站位于今青海省同仁县保安地区。永乐四年（1406），河州卫指挥使刘钊奏调中左千户一所迁往贵德居住。居住在贵德的中左千户所共辖十个百户所，其中四个百户（屯寨）所驻扎在保安地区，称为“保安四寨”。保安堡是保安四寨中的中心堡。明朝保安地区以保安站、保安四寨为中心，逐步形成了一个多民族聚居区，主要居住着藏族、蒙古族、汉族以及部分信仰伊斯兰教的居民。《循化志》称保安四屯，“屯兵之初，皆由内地拨往，非番人也”。其中“吴屯者，其先盖江南人”；李屯人称其祖先来自成吉思汗的军队；季屯称其祖先是从西域（新疆）来的蒙古人。脱屯、李屯居住的屯戍军卒被称为“尕撒尔”“霍尔”等。李屯、脱屯、季屯在当地又被称为保安三寨。清朝咸丰、同治年间，保安地区部分信仰伊斯兰教的居民因农耕灌水等问题与周边各族群众发生争执，遂辗转迁至今甘肃省保安族东乡族撒拉族自治县大河家一带居住。久而久之形成今天以信仰伊斯兰教为主的保安族。

裕固族 裕固族因语言的不同分为东、西两部分。但无论是讲西部语还是东部语的裕固族都称自己为“尧乎尔”。历史上不同时期对裕固族有不同的称谓。元明两代称“撒里畏兀”。一般认为，河西回鹘是裕固族的先民，但有一部分西州回鹘裹挟在其中。洪武八年（1375），卜烟帖木儿遣使来朝，将元朝赐予的金银字牌上缴明朝，明廷在撒里畏兀地区设置安定、阿端二卫，封卜烟帖木儿为安定王。明初，故元甘肃行省太尉朵儿只班不受明廷招抚，进入撒里畏兀地区，使曲先、阿端、安定三卫遭受沉重打击，族民流徙，驻地逐渐东移。永乐及宣德时，由于曲先、阿端、安定三卫首领多次劫杀明廷派往西域的使臣，明朝派兵剿杀。撒里畏兀部落远逃。此后明廷将撒里畏兀诸部，甚至包括赤斤蒙古、罕东、沙州等卫的蒙古部落东迁至肃州南祁连山麓。正德年间（1506—1521），进占青海地区的亦卜剌蒙古部落袭扰关西七卫诸部，明廷又将西七卫诸部继续东迁，迁至肃州、甘州以南祁连山麓。在长期交往过程中，被共同的命运联系起来的撒里畏兀各部与赤斤等卫的蒙古部落，加强了政治、经济和文化上的联系，特别是迁至肃州、甘州以南祁连山麓后，他们为了生存，精诚团结合作，共同抵御青海蒙古和其他民族的袭扰，按照草原民族的习俗，推举尊贵的或强有力的氏族部落首领为头领，维持内部社会秩序。正是这种共同生活、共同地域和共同的政治环境，促使一个新的民族在明代后期逐渐形成。由于这个民族共同体的族源主要由撒里畏兀部落和蒙古部落组成，所以至今在语言上仍有很大的区别。

（二）清朝“土流分治”下的甘肃土司

清朝甘肃主要的土司　清朝甘肃有多少土司，据清代兵部档案载，清朝甘青地区的土司凡土指挥使8人，指挥同知7人，指挥佥事8人，千户7人，百户9人。不过在甘肃境内影响较大而权势显赫的土司仅10余家，其中甘肃境内尤以临洮赵土司、卓尼杨土司、永登鲁土司势力为甚。

卓尼杨土司。卓尼杨土司进入清代后势力更大。顺治十八年（1661），杨朝梁归清，为外委土司。康熙二十年（1681），杨威袭职，因防和硕特东进和平息迭山藏族之乱有功，加封二品顶戴花翎、随营游击。乾隆四十六年（1781）撒拉族反清，杨宗业出兵助清镇压，赏三品顶戴花翎，领兵部号纸。光绪六年（1880），杨作霖袭职，因功上头品顶戴，领兵部号纸，兼摄禅定寺世袭僧纲，管辖范围日益扩大，势力更为强盛，成为甘青各土司中最强者。民国建立后，杨积庆于民国十六年（1927）改任洮岷路游击司令，后改为保安司令。杨氏土司鼎盛时辖区总面积为1.1万平方千米，辖部落48旗，578族，近10万属民。48旗番民中有以农业为生的，有从事农业和森林狩猎业的，但更多的是畜牧业与农业的混合型经济，其土地所有制类型主要为份地与租佃两种。在宗教方面，卓尼杨土司自第一代始就以禅定寺为宗教中心。禅定寺原名卓尼寺，康熙五十二年（1713），敕封该寺为“禅定寺”。禅定寺的僧纲由卓尼土司家族世袭，总揽全寺政教事务。格鲁派兴起后，禅定寺成为一座正规的格鲁派大寺，统领108个寺院、17个教区。禅定寺寺僧最多时有3000余人。杨土司家族自清初至清末共传11人。

会川赵土司。顺治二年（1645），陇右底定，第二十八代土司赵师范率子枢勷归附清朝，仍令管理临洮卫指挥使土司事务。同治年间，赵土司在河州回民反清斗争中几近毁灭。光绪二十年（1894），赵元铭袭职，领兵部号纸。光绪二十一年（1895），河湟事变，赵元铭协助官军解围河州有功，加二品衔勇号。赵氏世居渭源县（原属狄道）桧柏庄。赵土司家族自清初至清末共传14人。民国建立，末代土司赵柱（字天一）被任为临洮县保安大队长。

平番鲁土司。明末鲁氏家族遭到沉重打击。顺治七年（1650），鲁宏被清廷释放返乡。顺治十六年（1659），复授指挥使。清代鲁土司家族虽然恢复了世袭特权，“照旧管束土官、土军并各该僧俗家口”，但随着清朝疆域的扩大以及北元威胁的消失，鲁土司家族的作用大为减弱。但即使如此，鲁土司家族还是参与了一系列重大的军事行动，协助清军平定王辅臣，助剿喀尔喀，随征罗布藏丹津，攻打苏四十三等。土司鲁宏家族自清初至清末共传10人。鲁镛家支后代鲁大诰自清初至清末共传10人。鲁之鼎、鲁典家支自清初至清末共传8人，民国初年废。鲁福家支后代鲁培祚家支自清初至清末共传9人。把只罕家支后代鲁典家支自清初至清末共传9人。

清朝对甘肃土司的治理 清朝的甘肃并没有大规模实施“改土归流”，而是“土流分治”，这与南方明显不同。但是说清朝甘肃没有大规模实施“改土归流”，并不等于对土司没有治理，相反，清廷对于甘肃土司的治理并不逊色于“改土归流”，以至于治理后的甘肃土司大多名存实亡。综合起来，清初朝廷对于甘肃土司的治理措施主要包括：一是以体制削弱土司。清初朝廷在甘肃将大量卫所改置为府、州、县，卫所的军事职能由驻防八旗兵、绿营兵取而代之。甘青土司武装从清朝的军事体系中剥离出来，其重要性以及政治地位被极大削弱。“土流参治”演变为“土流分治”。二是恩威并治。由于甘肃土司的积极贡献，清政府不但没有大范围实施“改土归流”，而且还相继册封了一批新土司。与此同时，清政府对原有土司进行整顿，取消了一批汉化程度较深以及个别不法土司。三是强化法律约束。

主要包括清朝土司除长子承袭外，庶子亦有资格承袭；土司不得越界活动，违反者，土官革职，土人按律处罚。四是严控土司武装与禁止私藏武器。相较土司拥有土兵而言，清政府更为担心的是甘青土司是否私藏武器。清政府对于土司私藏军器方面有着严格的规定，明令奸商不得将军器卖给土司，违者杖一百、充军；地方官知情不报，甚至怂恿犯罪，与知情者一样罚罪。五是经济上的釜底抽薪。罗卜藏丹津事变后，清政府乘势在甘肃土司中全面清查田土，造册输粮，土司的经济命脉开始转由国家掌控。在清朝政府一系列措施的治理下，存在了几百年的土司在清朝末年绝大多数退出了历史舞台。

六、苏四十三反清与甘肃冒赈案

乾隆四十六年（1781），青海省循化县（时为兰州府河州循化厅）苏四十三因不满清政府对教争的处理，率撒拉人、回民起事反清，随后攻陷河州，进逼兰州。乾隆皇帝唯恐兰州不保，急调连城土司以及凉州、陕西等地援军进剿。苏四十三进攻兰州不克，退守兰州华林山，最终被清军剿灭。在平息苏四十三反清斗争中被揭露出一宗大案——甘肃捐监冒赈案，该案因贪污数量之大、延续时间之长、牵涉官员之多、惩处罪犯之严，被后人称为“清朝第一大贪污案”。这桩贪污案早在乾隆三十九年（1774）就已显露端倪，在镇压苏四十三反清时彻底败露。当时数万官军会聚省城，军费兵饷成了大问题。时任甘肃布政使的王廷赞主动向乾隆帝上奏，愿将历年积存廉俸银四万两缴贮甘肃藩库，以资兵饷。而王廷赞的前任王亶望更是“于捐办浙省海塘工程案内竟捐银至五十万两之多”，两人的慷慨举动引起乾隆帝的怀疑，认为一个穷省的两任布政使家道不可能如此充裕，当即传谕严密访查王廷赞因何家道充裕，是否与甘肃捐监一事有染指情弊。乾隆所指甘肃捐监一事，是说清朝在甘肃曾实行过“捐监”，即凡愿意取得国子监监生学历资格的读书人，须按规定数目向当地官仓捐交一定数量的谷粮，遇到灾荒当地政府即用这些粮食赈济灾民。后来“捐监”一度停止。王亶望任甘肃布政使后，以甘肃仓储不足，可用“捐监”粮米赈贷灾民为由，说服了乾隆皇帝和陕甘总督勒尔谨，于乾隆三十九年（1774）又开始在甘肃各地开捐。但这次开捐，王亶望改变了以往的办法，将每名监生捐粮43石改为收银47两，另加收办公银、杂费银8两，合计55两。这就为王亶望及各级官吏日后中饱私囊提供了便利。与此同时，王亶望任命蒋全迪为兰州知府，全权办理“捐监”事务。蒋全迪按照王亶望的意图，将私收的白银假借赈灾之名任意开销，从中牟利。仅乾隆三十九年（1774）四月至四十二年（1777）初，就开销监粮600余万石，合银760余万两。但这样做的前提是各县必须谎报、多报灾情，然后按照各县报灾的轻重，令各县照单开赈。各县收到王亶望冒充赈灾的“捐监”银后，再按照“坐省长随”的办法回覬王亶望。蒋全迪则乘机向各地勒索馈送。这又衍生出“冒赈”案。五月，被长期蒙在鼓里的乾隆帝因王亶望办理监粮“有功”，曾一道谕旨将其调往浙江升任巡抚。嗣后接任甘肃布政使的王廷赞，虽然发现了监粮折银不符合“捐监”的规定，也曾与总督商议欲请停捐，但终究经不起利益的诱惑，非但不据实陈奏，反而又将私收折色一事，由各州、县办事改为兰州知府总办。从乾隆四十二年（1777）六月至四十六年（1781）初，在王廷赞任上，又办理监粮500多万石，复蹈泥潭。王亶望等人究竟收了多少捐纳银两，经查至乾隆四十六年（1781）初，甘肃省共有27. 4万名报捐监生，收银1509万两，合计侵贪赈银291.6万两。按王亶望的说法，收捐800余万石，合银1000多万两，但王亶望家产被抄后，闽浙总督兼浙江巡抚陈辉祖只报了300万两，这其中又有多少被陈辉祖私下侵吞不得而知。这些银两很少用到真正的赈灾。署理陕甘总督李侍尧奉旨清查各地监粮，发现不仅没有贮存监粮，而且平时国库应存储的正项存粮也基本亏空。在甘肃官僚谎报灾情、冒领赈粮一案中，查实在案侵吞白银一千两以下者102人，一千两至一万两者30人，一万两至两万两者11人，两万两至十万两者20人，十万两以上者10人。可以说全省几无一个官员是干净的，而且竟无一个官员举报，开创了大清王朝的奇观。乾隆四十六年（1781）七月三十日，王亶望被立即正法，勒尔谨自尽，王廷赞等候绞刑，陈辉祖等人“令其自尽”。十月，陆续押赴刑场正法的多达56人。而以后陆续免死流放的亦有46人之多，甘肃省的官员几乎“为之一空”。一次斩杀、绞决、流放如此多的贪官，这在整个清朝也是闻所未闻。故乾隆帝说：“甘肃此案，上下勾通，侵帑剥民，盈千累万，为从来未有之奇贪异事。”乾隆四十六年（1781）八月，甘肃捐监被禁止。

七、同治回族反清斗争与甘肃民族格局的变化

（一）同治年间西北回族反清斗争

西北回族反清斗争始于同治元年（1862），规模之大，遍及陕西、甘肃

(包括宁夏和青海东部)以及新疆地区。同治元年(1862)春，在太平军扶王陈得才部联合捻军进入陕西的直接推动下，关中各地回族纷纷响应，其主要领导是赫明堂、任武，短时间内形成了十八大营，有于彦禄等18元帅。回族军曾包围西安一年多，还曾包围潼关，一度威胁陕晋豫的咽喉要地和山西滨河一带的地区。陕西回族起事不久，赫明堂与甘肃河州老教回族取得联络，于同年秋占据秦州(治所在今天水市)秦安。翌年，平凉、固原、西宁、狄道、河州、宁夏，先后为回族军所占据。甘肃回族反清的迅猛发展，形成了以金积堡、河州、西宁、肃州为中心的四个反清基地，起事领袖为马化龙、马占鳌、马桂源、马文禄。清廷先是全力对付陕西回族起事，从甘肃、直隶调集大量军队，特派胜保做钦差大臣，负责军务，胜保军屡屡失败。同治元年(1862)十一月，清廷又派多隆阿代替胜保。多隆阿在攻取周至时战死，由穆图善接替。自同治三年至五年(1864—1866)，战争互有胜负，回族军没有退出陕西。甘肃方面虽然已陆续有清军援军抵达，但都无济于事。同治五年(1866)三月，兰州清军内部火并，陕甘饥民揭竿而起。甘肃回族军借势发展壮大。同治五年(1866)，左宗棠接任陕甘总督，他深知回族军和捻军联合后更加难以对付，因此向清廷进陈方略："方今所患者，捻匪回逆耳。以地形论，中原为重，关陇为轻；以平贼论，剿捻宜急，剿回宜缓；以用兵次第论，欲靖西陲，必先清腹地，然后客军无后顾之忧，饷道免中梗之患。"又说："进兵陕西，必先清关外之贼，进兵甘肃，必先清陕西之贼，驻兵兰州，必先清各路之贼，然后饷道常通，师行无梗，得以一意进剿，可免牵掣之虞。"十月至十一月间，西捻军和回族军取得了连克陕西安塞(今安塞南)、延川、绥德等城的胜利。同年十二月中旬，西捻军为救援东捻军，由壶口渡黄河进入山西，回族军在陕西孤军作战，在清军节节进逼下，回族军转取守势，以致鄜州、宜君、三水、绥德等地相继失陷。同治七年(1868)十一月，左宗棠镇压西捻军后回到西安组织镇压回族军。同治八年(1869)二月，左宗棠移军乾州，诱逼陕境回族军入甘，以集中兵力，专心来对付甘肃方面。同年八月，刘松山进兵灵州，进逼吴忠堡，又分兵到峡口宁夏，对金积堡形成包围之势。金积堡地区的起事领袖马化龙团结本地回族，并吸收了从陕西入甘的白彦虎等部队，在金积堡周围布置了五百七八十座堡寨，攻击并截断了清军的粮运。刘松山继续向金积堡进攻，缩小包围圈，摧毁回族军不少堡寨。翌年正月，刘松山被白彦虎部下打伤致死。刘松山的侄儿刘锦棠继帅其众，围困金积堡。金积堡面临弹尽粮绝的危境，马化龙于十一月降清。不少回族军被安置到平凉一带。至此，肃州马文禄领导的回族军成为陕甘回族军的最后一支完整力量。同治十一年（1872），左宗棠派徐占彪进军肃州，攻破肃州起义军堡垒，相互僵持18个月。翌年八月，左宗棠到肃州督战，刘锦棠也从西宁率军前来支援。马文禄被迫放弃战斗，回族 军遭到屠杀。以白彦虎为首的陕西回族军在河州战役结束后，同当地回族、撒拉族结成联军，恃险拼死抵抗，给清军以不断打击，后在左宗棠的追击下，白彦虎部由新疆转道至今吉尔吉斯斯坦共和国境内。

（二）甘肃民族格局的确定

清初甘肃回族在明代快速发展的基础上，仍处于上升趋势。《平定关陇纪略》载，甘肃回族“自乾隆以来，重熙累洽，关陇腹地不睹兵革者近百年。回民以生以息，户口之蕃亦臻极盛”。清同治西北回族反清斗争总爆发前夕，陕西回族已接近200万，甘肃回族等信仰伊斯兰教的民族人口已超过100万，分布于今甘肃乃至宁夏和青海东部，其中河州是甘肃境内回族的主要聚居区，此外平凉、河西、兰州、张家川、洮州也曾是甘肃回族主要聚居区。陕甘回族反清斗争平息后，清政府最主要的一项就是迁徙、安置回族。同治七年（1868）十月，刑部主事王柏心去信为左宗棠出谋划策说，回族概不能尽诛，可分别安置。左宗棠深以为然。此后甘肃的平凉、清水、秦安、安定、榆中，宁夏的化平（今宁夏泾源县）、固原、海源等地成为安置陕甘回族的首选之地。在这次迁徙中，陕西、甘肃回族被大量迁徙安置到“三边两梢”（山边、河边、沙滩边和沟梢、渠梢）地区，如甘肃平凉、张家川等地，使之成为甘肃境内仅次于河州的回族聚居区。左宗棠为此还特意制定了一系列针对迁徙、安置陕甘回族的章程。平凉作为西北回族反清斗争失败后迁入、安置回族最多的地区之一，仅有记载的迁入回族就有数万人。张家川也有四万余回族人被就地安置。甘肃河西地区曾经是元代回族人屯田留居最多的地区之一，同治后，这里的回族人几近殆尽。元明以来甘肃回族先民居住较为集中的巩昌府、伏羌县、秦安莲花城等地，同治后也基本上没有回族聚居了。河州是同治反清中唯一未遭镇压和洗劫的地区，河州当地的汉族、藏族因避战乱也有相当一部分改信了伊斯兰教，从而使河州成为甘肃回族最大的聚居区。

（三）明清时期甘肃的伊斯兰教派、门宦

伊斯兰教自唐朝传入我国后，直到明朝中期并没有教派与门宦的划分，甘肃信仰伊斯兰教的民族基本统称“格底目”，属逊尼派，在教法上遵守哈奈斐派学说。明末清初，伊斯兰教在甘肃河州等地首先产生了被称作“教派与门宦”的宗教派别，所以习惯上也把河州视为我国伊斯兰教教派与门宦的发源地。一般将教派分为三大教派，即格底目、伊赫瓦尼、西道堂。格底目也称为“老教”“旧派”，信众占大多数；伊赫瓦尼被称“新教”，19世纪90年代由马万福创建于甘肃河州；西道堂由马启西于19世纪初创建于甘肃临潭县，因以中国伊斯兰教著名学者刘智等人的汉文伊斯兰教译著为传教依据，故有汉学派之称。四大门宦即虎夫耶、哲赫忍耶、嘎德忍耶、库布忍耶。虎夫耶于17世纪分别从阿拉伯和新疆传入甘宁青，由阿拉伯传入者以赫达叶通拉希为代表，由新疆传入者以临夏的马来迟为代表，支系门宦主要有毕家场门宦、庆云堂门宦、穆夫提门宦、临洮门宦、花寺门宦、北庄门宦、胡门门宦等；哲赫忍耶由阶州（今武都）马明心从也门传入，支系门宦主要有北山派、南川派、沙沟派等；嘎德忍耶于康熙初年传入甘宁青，支系门宦主要有大拱北门宦、灵明堂、明月堂、后子河门宦、香源堂、阿门门宦、齐门门宦、文泉堂、通贵门宦、高赵家门宦、崖头门宦、撒拉教、蒋玉如派、鲜门门宦、明德堂、韭菜坪门宦等；库布忍耶于康熙年间由阿拉伯人穆哈伊丁传入中国，曾三次至两广、两湖及甘青宁传教，又定居甘肃东乡大弯头，改姓张，故“大湾头门宦”又称“张门”。至20世纪40年代末，甘肃境内的回族、东乡族、保安族、撒拉族的穆斯林几乎都分属于不同的教派与门宦。

第五节　清代的经济

一、农业生产的恢复和发展

（一）清代甘肃屯垦经济的发展

清代甘肃农耕面积的增长主要集中在顺治至乾隆四朝。顺治十八年（1661），陕西（含今甘肃省）田亩总数为37万顷，较洪武二十六年（1393）陕西农耕面积31.5万顷有了较大的增长。康熙二十四年（1685），甘肃共有田亩10.3万顷（不含屯田），雍正二年（1724）增长为21.8万顷，乾隆十八年（1753）又增长为28.5万顷，乾隆三十一年（1766）时，甘肃田亩垦殖达到最高水平，约35万顷，这尚不包括监牧地、沙涂地、退滩地、芦田、旗地、官庄地等，但包括屯地。嘉庆以后，甘肃垦田规模迅速下降，嘉庆十七年（1812）时，甘肃耕地仅存23.7万顷，八年后，甘肃（不含宁夏府、西宁府、镇西府、迪化州）各府州共有垦田20.7万顷，同治十二年（1873）为23.5万顷，光绪十三年（1887）只剩有16.8万顷。垦田规模下降的主要原因是战争导致的人口大幅下降、土地荒芜；生态环境恶化导致的土地退化、抛荒等。

清初甘肃的田亩增长与屯田紧密相关。雍正二年（1724）时，甘肃有屯田近10万顷，几乎占全省垦田总额的一半；乾隆十八年（1753）时有屯田10.7万顷，乾隆三十一年（1766）时有屯田11.5万顷，均超过全省垦田总额的1/3，而明代今甘肃境内屯田总额大体在7.5万顷，可见清朝甘肃屯田远远超过明代。清朝甘肃兴办的屯田主要集中在河西地区，与明朝不同的是，清朝甘肃屯田以民屯为主，有分成制民屯、募役制民屯与实边民屯三种，共有屯地23万亩，主要集中在甘、凉、肃三州，其中规模较大的屯垦区有九家窑屯区、柳林湖屯区等九大屯区。

（二）清初关西地区的开发

关西地区指嘉峪关到敦煌一带。这一区域明朝并无实施有效管理。康熙平定准噶尔后，清廷从屯田入手，开辟荒地，兴修水利，致力于农业经济的恢复，取得很大成功。关西开发以垦荒为先，从康熙五十四年（1715）到乾隆二十四年（1759）中，关西垦荒屯田的形式多样，变化复杂，但就其性质来说，大致分为移民垦荒与官办屯田两种。垦荒业绩详见下表：

表7-1　乾隆元年关西四卫一所户口田亩表　　单位：亩

	户	雍正五年升科地	乾隆元年升科地	待升科地
赤金卫	270	5400	265	1021.6
靖逆卫	561	10600	605.4	
柳沟所	150	2835	2087.7	
安西卫	176	6876		
沙州卫	2405	120250		
合计	3560	145961	2958.1	1021.6

二、清朝甘肃水利事业的发展

（一）河西地区

河西走廊东西长约1000千米。清朝凉州府水利开发在明代基础上有了长足发展，境内有黄羊川坝渠、杂木口涧坝渠、大七渠、金塔寺河坝渠、永昌渠、怀安渠等六大干渠，数十道支渠，灌溉田地百余万亩，为河西各县之首，素有“银武威”之称。乾隆时甘州有大小渠46道，灌溉着44万亩耕地。清末，张掖县属四乡各地，凡可开之田，无不有渠水灌溉。水利的发达，使得张掖县人均水地达6.3亩，居河西之首，被时人誉为“金张掖”。清朝肃州的农业灌溉主要取水于疏勒河、红水河等河流。明代肃州有水浇地22万亩，清代扩大为30万亩。其中最引人瞩目的工程是雍乾之际的红水洞子坝水利工程。明代肃州之金塔、瓜州、敦煌、玉门等县尚属边外之地，进入清代上述地区水利灌溉也得以开发。清初河西总耕地面积约450万亩，其中水浇地占80%以上。清政府对于水利灌溉有一套管理体系，在县一级一般由知县亲自管理，县以下则有“水老”“农官”“乡老”“总甲”“渠正”“渠长”“管水乡老”“乡约”“牌头”“水利把总”等，其职责是根据各地制定的用水规则，合理分派浇水时间与用水量，调解用水纠纷，疏浚、维修渠道等。

（二）洮河流域的水利开发

洮河流域水利开发主要在狄道州，即今临洮县。乾隆三十六年（1771）时，狄道州共有灌渠6道，至光绪末年，狄道州有灌渠16道，灌田300余顷。此外，新店子新渠西北方向有一旧渠，曰何郑家渠，未列入16道总渠名中，可灌田2万余亩。

（三）兰州地区的水利开发

清朝兰州水利多为前代所留，其大者如庄浪河渠、阿干河渠、水阜河渠、红泥沟渠、东柳沟渠等。兰州地区的水车早在明代就已出现，有清一代更是广泛使用。水车不仅用来灌溉农田，而且还被大量用来浇灌园地。清朝兰州瓜圃菜园之多，在西北堪称翘楚，且东岗镇、一条城、陈官营等处试种棉花获得成功，这些都是用水较多的作物，水车的使用保证了这些作物的收成，而这些作物的大量栽培和推广又促进了水车的广泛使用，史载光绪时兰州地区共有水车158轮。

（四）庆阳、平凉地区的水利开发

泾河流域是我省开发较早的地区之一，清朝泾河流域水利开发在明代基础上有所发展，如平凉普济渠，长25里，溉哈家湾军、张庄民田无数。平凉清水河，引泾水连亘200里至泾州东，分渠63道，灌田3000余顷，同治年间疏而通之。

三、农业品种的引进推广与农业技术的改良

（一）农业新品种的引进与推广

玉米 玉米传入中国后有番麦、西天麦、鸡头豆、苞米、苞谷、御麦、玉麦、回回大麦、六谷、玉蜀黍等多种称谓。甘肃大约在明中期后开始有玉米种植的记载。嘉靖《平凉府志》卷2《食货》“物产”条下对玉米有详细的记载：“番麦，一名西天麦。苗叶如蜀秫（高粱——引者注）而肥矮，短末有穗如稻而非实。实如塔，如桐子大，生节间，花垂红绒，在塔末长五、六寸。三月种，八月收。”这段文字还是迄今为止保存下来的我国最早关于玉米植物学形态描述的记载。万历《肃镇志》记载：“回回大麦，肃州昔无，近年西夷带种，方树之，亦不多。形大而圆，白色而黄，茎穗异于他麦，又名西天麦。”这一记载证明了李时珍“玉蜀黍种出西土”，田艺衡“玉麦出于西蕃”的论点。乾隆《甘肃通志》卷20《物产》将鸡头豆（玉米）列为巩昌府、平凉府物产的第一位；道光年间（1821—1850）将玉米列为“六谷”之一，但玉米在甘肃并没有大范围播种，直到清朝末年也没有将玉米列为纳赋粮种。

水烟 烟草传入西北大约在明中叶以后。兰州水烟属黄花烟。兰州水烟加工大体始于晚明，盛于光绪年间。乾隆三十年（1765）的《本草纲目拾遗》载：“水烟真者出兰州五泉。”清人著《食烟考》载：“烟既行百年而水烟出矣。水烟者起于甘肃之兰州。兰州五泉山下产烟草。既制必隔水吸之，入腹而后吐，醉人尤易。”清代兰州水烟以土地肥沃之五泉山一带，榆中金家崖、青城乡和靖远县麻滩乡、东滩等地的农民大量栽种，年产量约为3万余担，每担150千克，是当地农民的主要经济作物。水烟加工成烟丝与旱烟不同，它是将晾晒过的烟叶用开水湿润之后，抽去筋脉，再喷上开水（使含水量在30%左右），加入麻油（或其他食用植物油）、食盐、香料等配料，待烟叶将配料吸附之后，再放入特制的木箱中，压紧成砖头大小的烟捆，然后用专门的烟刨刨成细烟丝，晾干之后就可吸食。

百合 百合是一种多年生草本植物，花形美观，根茎可食用或入药。《神农百草》中记载了关于百合有清热、宁心、安神等药效。百合适应性较强，在全国大部分地区均可种植，但是将百合开发成为食用蔬菜则是在清代末年的兰州。《甘肃全省新通志》载："百合，皋兰向不产此，近年人试种之，得利甚优，今种者渐多。"作为食用的百合在兰州已有130多年的种植历史，因这里得天独厚的土壤条件和多年积累的栽培技术，出产的百合色白、个大、味美。百合在各地栽培者不少，但鳞茎皆形小且有苦味，唯兰州产者其鳞茎常重在400克以上，煮食、蒸食都很细甜，品质之佳，堪称上品，故兰州被誉为"百合之乡"。

（二）农业技术的改良

清朝甘肃农业技术的推广与改良最为突出的莫过于砂田的推广。砂田早在明代甘肃就已出现，到了清代，砂田技术不断改良，砂田面积不断扩大。在甘肃中部干旱地区，尤其是兰州及其所属皋兰、榆中、永登等县的砂田最多。兰州北山秦王川一带由于采用和推广砂田技术，这个"昔称五谷不生者，今则产粮最多，省会民食取给于此"。为了鼓励农民推广压砂技术，左宗棠不惜挪用西北军饷库银，借款给农民广铺砂田。由是各地流行，成为甘肃特有之砂田。盛行于皋兰、景泰、永靖、永登、洮沙、靖远等县。

四、特色手工业

（一）肃州玉器业

肃州玉器历史悠久，尤以玉酒杯（夜光杯）、玉笔筒最为著名。肃州夜光杯纹理天然，晶莹细润，薄如蛋壳。色泽有翠绿、鹅黄、黄绿、墨绿、羊脂白等。磨制夜光杯的主要原料为石和砂。石产于距肃州城百余里的祁连山石壁与河水中，称噶巴石，有黑水石、五岭石、茵板石、老窝子石等区分。这些石料色彩斑斓、质地优良，开凿后运到肃州进行切割、砂磨。砂磨所用的砂产于玉门花海北山麓，质坚而重，颗粒如米。筛选装包后驮运到肃州，卖给作坊。夜光杯原本不是高脚杯，清与俄通商后，仿俄制高脚玻璃杯的样式，始有高脚夜光杯。

（二）秦州漆器业

天水是我国著名的雕漆产地之一。天水雕漆工艺特色鲜明，自成体系，具有选料严格、工艺精湛、造型奇特、图案古朴、漆质坚硬、漆面光亮、耐酸、耐碱、耐高温的优良品质，在甘肃传统工艺的制作中占有重要地位。

天水雕漆在明清两代主要以“罩金漆器”为主，即器具表面用石膏调和胶水堆画成凸起宛如浮雕的各式民间喜爱的图案，然后涂染石黄，再用大漆桐油配合的漆涂刷几遍，其特点是漆面如红枣皮，造型古雅实用，别致流畅。清朝末年，天水漆器有所发展，改变了过去单一的罩漆，出现了创新的雕填漆器，即把五光十色的石料和象牙、玛瑙、珊瑚等雕刻装配成人物、花鸟、虫鱼等各种艺术图案，镶嵌在漆层厚达数毫米的器具上，并交替使用镶金、贴银、描金、彩绘等装饰法，使图案更为生动逼真。每一件产品都要经过木工、漆工、石刻、镶嵌、描绘等100多道工序，至少要花4个月的时间才能生产出来，大件器则需要一年时间才能完成。产品主要有屏风、桌凳、印盒、笔筒、妆盒、砚盒、木碗、手杖等。

五、商业贸易

清代甘肃商业贸易较之前代仍有明显进步。这主要表现为商品种类较之前代有大幅度增加，商品交换较之前代更加活跃。

（一）清朝甘肃通往全国的商路

清朝甘肃通往全国各地的商路是当时全国市场的一个重要组成部分。主要有甘新、甘川、甘陕、甘京、甘藏等商路。清朝甘新商路主要沿丝绸之路，被称为“东路”。一般从西安出发，经兰州、酒泉、玉门至哈密，多用四马大车运货，运费昂贵，行程需五个月左右。所以清代新疆与内地市场往来货物，十之六七经大草地路，即“北路”。清朝由甘入川的贸易通道主要在秦州所属之徽县、阶州。阶州为甘省入川必由之路，川货入甘者由该州所属之碧口入口，至秦州转运省城，输出者主要为文县、岷州所产药材，约一万余担。清朝碧口镇是甘川交界处最为繁盛的商品贸易市场之一和最大的水陆码头，每年南下入川的货船在300条以上，运出的货物总量达5000吨。清代甘陕商路的主要通道为泾州、秦州。清朝泾州是甘、宁、青、新与长江流域商业联系的孔道。沪、宁商品入甘，需经汉口，沿汉水入陕，然后过蓝田至西安北行，经邠州，过长武入甘，经泾州、平凉到兰州。秦州自古即为由陇入陕的主要商道。陕货入甘多自宝鸡经秦州。清代秦州通往陕西的商路一条经由陕西凤翔通往西安；一条经由两当、徽县翻越秦岭，进入陕西汉中。清朝甘肃与京津及北方各地的商贸往来主要靠黄河承载，其出口处在宁夏。由西宁、兰州运出的皮毛等多经木筏或牛皮筏运至宁夏集中，然后顺流运至包头，起旱用车驮运至张家口，再分销京津各地。清朝甘藏商路上有一系列繁华的城镇，如兰州、西宁、丹噶尔厅等。由兰州出发，经西宁、丹噶尔厅，既可通往西藏，又可到达甘肃与青海黄河南北的牧区以及玉树藏区。

（二）甘肃各地的城镇集市贸易

清朝甘肃随着社会经济的发展，出现了若干地方性的城市中心市场以及遍布各地的集镇贸易市场，承担着地方商品的交换任务，在甘肃社会经济中发挥着重要的作用。这其中兰州市场最为显要。清初兰州商业贸易的发达，与兰州成为西北政治中心有着密切关系。兰州的政治、地理位置使其成为青藏、川藏、河西、河东、河套、河曲等地蒙古、藏、回、汉等西北各族的商品集散地与商业贸易中心之一。尤其是在清初，在新疆尚未归入清朝版图前，兰州还是当时西域少数民族“入贡”贸易的市场之一。茶叶是清朝兰州贸易市场中最大的输入品之一。同治年间（1862—1874），陕西爆发了大规模的回民反清斗争，甘肃的茶叶供应异常困难。针对这一窘况，同治十三年（1874），左宗棠改革西北茶政，推行以票代引制度，具体办法是以督印官茶票取代茶引，不分何省商贩，均准领票运销。为了鼓励茶商运茶，左宗棠与湖南省协商，对于领有甘肃省茶票的茶商运茶过境，只征厘金2成，其余8成由甘肃省政府负责补赔，在湖南应解甘肃的协饷内划抵，这既激发了茶商运茶的积极性，又解决了甘肃协饷历年积欠的问题。清朝兰州贸易市场中最具代表性的、输出量最大的商品莫过于水烟，其销量远远超过皮毛和药材。当时甘肃有名的水烟房不下数十家，握甘肃经济之牛耳。由于水烟以兰州地区为主，故无论哪里生产的水烟，往往冠以兰州水烟之名。兰州水烟业发展的黄金时期是甲午战后的十余年间，此时期兰州水烟厂多达80多家，小烟坊更是星罗棋布，兰州水烟厂的经营有陕帮与兰帮之分，陕帮多为陕西同州、朝邑人，又称同朝帮；兰帮多为兰州、榆中人，又称本地帮。除茶叶、水烟外，绒褐也是清代兰州贸易之大宗。位于兰州南门至南关一带是绒褐的集散地，这里不仅“布商林立”，更是“商旅之货萃焉”，据《皋兰县续志》载，道光初年，各地“客商来兰州收绒褐者岁万计”。

兰州以南的河州亦是一地方性中心市场。光绪年间（1875—1908），由于羊毛贸易的不断深入，河州也逐渐成为皮毛原料的主要市场。外国在河州设庄收购羊毛、皮张、肠衣、药材等土产。

甘南藏区收购羊毛的中心是拉卜楞寺所在地——夏河。甘南以及青海甘家、果洛等地的羊毛全部运到这里，交予洋行。清末，仅拉卜楞、循化两处全年收购的羊毛总量约为70万～75万千克。这些羊毛全部运到河州后，由河州转运至永靖县黄河岸边的孙家嘴，再雇用皮筏水运到包头起旱，经张家口至天津港装轮出口。

（三）商业资本及高利贷活动

清朝甘肃商业资本多为各种“商帮”所控制。清代甘肃缺少手握重金的富商大贾，从而形成了外地商人操控的格局，其中尤以“山陕帮”实力最为雄厚，控制着百货、金融、皮毛收购等行业；其次是湘帮，以经营茶叶闻名。在山陕帮中，晋商较陕商更具实力。晋商经营不同于一般零售商，具有大规模的货栈性质。湘帮是随左宗棠西征而发展起来的一个商帮。湘帮夺取晋茶专利。甘肃商人的实力远在各商帮之下，大部分为杂货业、摊贩业和走街串巷的货郎，故甘肃商人在省外大多归属在陕西商帮中。

随着商业资本的不断扩大，清朝甘肃高利贷活动相当活跃，当铺、钱庄遍布全省各地，“当税”是当时甘肃地方政府历年解京税款的重要组成部分。清代甘肃的钱庄大体兴盛于清末民初，曾执甘肃金融之牛耳、较著名的有义盛魁、同济合等。清朝甘肃的钱庄主要以兰州为中心，大致有门市钱庄、驻庄钱庄和普通钱庄三种类型。清朝甘肃的票号大约兴起于同治年间，以兼营或专营汇兑业务为主。清末甘肃的票号大多集中在兰州地区。甘肃票号更多是为清政府服务，因此大规模地吸收官款成为票号繁荣的一个重要财源。左宗棠用兵西北时，票号在汇兑协饷、集资融资等方面发挥了重要作用。然而，正是由于官款是票号资金的主要来源，因此辛亥革命后，票号便伴随着清王朝的覆灭而彻底消亡。

六、近代工业、交通的兴办

（一）兰州的机器制造业

清代甘肃最早的机器制造业是兰州机器制造局，它是陕甘总督左宗棠及其部将赖长在洋务运动的强力推动下主持开办的。同治十一年（1872），甘肃战事基本平息后，左宗棠将西安机器局迁至兰州，改为兰州制造局。兰州制造局初建时，在畅家巷仅修工房十余间，同治十一年（1872）正式投产。生产的军器主要仿制外国，但也有本国产品的改造修配。兰州制造局的技术人员为外国顾问，技工是从浙江、福建、广东等地招募的100多名手工业工人，并调配了一批士兵学习修造技术。其成批制造的产品主要是铜引、铜帽、大小开花子弹；枪炮有三种，一是仿造法国后膛七响枪和后膛进子螺丝大炮；二是将中国原有的劈山炮改造成合膛开花炮，又把炮架改成鸡脚式，操纵者由13人减为5人；三是按法国后膛炮原理，研制铸造100千克重炮。光绪元年（1875），兰州制造局又分设兰州火药局，投产不久就能制造上等火药，所产一般火药也高于土法所制。光绪八年（1882），左宗棠调任两江总督，兰州制造局暂停生产。光绪九年（1883），谭钟麟继任陕甘总督，制造局直属总督衙门管辖。谭钟麟接办该局的一段时间内，工人只保持在20～50人之间，常年经费从甘肃关内外办理军务款内开支，年支白银3万～5万两，只生产少量军器，兼器械修理。

（二）兰州毛纺业

左宗棠在创办兰州制造局的同时，又创办了兰州机器织呢局。兴办兰州机器织呢局是左宗棠开发甘肃财源的一项重大举措，开办经费共计白银11.9万两，从德国购置了60余架设备。兰州机器织呢局设在兰州通远门外，分东、中、西三厂，并附设有检修机器的地方。局中聘用德国机匠11名，徒工在陕甘兵丁中挑选，全局174人。光绪六年（1880）九月十六日正式投产，光绪七年（1881）后，每天生产长50尺、宽5尺的呢子8匹。左宗棠对于兰州机器织呢局的前景十分看好，但对于存在的弊病和疑难问题却估计不足，因此生产的毛料无论数量上还是质量上都赶不上洋呢，且价格昂贵。光绪八年（1882），合同期满，德国人回国，次年，织呢局终因锅炉破裂无力修复而停产。

（三）清末甘肃的交通

清朝甘肃的驿道　左宗棠任陕甘总督后，对陕、甘、新驿道进行大规模修整，主要有兰州官路的东段，即兰州至陕西的道路，并开辟安定（今甘肃定西市）至狄道的运粮路线；兰州官路的西段，即兰州至新疆的道路。左宗棠整修道路的目的虽然出于军事需要，但客观上也开发了近代甘肃交通运输事业。左宗棠在整修甘肃驿道时，特别注意道路两旁的绿化，尤其是兰州官路的东段，仅陕西长武至甘肃会宁间就在路旁植树26.4万株。自泾州到玉门关绵延千里，为了巩固路基和方便行旅，左宗棠令士兵在路旁植柳树一至二行，最多的地方有四至五行。其所修的大道被甘肃百姓颂为“左公大道”，路旁柳树被誉为“左公柳”。光绪五年（1879），杨昌浚应左宗棠之邀入甘筹办西征后勤时曾触景赋诗曰："大将筹边尚未还，湖湘子弟满天山。新栽杨柳三千里，引得春风度玉关。"

水运的开发 清末甘肃水运开发主要依托黄河。据兰州老筏户证实，兰州皮筏从光绪中开始兴盛。兰州皮筏有牛皮筏与羊皮筏两种。最大的牛皮筏须用牛皮胎120个，筏身长25米，宽7米，一般载重20吨，最大有30吨者。最大的羊皮筏需羊皮胎600个，筏身长22米，宽7米，载重量与牛皮筏相当。羊皮筏既可用于长途运输，也可担当短途运输。皮筏运输的航路主要是从兰州出发，沿黄河而下至石嘴山，再由石嘴山经磴口、临河、五原到达包头，改换车运抵呼和浩特，全程2400多千米，每年3至10月为航期，每个皮筏一年只航行两次，原因是皮筏只能顺流而下，到目的地后，须将皮筏拆卸，待皮胎晒干后，再雇用骆驼驮回兰州，因此每筏往返一次需3月之久。

七、近代甘肃邮电事业的开发

鸦片战争后，在西方技术的影响下，地处中国腹地的甘肃也出现了近代通信业。光绪十五年（1889），在陕甘总督杨昌浚的主持下，架设了一条贯串甘肃连接内地的电报线（陕甘线），开启了甘肃邮电事业的先声。陕甘线保定至西安段1130千米由电报局召集股金兴办，作为商线；西安经兰州到嘉峪关1415千米，由陕甘总督筹款，电报局办理，作为官线。陕甘线架通后，在潼关、西安、兰州设电报局，在泾川、固原、平凉、甘州、凉州、肃州等处设电报分局，经营电报业务。光绪十八年（1892），应新疆巡抚陶模的请求，清政府同意将该线展延至乌鲁木齐。光绪二十九年（1903），又从陕甘线的固原展线至银川，民国四年（1915）后又延伸至包头，甘肃遂成为西北的通信枢纽。清代甘肃邮政是在"大清邮政"开办后起步的。光绪三十年（1904），兰州设立邮政分局，并在平凉、宁夏、秦州、西宁、甘州、肃州、嘉峪关等地设邮政支局，在金县、安定、会宁、静宁、隆德、泾川、固原等县设代办处，隶属西安邮政副总局。辛亥革命前夕，兰州邮政分局升格为副总局，分管本省邮政，但仍属于西安邮政区管辖。

八、甘肃财政收支与协饷制度

清朝财政收入主要分为地租和杂赋两大类。甘肃财政收入在光绪朝以前，每年大体维持在70万两左右，主要为地丁银、耗羡。光绪三十三年（1907），甘肃财政达到历史最高峰，收入库平银约170万两。清朝甘肃兵额之多“甲于直省”，财政收入远远不够支出，如道光二十九年（1849）共支出398.5万两，不敷300万两，其余年份亦大体如此。为了维持甘肃财政收支平衡，除加大赋税征收力度外，绝大部分靠“协饷”。清政府按征收钱粮的数额将全国省份划分为仅敷、不足和有余三大类。两广、福建等省作为仅敷省份，钱粮均留作本省开支；四川、云南、贵州、山西、甘肃等为不足省份；江苏、浙江、山东、陕西、湖广、直隶、江西等省为有余省份，其钱粮一部分须协济不足省份，即协饷，又称协款，另一部分则要解交户部。嘉庆时甘肃每年受协饷470万两。协饷在清朝甘肃财政收入中占据绝对的支配地位，长期维持着甘肃财政的基本平衡。但是这一局面在鸦片战争爆发后难以为继。清政府为了支付大量的“战争赔款”、军费以及战后鸦片进口的迅猛增加，国内银根吃紧，清政府以及各富裕省份再也无力顾及“边陲”之虚实，大幅减少或中断了对甘肃的“协饷”，致使甘肃财政处于“现状几难维持”的尴尬局面。同治年间（1862—1874），左宗棠出任陕甘总督，为了挽救濒临崩溃的甘肃财政，他根据甘肃实际情况，推出了筹措临时协饷、举借外债、增加捐税、开征厘金、清丈地亩、改变税制等一系列措施，起到了一定作用。

第六节　清末新政在甘肃

光绪二十六年（1900），八国联军攻打北京，清政府逃往西安，国势濒于绝境。为挽救危亡，清政府于光绪二十七年（1901）发表了著名的《新政上谕》，宣示“维新新政”开始。甘肃推行“新政”较内地省区稍晚，大体从光绪二十九年（1903）开始，一直延续到辛亥革命爆发。甘肃“新政”涉及范围相当广泛，其中最引人注目的当属政治、军事、文化教育、实业新政等四个方面。

一、政治方面

光绪三十四年（1908），清政府颁布《钦定咨议局章程》和《咨议局议员选举章程》；宣统元年（1909），下令各省一律成立咨议局。十月，甘肃咨议局成立，选出议员43名，外加驻防满营名额3人，共46人。首届咨议局推选皋兰翰林张林焱为议长，副议长为拔贡出身的何念忠、郭铸嘉，靖远附贡张云锦为常驻议员。由于各级地方政府严密控制和操纵选举，所当选的甘肃咨议局议员几乎全是旧式官绅或已取得功名的知识分子，这与全国其他省份的情况大不相同。甘肃咨议局自成立后没有开展什么重大活动，咨议局通过的议案基本上被束之高阁，并未执行。辛亥革命爆发期间甘肃咨议局一反常态，在坚决反对和讨伐共和中积极配合清政府。武昌起义成功后，陕甘总督长庚与前任陕甘总督升允分别致电清政府，表示坚决效忠朝廷，并要求举师“勤王”。甘肃咨议局议长张林焱、副议长兼兰州存古学堂总监刘尔炘等人立即随声附和，致电袁世凯，坚决反对共和，表示愿效犬马之劳。1912年1月12日，清帝被迫下诏退位，甘肃咨议局不得不在3月15日致电北京，承认共和。

二、军事司法方面

光绪三十年（1904），甘肃省遵照清政府的新章，从原防练马步60营旗中选17营旗编成常备、续备和巡警等军。光绪三十一年（1905），升允任陕甘总督，将驻守省城的常备军编为3营，改称甘肃新军步队第一标；从固原、河州、西宁各提镇标兵中挑选步队3旗，分编为3营，合称甘肃新军步队第二标；并改编、建立马队2营、炮队1营。次年，又将第二标所属3营从各提镇调出，集中训练；并参照他省做法，将甘肃新军暂编为一混成协，设置协统，统领各标。改编后的标协又称“督标军”“建威军”，由总督直接统领。总督以下设提镇，提镇所属的军队分驻省城以外各地，称为“续备军”，又叫“巡防队”。宣统元年（1909），陕甘总督升允实行新的军队编制，成立了马步四标：马队标统为马安良；步兵第一标标统为张定邦，后由陆洪涛担任；步兵第二标标统为马福祥；步兵第三标标统为周务学。在改编军队的同时，甘肃省政府于光绪三十一年（1905）九月在省城设甘肃巡警总局，内设总办、提调、文案、教习等职，并有绅士参与。甘肃巡警总局负责规划全省警务，设有督练公所，并在各地设立分局。光绪三十三年（1907）四月，省城设巡警总所，各县筹设巡警。巡警主要来自各地驻防的绿营兵或当地的乡团。宣统元年（1909），省城设高等审判庭、检察厅及模范监狱、皋兰初级审判庭等。宣统二年（1910）八月，甘肃第一次考试法官，录取40名，充任高等审判庭、兰州地方审判庭、检察厅及皋兰初级审判庭的法官。同年，在兰州创办高等巡警学堂，并附设巡警传习所，其学员毕业后大多分配到各地充任巡警官。

三、新政实业

由于编练新军，举办警政，开设新式学堂都需要经费，因此兴办各项实业就成为甘肃新政中最重要的一项，同时也是新政中成绩最为显著的一项。光绪三十二年（1906），清政府将商部更名为农工商部，同时下令各省成立农工商局；光绪三十三年（1907），清政府又下令各省成立专管实业交通的总机构——劝业道。甘肃则由兰州道彭英甲兼任甘肃农工商矿总局总办，主持兴办实业，开始在省内大办厂局。劝业道直到宣统元年（1909）才设法建立。彭英甲领导的甘肃农工商矿总局下设农工股和商矿股，农工股分管农业试验场和工艺制造厂。商矿股分管商品陈列所和矿质化验厂，并领官银二万两为常年经费。这期间，甘肃地方先后兴办的实业和主要工程有：劝工厂、恢复兰州机器织呢局、甘肃制造局、甘肃炼铜厂、官铁厂、洋蜡胰子厂、光明火柴股份公司、官报书局、石印书局、商品陈列所、修建兰州铁桥等。兰州白塔山下的“镇远桥”，始建于洪武九年（1376）。此桥冬拆春建，功费较大。左宗棠都督甘肃时曾准备修建铁桥，但外商索价高达300万两白银，故而未成。光绪三十二年（1906）彭英甲与德国泰来洋行商谈，德商同意以16.5万两白银承建，得到总督升允同意，并为转奏清廷批准。光绪三十三年（1907），建桥的材料全部从德国运至天津，甘肃农工商矿总局组织人力到天津、新乡、西安三处接运。新乡以西全部用大车拉运，当时出动了四轮、六轮等各式大车40余辆，分36批，沿着陕甘驿道历时10个月千里大转运。该桥建桥总工程师为美国人满宝本，主持施工者为中国人刘永起。光绪三十四年（1908），铁桥正式开工，次年八月通车。建成后的铁桥为5孔钢筋混凝土桥墩，每孔跨径45.9米，载重量为8吨，桥长243米，行车道宽6米，两侧人行横道各宽1米，总宽8.36米。时称“天下黄河第一桥”。全桥建成，共用银近40万两，由甘肃农工商矿总局在统捐溢收下支付。兰州黄河铁桥的建成，极大地方便了兰州与河西、青海、新疆等地区的联系。

第七节　明清时期的文化

一、教育

（一）官学与社学

明清时期的学校体制颇为完备，分为中央与地方两大层面。中央以国子监为主轴。地方则以府、州、县儒学为主轴，旁支为医学、阴阳学、武学、社学等。明代地方还有卫所、土司学校。明清两朝甘肃一如全国，府、郡、县均设立学校、社学，较著名的有巩昌儒学、临洮学宫、庆阳学宫、兰州府学等。到光绪改革前，甘肃所辖8府、5州、58县（包括今宁夏、青海部分地区）共有儒学76所。卫学是明代特有的学校。明代在卫所设儒学，称为卫学。明代甘肃遍设卫所，许多卫所甚至是军政合一的基层组织，因此卫学在甘肃有着更为重要的意义。明代甘肃卫学大致分为三大部分，一为固原镇所属各卫之卫学；一为甘肃镇所属之卫学；一为各府州之卫学。社学形成于元代，盛行于明清，带有“普及教育”性质。明朝最基层的单位是里，里必有社，故学于里者名社学。社学一般由绅民捐办，负责启蒙本社童子。明清两朝的甘肃社学有自己的学田作为办学经费的主要来源。社学的规模一般不大，学生人数不太多，教学时间因时而定。成化五年(1469)，镇夷堡（今甘肃高台县）设社学一所，学舍在先师庙内，有前后堂，二斋二门，社学收民间15岁以下幼童，学习冠、婚、丧、祭之礼及经史历算，并兼读《御制大诰》和本朝律令，这是目前见于史籍记载甘肃最早的一所社学。到光绪改革以前，甘肃所辖8府、5州、58县（包括今宁夏、青海部分地区）共有社学82所，遍及全省各地。

（二）书院、义学和贡院

甘肃书院　明正德、嘉靖年间，儒学教育功能逐渐减退，学术思想活跃，讲学风气日益兴盛，书院因此得以快速发展。书院大体可分为讲会式书院和精艺式书院两类。书院与地方儒学是互动的，其相互结合可以使优秀生员经考选后进入书院读书，为朝廷培养官僚人才。明代甘肃书院的设置远不如内地广泛，仅寥寥可数的几所，主要有：巩昌府崇羲书院、崇文书院、徽州徽山书院、渭源渭川书院、酒泉书院、临洮超然书院（又名椒山书院）、甘州甘泉书院。入清以后，书院教育在清廷的鼓励下步入快速发展阶段。雍正十一年（1733），清廷命各省省城设立书院，并给予1000两白银作为开办营建的费用。由是甘肃各类书院蓬勃发展，成为当时效果最好的教育形式。此时期甘肃不仅有省府书院——兰山书院，而且各直隶州、府均有书院，一些文化较发达的县亦建有书院。到光绪改革以前，甘肃所辖8府、5州、58县（包括今宁夏、青海部分地区）共有书院77所，遍及全省各地。其中较著名的有：兰山书院、五泉书院、凉州书院、河州大书院和小书院、岷阳书院、天山书院、甘泉书院、山丹书院、洮阳书院、武都书院、上禄书院、柳湖书院、南安书院、礼兴书院、文昌书院、首阳书院。

义学　义学又称义塾、学舍。明代甘肃最早的义学是肃州直隶州义学，但明代甘肃义学由于史籍及各地方志鲜有记载，其普及程度不得而知。进入清朝，甘肃各府、州、县普遍建立义学，其中记载最早的是顺治五年（1648）的庆阳府宁州义学。雍正元年（1723），清廷命各省改生祠为义学，至此全省各地相继建立义学，其中有具体创建时间的义学达52所。到光绪改革前，甘肃8府、5州、58县（包括今宁夏、青海部分地区）有义学288所。清代甘肃义学的一大特色在于少数民族义学，较为著名的有：兰州养正义学、皋兰存诚义学。同治八年（1869），左宗棠在陇东“立（回民）义学，强令读书，习礼仪”。同治十三年（1874），又令地方一律兴办义学，“设立汉回义塾”。同时还创设河口、三门、古城、阿干镇四所义学。在左宗棠的大力倡导下，兰州地区共设义学16所，外县创办的义学共184所，义塾120所，兴学之风甚为浓厚。

贡院　贡院是明清两代举行会试、乡试的地方。明清两朝的会试在京师举行。明代乡试在各直（隶）省进行，清代乡试在“本部十八省”举行。清代甘肃虽然分立为省，但乡试却不能单独举行。在光绪元年（1875）前，甘肃的乡试一直与陕西合闱举行，闱所在西安贡院。甘肃（包括宁夏、青海、新疆）生员千里迢迢赴陕应试，受尽跋涉之苦，所费不赀，能抵陕完试者在有资格参加乡试的生员中最多只有十分之二三，严重限制了甘肃各地士子通过科举考试进入政界的道路。左宗棠任陕甘总督期间，主张仿效湖广、云南等省分闱取中的办法，将陕西、甘肃乡试予以分闱。光绪元年（1875），清廷允许陕甘乡试分闱，甘肃独自筹办。于是左宗棠亲自督率官员择定在兰州萃英门内修建贡院。贡院所费白银50万两，其规模之大，可同时容纳四千多人参加考试。甘肃考生在此举行了分闱后的第一次乡试，参加考试者达三千余人，较以往赴陕西人数多出数倍。由此可见，左宗棠对陕甘分闱的改革，使科举制度在甘肃得到推广和普及。从顺治二年到道光二十年（1645—1840），甘肃考中文武进士、举人3532人，平均每年中第18人；从道光二十年到光绪三十一年（1840—1905），甘肃共考中文武进士、举人2200人，平均每年中第33人，中第人数后期比前期平均高83%。除贡院外，甘肃大部分府、直隶州及部分县、州均设有试院。

（三）新式学校教育

19世纪60年代以来，在洋务派的倡导下创办了一批中国教育史上不曾有过的新型学校。光绪二十九年（1903），清政府正式颁布《奏定学堂章程》。该章程规定各级学堂为蒙养堂（对孩童进行启蒙教育）、初等小学堂、高等小学堂、中学堂、高等学堂（大学预科）、大学堂、通儒院（为最高学府，系研究院性质）。此外，还规定了师范教育和实业教育的体制：师范教育分初级师范学堂和优级师范学堂两级；实业教育分初等、中等、高等实业学堂等。光绪三十一年（1905），清政府下令“所有乡试、会试一律停止，各省岁科考试亦即停止”，全面推行新的教育制度。实行了1300多年的科举制度至此完全废止。甘肃于光绪三十一年（1905）停止科、岁考，各府、州、县、厅城乡设小学堂，在各地设立劝学所，开始大力兴办新式学堂。主要有：甘肃大学堂、甘肃法政学堂、师范学堂、中学堂、小学堂等。宣统元年（1909）甘肃选派五名留学生到日本留学。

二、文学

明清时期，甘肃文学的代表人物是李梦阳、赵时春和吴镇。

李梦阳（1473—1530），字献吉，号空同子，甘肃庆阳人。明代著名文学家和学者。李梦阳21岁乡试第一，第二年连捷进士高第。曾任户部主事、江西提学副使等职。李梦阳所著《空同集》收集了他的诗作2200余首，赋35篇，文近300篇。李梦阳提倡文体改革，反对形式典雅工丽、内容多为粉饰太平和歌功颂德的“台阁体”，提倡说实话，写事实，这使得他在明代甘肃乃至全国文学史上享有较高声誉。嘉靖九年（1530），李梦阳病逝家中。

赵时春（1507—1567），字景仁，号浚谷子。正德二年（1507）出生于平凉县南纸坊沟浚谷村（今平凉县城南红照壁沟），是明代文学史上著名的革新派代表和诗作家。赵时春14岁乡试第二，三年后会试第一。赵时春的诗诚挚、豪放、爽朗，感情饱满高昂，诗意优美沉着，与当时王慎中、唐顺之、陈束、熊过、任翰、李开先、吕高八人号称“嘉靖八才子”。赵时春的主要著作有《浚谷文集》17卷，《平凉府志》等。

吴镇（1721—1797），字信辰，一字士安，号松崖，别号松花道人。吴镇乾隆年间中举，曾任陕西耀州学政，后荐为山东陵县知县，又迁升湖南兴国州知州、湖南沅州府知府。乾隆四十五年（1780）解职还乡。晚年主讲兰山书院达八年之久。吴镇自幼生活在洮河岸边，其《我忆临洮好》10首是一组绝妙的家乡赞歌，被誉为歌颂临洮、赞美家乡的代表作。吴镇是清代甘肃可数的多产诗人，保留到今天还有1000多首。他的著作有《松花庵诗草》《松花庵游草》《松花庵逸草》《四书六韵诗》《兰山诗草》《声调谱》等。吴镇是甘肃诗坛上的一代巨匠，他能吸收历代作家的长处，自成一家。在世时，其诗已负盛名，人们对他推崇备至。清代文学家袁枚说，吴镇“享文章之盛名，百余年来无及者”。

三、史学

明代是甘肃地方志起步阶段，共纂修方志约85种，现存19种。明中叶以后，甘肃纂修了一大批地方志，如嘉靖年间胡缵宗《秦安志》（佚）12卷，《巩郡记》30卷，赵时春《平凉府志》13卷，梁明翰、傅学礼《庆阳府志》20卷，孟鹏年、郭从道《徽郡志》8卷，吴桢《河州志》4卷，万历年间唐懋德《临洮府志》26卷，王之采《庄浪汇纪》8卷，邹浩《宁远县志》5卷，陈汝霖、张嘉孚《新修安定县志》7卷，刘师纶、白我心《重修通渭县志》4卷，余新民、蹇逢泰《阶州志》2卷，李应魁《肃镇志》4卷，崇祯年间周一敬《甘肃镇考见略》1卷，谢镛、李在廷《成县新志》10卷等，其中赵时春《平凉府志》、胡缵宗《秦州志》被学者称赞为明代十大名志，一时被纂修志书者奉为修志楷模。

清代，甘肃各地均有志书纂修，现存约156种，其中以康熙、乾隆、光绪三朝纂修的方志最多，其中影响较大的有：

胡缵宗（1480—1560），字孝思，一字世甫，号可泉，又号鸟鼠山人，秦州秦安县城人。弘治十四年（1501年），胡缵宗中举，正德三年（1508）进士，授翰林院检讨，参与修《明孝宗实录》。胡缵宗精研文史，尤其在方志方面贡献突出，著有《安庆府志》30卷、《秦安志》12卷、《韩中府志》10卷、《巩郡记》30卷、《秦州志》30卷、《羲台志》1卷；在经学方面著有

《春秋本义》12卷、《仪礼集注》25卷；在诗词歌赋方面著有《拟汉乐府》2卷、《拟古乐府》2卷、《胡氏诗识》2卷；在文学方面选编了《秦汉文》《唐雅》《雍音》等；其他方面著有《鸟鼠山人集》18卷、《顾学编》2卷、《近取编》2卷、《河洛集》2卷、《归田集》2卷等。

许容（？—1750），雍正年间的甘肃巡抚。雍正六年（1728），在许容主持监修下，由李迪、张能第、甄汝翼、郑铎、樊初荀、田吕叶、曹最等开始编纂《甘肃通志》，历时十二年而成。全书50卷，88万余字，是甘肃历史上的第一部通史。此期间，许容还于雍正十三年（1735）主持创建了兰山书院，翌年，因隐匿灾荒、营私树党，许容被革职解京治罪。

邢澍（1759—1823），字雨民，一字自轩，号佺山，阶州（今甘肃武都）人。邢澍21岁中举，32岁中进士。邢澍在金石学方面做出的卓越贡献，使他成为全国著名的金石学家。他的著作在金石学方面主要有《寰宇访碑记》《金石文字辨异》《金石札记》。邢澍与钱大昕、钱大昭等编纂的《长兴县志》是清代地方志中的善本之一。在姓氏学方面，著有《两汉稀姓录》一书；在考据方面主要有《关右经籍考》；在诗赋方面，《南旋诗草》收录了古今体诗70余首。张之洞在《书目答问》末附《国朝著述诸家姓名略》中，把清代学者分为十二类列名，邢澍列为第一类，即金石学家。

张澍（1776—1847），字伯（百）瀹，又字寿谷，号介侯，又号鸠民，清凉州府武威县人。张澍乾隆五十九年（1794）中举，24岁时考中进士，授翰林院庶吉士，充实录馆纂修。张澍的学术成就主要在史学方面，尤其是姓氏学，著有《姓氏五书》，即《姓韵》《辽元金三史姓氏录》（附《西夏姓氏录》）《姓氏寻源》《姓氏辨误》《古今姓氏书目考证》，共300余卷。这是我国姓氏学方面的一部巨著，被《清史稿》卷484《文苑列传》称为“绝学”。他辑成的《二酉堂丛书》，至今仍为研究西北地方文献的重要资料。他喜欢游览，搜寻古碑，写了不少金石题跋，收在《养素堂文集》里，著名的《重修护国寺感通塔碑》（西夏碑）就是他发现的。他还著有《说文引经考证》《秦音》《诗小序翼》等。张澍担任地方官时主持编修的县志有《屏山县志》《沪溪县志》，亲自编纂有《五凉旧闻》《大足县志》《凉州府志备考》《续敦煌书录》《续黔书》《蜀典》等。同时，他也是一位诗人，仅在《养素堂诗集》中就有诗3051首。张澍是清代全国公认的学术成就最高的甘肃学者，张之洞在《书目答问》末附《国朝著述诸家姓名略》中，把张澍列为第三类，即经学家、史学家、金石学家，并称赞张澍“才气无双，一时惊以为异人”。

李铭汉（1808—1891），字云章，凉州府武威县人，是清代甘肃的一位历史学家。李铭汉晚年主讲凉州雍凉书院、肃州甘泉书院，竭尽全力于学问研究，教授生徒，著书立说。除代表作《续通鉴纪事本末》外，还有《尔雅声类》《说文谐声表》等。《续通鉴纪事本末》是一部纪事本末体的宋、辽、金、元史，是根据清乾隆年间毕沅主持编撰的《续资治通鉴》编写的，全书110卷，其中90卷至110卷是李铭汉去世后，其次子李于锴续辑的。

秦维岳（1759—1839），字觐东，号晓峰，清代兰州后五泉人。乾隆四十八年（1783），秦维岳中举，后考中进士，授翰林院庶吉士，散馆，改国史编修。秦维岳回兰后，兴学从教，培养人才，热心公益事业。他率先捐银1000两，创建兰州府五泉书院，先后被聘为兰山、五泉两书院山长。道光十三年（1833），他续修《皋兰县志》，道光二十二年（1842），由其弟子增补刊刻为《皋兰县续志》。

张国常（1836—1907），字敦五，又字冬坞、东武，兰州靛园寺（今南稍门外）人。同治十二年（1873）癸酉科拔贡、举人。光绪三年（1877）进士，授刑部主事。张国常品行高洁，潜心教育，光绪年间被历任陕甘总督聘为兰山书院山长，教授学生近三十年。张国常著有文稿数十巨册，主要有《听月山房诗文集》30卷、《重修皋兰县志》30卷、《甘肃忠义录》30卷、《土司番族考》1卷。

安维峻（1854—1925），字小陆，号晓峰，又号槃阿道人、渭襟。秦安县神明川（今西川镇）人。同治十二年（1873），他秀才考试第一名，得拔贡。光绪元年（1875）八月，兰州举行陕甘分闱后的第一次乡试，安维峻考取举人第一名。光绪六年（1880），又考中进士，选翰林院庶吉士，三年后授编修。《清史稿》卷445《安维峻传》记载：“维峻以言获罪，直声震中外，人多荣之。访问者萃于门，饯行者塞于道，或赠以言，或资以赆，车马饮食，众皆为供应。抵戍所，都统以下皆敬礼有加。”乌里雅苏台参赞大臣志锐亲自为他治印“陇上铁汉”相赠。京师大侠“大刀王五”亲为护送，并馈赠车马行之。鲁迅先生称之为“中国的脊梁”。放逐五年后，安维峻于光绪二十五年（1899）释放回乡，在陇西安南书院主讲。光绪三十四年（1908），应聘总纂《甘肃全省新通志》，宣统三年（1911）完成。

第八章　中华民国时期的甘肃

1912年1月1日中华民国建立至1949年10月1日中华人民共和国成立38年的甘肃历史，是战乱史，是苦难史，也是奋斗史。它经历了五个发展阶段：一是北洋政府统治阶段（1912—1924年）。北洋军阀统治下的甘肃，政局混乱，地方军阀扩军备战，搜刮民财，导致经济凋敝，民不聊生。二是国民军统治阶段（1925—1930年）。国民军进入甘肃后，打击地方割据势力，统一了甘肃政局，推行了一系列社会变革举措，甘肃地方气象更新。三是国民政府统治确立阶段（1932—1937年）。中原大战爆发后，国民军离甘，甘肃政局重陷动荡，蒋介石国民党统治在甘肃开始确立，冯玉祥国民军势力退出了甘肃。与此同时，中国共产党在甘肃开展了武装斗争，建立了陕甘革命根据地。四是全面抗战阶段（1937—1945年）。中国共产党在陇东建立的抗日根据地与国民党在国统区的统治并存。国共合作建立了广泛的抗日民族统一战线，进行了卓有成效的抗日斗争。抗战大后方建设的实施，客观上推动了甘肃的经济和文化等方面的进步。五是解放战争阶段（1946—1949年）。中国共产党与国民党进行了激烈的武装斗争。1949年，中国共产党赢得了甘肃的解放。

纵观民国时期的甘肃历史，主要呈现为四个特征：一是社会变革。孙中山领导的辛亥革命，一举推翻了腐朽的清王朝，结束了统治中国长达两千多年的封建专制统治，建立共和政体。尽管革命的果实被军阀窃取，但共和思想广泛传播，资产阶级民主革命迅速兴起，产生了深刻的社会变革。中国共产党通过与中国国民党长期的革命斗争，推翻了国民党统治，解放了甘肃。二是战乱频繁。整个民国时期，甘肃战乱不断，极大破坏了社会生产力，增加了人民苦难。三是现代工业、交通、金融、文化、教育、科技兴起。抗战时期，国民政府为了抗战需要，加强西北大后方建设，在甘肃兴办了现代工业、交通、科技、文化、教育。尤其是中国第一个大型油矿——玉门油矿的开发建设，大规模的公路建设和甘肃西北地区交通运输枢纽的形成，为抗战胜利做出了巨大贡献。四是自然灾害频发。民国时期，甘肃发生两次大地震和瘟疫、旱灾等灾害，社会遭受极大重创，人民挣扎在死亡线上。

第一节　民国初期

民国初期，军阀当政，政局动荡，地方割据势力兴起。孙中山领导的护法运动在甘肃得到响应，北京青年学生发起组织的五四爱国运动在甘肃引起反响。

一、辛亥革命爆发后的甘肃

（一）甘肃各地响应辛亥起义

1911年10月10日武昌起义爆发，消息传来，甘肃多地积极响应。11月3日，兰州陆军军备学堂学生在学堂大门张贴了“有血气者莫不思奋，振臂一呼，全民响应，扫除腥膻，还我河山。成则为美之华盛顿，不成则为田横五百人”的标语。陕甘总督长庚闻讯，立即派兵围攻学校，遣散学生。11月17日，宁夏府同盟会会员和会党联合起义，在灵州建立灵州革命军政府；11月21日（农历十月三日），又在宁夏府新城建立宁夏革命军政府。12月3日，西宁府民间反清组织黄标会在湟源县元山儿聚集农民、城镇贫民约3000人，准备围攻西宁府。陇东、陇南、凉州（武威）、甘州（张掖）、肃州（酒泉）等地的会党和农民也纷纷集聚，捣毁厘金局，攻打官府。这些大大小小的起义均遭镇压而失败，但是，起义者用鲜血和生命唤醒了民众的觉醒，传播了民主革命思想，有力地支持了全国人民反对封建专制统治的革命斗争。

（二）清朝封建统治结束

1912年3月11日，黄钺号召秦州各界建立了秦州临时军政府，军政府颁布了《甘肃临时军政府檄文》《甘肃临时军政府法约》《甘肃临时军政府行事章程》，告知民众辛亥大义，共和已成，安抚民心，顺应变局。在共和大局已定的情形下，组织兵力攻击陕西革命军政府的甘肃清朝封建统治者迫于全国舆论压力以及民众响应共和的义举，只好罢兵言和，撤兵返回。

1912年3月15日，袁世凯任命甘肃布政使赵惟熙任甘肃都督，3月19日，长庚移交总督印。至此，清朝封建统治在甘肃结束，甘肃历史步入民国。

二、北洋政府统治时期的甘肃

（一）频繁更替的政局

步入民国以后的甘肃，政权更替频繁，政局混乱。先是赵惟熙任都督后，与秦州临时军政府矛盾尖锐。面对独立的秦州临时军政府，赵惟熙不是采取和谈的方式与之联系，而是造谣惑众，兵戎相见。以秦州独立在清帝退位之后，晚于甘肃承认共和为口实，污蔑黄钺之举是盘踞秦州，另有图谋，欲派兵前往围剿。双方对峙两月多，后经临时甘肃省议会调解，双方于1912年6月7日签订《和平解决条约》十四款，秦州临时军政府解散。

之后，赵惟熙与临时省议会和军界的矛盾也十分突出。当时，临时省议会议长李镜清为人傲岸，性情耿直，抨击赵惟熙任人唯亲、徇私不公行为，揭露马安良所属马麒部军纪松散，在宁夏灵州掳掠杀害民众之事，此举令赵惟熙和马安良均感不安，都欲除之而后快。1912年7月17日夜，李镜清被人杀害于临洮家中，全省震动。李镜清遇害后，甘肃提督马安良操纵了临时省议会，1912年8月，临时省议会召开会议，选举张林焱为议长，慕寿祺为副议长。不久，马安良在当年11月还操纵了中国国民党在兰州成立甘肃支部的大会。会议有一千余人参加，其中不少人是原同盟会会员，会议选举马安良为部长，周之翰为副部长。面对临时省议会和军界的压力，赵惟熙指使门生挑拨军界回汉关系，被马安良识破，控告北京政府。事情败露后，赵惟熙在甘肃难以立足，1913年5月辞职。

赵惟熙离职后，1913年5月，袁世凯任命甘肃内务司司长张炳华临时代理甘肃都督兼民政长。张炳华代理甘肃都督期间，正是袁世凯复辟帝制之时，他支持袁世凯复辟帝制活动，恢复丁日祭孔，11月还解散国民党支部，追缴议会国民党籍议员证书，查封国民党甘肃支部报《大河日报》，逮捕主笔聂守仁，通缉总编郑濬。1913年11月，袁世凯任命张广建为陕甘筹边使，取代张炳华主持甘政。

张广建到任后，甘肃地方政局并没平稳。根据1914年10月北洋政府改变清末兵制的有关命令，改总兵为镇守使，裁减各地绿营，借此削弱地方总兵势力。兵制改革后，甘州提督马安良的势力明显削弱，马安良权衡利弊后撤离兰州，回河州闲居。1920年7月直皖战争皖系败北，身为皖系的张广建失去靠山，在甘肃处境不顺。就在此时，南方各省反对北洋政府军阀统治呼声日盛，一些人提出实行地方自治的政治改革方案。宁夏护军使马福祥利用这一机会，力主“甘人治甘”，并借张广建派亲信将聚敛的财富运送北京被抓获的时机，联合其他回族军阀和汉族河州镇守使裴建准等地方人士，通电北京中央政府，呈请撤销张广建督军职务，欲代替张广建任甘肃督军。陇东镇守使陆洪涛与冯国璋、段祺瑞有同窗之谊，伙同帮统张兆钾致电北京政府反对马福祥任甘督。甘肃争督风潮一触即发，局势严峻。

1920年12月16日18点30分，甘肃海原、固原（今宁夏回族自治区固原市）等地发生8.5级大地震，波及陕西、内蒙古等13个省。地震造成23.4万人死亡，伤者无数，牲畜、房屋损失难以计数，损失惨重。在天灾人祸频发之际，甘肃政局急需稳定。为尽快解决甘肃争督风潮，总统徐世昌采取缓兵之计，调张广建离甘赴京，令绥远都统蔡成勋任甘肃督军兼省长，宁夏护军使马福祥任绥远都统。在蔡未就任前，陇东镇守使陆洪涛护理甘肃都督，兰山道尹陈訚护理省长，张兆钾护理陇东镇守使，马福祥侄子马鸿宾代理宁夏护军使（1921年7月改镇守使）。这一安排使甘肃争督风潮得以平息。1921年6月，北京政府改蔡成勋任江西督军，正式命陆洪涛任甘肃督军。

（二）割据势力的兴起

陆洪涛主甘后，利用北洋政府军制改革时机，将省直属部队编为甘肃陆军第一师，自兼师长，下辖两个旅，任用亲信李长清、黄得贵分任第一旅、第二旅旅长。同时下令征拔各县民兵，加强巡防队，每县300名，亲自掌控，以限制各镇守使之权。1925年1月，全国军政改革，废除督军，陆洪涛改任甘肃军务督办。此时，甘肃军制已经由清朝的两提督（固原、甘州）三总兵（宁夏、凉州、西宁）变更为八个镇守使。固原提督改为陇东护军使，甘州提督改为甘州护军使，后又改为镇守使。宁夏、凉州、西宁总兵都更名为镇守使，另相继增设了肃州镇守使、甘州镇守使、陇南镇守使。这就是陇上“八镇”。八个镇守使分别是甘州镇守使马璘、甘边宁海镇守使马麒、凉州镇守使马廷勷、宁夏镇守使马鸿宾、陇南镇守使孔繁锦、陇东镇守使张兆钾，另外是河州镇守使裴建准、肃州镇守使吴桐仁。河州镇守使裴建准、肃州镇守使吴桐仁没有所属军队，在八镇中仅有行政权，其他几个镇守使军政全统，在任职区内擅自任用县长，把持地方财政，成为地方军阀割据势力。八镇地方军阀割据势力的兴起，威胁到省督署的权力，省督署仅仅管理附近各县，难以节制地方军阀，财政税收难以为继。为了解决财政危机，陆洪涛放开烟禁，在全省开种鸦片，然后再按亩征收罚款，此举使甘肃鸦片泛滥成灾，百姓负担沉重，社会弊病丛生。1925年3月，都督陆洪涛中风不起，亲信李长清反叛，威逼陆交权，陆连电北京政府，请求辞职。

三、护法运动

以孙中山为首的民主革命者们面对袁世凯北洋军阀恣意践踏《临时约法》的复辟帝制行径和军阀独裁统治，于1917年9月1日在广州掀起维护《临时约法》的护法运动。甘肃法政专门学校校长蔡大愚响应护法运动，联合进步学生师世昌，教员赵学普、杨希尧等，以及新建右军营长焦桐琴、教官胡登云和边永福等进步青年，还有闲居河州的马安良、马廷勷父子，预谋在临洮、河州、阿干镇等地发动护法起义。准备就绪后，向孙中山汇报了准备情况，得到孙中山的认可，并委任边永福为甘肃护法军第一师师长，赵学普为甘肃护法军总参议。起义预定冬至节（12月22日）晚在临洮驻军中发起，届时通电全国，宣告甘肃独立。但是，起义前夕，驻临洮新建右军两位班长酒醉泄密，被新军统领吴桐仁察觉，提前做了防范；而准备接应的马安良父子也临阵变卦，致使事情败露。甘肃督军张广建设立筹安会和督捕局，查抄甘肃法政专门学校，搜捕有关人员，护法起义失败。参与事件的马安良、马廷勷父子因临阵变卦，受到张广建嘉奖。甘肃护法起义失败后，师世昌赴广州谒见孙中山，孙中山得知赵学普、边永福、胡登云等人罹难消息后，十分悲痛，亲书“为国捐躯”白绫挽幛一幅，拨给家属抚恤金5000元，以慰忠魂。

四、五四运动对甘肃的影响

五四运动爆发后，兰州一些学校学生自发组织集会、游行，抵制日货，声援北京学生的爱国之举。1920年春，在京甘籍学生王自治、张明道等人筹款成立新陇杂志社，创办《新陇》杂志。《新陇》杂志以“输入适用之知识于本省，传播本身之状况于外界”为宗旨，为甘肃宣传进步思想。《新陇》杂志一直持续到1930年9月，因经费缺乏停刊。《新陇》杂志虽然在全国影响不大，但其关注甘肃局势、服务家乡的拳拳之心十分可贵，为打破甘肃沉闷落后的社会氛围，输送新鲜空气做出了贡献。

在五四新文化运动中，第一个为争取妇女同男子有平等教育权利而奔走的甘肃循化县人邓春兰，于1919年5月19日上书北大校长蔡元培，请求大学开放男女之禁。北京《晨报》、上海《民国日报》等许多报刊刊登此信，予以声援，呼吁大学开放女禁，实行男女同校，提倡男女平等。1920年2月，邓春兰等九名女生被北大录取，开创了中国男女平等教育的先河。在五四运动的影响下，甘肃青年学生的政治觉悟进一步提高，1922年，兰州第一中学等六所中学发起组织甘肃中等学校以上学生联合会，拟定简章，提出“改良社会，拥护国权”的口号，并向教育厅呈请备案，教界官员以学生要求超出了教育范围为由而搪塞。

1923年5月，在纪念五四运动四周年之际，兰州各中学、师范学校、农校、工校学生再次发起组织“甘肃学生联合会”，青年学生走上街头，张贴“勿忘国耻”标语，通电北京政府，要求废除“二十一条”，誓言与全国人民一起抵制日货。

第二节　国民军统治时期

1925年9月，冯玉祥领导的国民军控制了甘肃政局，推行社会变革措施，甘肃社会出现新的气象。1930年3月，国民军东撤参加中原大战，结束了在甘肃的统治。

一、国民军西进甘肃

1924年10月23日，冯玉祥发动北京政变，囚禁总统曹锟。24日，改编所部为中华民国国民军，脱离北洋军阀，支持国民党，电请孙中山北上。鉴于北洋军阀压力，冯玉祥同段祺瑞、张作霖妥协，请段祺瑞主持政务，任中华民国临时总执政。段祺瑞任临时总执政后，1925年1月，任冯玉祥为西北边防督办，要求其将部队整编为6个师，兵力控制在15万左右，取消国民军番号，改称“中华民国西北边防军”，简称西北军，但一般还是称国民军。1925年8月，段祺瑞任命时任西北边防督办的冯玉祥又兼任甘肃军务善后督办。冯玉祥委任部属第2师师长刘郁芬代理甘督兼国民军驻甘总指挥，率部前往甘肃。

1925年10月下旬，国民军进入兰州。10月26日，刘郁芬以代理甘肃军务督办之名向甘肃各界发出布告。12月，刘郁芬召开军事会议，提出统一全省军事案。规定：甘军归督署统摄调遣；部队的增减、移防，营以上军官升迁调补等，均须督署批准；实行新编制，不得擅改；督署统一批发各军事机关薪饷、经费。1926年3月，刘郁芬正式任甘肃督办，薛笃弼任甘肃省省长，杨思任财政厅厅长，赵元贞任实业厅厅长。

与此同时，全国形势发生了急剧变化，在北京的直奉系军阀眼见冯玉祥倾向南方革命，遂策划联合进攻国民军。吴佩孚自任十四省联军司令，任命陕西军阀刘镇华为讨贼联军陕甘总司令，联合陕南护军使吴新田，会攻胡景翼的陕西国民军；以陇东镇守使张兆钾为援甘总司令、陇南镇守使孔繁锦为副总司令组织甘肃讨逆联军，会攻甘肃国民军。在革命形势发展的紧要关头，冯玉祥从苏联回国，在1926年9月17日，誓师五原，组建国民军联军，任总司令，立刻向西北军阀开战。

甘肃的军阀从1926年春天开始，驻兰州阿干镇黄得贵部、驻固原韩有禄部和驻狄道（今临洮）宋有才部，陇东张兆钾部、陇南孔繁锦部进攻兰州的国民军。刘郁芬一方面缩短战线，重点用兵，各个击破；一方面向陕西国民军求援。1926年6月中下旬，陕西国民军丁振国、吉鸿昌部先后抵达兰州，刘郁芬下令全线反击。11月，打败了各路军阀。1926年冬至1927年春，各镇守使都接受了刘郁芬的改编。此时，国民军在甘肃共有1个军4个师：第7军军长门致中，第2师师长孙良诚，第11师师长佟麟阁，第12师师长张维玺，第25师师长戴靖宇。

二、甘肃三省分治——宁夏、青海建省

1928年9月5日，国民党中央政治会议第153次会议决议，从甘肃省中分置宁夏、青海两省。10月17日，国民党中央政治会议第159次会议根据第153次会议的甘肃分治案，决定将甘肃省宁夏道所属的宁夏县、宁朔县、平罗县、中卫县、灵武县、金积县、盐池县、平远县八县和宁夏护军使辖地（阿拉善、额济纳两旗）合并建宁夏省，省会银川。将甘肃省西宁道所属西宁、大通、碾伯（今青海乐都）、巴戎（今青海化隆）、循化、湟源、贵德七县及原青海办事长官辖蒙古29旗、玉树25族、环海8族、果洛等地合并为青海省，省会西宁。1929年1月，甘肃、青海、宁夏三省联合呈报国民政府，自1月1日起，原由甘肃省划归青海、宁夏两省的各县行政，一律由新成立的两省负责处理。门致中任宁夏省政府主席，孙连仲任青海省政府主席。

三、国民军的社会变革

国民军入甘后，移风易俗，革旧立新。废除官员坐轿鸣炮旧制；撤县衙门为县政府，知县称县长，改官署三班六房为科室；公职人员着中山装；严惩贪官和违纪军官；提倡女子天足；禁止吸食贩卖大烟，一经发现，惩治重罚；将省署后花园（凝熙园）改为中山公园，向民众开放。这些革新政治和社会习俗的措施深受百姓赞赏，为地方社会带来新的气象。国民军反对洋人特权，维护国家权益，反对不平等条约；提倡民族平等，尊重少数民族，宣传孙中山五族共和思想；开办民众教育，鼓励民众识字；通令各县在公共场所、庙宇、会馆、商会附设平民学校，不受年龄限制，并供给笔墨，教授千字文；教民众唱《国民革命歌》《国际歌》《工农兵大联合》等歌曲。当时，《三民主义》《建国大纲》《帝国主义论》《浮士德》等书籍也出现在兰州街头。然而，国民军为筹款贮饷，也增加捐税，苛捐杂税达百种之多，加重了人民的负担。正如冯玉祥所说，部队离开甘肃时，征骆驼五万头，羊二十余万只，均未给价。发行的流通券、军需券至数百万，也未清理。欠甘肃人民的太多。

四、国民军在甘肃的“清共”活动

“四一二”反革命政变后，国共分裂，大批共产党员遭到逮捕屠杀，国民军内的共产党员也遭到清除。1927年6月，国民军内的共产党员胡廷珍、王孝锡、保至善、马凌山以到郑州开会名义，被调离甘肃。保至善（甘肃崇信县人）路经西安时，被捕押至洛阳处死，这是冯玉祥“清党”“反共”时处死的第一位甘肃籍共产党员。冯玉祥指令刘郁芬成立甘肃省清党委员会，先后向全省发出“缉查共产党活动”“根本肃清逆党”“处理共产分子办法”等训令。同时取缔青年社、工会、农会、妇女会等进步政党和民间团体，禁止出版和销售进步书刊。面对局势变化，中共兰州特支30多名党员，由张一悟主持在五泉山嘛呢寺召开会议，会议布署凡已经暴露身份的党员能离开的必须离开，其他党员留下继续斗争，部分党员可转移到西安。1928年11月10日，上海《新闻报》刊登了刘郁芬电告甘肃“清共”经过一文，公布了国民军在甘肃已捕和通缉的共产党员名单共有48人，人员涉及兰州、导河、平凉、华亭等地区。在白色恐怖下，中国共产党甘肃组织遭到严重破坏。

第三节　国民党统治的建立

民国初期，中国国民党开始在甘肃建立组织。中原大战后，经过雷马事变，国民党完全掌控了甘肃，开始了对甘肃的统治。

一、国民党组织在甘肃的设立

中国国民党在甘肃建立组织始于民国初年。袁世凯复辟帝制后，被取消，活动停止。1924年，国民党第一次代表大会后，重建各地组织。1925年3月，国民党北京执行部派李世军（甘肃静宁人）、田崑山（甘肃泾川人）、杨思等到甘肃，组建国民党甘肃省临时党部筹委会，筹委会委员由田崑山、李世军、任丹山、杨思、汪青、杨希尧、杨尊等七人组成。此时国民党活动处于秘密阶段。

国民军入甘后，国民军内的国民党在1925年10月建立国民党甘肃临时省党部，开始半公开活动。他们在兰州各校建立学生会，成立兰州市学生联合会，在各地成立地方党部或分部。1926年9月，国民军集体加入国民党后，国民党在甘肃的活动完全公开，经费由省政府拨付。为了在国民军开展政治工作，冯玉祥在各军（师）设立政治处，吸收国民党和共产党政治宣传人员进入军队开展政治宣传。这样，在国民军内既有国民党，也有共产党。宣侠父、钱崝泉、邱纪明、张一悟等共产党员任教于国民党甘肃省党部开办的党务培训训练班，开设“三民主义”“建国大纲”以及“社会发展史”等课程，向学员讲授中国革命、孙中山建国设想以及社会发展思想。

1927年2月14日，在皖江会馆举行的春节联欢会上，共产党员揭露国民党右派贪污公费、排挤共产党员的做法，两党成员发生摩擦，以致互相殴打。后经钱崝泉等人主持，改选成立国民党新的临时省党部，宣布解散国民党右派把持的国民党临时省党部。1927年春，奉中共陕甘区委指示，张一悟在兰州召开会议，讨论了整理党务，团结国民党左派，孤立右派，解散两个党部，重新登记，组建新的党部的意见。不久，新成立了国民党甘肃省党部。

1927年“四一二”反革命政变后，冯玉祥勒令甘肃各级党部及民众团体一律停止活动，随之开始“清党”行动。9月，国民党中央派杨耀东等为甘肃省党部筹备委员，于10月成立甘肃省国民党筹备委员会，11月选出第一届执行委员会。1928年3月，国民党四中全会决议，改组中央特别委员会，并令在特别委员会期间成立之各省市党部，停止活动，甘肃省党部及各县党部奉令结束。1929年5月，国民党中央派杨慕时等为甘肃省党部第二届执行委员，正式成立国民党甘肃省党部。冯玉祥讨蒋失败后，国民党中央以甘肃省党部“附逆叛党”为由，命令解散国民党甘肃省党部。1931年3月，国民党中央派田崑山等为甘肃省党部整理委员，成立委员会，进行整理党务活动。1935年，改为执行委员会。

二、国民军撤甘后的甘肃政局

1929年5月，中原大战爆发在即，冯玉祥重新整合了在甘肃的国民军力量，任命刘郁芬为护党救国军西北第五路军总指挥，进驻西安。10月，任命孙连仲任甘肃省政府主席，兼第五路军总指挥，统率国民军驻甘部队，共约5万兵力。1930年3月，中原大战全线展开，冯玉祥命孙连仲部赴中原参战，调张掖第2旅旅长雷中田移防兰州。不久，任命雷中田为西北陆军暂编第1师师长。从1930年4月至1931年1月近一年的时间里，甘肃省政府主席没有一个合法的、深孚众望的人选。1930年3月，冯玉祥曾指定马鸿宾代理甘肃省政府主席。由于冯玉祥与蒋介石关系尚不明朗，马难以权衡事态走向，借故不就，于是冯玉祥令甘肃省财政局局长王祯代行省政府主席职。王祯代行省政府主席后，联合杨思、张维、水梓、赵元贞、裴建准、王廷翰、喇世俊、李朝杰等旧僚组成八大委员共同执政。王祯对省城防务雷中田部，心存疑虑，求援马麒，马麒派其兄马麟率部莅兰。马麟到兰后，先任甘肃剿匪总司令，旋改任甘肃全省保安司令，并乘机组建了甘肃骑兵暂编第1师，兼任师长，属两团。蒋介石一方面在军事上与冯玉祥在中原对垒，一方面通过各种渠道到冯玉祥的后方甘肃，彻底清除冯玉祥的势力。1930年7月，蒋介石支持盘踞天水的马廷贤联合陇东陈珪璋、陇西鲁大昌、固原黄得贵，组成所谓四路联军，通电声讨王祯，进攻兰州。甘肃全省保安总司令马麟率骑兵迎战定西，击溃四路联军。1930年11月，中原大战冯玉祥失败，以王祯为首的甘肃省政府通电拥护南京中央政府，不久王祯辞职。1931年1月，蒋介石任马鸿宾代理甘肃省政府主席，同时，委任雷中田为新编第8师师长。1931年8月，南京政府发布命令，改组甘肃省政府，马鸿宾正式任甘肃省政府主席，以马鸿宾、杨思、谭克敏、马文车、张维、李朝杰、贾缵绪、水梓、喇世俊9人为省府委员。

三、甘肃军变

（一）河州事变

1928年5月，马仲英（1908—1937）纠集宁海军下级军佐七人组成自卫队，进攻河州。1928年5月到8月底，马仲英三围河州城，其间冯玉祥、刘郁芬曾多次派人议和，均没有结果。1928年8月，冯玉祥调吉鸿昌、孙连仲、佟麟阁等部进剿，马仲英战败，撤退岷县。之后，马仲英率部窜至临洮、陇西、武山、甘谷、秦安等县城，一度准备攻天水，被吉鸿昌部击败后退至甘南，从甘南进逼西宁，被青海省政府主席孙连仲率军阻击。后转道湟源，进占民勤。1929年4月30日，占宁夏城（今银川），吉鸿昌会同吴鹏举部联合围剿马仲英，5月6日收复宁夏城，马仲英退守黄渠桥镇。1930年7月，吉鸿昌、马鸿宾联合击败马仲英，马仲英远走北平，马鸿逵收编其部。1930年冬天马仲英再次纠集余部，攻取张掖，自称“甘宁青联军总司令”。1931年2月，设河西省，自任省主席。4月，马步芳率骑兵突袭马仲英部，激战于民乐，马仲英败走酒泉，马步芳进驻张掖。1931年5月，新疆哈密王府总管尧乐博斯路经酒泉时，邀马仲英进新疆，5月19日，马携部进入新疆。马仲英辗转新疆6年，参与新疆内乱，后赴苏联，下落不明。

（二）凉州事变

1928年6月中旬，冯玉祥电令免去马廷勷凉州镇守使职，调任总司令部顾问，派戴靖宇接替凉州镇守使职。到凉州招兵的国民军教导团原团长刘志远早闻马在凉州聚敛财富万贯，想借马离职解除武装之际，没收其财产。6月30日，刘志远率少数官兵和县署警察百余人，袭击凉州镇守使公署、马廷勷率部属约2000人逃至西宁。7月22日，在马麒的授意和支持下，马廷勷率部反攻凉州，代理凉州镇守使韩凤璋逃走、县长张东瀛和盐务、电报两局长遇害，500多名守军、民团被杀。马廷勷占领凉州后，迅速勒索烟亩罚款10万元，就地征兵，进攻永登。7月26日到9月下旬，马廷勷率部攻下永登满城，冯玉祥调第2方面军孙连仲部迎击，马部溃退。10月1日，孙部主力占领凉州，凉州事变平息。

（三）雷马事变

雷马事变是冯玉祥国民军势力对抗蒋介石势力的一次军事政变。1931

年8月25日，雷中田联合国民党甘肃省党部整理委员会委员马文车发动政变，羁押省政府主席马鸿宾。27日，组建了甘肃省临时政府，马文车任临时省政府主席，雷中田任甘肃省保安总司令。杨思、李朝杰、赵晚江、马文车、李克明、陈珪璋、鲁大昌、雷中田等13人为省府委员。8月30日，蒋介石致电雷、马："马主席被禁闭，如果属实，实属反叛中央，目无法纪。限文到即将马主席恢复自由，行施职权。"后雷中田派参议阚东洲到南京面见蒋介石，陈述情况，请示中央处理，表明并无反蒋之意。蒋介石又采取默认态度，电令马文车"留甘主政，暂勿回京"。在四川的吴佩孚得知雷马羁押马鸿宾后，企图利用事件东山再起，从川入甘，自称兴国军司令。吴佩孚到兰后，一面协调雷马释放马鸿宾，一面派人到西宁同青海省政府代主席马麟洽谈，企图组建军事力量。11月15日，由马麟领衔，金树仁、马鸿宾、刘存厚、邓锡侯、雷中田、马文车等十八人署名的青、新、宁、川、甘等五省将领署名通电发往南京，提出在日本强权侵略的情况下，一致敦请吴佩孚出山，主持对外军事。蒋介石收电后，深感甘肃事态严重，遂派杨虎城部入甘平息事变。

四、国民党甘肃统治的确立

（一）陕西孙蔚如入甘主政

为平息雷马事变，1931年11月，蒋介石命令潼关行营代主任杨虎城部参谋长孙蔚如以甘肃宣慰使名义率17师（辖2个旅）入甘戡乱。孙蔚如部在定西巉口与雷中田交战，12月4日，雷中田败走四川，吴佩孚、马文车逃至北平。杨虎城电令孙蔚如代理甘肃省政府主席，并主持成立了甘肃省临时维持委员会，孙任委员长，陈珪璋、杨思、裴建准、王登云、杜斌丞、鲁大昌、张维等为委员。1932年元月，蒋介石任孙蔚如为甘肃宣慰使，代行省政府主席职。孙蔚如就职后，重新划分势力范围，命令陇东12个县供应陈珪璋部，陇西、临洮、定西等9个县供应鲁大昌部，河西16个县供应新9师马步芳部。1932年元宵节，孙蔚如以追捕逃兵为名，将策划"甘人治甘，陕军回陕"的陈珪璋抓捕并处死，收编陈部属。至此，孙蔚如控制了甘肃局势。

（二）国民党派要员主政甘肃

1931年12月，蒋介石任邵力子为甘肃省政府主席，次年4月，在兰州设立西安绥靖公署驻甘行署，任邓宝珊为西安绥靖公署驻甘行署主任。5

月，邵力子就任甘肃省政府主席，贺耀组、孙蔚如、马鸿宾、邓宝珊、林竞、谭克敏、刘汝潘、水梓、杜斌丞等为省府委员，新一届政府组建。邵力子就任后，推行了禁种鸦片、督促地方驻军减员、地方“军民分治”等措施，但收效甚微。1933年元月，邵力子以地方割据、派系斗争、财政困难等无力解决为由辞职，邓宝珊代甘肃省政府主席。1933年4月，国民党中央任朱绍良为甘肃省政府主席。1933年9月，国民党中央撤销西安绥靖公署驻甘行署，成立甘肃绥靖公署，朱绍良任主任，统管甘宁青三省军事大权。成立新一军，任邓宝珊为军长，辖新10旅和新11旅。为了解决地方各行其是问题，朱绍良取消了地方财政自收自支、擅自摊派的税收“拨款”惯例，明令地方驻军的编制和开支由省府统管。实行保甲制度，清查户口，设立警务。

第四节　行政建制

民国时期，行政建制累有变更，国民军统治时期，甘肃在民族地方设置设治局，甘肃分为甘肃、青海、宁夏三省。国民党政府统治时期，推行新县制和基层保甲制，实行军政一体化。陇东革命根据地建立了根据地的行政建制。

一、民国前期甘肃的行政建制

民国初建，省军政首长称都督，都督由布政使担任，军政一体。省府设政务、财政两厅，政务厅下设总务、财政、教育、实业四科。1913年，军政分治，布政使改称民政长，为全省最高行政长官，由都督兼任。1918年，省府下设政务、财政、教育、实业四厅。之后，省军事长官先后有将军、督军的称谓，最高行政长官先后有巡按使、省长之称谓。一直到1927年，国民军时期，建立了甘肃省政府，省府行政变革才算告一段落。

省以下行政建制，从1913年开始，废除清代的府、州、厅建制，一律改为县。在省府和县之间，保留了道的建制，形成了省辖道、道辖县的三级行政建制。道设观察使，称道尹。调整以后共有7道，分别是：兰山道、陇南道、陇东道、河西道、边关道、朔方道、海东道。1914年，又变更各道名称，改称兰山道、渭川道（原陇南道）、泾源道（原陇东道）、甘凉道（原河西道）、安肃道（原边关道）、宁夏道（原朔方道）、西宁道（原海东道）。

道下设县。兰山道（治皋兰）辖15县，渭川道（治天水）辖14县，泾源道（治平凉）辖17县，甘凉道（治武威）辖9县，安肃道（治酒泉）辖7县，宁夏道（治宁夏）辖8县，西宁道（治西宁）辖7县。共77县。

1927年，新增夏河县、噔口县，县级建制增至79个。

在民族地区设立宁夏护军使（代中央政府管辖河套西内蒙古阿拉善旗、额济纳土尔扈特旗），宁海镇守使和蒙番宣慰使（管辖青海蒙藏各部族）。

1927年6月，国民党开封政治分会决定组建新的甘肃省政府，政府行政长官称主席。省政府职能进一步健全，设财政、民政、教育、实业、司法五厅。之后，甘肃省政府决定：废除道一级行政建制，设行政区，道尹为行政长。县公署改为县政府，县知事为县长。实行省县两级行政建制。县级行政进一步健全，县政府下设财政、建设、教育、公安四局。县下设区、乡（镇）等。

全省划分为兰山区（驻省会皋兰县）、泾原区、渭川区、宁夏区、西宁区、安肃区（甘凉区并入）等6个行政区。1929年1月，甘肃分治三省后，甘肃省设兰山、渭川（驻天水县）、泾源（驻平凉县）、安肃（驻酒泉县）4个行政区。

1926年，在少数民族地区设置了拉卜楞设治局（后撤改为夏河县）、康乐设治局、洮西设治局、卓尼设治局、肃北设治局。此为在少数民族地区尝试建立行政建制的开始。

二、国民政府统治时期的甘肃行政建制

20世纪30年代，南京国民政府有感于省县两级制难以制约地方，在1932年8月颁布《行政督察专员暂行条例》，逐步推行行政督察专员公署建制。

1936年5月，甘肃省政府将全省划为7个行政督察区，各区设专员，专员兼任本区保安司令及所在县县长。到1944年，经过调整，在全省共设9个行政督察专员公署，分别是：岷县第一行政督察区、平凉第二行政督察区、庆阳第三行政督察区、天水第四行政督察区、临夏第五行政督察区、武威第六行政督察区、酒泉第七行政督察区、武都第八行政督察区、临洮第九行政督察区。兰州市和皋兰县、景泰县、靖远县、会宁县、永登县直属省政府。

至1949年8月25日，甘肃省辖1个省辖市、9个行政督察专员区、73个县级建制（含1市、1设治局、1管理局）。

为加强基层控制，推行军政一体化。1939年9月，国民党中央颁布《县各级组织纲要》，推行新县制。1940年前半年，甘肃省政府相继颁布《县各级组织纲要甘肃省施行细则》和《本省实施新县制办法要点》，具体规定新县制：县为地方自治机关，县政府设科废局，设民政、财政、教育、建设、社会等科；县下设乡（镇），乡（镇）下设保，保内设甲。从1940年7月起，甘肃省政府在65个县（环县、合水两个县，肃北、卓尼两设治局除外）推行新县制。

新县制强化军事统治。县长兼任县级国民兵团司令部司令。乡（镇）、保也推行政治、武力、教育一体化，乡（镇）长兼任乡（镇）中心学校校长、国民兵队队长；保长兼任国民学校校长、保壮丁队队长。新县制加强基层控制。1937—1941年，全省连续三次整顿保甲，清查户口。1941年颁布《管理嫌疑户办法》，实施户口迁移证、制发国民身份证等办法，进一步限制百姓自由，监视百姓行动。

1941年，正式设立兰州市，市政府与皋兰县政府合署办公，市县并列，市辖市区，设市长。

三、陇东革命根据地的行政建制

中央红军长征到陕北后，于1935年11月成立中华苏维埃共和国中央工农民主政府西北办事处，作为西北苏区的最高行政机关。中华苏维埃共和国中央工农民主政府西北办事处（1935年12月—1937年9月）将根据地划分为陕北、陕甘两省和关中、神府、三边三个特区。陇东革命根据地分属于陕甘省和关中特区。

1937年9月6日，办事处更名为陕甘宁边区政府，根据10月12日国民政府行政院第333次行政会议决议，确认陕甘宁边区为行政院直属行政区。陕甘宁边区政府成立后，辖陕、甘、宁三省之23个县，以延安为边区首府。1937年11月10日，陕甘宁边区政府发出通令，将边区改为陕甘宁特区，下设县、区、乡三级政权。到1941年辖5个分区，29个县市，266个区，1549个乡，人口约150万。

陕甘宁边区政府建立后，调整了原来的行政区域，甘肃陇东归属的关中特区和陕甘省分别改为关中分区（1949年以后改为三原分区）和陕甘分区。关中分区辖陇东的正宁、宁县部分和陕西一部分县；陕甘分区辖环县、曲子、华池3县。1938年初，陕甘分区又改称庆环分区。1940年4月，庆环分区分置陇东分区和环县分区。陇东分区驻庆阳县城，辖庆阳、合水、镇原3县；环县分区驻曲子镇，辖华池、环县、曲子3县。抗日战争时期，陇东革命根据地辖区相当于今庆阳地区的大部分区域。

陕甘宁边区政府建立初期，在陇东的镇原、合水、宁县存在双重政权问题，中共在庆阳旧县城建有县委；由中共领导的镇原等地的抗日后援会也带有政权性质。385旅（旅长王维舟、副旅长耿飙）驻庆阳旧县城，西峰镇设有八路军办事处。而国民党在镇原、宁县、正宁、合水、庆阳也设有县政府。经国共双方谈判，双双达成管辖范围协议，将宁县、正宁一分为二，国民党设宁县、正宁县政府，陕甘宁边区设新正、新宁两县（两县属于关中分区）。红军改编为八路军后，国民政府军政部将庆阳、合水、宁县、正宁、镇原划为八路军募补区。

1940年春，庆阳、合水、镇原三个县建立了民主政府，4月，成立了中共陇东分区特委会和陇东分区行政督察专员公署，马文瑞任书记，王维舟任专员。8月，将庆环分区专署并入陇东分区专署。此时，陇东分区专署辖环县、曲子、华池、庆阳、合水、镇原6个县，加关中分区的新宁、新正两县，陕甘宁边区政府在甘肃共有8个县，此建制一直延续至1949年6月。宁县、正宁解放后，遂撤销新宁、新正两县，恢复宁县、正宁两县建制。

第五节　中国共产党在甘肃的早期活动

1921年中国共产党成立后，开始在甘肃建立组织。陕甘党的组织开展各种形式的斗争，建立了陕甘革命根据地。1936年10月22日，红二方面军、红四方面军与红一方面军在甘肃会宁会师。1936年10月至1937年5月，中国工农红军西路军转战河西走廊半年多。

一、中国共产党组织在甘肃的创立

（一）中国共产党甘肃特别支部的建立

1925年12月，经中国共产党北方区委员会批准，中国共产党甘肃特别支部建立，张一悟任支部书记，钱崝泉、宣侠父任委员。中共甘肃特支成立后，积极宣传孙中山三民主义学说和联俄、联共、扶助农工的三大政策，唤醒民众参与反帝反封建的革命斗争。1926年11月，宣侠父、钱崝泉等人离开甘肃。1927年1月，中共陕甘区委成立，甘肃特支改由陕甘区委领导。3月，国民军总政治部主任、共产党员刘伯坚与中共陕甘区委联系，派胡廷珍、王孝锡、保至善、马凌山以西北政治委员会特派甘肃省党务委员特派员身份到兰州。胡廷珍、王孝锡、保至善、马凌山在国民军开展政治工作的过程中，与张一悟、贾宗周、王陶、秦仪贞等重建中共甘肃特别支部（后改称中共兰州特别支部），胡廷珍任书记，王孝锡任组织部部长，马凌山任宣传部部长，保至善任农工部部长。胡廷珍在导河以特派员身份视察工作之机，成立中共导河特支，开展宣传活动。中共甘肃特支积极动员组织工农群众开展革命活动，建立基层组织。至1927年5月，在兰州、天水、平凉、高台等地成立工会组织，在皋兰、天水、导河（今甘肃临夏）、泾川等县成立农民协会。在甘肃特支的努力下，在甘肃建立了3个共产党支部，分别是：中共兰州特别支部，党员约30人；中共平凉特别支部，党员8人；中共导河特别支部，党员4人。

（二）中国共产党在甘肃武装斗争的开展

蒋介石“四一二”反革命政变后，中国共产党在甘肃兰州、平凉、导河等地的组织全部遭到破坏。根据“八七会议”实行土地革命和武装反抗国民党反动派的精神，各地党组织决定派党员分赴各自家乡开展农村土地工作。

中国共产党在甘肃的早期党员王孝锡、任鼎昌、胡廷珍先后回到家乡，开展农村土地革命的宣传和发动工作。王孝锡回到家乡宁县太昌镇，组织成立了陕西中共彬（陕西彬县）宁支部，组织农民自卫军，发动农民开展抗捐斗争。任鼎昌利用任教平凉师范的时机，在师生中开展工作，恢复平凉特支党组织。1928年4月，任鼎昌在平凉被捕，10月，被严刑拷打后病逝兰州狱中。王孝锡在1928年11月被国民党陕甘青“剿匪”总司令部逮捕，12月被杀害。

1929年后，陕甘各地旧军队中的共产党人利用各种机会开展兵运工作，掀起武装反抗国民党的斗争。从1932年4月至1933年4月，旧军队的共产党员在甘肃领导发动兵变，有数十次之多，其中影响大的有六次，分别是：1932年4月2日在杨虎城部的习仲勋、刘林圃发动两当兵变；1932年4月13日杨虎城17路军的共产党员曹定侯、陆子江利用迁徙的机会在泾川凤翔路口发动兵变；1932年5月甘肃警备第三旅的共产党员在谢子长、焦唯炽、孙作宾等领导下发动靖远兵变；1932年7月9日邓宝珊甘肃行署所属的陇东新编第11旅共产党员杨林、高鹏飞等发动西华池（今合水城）兵变；1932年7月杨虎城部第17师50旅补充2团1营的官兵，在共产党员卢松轩、赵丕烈等带领下在定西巉口发动兵变；1932年10月潜伏在甘肃行署主任邓宝珊开办的干部补习大队的共产党员李艮、李华锋领导的平凉蒿店兵变。

在武装反抗国民党的斗争中，中国共产党在甘肃的组织逐步恢复建立。1931年12月，陕西省委派吴鸿宾在兰州建立甘宁青特区委员会。1932年春，在孙蔚如部、邓宝珊部中的共产党员，建立中共兰州特别支部（又称皋兰特支）。同年秋，陕西省委在平凉建立陇东军特委，领导陇东、陇南国民党驻军中的中共党组织。

二、南梁革命根据地的创建与发展

南梁地处陕甘边界桥山山脉的中段，因其中心山梁上有一座清末修筑的堡子——南梁堡而得名。南梁革命根据地肇始于土地革命时期。1928年陕西省委领导了武装反抗国民党的渭华起义，渭华起义是继南昌起义、秋收起义和广州起义之后，在全国最具影响的起义之一，它打响了西北武装革命的第一枪。

渭华起义失败后，1930年春，参与起义的刘志丹到甘肃庆阳三道川（现属陕西吴旗县）打入陇东保安司令谭世麟部，开展兵运工作。10月，刘志丹在合水县太白镇与民团军24营建立联系，发动士兵在太白起义。起义消灭谭世麟第24营，缴获枪械，这就是有名的太白夺枪。太白夺枪打响了共产党人在陇东反抗国民党的第一枪，揭开了陕甘地区武装斗争的序幕。到1931年9月，这支武装力量发展到300多人，主要活动在南梁地区，当地群众称为南梁游击队。这是中国共产党在甘肃领导的第一块农村根据地雏形。

1931年10月，南梁游击队与杨仲（重）远、阎红彦率领的陕北游击队（含晋西游击队）在华池林锦庙会合，两个游击队联合后，力量大增，陕西省委称之为陕甘游击队。陕甘游击队的创建，奠定了陕甘边革命根据地武装力量的基础。1932年1月，为适应“九一八”事变后抗日形势的需要，陕甘游击队更名为西北反帝同盟军，谢子长任总指挥，刘志丹任副总指挥，下辖两个支队，全军700多人。1932年2月12日，陕西省委将西北反帝同盟军更名为中国工农红军陕甘游击队，下辖四个大队。陕甘游击队主要活动在陕甘交界。游击队纪律严明，与群众同甘共苦，深受陕甘人民的拥护，许多青年纷纷参加陕甘游击队。陕甘游击队力量的壮大引起了中共中央的关注，1932 年 4 月 20 日《中央关于陕甘边游击队的工作及创造陕甘边新苏区的决议》将陕甘游击队改为中国工农红军第 26 军。

1932 年 12 月 24 日，在陕西宜君县转角镇，陕甘游击队改编为中国工农红军第 26 军第 2 团（军、师部均未成立，只组建了第 42 师第 2 团团部），全团共 200 余人。王世泰任团长，杜衡兼任团政委，郑毅任团参谋长，刘志丹任政治处处长。这是陕甘地区第一支列入中共中央军委编制的红军。

与此同时，从 1932年 3 月开始，中共陕北特别委员会领导建立了几支红军游击队，活动在安定、清涧、延川、延安等县境内，至 1934 年 8 月开辟了安（定）延（川）、绥（德）清（涧）、佳（县）吴（堡）、神（木）府（谷）四块根据地。1935 年 1 月，陕北省苏维埃政府成立，马明方任主席，红军游击队扩编为中国工农红军第 27 军第 84 师（当时未设军部，只辖 84 师）。

为了更有力地领导陕甘边游击队和陕北游击队的革命斗争，1933 年 3 月，在耀县照金镇成立中共陕甘边特委；4 月，成立陕甘边革命委员会。1933 年 8 月，在照金成立陕甘边红军临时总指挥部，王泰吉任总指挥，高岗任政委。10 月 4 日，任命刘志丹为参谋长。18 日，攻下合水城。这是红军第一次攻下甘肃的县城。之后，由于陕西省委书记杜衡“左倾”错误，照金根据地丧失。11 月初，红军临时总指挥部在合水包家寨子开会，决定撤销临时总指挥部，成立中国工农红军第 26 军第 42 师，师长王泰吉（后为刘志丹、杨森），政委高岗（后为杨森、张秀山、谢子长），参谋长刘志丹，政治部主任黄子文，辖第 3 团、第4 团，全师 500 余人。

照金根据地丧失后，红 42 师集中力量开辟以南梁为中心的陕甘边革命根据地，作为后方军事基地。1934 年 2 月 25 日，在南梁又成立陕甘边革命委员会，习仲勋任主席，白天章任副主席。这是陕甘边区最高临时政权。6 月初，恢复中共陕甘边特委，张秀山任书记，重新成立陕甘边军事委员会，刘志丹任主席。1934 年 11 月 1 日，陕甘边区工农兵代表大会在南梁荔园堡召开，将陕甘边革命委员会改为苏维埃政府，选举习仲勋为主席，设立军事委员会，刘志丹为主席。苏维埃下设土地、劳动、财政、粮秣、工农监察、文化、妇女等委员会。随着各级苏维埃的建立，土地革命运动在边区开展起来。陕甘边革命根据地和陕北革命根据地的发展，引起国民党的恐慌，1934年10月后，国民党中央命令高桂滋、井岳秀、马鸿宾、冯钦哉等部“围剿”陕甘边革命根据地和陕北革命根据地。1935年2月，陕甘特委、陕北特委在安定县的周家崄举行联席会议，决定成立西北工委，后又成立反“围剿”的前敌总指挥部，刘志丹任总指挥，高岗任政委。4月13日，国民党35师马鸿宾部占领南梁中心区。经过三个月作战，红42师骑兵团、1团、2团，先后在陕甘苏区拔除据点50多处，歼敌1000多人。马鸿宾35师被迫退出南梁地区。

1935年2月，中共西北工作委员会和西北革命军事委员会成立，统一对陕甘边和陕北两根据地的领导。1935年7月，红军粉碎了国民党军的第二次“围剿”，陕甘边和陕北根据地连成一片，这是第二次国内革命战争时期中共领导的“硕果仅存”的一块革命根据地，最终成为中共中央和第一、第二、第四方面军的落脚点。

三、中国工农红军在甘肃

1935年8月中国工农红军第25军进入甘肃，1936年10月中国工农红军第一、二、四方面军在会宁、静宁会师，中国工农红军从陇南山区到陇东高原的广大地区，向甘肃人民宣传中国共产党的抗日救亡主张，先后在甘肃召开俄界、哈达铺、榜罗镇等重要会议，最终做出把陕北作为红军长征的落脚点和中国革命的出发点的决定。

（一）中国工农红军第25军在甘肃

1934年11月16日，中国工农红军第25军以“中国工农红军北上抗日第二先遣队”名义，离开鄂豫皖根据地开始向西战略转移。12月中旬，中国工农红军第25军决定在鄂豫陕边创建根据地，经过5个多月的艰苦努力，中国工农红军第25军发展到3700多人，地方武装达2000多人，形成了一个拥有人口约50万、耕地面积90多万亩的新根据地。

1935年7月15日，在得知中国工农红军第一、四方面军川西会师和继续北上抗日消息后，中国工农红军第25军撤离根据地，西向甘肃长途奔袭，开始新的战略转移。1935年8月3日，中国工农红军第25军以手枪团和军部交通队一部化装潜入两当城内，配合先头部队攻占两当县城后，继续北进，直插天水。8月9日，中国工农红军第25军一举攻克天水北关，缴获大批军用物资。国民党军急调兵力增援天水，中国工农红军第25军面临两面夹击的危险，为避免伤亡，保存实力，遂放弃攻占天水，渡过渭河后继续北进。8月11日，中国工农红军第25军攻克秦安县城。8月14日经静宁治平、新店、甘沟、细巷一线，进逼静宁县城。驻守静宁的国民党新1军第11旅紧闭城门，急电兰州求援。至此，横贯陕、甘两省的交通大动脉西（安）兰（州）公路被中国工农红军第25军从中切断。8月15日，中国工农红军第25军主力部队到达静宁县城以北的单家集、兴隆镇（今属宁夏）等地。

中共鄂豫陕省委决定休整3天。其间，中国工农红军第25军制定了尊重回族群众的“二大禁令，四项注意”，并严格遵守，赢得了回族人民的信任和支持，扩大了中国工农红军在回族人民中的影响。毛泽东盛赞中国工农红军第25军：民族政策执行得很好，水平很高。

中国工农红军第25军离开单家集后，沿西兰公路北侧连夜翻越六盘山东进。8月21日，中国工农红军第25军将士转战在平凉境内西兰公路两侧，与国民党马鸿宾率领的35师8000余人相遇激战，军政委吴焕先在汭河岸边掩护渡河的战斗中壮烈牺牲。9月1日，中国工农红军第25军进入庆阳境内向陕甘根据地转战，国民党马鸿宾部围追堵截。9月7日，中国工农红军第25军到达庆阳县华池豹子川，中共鄂豫陕省委召开扩大会议，调整了党政军领导班子，整顿军队，并做出关于进入陕甘革命根据地同陕甘红军会师、扩大抗日阵营的政治动员。会后，中共鄂豫陕省委率领全军3400余人奔向陕甘革命根据地。9月15日，到达延川县永坪镇和中国工农红军第26军、第27军胜利会师。至此，中国工农红军第25军成为到达陕北革命根据地的第一支队伍，保存了中国共产党领导的抗击日本侵略的军事实力。

（二）中共中央率第一、第三军团进入甘肃

1935年9月4日，中共中央调整部署抗日队伍，中国工农红军第1军先头部队进入甘肃迭部县境。1935年9月2日，林彪、聂荣臻率领中国工农红军第1军主力作为先头部队由巴西地区向甘肃岷州方向疾进，4日到达迭部县俄界（今迭部县达拉乡高吉村）。9月9日，以毛泽东为代表的中共中央不畏张国焘的威逼和阻挠，毅然决然率领中国工农红军第一方面军主力和中共中央军委纵队先行北上，保存抗日实力。9月11日，中共中央率中国

工农红军第2军和中共中央军委直属纵队与先头部队在俄界（今高吉）会合，当天晚上至12日凌晨，中共中央政治局召开扩大会议，会议通过《关于张国焘同志的错误的决定》，确定了中国工农红军北上通过游击战争，在中蒙边境靠近苏联的地区建立抗日根据地的战略方针。会议决定由毛泽东、周恩来、王稼祥、彭德怀、林彪组成中国工农红军最高领导核心，组织领导中国工农红军改编以及今后的军事行动。

9月13日，中共中央率领中国工农红军第1军、第2军和中共中央军委纵队离开俄界，继续向甘肃东北方向前进。9月14日深夜，中国工农红军全部到达旺藏寺。9月16日下午，先遣部队中国工农红军第2师第4团率先到达位于甘南迭部县东北部的腊子口。9月17日凌晨，在中国工农红军第2军团的配合下，中国工农红军第1军团攻占腊子口，打开了中国工农红军北上的通道。随之攻占岷县大草滩，向岷县（今宕昌县）漩涡、大草滩、哈达铺一带推进，18日中国工农红军第1军直属侦察连攻占岷县哈达铺（今属宕昌县），19日林彪、聂荣臻率中国工农红军第2师主力抵达哈达铺，20日毛泽东、周恩来、张闻天、彭德怀及中国工农红军第一方面军主力到达哈达铺后，在哈达铺做短暂休整。根据7、8月份的《大公报》《民国日报》《中央日报》《西安报》《山西日报》披露的国民党军队"围剿"陕甘红军的诸多消息，中共中央在哈达铺毛泽东住处"义和昌药店"召开政治局常委会议，讨论组织工作和干部问题，正式完成了中国工农红军整编为中国工农红军陕甘支队（简称陕甘支队）的任务。

9月23日，中共中央率领陕甘支队分两路纵队离开哈达铺，向天水东北方向前进。27日傍晚，中共中央和陕甘支队到达通渭县西南的榜罗镇。陕甘支队到达后，中共中央领导人通过一所小学校所提供的国民党报纸和杂志，掌握了陕甘革命根据地及全国抗日战争形势。随之，中共中央在榜罗镇召开政治局常委会议，决定改变俄界会议关于在接近中蒙边境靠近苏联的地区建立抗日根据地的决定，正式确定以陕甘苏区作为红军长征的落脚点。9月28日清晨，陕甘支队连以上干部在榜罗镇小学西边的一个打麦场上，毛泽东宣布中共中央和陕甘支队要迅速到陕甘苏区集中的行动方针。10月2日凌晨，陕甘支队根据中共中央"避免同国民党军队作战，要迅速到达陕北集中"的行动方针，继续分两路从通渭县城出发，踏上向陕甘苏区挺进的路程。

（三）中国工农红军第四方面军转战甘肃

1936年8月3日，中国工农红军第四方面军先头部队进入甘肃，8月5日发布《岷（州）洮（州）西（固）战役计划》，决定乘敌主力尚未集中岷、洮之前，以红二、四方面军先机夺取岷州、洮州、西固（今舟曲）地区，为继续北上抗日打开通道。8月5日至12日，中国工农红军第四方面军各纵队按计划先后向甘南疾速挺进，包围岷县县城，至17日发起数十次猛烈攻击，共击毙国民党军2000余人，发动群众建立临时革命根据地。8月19日，中国工农红军第30军停止攻打岷县县城后，兵分两路占领漳县。8月5日至9月7日历时34天，中国工农红军第四方面军在甘肃成功实施岷洮西固战役计划，先后攻占漳县、临潭、渭源、通渭4座县城及岷县、陇西、临洮、武山等县的广大地区，总计歼灭国民党军7000余人，缴获大批武器、弹药、物资及马匹，粉碎了国民党军阻止红军北上抗日的企图，形成了中国工农红军第二、第四方面军与中国工农红军第一方面军会师的有利态势。1936年10月起，甘肃岷洮西固战役结束后，中国工农红军第四方面军开辟了以岷州地区为中心的甘肃南部临时革命根据地，根据中共中央指示，中共中央西北局开始甘肃南部临时革命根据地的建设。中共甘肃省工委、甘肃省苏维埃政府和甘肃省抗日救国军总指挥部相继成立。在一个多月时间里，先后建立岷县、临潭、渭源、陇西、通渭和武山等县级苏维埃政府，并帮助当地群众建立了区、乡基层苏维埃政权和抗日义勇队等组织，领导并武装群众打击恶霸地主、官僚封建势力，开展抗日宣传，教育群众树立救国救民的革命理想和信念，仅岷洮西地区就有3000多名青年参加中国工农红军，国民党洮岷路保安司令、卓尼土司杨积庆掩护了200多名中国工农红军伤病员。随着甘南和陇南两块临时革命根据地的开辟，在中国西北地区形成与陕甘宁革命根据地以及中国工农红军第一、第二、第四方面军互相呼应抵抗日本侵略的有利局面。中共中央向西北局通报的《我军占领宁夏的部署》《静会战役计划》要求：中国工农红军第四方面军迅速北进，赶在敌人之前占领静宁、会宁、隆德、定西等地，控制西兰大道，阻止敌人前进，与红一方面军夹击到西兰大道的胡宗南部。9月19日，发布向静宁、会宁地区前进的《静会战役纲领》。9月28日，朱德、张国焘等发布新的《通（渭）庄（浪）静（宁）会（宁）战役计划》，以主力扫除陇西、武山间的国民党毛炳文部，进出于通渭、界石铺地区，与中国工农红军第一方面军会合。9月30日，中国工农红军第四方面军战斗部队分作五个纵队先后由岷州、漳县等地向通渭、庄浪、会宁、静宁前进。10月10日，中国工农红军总部及中国工农红军第一、第四方面军在会宁地区大会师。

（四）中国工农红军第二方面军征战在甘肃

1936年8月16日，中国工农红军第二方面军先头部队进入甘肃境内并沿达拉沟、白龙江而下，于25日到达哈达铺地区。8月30日，中共中央发布《对一、二、四方面军行动方针的意见》，要求中国工农红军第二方面军迅速向陕甘交界出动，首先占领凤县、宝鸡、两当、徽县、成县、康县地区。中国工农红军第二方面军总指挥部从9月11日起开始实施成（县）徽（县）两（当）康（县）战役计划，在10天内，相继攻克成县、徽县、两当、康县4座县城和西和、礼县、武都及陕西略阳、凤县的部分地区，胜利完成成徽两康战役计划，为创建陇南临时革命根据地奠定了基础。成徽两康战役结束后，中国工农红军第二方面军除以一部分兵力围攻凤县、略阳继续打击东面国民党军，以配合中国工农红军第一、第四方面军军事行动外，驻守各县区的部队开始在陇南地区积极帮助建立中共组织和革命政权，领导群众开展革命斗争，进行临时革命根据地建设。1936年9月成立由甘泗淇任书记、以徽县为中心活动地区的中共甘陕川省委，下辖由李国斌任书记的中共两当县工委，成立成县、两当县、徽县、康县4个县级苏维埃政府，先后成立陇南抗日游击队、徽县工农抗日游击大队、两当香泉义勇军等地方武装组织。陇南临时革命根据地的开辟，在西北地区形成了与陕甘宁革命根据地以及中国工农红军第一、第四方面军互相呼应的抗日战争大后方。

四、西路红军在河西走廊

1936年10月下旬，根据党中央和中央军委的指示，中国工农红军第四方面军总部率第5军、第9军、第30军等部2.18万余人，西渡黄河，执行宁夏战役计划，打通共产国际对中国红军的军事援助通道。渡河部队先后取得了吴家川、尾泉、大拉牌、一条山等战斗的胜利，将马步青骑兵第5师一部围困于锁罕堡、芦阳城、一条山一线，控制了五佛寺、一条山等战略枢纽，兵锋直指中卫和定远营。为实施宁夏战役第二阶段作战计划和迎接中国工农红军第一、第二方面军渡河创造了有利条件。

而正在此时，河东军事形势发生急剧变化。胡宗南、关征麟等部沿黄河南岸推进，打通了增援宁夏的通路，且割断了河东红军与西渡部队的联系，毛泽东指示彭德怀在海原、打拉池地区与敌决战，未能得手。就在宁夏战役计划受挫之际，共产国际突然对此前承诺的物资援助方向做出了重大变动。11 月 3 日，共产国际书记处及王明、陈云致电中共中央，决定放弃从外蒙道路援助红军的计划，改经新疆方向实施援助。党中央和中央军委根据战局势态的发展，决定放弃宁夏战役计划。11 月 8 日，中央领导人张闻天、毛泽东等人致电河东朱德、张国焘、彭德怀、贺龙、任弼时，认为宁夏战役暂时已无执行之可能，并拟就作战新计划，其中给河西红军的任务是“徐陈所部组成西路军，以在河西创立根据地、直接打通远方为任务，准备以一年完成之”。为统一领导，中央批准成立西路军军政委员会，由陈昌浩任主席，徐向前任副主席。

在中央酝酿战略计划调整之际，蒋介石委任马步芳为西北“剿共”第二防区司令，统一指挥新 2 军和骑 5 师。马步芳派前线总指挥马元海率两个骑兵旅及西宁鲁沙尔、湟源等县民团1万余人，日夜兼程，驰援一条山，接通了对被围马步青部的援助。随后，从11月3日起，向西路军 9 军、30 军阵地发起猛烈进攻。红军指战员士气高昂，以一抵十，奋勇杀敌，多次击溃来犯之敌，给马元海部以沉重打击，共消灭敌骑5师参谋长马廷祥以下官兵 2000 余人，沉重打击和顿挫了敌人的嚣张气焰，此后敌我双方暂呈对峙状态。

1936 年 11 月 6 日，徐向前、陈昌浩等人根据战局态势发展和红军总部指示，制定出台《平（番）大（靖）古（浪）凉（州）战役计划》，决定集中主力西进，首先消灭平番、大靖间的马步芳野外部队，进占大靖、平番、古浪、凉州地区。11 月 13 日，红 9 军经干柴洼、横梁山等地进占古浪。随后遭到马元海部优势兵力的围攻，红 9 军激战三天三夜，共毙伤敌人 2000 余人，自身亦伤亡 2400 余人，军参谋长陈伯稚、中国工农红军第 25 师师长王海清、第 27 师政治委员易汉文等优秀红军指挥员英勇牺牲，部队损失过半，给西路军此后行动带来了严重困难。

在红 9 军激战古浪期间，由红 30 军、红 5 军和总指挥部及其直属单位组成的北路部队经裴家营、大靖、土门向凉州及其以西挺进。11 月下旬，西路军进至永昌、山丹一线。由于中央与共产国际关于从新疆方向接收援助物资接洽仍未商妥，共产国际也反对工农红军主力远离内地深入偏远新疆，同时中央军委此时决定集中河东红军主力在豫旺堡、山城堡与国民党追击部队决战，而张学良也提议红军“熬过一二个月”，等待“一二个月后，绥远、西北、全国有起较大变化可能”。因此，中央电令西路军“在现地区留住一时期”“决不可将主力位置于甘州以西，更不能有到新疆去的表示”“坚决保持东边回旋地区”。各种错综复杂和瞬息万变的政治军事形势下，中央决定命令西路军暂停西进，在山（丹）、永（昌）一带创建抗日根据地。永昌、山丹一带，是河西走廊的蜂腰地段，地域狭窄，人口稀少，居住分散，物产有限，建立根据地着实不易，在敌人重兵围攻之下，更难立足。

其间，“西安事变”爆发，为策应河东主力的战略转移和配合“西安事变”的和平解决，西路军各部排布在东西长达300多千米的狭长地带，形成了一个一字长蛇阵，处处受敌，几乎无日不战。西路军虽大量歼敌，但自身也由过河时的2.18万人减至1.50万余人，力量受到很大损伤。12月25日，“西安事变”和平解决。12月27日，军委主席团电令西路军“仍执行西进任务，占领甘、肃二州，一部占领安西”。12月30日，西路军占领临泽。1937年1月1日，红5军占领高台。在高台，敌人三个旅围攻红5军，西路军总部命令骑兵师驰援，骑兵师进至高台东南小海子滩时，遭敌优势兵力阻截，激战中大部受损。师长董俊彦、政委秦道贤壮烈牺牲，援助失败。1月20日，红5军在高台奋战了9天9夜后，全军覆没，军长董振堂、参谋长李屏仁、政治部主任杨克明等等以下3000多名将士壮烈牺牲。西路军挺进临（泽）、高（台）期间，西安局势由于张学良被蒋介石扣押而再次趋紧，党中央的中心工作不得不放在“坚决备战，拒顾（祝同）迎张（学良）”上，不仅调动河东主力红军各部开赴陕西淳化、旬邑等地增援张（学良）、杨（虎城）抗日友军，同时命令远在临、高的西路军暂停西进，并随时准备东进，配合河东。而此时，西路军自身已面临空前困难，特别是高台失陷后，西路军被敌人5个骑兵旅、3个步兵旅、1个手枪团、1个宪兵团及大量民团7万余人，围困于祁连山北麓的倪家营子一带，四面受敌，进退两难，兵力也只剩万人左右，且疲兵屡战，有耗无补，部队战斗力大大减弱。1月21日，西路军奉命回师东进。敌马元海立即调重兵实施堵击和追击。红30军对追击之敌进行了反击，取得了西洞堡战斗的胜利，全歼青海宪兵团800余人，缴枪1200余支。但由于敌人已掌握西路军东进意图，并在沿途集结重兵防守。西路军领导人为调动和寻机歼灭敌人，于28日率全军返回倪家营子地区。在倪家营子地区，西路军与优势敌人浴血鏖战，部队损耗极大，处境越来越危险。2月27日夜，西路军从倪家营子突围，马家军紧紧尾随追击。

西路军且战且走，经沙河、威狄堡、凤凰山等地转战至祁连山脚下的三道柳沟。在这里，收到了中央令援西军出动救援西路军的电报，指示西路军“想尽一切办法，至少支持30天”。西路军在中央来电和援西军出动消息的鼓舞下，又在三道柳沟狭长地带，与敌优势兵力连续恶战四昼夜，终寡不敌众，部队伤亡惨重，整个西路军面临生死关头。3月11日，西路军总部决定突出三道柳沟，由梨园口转入祁连山中。中国工农红军第9军余部在梨园口阻击敌人，全军覆没。3月13日，西路军前往康隆寺，敌骑兵紧追不舍，西路军仅剩3000余人。3月14日傍晚，西路军军政委员会在石窝子召开紧急会议，决定：陈昌浩、徐向前回陕北向中央汇报。西路军余部整编为三个支队行动：左支队由中国工农红军第30军余部五个营及总部直属队等共千余人组成，由李先念、程世才率领，沿祁连山以西活动；右支队由中国工农红军第9军余部三百步兵和百余骑兵组成，由王树声率领，沿祁连山以东活动；另一支队由总部特务团一部、医院及各部队机关的女同志、小红军、伤病员、勤杂人员及部分机关干部组成，由张荣、毕占云带领，就地开展游击战争。其中，左支队在3月23日根据中共中央左支队设法进入新疆的指示，于5月1日，左支队400余人历经千难万险到达新疆，受到了中央代表陈云、滕代远等人的迎接。西路军其他两个支队相继被敌人打散，广大干部战士或英勇牺牲，或流落民间，或被敌人俘虏，仅有少数干部战士辗转回到延安。

西路军的悲壮历史，是中国革命艰难险阻、曲折坎坷的体现，其事迹，虽败犹荣，其壮举，虽死犹生。“西路军所属各部队，是经过中国共产党长期教育并在艰苦斗争中锻炼成长起来的英雄部队。在极端艰难的情况下，在同国民党军队进行的殊死搏斗中，西路军的广大干部、战士视死如归，创造了可歌可泣的不朽业绩，在战略上支援了河东红军主力的斗争。西路军干部、战士所表现出的坚持革命、不畏艰险的英雄主义气概，为党为人民的英勇献身精神，是永远值得人们尊敬和纪念的。”

第六节　全面抗战时期

1937年至1945年全面抗战时期，甘肃存在着国民党统治区和陕甘宁边区政府两个政权。国共在甘肃建立了广泛的抗日民族统一战线，组织了卓有成效的抗日斗争。为适应抗战大后方建设的需要，国民政府在甘肃大力发展近现代工业、交通、商贸、教育、文化。甘肃人民为全国抗战做出了重大贡献。

一、国民党在甘肃的军政统治

（一）国民党在甘肃国统区的军事部署

全面抗战时期，甘肃作为后方基地和陕甘宁边区政府所在地，战略地位十分重要，国民党中央加强在甘肃的军事部署。国民党中央第八战区司令长官部（公署）设在兰州，蒋介石兼司令长官，朱绍良任副长官，辖甘肃、宁夏、青海及绥远一部。在天水设置军事委员会委员长天水行营。1941年1月，国民党军委会又在兰州设立陕甘宁边区总司令部，朱绍良任总司令。

国民党在甘肃的驻军情况是：胡宗南部驻庆阳、平凉、固原及天水一带；马步青部驻武威；马步芳部驻张掖、酒泉；邓宝珊、孔令恂驻兰州；鲁大昌驻陇南。1937年7月在兰州设立兰州警备司令部，邓宝珊兼任司令。1939年9月，邓宝珊被任命为第21集团军军团长，调往陕西榆林。1942年秋，蒋介石到甘肃视察，重新部署河西军政，将马步芳驻张掖、酒泉部队以及马步青骑5军调往青海，任马步芳为国民革命军第40集团军总司令，马步青为副司令。河西由中央军驻防，在酒泉设立第29集团军总司令部。

（二）国民党在甘肃的行政统治

全面抗战时期，国民党在甘肃先后有三位省政府主席主政甘肃。“西安事变”后，贺耀组暂行代理甘肃省政府主席，按战时党政军三位一体的原则，设立军委会委员长西安行营派驻兰州副主任办公厅，由贺耀组负责，节制国民党驻甘军队。贺在甘期间（1937年4月28日—12月17日）国共合作刚开始，贺执行了国民党在第二次国共合作政策中积极的一面，从抗战大局出发，组织成立甘肃民众抗敌后援会，与中共甘肃地方组织一起，推动甘肃的抗日救亡运动。1937年12月中旬，朱绍良第二次任甘肃省政府主席，提出“在安定中求进步”的治甘方针，积极执行国民党中央的“防共、反共”政策。1940年10月，朱绍良辞去甘肃省政府主席职。1940年11月中旬，谷正伦担任甘肃省政府主席兼保安司令（在职时间1940年11月到1947年6月）。谷正伦主甘期间（兼国民党甘肃省党部主任委员），为了和朱绍良有所区别，提出“在进步中求安定”的口号，强化基层统治，将党政渗透到基层，推行新县制，建立保甲制度，重视大后方经济建设。

二、中国共产党领导的甘肃抗日斗争

（一）设立八路军驻甘肃办事处

1937年2月，中共中央军委副主席周恩来在西安约见了前中共甘宁青特委书记吴鸿宾，指示尽早筹建党在兰州的办事处。5月29日，受中共中央委派，张文彬、彭加伦等七人到达兰州，在南滩街（今酒泉路互助巷）54号建立了中共办事机构，即“八路军驻甘办事处”的前身。同年7月29日，中共中央派谢觉哉来兰州，负责办事处工作。8月25日，“国民革命军第八路军驻甘办事处”在兰州正式成立。9月，又改称“第十八集团军驻甘办事处”，简称“八路军兰州办事处”。谢觉哉任中共中央代表，彭加伦、伍修权先后任处长。

“八办”成立后，立刻开展营救西路军的工作，利用公开合法身份，宣传党的抗日主张，建立广泛的抗日民族统一战线，领导和推动了甘肃的抗日救亡运动。谢觉哉、彭加伦、伍修权先后和国民党在甘肃的主要军政负责人朱绍良、贺耀组、章亮琛、邓宝珊、鲁大昌、杨德亮、马步青，甘肃省党部委员赵清正、杨集瀛、马焕文、孙静功，甘肃省政府委员丁宜中、罗贡华、施奎龄、李剑华、陈瑞、梁敬錞、田炯锦以及外交特派员李铁铮、监察使署戴愧生、省政府参议马凤图等多次交谈和交涉，商讨国共合作事宜和共同抗日救国方略。另外，对甘肃知名人士张维、水梓等多有交往，阐明中共中央的抗日救国主张，并向朱绍良、贺耀组等提出改革政治、动员民众、争取抗日战争胜利的多项建议。国民革命军第八路军驻甘办事处成立后，先后营救1000多名西路军战士。西路军营长蔡光波用米汤写成密信，要求国民革命军第八路军驻甘办事处营救关押在张掖监狱的8名西路军战士。1937年底，在谢觉哉等中共党员的努力下，国民党马步芳部将被俘的1500名西路军战士重新编入八路军。国民革命军第八路军驻甘办事处通过高金城在张掖开设福音医院，收容和治疗西路军伤病战士200多人。国民革命军第八路军驻甘办事处直接在兰州收容流落的西路军战士200多人。

国民革命军第八路军驻甘办事处是中共中央与苏联联系的中心，是部分抗日物资的转运站。1937年10月至1938年2月，苏联向中国提供第一批总值为4.8亿多美元的军用物资，297架军用飞机、290门各式火炮、82辆坦克、400辆汽车以及各类零配件和大量弹药，经八路军驻甘办事处收转后运往抗日战争前线。1938年3月到1942年6月，苏联先后通过3笔对华信用借款，提供约1.73亿美元的军用物资。1937年冬到1938年夏，经八路军驻甘办事处转运的来自苏联从新疆转运的物资有12车高射机枪子弹和药品，10车皮衣等。

（二）成立中共甘肃工作委员会

1937年10月，中共甘肃工作委员会成立，孙作宾（1940年1月，李铁轮接任）任书记，罗云鹏（1938年3月）任副书记。甘工委根据中央“大力发展组织，迅速扩大党的力量”的指示，“采取从中心城市到外县，从外县到乡村”的步骤，积极发展党员，建立党的组织。1938年4月，中共兰州市委建立，郑重远、陈成义、陆云龙先后任书记。1939年6月，中共党员已分布天水、凉州（武威）、甘州（张掖）、酒泉、景泰、靖远、徽县、武都、夏河等地。1939年1月国民党五届五中全会提出“防共、反共”政策，清查、禁止国统区中国共产党活动，解散进步救亡团体，查封进步书籍，甘工委遭到严重破坏，从1939年到1941年期间，基本停止工作。另外，中共在国统区设立了党秘密组织陇东特委、平东工委和陇南临时工委，积极组织开展抗日救亡运动。1941年5月，中共中央西北局成立，到1942年8月，中共中央西北局决定成立甘（肃）宁（夏）工作委员会，恢复党在国统区的秘密工作，孙作宾任书记，机关设在边区庆阳县城。

三、抗日救亡运动和日机空袭甘肃

（一）抗日救亡运动

1937年8月25日、10月26日八路军驻甘办事处和中共甘肃工委相继成立后，围绕建立和壮大甘肃抗日民族统一战线，动员和团结一切力量参加抗战的核心任务，组织成立甘肃民众救亡团体，民众抗日救亡运动迅速猛涨。全省各族各界群众也自发组织抗日救亡团体，各种进步书报刊物也应运而生。

中共党员、进步青年和民主人士罗扬实、樊大畏、邢华、杨静仁、万良才等先后组织成立甘肃青年抗战团、甘肃省妇女慰劳会、甘肃回民教育促进会、平津流亡学生演剧团、省外留学生抗战团、甘肃伊斯兰学会、西北青年救亡读书会、王氏兄妹剧团、甘肃省妇女工作委员会等进步团体。特别是甘肃青年抗战团在25县建立72个分团，发展团员3000余人；甘肃省回民教育促进会在20余县成立了分会；甘肃妇女慰劳会有计划地培训妇女干部和骨干，谢觉哉亲自到训练班讲课，受训妇女骨干被分派到各街道、学校、单位开展抗日救亡宣传工作，还举办救护训练班、战地托儿所等。这些进步组织陆续创办《西北青年》《热血》《回声》《抗战》《老百姓》《战号》《甘院学生》《苦干》《党的生活》《现代评论》《妇女旬刊》等一批清新激越、鼓舞斗志的抗日读物，演出抗日救亡歌曲和话剧，放映抗战幻灯片和抗日救亡电影，书写标语，张贴壁报，散发传单，组织募捐，开展轰轰烈烈的抗日救亡运动。其中，由甘肃省政府代主席贺耀组夫人倪雯君出面倡导创办的《妇女旬刊》，是兰州最早以宣传抗日救亡运动为主要内容，并为妇女解放呼喊的进步刊物之一，谢觉哉亲自为《妇女旬刊》撰稿改稿；由中共党员丛德滋、于千和甘肃学院文学系主任王治民创办的民众通讯社，以团结抗战、推动救亡为宗旨，宣传抗日和八路军的抗日战绩，在引导甘肃抗日救亡运动中发挥了重要作用；平津流亡学生演剧团在兰州演出《电线杆子》《打鬼子去》《古城怒吼》《八百壮士》《烽火》《前线》等10多部抗日救亡话剧；王氏兄妹剧团先后在兰州、榆中、临洮等地演出《放下你的鞭子》等抗日剧目，深受群众欢迎，谢觉哉称赞王氏兄妹剧团的演出“大大刺激了观众的情绪”；甘肃省妇女工作委员会在全省妇女中募集国币7万余元，捐献“甘肃妇女号”滑翔机1架。

全国文化教育界知名人士茅盾、张仲实、顾颉刚、萧军、王洛宾、吴渤、塞克等人相继至甘肃开展讲演、办刊、教学和创作演出等抗日救亡活动，激励了甘肃民众的抗战爱国热情。此外，同仁消费合作社、兰州书报社和生活书店天水、临洮、榆中、酒泉、武威、甘谷分店及代销点等销售外地进步书报刊物，如《解放》《群众》《新中华报》《新华日报》《大公报》《读书月报》《前线》《抗战》《抗战歌声》《保卫华北游击战》《死灵魂》《大众哲学》《毛泽东印象记》《列宁传略》《费尔巴哈论》等，传播抗战文化、进步文化。

全面抗战期间，甘肃各族人民及各宗教人士同仇敌忾，奋起抵抗日本侵略。1941年12月27日，五世嘉木样发表《为抗战建国告全国各地同胞书》，鼓舞全国人民坚持抗战的决心，并于1943年7月7日赴甘南玛曲、青海果洛、四川阿坝等藏区，向甘肃、青海、四川、安康四省边区各族人民宣传抗日救国的纲领，揭露日寇的暴行，动员四省边区藏族同胞团结抗日。1944年1月其兄黄正清率领拉卜楞教区代表团50人在重庆捐献600余万元物资，用于购买抗战飞机30架。七世顾嘉堪布组织“祁连山藏民抗战建国宣传团”，宣传抗日主张，并亲赴兰州代表祁连山藏族同胞，为前线抗日将士捐献羊皮1000张及金银若干，并敬献锦旗。临潭县西道堂教长马明仁从甘肃陇南出发，经四川成都，徒步到达重庆，向国民政府递呈《万言书》，力谏抗日。1938年，达浦生在平凉创办平凉伊斯兰师范学校，招收甘肃、青海、宁夏等地回族青年及河南、武汉等日本侵占区失学的回汉族学生，至1947年全校有普通师范班4个，简易师范班5个，阿文班2个，附属小学班7个，学生总数达700人。

全面抗战期间，甘肃每年都有数万名青年应征入伍，总计41.82万青年奔赴抗日前线，有4328名陇原儿女牺牲在抗日疆场，涌现出鲁瑞林、侯世奎、黄德魁、朱龙、杜堃、宿之杰等抗战名将。1955年9月中国人民解放军首次授衔，甘肃省被授少将军衔7位中就有鲁瑞林、侯世奎、黄德魁。1937年国民革命军陆军第82军组建由回、撒拉、保安、东乡、汉等民族组成的，尤以回族为主的约8000人的骑兵师——暂编骑兵第1师，在师长马彪的率领下，奔赴抗日前线。1940年7月骑兵第1师整编为中央陆军骑兵第8师，调驻安徽涡阳、蒙城、怀远等地作战，牵制日本侵略军，1940年9月在皖北涡河北岸的龙岗镇歼灭日本侵略军300多人。在抗日战争前线，该师转战陕西、河南、安徽、江苏等地，阻击日伪军兵力，作战勇敢，全师伤亡近万人。在河南为掩护主力撤退，该师100余名战士背水一战，直至弹尽粮绝，不愿被俘受辱，跳河壮烈牺牲。1939年9月，国民革命军第21集团军军团长邓宝珊率部由甘肃前往陕西榆林驻防，指挥晋陕绥边区各方面部队从平绥路西段的侧翼抗击日本侵略者，先后多次击退进犯山西保德和陕西府谷、榆林等地的日本侵略者。1939年10月，国民革命军第21集团军第165师师长王治岐率1万余人赴陕西韩城防守日本侵略者对黄河沿岸和陇海铁路的侵袭，1940年开赴山西晋南防守日本侵略者对张（店）茅（津渡）大道和晋豫两省交通的破坏，并隔河掩护陇海线路畅通，1941年5月参加抗击日本侵略的中条山战役伤亡2000余人。在中国共产党的号召下，全省有300余名青年奔赴延安，投身抗日救亡运动。

全面抗战期间，甘肃人民节衣缩食尽最大力量支援前线。1942年，甘肃各界踊跃认购“救国公债”“建设公债”“同盟胜利公债”等，仅“同盟胜利公债”全省认购额为国币2286.86万元，1943年全省认购额达国币7108.75万元。兰州市动员民众募捐抗日战争支前资金，仅3个月便捐献国币10多万元。1938年8月，武威举行河西各县献金总动员大会，山丹、民乐、张掖等县民众积极加入献金行动，仅半个月就募集国币12.65万元。1943年，为支援抗日战争，仅临泽县一县在“七七”献金活动中捐献资金国币3759元，认购“建设公债”“军需公债”国币6.5万元、慰功捐款国币2万元。全省捐献军粮每年均有几十万石，1943年捐献财物高达7108.75万元，并征集战马18万匹。

全面抗战期间，甘肃人民维护着战时经济动脉的畅通，源源不断地为抗战前线提供战略物资及国际反法西斯同盟国支援中国的重要物资。1938年，随着沿海各省的相继沦陷，大陆腹地与外界的交通被切断，国际援助、进出口贸易只能凭借西南、西北地区。甘肃人民在没有施工机械的条件下，全靠人背、肩抗、铁锹挖，修通了通向新疆、陕西、四川、宁夏的公路干线，使兰州成为西北公路中心和苏联援华物资的空军中转站，承担了转运物资的重要任务。甘肃转运抗战物资的方式，既有先进的航空运输和汽车运输，又有传统的驿运和筏运。为了保证援华物资的顺利空运，兰州机场群应运而生，兰州附近新辟了东古城机场、西固城机场、中川机场、临洮机场，中苏空军联合空运大量的军用物资，仅苏联经过兰州援助中国的飞机就达1000架以上。由于新兴的汽车运输和航空运输的运力远远不能满足抗战物资运输的需求，甘肃传统的驿运和筏运成为运输物资的一大主力军。1939年至1945年间，甘肃每年组织几千辆大车和几万头驮畜参加驿运。仅1939年全省从事运输的马17.6万匹、骡14.6万匹、驴72万头、骆驼3.7万峰，1942年甘肃驿运业完成的货物量和货物周转量，分别是当年国营西北公路运输管理局的16倍和7倍。1940年甘肃省政府成立驿运管理处，将兰州所有皮筏编为该处水上运输队，在陆路交通不便的情况下由皮筏承运枪弹、汽油等军用品。甘肃省驿运管理机关1941年征雇的皮筏为58只，1942年达200只之多。1941年秋，甘肃油矿局成立了皮筏航运队，聘用兰州筏业工人20余人，购买羊皮胎2000多个，制成载重60吨的皮筏5个，专门承担广元至重庆间的汽油运输任务，历时2年多，转运苏联援华汽油1.2万加仑，军粮15万多斤。1942年夏，兰州皮筏运输队运送汽油，首航抵达重庆，中外记者登筏采访，撰文报道，后专程拍摄为影片。

（二）日本侵略者侵袭甘肃

1937年抗日战争全面爆发后，随着甘肃战略地位的日益重要，甘肃尤其是省会兰州，成为日本侵略者轰炸的重要目标，企图破坏国际交通线和抗日军事基地，日本侵略军派遣大批远程轰炸机，对兰州实施了不间断的连续侵袭轰炸，对皋兰、平凉、天水、陇西、武威、临洮、永靖、永昌、清水、靖远、景泰、永登等地也经常进行轰炸、骚扰。据不完全统计，自1937年12月4日开始至1942年8月底，日本侵略者先后出动670架飞机对兰州实施轰炸，致406人伤亡，其中死亡215人，伤191人，造成财产损失1128万元。

1937年11月5日，日本侵略军为配合进攻太原，由北京南苑机场出动的7架轰炸机首次空袭甘肃，在兰州机场和靖远东湾等地投弹轰炸。1938年春，日本侵略军为配合徐州作战，又一次袭击中国内地各机场。其中，1月21日出动5架，2月20日18架，2月23日36架，三次袭击兰州机场。为“挫败中国抗战意志”“逼降”蒋介石，日本侵略军还加强了山西运城机场及绥远包头机场的空军力量，并把兰州列为重点攻击的城市之一，于1939年春对兰州不断进行大规模侵袭。2月12日、20日、23日接连三次对兰州实施侵袭，造成兰州市巨大人员和财产损失，始建于唐代的名刹——普照寺被炸成瓦砾，寺内千佛阁（俗名藏经楼）及阁中所藏佛经6358卷（唐藏5048卷、明藏1300余卷）、明代嘛呢法轮一座（六层、八面，高三丈余）均化为灰烬，兰州名僧蓝象诚为守护藏经楼殉难。因日本侵略者频繁侵袭轰炸，5月兰州市召开防空疏散会议，决定自6月1日起全市实施疏散，两周后对未迁移的机关、工厂、商号、客栈、一般市民实施强制疏散。1939年12月底，日本侵略者陆海军航空兵联合执行直接以西北重镇、交通枢纽兰州为目标的所谓“百号”侵略方案。仅12月26日、27日和28日3天，日本侵略者连续出动飞机306架次，目标是兰州铁桥，在市区投弹2000多枚，兰州市区内的大街小巷几乎均被轰炸，兰州市各街道的过街楼，柏道路、道升巷、官升巷、百子楼等古代建筑物，以及光绪四年（1878）左宗棠督甘时在畅家巷创立的第一个机器纺织厂——甘肃织呢厂等均被炸毁，全城变成一片火海，烧毁房屋2万余间，公私财产损失巨大，死伤市民136人，无家可归者517户1835人，冻饿及染病而亡者300余人。1940年“百团大战”后，日本侵略者华北航空兵力被华北抗日军队牵制，这一年对兰州及周边地区的侵袭有所缩减。1941年，日本侵略者制定“依靠空军力量压迫中国”的侵略方针，从5月开始对中国内陆地区再次发动大规模空袭，于5月、6月间集中对兰州及周边地区实施轰炸。8月31日，日本侵略者出动轰炸机10架，在数架战斗机掩护下空袭兰州，轰炸医院、学校。此次空袭，兰州市民、学生伤亡180余人，这是日本侵略者对兰州的最后一次侵袭。太平洋战争爆发后，日军撤走了在华部分飞机，此后日本侵略者飞机虽常来兰州侦察、骚扰，但再未投弹轰炸。

1938年兰州空军司令部成立，沈德燮任司令，统一指挥协调西北地区的防空作战。地勤补给系统在兰州设立空军第七总站（又称兰州机场总站），下辖兰州机场（今兰州市拱星墩）、东古城机场（今榆中县清水驿乡西北）、西固城机场（今兰州西固区境内）、中川机场（今永登县西槽乡境内）以及临洮机场。此外，兰州设立空军第三工厂，负责修理各式飞机。1938年冬，中国空军驱逐机教导总队从四川梁山迁至兰州西固城，负责整训空军各驱逐部队，同时进行飞机的换装补充。1939年初，中国空军驻防兰州的有第15中队和第17中队，此外还有苏联空军志愿队热烈布琴柯指挥的一个驱逐机大队协助保卫兰州。为了支援中国人民的反法西斯战争，苏联援华航空志愿队，于1937年10月起，陆续抵达兰州，除一部留驻兰州参战外，其余转飞各战区，与中国军民一起对日本侵略者作战。在1939年2月20日和23日的兰州空战中，中苏空军联合作战，一举击落日机15架，挫败日军的攻势。1941年3月、5月和6月，中国空军又分别取得歼灭敌机1架、3架和1架的战果，被击落飞机残骸在甘肃、新疆等地展览，令人激奋，鼓舞了军民的抗战斗志。在甘肃空中保卫战中，苏联航空志愿队飞行员司切帕诺夫、雅士、古力芝、郭尔皆耶夫、波拉支诺夫、马特、伊萨耶夫等壮烈牺牲，长眠陇原大地。

为抵御日本侵略者的侵袭，甘肃省政府成立甘肃全省防空司令部，开展防空工作，形成了以兰州为中心的全省防空网络，在武威、酒泉、天水、平凉等地设立防空指挥部和防空情报分所，全省各城镇普遍设立防空团队和防空监视队哨，架设防空专线，筹设防空无线电台，加强防空情报通讯。防空司令部指挥地面部队配合空军部队，与敌机进行空战。成立兰州空袭紧急救济联合办事处，通过完善组织，充实人员，以应对日本侵略者轰炸，减少人民伤亡。

1931年至1945年全面抗战期间，日本侵略者给甘肃人民造成了深重的灾难，对甘肃省经济社会发展造成了巨大破坏和灾难性的后果。日本侵略使得甘肃人口锐减，1935年甘肃省人口为640.15万人，1945年甘肃省人口为620.97万人，减少了19.17万人。1937年至1945年甘肃省共支出各项救济费含县、市库及慈善团体救济金支出数额为国币3091.57万元（损失时价值）；为抵御日本侵略，甘肃各县因军队过往副秣补给及输力损失共计国币430600.43万元。甘肃的工业、农业、财政、金融、商业等都陷入危机，工人失业，物价飞涨，市场萧条。日本帝国主义的侵略战争致使甘肃农民失去扩大再生产的能力，甚至大多数农民连简单再生产的能力也不能维持，民不聊生。1945年，甘肃省粮食产量还不足全省消费的60%，饥民多以草籽树皮麸糠充饥，结队乞讨者随处可见。

四、陇东抗日根据地建设

（一）陇东国共共管区冲突

国共合作后，国民党中央将陇东镇原、宁县、合水、正宁、庆阳各县划为八路军“募补区”，成为实际上的国民党和共产党共管区。国民党在以上五个县设有县政府，在庆阳西峰镇设甘肃省第三区行政督察专员公署。同时存在中共党组织和八路军驻军。1939年1月，国民党确定“防共、限共、溶化、反共”的政策后，陇东国民党县级政府加强边区管控，擅自逮捕边区干部，袭击八路军官兵。1938年底到1939年4月，国民党制造了第一次陇东事件。镇原县和宁县县长率领县保安联合国民党驻军袭击八路军，双双发生枪战。6月，国共双方代表在西峰镇谈判达成协议：双方恢复镇原、宁县4月前的原状。第一次陇东事件结束。1939年冬至1940年春，国民党又制造了第二次陇东事件。1939年12月初，国民党宁县县长、镇原县县长率地方保安大队会同97师部分驻军袭击在宁县县城、镇原县城的八路军，驻宁县的八路军被迫撤出县城。国民党合水县县长也率保安大队100多人，袭击八路军警备7团，八路军俘获了合水县县长，经教育后遣送出境，八路军占领了合水县。国民党第二次陇东事件发生后，国共双方交涉谈判，

2月，双双达成口头协议：双方停止军事行动，暂时维持现状；互释被捕人员；听候双方中央意见。八路军退出宁县、镇原县城，也不在正宁县活动，继续占领庆阳、合水县城。1940年2月，庆阳、合水抗日民主政府建立。3月，在镇原县马渠镇成立抗日民主政府。经过两次陇东事件，陕甘宁边区西南部边界向后退缩，双重政权和辖区互相插花、犬牙交错的情形不复存在，陕甘宁抗日根据地连成一片，完全统一。

国民党除了在军事上侵犯、蚕食边区，还对边区进行经济封锁。从1939年5月开始，从陇东到陕西宜川，国民党军队构筑了壕沟、碉堡、据点组成的封锁线，禁止、限制边区物资运输。边区盐池等地的盐，是陕甘两省交界地区的主要盐源，陇东是运销的主要渠道之一，国民党采取垄断办法，控制盐业，抬高盐价，限制盐池县盐的销售。国民党的经济封锁给陇东军民生产和生活造成了很大的困难。

（二）陇东抗日根据地政权建设

抗日战争时期，陕甘宁边区政府建立初期，陇东地区辖6个县、38个区、248个乡，24.28万人，占边区总人口的17.4%。早在1937年5月开始，苏维埃西北办事处开始乡、区、县各级政府的选举工作，公布《陕甘宁边区选举条例》，成立特区政府选举委员会。9至10月间，新正、新宁、环县、曲子、固北、华池等六个县采取直接、平等、普遍、不记名投票选举办法（地主、富农、工商业者都恢复了选举权），分别选出县、区、乡三级议员和抗日民主政府的县长。

1938年11月25日，陕甘宁边区根据首届国民参议会制定的省、市参议会组织条例，决定将陕甘宁边区议会改为陕甘宁边区参议会，所选边区议员改为边区参议员，陕甘宁边区参议会作为代议制而设立。1939年1月15日，陕甘宁边区政府召开第一届第一次参议员大会，选举产生了边区参议会议长、常驻会议员和边区政府、法院的负责人。1940年10月至1941年10月，陕甘宁边区进行第二次普选，陇东8个县先后选出各级新参议员，成立了新参议会和县政府（其中合水、庆阳、镇原为第一届县参议会）。在陕甘宁边区召开的第二届参议会上，有209名参议员，其中陇东8个县有52名参议员，占24.78%。这次选举活动按照“三三制”原则选举，充分体现出抗日民族统一战线政权的民主性质。

1942年至1943年期间，陇东分区、专署和各县还根据陕甘宁边区政府指示，实行精兵简政、整编机构、精减人员、健全工作制度、改变工作作风的边区政权建设。专署机关由31人减至25人。在调节边区民事纠纷中，形成了马锡五审判方式。马锡五是陇东分区专员，他结合工作实际，注重实际调查，解决群众需求，开展社会事业工作。1943年3月巡视华池县时，审理“封芝琴婚姻案”，通过深入调查，判决时维护了封芝琴的婚姻自主权，解决了婚姻自主引发的纠纷，判决在陇东引起很大反响。此事被改编成评剧《刘巧儿》，在全国影响广泛，成为宣传新婚姻自由的典型事例，在解放区广为宣传。

（三）陇东抗日根据地经济建设

陇东根据地在中共中央和陕甘宁边区政府的领导下，贯彻中共中央关于政权建设、减租减息、大生产运动、开展互助合作、发展对外贸易等一系列政策，战胜了国民党的经济封锁，改善了人民生活，巩固了抗日民主政权。

1937年9月，曲子、华池、环县等三县及新宁、新正两县的一部分，根据边区政府《土地所有权条例》，向在土改中分得土地的农民和地主颁发了土地证。1940年9月，陇东临时参议会通过“三七减租”法案，在全区实施减租减息。到1944年，减租政策得到比较好的贯彻，农民的积极性得到提高。

开展“发展生产，保障供给”“自己动手，丰衣足食”的大生产运动。实行军民合作、公私兼顾的方针，公营、私营、合作社经营、手工作坊、家庭手工业共同发展生产，1938—1941年，陇东共创办8个公营工厂，其中7个棉毛纺织厂、1个造纸厂。鼓励移民开荒，扩大耕地面积。凡开垦公共荒地者，新耕地归开荒者所有，三年不交公粮，并减少其他勤务负担；开垦私荒者，免交三年地租。到1943年，陇东6个县共开荒22.6万多亩，增产细粮5万石。

五、全面抗战时期的经济建设

全面抗战时期，甘肃进行了卓有成效的大后方建设。

（一）工业建设

全面抗战时期，国民政府加大对甘肃的投资。其中，国民政府资源委员会投资兴建厂矿企业10个；军政部租用左宗棠创办的兰州织呢总局厂址，改建为军政部第二制呢厂（1943年改为部、省联合经营），生产军用被服，另外，还附带开办了民用工厂；雍兴实业股份有限公司通过独资、参股、代管中行厂矿等方式在甘肃兴建4个工厂，另外，雍兴实业股份公司和甘肃省政府联合投资甘肃省水利林牧公司，主要从事甘肃农业的开发和保护。在各类投资增加、投资金额加大的经济背景下，甘肃的煤炭、电力、电气、机器制造、机械修理、水泥、化工、纺织、面粉、制革、造纸、印刷、火柴、制烟等行业都得到快速发展。其中煤炭战前全省产煤10万吨，1945年增至20万吨，甘肃已跻身于后方五大煤炭基地之一。1943年全省有30多家卷烟厂，其中11家在兰州。1944年，全省共有纺织厂206家，工人4167人。

玉门油矿开发，是抗战时期甘肃最大的工业建设项目。1938年12月，资源委员会和甘肃省政府组织甘肃油矿筹备处，从陕北、高坑、湘潭、萍乡等油矿开采地运抵了部分机械设备到玉门，拼装后开采，1939年第一口钻井出油，1942年，成功生产出汽油180万加仑。到1944年，玉门油田共投资9.3亿元，折战前币值1030万元，占同期资源管理委员会投资总额（6821万元）的15%，是战时国家投资最大的厂矿。1939—1945年的七年间，玉门油矿共生产原油25.55万吨，炼制生产汽油3.71万吨、煤油1.76万吨、柴油0.22万吨、其他燃料油18.93万吨。占到了国内石油的90%以上，为抗日战争做出了巨大贡献。

（二）交通建设

全面抗战时期，甘肃整修了西兰公路干线，新建了八条公路干线，兰州成为西北地区公路交通运输中心。1938年，甘新公路兰州至新疆猩猩峡段修成，实现了兰州到新疆公路交通的畅通。1939年，交通部开始修建宝（鸡）天（水）铁路，全长154千米。由于工程途经高山河谷，施工难度大，进展十分缓慢，到抗战胜利时，主要工程接近完工，但还是没有实现通车。国民政府航空委员会设立空军兰州军区司令部，下属拱星墩兰州机场、东古城机场、西固城机场、中川机场。1938年11月，将空军驱逐机教导总队从四川梁山移驻兰州，轮训驱逐机空勤人员。民航方面，早在1932年3月，就开通了上海—西安—兰州的航线，1940年7月，德国承认汪伪政权，中德断交，中国政府接管了德国股份。1943年设立中央航空公司，开通了兰州—成都以及上海至兰州的两条航线。1948年，中国航空公司开通了北平—包头—银川—兰州航线。

（三）邮电通信

全面抗战时期，甘肃邮电通信不仅在数量上有较大增长，在服务对象上也明显扩展。邮电通信主要服务对象是抗日军政机构，以后逐步走向民众，开始服务社会。在交通沿线乡镇建立邮局，一些工商人士开始使用电讯服务。1943年，有邮差邮路1.76万千米；1942年，有线电报线路有0.49万千米，电报局（所）72处。有线（铜线）电话从西安经平凉到达兰州，兰州与九个省开通了电讯线路。1943年，甘肃长途电话网初步形成，共有长途电话局37所，并兼营电报业务。1941年交通部在兰州架设4千瓦无线电台一座，这是当时西北最大的无线电设备，可与成都、重庆通报。1942年在兰州设立无线电总台，各专署设支台，县设分台，全省共有无线电台78座。兰州市内电话由战前的100多户，增至1942年的417户。

（四）商业

全面抗战爆发后，中央政府在兰州设立贸易委员会西北办事处（后改为复兴商业公司西北分公司），专门经办中苏贸易有关事项。大量的苏联军用物资通过甘肃运往抗日前线。这一时期，甘肃商业贸易得到了较快发展。兰州市1941年有商店1100户，到1943年增至1398户，1944年增至2071户，1945年达到2178户。凉州、肃州、平凉、天水和传统商镇的商业贸易也比较活跃。1942年甘肃商业营业额达28亿元，其中，从外省输入的商品总值25亿元，输出商品总值5亿元。1942年后，国民政府实行物资统制政策，成立专卖机构，对食盐、卷烟、火柴等生活必需品实行统制。先后在1940年设立了在兰州的西北盐务管理局，1941年设立农本局福生陇庄，1942年11月设立甘宁青烟类专卖局。在国民党中央政府实行商品统制的同时，省府也如法仿效，对部分商品实行统制。1941年6月，甘肃省政府设立甘肃省贸易公司，属官商合营股份公司。政府商业机构利用权力，把持资源，囤积货物，随意抬高物价，阻碍了民间商贸业的发展，民间商贸业发展步履维艰。

（五）金融业

全面抗战时期，中央系统金融机构如中国银行、交通银行、中国农民银行、中央银行以及邮政储金汇业局、中央信托局及中国保险公司、中国农业保险公司、宝丰保险公司、太平洋保险公司、合众保险公司等五家保险公司均在甘肃设立分支机构，开展信贷业务，推动了甘肃大后方建设。

甘肃水泥厂、甘肃矿业公司、甘肃兴陇公司、西北毛纺厂的投资均由这些银行承担。仅1939年至1941年，交通银行在农村投放贷款达500万元。

在中央金融业发展的影响下，甘肃省政府在1939年将原甘肃平市官钱局改为甘肃省属银行。甘肃银行发行辅币，代理国库、省库、县库的金融业务，1945年全省分支机构达78个。甘肃银行还在南京、西安设立办事处，在上海、重庆设汇兑组。1944年兰州市政府和兰州市商会共同投资新建兰州银行，代理市库金融业务。另外，绥远、新疆、陕西等省的金融机构也在兰州设办事处。

（六）农牧业

在抗战大后方建设中，甘肃省政府通过兴修水利，推广农业新技术，促进了农业的发展。

兴修水利。中央和省政府大规模投资新修水利工程，先后修建湟惠渠、三清渠、渭济渠、登丰渠、永丰渠、永乐渠、鸳鸯池、靖丰渠、马尾湖水库等工程，其中以鸳鸯池水库工程规模最大，蓄水量1200万立方米，设计灌溉七万亩，水利工程的兴建有效地改善了农业生产条件。

推广农牧业新技术。1939年，成立甘肃农业改进所，负责农业新技术的引进、培育和推广。成功引进了美国玉米春麦种子，美国蜜露瓜（兰州白兰瓜），美国优质棉种德字棉、斯字棉。成功进行了甜菜制糖试验。在天水、兰州、定西、靖远、皋兰、徽县等地设立苗圃，进行种草育林实验。1938年，农林部与军政部合办山丹牧场，筹设洮岷、陇南、陇东、河西4个畜牧场，以改良家畜为中心工作。1940年，农林部在岷县设立西北羊毛改进处，开展优良羊种引进、繁殖和推广工作。1941年2月，卫生部在兰州设立西北兽医防治处，负责家畜和运输牲畜的疫病防治。

发展农垦。国民政府在甘肃设立岷县和酒泉两个管理区。岷县农垦管理区有土地7049亩，到1943年共安置难民698人，安置伤残军人221人；酒泉农垦管理区后迁永昌，有土地2.43万亩，其中耕地3148亩，安置“荣军”51人。

第七节　解放战争时期

1946年国民党发动全面内战后，中国共产党与中国国民党在甘肃展开了激烈斗争。1949年9月，中国共产党赢得了革命斗争的胜利，甘肃解放。

一、国民党在甘肃的军事部署

抗战胜利以后，国民党改组了其在甘肃的党政军机构，首先将兰州第八战区司令长官部改组为军事委员会委员长西北行营。1946年3月，张治中任西北行营主任。9月，西北行营改称国民政府主席西北行辕。通过改组，国民政府把甘、宁、青、新四省完全置于军事统治之下。1946年底到1947年初，国民党在甘肃的兵力有三支，分别是：陕甘宁边区南部正宁县胡宗南整编76师第48旅以及驻平凉的整编36师第28旅；西边宁夏中卫、海固马鸿宾整编81师海固兵团；西南部平凉马步芳之子马继援整编82师青海兵团，该部到达陇东后又称陇东兵团。1946年12月，胡宗南部多次进攻陕甘宁边区关中分区，侵占了新宁、新正两县的一些村镇。1947年3月1日，胡宗南部占领陇东分区的庆阳，2日占领合水。4月初，马继援部再次占领庆阳、合水，4月中旬，马鸿宾部占领环县、曲子、华池（悦乐镇）等地。在国民党军的进攻下，陇东分区专署、陇东军分区转入山区，领导军民开展游击战争。1946年底至1948年上半年，国民党中央政府调整在西北的军事设置，先后将"西北剿匪总司令部"改为西北行辕，1948年7月又将西北行辕改称西北军政长官公署，张治中任长官。1949年7月27日，马步芳任西北军政长官。1948年4月，甘肃境内国民党兵力达15万人以上，保安团等地方武装10万人以上。

二、国民党统治措施

1946年10月郭寄峤接替谷正伦任甘肃省政府主席后，在经济上继续沿袭抗战时期的一些建设项目。同时，根据内战需要，加强户籍登记管理，将征兵、征粮、警保作为重点工作。1946年12月，颁布《甘肃省蒙藏民区域编置保甲户口、办理户籍登记办法》，在少数民族地区推行保甲制度。加强地方保安团建设，积极备战。1946年颁布《甘肃省自卫建设方案》，预计建立100～120个保安团，其中省政府直辖10个团。到1948年，省政府辖8个团和2个保安旅（其中1个骑兵旅），超过了《方案》省辖10个保安团的计划。在县、乡各级都有保安队。地方保安队成为国民党内战兵员补充的重要来源。建立省县一级参议会，实行所谓民主。1945年8月至9月，甘肃省两个月完成"民选"代表和议员选举。到10月中旬，全省建立县市参议会69个。据67个县市参议会的1171个参议员社会成分统计，农民占7.1%、工人占3.2%、商人占8%、教育界人士占29%、士绅占46.7%、其他人士占6%。抗日战争胜利后，各民主党派要求国民党取消特务制度，保障人民人身自由，反对任意逮捕和秘密处决政治犯。为了敷衍人民，行政院颁布了《保障人民身体自由的办法条例》，甘肃省政府曾在报上公开要求下属各级政府“切实执行”。1946年2月25日，兰州市各民众团体奉令成立人民自由保障委员会甘肃筹备会，当天中共甘肃工委书记罗云鹏在甘肃省政府的监狱中被关押六年之后被秘密处死。国民党在舆论上加紧反共宣传，朱绍良在1946年元旦《甘肃民国日报》上诬蔑共产党“以割据与战争的方式来破坏国家的统一与建设”。在国民党的煽动蛊惑下，1946年5月至8月，兰州市和一些县都举行了“反共”集会和游行，国民党在甘肃制造的“反共”舆论达到了高潮。

三、解放战争时期的甘肃经济

（一）兵役劳役沉重

1946年，内战爆发后，甘肃人民的兵役负担十分沉重，刚刚结束抗战的甘肃百姓再次陷入战争的深渊。依据国民政府新《兵役法》，征兵数为人口的1.5‰，甘肃1946年应为9750名，实征为7800人。1948年夏至1949年初，国民党在甘肃组建91军和120军，在各地征兵达到3万名。1949年初，马步芳在甘肃临夏强征兵员3000多名，组建骑兵14旅。无丁之户，以款代替，1946年12月，雇一名壮丁需要100万法币（可购小麦30市石，1948年秦安雇一名壮丁需要60市石小麦），以至报纸有“一个壮丁一百万，遂令天下父母心，不重生女重生男”的感叹。大量青壮年被征兵，致使农村劳力缺乏，田地荒废。劳役是解放战争时期甘肃人民的又一沉重负担。在军粮军运物资运输、代养军马等劳役中，甘肃百姓承担了繁重的劳役负担，虽然给予一定的差价补贴，但在实际运作中，弊端重重，政府补助的数额远远不够实际开支，如军粮运输差价支付的运费只有1/10，剩余自己负担。除了军事劳役，还有修路、种树等劳役，规定每户必须完成筑路20千米（资料出自1947年11月17日《甘肃民国日报》。此处的“千米”疑为“公尺”），其宽度不得少于6米。在青壮年大量征兵的时期，劳役多由年老体衰者承担，百姓负担十分沉重。

（二）田赋、税收繁多

抗战胜利初，国民党甘肃省政府曾经试图减轻农民田赋，将原定为180万石的田赋减免后应交中央政府87.69万石。9月3日，抗日战争胜利纪念日，国民政府颁布命令，豁免大后方各省1946年度的田赋。内战爆发后，国民党中央政府继续恢复田赋征实，1946年、1947年折半征收。征实标准：征实前的每元折征小麦2斗8升，继续实行“征一借一”原则，带征省县市公粮，为征实的三成。除了田赋征实，国民政府还向甘肃分配采购军粮任务。1947年为70万大包（每包200市斤，约合1.43石），甘肃省政府只能从征借中提供30万大包，其余40万大包只得从市场上采购，到年底只采购到16万大包，这对于不是余粮省的甘肃是个沉重的负担。

这个时期的苛捐杂税繁杂苛重程度远超以前，当时全省统计到的正税有26种，新增税捐23种，还有各地擅自临时摊派的税收。1948年仅会宁县枝杨镇全年实纳田赋1260.84石，而各种摊派共1494.95石，超出田赋234石。当时，省级财政收入很少，1946年6月国民政府财政改制，由中央、县两级预算体制恢复为1941年前的中央、省、县三级财政预算体制。中央税收十种，省税收两种，县市税收九种。其中土地税即田赋，原是地方最大税收，新税制按中央30%、省20%、县50%分成，又规定“中央确认有需要时，得向省县收购所得之粮食”。因此，省级财政收入很少，需要中央补助。在国民党败亡在即，通货膨胀加剧的背景下，中央对甘肃地方的财政补助就是空运到兰州的法币，没有任何实际意义，其实就是一纸空文。

（三）经济渐趋崩溃

解放战争时期，甘肃工商业严重下滑，许多厂矿停产撤资，管理人员和技术人员纷纷内归，厂矿经营陷入僵局。资源委员会在甘肃的11个企业，只有3个企业继续经营。雍兴公司所属4个厂，停办2个。一些私人资本也纷纷内迁，停产走人。在停产撤资的影响下，传统手工业难以为继，1945年下半年，兰州市水烟作坊只剩20余家，比1942年的100多家减少了大半。

工商业危机导致通货膨胀，经济溃败。到1948年2月，甘肃流通着8.23多万亿元的法币，为1945年底全国法币流通量1.03万亿元的八倍。

四、中国共产党领导的革命斗争

（一）重建中共甘肃工委

1945年9月，中共西北局决定恢复组建中共甘肃工作委员会（中共甘工委），任务是在甘肃国统区发展组织，开展游击战争，为解放甘肃做准备。1946年4月，又成立了陇右工委（又称陇渭工委）。1947年，陇右工委组建了六个直属工委，即陇右工委、平东工委、海固工委、皋榆工委、陇南工委（从陇右工委分出）、宁县工委。各工委在乡村和城市开展工作，到1949年6月，已拥有党员1.6万多名。甘工委领导下的中共陇右工委持续时间最长、影响最大。1949年夏，人民解放军进军甘肃，国民党溃败的军队向甘肃境内逃窜，陇右工委集中全部人员和武器，成立游击大队，协助人民解放军到达前，解放了渭源县城，以后又参加了解放陇西、武山、会川、临洮等县的战斗。

中共甘工委在兰州领导和推动了广大工人、学生、市民的反内战、反饥饿、反迫害的斗争，1946年10月，甘工委派罗扬实为特派员到兰州重建党组织，1948年3月中共甘肃皋榆工委成立。1949年8月兰州解放前夕，皋榆工委配合西北野战军进军兰州的军事斗争，提供了兰州敌军的军政情况。

中共甘工委十分注意统一战线工作，积极与1946年2月经中国民主同盟西北总支部改组为中国民主同盟甘肃支部的西北民主政团建立联系，互相交换意见和情报，互相支持，互相帮助，开展反对国民党反动统治的斗争。与少数民族头人建立联系，争取他们的理解和支持，1948年后，甘肃地下党同夏河县拉卜楞保安司令黄正清建立了联系，对其进行党的民主民族宣传工作，争取了黄正清的同情和理解，最终率部投靠共产党。

（二）壮大陇东革命根据地

1946年中共中央下发《关于清算减租及土地问题的指示》（简称“五四指示”）。五四指示将抗战时期实行的减租减息政策改为没收地主土地分配给农民的土地政策，通过土地立法，实现耕者有其田的新型土地政策。

土地改革激发了陇东地区农民革命和生产的积极性，增强了保卫革命根据地的热情，青壮年自愿报名参军，民兵积极配合主力部队与国民党军决战。当人民解放军战略进攻甘肃国统区时，陇东人民全力支援前线，计提供粮食40万石、食盐1万斤、猪羊3000余头（只）。曲子、华池、合水等县的群众组成几千人的担架队，随军西进。

（三）西北野战军向甘肃东部进军

内战爆发后，国民党胡宗南部开始围攻陕甘宁革命根据地。1947年3月20日，彭德怀任司令员兼政治委员、习仲勋任副政治委员的西北野战兵团正式成立。1947年5月21日，西北野战兵团组织陇东战役，主力自陕北安塞西进，转战于华池、合水、环县、庆阳之间。5月30日，攻克华池县的将台镇、悦乐镇，歼灭马鸿宾部81师近2个团。至6月30日，共歼灭国民党宁、青“二马”2400多人。1949年2月，根据中央军委命令，西北野战兵团改称中国人民解放军第一野战军。1949年4月25日，中央军委就渡江后向全国进军的问题做了全面部署，规定第一野战军向西北进军，负责歼灭马步芳、马鸿逵等部及胡宗南集团一部，解放并经营陕、甘、宁、青、新五省。1949年5月20日，第一野战军解放了西安，打开了进军大西北的大门。7月19日，彭德怀司令员在宝鸡附近的虢镇召开军以上干部会议，决定组织平凉战役，力争歼灭青、宁“二马”主力。进军甘肃的部队共有10个军：第1兵团司令员兼政委王震，辖第1、2、7军；第2兵团司令员许光达、政委王世泰，辖第3、4、6军；第19兵团司令员杨得志、政委李志民，辖第63、64、65军；第18兵团司令员兼政治委员周士第，辖第60、61、62军。19兵团为右翼，沿西兰公路及其两侧向平凉攻击前进。第1、2兵团为左翼，分两路沿西北直插平凉以西，断敌退路。62军作为总预备队。7月21日，全军向甘肃进军。7月24日，西北军政长官公署副主任刘任代表马步芳在静宁召开军事会议，到会的有马继援、卢忠良、王治岐、周嘉彬、黄祖勋等，制定了《关山会战指导复案计划》，准备以马鸿逵主力（两个军又一个骑兵团、两个炮兵营），以平凉为中心，在平凉东北到西南形成一个防御地带，同解放军作战。马步芳部退守天水、定西地区，相机攻击解放军的右翼和后方。这是一个马步芳保存实力、让马鸿逵同解放军拼消耗的计划。马鸿逵觉察到这点，遂命令其临时总指挥卢忠良率部西撤。国民党军在平凉与解放军决战的计划破产。7月28日，一野一兵团在陕甘边界的固关镇全歼马步芳骑兵第14旅3700多人，打开了进军甘肃的大门。7月30日，解放平凉。8月3日，解放天水。在此期间，先后解放了泾川、宁县、正宁、庆阳、西峰镇、崇信、灵台、华亭、化平、镇原、清水、隆德、固原等县。8月10日，19兵团在固原的任山河地区歼灭马鸿逵部5000余人，与此同时还攻克要隘三关口，占领战略要地六盘山，从而把国民党在西北的两支主力“青马”“宁马”分割开来。

1949年8月4日，彭德怀司令员发布进军兰州、西宁的命令：19兵团64军分布于海原、固原地区，钳制“宁马”；19兵团63、65军为右路军，沿西兰公路直驱兰州；第2兵团的三个军为中路军，从通渭、陇西、定西进军兰州，与19兵团的两个军合歼兰州守敌。第1兵团第7军留守天水，钳制胡宗南部。第1兵团的1、2军与62军沿陇西、临洮、临夏直驱西宁，以切断兰州马步芳的退路。兰州在地理上是通往青海、宁夏、新疆的枢纽，是国民政府西北军政长官公署所在地，是国民党在西北地区的政治、军事中心。8月14日，行政院长阎锡山在广州召开了“西北联防会议”，拟订了“兰州决战计划”。8月19日，马步芳到达兰州，亲自部署兰州防务。以82、129两个主力军和两个骑兵师（旅）、三个保安团共5万人据守兰州城区，以南面筑有钢筋混凝土工事的马架山、营盘岭、沈家岭等地作为据守重点。以91军、120军、81军共3万多人，在兰州以北的景泰、靖远布防，以保障兰州左翼安全；以新组成的骑兵军2万人，控制临洮、洮沙地区，保障兰州右翼。此外，还下令急调其驻新疆部队骑5军增援兰州。1949年8月20日，中国人民解放军19兵团、2兵团会师于兰州郊区，从东、南、西三面包围兰州。25日拂晓，解放军9个团的兵力发起总攻。下午5时后，陆续占领了马架山、豆家山、营盘岭、沈家岭、狗娃山等主要阵地，并用火力封锁黄河铁桥，截断了马部逃路。随即解放军攻入城区。26日上午10时，解放军攻占黄河铁桥并占领了桥头高地白塔山，截断守军退路，与城内守军展开激烈巷战。12时，城区守军被全部肃清，兰州解放。兰州战役歼灭了国民党在西北战斗力最强的马步芳部主力，是人民解放军解放大西北的最后一次大战役。

一野3个兵团在进军兰州、西宁过程中，先后解放了秦安、庄浪、甘谷、静宁、通渭、武山、陇西、会宁、漳县、西吉、定西、渭源、会川、临洮、榆中、皋兰、西和、洮沙、康乐、礼县、和政、海原、宁定、临夏、永靖等县。9月2日，第1兵团附62军于永靖、循化间渡黄河，解放西宁后翻越祁连山，从扁都口进军河西走廊，解放民乐县城。9月19日，解放河西重镇张掖。9月4日，第2兵团主力沿新兰公路追歼残敌。9月22日，第1、第2兵团在张掖胜利会师。9月中旬，国民党91军两个骑兵团在大靖和武威附近向解放军投诚。兰州战役后，西北军政长官公署逃亡河西。9月22日，西北军政长官公署主任刘任从酒泉乘飞机逃往重庆。9月24日，国民党西北军政长官公署、后方联合勤务第八区补给司令部、河西警备司令部、91军、120军残部等共约3万人，在陶峙岳、曾震五、彭铭鼎等率领下，通电起义。9月25日，第2军进驻酒泉，第3军军长黄新廷率领特别战车营进驻玉门油矿。9月28日，人民解放军进驻安西、敦煌，至此，河西走廊全部解放。在河西地区，共计歼灭国民党军1万余人，投诚起义人员约3.5万人。9月15日，甘肃省保安副司令兼甘肃师管区司令周祥初、第一专员公署代理专员孙伯泉、173师师长陈叔钵、岷洮路保安司令杨复兴等在岷县通电起义，岷县、临潭、卓尼、夏河等县解放。12月11日，第7军进入文县，文县解放。至此，甘肃全境解放。

第八节　民国时期的文化

民国时期，社会变革加速，新文化运动兴起，民主革命思想广泛传播，为甘肃文化的发展注入了新的活力。特别是对敦煌藏经洞文书的研究，受到全世界关注，开启了甘肃历史文化研究的大门；陇东革命根据地创造了独树一帜的革命文化。

一、教育

民国时期，是甘肃近现代教育的起步时期，普通教育、师范教育、职业教育、少数民族教育、高等教育都得到了初步发展。陇东革命根据地则开辟了人民教育的新模式。

（一）普通教育

初等教育　清末全省共有90余所高等小学堂，900余所初等小学堂，9所初等、高等合设的两等小学堂，共有3947名学生。每校平均有学生4名、教职员工1名。进入民国，初等教育进入新阶段，教育宗旨、学制、课程、校舍开始向规范的方向迈进。为了使初等教育规范化，在府县创建示范性小学，示范性小学的校舍和教学设施都比较规范，各地引以为样本，仿照创办。各县陆续将私塾改为代用小学；仍然实行私塾的，令私塾采用教育部规定的教科书实施教学。到1926年，全省有276所高级小学，2706所初级小学，9.54万名在校学生，平均每校32人。抗日战争时期，国民政府实行新县制，教育部根据新县制组织纲要，制定全面推行国民教育方案，规定各乡（镇）设立乡（镇）中心学校，分别对6岁至12岁的儿童实施六年、四年、两年、一年的义务教育；保设国民学校（初级小学），对儿童和成人文盲实施四年或二年或一年的小学教育，合并两种施教对象一起施教。提倡所有保国民学校，都要兼办儿童教育和成人补习教育。到1949年全省有小学7299所，在校学生45.22万名，入学率为20.3%。其中，城市学龄儿童的入学率为50%，乡村学龄儿童的入学率仅为16.8%。女童的入学率更低，只占全省受初等教育人数的10.8%。

中等教育 民国初期，甘肃省教育司改组中等教育，将原来10所中学堂裁减合并成4所。甘肃文高等学堂（前身为甘肃大学堂）改为全省中学校，附设简易师范科，次年改为省立第一中学；平凉府陇东中学堂改为省立第二中学（平凉一中前身）；秦州中学堂改为省立第三中学；凉州府中学堂改为省立第四中学。1918年，宁夏府中学堂改为省立第五中学。改组后的中学共有在校学生412人，教职员工53人，其中教员27人。这些中学都为四年制普通中学。为促进中等教育发展，1923年，甘肃省署鼓励各县酌设普通中学，1926年，甘谷、武山、临夏三县合办一所县立初级中学。1927年，会宁、临洮、武都、张掖等县也各办一所县立初中。1927年，省立第一中学增设普通科高中部，该校遂成为全省第一所完全中学。天水县私立模范亦渭小学校友会，筹办了亦渭初级中学，这是甘肃第一所私立中学。1936年，甘肃省整顿中等教育，规定省立中学均以所在地冠名，省立一中改为省立兰州一中，省立二中改为省立平凉二中，省立三中改为省立天水中学，省立四中改为省立武威中学。张掖县立初级中学改为省立张掖初级中学。到1937年，全省有19所中学，其中省立完全中学1所，省立初级中学6所，县立初级中学10所，私立初级中学2所。抗日战争时期，甘肃急需各方面建设人才，此时敌占区一批学校迁甘，客观上促进了甘肃教育的发展。迁甘学校均为国立，有1938年4月中央教育部在天水设立的国立甘肃临时中学，到1939年，学校改编整合为两所，更名为国立第五中学和国立第十中学，第五中学在天水，第十中学在清水，两校共有学生近3000人，教职员工约300人。这两所中学是在特殊背景下创办的，经费由国民政府教育部直拨，教员大多是从外地流亡来的有较高学历的知识分子，他们教学认真负责，教学水平较高。因此，学校是甘肃普通中等教育里的典范。抗日战争胜利后，甘肃省教育厅对中学采取限制数量、完善发展的方针，适当予以缩编，到1949年，全省共有普通中学66所，在校学生1.49万人，教职员工1430人。全省平均每万人中有在校中学生24.90人。

（二）高等教育

民国时期，甘肃建立了四所高等学校：国立兰州大学、国立西北师范学院、国立西北农业专科学校、国立兽医学院。到1949年8月，共有在校学生1810人，教职工630人，其中专任教师238人。甘肃高等教育，发端于

1902年创办的甘肃高等学堂，1911年后改办为普通中学。1909年初，经清政府学部批准，将甘肃法政馆改设为甘肃官立法政学堂。1913年，在法政学堂基础上创办甘肃公立法政专门学校。1928年3月，甘肃省政府将法政专门学校改建为兰州中山大学，以后易名为甘肃大学、甘肃省立甘肃学院之名，1944年7月，经教育部批准，省立甘肃学院改为国立甘肃学院。1939年4月，经国民政府行政院决定，在兰州设立国立西北技艺专科学校。学校创办不久，遭日机轰炸，学校遭毁。1945年8月，更名为国立西北农业专科学校。1940年4月，国立西北师范学院一部分从陕西城固县迁到兰州。1944年，国立西北师范学院全部迁兰。1944年夏，国立西北医学院从陕西南郑迁至兰州建立分院。1946年8月，国民政府行政院决定，以国立甘肃学院为基础，设立国立兰州大学，西北医学院兰州分院并入新设立的国立兰州大学。1947年10月，国民政府教育部决定，以兰州大学兽医学院为基础，独立设置国立兽医学院。

（三）师范教育

清末甘肃师范学校多是简易师范。1913年，地方当局对各师范学堂进行整编，将现有师范学堂整合成9所，皆系省立。1937年至1938年，全省省立、县立师范学校达到14所66班，在校学生2523人。抗日战争胜利后，1946年，全省有24所（不含国立师范学校）师范学校，在校学生7247人，教职员工655人。当时，甘肃省教育厅调整师范教育，学校数量有所减少，新中国建立前夕，全省有22所师范学校，5168名在校生。自1912年至1946年，全省师范学校累计毕业学生1.3万人。

女子师范学校的创建是民国时期师范教育的特点。1913年6月，省立第一女子师范学校创办，以后在平凉创办省立第二女子师范学校。1928年，临洮、天水分别设立县立女子师范学校。抗日战争时期，平凉、临洮、天水的3所女子师范学校，除了增加师范班，还增加普通初中。女子师范学校的创建，使女性接受师范教育，走出家门，从事教师职业。

（四）职业教育

清末，随着近代工矿业的萌芽，培养适宜工矿发展需要的专业人才显得十分重要，职业教育应时而生，最初，政府和社会称之为实利教育。光绪十七年（1891）兰州电报总局设立电报学堂，招学生10余名，教师由局内工程师和电报生担任，这是甘肃开办最早的一所职业技术学校。此时设立的职业学校还有农林学堂、矿物学堂等，当时学生实行文、实分科。在新式教育起步阶段，职业教育极不规范，从学校管理到教学内容到设备基本是有名无实或名不副实。进入民国，兴办实业的呼声日益高涨，实利教育也越来越受到有关人士的重视，1913年，教育部公布《实业学校令》和《实业学校规程》，要求各地根据地方需要设立实业学校。经过三十多年的缓慢发展，至1946年，甘肃省职业学校的分布情况是：兰州有2所工业类学校和农业类学校，2所医事类学校，高中商科2班；河西有1所农业类学校，1所工业类学校；陇东、陇南各有1所职业学校。当年全省各类职业学校分科类在校学生的情况是：农业类49班，学生1548人；工业类48班，学生1437人；医事类8班，学生165人；商业类2班，学生44人，共计3194人。

山丹培黎学校是由新西兰籍国际友人路易·艾黎创办的一所初级职业技术学校。1941年，在宋庆龄和埃德加·斯诺等国际友人的支持下，"工合"（中国工业合作协会）组织的主要发起人艾黎在陕西凤县双石铺创办半工半读性质的职业技术学校，经费由"工合"组织提供。1944年，该学校迁至甘肃省山丹县，更名为山丹培黎工艺学校，当时有学生60人。培黎学校的办学宗旨是为"工合"培养技术人才，为将来在中国农村发展工业，探索解决技术人才服务。艾黎亲自制定的校训是"创造分析，手脑并用"。学校开设文史课程和实际操作的工艺课，没有开设党化教育课程，学生多是社会底层的孤儿、难童等。1949年，在校学生500多人，来自全国17个省，其中以甘肃籍学生最多。

（五）少数民族教育

民国初期，孙中山先生倡导的"五族共和"思想，对维护少数民族权益起到极大的鼓舞作用。少数民族在社会变革的潮流面前，逐渐觉醒，开始接受新事物，新式学堂零星出现在少数民族聚集区。1912年，导河县（今临夏市）创办了甘肃省第一所回民小学（八坊刷达小学）。1921年，卓尼县将一所招收土司子弟读书的私塾改为私立高等小学，招收汉藏学生六七十人，杨土司任监督，这是甘肃藏族地区的第一所新式小学。次年，改为柳林小学。1928年，该校改为公立，由政府接办，开始从兰州等地师范学校聘请教师。1931年，有高小学生30人，初小学生60人，有的优秀毕业生继续到中学或师范学校学习。该校为藏族地区培养了一批具有新文化的知识分子。民族普通中等教育起步较晚，1925年春，甘肃省教育厅创办甘肃五族学校，内设师范教习科2班。1926年春，招收初中学生2班，计85人。1928年3月，兰州中山大学成立后，更名为兰州中山大学附属中学，是年招收初中两班80人，高小一班37人。1929年，与兰州中山大学分立，更名为省立第五中学。这所学校是甘肃最早的少数民族初级中学。1930年，教育部特设蒙藏教育司，专门负责蒙藏教育。1934年，中央教育部为全国各少数民族地区划拨边疆文化教育专款，作为创办少数民族教育之用，鼓励地方创办边疆民族教育。从1936年起，甘肃省在临夏、清水、固原、夏河、临潭、岷县等民族集聚县区各设立回藏族完全小学10所，其中回族小学7所，藏族小学3所。抗战时期，1938年，甘肃省教育厅在兰州东关、西关设立省立回民小学2所，作为民族教育实验基地。1939年，又用中央边疆文化教育补助费，分两期在34个县和设治局设立回族、藏族小学80所，1940年又增设小学20所。截至1941年，地方政府创办公办民族学校114所，有学生6851人、教职员202人。民国时期，甘肃的民族普通教育处在起步阶段，发展十分缓慢，学校分布很不均衡。截至1949年，全省有少数民族专设小学338所，有学生1.78万人，专任教师426人，其中全省少数民族地区共有开课的学校302所，少数民族学生3463人，少数民族教师185人；全省专设民族中学6所，其中设于少数民族地区的5所，在校少数民族中学生274人。

（六）陇东解放区的人民教育

陇东解放区的人民教育是在革命政权的建立和巩固中不断发展起来的。

新式小学　1934年11月，南梁苏维埃政权建立后，在华池县南梁转嘴子村创办了一所列宁小学，有学生40多人。此后各县乡相继建立列宁小学。1937年，陇东解放区倡导人民教育，坚持教育为革命战争和根据地建设服务的方针，以“培养有民族觉悟、有民主思想、有现代生活的知识技能，担负抗战建国之任务的战士和建设者”为宗旨，实行教育向工农大众开门、理论与实践相统一、教育与劳动相联系的原则，使学生在最短时间学到战时急需的知识与技能。抗日战争时期，贯彻“一切为了战争，一切文化教育均应适应战争的需要”的方针，开展普及义务教育的活动，以爱国主义精神教育新一代，这使小学教育在抗战初期保持了较为稳定的发展态势。据1940年统计，全区8个县共有299所小学（其中完全小学14所），7238名学生。1941年后，由于过分强调学校正规化，精简合并了一些不合格的学校，加上办学经费困难，全区小学校数和在校学生数大幅度下降。据1942年对5个县的统计，全区有75所小学，在校学生2087人，与1937年同地区比较，小学校数减少183所，在校学生减少4528人，小学教师也减少了1/3。

1944年10月，陕甘宁边区政府召开全区文教大会，提出贯彻“民办公助”的方针，坚持办学形式多样化，动员各方面力量参与办学活动。此后，全区小学得到了明显的恢复和发展，1946年，全区共有小学217所，比1942年增加142所。1949年7月，全区各小学陆续恢复和发展起来，全区有小学730所，学生3.07万人。

陇东中学 抗日战争初期，1940年3月，陕甘宁边区政府教育厅委派陆为公、孙萍同志到庆阳创办陇东中学，9月，学校开学，毛泽东亲自题写了陇东中学校名，陇东特委书记马文瑞兼任校长。学生来自陇东解放区各县，多具有完小毕业程度或同等学力，学校实行免费教育。陇东中学的教育宗旨为：“实施新民主主义教育，培养小学教师和地方干部。”坚持“团结紧张，严肃活泼”的校风，把学习和生产劳动紧密结合起来，在学习文化课的前提下，努力发展生产，自力更生。1944年陇东中学改为地方行政干部学校，取消师范班，只设中学班和地方干部班，学制三年。内战爆发后，1947年2月，国民党军队进犯庆阳城，陇东中学遭到严重破坏。5月，陇东地委决定陇东中学停止上课，保留建制，全校师生参加解放战争和土地改革工作。9月，形势好转后，陇东中学在华池县二将川复课，当时有教学班3个，学生74人，教职员工24人。1948年3月，陇东中学停办，改为陇东分区党校。陇东中学是一所初级中学，有政治、数学、国文、自然、地理、历史、图画、社会科学、中国问题、体育等课程。从1940年到1948年间，据甘肃省教育资料委员会提供的资料统计，总共有毕业生523人，连同中途调出分配工作的近千人。这所学校为中国革命做出了积极的贡献。

二、敦煌学

1900年，敦煌藏经洞发现后，敦煌文化引起世界关注，敦煌学研究迅速兴起。

（一）敦煌学的兴起与发展

1900年夏，敦煌莫高窟第16窟甬道北壁石室（今编第17窟，俗名藏经洞）发现4至11世纪经卷文书（又称敦煌文献、敦煌遗书、敦煌写本、敦煌卷子、敦煌文书）5万多件。内容包括敦煌古代政治、经济、宗教、艺术、语言、文学、民俗、科技、民族关系等各个方面，被称为20世纪中国文化的四大发现之一。1909年秋，法国探险家伯希和携少量敦煌文物到北京拜访有关学术专家，并举办了敦煌藏经展览，震惊中外。因敦煌莫高窟藏经洞尚有部分残余经卷，国内学术界奔走呼吁，上书清朝政府，要求朝廷出面将所剩藏品全部运到北京保管。清政府在学界的强烈呼吁下，同意批拨银两成全此事。1910年，敦煌劫余遗书8000多件残卷运抵北京，交京师图书馆保存。同年，罗振玉编辑出版《敦煌石室遗书》、王仁俊出版《敦煌石室真迹录》、蒋斧出版《沙州文录》，对有关遗书所涉及的历史、地理、宗教、文学、文字训诂等方面的问题进行初步探讨，标志着敦煌学研究的兴起。

最早提出敦煌学概念的是历史学家陈寅恪先生，他在1930年为陈垣先生编《敦煌劫余录》所作序中指出："敦煌学者，今日世界学术之潮流也。"1941年10月，国民政府监察院院长于右任由重庆到西北考察，提议建立保护研究敦煌艺术的专门机构。1943年，国立敦煌艺术研究所成立，常书鸿任所长。国学大师季羡林曾对敦煌学的世界文化学术价值做出高度评价："世界上历史悠久、地域广阔、自成体系、影响深远的文化体系只有四个：中国、印度、希腊、伊斯兰。而这四个文化体系交汇的地方只有一个，这就是中国的敦煌和新疆地区，没有第二个。"百年来敦煌学的发展表现出三种趋势：一是形成了敦煌文献和敦煌艺术两大基础板块。中国大陆的敦煌学起初主要侧重于以敦煌石窟为主的敦煌艺术研究，国外的敦煌学主要侧重于以敦煌文献为主的敦煌历史文化研究。二是由随着敦煌文献资料不断公布和中国改革开放的发展，呈现出文献研究与艺术研究融会贯通的格局。中国大陆的敦煌学在继续深入敦煌艺术研究的同时，也向敦煌文献研究拓展；国外的敦煌学在继续深入敦煌文献研究的同时，向敦煌艺术研究拓展。三是中外学者协作配合，共同创造了敦煌学研究的繁荣。

（二）敦煌文化的特征

敦煌文化是以敦煌文献、敦煌艺术、敦煌汉简、敦煌史迹遗存为主要内容的敦煌古代历史文化。敦煌文化博大精深、内涵丰富，概括起来主要有六大特征：

一是敦煌文化是一种地域文化。敦煌文化的首要特征是地域文化特征，即时空的地域性、自然环境的地域性、民情风俗的地域性、方言词汇的地域性等。

二是敦煌文化是儒家文化为主导的积极进取的文化。敦煌文化的种子是中原移民带来的儒家文化，在敦煌文化的发展过程中，始终保持了儒家文化的主导地位。

三是敦煌文化是百科全书式的文化。敦煌文化史料、遗存非常丰富，堪称中国古代的百科全书，构成敦煌文化的第一大主体是敦煌文献，在5.86多万件敦煌古代文献中，蕴藏着丰富的文化资源，其跨越历史之漫长、领域之广泛、内容之丰富、特色之鲜明为世界所罕见。敦煌文化的第二大主体是敦煌艺术，集中体现在敦煌石窟之中。敦煌石窟群现存洞窟 853 个，壁画约5.2万平方米，彩塑 2400 多身，其中莫高窟现存洞窟 735 个，有壁画彩塑的洞窟 492 个，现存壁画4.5万多平方米，彩塑2200多身，是世界上规模最大、内容最丰富的艺术宝库，也是研究古代艺术最珍贵的史料。敦煌文化的第三大主体是敦煌汉简。敦煌汉简是指酒泉市境内的敦煌市、瓜州县、玉门市和肃州区汉代遗址先后出土的 2.8 万多枚汉简，为两汉时期的政治、经济、军事、文化和丝绸之路研究，提供了大量的第一手史料，具有极为重要的历史价值和学术价值。敦煌文化的第四大主体是敦煌及其周边地区的史迹遗存，如阳关、玉门关、悬泉置遗址等等，都是构成敦煌文化的重要元素。

四是敦煌文化是多元共存、包容开放的文化。敦煌文化是古代中西方政治、经济、文化交流融合的结晶，各种文化在这里汇聚，造就了多元共存、包容开放的敦煌文化。

五是敦煌文化是理想主义与现实主义并存的文化，敦煌艺术的风格是理想主义的，敦煌文学则是一种现实主义文学。

六是敦煌文化是一种动态文化，敦煌文化的地域背景、时限、学科体系都是动态的，敦煌学起步时以敦煌文献研究为主，后来敦煌石窟艺术、敦煌历史考古、敦煌学理论、文物保护、敦煌学研究成果陆续进入敦煌学学科体系，学科门类、分支在不断增加。

三、史志编纂与学术研究

（一）史志

民国时期，政局动乱，兵荒马乱，传统史志撰述工作并没有辍止，一批地方学者殚精竭虑、呕心沥血，致力于史志撰写工作，使得中华文化里的这一优秀传统得以继承。最有代表性的是1929年到1936年《甘肃通志稿》（又称《甘肃新通志》）的编纂。1929年3月，省政府筹款30万元成立甘肃省通志局，办公地址设在兰州贡元巷清代贡院旧址（今贡元巷小学）。通志局基本延揽了当时甘肃各科名家，如杨思、张维、慕寿祺、廖元佶、王烜、冯国瑞等人。1931年11月，改局为馆。杨思任馆长，张维任副馆长。到1936年，经过六年的艰苦编修，《甘肃通志稿》诞生，其体例之完备，资料之翔实，结构之严谨，实属地方志书中的上乘之作，为后世留下了大量珍贵的资料，是研究西北地方史不可缺少的参考文献，在甘肃地方文献史上占据重要地位。书成之后，1934年将已编成的《甘肃省县总分图》《甘肃地理沿革图表》作为单行本先期铅印出版。后因抗日战争全面爆发，其余稿件编成后未及付梓，稿本珍藏于甘肃省图书馆，并命名曰《甘肃通志稿》。

当时，各县也编修了一批志书，1942年，张维从诸志中辑佚出《打拉池县丞志》，还编修《鼎新县志》，漳县人韩世英辑佚补缺成《重修漳县志》，古浪人唐海云等编修成《古浪县志》，张其昀编修《夏河县志》，镇原人慕寿祺等撰成《重修镇原县志》等。其中以慕寿祺的《重修镇原县志》为上乘之作。

除了地方政府组织学者撰修志书，个人修史活动也较有成效，较有名的有会宁朱允明编修的《甘肃省乡土志稿》，该书是作者在1943年至1948年在国立西北农业专科学校任教时的课余时间编写的。编写该书的目的是有感于原有省县各志均系大部书，披阅颇感不易，于是综合各类资料缩写为乡土志，阅者可一目了然。

（二）学术研究

在时局动荡风云变幻的历史时期，一批地方学者仍然致力于学术研究，他们著书立说，穷究典籍，多以传统治学方法传承文化。

刘尔炘（1865—1931），字又宽，号果斋，又号拙修子，晚年又号五泉山人，祖籍陕西三原。清末民国时期儒家经典学者、教育家，在西北各省影响较大。光绪十五年（1889）考中进士，任翰林院庶吉士。在院五年后，回甘，主讲五泉书院。1894年进京述职，授翰林院编修，1897年辞归故里，复任五泉书院讲习。1903年到1907年任甘肃大学堂总教习，主张通经致用。辛亥革命爆发后，反对共和。民国以后，被选为甘肃临时议会副议长，后辞职。之后，谢绝政治事务，蛰居家中，讲学研经，致力文化事业，以书法维持生计。其书法真、草、隶、篆各有所长，自成一家。晚年又习绘画，以兰草、山水见长。主要著述有《果斋全集》《五泉山修建记》《拙修子太平书》《陇右轶余录》等。

张维（1890—1950），字维之，号鸿汀，甘肃临洮县人，方志学家、史学家、金石学家。宣统己酉科甘肃拔贡，授职学部书记官。武昌起义后，从内蒙古潜归临洮，与兰州的同盟会人士创办《甘肃民报》，这是甘肃最早的民办报纸。之后主编《大河日报》《政闻报》《金城周报》等报刊。1919年后，历任省长兼督军公署秘书长，甘肃政务、财政、建设厅厅长，兰山道尹、省议会议长、省图书馆馆长，兼任兰州中山大学文史教授等职。1931年后专任甘肃省通志馆副馆长，总纂《甘肃通志稿》。著作有《兰州古今注》《陇右方志录》《陇右经学之传授》《陇右金石录》《元魏诸镇考》《仇池国志》《西北览胜》等。

邓隆（1884—1938），字德舆，号玉堂、睫巢子、睫巢居士，甘肃临夏县人。光绪二十九年（1903），乡试得中解元，次年会试，联捷成进士。后任新都县、南充县知县，代理顺庆府知府。辛亥革命后，参加国民党，历任甘肃省临时议会议员、甘肃省参事会参事、甘肃戒烟总局局长、甘肃印花税处处长、甘肃造币厂监督、甘肃佛教会会长、夏河县县长等职。积极参与兴办实业，先后创办或参与创办光明火柴公司、甘肃织呢公司、河源采木公司等。治学以研究佛经见长，兼顾西夏文、藏文，著作宏富，独树一帜。西夏文成果有《西夏译妙法莲华经考释补》《西夏译华严经入法界品考释》《西夏文华严经》等；藏文成果有《密宗四上师传》《大智宗喀巴大传事略》《嘉木样传》《麦拉祖师传》等。另有考古著述《枹罕考古记》，已散失，诗集《壶庐诗集遗稿》《壶庐诗集补遗》，文集《拙园文存》等，这些著述现零星藏于甘肃省图书馆内。

慕寿祺（1875—1948），字子介，号少堂，镇原县人。父慕霁堂，光绪丙子科举人，历充甘肃各州县教授、教谕达三十多年，熟悉教育，精通经史。光绪十八年（1892）应童子试，拔为第一，调往兰州求古书院深造。后中光绪癸卯科举人。光绪三十三年（1907）被陕甘总督升允派赴京、津等地调查学务，归兰后写成《调查录》8卷，使甘肃教育界对新式教育有所了解。1917年，慕代理甘肃省立第一中学校长兼国文教员，1935年被聘为甘肃学院文史系教授，讲授经学、音韵学。从教之余，慕潜心问学。1929年任甘肃省通志局协纂，1942年任《兰州市志》编审委员。著有《周易简义》《读经笔记》《甘宁青史略》《重修镇原县志》《敦煌艺文志》《中国小说考》《求是斋文集》等著作。

20世纪30年代，随着高等学校的建立和发展，一批外地学者任教于各校，其中不少学者享誉国内，如西北师范学院的黎锦熙、李蒸等，兰州大学的顾颉刚等，他们学养深厚，各有所长，治学严谨，刻苦勤奋，著述、文章流传播远，影响学界。

四、中外学者和探险家在甘肃的考察活动

（一）国内学者的考察活动

国内学者的考察活动较早的是1925年中央研究院派遣陈万里赴西北地区的史地、考古调查，此次考察以河西汉、明长城为重点，其《西行日记》记载了此次调查长城的概况。1926—1928年，安西县县长曹馥在极端困难的背景下，主持安西境内长城烽燧遗址，并做详细记录，著成了八万余言楷书手本《甘肃省通志·安西县采访录》（现藏甘肃省图书馆，1945年入编《安西县新志》）。此书成为考古学界、史学界学者赴安西考察必读的考古文献。

1937年4月顾颉刚率领中英庚子赔款董事会赴甘肃考察，考察日记整理成《西北考察日记》一书，随同的王树民也撰有《陇岷日记》和《洮州日记》（合称《陇游日记》），两书详细记载了所经之地的教育情形，是研究民国时期甘肃教育的参考资料。

1935年，著名记者范长江以《大公报》特约通讯员身份只身从上海出发，赴西北内陆考察。他西抵敦煌，北至包头，行程2000余千米，历时10个月，足迹遍及川、陕、甘、青、内蒙古等地，全面了解和考察了西北的政治、经济、教育、社会等状况，收集了大量的第一手资料，回上海后将考察游记陆续发表在《大公报》上。后来游记结集出版，名为《中国的西北角》。

1927年5月29日，西北科学考察团（又称中瑞西北科学考察团）在北京成立，这支由中国科学家和瑞典等国科学家联合组成的大型科学考察团体，受我国学术团体协会的指导与监督，赴甘肃、新疆等地进行科学考察。

考察团用了六年时间，在西北的甘肃、新疆进行了多学科综合考察，取得了令人瞩目的考察成果。1944年，国民党中央研究院和北京大学文科研究所等单位联合组织了西北科学考察团，赴敦煌进行了考察。

（二）国外学者探险家的考察探险活动

近代海禁强开后，甘肃悠久的历史文化和多样的地貌特征吸引了西方人的目光，他们以各种名目进入西北，从事地理勘察、地质测量、考古发掘、人文游览等活动。

1914年法国地质学家、生物学家、考古学家桑志华博士以法国天主教耶稣会神甫的身份来到中国，在甘肃庆阳县城北35千米处的赵家岔和55千米处的辛家沟的黄土层及其下的沙砾层中发现了三件由黑色石英岩打制成的石核和两件石片。这三件人工石制品是中国第一批有记载的旧石器。此次考古发现，证明了中国境内有旧石器遗存。1923年，桑志华和法国古生物学家德日进在宁夏灵武县水洞沟发现了旧石器时代晚期遗址，即著名的水洞沟遗址。

1923年，时任北洋政府农商顾问的瑞典学者安特生在临洮县洮阳镇马家窑村和村西的瓦家坪，发现了大量完整无损的彩陶，据此发掘，他撰写了《马家窑文化》一书，将这种彩陶文化类型命名为马家窑文化。之后，安特生又相继发现了辛店文化、齐家文化，他将一系列考古发现撰写成了《甘肃考古记》一书。

美国人类学家、植物学家、纳西文化研究家约瑟夫·洛克受哈佛大学阿诺德植物园资助，于1924至1932年间三次在甘肃东南的岷山和阿尼玛卿山之间山峡河谷地带开展青藏高原边缘地区的植物学考察，搜集实物标本以及文物资料，测绘地形地图。其间，采集了大量的植物种子经培育后分送给北美、欧洲、亚洲的植物学和园艺机构，并将甘肃特有的紫斑牡丹引入美国，至今哈佛大学的阿诺德植物园里还生长着来自甘肃甘南藏区迭部地区的云杉。洛克为美国国会图书馆购买了卓尼版的《大藏经》。洛克还在卓尼等地拍摄了大量的照片，记录了大量的日记，并用汉、藏、拉丁文详细勾画了卓尼和迭部的每条大山和河流，成为当地第一张现代地图。英国作家詹姆斯·希尔顿的小说《消失的地平线》中香格里拉幻景就是依据约瑟夫·洛克日记中对迭部大量的描写而创作的。

英籍匈牙利考古学家、艺术史家、语言学家、地理学家和探险家马尔克·奥莱尔·斯坦因分别于1900至1901年、1906至1908年、1913至1916年、1930至1931年进行了著名的四次中亚考察，考察重点是新疆和甘肃。1907至1908年，斯坦因从敦煌莫高窟骗走大量文物，藏经洞的精华先后被斯坦因和伯希和攫取运送至伦敦和巴黎，敦煌文物轰动整个欧洲。斯坦因在写他的敦煌获宝经历时说："当官府下令运走藏经时，王道士曾设法将一部分他认为特别有价值的汉文写卷另藏了起来，这批卷子的数量想必也不会太少，1911年吉川小一郎就曾取走一部分卷子，后来我再度造访时，还有丰厚的收获，满满地装走了5箱子的汉文经卷，大部分保存完好。我怀疑直到现在王道士的'小库房'还没有被取光。"1914年，斯坦因再次访敦煌窃取了大量的文物。1907年、1914年斯坦因两次掠走莫高窟中遗书、文物一万多件。

著名的考察家还有俄国的奥登堡、美国的华尔纳等，他们都以探险和考察的名义，先后到敦煌莫高窟等地进行考察，骗取窃夺各种文物，扮演了不光彩的角色。

五、新闻

甘肃最早的报刊是光绪二十四年（1898）由省府在兰州创办的《群报辑要》。光绪二十八年（1902），成立甘肃官报局，隶属陕甘总督管辖，这是官方建立的最早的有近代铅印设备的出版印刷机构。1907年，开始印刷《甘肃官报》，内容为官门钞、谕旨、吏政、学务、财政、商务、工政、兵政、路电等。以后学务公所创办《学务公报》，劝业道署创办《劝业公报》。民国初期报业兴起，1913年1月14日甘肃官报局改《甘肃官报》为《甘肃公报》，1915年又改为《甘肃政报》，1927年又改为《甘肃省政府公报》，该报是政府政令刊物。甘肃省政府教育科编印《通俗日报》和《政报》，两报延续了十三四年之久。随着国民党在甘肃活动的开展，1913年，国民党甘肃支部创办《甘肃民报》，以后改为《大河日报》，地方学人张维任主编，由同盟会会员、靖远人聂守仁任主笔。袁世凯解散国民党后，《大河日报》遭查封。民间也参与办报活动，但这些报刊因经费困难，多为不定期发行，或发行不久即行停刊。国民军时期，1928年甘肃官报局更名为省政府印刷局。省政府编印了《新陇日报》。1928年7月，国民党甘肃省党部创办机关报《甘肃民国日报》，创办人是靖远人王宇一。这份报纸自创办到1937年，曾几度停刊，断断续续一直持续到中华人民共和国成立。1931年省政府将主办的《新陇日报》改为《西北新闻日报》，1933年9月又更名为《西北日报》。《西北日报》创刊后，对省内各报进行了整顿，将全省各地方报纸，一律收归《西北日报》，以建立分社的形式进行管理。《西北日报》成为甘肃最有影响的报纸，作为国民党统治下的地方政府报，一直持续到中华人民共和国建立。20世纪30年代中国共产党在庆阳创办了《陇东日报》（油印版），该报积极宣传抗战建国主张，产生了良好的社会影响。国民党军方创办《扫荡报》，该报于1932年6月创刊于江西南昌，抗战胜利后，更名为《和平日报》，1946年11月，该报在兰州建立了分社。该报副刊花样多，在兰州持续了两年。天水、平凉、河西等地的军阀和国民党支部也创办报纸，有1922年3月孔繁锦坐镇陇南时创办的《陇南觉民报》，1928年国民党天水县支部创办的《陇南民声日报》（后更名为《陇南日报》），1930年陇东军阀陈珪璋在平凉创办的《陇东日报》（后更名为《新陇日报》）等，20世纪30年代初河西国民党武威县支部创办《五凉之声》和暂编骑2师政训处编印《河西周报》，1936年军阀马步青又创办了《河西日报》。

甘肃的新闻广播事业出现略晚，1937年，国民政府将兰州划分为八个广播区之一，开始筹建甘肃广播电台，1941年竣工，1944年7月9日甘肃广播电台正式播音。1947年，电台改名为兰州广播电台。1949年8月26日兰州解放，在军管会的领导下，修复了一部100瓦的中波发射机和其他配备设备，于1949年9月7日以“兰州人民广播电台”呼声第一次播音。

六、文学艺术

民国时期，文学创作主要沿袭传统古体诗，创作者都是官员和地方士绅，这些诗作有山水田园诗、酬唱应和诗，另有一些反映社会现实，揭露社会弊端、同情民生的现实主义诗文。旧小说有范振绪的《东雪草堂笔记》，慕寿祺的《醒世戏言》，佚名的短篇《弃妇泪》，抶霜的中篇小说《陇上新舞台》等，这些小说都有现实主义风格，基本是旧小说体例。一些报刊的副刊开始新文学创作，开辟散文和新诗歌创作园地，偶有人发表新诗和小说。专门从事文学创作的作者几乎没有。20世纪30年代，兰州大学和西北师范学院创建后，集中了一批国内有声望的学者，这些学者学有专长，主要从事学术教学和研究。陕甘宁边区建立后，吸引了大批文学人士，文学家茅盾以大西北风物为背景创作著名散文《白杨礼赞》，热情讴歌西北人民的纯朴和坚强，成为不可多得的名篇。

艺术方面，以民间艺术为主，其中以戏曲艺术较为普及。秦腔、眉户戏、高山戏、影子腔、鼓子、灯盏头、藏戏等地方剧种在城镇较为活跃。在武都、天水等地，有川剧、汉二黄、汉中曲子等剧种。随着移民的增加，京剧、晋剧、豫剧等也传入甘肃。国民军时期，带来话剧演出形式，话剧在学校十分风行，各校学生先后组织话剧演出社在本校或社会上演出，深受社会各界欢迎。1940年，从事新闻工作的张亚雄经过努力，搜埋出版了源于河州（今临夏），广泛流传于甘宁青新四省的民歌《花儿集》，这是我国第一部介绍和研究花儿的专著。音乐家王洛宾在兰州改编了新疆民歌《达坂城的姑娘》，之后与西部民歌结下了不解之缘，先后以甘肃少数民族音乐为素材创作的歌曲《在那遥远的地方》《玛依那》等，在国内外广为流传，脍炙人口，至今不衰。王洛宾的艺术造诣，除了他所受的教育以及艺术天分，西北深厚丰富的音乐素材也给了他创作上的灵感，他的音乐作品是给后人留下的一笔宝贵的精神财富。

七、陇东解放区新文化

陕甘宁边区政府以民族的大众的革命的文化为主，立足民间，创作革命文化。创办报纸，建立新文化阵地。1937年10月，在陇东特委的领导下，陇东通讯社在庆阳出刊《救亡日报》，1938年3月，陇东特委改《救亡日报》为《救亡报》。1940年庆环分区党委改为陇东特委后，《救亡报》为特委机关报。1942年7月7日，《救亡报》更名为《陇东报》，毛泽东题写了报名。此后，《解放日报》陇东分区通讯社、中国青年新闻记者学会延安分会陇东分区支会先后在《陇东报》社成立，这些报业机构的成立，有力地推动了解放区的新闻工作。1943年，陇东特委更名为陇东地委后，《陇东报》即作为陇东地委机关报。1949年7月，庆阳地委成立后，《陇东报》即为庆阳地委机关报。

1937年1月，庆阳县民众教育馆成立，内设阅览室，藏有马列著作、科学文化读物、进步文学作品等各类书籍数千册，还有根据地出版发行的各种报刊。图书阅览室有专人负责，全天开放。1937年9月，曲子县成立鲁迅图书馆，次年秋天，改为曲子县民众教育馆。当时，陇东中学也设有图书馆，由学校教务处管理。1938年，在环县曲子镇成立了庆环分区第一个戏剧专业团体——庆环农村戏校，开展抗日宣传和根据地文化宣传活动。1939年戏校改编为陇东剧团，以后十年间，陇东剧团创作和演出了大量戏剧艺术，深受群众喜爱。另外，部队文艺演出团体也很活跃，部队文艺兵自编自演，将秧歌、说书、快板、大鼓、小调、皮影等民间艺术搬上舞台，成为革命根据地文艺事业的重要组成部分，深受群众喜爱。

陕甘宁边区面向民众的文化艺术创造理念，极大地激发了革命根据地人民的文艺创作热情，民间艺术人才纷纷涌现，创作了大量具有时代特色的民间文学艺术作品。其中，曲子县农民诗人孙万福（1883—1944），一字不识，却出口成章。1943年出席了陕甘宁边区劳动模范大会，受到毛泽东、朱德和刘少奇等中共中央领导人的接见。为了表达激动的心情，他创作了《咱们的领袖毛泽东》，后经贺敬之修改润色，这首民歌从陇东唱到了全国，成为时代的代表作品。刘志仁（1908—1970），宁县南仓村人。陕甘宁边区新秧歌运动先驱者，创作了《张九才造反》《九一八》《交公粮》《新三恨》等秧歌剧。汪庭有，生于1916年，原籍陕西商南，陕甘宁边区著名歌手，创作了《十绣金匾》这首脍炙人口的歌曲。陇东革命根据地的文化事业以民为本，源于人民，服务人民，依靠生动的社会实践，从丰富的生活里吸收养分，并赋予其新的内容，是革命文化的代表。

第九章　中华人民共和国时期的甘肃

中华人民共和国成立后，甘肃经历了社会主义制度建立时期（1949—1956）、社会主义建设探索时期（1957—1966）、“文化大革命时期”（1966—1976）、历史转折与改革开放新时期（1976—　）四个发展时期。

第一节　社会主义制度建立时期

中华人民共和国成立后，中国共产党在甘肃的领导机构和各级政权机构迅速建立，经济社会得到恢复发展，并成功地进行了生产资料所有制的社会主义改造。

一、建立新政权

（一）中共甘肃省委和甘肃省政府的建立

1949年7月26日，中共中央成立中共甘肃省委员会和甘肃行政公署，由张德生任中共甘肃省委书记，王世泰任甘肃行政公署主任。甘肃行政公署暂时代行省政府职权。1949年8月起，中共甘肃省委、甘肃行政公署和各地的军事管制委员会先后派干部到全省各地自上而下地组建专区、县、区各级人民政权。到1949年底，全省共建立庆阳、天水、定西、平凉、临夏、武威、张掖、武都、酒泉、岷县等10个专区政府、兰州市1个市级政府和73个县级政府。1949年12月2日，根据中央人民政府第四次会议决定，正式成立了甘肃省人民政府，邓宝珊任主席，王世泰、张德生、马鸿宾任副主席。1950年10月，召开了甘肃省第一届各界代表大会，代行省人民代表大会职权，选举产生了甘肃省各界人民代表会议协商委员会。1950年1月8日，甘肃省人民政府成立大会在兰州召开，甘肃行政公署随即撤销。

在建立新政权中，甘肃重点开展了三方面工作：一是接管旧政权。针对国民党在甘肃的党、政、军、特机构，各地军管会采取果断措施予以摧毁。限期责成旧职人员向接管人员办理移交手续，然后解散机构。其武器、物资、文档等均由接管人员接收。对旧职人员分别进行处理。少数罪大恶极者予以严惩，一般的旧职人员采取“包下来”的方针，给予生活出路，主要方式是组织学习、量才录用、安排工作。二是恢复发展经济。对于官僚资本经营的工厂、企业及社会公共事业，各地军管会采取“一面进行接收，一面迅速恢复生产”和“自上而下、原封不动、逐渐改革”的方针。所有机构和人员一律维持现状，促使其尽快复工、复业。对于私营企业、工厂采取保护和扶持的政策，帮助其恢复生产和经营。原属公私合办的工厂、企业，接收官僚资本的股份，承认和保护私人股份的合法权益。这样，大多数工厂、企业很快恢复了生产和经营，为人民群众提供了大量的工作机会，保障了生产生活正常进行。三是稳定社会秩序。各地军管会加强社会管理，维护经济秩序、社会秩序。通过召开群众大会，宣传政策，加强群众的治安保卫意识，发动积极分子建立群众治安组织，初步形成了社会秩序安定的良好局面。

（二）民族区域自治

甘肃解放后，开始了民族区域自治建设。1950年1月，甘肃省人民政府决定将永登县的天祝区改为天祝自治区（县级）。5月6日，天祝自治区正式宣告成立。1955年7月，正式定名为天祝藏族自治县。1950年7月29日，在盐池湾召开第二次蒙民群众大会，肃北自治区成立，以原肃北设治局所辖区域作为自治区的行政区划。1955年，正式定名为肃北蒙古族自治县。1950年9月25日，东乡自治区成立。1955年，正式定名为东乡族自治县。1953年7月1日，张家川回族自治区成立。1955年，正式改名为张家川回族自治县。1953年，酒泉专署主持召开“祁连山北麓各民族各界人士代表座谈会”，就成立肃南裕固族自治区等问题进行了深入广泛的讨论，建立了筹备委员会，将高台县的第六区、酒泉县的祁明区和张掖县的康乐区划归自治区。1954年2月20日，在红湾寺召开了首届各族各界人士代表会议，宣告了肃南裕固族自治区成立，选举安·贯布什加为自治区主席。1955年，正式改称为肃南裕固族自治县。1951年1月，在敦煌成立了“安置流散哈萨克族工作委员会”，让部分流散的哈萨克族群众暂居敦煌。1953年，中共西北局和西北行政委员会在兰州召开了“甘、青、新三省边境哈族头人联谊会暨各族团结会”，决定“以花海子为中心，东至哈尔腾东端之托逊堡，西至安南坝，南至海子的南端，北至燕都尔土的地区为阿克塞哈萨克族居住放牧区域”，1954年4月20日，阿克塞哈萨克族自治区首届人民代表会议在敦煌召开，阿克塞哈萨克族自治区成立，选举阿通拜克为主席。1955年，改称阿克塞哈萨克族自治县。1953年9月25日至30日，甘南藏区各族各界人民代表会议在拉卜楞召开，大会选举黄正清为主席，王治国、杨复兴、黄祥为副主席，杨生华为秘书长。11月21日，甘肃省人民政府正式批准“甘南藏区实行区域自治计划”，甘南藏族自治区地方工作委员会正式成立。1955年7月，甘南藏族自治委员会更名为甘南藏族自治州。1956年11月，临夏回族自治州第一届人民代表大会第一次会议召开，临夏回族自治州正式成立。至此，甘肃境内少数民族主要聚居区基本实现了民族区域自治。

二、巩固新政权

（一）抗美援朝

1950年6月25日，朝鲜战争爆发。10月，中国人民志愿军赴朝作战。11月4日，中共中央和各民主党派发表联合宣言，支持抗美援朝、保家卫国。1950年11月3日，甘肃省委在兰州召开了省、市两级机关干部参加的抗美援朝大会，动员全省人民抗美援朝。随后，全省各地通过各种形式，向人民进行抗美援朝宣传教育。各地群众组织起来举行以“抗美援朝，保家卫国”为主题的游行示威活动。经过广泛深入的宣传，各界民众反对帝国主义、拥护新政权的政治热情被极大地激发出来。各地青年积极响应党和国家的号召，踊跃报名参军，掀起了参军的热潮。到1951年6月底，全省青年报名参军者达9.7万人，经审查批准入伍者4.55万人，入朝参战者1.79万人。甘肃省各地先后建立了抗美援朝分会，并积极开展以响应抗美援朝总会发出的三大号召（捐献武器、推行爱国公约、优待烈军属）为中心的爱国运动。各地民众积极响应号召，踊跃捐献财物，用来购置飞机、大炮等装备支援前线。兰州市市民和工商界人士捐献10架战斗机，捐款达160多亿元（旧币，下同）。仅有5万人口的天祝藏族自治区在40天内就捐献了“天祝号”战斗机1架。到1951年底，全省捐款总计达1050亿元，折合战斗机70多架。

（二）剿匪肃特

甘肃解放后，国民党潜伏特务与地方上的地主恶霸、惯匪勾结，建立土匪武装，流窜各地，为害乡里。1949年10月，中共甘肃省委、省人民政府和人民解放军驻甘部队，遵照中共中央、中央军委制定的“军事进剿、政治瓦解和发动群众相结合”的方针，执行“镇压与宽大相结合”的政策，在地方民兵和公安部门的配合下，开始在全省范围内清剿匪特斗争。经过四年的剿匪斗争，先后歼灭土匪、特务和武装叛乱分子3万余人。

重点围剿 新中国成立前夕，马步芳集团在临夏安排了大批潜伏人员，藏匿的枪支达3万余支。西北军区命令第一野战军第二兵团调集兵力，对临夏地区匪特和军阀残余势力进行军事围剿。1949年10月下旬，第四军奉命挺进临夏地区，拉开了剿匪斗争的序幕。与此同时，驻守青海的军队也向临夏地区开进，协同第四军开展剿匪任务。剿匪工作中，认真贯彻党的民族宗教政策，化解民族纠纷，获得各族人民积极支持。经过解放军和当地民兵、公安两个多月的奋战，歼灭了马积福、马忠义等大股土匪。

全面围剿 自1950年初开始，在全省展开全面剿匪工作。临夏地区调集了四个团的兵力，先后聚歼了马八娃、马英贵、李彦虎等多股匪徒。到8月底，各部队与土匪武装作战167次，击毙击伤土匪174名，俘虏709名，土匪投降者865名。临夏地区的土匪基本被肃清。驻河西地区的剿匪部队为了清剿流窜股匪，采取了“分片包干”的战术对其予以清剿。长期盘踞在祁连山中段的冶长寿（冶麻子）股匪在遭受沉重打击之后，剿匪部队通过藏族头人南木卡对其进行争取工作，冶长寿受感召率余部投降，河西地区的其他股匪也陆续被剿灭。在此期间，武都、天水、定西、庆阳、平凉等地的剿匪斗争也陆续取得了胜利。到7月底，全省投诚和毙伤的土匪达1.3万余名，全面清剿大股土匪的斗争取得了决定性胜利。

进剿马良、马元祥股匪 经过两年多的清剿，到1951年底，全省大部分地区的匪特基本被扫清，零散活动的土匪也大大减少，社会治安得到改善，特别是农业地区的社会秩序已趋于稳定。但在此时，盘踞在甘青川边境地区的马良、马元祥股匪日益猖獗，成为甘肃境内最大的匪患。马良是马步芳的族叔，在国民党统治时期曾任临夏县参议会议长。马元祥是马步芳的亲信，曾任马部第82军少将高参。中华人民共和国成立后他们逃窜到甘南地区，网罗流散当地的国民党军官、兵痞、土匪、恶霸地主等共计

1500余人，盘踞于甘青川边境一带，组织了“反共救国委员会”，四处破坏。朝鲜战争爆发后，他们与台湾国民党集团取得联系，被委任为“中华反共救国军”第102路、第103路司令，并获得了台湾国民党集团先后15次的空投救济，实力不断壮大，活动日益猖獗。他们洗劫军车、袭击地方基层政府、暗杀地方干部和解放军官兵，致使甘青川边境地区社会秩序混乱。1952年10月，甘肃省委与甘南工委在夏河召开了甘南各族各界联谊会，号召各族各界人士为早日剿灭匪特、安定社会秩序、增强民族团结、恢复和发展生产做出贡献，通过各种途径向匪特进行政治争取和瓦解工作。1953年1月，西北军区在夏河县成立了由彭绍辉任司令员、廖汉生任政委的“甘青剿匪指挥部”。经过大小30余次战斗，歼灭土匪1683人。匪首马良于5月18日在甘南夏河扎里沟被活捉，马元祥在青海同德县境内被击毙。1956年3月，夏河、临潭、卓尼、碌曲等地的残匪全部肃清。

（三）镇压反革命

1950年3月，中共中央发出《关于严厉镇压反革命分子活动的指示》。从7月起，镇压反革命运动在全省各地逐步展开。甘肃省遵照中央“大张旗鼓，家喻户晓”和“放手发动群众”的方针，广泛宣传动员，举行座谈会、讨论会、群众大会、公审大会等多种形式，引导群众广泛参与。通过宣传动员，人民群众的政治热情高涨，争相检举揭发隐藏的反革命分子，全省先后有4600名反革命分子投案自首。在镇压反革命运动中，全省共查出反革命分子4.07万余人，其中土匪8567人、恶霸5456人、特务7043人、反动党团骨干9071人、反动会道门头子1.06万人。对这些反革命分子按照情节轻重分别给予不同的处理。对2000余名罪大恶极的首要分子依法判处死刑、死缓；对依法判处徒刑的实施劳改；对判处短期徒刑和管制的交群众监督改造；对其他一些情节较轻的采取登记、集训、管训的办法予以处理。

（四）清债减租和反霸斗争

1950年12月起，甘肃在土改条件尚不成熟的53个县（市）、2600个乡开展了减租反霸斗争。根据西北军政委员会颁布的《农村减租办法》，在新解放区内，凡地主、富农、祠堂、庙宇、教堂、机关、团体和工商资本家在农村所出租的土地，不论定租或活租，一律实行“二五减租”。中华人民共和国成立前农民对地主、富农及其他应减租户的欠租，一律免交。至1951年6月，全省共完成2430个乡的减租任务，占全部减租乡的92%，剩余的100多个乡也在土改前全部完成了减租任务。在进行减租清债的同时，对恶霸地主、匪首和反革命分子给予了严厉打击。据对武威、天水、武都、平凉、定西5个专区及皋兰县的1416个乡的统计，共斗争恶霸和不法地主3866名，其中处以死刑的210名，判处徒刑的188名。减租清债和反霸斗争的开展，保障了农民的切身利益，极大地激发了人民群众拥护党和新生人民政权的政治热情，提高了他们的政治觉悟，涌现出了大量的积极分子。各地普遍成立了农民协会，召开了农民（居民）代表会议，发动群众整顿基层政权组织，清理不纯分子，培养提拔基层干部。据武威、天水、武都、平凉、定西等5个专区及皋兰县的统计，共发展农会会员68.4万人；近2.2万名积极分子被选拔为村、街干部；有7万余名青年参加民兵组织，各地的民兵积极参加剿匪斗争，对维持农村乡镇的治安、安定社会秩序、巩固新生的基层政权产生了积极的作用。

（五）社会改造

中华人民共和国建立初期，甘肃在党和中央政府的领导下，开展了新《婚姻法》的宣传与贯彻、严厉打击烟毒、禁绝娼妓、改造游民等社会改造运动，社会风气得到了根本性的改变，为开展大规模的社会主义建设创造了条件。

《婚姻法》的宣传与贯彻　新中国成立前，甘肃很多地方存在一夫多妻、买卖婚姻、包办婚姻、童养媳等封建婚姻陋习。1950年5月1日，中央人民政府颁布了《中华人民共和国婚姻法》（以下简称《婚姻法》）。全省各级党委和人民政府通过各种渠道向群众宣传《婚姻法》，1950年11月14日，甘肃省人民政府发出指示，决定在全省范围内普遍检查《婚姻法》的执行情况，要求通过这次检查“掀起一个群众性的贯彻《婚姻法》的运动”，逐步“建立新民主主义的社会生活”。到1952年，全省已有74个县（市）建立了婚姻登记制度，各地履行婚姻登记的人数不断增加。越来越多的青年男女开始冲破封建包办婚姻的束缚，大胆地追求婚姻自由。一些妇女开始打破世俗偏见，勇敢地改变不合理的婚姻关系，追求婚姻自由和个人幸福，突出表现在由妇女一方申请离婚的案件显著增加。在回汉杂居的临夏县，1951年县人民法院受理的离婚案件计66件，到1952年上半年就增加至131件，几乎增加了一倍，其中94%是女方提出的，而且其中有很多回族妇女。另据统计，全省各地人民法院从1950年到1952年7月受理的婚姻案件中，约80%是妇女一方提出来的。一些寡妇也开始大胆地追求个人幸福和婚姻自由。据酒泉专区的不完全统计，在土改运动中，寡妇自由改嫁的就有230人。随着《婚姻法》的宣传贯彻，妇女的社会地位不断提高，社会上轻视妇女、压迫妇女的现象渐渐减少。越来越多的妇女开始走出家庭，参加社会政治活动。乡村政权机关中，有了女乡长、女委员；农民协会中有了女农会主任；年轻妇女中的先进分子加入了青年团。此外，妇女还积极参加春耕、夏收、防旱抗旱、兴修水利、植树造林等农业生产劳动，成为生产建设中的一支生力军。

禁烟肃毒　1950年2月24日，中央人民政府政务院颁布了《严禁鸦片烟毒通令》。3月20日，甘肃省人民政府也发布了《禁烟禁毒布告》，并在烟毒分布较多的地区、交通要道、人口集中地点广为张贴。各地人民政府成立工作组，宣传党的禁烟肃毒政策，发动群众参与禁烟运动。至当年6月，在皋兰等34个县铲除的鸦片烟苗超过11万亩。1951年1月17日，甘肃省人民政府再次发布严禁鸦片烟毒的布告。同年春，全省各级禁烟禁毒委员会及禁烟小组相继成立。10月1日，全省各地统一行动，公开焚毁鸦片7335两、大烟棒4017个，依法处决了个别私种大烟的不法分子。至1951年，全省累计铲除烟苗14.8万亩。经过两年的禁烟工作，有力地遏止了鸦片在省内大规模种植的状况。1952年5月8日，西北军政委员会根据公安部的指示，要求西北各省在“三反”“五反”运动的基础上，有重点、有计划、大张旗鼓地发动一次群众性的肃毒运动，重点打击大量制造、贩卖、销售毒品的毒犯和严重违法的国家工作人员。甘肃省自5月起即以兰州、天水两个城市为重点，开展了肃毒运动。两个城市积极行动，发动3270余名干部、学生和积极分子参加了肃毒宣传工作。兰州市组织了规劝小组，到毒犯集中地方发动家属、亲友做工作，开展妻劝夫、父劝子、哥劝弟的群众性规劝活动。此外还组织少数民族的长老、阿訇座谈，通过他们来规劝少数民族贩毒人员坦白登记、交代问题。肃毒运动期间，两市先后召开居民小组、烟民、毒犯家属等各种群众会议5560余场（次），参加群众共计32万多人（次）；群众检举、提供毒品线索8739条，有3823名毒犯主动向政府坦白登记；共缴获大烟11692两，毒具866件，逮捕重大毒犯682人。此外，全省各地陆续成立了一批戒烟机构，采取集中施戒、互相劝诫、分散自戒等形式，使5.8万多人戒除了烟瘾。临夏市采取宣传动员、制定戒烟公约、召开吸毒诉苦会等措施，把启发教育、自我戒烟和家庭帮教结合起来，在3个月内使343人戒除了烟瘾。兰州市把吸食毒品导致家庭生活困难的懒汉、二流子组织起来，强制他们从事砸矿石、洗筛沙子、挖土方、打井等生产劳动，帮助其戒除烟瘾，改过自新。

禁娼 中华人民共和国成立后，甘肃各地开始有步骤地关闭妓院、取缔娼妓。在学习教育的基础上，各地对妓女分别进行了生产生活的安置，大部分人的生活逐渐走上了正轨。但是，也有少数妓女不愿从事正常的生计，重操旧业，沦为游妓暗娼。截至1951年4月，兰州市尚有游妓205名。她们每天黄昏后站街拉客，闹得民众不敢过往。平凉市城区至1951年仍有109名暗娼活动。各地人民政府对于继续私开妓院、组织妓女卖身的老板给予了严厉打击。截至1952年11月，全省共解救妓女1300余名。卖淫嫖娼这种旧社会遗留下来的丑恶现象逐渐绝迹。

改造游民 中华人民共和国成立初期，甘肃开展了以城市小偷、乞丐、流氓、暗娼、毒贩、农村二流子、神官、巫神、阴阳、烟民等为主要对象的游民改造活动。通过改善游民的生活，对游民进行思想文化教育，组织游民从事生产劳动等工作，让他们改过自新、重新生活，使游民改造取得了显著成效。至1955年，甘肃累计收容教育改造游民1.17万人。

（六）“三反”“五反”运动

从1951年底开始，甘肃省委、省人民政府根据中共中央的部署，相继在国家机关和国营企业中开展了反贪污、反浪费、反官僚主义的“三反”运动；在私营工商业中开展了反行贿、反偷税漏税、反偷工减料、反盗窃国家财产、反盗窃国家经济情报的“五反”运动。

“三反”运动 1951年12月14日，甘肃省节约检查委员会成立，负责领导全省开展“三反”运动。次日，省人民政府召开了包括甘肃省、兰州市两级干部参加的干部整风动员大会，“三反”运动在省和专区两级及部分县展开。大部分县的“三反”运动从1952年2月初开始，后因土改、春耕暂停，之后以三级干部会的形式进行了“补课”。到7月底，除个别县因匪乱未开展外，全省各地的“三反”运动基本结束。“三反”运动在全省各地的进行大体可分三个阶段：

第一阶段，由各单位组织学习文件，向干部、群众说明运动的性质和政策，认真检查本单位存在的贪污、浪费和官僚主义现象，号召贪污分子坦白交代，动员群众检举揭发。通过单位自查、坦白交代和群众检举揭发，国家机关和国营企业内部的贪污、浪费和官僚主义问题开始暴露出来。贪污现象以财经、贸易、农林、工业系统最为严重，而且集体贪污现象较为普遍。浪费现象主要包括各种会议费用严重超支、随意挪用公款，以及国营企业内部存在的产品报废率高、资金周转缓慢、机器设备利用率低等问题。官僚主义主要表现在一些干部或脱离群众，高高在上，不肯深入基层；或贪图物质享受等。截至1952年1月底，全省共查出贪污分子2858名，贪污数额共计22.5亿元（旧币，下同）；浪费数额500多亿元。第二阶段，运动的重点开始转向捉"老虎"（指贪污千万元以上的大贪污分子）。各单位召开大小会议，集中力量揭批大贪污分子。随着运动的深入，一些大贪污分子开始浮出水面。截至1952年2月底，全省共捉住"老虎"1559人，其中贪污一亿元以上的"大老虎"15人。第三阶段，进行定案处理。据统计，"三反"运动中有不同程度贪污行为的2.43万人，其中贪污百万元以下的约占贪污分子总数的73%，贪污百万以上千万以下的占21%，贪污千万以上的占5.2%，贪污亿元以上的占0.8%。依据中共中央确定的"惩治与改造相结合""多数从宽，少数从严"的方针，对他们分别进行了处理。对情节较轻且能够诚心悔过的，进行退赃洗污并给予工作安排，使其在工作中继续接受改造。违法乱纪情节严重的被移交司法机关依法接受审判。在"三反"运动中，甘肃地方人民法庭共处理贪污案2805件，贪污分子中被判处徒刑者223人，劳动改造178人，机关管制317人。在运动的后期，各单位还普遍组织干部群众联系个人的思想状况，大力批判各种"腐朽思想"，交代各种社会关系，最后结合个人在运动中的表现进行鉴定总结，并制定了今后改进工作的具体规章制度。"三反"运动的开展，清除了一批隐藏在党和国家干部队伍中的腐化分子，打击了官僚主义和贪污浪费现象，使各级干部普遍受到了一次最实际、最深刻的思想教育，在一定程度上起到了净化社会风气的作用。

"五反"运动　1952年1月26日，中共中央发布《关于在城市限期开展大规模的坚定彻底的"五反"斗争的指示》。根据中央的要求，在省委、省政府领导下，兰州、天水等重点城市开展了声势浩大的"五反"运动。从1952年2月起，各重点城市首先分别召开动员会议，自上而下地传达"五反"运动的政策。之后，抽调干部组成工作组进入私营工厂、商店，大力发动工人、店员，揭发不法私营工商户的“五毒”行为。此外，还对工人、店员中涌现出来的积极分子进行集中培训，使他们成为开展“五反”运动的重要依靠力量。一些私营工商业者对“五反”运动千方百计地进行抵制。在兰州，有的私营工商业者未经批准自行歇业；有的以停发工资威胁工人；有的为隐瞒问题向店员施以小恩小惠；有的给国家工作人员送礼；有的订立“攻守同盟”等等。针对这些情况，1952年2月5日，兰州市工商界代表扩大联席会议做出决议，要求“任何行业不经工商联同意和工商局批准，不准宣布歇业和变相歇业，不准解雇和威胁利诱工人、店员、职员，违者以破坏运动论处”。1952年4月，各重点城市的“五反”运动进入高潮。各方面的社会力量，甚至包括不法私营工商业者的家属，都被广泛地动员起来，彻底检举揭发不法私营工商户的“五毒”行为。与此同时，还组织人民法庭对不法私营工商户进行审查。在“五反”运动后期，按照政务院的有关规定，将参加运动的私营工商户据其情节和态度，区分为守法户、基本守法户、半守法半违法户、严重违法户和完全违法户。区分的办法是“自报公议，三审定案”。据统计，在参加“五反”运动的1.90万户私营工商户中，守法户和基本守法户为1.67万户，占87.9%；半守法户半违法户2033户，占10.7%；严重违法户和完全违法户270户，占1.4%。根据“斗争从严，处理从宽”的原则，对半守法户半违法户只令其补退1951年的违法所得而不罚款；对严重违法户和完全违法户则给予应有的处罚。这样就使得98%以上的私营工商业者既受到了教育，又能够安心经营。对那些完全违法户，也采取了区别对待的办法，经过审讯彻底坦白并愿意赎罪的，令其补税、退赃、交罚金，受到法律制裁的只是极少数态度恶劣的不法分子。全省判处徒刑28名，劳役改造13名，群众管制15名，单科罚金87名，其余免于刑事处分。1952年7月，甘肃的“五反”运动基本结束。

三、恢复与发展国民经济

中华人民共和国成立后，甘肃省通过建立发展国营经济和合理调整工商业，使国民经济迅速恢复发展。

（一）没收官僚资本，建立国营经济

1949年7月后，随着甘肃境内各个地区的陆续解放，各地军管会进行了接管没收官僚资本的工作。从1949年8月到12月底，全省共接管没收金融、工矿、贸易、交通、邮电等系统的官僚资本企业360多家。其中所接收

的金融机构包括“四行两局一库”（中央银行、中国银行、交通银行、中国农民银行、中央信托局、邮政储金汇业局、中央合作金库）在甘肃的分支机构，地方官办金融机构有甘肃省银行总行、甘肃省合作金库，陕西、青海、绥远等省银行在甘肃的办事处等。在接管旧的金融机构的基础上，中国人民银行甘肃省分行于1949年8月29日在兰州宣告成立。此外，还接收了工矿、贸易、交通、邮电和农业系统中的官僚资本。兰州市军管会没收了西北军阀马步芳、马鸿逵、马步青等在兰州的财产。在接管没收官僚资本的过程中，各地军管会贯彻中共中央的有关规定，按照原来的组织机构和生产系统，在保持原职、原薪、原制度不变的基础上，先把它们接收下来，实行监督生产，然后再逐步进行民主改革和生产改造。对于原来既有官僚资本又有民族资本的企业，只没收官僚资本，对民族资本的股份则予以承认和保护。1951年1月5日，政务院颁布了《企业中公股生产清理办法》。甘肃省人民政府据此对隐匿在私营企业中的官僚资本股份进行了清理和没收。至此，没收官僚资本的任务基本完成，从而为建立社会主义国营经济奠定了基础。

（二）调整工商业

中华人民共和国成立初期，私营工商业在甘肃国民经济中占有相当大的比重。甘肃省政府根据中共中央制定的“利用、限制、改造”的方针，一方面对有利于国计民生的私营工商业大力扶持，另一方面严厉打击投机资本，限制其消极作用，并逐步改造私营工商业。调整工商业主要进行了四个方面的工作：一是划分经营范围，调整批零差价，扩大私营工商业的发展空间。在经营范围上，规定国营商业以经营批发业务为主，在零售环节只经营粮食、纱布、食盐、食油、煤炭、石油等6种直接关系国计民生的重要商品的零售业务。私营商业除了经营商品零售业务外，还可以经营一些次要工业品、小宗土特产品的收购和批发业务。在调整不合理差价方面，通过调整批零差价、地区差价、季节差价、成品与原料差价等价格比例，使私营商业能够获得合理的利润。二是调整税赋，发放贷款，放松市场限制。为了减轻私营工商业的负担，省人民政府根据政务院发布的命令，把工商税目由1132项合并为358项，税种由14种减为11种，并适当减轻了税率。三是发展国营经济。对私营工业加大产品收购和加工订货的力度，每年组织两次私营企业承接国营企业委托加工订货会，并由工商部门监督双方切实做到货款两清。国营商业公司针对面粉、食品、制革、皮毛、机器制造等行业的加工订货总值达58万元，并收购了百货、图书文具、造纸等行业价值29万余元的滞销商品。四是协调劳资关系。劳资关系的调整，是在遵循确认工人阶级的民主权利、有利于发展生产、以协商方法解决劳资纠纷三条原则的基础上进行的，其目的在于既要教育资本家保障工人的民主权利，又要教育工人努力完成生产任务。根据上述三原则，各地人民政府在私营工商业中开展了建立劳资协商会议与订立集体合同的工作。以上措施，照顾到了劳资双方各自的利益，有利于改善劳资关系，减少劳资纠纷，提高了资方投资经营的积极性和工人生产的积极性，促进私营工商业的发展。

（三）恢复国民经济

中华人民共和国成立后，大力开展国民经济的恢复工作。到1952年，全省工农业总产值（按1952年不变价格计算）已达9.7亿元，比1949年增长了42.6%；国民收入达到9.95亿元，比1949年增长了52.1%。全省工农业生产取得了全面的进步。

工业　经过三年恢复，到1952年，全省工矿企业的数量已增加到1687个，工业总产值（按1952年不变价格计算）达到2.4亿元，分别比1949年增长了44.2%和85.1%，主要工业产品的产量都有大幅度增长。1952年与1949年相比，棉布的产量增长了130.3%，肥皂增长了93.3%，原煤增长了97%，原油增长了118.7%。到1952年底，甘肃原油产量居全国第2位，呢绒、毛线、原盐产量分别居全国第7位、第8位、第9位。在三年恢复时期，甘肃工业生产的发展呈现出三个特点：一是全民所有制工业增长速度远远高于其他所有制工业。全民所有制工业年均增长57.9%，集体所有制工业年均增长12%，私营工业年均增长15.4%，个体工业年均增长11.7%。国营工业产值占工业总产值的比重，由1949年的17%上升到1952年的32.3%。二是重工业增长速度快于轻工业。重工业年均增长43.7%，轻工业年均增长15.4%。在重工业内部，建材工业年均增长96.7%，化学工业年均增长88.5%，机械工业年均增长40.1%，石油工业年均增长40%。三是中央工业发展快于地方工业。中央工业年均增长49%，地方工业年均增长16.9%。

农业　到1952年，全省农业总产值（按1952年不变价格计算）达到7.3亿元，粮食总产量达到267.7万吨，人均占有粮食252千克，分别比1949

年增长了32.6%、30%和18.3%。粮食、棉花、油料、甜菜等主要农产品的种植面积都有不同程度的扩大，仅粮食播种面积就扩大了520万亩。畜牧业、林业也有了较大增长。水利事业的发展改善了农业生产条件。全省先后兴修、续修、整修、扩修了黄羊渠、靖丰渠、溥济渠、新民渠、湟惠渠等重点水利工程。各地还积极发动群众开渠、挖泉、打井、修水车、并渠并坝，做到防旱抗旱，增加灌溉面积。农业生产技术的改良工作稳步推进，全省各地耕地的施肥量平均约增加了1/3。在农具改良方面，推广各种步犁1.04万部，解放式水车1384部，喷雾器3000余件。在种子改良方面，共推广小麦优良品种5.5万亩，并大力发动群众互相选种换种。在防治病虫害方面，使用“赛力散”等农药，拌种防治小麦黑穗病186万余亩，用棉油皂、烟草水防治棉蚜20多万亩。

商业贸易 1952年和1950年相比，全省社会商品零售总额由1.99亿元增加到3.5亿元，增长了75.9%。各种经济成分的社会商品零售总额都有普遍的增长。其中，国营商业增长了4.4倍，集体商业增长了28倍，公私合营商业增长了1.4倍，个体私营商业增长了37.7%。在社会商品零售总额中，城镇社会商品零售额所占比重由61.7%下降到56.3%，农村社会商品零售额所占的比重由38.3%上升到43.7%；公有制经济的社会商品零售总额所占比重由10%增加到38.2%，个体私营经济的社会商品零售总额比重由90%下降到61.6%。商业网点的数量也在不断增加。到1952年底，全省国营、供销合作社及私营商业机构的总数已发展到6.56万个，其中国营及供销合作社商业机构1122个，私营商户6.44万户。

交通运输和邮电通信 中华人民共和国成立后，甘肃交通运输业发展迅速。铁路建设方面，整修改造了宝（鸡）天（水）铁路段，并于1950年2月2日正式通车。动工修筑天（水）兰（州）铁路，于1952年10月1日正式建成通车。公路建设方面，除对原有公路进行拓宽、加固、整修和技术改造外，还开始新建干线公路。到1952年，全省公路通车里程达到4.04万千米，形成了以甘青、甘川、平宁、兰阿、西兰、华双、甘新等主要公路干线为主的公路交通网络。

邮电事业有了显著发展。从1950年冬起，陆续架设和整修电信线路853千米，特别是农村邮电网络建设得到加强。开辟农村邮路和投递路线3099千米。邮政运输工具得到改善，1950年，兰州至北京、兰州至迪化

（乌鲁木齐）间开辟了航空邮路。1952年10月，宝鸡至兰州全线通车后，即开始用火车运送邮件。

财政收支 随着各行各业生产建设的恢复和发展，甘肃的财政状况明显好转，财政收入逐年增加，财政收支渐趋平衡。1952年与1950年相比，全省地方财政收入由4892万元增加到1.12亿元，增长了128.2%；财政支出由1891万元增加到6421万元，增长了239.6%。三年国民经济恢复时期，甘肃地方财政收入共计2.42亿元，财政支出1.19亿元。

（四）第一个五年计划的实施

从1953年起，开始实施发展国民经济的第一个五年计划。根据国家过渡时期的总任务和“一五”计划的基本任务，甘肃省政府编制了《甘肃省发展国民经济的第一个五年计划》，并在1954年5月的甘肃省第三次代表会议上正式通过。甘肃“一五”计划提出的国民经济发展的具体任务和主要指标体现在四个方面：一是积极发展农业生产，注重粮食和经济作物的增产；二是在配合和保证国家重点建设的前提下，积极发展地方工业；三是相应地发展交通运输业和商业，以适应经济建设和人民生活的需要；四是为了适应大规模工业建设的需要，兰州市被列为“一五”计划全国重点建设城市。经过全省上下的艰苦奋斗，“一五”计划取得良好效果。

农业 1953年，甘肃掀起了兴修水利的热潮，各地因地制宜，充分利用各种水资源，修建多种多样的水利设施。全省推广武山县邓家堡植树造林、修地埂、护塬坡等水土保持、综合治理的经验和措施，建成全国水土保持的典型示范区。普遍开展爱国增产竞赛运动，掀起了前所未有的抗旱增产、兴修水利、保持水土的热潮。1957年，甘肃全省扩大耕地面积超过394万亩，水地面积增加到156万亩以上，控制水土流失面积达到3万多平方千米，植树造林700万亩，大大增强了抗御自然灾害的能力。农业生产条件的改善，使粮食生产有了较大的增长，粮食平均亩产由1952年的120斤提高到134斤，总产量由53亿斤增加到63亿多斤。棉花总产量由1952年的6.77万担增加到1957年的11.44万担，油料作物总产量由126.57万担增加到130.46万担。1957年，全省农业总产值达到9.22亿元，农民家庭人均年收入为92.71元，比1952年增加了38.3%，人均消费为78元，比1952年增长了50%，人民生活水平大幅度提高。

工业 “一五”计划期间，甘肃进行了大规模的工业建设。其中，属于国家156项重点建设项目的有16项，属于全国694个限额以上的大中型工程建设项目的有119项。“一五”期间，国家和地方用于基本建设投资达24.35亿元，其中国家投资达23.27亿元。为了尽快把兰州建设成国家重点工业城市，党和国家及时制定了调配技术力量支援兰州城市建设和甘肃工业建设的方针。一方面从苏联、民主德国等国家进口，或从国内工业区调运大量的现代技术设备支援甘肃；另一方面，全国各地的大批专业技术人员、干部和工人来到甘肃，支援甘肃的工业建设。据统计，“一五”计划期间，全国各地支援甘肃的工程技术人员、干部和工人超过6万人。

煤炭工业是甘肃能源的支柱。50年代随着阿干镇、山丹、窑街、靖远煤矿的建设，到1957年，煤炭产量达到156万吨，不但建成了兰州郑家庄电厂、西固热电厂，还建设了35千伏变电所和郝家庄、永登、西固3个110千伏变电所，架设了郑家庄至河口的35千伏高压输电线路，一个以兰州为中心的电力网开始形成。

1957年，玉门油田第一期扩建工程竣工，使玉门油矿成为一座拥有地质勘探、钻井、炼油、石油机械修配、石油科研和技术培训能力的大型石化企业。年产原油75.54万吨，比1952年增长了4倍，居全国第一位。兰州炼油厂第一期工程于1958年胜利竣工，1959年9月18日，正式点火开炼。兰州化学工业公司在1958年11月也开始投产，建成了年产1万吨粗甲醇、5万吨合成氨、8万吨硝酸铵装置及相应配套工程。国家重点建设项目兰州石油化工机器厂及兰州电机厂等5个地方骨干企业的建设，使甘肃成为全国最大的石油化工设备制造基地。

1954年动工修建包兰铁路，到1958年全线通车。以兰州为中心的铁路、公路互补的交通运输网基本形成。

四、三大改造的完成

1953年，中共中央确立了过渡时期总路线。在总路线的指导下，甘肃开始对农业、手工业、资本主义工商业进行社会主义改造。

（一）农业的社会主义改造

甘肃农业的社会主义改造，经历了一个逐渐发展的过程。1953年初，中共甘肃省委从实际出发，制定了整顿、巩固、提高互助合作组织的农村工作总方针和总任务，确立了“在大约15年的时间内，一步一步地引导农业过渡到社会主义”的发展目标。在这一思想的指导下，纠正了强迫命令、形式主义和放任自流的现象，取消了不符合实际的互助组，建立了互助合作代表会议制度。为了探索新的农业合作路子，早在1951年9月，甘肃省委和武威地委就在永昌县焦家庄一带进行调研，试办以土地入股、集体经营为主要特点的初级农业生产合作社。1952年2月5日，甘肃省成立了第一个初级农业生产合作社——永昌县焦家庄农业生产合作社，拉开了甘肃省农业合作化运动的序幕。年底，全省试办初级农业合作社7个，入社农户达1000多户，占总农户的0.06%。季节性和常年性互助组19.52万个，入组农户达82万户，占总农户的47.1%。1953年，《中共中央关于农业生产互助合作决议》正式公布执行。甘肃省委省政府从省情出发，派有经验的干部驻社，或每年冬春季节抽调大批干部到农村开展整社工作，为发展互助合作运动积累经验、培养干部。在民族地区办社，强调要做好民族宗教上层人士的工作，规定了严格的请示、报告和检查制度，要求凡有关民族宗教的重大问题都必须向上级请示，驻社干部不得擅自决定。拱北、道堂、清真寺的土地不入社，由农业生产合作社暂时租种。在上述方针政策的指导下，全省农村的互助合作运动得到了健康发展。通过宣传教育，以土地入股、统一经营为特点的初级农业生产合作社在全省范围内迅速发展起来。农村供销合作、信用合作和手工业合作等都有较大的发展。1954年11月下旬，中共甘肃省委根据全国第四次互助合作会议精神，召开了全省第二次互助合作会议，决定在1955年秋收前，全省新建农业生产合作社6000个，加上原来的773个，入社农户占全省总农户的6%左右，互助组27万个（其中常年互助组应占20%左右），参加农业社和互助组的农户占总农户的68%左右。到1957年，要求全省40%左右的农户参加到初级社中来，加入互助组的农户要达到总农户的80%。到1955年2月，全省初级社得到快速发展，提前并超额完成了1955年的建社计划。

甘肃的农业合作化运动也存在一些缺点和不足，主要问题是“贪多、贪快、贪大”，表现为盲目急躁，强迫命令。针对这些问题，1955年2月5日，中共中央农村工作部及时做出电话指示，要甘肃集中力量巩固现有社，发展应该紧缩，不要太快、太大。据此，甘肃省委发出《关于整顿、巩固农业生产合作社的指示》，要求“应即坚决转入控制发展、着重巩固的阶段”，要特别注意做好民族联合社的巩固工作。3月，又电告各地原则上停止发展。4月，中共甘肃省委及时批转了省委农村工作部根据中央精神制定的《关于暂停发展农业生产合作社、巩固现有社的几点意见》，并决定压缩计划。为了整顿合作社，中共甘肃省委抽调300余名省级机关干部，每个地区都分别抽调近千名干部，联合组成下乡工作组，对合作化过程中存在的错误做法立即纠正，对生产资料和牲畜处理不当的，重新协商解决。从1955年冬开始，在基本实现初级农业合作社的基础上开始大规模地发展高级农业合作社。到1956年底，入社的农户达到总农户的98.19%，其中高级社由2月份的22.83%增加到97.2%，不但基本实现了农业合作化，而且以高级农业生产合作社为主体。在民族地区，到1957年5月，已建立3188个农业生产合作社（包括民族社998个，民族联社1011个），入社农户占总农户的89%，其中高级社2022个（包括民族社421个，民族联社822个），入社农户占该地区总农户的78%。在建立高级社的过程中，出现了一再加快速度、仅仅根据主观愿望人为地改变生产关系、忽视经济发展规律等问题，挫伤了部分农民的生产积极性，留下了深刻的教训。

（二）手工业的社会主义改造

1953年11月12日，第三次全国手工业生产合作会议做出手工业社会主义改造的部署。甘肃省委、省政府明确规定，对小手工业者的改造，一般走合作化的道路；对农村的小手工业者，组织在农业生产合作社中，成为农业生产合作社的修理部、加工部或副业部；关系国计民生的手工业作坊、皮毛厂等采取过渡的办法，变为国营商店的加工厂。1954年11月，召开第四次全国手工业生产会议。甘肃省贯彻会议精神，决定对已有的手工业合作社（组）进行整顿，解决盲目图快问题，使其有计划有步骤地发展。各地对手工业合作社进行了整顿。但到1955年下半年，受农业合作化和资本主义工商业的社会主义改造高潮影响，确定手工业的社会主义改造必须同农业和资本主义工商业的社会主义改造一道完成，导致手工业改造的步伐急剧加快。1955年成立了省手工业管理局，专门负责全省个体手工业的改造和管理工作。12月，省委决定在1956年年底以前，要基本完成个体手工业的社会主义改造。接着，召开了全省首届手工业联社社员代表会议和全省手工业合作社联社首届一次社员代表大会，决定1956年全省手工业生产合作社（组）要发展到3075个，入社人数达到8.4万人，占全省手工业总人数的80%以上，与农业生产和城乡人民生活密切相关的行业，要全部实行合作化，并正式成立省手工业生产合作联合社。甘肃手工业改造的高潮是从平凉专区平凉市开始的。1956年1月上旬，平凉市手工业生产合作社联社和手工业劳动者协会接连收到620个手工业者的入社申请书，其中竹器、木器、金属、修理等16个行业集体申请入社。到1月17日，平凉市有86%的手工业者加入了合作组织。18日，平凉市手工业者举行大会，庆祝提前实现手工业合作化。19日，兰州市召开了各行各业各族各界人士参加的公私合营和手工业合作化批准大会，兰州市政府批准全市42个手工业行业、2119户按行业实行合作化的申请报告。23日，天水市手工业也基本实现了合作化。在平凉、兰州、天水的带动下，全省手工业合作化运动迅速发展，到1956年6月，甘肃的手工业社会主义改造基本完成。

（三）资本主义工商业的社会主义改造

1953年甘肃省采取稳步改造的方针，通过加工订货、统购包销、经销代销等形式，开展对资本主义工商业的社会主义改造，政府基本上控制了原料供应和产品销售，不同程度地将资本主义工商业纳入了全省计划的轨道。但企业仍掌握在资本家手中，生产和经营仍然是资本主义性质的。1954年9月，国务院制定并公布了《公私合营工业企业暂行条例》，对扩展公私合营企业的有关原则和政策做了明确指示。省委、省政府根据条例精神，坚持"巩固阵地，重点扩展，做出榜样，加强准备"的方针，在对公私合营企业进行整顿、提高、巩固的基础上，把私营工业企业的改造推进到有计划重点扩展阶段。随着公私合营企业的扩展，1955年5月至6月，召开的中共甘肃省第三次代表会议，决定对65户重点工业企业进行社会主义改造。到1955年底，国营工业产值在全省工业总产值中的比重占到6.6%，私营工业的比重由1952年的25%下降到8.2%。在改造资本主义工业的同时，政府还有计划、有步骤地对资本主义商业进行改造。从1953年下半年起，省政府采取多种措施限制或代替私营批发商的活动。1953年11月以后，对粮食、油料、食品实行计划收购、计划供应。1954年，又逐步扩大了农副产品的统购统销范围，对城镇居民肉食实行凭票定量供应。在城市，对煤、铁、钢材、烧碱、橡胶等重要工业原料，也由国营商业或国家物资部门控制。同时，外贸方面规定，私商不得自营一般商品的进出口业务。这样，原来经营这些商品的批发商，就被国营商业或合作商业所代替。1953年，把粮、棉、油纳入经销、代销进行全面改造之后，将各行各业的私营零售商分别置于有关国营专业公司的直接领导之下，由国营专业公司对归口的私商进行安排和改造。有的私营商业按计划从国营专业公司或供销合作社进货，按国家零售牌价销售，取得批零差价；有的委托代销国营商业和供销合作商业的商品，从中提取手续费。随后在茶叶、烟、酒、皮毛等行业，陆续推行了全行业改造，一般都采用经销、代销形式。同时，还结合经销、代销，进行了并店调网工作。针对私营零售商减少太快、对活跃市场不利的问题，甘肃省委、省政府又进行了适当调整，规定私营零售商主要经营国营商业和合作社暂时还不能全部经营的山货、小杂货、小百货等。1955年12月12日，为贯彻《中央关于资本主义工商业改造问题的决议（草案）》精神，中共甘肃省委召开关于资本主义工商业改造大会。这次会议，批判甘肃工作中的所谓“保守主义”和“右倾思想”，制定了在1956年底以前基本上完成对全省私营工商业改造的方案，讨论全行业公私合营问题，成立了对资本主义工商业改造的5人领导小组和办公室，抽调180名干部分赴全省各地指导工作。1956年1月，全省资本主义工商业社会主义改造的高潮首先在兰州掀起。1月5日，兰州市棉布业率先全面实行公私合营，百货、机器、服装、烟草等行业紧随其后。此时，政府改变了分期、分批改造的规划，加快步伐，采取一次批准的办法。1月13日至17日，兰州市公私合营达到了高潮。申请合作化的达10361户，除企业负责人不在兰州或暂时停业等情况外，其余的均提出了申请。1月19日，兰州市政府召开全市各行各业各族各界人士参加的私营工商业改造大会，宣布批准全市12个工业行业的151家私营工厂、53个私营商业行业的7963户和私营汽车运输的382户全部实行公私合营。在兰州市资本主义工商业改造高潮的推动下，天水、平凉、酒泉、永昌等主要市县于1月底相继完成了私营工商业全行业公私合营。2月底，完成全行业公私合营的城市已达到70%。3月底，除甘南藏族自治州等少数牧区外，全省私营工商业纳入以公私合营为主要形式的，已占私营工商业总数的80%以上。到1956年底，全省资本主义工商业的社会主义改造基本完成。

第二节　社会主义建设探索时期

这一时期，甘肃的社会主义建设取得了巨大成就，奠定了甘肃成为中国新兴工业基地的重要地位。同时，探索建设社会主义的道路又充满了艰辛和曲折。

一、“大跃进”“大炼钢铁”和人民公社化运动

（一）“大跃进”运动

在“大跃进”中，省内各地竞相提出提前完成全国农业发展纲要规定的奋斗目标，许多县、乡、社提出“跨江越岭过黄河”，“十年规划，五年完成；三年指标，一年达到”。有的地方更是提出“十年指标，一年完成。三年跨黄河，八年过长江”。就连水源缺乏、储水不易，堪称“苦瘠甲于天下”的定西地区，也决心快马加鞭，力争上游，提出在五年内实现农业发展纲要，建成甘肃粮油基地。甘肃省要求各县在五年内粮食亩产达到250千克，争取达到300千克，每人平均有粮食750千克。本着“五年看三年，三年看头年”的精神，要求在1958年实现粮食产量每人平均达到600千克。定西地区的做法得到省委主要领导的表扬，认为该地区能办到的其他地区也应该能办到。为保证指标的完成，1957年冬至1958年春，全省农村掀起兴修水利高潮。定西地区在水利“大跃进”形势下，不仅将1958年兴修水利的任务由原来的80万亩增加到200万亩，还提出在三年内使全专区237万人口每人平均有2.5亩水地，实现农田基本水利化，永远免除旱灾威胁。其他各地、县也在不断提高自己的规划指标，致使浮夸之风蔓延开来。特别是1958年1月底，全省已修水地524万亩，大大突破原定兴修350万亩水地的计划。当时又提出9月底以前，要兴修水地1000万亩的任务，并要求各级党委要争取有更多的水利工程当年见效。由于严重脱离实际，很多“水利工程”仓促上马，结果是劳民伤财，收效甚微。农业“大跃进”中，由于制定的不切实际的高指标根本无法完成，在强大的政治压力下必然造成弄虚作假和浮夸风盛行，大放“高产卫星”。1959年3月，全省召开第一次六级干部会议，宣布1958年粮食大丰收，粮食产量92.5亿千克。7月7日，武山县百泉社放出小麦亩产2481斤的“卫星”，创造了小麦高产丰产的最高纪录。7月31日，文县新舍社放出了小麦亩产5158斤的“卫星”，永登野泉农业社放出了油菜亩产702斤的“卫星”。随后，“卫星”越放越高，越放越大。1958年10月16日，在甘肃省委秋季农业工作会议上，不顾实际产量仅有33.9亿千克的事实，根据浮夸虚报的数字宣布，甘肃粮食总产量由1957年的42.5亿千克跃进到1958年的100至110亿千克，已经实现了“农业发展纲要”规定的亩产指标，并提出1959年粮食亩产必定达到750千克至1000

千克，总产量必定达到277.5亿千克至370亿千克的更高指标。

甘肃“大跃进”运动的规模、速度和措施，在全国是比较突出的，带来的后果也是严重的。由于不断批判“甘肃落后论”和不恰当地处理干部，使得“大跃进”运动中出现的严重问题无人敢讲，更不敢抵制，“共产风”、浮夸风、瞎指挥、强迫命令等“左”的错误在甘肃愈加严重，最终挫伤了干部群众社会主义建设的积极性。

（二）大炼钢铁

甘肃钢铁工业在1958年以前基本是一片空白，在“大跃进”推动下，省委提出“以钢为纲”，号召全民大办钢铁工业。1958年7月6日，全省第一座小型钢铁联合企业——兰州石油化工机器厂的成套生产设备，以惊人的建设速度，在8天中设计、制造、安装完毕。山丹县仅用数天时间就建成150座土炉，受到省委表扬。到7月底，全省共建小高炉651座，在建的2610座。8月，省委决定在全省有铁矿的38个县（市）建设196座炼铁高炉，年产能力铁25.1万吨、钢8.1万吨，并计划1958年产铁20万吨，炼钢5万吨。此后，各地召开钢铁现场会议，总结推广土法炼铁炼钢经验，推动群众性大炼钢铁运动兴起。中央政治局北戴河会议后，随着全国钢产量指标的提高，甘肃省委于8月27日成立钢铁生产办公室（指挥部），要求各级党委必须把钢铁生产作为当前压倒一切的政治任务，紧急行动起来，书记挂帅，全党全民动员，大战一百天，为确保完成钢铁和铜的生产任务而奋斗。并根据钢产量翻番精神，确定甘肃省钢、铁和铜的生产任务分别是铁30万吨，钢10万吨，铜1000吨。为完成钢铁生产的指标，全省出现了违背科学的土法炼钢炼铁高潮。各地组织农民、学生、家庭妇女等加入炼钢炼铁队伍中，挖坑建设“土炉”，滥砍树木充作燃料，收集各种铁制品甚至文物，作为原料大炼钢铁。1958年10月，省委下文，要求各地古代建筑中，清代以前的铁炉、铁钟等经过鉴定确有价值的，每一个专区、市、州可作为文物保留一部，其余均作废铁炼钢。12月10日，甘肃宣布全省生产铁34.75万吨，提前21天超额15.8%完成全年生产计划。12月15日，甘肃省委迫于在短期内很难完成1958年炼钢任务，决定将钢产量由原定的10万吨调整为5万吨。仅过十天，就宣布全省已生产钢5.63万吨，超额12.57%完成了国家分配的生产5万吨钢的任务，结束了甘肃无钢少铁的历史。实际上，1958年，甘肃的生铁产量只有20.03万吨，钢1.40万吨，而在大炼钢铁运动的高潮中生产的主要是烧结铁及钢，大部分无用或使用价值极小，反而对生态、经济和人民正常生活造成极大破坏。

（三）人民公社化运动

1958年，以“一大二公”和“政社合一”为特征的人民公社化运动在甘肃兴起。1958年8月17日，兰州市雁滩人民公社成立。20日，兰州市郊的90个农业生产合作社合并成13个人民公社，实现了人民公社化。以干旱、贫困闻名的皋兰县庄子坪农业社和郭家坪社、涧沟社、文山社的1.2万多户农民，在三天之内建成了“英雄人民公社”。不到半月时间，人民公社运动在全省迅速展开，到9月3日已试办人民公社197个，其中武山县、临洮县、兰州市已实现了人民公社化。为推动人民公社化运动进一步发展，9月5日省委发出了《关于在干部和群众中为全省普遍实现人民公社化开展大辩论的指示》，要求在全省范围内掀起一个普遍建立人民公社的群众运动，争取9月底普遍实现人民公社化，以迎接国庆节。1958年9月29日，《甘肃日报》发表了《欢呼全省实现人民公社化》的社论，称在短短的两个月时间内，全省农村已建立人民公社773个，入社农户达194万户，平均每个人民公社2500户左右。敦煌、榆中两县实现了一县一社。除个别牧区县外，全省实现了人民公社化。

在全省农业地区大办人民公社的同时，广大牧区通过开展反宗教特权斗争，也向人民公社过渡。1957年底，甘南藏族自治州建成初级牧业合作社20多个，在人民公社化运动影响下，玛曲县跨过牧业合作社阶段，直接建立人民公社。到1958年9月中旬，碌曲、玛曲、卓尼、夏河、临潭、舟曲等6个县的5万多户农牧民建成67个人民公社，入社农（牧）户达90.1%，人口达93.58%，全州“一步登天”地实现了人民公社化。11月上旬，肃南、肃北、阿克塞、天祝4个牧区县也完成了建立人民公社的任务。之后，人民公社这一组织形式由农村向城市发展，1960年5月，全省有9个城市基本实现了人民公社化，入社人口占城市人口的80%，形成了速度快、规模大、公有化程度高、平调盛行等特点，挫伤了人民群众社会主义建设的积极性，使社会生产力遭到破坏。

二、国民经济的调整

为了纠正“大跃进”和人民公社化运动给国民经济造成的严重损失，1961年中央实施了“调整、巩固、充实、提高”八字方针。同时，对甘肃出现的问题予以高度关注。

（一）西北局兰州会议

三年困难时期，甘肃因为粮食匮乏，发生了大面积的饥荒。省委领导霍维德等人及时向中央反映了甘肃的情况，引起了党中央、毛泽东主席的高度重视。毛泽东主席做出指示："甘肃的问题西北局要早日解决。"1960年11月，中央派监委副书记钱瑛、公安部副部长王昭、中央组织部副部长李步新等人组成中央工作组赶赴甘肃，就粮食问题展开重点调研。遵照毛泽东的指示，中共中央西北局书记处于1960年12月2日至5日在兰州召开第六次（扩大）会议，简称"西兰会议"。这次会议是在"大跃进"和"人民公社化运动"的"左"倾错误愈演愈烈，在甘肃一些地方出现了人口非正常死亡的关键时刻召开的一次重要会议，西北局与西北诸省区的领导、中央工作组成员和中共甘肃省委书记处的部分同志参加了会议。会议认为，当前甘肃人民生活严重困难，几百万群众处于饥寒交迫的状态，浮肿病、死亡现象还没有停止，农村生产受到严重破坏。这种局面，主要是近三年来，省委领导特别是主要负责人犯了严重错误的结果。甘肃省委的严重错误，主要领导负有主要责任。为了加强甘肃省生产救灾工作，由中央工作组、西北局和甘肃省委的负责同志组成工作组，在甘肃省委的统一领导下，分片负责，切实安排好群众工作，深入生产小队和食堂进行工作。在工作中，要把安排好生活的经济措施和政治措施、组织措施密切结合起来。会议做出决定：在全国粮食十分困难的情况下，由中央调给甘肃5亿斤（实际调拨增加到8亿斤）。灾区先按每人每天6两安排，到第二年春天再逐步增加一点。调派最优秀的干部担任管理工作，办好食堂。继续开展生产自救运动，大搞代食品，防止依赖思想，不开空头支票。在灾情严重的地区，要首先集中力量安排好生活，改进作风，把群众巩固地团结在党的周围。

"西兰会议"结束的次日，即12月6日，在兰州召开了甘肃省、兰州市机关党员处（科）长和军队校级以上领导干部大会，向与会的1700余人传达了西北局"西兰会议"精神。之后，中共中央和西北局对甘肃省委的主要领导进行了人事调整，由汪锋任甘肃省委第一书记，高健君任第二书记，原第一书记张仲良改任第三书记。随后，由中央、西北局和省委常委组成8个工作组分赴全省各地督促检查救灾工作，甘肃省委还紧急抽调派出大批干部和医务人员下乡，帮助群众安排生活，治疗疾病，增加供应标准，办营养灶，增划自留地，给社员借种夏茬地和生产队种不完的地，允许社员开耕荒地，饲养鸡猪羊等家禽家畜。“西兰会议”的召开，对于甘肃省乃至西北地区纠正“大跃进”和人民公社化运动造成的危害，指导甘肃及西北人民渡过三年困难时期，发挥了重要作用。

（二）调整农业

“西兰会议”和甘肃省委扩大会议之后，中共中央西北局和甘肃省委领导在深入各地、安排群众生活的同时，认真调研，总结出一批抵制“左”的错误、农业生产搞得比较好的典型。中共中央西北局于1961年2月批转了甘肃省武山县新城、民山两个生产队粮食生产不断增产的经验，通渭县长河人民公社南山生产队坚决执行党的政策的事迹，对恢复实事求是的作风，克服“共产风”、浮夸风、瞎指挥，起了很好的示范和鼓舞作用。甘肃省对农业生产根据实际做出调整主要是：第一，坚决纠正“一平二调”，开展经济退赔工作。1961年3月，中共甘肃省委制定《关于纠正平调、坚决退赔的具体规定》，4月，发布《关于退赔工作中几个具体问题的批复》，对纠正“一平二调”，开展经济退赔的有关问题做出明确规定。规定省、专区、县必须首先用自己的财物、资金等“家当”退赔，同时国家拨给甘肃退赔资金6000万元，省政府又从地方结余中拿出了1亿元，共1.6亿元作为退赔补助资金。1961年退赔的实物和现金总额达到2.7亿元，这次退赔使群众增强了对党的政策的信赖。第二，停办公共食堂。1961年4月，省委第一书记汪锋带领工作组到临夏回族自治州对公共食堂进行调查，后经过省委常委讨论通过，于5月9日向毛泽东主席写了关于食堂问题的报告。报告指出：“对于食堂问题，应当坚持利于生产、利于生活和群众自愿的原则，绝不应当把食堂问题同社会主义联系起来，强迫群众非在食堂吃饭不可。”“只要真正按群众的意见办事，解散食堂是没有什么害处的。”5月26日，省委转发了《汪锋同志关于农村食堂问题向主席的报告》。之后，全省各地的食堂相继停办。第三，划小基本核算单位。甘肃省于1961年12月16日召开了以生产队为基本核算单位试点工作座谈会，并产生了纪要。纪要认为，实行以生产队为基本核算单位是继续克服队与队之间的平均主义，更好调动社员集体生产的积极性，巩固和发展农村人民公社的关键，生产队的规模一般是一村一队或一村数队，以30户左右为宜。基本核算单位的下放工作随之展开。第四，适当放宽“小自由”。1962年5月，中共甘肃省委向中共中央和中共中央西北局上报了《关于加强农业集体生产领导和适当放宽小自由的报告》。该报告针对困难，提出应当坚决执行党的政策，千方百计地把集体生产搞好，逐渐启发和引导农民认识集体生产的优越性和必须正视农民的反映和实际困难，以严肃谨慎的态度，处理农民的合理要求。第五，整风整社，积极恢复农业生产。农村的整风整社，主要是解决自“大跃进”以来出现的“共产风”、瞎指挥风、浮夸风、强迫命令风和干部特殊化风（简称“五风”）问题，根据各地不同情况分别进行。在张掖、临夏、陇西、武山、清水、武威、山丹、临潭、秦安、庆阳、静宁等11个县，解决三类社、队的领导权问题，算账退赔，纠正“五风”，贯彻中央“十二条”。其他多数县、市，除整顿干部队伍、纠正“五风”、抓紧解决三类社队的问题外，普遍要求做好1960年收益分配，退还平调生产队的土地、耕畜、农具等实物，做好生产小队的“四固定”（劳动力、土地、耕畜、农具固定为生产队使用）。同时，对农业生产提出要求，量力耕种，种足管好，提高单产；粮食第一，兼顾各种经济作物，争取获得较好收成。

（三）调整工业

1958年后，由于工业战线过长，职工发展过快，城市人口增加过猛，粮食供应逐年增加，对农业产生了很大的压力。因此，减少城镇人口，加强农业战线，压缩城镇粮食销量，成为渡过困难，恢复和发展生产的一项重要措施。为此，在调整农村经济政策的同时，对工业也进行调整。一是压缩投资规模和基本建设项目。通过压缩基建投资规模，缓解了对粮食、劳力供应不足的矛盾。基本建设方面，国家将1962年甘肃投资总额下调，资金主要用于一些重点工程的填平补齐。截至1961年底，全省县以上地方工业企业共503个，从业人员为12.5万人，撤销、停办、裁并124个；转为非工业系统74个；保留305个，比1961年年底减少43%；精简职工4.27万人，减少34%。二是降低部分重工业生产指标，调整投资比例。钢产量由原计划生产7000吨调整为3000吨，硫铁矿的运出量由100万吨调整为65万吨。取消地方生铁、焦炭、石油、水泥、铜精矿的生产任务，降低煤炭、木材、砖瓦的生产指标。民用机械制造压缩40%的任务，主要是搞维修，进一步落实轻工业和支援农业的生产指标。指标调整之后，重点放到提高质量、降低成本、改善经营管理、整顿好生产秩序方面。

三、经济和社会事业的发展

1962年，全省社会经济开始摆脱严重困难的局面逐渐走向复苏，国民经济出现了上升向好的趋势，但国民经济若干痼疾尚未得到根治，困难时期尚未完全结束。从1963年起，甘肃省委、省政府根据中央工作会议精神，继续对国民经济进行调整。

（一）农业的恢复和发展

1963年4月，召开中共甘肃省委二届四次会议，着重讨论争取农牧业丰收问题，提出在抓好粮食生产的同时，注重经济作物、副业的生产和发展，贯彻“林业十八条”，初步清理林权。1963年10月，甘肃省委、省人民政府发出《关于开展林业建设宣传教育运动的联合通知》，动员全省人民植树造林，绿化甘肃。为加强对农业生产的具体指导，1964年3月，甘肃省委在玉门召开现场会议，推广玉门市“奋斗三年，改变农业面貌”的经验。玉门市在严重困难面前，动员群众，生产自救，经过三年艰苦奋斗，1963年粮食产量超过历史最高水平。

在全省人民的努力下，1963年，农村劳动力迅速回升，主要农机具超过1957年的数量，农业用电和化肥、农药的使用，比1949年增长了几百倍，农作物茬口基本倒顺，水地保灌面积增加了126万亩，大、中、小水库由1949年的2座增加到243座。武威黄羊河水库、金塔河西干渠、杂木河一干渠3项大型水利基建工程全部完工。1964年冬季，组织河西水利会战，先后完成了12项重要建设工程、215项小型水利工程和农田配套工程，中部干旱地区铺砂田10万余亩。农业生产基本条件的改善，为农业生产的恢复和发展创造了条件。1965年，全省农业得到了恢复和发展，农业生产基本条件进一步改善。

（二）工业建设的恢复和国防工业的起步

在1961年至1965年国民经济调整过程中，甘肃工业开始稳步发展，1965年工业总产值达到20.14亿元，比1957年增长2.17倍，平均每年增长15.5%。

冶金工业 有色金属工业是甘肃的四大经济支柱之一，有色金属工业发展起步于建立白银有色金属工业公司。由于三年经济困难和苏联政府撤走专家，白银公司在投产半年后又被迫停产。在极度困难情况下，白银公司建设者们克服种种困难，于1963年恢复生产，当年生产电解铜9000余吨，1964年又通过以反射炉为中心的一系列技术改造，使生产逐步实现均衡和稳定。1966年生产电解铜3.3万余吨，突破了设计水平。甘肃兴建的第二个大型有色金属企业是金川有色金属公司。1958年驻扎在祁连山区的甘肃省祁连山地质队，宣告在永昌县的白家嘴地区发现一个仅次于加拿大萨特伯里镍矿的特大型硫化镍多金属共生矿床。1960年5月，党中央、国务院决定开发金川镍矿，成立第一个工作机构——807矿，是金川有色金属公司的前身。1960年8月30日，冶金部决定成立甘肃有色金属公司。1961年1月23日，正式批准将"甘肃有色金属公司"更名为"金川有色金属公司"。1961年3月，国家为集中力量加快金川镍矿开发步伐，将西北冶金建设总公司并入金川有色金属公司，组建了集采矿、选矿、冶炼为一体的镍钴大型企业。1964年3月26日，中共中央总书记邓小平、国务院副总理李富春、薄一波，全国妇联主席蔡畅等党和国家领导人，在中共中央西北局第一书记刘澜涛、甘肃省委第一书记汪锋的陪同下视察金川公司，亲切接见建设者们，邓小平称赞这里是难得的"金娃娃"。冶金工业中，除了有色金属外，在钢铁工业方面，酒泉钢铁公司作为"三线"建设的重点工程重新上马，在嘉峪关的戈壁滩上建成西北地区最大的钢城。

石化工业　中国最早的石油工业基地——玉门油田重新恢复生机，新发现的长庆油田为甘肃石油工业的发展注入了新的血液，兰州炼油厂产品质量接近国际水平。化学工业和煤炭能源工业也得到了发展。

国防工业　甘肃国防工业发展历史悠久。中华人民共和国成立后，甘肃被国家列为经济建设重点区域之一，加之甘肃重要的战略地位，为国防工业发展奠定了基础。从1953年开始，国家一些重点国防工业在甘肃布局。1958年至1966年，国防工业发展更快，奠定了西北军工基地的基础。全国最大的炸药厂——国营805厂生产的高性能炸药为军事和工业的发展做出了重大贡献。504厂、404厂为中国核武器和核工业的发展提供了原料和技术。135厂（万里机电厂）、242厂（新兰仪表厂）是我国航空航天工业的重要基地。酒泉卫星发射中心是甘肃国防工业发展中最辉煌灿烂的明星，在这里中国第一枚近程导弹、第一枚中程导弹、第一次导弹携带核弹头的"两弹结合"发射成功。

交通邮电　甘肃铁路建设在1960年后加快速度，1961年建成兰青线，1962年建成兰新和甘武线，同时建成玉门南、窑街、红会、王家山、镜铁山、刘家峡等支线，甘肃境内的路网骨架初步形成。陇海铁路天兰段、包兰铁路、兰青线等甘肃省境内的主要铁路干线在50年代至60年代初期基本建成。在此基础上，为配合各重点企业建设，陆续修建了玉门南（玉门—玉门南）支线、铁山（嘉峪关北—镜铁山）支线。1958年10月，中国民用航空乌鲁木齐管理处搬迁到兰州，并改称为中国民用航空兰州管理局，主管甘肃和西北的民航事业，形成了以兰州为中心的西北民用航空网络，加强了西北与全国大中城市的空中联系。

（三）“三线”建设的起步

“三线”建设，是从20世纪60年代开始的我国的生产力布局由沿海向内地的一次重大战略转移。甘肃作为“三线”建设的重点地区，“三线”建设对地方经济社会发展产生了深远影响。60年代初，国内外形势急剧变化。中印边境发生冲突，美越战争步步升级，中苏关系恶化。“三线”建设的布局是按照中央对西北地区的总体布局展开的。1964年，中共中央西北局在西安召开西北地区迁厂工作和“三五”规划会议，要求西北地区在1964年后的若干年内，建立起一个“以酒钢为中心，能生产常规武器，并且具有相应原材料和必要机械制造能力的工业基地”。在该布局方针的指导下，1964年10月16日至11月20日，甘肃省派出了三个建设选点勘查组，赴甘肃各地进行实地勘探，1964年底，初步确定了甘肃“三线”建设的大致布局，以兰州为中心的地区主要以发展冶金工业、机械工业、铁路建设、石油化工和化学工业、建材工业、石油工业等建设项目为主。其他新建厂分布在6个专区，形成了“九点一线”布局。“九点”是兰州、酒泉、张掖、永登、靖远、临夏、定西、天水、平凉；“一线”是指白银—靖远—宝鸡的铁路线。自1965年起，“三线”建设正式展开，国家有计划地进行投资，开展重点项目的建设，从其他省市和地方迁移重点骨干企业、大学和研究院（所）入甘。这些单位先后从上海、哈尔滨、北京、湘潭、沈阳、天津、南京、西安、长春、洛阳、丹东、大连、烟台等13个大中城市搬来，从一线沿海各省、市迁到甘肃的项目共有33个，其中有工厂20个，大专院校2个，科学研究单位11个，迁入设备9000台。

（四）科学技术

1956年1月4日，甘肃省委成立了甘肃省科学技术工作委员会（1958年更名为甘肃省科学技术委员会），用于加强对科学技术事业的管理。省科委成立后，根据中共中央“向现代科学进军”的指示，拟定了全省十二年科技规划，对甘肃科学技术事业长远发展提供了必要指导，科技工作取得了一系列重要成果。在自然科学理论研究方面，兰州大学朱子清等人克服了许多困难，完成了贝母植物碱的研究，首先确定了该类植物碱的基本骨架为变形甾体，这一发现引起了国内外化学界的重视，并获得1956年国家自然科学二等奖。在地质勘探方面，科技工作者采用先进的勘探技术发现了大量的矿产资源，为甘肃国家重点项目的布局打下了基础。在石油勘探方面，由于地球物理探矿技术、横向测井技术等新技术的应用，进一步提高了科学勘探和石油钻采水平。在工业方面，“一五”计划期间，兰炼、兰化等一批采用先进技术的国家重点项目建成投产。在农业方面，采用了羊人工授精技术、棉花药浴技术等先进的农业技术，提高了农业生产的产量和质量。“大跃进”中，甘肃科学技术事业的发展受到了“左”倾错误的干扰，出现了急于求成的倾向。这一时期共拟定了26项重大科研项目，340个中心课题。截至1960年底，全省县以上自然科学研究单位已达105个，科技人员达4413人。虽不乏专业科技人员的发明创造，但也出现了大量的虚假“科技成果”，如土法大炼钢铁，用超声波、放射性同位素、夜晚加光等技术来“提高”小麦产量等，产生了十分不利的影响。1962年以后，随着科技调整政策的落实，甘肃的科学技术事业得到进一步发展。科研机构的增加，科技队伍不断壮大，科技成果不断涌现。中国科学院兰州分院冰川沙漠研究所、中国农业科学院中兽医研究所先后在兰州成立，甘肃的科技力量得到进一步加强。这一时期取得的科技成果较多，其中许多成果转化为生产力，为甘肃乃至西北和全国的经济社会发展提供了科技支撑。科技人员分别完成了我国西北地区陆相油气田的形成分布规律研究、祁连山现代冰川考察、天山乌鲁木齐河冰川与水文研究、中国现代冰川的基本特征、青藏公路沿线多年冻土考察、塔尔沟大型钨矿的发现并勘探等项目。农业科技在选育、引进、推广方面，为甘肃不同地区的作物良种、绵羊、黄牛杂交改良等做出了贡献。兰州化学品工业公司、兰州炼油厂、兰石厂进行了多项技术改造，提高生产能力和产品质量。在军事工业方面，1964年1月14日，兰州铀浓缩厂（504厂）首次获得了合格的高浓缩铀产品，为我国第一颗原子弹的成功爆炸提供了合格的核燃料，大大增强了中国的国防能力。

（五）教育事业

中华人民共和国建立之初，在中小学教育中普遍学习苏联的教学内容、教学方法、考试制度。在大中专学校，学习苏联的教育制度、教育计划、教学大纲和教材以及教学方法和教学管理，影响深远。为了摆脱苏联的教育模式，探索中国自己的教育发展之路，从1958年起，在全省范围内逐步展开教育“大革命”。主要内容是开展勤工俭学，改革学制、课程设置、教育内容、教学方法，下放教育管理权限等。教育“大革命”虽然针对教育中存在的问题，但是由于受到“大跃进”影响，很多做法违背了教育发展的规律，干扰了正常的教学工作。如1958年，全省的幼儿园发展到了2.92万所，小学增加到了1.67万所，各级各类中学增加到了近900所，高校在1960年发展到了43所，甚至很多县都办起了“县办大学”。虽然学校的数量大幅度增加，但教育发展速度过快，导致了师资力量无法跟上，很多学校生源严重不足。从1961年开始，全省的教育事业采取了缩短教育战线、压缩教育规模、提高教育质量的调整。在缩短教育战线方面，主要是调整教育与农业的关系，采取了调整学校、减少学生、适当改变学校的学习制度和劳动制度等措施。在调整学校方面，对于一些初级技术学校、初级师范学校、技工学校基本停办；对于高等学校和中专，则依据学校基础的好坏、学校性质、需求程度等标准，分别采取续办、合并、降级、停办等不同的政策。经过调整，将高校由原来的43所减少到13所，中等技术学校由108所减少为30所。在减少学生方面，主要是减少城镇全日制中等学校和高等学校学生，通过压缩学校数量、学校规模、控制招生指标等措施来进行。为了使教育能够适应农业的发展，适当调整了学校的学习制度和劳动制度，在农忙时节，从农村中小学挤出劳动力参加农业劳动。为了提高教育质量，主要采取了保障学校正常的教学秩序和学校秩序，统筹安排课内外活动，加强学校的思想政治工作，增强师生战胜困难的信心和决心，提高师资水平，发挥教师的主导作用，还集中力量办好了一批重点学校。

60年代我国教育发展的水平，决定了全日制学校难以普及教育，同时大批无法升学的中小学毕业生也因缺乏生产知识和生产技能出现就业困难，全省在办好全日制学校的同时，创办了半工半读学校。1964年9至10月，甘肃办起耕读小学2025所，学生7万余人。半工半读农业中学13所，在校学生405人。还兴办了半工半读职业学校5所，半工半读技工学校4所。

1965年，半工半读教育得到进一步发展，一些全日制的学校也改为半工半读。同年10月，全省共有耕读小学1.17万所，在校学生32.77万人。半工半读中等技术学校40所。

（六）文化事业

20世纪50年代，随着甘肃省文学艺术工作者联合会和中国作家协会兰州分会的成立以及文艺政策的调整，甘肃文学事业有了新的发展。这一时期的文学作品主要是诗歌创作。著名诗人李季和闻捷在甘肃生活期间，分别创作出《玉门诗抄》《杨高传》《复仇的火焰》和《河西走廊行》等一批在中国当代诗歌史上具有影响力的作品；藏族诗人丹真贡布的叙事长诗《拉伊勒和隆木错》，以藏族民间故事为素材，讲述了拉伊勒和隆木错两位青年之间美丽凄婉的爱情悲剧。这部作品不仅用藏语创作，人物和故事都植根于民族生活的土壤中，而且意象的选用和语言的组织都富有鲜明的民族色彩。

十年建设期间，甘肃的广播电视事业得到发展。1958年，兰州市和张掖、平凉、天水、玉门、白银等地都相继建立广播电台；兰州电视台开始筹办。成立了甘肃省广播学校，培养专门的人才。三年困难时期，广播事业进行收缩和调整。1960年9月7日，兰州电视台用自制的50瓦黑白电视发射机和用工业电视改装的中心设备首次进行了电视试播。1965年，恢复了甘肃省广播事业管理局，开始筹建靖远5318广播发射台和兰州龙尾山调频发射台。全省县（市）区广播站总数达到79个，公社广播放大站总数293个，农村广播喇叭7万余只，对于满足人民群众的文化生活发挥了重要作用。

哲学社会科学成果丰富。郑文的《王充哲学初探》是国内较有影响的研究王充唯物主义思想体系的中国哲学史专著。民族史研究中，甘肃学者经过深入调查，编写了《东乡族简史简志合编》《保安族简史简志合编》《裕固族简史简志合编》等重要著作。语言文字研究中，赵荫棠的《等韵源流》是等韵学界最具权威的著作之一。杨伯峻的《论语译注》《孟子译注》在国内业界享受盛誉。史学界中，甘肃师范大学组织编写了《甘肃史稿》，是第一部用马克思主义历史唯物主义史观研究甘肃地方史的著作。

20世纪50年代的戏剧，主要立足于甘肃，面向生活，经过戏剧工作者的努力，创作演出了一批优秀戏剧作品，它们既具有鲜明的民族风格，又有浓郁的地方特色。1958年，甘肃戏剧工作者经过反复实践和不断探索，对以皮影戏形式流传的陇东道情音乐进行了整理，创造性地形成了甘肃特有的地方剧种——陇剧。1958年推出了陇剧的奠基之作《枫洛池》，进京参加国庆10周年献礼演出，先后在北京演出22场，受到梅兰芳等艺术家的高度评价。进入60年代，甘肃的戏剧创作跃上一个新台阶，涌现出了一批在戏剧界和广大群众中反应强烈的优秀作品，如话剧《“8·26”前夜》《远方青年》《岳飞》《教育新篇》，歌剧《向阳川》《老保管》《新媳妇来了》《一串项链》，戏曲现代戏《草原初春》《说书阵地》等。周恩来总理两次观看了《向阳川》，认为是“有吸引力、有生命力的好戏”。

第三节　“文化大革命”时期

1966年5月至1976年10月的“文化大革命”，是一场由领导者错误发动，被反革命集团利用，给党、国家和人民造成严重灾难的内乱。

一、“文化大革命”的发生和内乱的形成

1966年5月下旬，兰州各大专院校响应中央《“五一六”通知》的精神，开始“停课闹革命”。为了控制混乱局面，中共甘肃省委决定成立大专院校文教系统工作组。6月4日，中共甘肃省委派工作组进驻兰州大学。6月7日上午，兰州大学对工作组的工作持支持态度和持批评态度的两派学生互贴大字报，并发生了激烈争论。省委连夜召开紧急会议，将“六七事件”定性为反革命事件，抽调了150多名干部，将原省委工作组扩大为工作团进驻兰州大学。6月8日，工作团召开全校师生员工大会，公开指责兰州大学党委打击无产阶级左派，支持资产阶级右派，反对“文化大革命”，宣布兰州大学“无产阶级文化大革命”领导权全部归工作团，在全省产生了巨大的反响。

“文化大革命”开始后，出现了大量以在校学生为骨干的红卫兵组织。1966年8月中旬，清华大学赴兰红卫兵贴出“用毛泽东思想衡量甘肃省委”的大幅标语，从而把斗争矛头引向甘肃省委，掀起了一场揭批省委主要领导人的风暴。8月至10月，省委第一书记汪锋，常务书记裴孟飞，书记处书记马继孔、李友久等遭到轮番批斗。10月底，兰州市中等学校红卫兵进占省委机关办公大楼，建立所谓“红色据点”。学生、教师、干部、工人、

农民组成的各类“战斗队”和红卫兵组织，不断“炮轰”、揪斗、批判各级党政领导中的所谓“走资本主义道路的当权派”。同时，甘肃城乡各地开始向“四旧”猛烈“开火”，强迫收缴各类旧书刊、旧字画。一些人以“破四旧”为名，毁坏公共设施，许多文物古迹遭到破坏，大量珍贵图书和资料被毁坏。甘肃省著名风景区之一，被誉为“陇右第一名山”的兴隆山，满山古建筑被荡劫殆尽。一些地方还出现了“剪子队”，拦路剪去妇女的烫发和辫子。男女青年喜欢的尖头鞋、高跟鞋也被归入“破四旧”之列，禁止穿用。随着红卫兵运动的发展，大、中学校的红卫兵和部分师生还乘坐火车或步行到北京、延安、井冈山、遵义、韶山等地进行串联。1967年12月12日，在兰州工人文化宫召开兰州中等学校红卫兵代表大会。12月29日，又召开兰州地区大专院校红卫兵代表大会，讨论通过了《甘肃省大专院校红代会组织条例（草案）》和常设委员会及机构。随着“知识青年上山下乡”运动的开展，甘肃省的红卫兵运动悄悄落幕。

二、全面夺权，党政机关瘫痪

1966年底，在“文化大革命”的浪潮中，县以上领导机关基本上处于瘫痪状态，全省政治、经济生活和社会秩序混乱。1967年1月，在上海“一月风暴”的直接影响下，“文化大革命”由揪斗、批判所谓“反党反社会主义黑帮”和“走资本主义道路的当权派”发展成为夺权的“政治大革命”，混乱局面进一步升级。1967年1月16日，兰州地区的12个群众组织召开会议，通过了《关于成立兰州红色革命造反联络委员会的倡议书》。17日，兰州地区的34个群众组织在《甘肃日报》上发表了《学习上海市革命造反派的经验，彻底粉碎资产阶级反动路线的新反扑》的紧急公告。1月22日，“兰州红色革命造反派联络委员会”（简称“红联”）聚集了105个群众组织3万余人，在七里河体育场召开成立大会。23日，被“造反派”控制的新《甘肃日报》以《革命的大联合、大夺权好得很》为题发表社论，鼓吹夺权。此后，全省各地的一些群众组织以各种形式对“红联”的成立表示坚决拥护和支持，并纷纷报名参加“红联”。“红联”成立后，立即研究部署“夺权”。2月2日，“红联”召开所属组织负责人会议，把“夺权”矛头直接指向中共甘肃省委、省人委和中共兰州市委、市人委。当晚，“红联”又召开军、干、群联席会议，决定夺权后的临时权力机构定名为“甘肃省红色革命造反派联合指挥部”（简称“红联指挥部”）。2月3日，甘肃省军区发表声明，支持“红联”。2月4日，“红联指挥部”在兰州市委大楼召开扩大会议，讨论通过了《第一号公告》《告全省人民书》《给毛主席的致敬电》和“夺权”大会议程。2月5日，在兰州市七里河体育场召开“甘肃省红色革命造反派大联合大夺权誓师大会”，有10万人参加大会。中共甘肃省委、省人委和中共兰州市委、市人委的负责同志被当作所谓“一小撮走资本主义道路的当权派和坚持资产阶级反动路线的顽固分子”，统统被打倒并揪到大会上“低头认罪”。大会宣布成立“甘肃省红色革命造反派联合指挥部”，“自即日起，接管省委、省人委、兰州市委、市人委的党、政、财、文等一切大权”，大会宣读了“红色指挥部”《第一号通告》，提出“一切权力归无产阶级革命造反派”。此后，全省各级党政机构和基层单位的组织领导系统被肢解，权力被夺走，一批领导干部以“走资本主义道路的当权派”或其他罪名被打倒。大批干部、工作人员、技术人员、科研人员和其他各类知识分子靠边站、受审查，或被关进“牛棚”。党政活动、科研、教学工作停顿，全省正常的工作、生产、生活程序完全被打乱，生产指挥和管理基本上陷于瘫痪，全省国民经济建设处于无政府或半无政府状态。四五月份，兰州又先后成立了“无产阶级革命造反派联络委员会”（简称“革联”）和“甘肃红色造反派联合第三司令部”（简称“红三司”）。各地、县也成立了相互对立的群众组织，流血冲突事件不断发生，给正常的社会秩序造成严重干扰。

面对“文化大革命”造成的混乱局面，1967年3月《人民日报》发表题为《建立抓革命、促生产第一线指挥部》的社论，指出负责抓好整个工农业生产，特别是抓好春耕生产。以“红联”为主的甘肃省群众组织、革命领导干部、甘肃省军区和兰州军区指战员根据《人民日报》社论的精神，于1967年3月22日成立了由甘肃省军区第二政委龙炳初、副司令员张介民，原甘肃省副省长李培福、王国瑞、冯直等组成的“甘肃省抓革命促生产第一线指挥部”（简称“生产指挥部”），并按“革命三结合”的组织原则组成常委会，负责主持日常工作。“生产指挥部”下设农林、工交、财贸、文教4个办公室，政治、秘书2个处。主要任务是大力宣传“抓革命、促生产”的方针，负责领导全省经济建设方面的工作。当时全省社会秩序和生产、工作秩序已被完全打乱，“生产指挥部”在很多问题上已无能为力，因此，全省国民生产仍在继续大幅度下降。

三、"革命委员会"的成立与"斗、批、改"运动

(一)"革命委员会"的成立

"文化大革命"全面开始后，甘肃派性斗争日趋激烈。为了解决甘肃出现的严重问题，中央下发了"三个文件"。1967年8月1日，兰州军区和甘肃省军区负责人在北京听取了中央文革小组传达的中央关于解决甘肃问题的"三个文件"精神（《关于甘肃问题的几点意见》《兰州军区党委〈请示表态支持甘肃红色造反派联合第三司令部的报告〉的批示》《关于甘肃问题座谈纪要》）。8月4日下午，兰州军区支"左"办公室召开"红三司""红联""革联"三大群众组织负责人会议，进行传达。8月5日，"红三司"在东方红广场等三个地方召开大会、"红联"在兰州铁路局门前召开大会，向各自所属的群众组织进行传达。兰州军区和甘肃省军区也分别召开会议向机关和部队干部做了传达。根据"三个文件"精神，决定成立由军方代表、"革命群众组织"负责人和地方干部参加的"三结合"临时权力机构——甘肃省革命委员会筹备小组。兰州军区党委对甘肃省革命委员会筹备小组成员的具体人选同三大群众组织负责人进行多次协商。10月30日，兰州军区党委召开常委会，会议通过了兰州军区党委《关于成立甘肃省革命委员会筹备小组的报告》，并于当天上报中央。11月5日，中共中央、国务院、中央军委、中央文革小组正式批复该报告，同意成立甘肃省革命委员会筹备小组，由冼恒汉等人及9名群众组织代表共17人组成，冼恒汉为组长，徐国珍、张忠、胡继宗为副组长。11月9日上午，在兰州西关什字召开"甘肃省革命委员会筹备小组成立暨庆祝大会"，宣读了中共中央、国务院、中央军委、中央文革小组《关于批准成立甘肃省革命委员会筹备小组的决定》和甘肃省革命委员会筹备小组《第一号公告》，宣布"从今天起，甘肃省的党、政、财、文一切权力，统统归于甘肃省革命委员会筹备小组"。"省革筹"成立后，在抓三大派别群众组织大联合和成立"五代会"的同时，主要是做好基层革委会的成立工作。

1967年10月14日，甘肃省第一个基层革委会——兰州第一中学革命委员会成立。11月，省内高等学校第一个革命委员会——兰州铁道学院革命委员会成立。12月5日，甘肃省第一个县级革命委员会——临洮县革命委员会成立。1968年1月12日，甘肃省第一个地区级的革命委员会——临夏回族自治州革命委员会成立。此后，全省各市州、县、厂矿企事业单位，

大、中学校等基层单位相继成立革命委员会。据不完全统计，至1967年底，全省已有4500个基层单位成立了革命委员会。在基层革命委员会成立的基础上，1967年12月7日，“省革筹小组”召开会议，讨论《关于成立甘肃省革命委员会的初步方案》。12日，“省革筹小组”召开三派群众组织负责人会议，传达“省革筹小组”提出的《关于成立甘肃省革命委员会方案（草案）》，要求三派群众组织负责人分别向所属的组织传达。此后，“省革筹小组”多次召开三派群众组织负责人会议，协商《关于成立甘肃省革命委员会方案（草案）》。1968年1月9日，“省革筹小组”召开会议，最后审定了《关于成立甘肃省革命委员会的请示报告》，并决定于当夜电报中央。23日，中央批准了兰州军区党委和“省革筹小组”《关于成立甘肃省革命委员会的请示报告》，同意甘肃省革命委员会成立。1968年1月24日，经中共中央批准，甘肃省革命委员会正式成立，由105名委员组成，常务委员24人。冼恒汉任主任，徐国珍、张忠、胡继宗、邱裕民、肖泽民任副主任。革命委员会包揽了党、政、财、文大权，实行党政不分的“一元化”领导。1月26日《人民日报》《解放军报》发表题为《春风已到玉门关》的社论，祝贺甘肃省革命委员会的成立。9月2日，经中共中央、中央文革小组同意，甘肃省革命委员会委员由105人增加到125人，常委由24人增加到35名。增加王国瑞、朱培屏、谢金胜、李宗虎、李荣山、年继荣、陈建兰、高明芳、单秀为副主任。截至9月底，全省11个专区（州、市）和82个县（市、区）全部建立了革命委员会，实现了所谓“全省一片红”。

（二）“斗、批、改”运动

省革命委员会筹备小组和省革命委员会成立后，在全省掀起了“斗、批、改”运动，把斗争矛头对准“党内最大的一小撮走资本主义道路的当权派和他们在当地的代理人”，批判所谓的“阶级斗争熄灭论”；批判“三自一包”“四大自由”；批判所谓的“生产第一”“物质刺激”，狠抓“阶级斗争”“斗私批修”。作为甘肃省委主要负责人的汪锋，首当其冲遭受错误批判。此后，在全省范围内掀起了批斗所谓“汪锋一小撮”（又被诬称为“汪锋为首的反革命政变第一套班子”）运动，与汪锋有正常工作关系的中共甘肃省委、省人委的领导人高健君、葛士英、王耀华、丁乃光、蒙定军、韦明、郭坦等同志受到株连。同时，还揪出了所谓的以裴孟飞为首的“反革命政变二套班子”。4月20日，《甘肃日报》发表了题为“彻底砸烂中国赫鲁晓夫在甘肃的第二套班子"的社论。4月23日，省革委会在《关于当前兰州地区阶级斗争若干问题的决定》中，要求各单位"集中目的、集中火力、狠揭狠批、穷追猛打'反革命政变二套班子'"，造成裴孟飞等大批干部长期遭受政治迫害和不公正待遇。"文化大革命"极"左"思潮发展导致"清理阶级队伍"，建立一支所谓"以无产阶级左翼为骨干的无产阶级队伍"。在"斗、批、改"中，甘肃省革委会要求各地、各部门、各系统把揭批所谓"二套班子的反革命阴谋活动"和"清理阶级队伍"结合起来，把"革命大批判"与本系统的"斗、批、改"结合起来。在"清理阶级队伍"期间，出现了挂黑牌、游街、戴高帽、搞"喷气式"、武斗等现象。

四、经济社会秩序的初步整顿

（一）国民经济的第一次调整

"文化大革命"期间，甘肃经济发展遭到严重破坏。1971年9月，周恩来主持中央日常工作，提出恢复经济秩序、促进生产、整顿企业。为贯彻周恩来总理的指示和国务院的部署，1971年11月，召开的中共甘肃省委第五次代表会议，要求全省各级领导尊重实际、尊重科学、尊重客观规律；要求各级经济组织坚持合理的规章制度，加强经济核算。省内负责经济工作的宋平同志，积极贯彻中央有关指示精神，对工交战线采取了三项整顿措施：一是建立健全企业各项规章制度，认真加强企业管理，改变企业中存在的混乱局面。二是抓领导班子建设。在宋平和一些同志的推动下，解放了一批懂经济、会管理的领导干部，充实和健全了企业领导班子。三是对全省范围内的企业设备进行一次全面的大检修、大检查，同时把设备检修同技术革新、技术改造结合起来。1972年召开全省计划会议，重点讨论大打农业翻身仗、大打轻工业产品自给仗、大打矿山建设仗、加速农业机械化，加强企业经营管理和党对经济工作的领导等问题。1973年，全省经济计划按农、轻、重次序，优先安排农业，积极增加轻工业产品，改善市场供应，大力压缩基本建设，削减职工人数，控制工资总额。1973年又对"五小"工业进行了整顿和技术改造。由于上述整顿措施的实施，甘肃经济状况开始出现好转。但是，国民经济整顿受到"四人帮"集团严重干扰，甘肃在反"右倾复辟""黑线回潮"和"批林批孔"运动中，否定了两年的整顿成果，刚刚好转的国民经济再度陷入动荡和困境中。

（二）国民经济的第二次整顿

1975年，中央开始对国民经济再一次进行全面整顿。甘肃按照中共中央、国务院的部署，对工业、交通、基本建设、科技、农业、财贸等进行了整顿。

整顿铁路运输 1975年3月11日至12日，甘肃省委根据全国工业书记会议和邓小平同志讲话精神部署铁路整顿工作，成立有省委领导同志参加的整顿铁路运输秩序领导小组。铁路沿线各地、县成立相应机构，整顿工作全面展开。整顿工作首先从维护安定团结、消除派性入手，解决铁路局及其所属各段、站领导班子问题；其次，各级主要负责人亲自抓生产，强化生产指挥系统，严格规章制度，对违章违纪事件严肃查处；再次，在铁路沿线组成数百支民兵小分队，维护秩序，加强路、社联防，发动群众开展护路保安全活动。1975年，兰州铁路局提前9天完成了全年的生产计划，货物发送量比1974年增长12.6%，装卸车、载重量、万吨/千米运煤、运输收入、运输成本和上缴利润等指标都完成了计划。

整顿工业 1975年3月19日至23日，中共甘肃省委根据中央进行工业整顿的部署，召开全省工业书记会议。要求各主管局、各级党委全面开展工业整顿工作，省委、省革委会将冶金系统，特别是钢铁企业作为重点，具体解决存在的问题。如对酒泉钢铁公司的建设，经过调查研究，提出了全面规划以及分三阶段实施的具体方案。报经国务院批准后，立即组织15项重点工程的会战。同时，省冶金局将山丹焦化厂、东大山铁矿、东方红铁厂和兰州钢厂等组成“中型钢联”，由两名副局长负责组织会战，确保河西21个会战项目按期完成。6月9日至11日，省委、省革委会再次召开全省工业书记会议，遵照中共中央《关于努力完成今年钢铁生产计划的指示》，研究安排抓好工业特别是钢铁生产工作。经过整顿，燃料化学工业主要产品、产量、产值提前完成国家计划，总产值完成年计划的105.1%，比上年增长54.9%，创历史最高水平。原煤、原油及加工、合成氨和化肥产量分别完成年计划的101%至111.4%，同比增加5.6%～44.4%。原油产量达81.1万吨，是这一时期最高的一年。

整顿农业 1975年3月省委发出通知，要求各地区制定农业发展规划，总结农业学大寨的经验，认真把农业搞上去；并将全省农村划为河西、中部、陇东、陇南4片，实行分片指导。从省级机关抽调干部1096人组成工作队，深入农村生产第一线指导农业整顿。在农业整顿中，国家投资兴建甘肃第一高扬程、大流量的大型电灌工程——景泰川电力提灌第一期工程，使30万亩干旱的荒滩变成了良田；重点抓中部18个县的农田基本建设和其他增产措施；兴修水平梯田，改革耕作制度，调整养猪政策，开展多种经营，实行科学种田等。1975年，全省完成农田基本建设土石方工程量达到1.7亿立方米；水利工程2万多项，扩大水浇地面积超过11万亩；兴修水平梯田、条田317万多亩。

整顿财贸　1975年3月，召开全省财贸战线抓革命、促生产经验交流会，在总结交流经验基础上，实现财贸专业队伍和广大群众相结合，组织工农兵群众积极参加管理、监督，改善企业经营管理，降低商品流通费用，加速资金周转，抓紧财政收入，积极组织工业品下乡和生产资料供应工作，繁荣市场，活跃城乡经济。

整顿科技　甘肃省科学技术领域的整顿工作：一是组建科学技术交流站，促进新技术推广工作；二是研制推广应用电子技术；三是大搞群众性的技术革新活动；四是普遍开展科研攻关。各部门从实际出发，积极制订计划组织实施，解决生产中的关键难点问题，促进生产发展。冶金工业系统1975年的科研项目就确定了8类42项，其中有些项目被列为国家和省部级研究项目。同时，由省科技局组成工作组，在各县、社、队及农科所、农机站、水管处的大力协同下，开展水利开发、土壤改造、肥料建设、新式农具、太阳能和风能利用、农药应用和现代化农具综合实验等方面的研究。

（三）“反击右倾翻案风”

甘肃的“反击右倾翻案风”首先是从教育领域开始的。1975年12月17日至23日，省委召开常委扩大会议，揭批所谓的“右倾翻案风”在甘肃的反映和表现，对否定“文化大革命”的正确言论进行严厉批评。继之，“反击右倾翻案风”运动迅速蔓延到铁路系统。2月15日，王洪文等人在北京接见了河南、甘肃两省省委和郑州铁路局党委以及铁道部临时小组的负责人，“肯定”了甘肃省委反击铁道系统“右倾翻案风”的做法。3月，文化部遵从江青“指示”，派人来兰州铁路局，炮制了所谓“反击右倾翻案风，同走资派作斗争”的话剧《战长年》和剧本《主要战场》，成为“文化大革命”期间甘肃“阴谋文学”的代表。同时，省委工作组在铁路局召开的常委扩大会议上，公开点名批判万里、黎光、蔺子安等同志。在兰州铁路局内层层抓“走资派”，大搞人人“转弯子”，打击迫害坚持正确意见的同志，其中被撤换调整的各级领导干部达1100多人。此外，还在《甘肃日报》刊登了兰州铁路局的所谓《全面整顿就是全面复辟》的错误文章和一些歪曲事实的新闻报道，不点名地给兰州铁路局的领导干部戴上了“走资派”的帽子。“反击右倾翻案风”使兰州铁路局整顿的成效付诸东流，刚刚好转的局面迅速恶化，所辖线路的运输、生产很快陷于半停顿状态，严重影响了西北地区的经济建设、国防建设和人民生活。“反击右倾翻案风”还造成了各种社会消极影响，再度破坏了正常的生产生活秩序，使工农业生产再次出现混乱、陷入困境。

五、经济与社会事业的曲折发展

（一）改善农业生产条件

1970年8月25日，国务院召开了北方14省、市、自治区农业会议，即著名的“北农会议”。甘肃省依照会议精神，集中解决农业生产中水资源缺乏问题，先后完成大中型水利工程23项，同时积极推动小型水利建设和“小流域”治理。1974年全省发展水地66万亩，新修梯田106万亩、条田139万亩，分别相当于1970年前21年平均发展数的2.7倍、10倍和17倍。配套机井达到3.26万眼，平均每年发展6500眼，新增有效灌溉面积330万亩，保灌面积达到282万亩。截至1975年，农田基本建设累计完成土石方1.7亿立方米，扩大灌溉面积116万亩，新修水平梯田142万亩、条田175万亩。

（二）“兴西济中”，建设河西商品粮基地

“兴西济中”，建设河西商品粮基地是“三西”建设的前奏曲。1972年，甘肃再一次遭受严重旱灾。时任甘肃省委书记、省革委会副主任的宋平，把定西人民群众生产生活的困难状况拍成照片，送到北京向周恩来总理汇报，当看到定西农村人缺粮、畜缺草、人畜缺水，有的地方大姑娘衣不遮体、不能出门的情况后，周恩来总理的心情十分沉重，难过得流下了眼泪。1973年5月29日，在中央工作会议上，周恩来总理专门讲了甘肃问题：“我听了甘肃中部地区群众生活困难的情况，心里很难过，很不安。解放20多年了，在我们无产阶级专政的国家，在毛主席的领导下，那里的群众生活还这样困难，我作为国务院的总理，工作是失职的，对不起那里的人民！”

"我们一定要帮助那里的人民，扶持那里的生产，一定要把那里的穷困面貌改变过来。国务院各部委的同志要和甘肃人民一起商量一下，研究出个办法来，争取一年小变，三年中变，尽快把甘肃的农业搞上去。"如何从根本上解决甘肃农村经济发展问题，成为摆在眼前的头等大事。在充分调查研究的基础上，甘肃提出了"兴西济中"，即优先发展农业生产条件较好的河西地区，通过建设河西商品粮基地，帮助经济条件较差的中部干旱地区，解决当地人民的吃饭问题。这一思路的重点是大搞水利建设、平田整地、改善农业生产基础条件。河西有祁连山丰富的冰雪水资源，解决水的问题条件较好，可以在武威、张掖、酒泉建几个水库，还要搞好工程配套和节约用水，河西水利搞好了，粮食就能大幅度增加，甘肃做到粮食基本自给是完全可能的。同时中部地区多数地方由于无水可引，可通过修梯田、打水窖，想办法把降雨保留下来，减少流失。定西县的大坪、秦安县的窑儿湾、通渭县的杏树湾以及庄浪县的一些社队，就是用这些办法增加粮食产量，较好地解决了农民吃饭问题。1974年8月16日，宋平在省委常委会议上，正式提出"两西"建设问题，即河西地区和以定西为代表的中部干旱地区的建设，而"两西"建设是甘肃省经济发展，特别是解决农村问题的两个大头。抓住了这两个大头，就抓住了解决甘肃农村问题的关键。会议支持宋平的意见，决定成立河西地区和中部地区农业工作领导小组，下设两个办公室，及时进行协调和调查研究工作。1974年9月初，宋平带领有关部门负责同志赴北京向中央汇报甘肃农业问题。9月5日、8日，国务院副总理余秋里以及国家计委、农业部、水电部等部门负责人听取了甘肃省委关于农业问题的汇报，就此拉开了甘肃"两西"建设的序幕。不久，由于"批邓、反击右倾翻案风"在全国展开，加之"两西"建设中一些深层次问题未能来得及解决，这一重大的战略性举措在当时未能全面启动。

（三）"三线"建设

"文革"期间是"三线"建设的高潮。"三线"建设期间，国家累计给甘肃投资155.53亿元。有计划地从北京、天津、上海、东北等地向甘肃搬迁一批重点机械工业企业，相继建成了西北铁合金厂、兰州碳素厂、西北铜加工厂、西北铝加工厂、兰州铝厂、连城铝厂、西北油漆厂、刘家峡化工厂等冶金和化工企业。加快了酒泉钢铁厂、金川有色金属公司的建设速度，改造和提升了兰化等企业的工业技术水平，促进了长庆油田进行综合勘探和开发建设。国家四机部所属的部分企业陆续向甘肃搬迁，新建了虹光电子管厂、建华机器厂、庆华机器厂、永红器材厂、天光电工厂等，带动了甘肃电子工业的发展。为了与“三线”工业相配套，甘肃先后建成红卫机器厂（后改为中兴电子仪器厂）、春光器材厂、敬东机器厂（后改为敬兴电子仪器厂）、甘肃省无线电器材供应公司（后改为甘肃省电子器材公司）等一批电子工业企业。随着“三线”建设大规模进行，各部门、各企业对电力需求急剧增加，为保证电力供应，建成以刘家峡水电站、盐锅峡水电站、八盘峡水电站为中心的兰州电网，把甘肃境内的兰州、天水、永昌三个电网连成一体，而且使甘、陕、青三省电网形成联合系统。到1975年年底，全省发电量达95亿千瓦时，比1965年增长377%，年平均增长37.7%，为经济建设提供了充足的电能。

“三线”建设改变了甘肃以往的工业结构，对推动全省国民经济发展产生了重大影响。一是甘肃成为全国重要的国防工业生产和科研基地之一；二是大大增强了甘肃工业实力；三是进一步增强了兰州、天水等一批工业城市的生产规模和生产能力。

（四）文溯阁《四库全书》入甘

20世纪60年代，中苏关系紧张。1965年，辽宁省文化厅基于备战需要，为了确保文溯阁《四库全书》的安全，向文化部提出将该书拨交内地图书馆保藏的建议，文化部决定由甘肃省图书馆承担保管这套文化国宝的重任。文溯阁《四库全书》装车后共计963箱，1966年10月7日从沈阳启运，10月13日到达兰州，存放于永登县连城鲁土司衙门的妙因寺。至1971年6月12日，《四库全书》在妙因寺大经堂整整存放了4年零8个月的时间。1970年，甘肃省在榆中县甘草店顶家堡村修建存藏《四库全书》和甘肃省图书馆基本藏书的备战藏书库。1971年6月，文溯阁《四库全书》移交榆中县甘草店备战藏书库保存。1990年，甘肃省人民政府提出一个设想，将文溯阁《四库全书》由榆中县迁往兰州市区。2000年，甘肃省人大常委会做出进一步加强文溯阁《四库全书》保护工作的决定，把建成新藏书库视为甘肃省乃至丝绸之路重要的文化形象工程。2001年12月18日，文溯阁《四库全书》藏书楼在兰州市北山九州台奠基动工。2005年，藏书楼正式投入使用，《四库全书》得到更为科学、安全的保存。

第四节　历史转折与改革开放新时期

从1976年10月粉碎“四人帮”，到1978年12月中共十一届三中全会召开，甘肃同全国一样，完成了从“文化大革命”到以经济建设为中心的历史转折。1978年后进入了改革开放、建设中国特色社会主义的新时期。

一、历史转折与拨乱反正

（一）揭批“四人帮”、调整甘肃省委领导班子

1976年10月6日，中共中央一举粉碎“四人帮”，得到了甘肃人民的热烈拥护。1977年5月25日，中共甘肃省委召开常委会，揭发了省委主要负责人在“文化大革命”中所犯的错误。6月7日和9日，华国锋、叶剑英、汪东兴等中央领导在北京先后两次听取了中共甘肃省委、兰州军区党委领导冼恒汉、宋平、韩先楚、肖华关于甘肃省揭批“四人帮”的情况汇报。韩先楚、宋平、肖华在汇报中认为，甘肃省的揭批运动很不深入，关键是省委领导不力。中央认为，甘肃揭批“四人帮”取得了一定成绩，但是，运动的发展同中央的要求还有很大差距。粉碎“四人帮”已经八个月了，甘肃至今还没有放手发动群众，紧密联系本省实际，大打揭批“四人帮”的人民战争，清查工作做得很不认真，运动还有很大的阻力，广大群众的积极性受到压抑。问题的根子在省委，在省委的主要领导同志。中央领导还强调，在揭批“四人帮”的运动中，要认真执行党的政策，严格区分和正确处理两类不同性质的矛盾。要把甘肃的工作搞上去，特别要千方百计把农业搞上去。6月9日，中共中央决定免去冼恒汉在甘肃省委、省革委会和兰州军区的职务，由中央军委另行分配工作；肖华任兰州军区第一政委、党委第一书记，宋平任甘肃省委第一书记、省革委会主任、甘肃省军区第一政委、兰州军区第二政委；原派到甘肃省支左的军队干部，原则上调回部队分配工作。6月17日，甘肃省召开300万人参加的广播大会，宋平宣读了中共中央关于解决甘肃省委领导问题的决定，并做了重要讲话。会议号召全省“放手发动群众，紧密联系实际，大打揭批‘四人帮’的人民战争，把揭批‘四人帮’这场政治大革命进行到底，彻底肃清‘四人帮’的流毒和影响，在斗争中实现甘肃大治，以大批促大干，把甘肃的各项工作搞上去”。随着中央对甘肃省领导班子的调整，在充实甘肃省委、省革委会领导

班子的同时，一些在“文革”中犯有严重错误，属于“四人帮”帮派体系、在“文革”中靠“造反”起家或靠“打、砸、抢”上台的人的问题，被揭露并得到处理。对全省受“四人帮”影响较深的19个委、办、局，4个地区、18个县（区），11个地级厂矿、大专院校，以及一些处于软、散、懒状态的单位的领导班子进行了调整和充实，将一些长期受排斥、打击的干部，重新调入经济职能部门。

（二）真理标准问题大讨论

1978年5月，中央党校内部刊物《理论动态》第60期刊登《实践是检验真理的唯一标准》一文，5月11日在《光明日报》公开发表，掀起了关于真理标准问题的讨论。7月25日，宋平撰写的《一切从实际出发，按客观规律办事》在《人民日报》上公开发表。10月11日，甘肃省委宣传部发出通知，要求全省各地认真组织和讨论实践是检验真理的唯一标准等问题，自此，真理标准问题的讨论在全省掀起了高潮。驻兰部队、甘肃日报社、省社科院、省水电局、兰州大学先后召开了真理标准问题座谈会。11月10日，《人民日报》再次报道了宋平在省委常委（扩大）会议上的讲话。甘肃省是全国最早开展关于真理标准问题讨论的省份之一，为甘肃完成历史性的转折做了思想上的准备。

（三）平反冤假错案

“文化大革命”中“左”倾错误泛滥，造成了大量冤假错案。粉碎“四人帮”后，甘肃省进行了平反假案、纠正错案、昭雪冤案等拨乱反正工作。1977年7月初，甘肃省委成立了清理积案领导小组，全省各地、州、市也设立了相应的机构，平反冤假错案。1977年11月，甘肃省委批转省委清查领导小组《关于所谓“反革命政变二套班子”调查情况和处理意见的报告》和《关于所谓“反革命告状团”问题的调查情况和处理意见的报告》，决定予以平反。凡因此问题受到处分的干部、职工一律平反，恢复名誉。1978年11月21日，中共甘肃省委召开落实政策大会，宣布对所谓“汪锋一小撮”和高健君冤案予以彻底平反，为受迫害者恢复名誉。1979年3月16日，甘肃省委发出通知，对“以黄罗斌为首地主资产阶级篡夺白银公司领导权”案件涉及的2058名各级干部予以平反。与此同时，对科学、教育、文化、民族宗教各领域的冤假错案全部进行了平反。

（四）全面落实党的各项政策

落实党的知识分子政策　1978年5月，在甘肃省农业大学帮助落实政策的省委调查组就知识分子工作条件、政治待遇、生活状况等实际问题向省委呈送一份调查报告——《农大十教授的现状》，省委第一书记宋平看到报告后十分重视，立即写信给甘农大负责人，督促他们尽快落实知识分子政策。这 行动极大地推动了甘肃省深入落实知识分子政策工作。1979年3月30日，甘肃省革委会召开高等学校教师职称晋升大会，宣布段一士等24名教师晋升为教授，为朱子清等因错划“右派”和错误批判而取消了学术职称的8名教师恢复教授、副教授职称。各地政府和行政部门重视解决知识分子住房难、两地分居的问题。1982年11月1日，甘肃省委在兰州召开知识分子工作会议，出台了省委、省政府《关于加强知识分子工作的决定》和《关于改善知识分子工作和生活条件的规定》。全省知识分子的工作条件和生活待遇逐步得到改善，社会地位不断提高。

落实党的统战政策　1978年5月8日，省委批转省委统战部的报告，要求各地认真落实党的统战政策，对过去处理过的统战对象，要认真进行复查，凡原系统战对象，“文化大革命”中没有问题的，都应维持原结论，恢复其工资待遇，被扣减的工资予以补发，被遣送农村的允许迁回城镇。对资产阶级工商业者，应按1962年7月16日国务院《关于处理资产阶级工商业者的退休问题的补充规定》执行。1979年2月22日，省委批转省委统战部《关于落实党对民族资产阶级政策问题的请示报告》，规定“文化大革命”中查抄的资产阶级工商业者的存款，万元以上的应予解冻，一次发还，并按银行规定付给利息；查抄的财物发还本人，被扣减的薪金一律恢复原来的标准，并补发被扣减部分，取消的保留工资和增发的固定工资，也应予恢复补发；被占用的私房，应当归还；有技术专长的授予技术职称，适当安排工作；生产劳动中表现好的，应给予表彰奖励；病假、死亡等均按职工待遇对待。1966年9月结束定息前未领的定息，现在要求领取的，可以发给；对其子女在入党、入团、升学、参军、招工等问题上，不得歧视。这两个文件先后下发，各地都按照文件精神核实情况，具体落实政策到人。1981年5月，甘肃省批转了省委统战部、省委组织部《关于安排党外人士担任领导职务情况和今后意见的报告》，要求各级党委把安排党外人士在各级领导机构中担任领导职务的工作，列入党委的重要议事日程；结合遴选人大常委、政府负责人和调整各级领导班子，做好党外人士的安排配备，使一大批党外人士走上政府及其他领导岗位。

落实党的民族宗教政策 1980年4月，省委组织民族政策执行情况检查团，由省委负责同志率领，分赴各地对民族政策执行情况进行了检查落实。1982年6月，甘肃省委专门成立了处理反封建斗争遗留问题领导小组和办事机构，对1958年反封建斗争和宗教制度民主改革中所遗留的问题，进行了复查纠正，同时中央拨款1000万元，国家民委拨款70万元，省财政拨款300万元用于落实政策。在临夏回族自治州、甘南藏族自治州及民族自治县，落实党的民族宗教政策，开放宗教活动场所，对“文化大革命”等运动中错误处理的宗教人士、在反封建斗争中被错判的人员予以平反纠正，在州、县的人大、政协安排宗教界人士担任职务。

二、经济建设

（一）经济体制改革的实践

农村经济体制改革 甘肃省农村经济体制改革大体可分为三个阶段。第一阶段（1978—1984），家庭承包经营体制确立阶段。标志是改革人民公社体制，实行家庭承包经营，全省粮食产量大幅度增长，经济作物和畜牧业快速发展，乡镇企业开始起步。第二阶段（1985—1999），农业市场化阶段。标志是培育市场机制，取消计划收购和销售，让市场发挥资源配置的基础性作用，乡镇企业快速发展，农民来自二、三产业的收入明显增加。第三阶段（2000年之后），统筹城乡经济社会发展阶段。标志是全面取消农业税、牧业税、农业特产税、屠宰税，实行粮食直补、良种补贴、农机具购置补贴和农资综合直补等农业补贴制度，全面放开粮食购销市场和价格，普遍建立新型农村合作医疗制度，全面建立农村最低生活保障制度，加快农村水电路气等基础设施建设，加强农民工权益保护和服务。1980年是甘肃省农村经济体制改革取得较大进展的一年。新华社、《人民日报》和《甘肃日报》发表了《政策要适当放宽，生产方针要调整——宋平同志经过调查提出改变贫困地区面貌的意见》，首次在新闻媒体中公开亮出了省委第一书记允许搞“责任田”的态度，在甘肃省农村产生了强烈反响。到1982年6月，全省实行包产、包干到户的生产队10.16万个，占生产队总数的91.05%；河东六地区达到99.93%；河西三地区达到46.45%。

农村经济体制的改革，极大地解放了农村生产力，促进了农业和农村经济的大发展。全省主要农产品实现了由长期短缺到供求总量动态平衡、丰年有余的历史性转变，解决了“一方水土养不活一方人”的历史性难题，实现了由农产品调入省份向调出省份的转变。农产品综合生产能力方面，主要农产品全面大幅增产，实现了粮食自给、果菜外调、特色农产品出口。2007年，全省粮食总产量达824万吨，与1978年相比，油料产量增长5倍、棉花增长37倍、蔬菜增长16倍、水果增长19倍、肉蛋奶增长10倍。销往外省的农产品达到1160万吨，出口创汇接近3亿美元。农业生产条件方面，全省有效灌溉和集雨节灌面积达到2100万亩，农机总动力增长4倍，建设草原围栏4480万亩，日光温室和塑料大棚等设施种植面积发展到108万亩，规模养殖户的标准化养殖小区养殖畜禽达到3500万头（只），累计建设农村沼气32万户。农业结构调整方面，突破以粮为主的格局，优势农产品向优势产区集中，马铃薯、中药材、现代制种、啤酒大麦、酿酒葡萄、果品、蔬菜等优势产业占农作物播种面积的近一半，食用百合、油橄榄等十多个地方性特色产品位居全国前列。农业发展内涵方面，由单纯的种养业向农工贸一体化发展。农业产业化经营从无到有，农业产业化龙头企业发展到1516家，农民专业合作经济组织达到4281个，农产品加工能力达到1100万吨；产地认定、产品认证和产地准出、产品准入制度逐步建立；农业环保得到重视，清洁生产、健康养殖、绿色植保、资源节约利用和科学发展的理念逐步确立。农业科技推广应用方面，重点推广全膜双垄沟播、畜禽规模化养殖等综合配套技术，大面积推广良种良法、测土配方施肥、苹果套袋、节水灌溉和保护性耕作技术，新建一批农业科技示范园区，推进科技进村入户，实施农民科技培训工程和“阳光工程”，培训一大批青年农民成为带头人，科技对农业增长的贡献率提高到48%。农民增收方面，2007年全省农民人均纯收入达到2329元，是1978年的23倍，年均增幅11.4%；农民增收渠道日趋多元化、多样化，特色农业、畜牧养殖和劳务输出成为农民增收新的三大来源；农民居住条件明显改善，基本实现了村村通车、通电、通广播电视，农村和牧区生活发生了显著变化。

国有企业体制改革　甘肃省国有企业改革大体经历了四个阶段。第一阶段（1978—1984），以放权让利为重点，实行企业利润留成制度，调整国家与企业的利益分配关系。第二阶段（1985—1993），以承包经营责任制为重点，实行企业所有权与经营权适当分离，确立企业的市场主体地位。第三阶段（1994—2002），以建立现代企业制度为重点，实行规范的公司制改革，转换企业经营机制。第四阶段（2003年以来），以深化国有资产管理体制改革为重点，实行政资分开，深化和推进国有企业改革。特别是按照党的十六大提出的建立中央政府和地方政府分别代表国家履行出资人职责，享有所有者权益，权利、义务和责任相统一，管资产和管人、管事相结合的国有资产管理体制的要求，2003年5月成立甘肃省人民政府国有资产监督管理委员会，各市（州）也相继成立国有资产监督管理委员会，分别代表国家对经营性国有资产履行出资人职责，依法履行监督职责，积极推进国有企业改革。经过四个阶段的改革，公司制企业成为全省企业的主要组织形式，大部分省属国有企业改制为多元股东持股的公司制企业，全省市（州）中小企业改制完成，国有大中型困难企业通过实施政策性关闭破产，一批长期亏损、扭亏无望、资不抵债和资源枯竭的国有企业退出市场，国有经济更多地向关系国民经济命脉的重要行业和关键领域集中、向大公司大企业集团集中，国有经济布局分散的状况得到改善。国有企业劳动、人事、分配制度发生深刻变化，普遍实行了全员劳动合同制、全员竞争上岗和以岗位工资为主的工资制度，一些企业还积极探索了工资集体协商制度、企业经营者年薪和股权期权激励制度，初步建立起管理者能上能下、职工能进能出、工资能升能降的新机制。国有企业资产总量持续扩大，企业自身积累能力和对财政的贡献能力持续增强，33户省属企业资产总额从2004年底的957.2亿元增加到2007年的1458.34亿元，增长52.35%；所有者权益从286.6亿元增加到494.89亿元，增长72.68%。

财政税收体制改革 甘肃财政体制改革大体经历了两个阶段。第一阶段（1978—1993），包干制财政体制改革阶段，主要是实行对地方政府放权让利的财政包干体制。第二阶段（1994—2007），“分税制”财政体制改革阶段，构建基本适应社会主义市场经济要求的公共财政管理体制。在财政体制改革不断深化的同时，全省税收体制改革也随之展开。改革开放前，税务部门是财政部门的内设机构。1979年，成立甘肃省税务局，为甘肃省财政厅下属的正县级局。1983年，甘肃省税务局升格为甘肃省财政厅副厅级单位，机构业务和人事归口财政厅管理。1986年，甘肃省税务局与甘肃省财政厅分设，全省税务机构、干部管理、人员编制、业务开展等均由甘肃省税务局垂直管理。1994年，伴随着分税制改革，分设了国税局和地税局。1978年，甘肃省财政收入为20.53亿元，财政支出14.34亿元。通过30年改革，地方财政收入和大口径收入2007年分别达到190.9亿元和391.56亿元，财政支出2007年达到675.34亿元。1994年新税制后，国税收入从1994年的59.9亿元提高到2007年的227.8亿元，增长近4倍；地方税收由1994年的16.2亿元提高到2007年的203.75亿元（其中地方税收120.4亿元，社会保险费82.19亿元，其他类基金收入1.16亿元），增长了11.58倍。

金融体制改革　甘肃金融体制改革大体经历了三个阶段。第一阶段（1978—1993），建立银行体系阶段。中国农业银行、中国银行、中国工商银行、中国建设银行的甘肃分行恢复设立，全省初步形成了人民银行与国有商业银行、股份制商业银行、城乡信用社和非银行金融机构分设的二级银行体制。第二阶段（1994—2003），商业化改革和资本市场建立阶段。新设立国家开发银行甘肃分行、中国农业发展银行甘肃分行。为适应全国分业营业、分业监管体制，1999年甘肃银监局、证监局、保监局相继成立。第三阶段（2004年以来），建立金融体制机制阶段。国家开发银行和四大资产管理公司商业化转型与运作开始启动，农村信用社全面改革启动，调整放宽农村地区银行业金融机构市场准入政策试点稳步推进。2005年，甘肃省人民政府金融工作办公室成立，金融业实现了分业监管，初步建立了“一办”加“一行三局”的全省金融调控和监管体制。通过三个阶段的改革，甘肃省初步建立健全适合省情的金融市场体系、组织体系、监管体系和调控体系。全省同业拆借市场、银行间债券市场、大额定期存单市场和商业票据市场等期货市场从无到有，有力地促进了甘肃经济的发展。全省金融法人及二级法人机构由1978年的人民银行1家，增加到2007年的国有商业银行4家、股份制商业银行2家、政策性银行2家、城市商业银行1家、邮政储蓄银行1家、城市信用社2家、农村合作银行7家、农村信用社80家、村镇银行4家、金融资产管理公司4家、信托投资公司1家、金融租赁公司1家、财务公司1家、保险公司19家、期货公司2家；全省有银行业机构网点4499个，证券经营网点55个，保险经营网点2299个。资本市场已发展上市公司21家，直接融资128.08亿元。保险市场保持快速增长态势，2007年保费收入达70.36亿元。2007年，全省银行类机构各项存款余额达3764.95亿元，各项贷款余额为2448.16亿元，城乡居民人均储蓄余额为7333.2元，分别是1978年的117.14倍、78.9倍和373.4倍。

商品流通体制改革　甘肃省商品流通体制改革大体经历了四个阶段。第一阶段（1978—1984），计划经济为主，市场调节为辅阶段。改变了国家对企业统负盈亏和企业自身平均分配“吃大锅饭”现象，普遍采取人定岗、岗定责、责计分、分计酬的“百分考核”奖惩分配方法。第二阶段（1985—1992），有计划的商品经济阶段。取消主要农副产品统购、派购制度，初步形成一个相对活跃的城乡贸易网络；生产资料进入市场流通并出现价格“双轨制”；商贸流通系统所属企业推行“经理负责制”和“经理任期目标责任制”；探索推广“四放开”（经营放开、价格放开、分配放开、用工放开）和“国有民营”改革试点。第三阶段（1993—2002），建立社会主义市场经济体制阶段。按照党的十四大的要求，建立社会主义市场经济体制。第四阶段（2003年以来），全面深化经济体制改革，建立健全社会主义市场经济体制。

30年的改革开放，甘肃省商品流通体制形成了国有参股控股企业为主导、个体私营企业为主体、外资企业为补充的运行格局，甘肃省商业厅、甘肃省物资局、甘肃省对外贸易经济合作厅、甘肃省供销联社等职能发生重大转变，2004年初组建甘肃省商务厅，商品流通内外贸管理一体化，商品流通市场机制基本形成，商品市场体系趋于完善，商贸流通业实现了持续、稳步和较快的发展。大型零售企业、大型超市、连锁店、社区商业便民店、直销及电子商务等现代流通业态开始出现并迅速成长。华润万家、北京华联、肯德基等国内外大型流通企业先后在甘肃设立连锁企业，总代理、总经销、物流配送、连锁经营等现代营销方式在全省逐步兴起，新型经营方式和经营业态开始从城市走向农村乡镇。初步建立起全省城市生活必需品、重点流通企业等监测系统和应急预案，整顿和规范市场经济秩序取得实效。1978年，全省社会消费品零售总额仅为20.72亿元，到2007年已达到833.32亿元，增长幅度达到40.22倍，年均增速13%。

粮食流通体制改革　改革开放30年间，甘肃省粮食流通实现了由计划经济向市场经济逐步转变。1979年重开粮食市场，恢复议价经营。1983年实行粮食多渠道经营。1985年取消粮食统购，实行合同定购。2001年国务院实施放开销区、保护产业的改革措施，甘肃省比照主产区对保护价收购品种进行调整。2004年以后，实行放开粮食收购市场和价格、直补种粮农民的政策，粮食供给与流通逐步全面走向市场。在粮食储备方面，1990年

10月开始着手建立省级粮食储备。1993年先后从国家周转库存中划出15亿斤粮食和部分平价食用油作为省级储备。1998年将过于分散的省级储备粮主要集中到交通沿线的省、市储备库存放，储存单位由654个合并为117个，基本达到除省、市粮食储备库外每县有一个储存点的布局要求。2007年，省、市、县三级粮食储备体系基本建立。对国有粮食企业进行了多种形式的改制，大部分企业通过股份制、关闭解散、产权转让、破产等方式退出国有序列。

（二）基础设施建设

公路交通　30年间，特别是“九五”以来，全省交通部门紧抓国家政策调整和西部大开发机遇，持续扩大投资规模，从“七五”时期的2.4亿元增加到“十五”时期的437.2亿元，2007年达到136亿元，占全省全社会固定资产投资的13%。30年间累计完成投资996.98亿元。1994年天水至北道高速公路建成通车，实现了甘肃高速公路建设零的突破。至2007年，全省建成16条1316千米高速公路，初步形成以兰州为中心呈放射状的高速公路网，省会兰州的六个出口公路全部实现高速化，甘、青、宁三省区省会之间实现了高速公路连通。农村公路至2007年通车总里程达到8.58万千米，实现了全省所有乡镇通公路，91.2%的行政村通公路，97.24%的行政村通机动车，63.7%的建制村通等级公路，22.1%的建制村通油路（水泥路）。在路网改造方面，先后对9条国道和32条5344千米省道进行改造，建成568千米战备专用公路，“十五”期间全省实现了从市（州）到县（市、区）通油路的目标。到2007年，全省公路通车里程由1978年的3.45万千米增加到10.06万千米，公路密度由7.612千米／百平方千米提高到22.14千米／百平方千米，其中二级以上公路里程达到6536千米，基本形成以省会兰州为中心，以连（云港）霍（尔果斯）、丹（东）拉（萨）2条国道主干线，10条国道及32条省道为干线，以县乡公路为分支，沟通全省城乡、连接周边省区四通八达公路的运输网络。

铁路交通　改革开放后，甘肃省先后新建、改建陇海线、兰新线等6条国家干线的管内区段以及部分支线。扩建兰州车站、宝兰二线铁路增建、兰武二线等一批铁路重点工程相继建成，20.05千米的乌鞘岭铁路隧道创亚洲陆地隧道最长纪录。截至2007年，甘肃省境内铁路营运里程达1986.5千米，其中复线里程1305千米，是1990年的1.27倍；电气化里程1487.3千米，是1990年的11.71倍。甘肃省境内合资铁路营运里程从无到有，达到161.48千米。

民航交通 1987年启动民航体制改革后，甘肃省民航逐步形成民航甘肃监管办、东航甘肃分公司、甘肃机场集团、民航甘肃空管分局、中航油甘肃分公司、海航兰州分公司6个单位并存的格局。1997年总投资13.6亿元的兰州中川机场扩建工程奠基，新飞行区为4D级标准，可满足空客、波音系列等大型飞机的起降要求。新航站区设计标准可满足年260万人次、高峰小时1300人次的吞吐量。2001年8月扩建工程通过国家总验收正式投入运行。西部大开发后，敦煌机场、嘉峪关机场飞行区按4C级标准建设的改扩建工程相继完工，庆阳机场完成改扩建实现复航；天水军民合用机场顺利完成试飞；夏河机场、金昌机场完成选址和预审后开工建设；陇南机场建设前期工作已经展开。1998年至2004年，驻场的东航甘肃分公司实现机型转换，陆续引进6架A320飞机。截至2007年，进入甘肃省民航市场的航空公司达到14家，航线45条，形成以省城兰州为中心，以敦煌、嘉峪关、庆阳等旅游城市为支点，沟通全国30多个大中城市的航空网络。2007年，甘肃民航已通航的4个机场实现286.75万人次的旅客吞吐量，较1989年增加250多万人次。其中，兰州中川机场251.09万人次，敦煌机场25.91万人次，嘉峪关机场6.09万人次，庆阳机场3.66万人次。

管道运输 甘肃是国家重要的能源供应战略通道。改革开放后相继建成的管道有：干线全长约1252千米，设计输油能力500万吨/年的全国第一条长距离、大口径、高压力、大落差成品油密闭输送管道——兰成渝成品油管道；管道总长度达到3690千米，原油管道设计输量2000万吨/年，成品油管道设计输量1000万吨/年的西部原油成品油管道；管线全长约953千米，经增压改造后输气能力达到34亿立方米/年的涩宁兰管线；干线全长约3900千米，设计输量120亿立方米/年的西气东输管线；管线干线全长约457.5千米，设计输量35亿立方米/年的兰州银川管线；干线全长约3214千米，设计输量100万吨/年的兰郑长成品油管道；管线主干线全长4895千米，设计输气能力300亿立方米/年的西气东输二线；管线全长约918.43千米，设计输量33亿立方米/年的涩宁兰复线。这些管线使甘肃省成为名副其实的“管线走廊”，为满足中东部地区能源需求、促进西部地区经济发展、保障国家能源安全做出巨大贡献。

邮电通信　1998年12月28日，甘肃省邮政正式独立运营。2006年9月11日，甘肃省邮政管理局成立，行使政府依法监管职能。2007年2月9日，甘肃省邮政公司挂牌。为提高经营效益，针对金融、函件、报刊、集邮、速递、物流等不同业务类型，实施灵活多样的项目营销。开展跨部门合作，开展移动通信、航空机票、保险代理业务。参与村村通工程，不断拓展合作发展的深度和广度。在服务经济社会建设上，承担高投人低收益的普通服务、机要通信业务、义务兵通信等特殊服务。全省1200多个局（所）中农村局（所）占70%，农村邮路2700多条，投递线路11.47万千米，主要靠自行车、步行投递。开展邮政金融、报刊和农资分销等多种服务“三农”业务，建立“三农”服务点7366处；为近3万家中小企业提供以数据库商函、金融服务、速递物流等为主要形式的全方位、多功能、个性化的服务。与1500多家企业建立了稳定的合作关系，全省邮政文明单位覆盖率达82.4%。2007年，邮政企业业务收入7.27亿元，是分营时的2.26倍；人均业务收入从2.28万元提高到5.58万元，总资产由13.7亿元增加到20多亿元，建成较为完善的物流网、信息网和金融网。2007年，行风建设社会评价综合满意度达到96分。

改革开放后，特别是20世纪90年代，甘肃省电信行业围绕通信能力建设和技术层次升级，以干线通信网络建设为依托大力发展省内通信网，电话交换由小容量向大容量、由人工接续向程控交换转变，电信传输由模拟技术向数字技术转变，电信业务由单一化向多样化转变，形成了覆盖全省、通达全国以及部分国家和地区的电信通信网，在基础设施行业中率先摆脱“瓶颈”。进入21世纪，电信行业改革不断深化，形成甘肃电信、甘肃移动、甘肃联通、甘肃铁通、甘肃网通、甘肃卫通等6家基础电信运营企业相互竞争的格局。电信服务内容多样化，语音、数据、宽带、多媒体等各种综合业务快速发展，电子政务、电子商务、网上教育、网上娱乐等极大地满足了广大消费者多层次、个性化的信息通信需求。

（三）第一产业的发展

水利建设与农业先进技术推广　改革开放后，甘肃以兴修水利、改善农业生产条件作为突破口，形成了以供水、灌溉、防洪、发电、水土保持为主的水利工程体系。河西走廊（疏勒河）农业灌溉暨移民安置综合开发项目，兴建于1996年，2006年全面完工，总投资19.77亿元，灌区新增有效灌溉面积106万亩，迁移贫困人口5.02万人。东乡县南阳渠灌溉工程，是一项跨流域的调水工程，总投资5.56亿元，灌溉农田1.1万亩，解决了临夏州的和政、东乡、临夏三县8万余人的生活用水，改善了4万人的饮水条件。引洮工程，由九甸峡水利枢纽和引洮供水工程两部分组成，兴建于2006年8月，总投资37.2167亿元。是以解决城乡生活供水及工业生产、生态用水为主，兼有灌溉、发电、防洪养殖等综合利用工程功能。引大入秦工程，投资15.7亿元，其中利用世行贷款1.23亿美元（折合人民币4.56亿元）。总干渠、干渠长210千米，隧道71座，长110千米，支渠45条，长675千米，跨流域年调水4.43亿立方米，自流灌溉86万亩，并为城市建设和工商业等发展提供了宝贵的水源。与此同时，大力推广先进农业技术，促进了农业的丰产增收。20世纪90年代，普遍推广了地膜平铺穴播技术。2003年到2005年，全膜双垄沟播技术在全省不同的生态区域进行了试验示范，种植玉米比相同条件下的半膜平覆增产超过35%以上，种植马铃薯比露地栽培增产30%以上。从2005年起，由国家农业部门向全国组织推广。全膜双垄沟播技术，表现了良好的抗旱增产效果，改写了旱作农业产量低而不稳的历史。

农牧业生产成效 甘肃在1978年改革开放以前，农业生产力十分低下，全省粮食单产113.6千克，农村人口生活贫困。在一系列惠农政策的支持下，甘肃农业生产实现了自求平衡、丰年有余的历史性转变，解决了长期困扰甘肃的吃饭问题。2007年在遭受严重自然灾害情况下，粮食单产205千克。与1978年相比，2007年粮食播种面积减少464万亩，总产量却由510.5万吨增加到824万吨，增长61.4%。截至2007年，粮食总产量已经连续四年稳定在800万吨以上。20世纪70年代全省人均占有粮食264千克，80年代全省人均占有粮食263千克，90年代全省人均占有粮食303千克。其中，1998年达到最高水平的346千克，2007年全省人均占有粮食为315千克，比全国人均水平低72千克。全省夏粮面积由1986年的2800万亩调减到2007年的1729万亩，秋粮面积由20世纪80年代中期的1400万亩增加到2007年的2301万亩。全省夏秋作物比例由1986年的65∶35调整为2007年的43∶57。2007年，优质专用小麦、玉米、马铃薯和小杂粮的种植面积达到1576.6万亩，占粮食作物总面积的39%。为了加快发展现代农业，省委省政府先后出台一系列政策，建立起了省、地、县、乡四级农业科研推广机构，全省制定农业地方标准1000多项。经过30年的努力，形成了产业门类齐全、网络体系基本健全、布局结构相对合理的农业科技推广服务体系，培育了一大批高产优质作物和畜禽新品种，发明了双垄覆膜沟播、节水灌溉、立体种植等技术体系，培养了一大批农业产业化经营和科技致富带头人。

扶贫开发　甘肃省贫困人口多、贫困面积大、贫困程度深，是全国贫困省份之一。历届省委、省政府高度关注扶贫开发，始终把解决农村贫困人口的温饱问题作为农村工作的头等大事来抓。1983年，国家实施区域性扶贫开发，从1983年起连续20年，每年拨款2亿元，用于“三西”建设。在专项资金安排上，暂以10年为限。在前10年的奋斗目标上又具体划分为“三年停止植被破坏（1983—1985），五年基本解决温饱（1986—1990），两年巩固提高（1991—1992）”，并成立了国务院“三西”农业建设领导小组，进行具体指导，组织协调。甘肃的河西、定西成为“三西”建设的主战场。其中，安排“两西”专项资金每年1.6亿元，支持甘肃以定西为代表的中部干旱地区和河西地区的农业开发建设。1986年开始实施老区、少数民族地区和以南部山区为重点的困难地区扶贫开发。1993年实施《全省四七扶贫攻坚计划》。在党中央、国务院的大力支持下，甘肃省先后提出“兴河西之利，济中部之贫”“有水走水路，无水走旱路，水旱路不通另找出路”“四个一”（一人一亩基本农田，一户一亩经济林果园，一户出售一头商品畜，一户转移一个劳动力）及“修梯田、打水窖、兴科技、调结构”等扶贫开发路子，以整村推进为基本形式，继而形成连片开发、整流域开发的扶贫开发新模式。国家28个部委定点帮扶35个县，天津市对口帮扶13个县，省直行政企事业单位帮扶45个县，省、地、县各级领导都建立了帮扶联系县、包乡包村制度，各级部门、企事业单位支持贫困地区建设，形成涵盖全社会的帮扶网络。20多年来，在贫困地区建成90多项大中型水利工程，输变电工程7.03万千米，梯田面积累计达到2596万亩，有效灌溉面积累计达到1084万亩，基本解决了205万人、611万多头牲畜的饮水困难，治理小流域面积2400平方千米。贫困地区马铃薯种植面积达到846万亩，中药材种植面积达到223万亩，林果种植面积达到1049万亩，蔬菜种植面积达到445万亩，多年生牧草留床面积达到783万亩，牛存栏达到11.64万头，羊存栏达到19.13万只。培育了一批带动和服务于贫困地区产业发展的扶贫龙头企业，特色产业收入占贫困地区农民人均纯收入的60%左右。贫困地区每年培训乡村干部1万多人次，培训农民技术员40多万人次，累计推广各种农业科技成果200多项，每年新品种应用面积在1100万亩以上。每年输出劳务人口达400万人次以上，贫困县劳务收入占农民人均收入1/3以上。到20世纪末，全省贫困人口由1982年的1254.42万人减少到68万人，贫困面由74.8%缩小到3.36%，实现了全省基本解决农村贫困人口温饱问题的阶段性扶贫目标。根据新的扶贫标准，2007年全省有69.92万绝对贫困人口基本解决温饱，281.9万低收入人口稳定解决温饱，绝对贫困人口由2000年底的196万人减少到126.11万人，低收入人口由560万人减少到278.24万人，农村贫困面由37%缩小到19.44%，51个国家和省级扶贫开发工作重点县农民人均纯收入由1144元增加到1814元，年均增长7.5%，和全省平均增长水平基本持平。

（四）第二产业的发展

改革开放30年来，甘肃省大力实施工业强省战略，着力抓好有色、冶金、石化、机械、建筑、建材、能源、电子、信息、制药、轻纺、食品等行业和重点企业，使全省工业经济取得长足发展，工业主导地位日益突出，工业结构不断优化升级，经济质量不断提升，节能降耗取得显著成效。

能源工业 电力工业快速发展。1978年以来，甘肃省将能源工业建设的重点放在电力工业上，坚持水火电并举的发展思路，加快投融资体制改革步伐，成立甘肃省电力建设投资开发公司，大唐、华能等五大发电集团公司相继在甘肃省设立办事机构，先后建成一批大中型水电站和骨干大型火电站。同时加强电网建设，全省建成统一电网。30年间机组投产容量超过1000万千瓦，电力装机总容量达到1328万千瓦，是1978年的4.75倍；发电量从1978年的114.12亿千瓦时增长到2007年的620.3亿千瓦时，增长5.44倍，全省电力供需紧张的矛盾得到缓解。同时深入推进节能减排，启动小火电机组关停工作，全省火电供电煤耗由1978年的523克/千瓦时下降到2007年的352.5克/千瓦时，低于全国平均水平。启动重点城市热电联产工程建设，替代污染大、能耗高的供热小锅炉。加强电网建设，1982年甘肃省电网35千伏及以上输电线路达到1.02万千米，全省连成统一电网。1990年开始实施330千伏骨干电网建设，2005年国内电压等级最高、世界海拔最高的超电压电网，即750千伏官亭—兰州东输变电示范工程实验成功并安全运行，电网主网架从330千伏向750千伏逐步转换升级。电网35千伏及以上线路达到3.58万千米，变电容量达到3008.3万千伏安，分别是1978年的3.99倍和6.9倍，用电量从1978年的81.7亿千瓦时增长到2007年的614.74亿千瓦时，增长7.5倍。1998年以来投资125亿元的全省农村电网建设与改造一二期工程、县城电网改造工程、农网完善工程和无电地区电力建设工程相继开工建设。全省户通电率由1978年的25%提高到2007年的99%以上，基本实现了全省“户户通电”，同网同价。

甘肃省新能源开发利用起步较早，是全国最早研究、开发利用太阳能的省份，国内第一栋太阳房、第一个太阳灶都建在甘肃。1978年成立了全国第一家从事自然能源和太阳能研究与开发的机构——甘肃省科学院自然能源研究所，1986年在合作师专建造全国最大的太阳房教学建筑群落，1997年在玉门地区建成全省第一个示范性试验风电场，为甘肃省新能源工业发展打下良好的基础。“十一五”以来，随着《可再生能源法》以及一系列推进新能源工业发展措施的出台，甘肃省新能源工业得到快速发展。积极推进太阳能资源利用，实施“光明工程”“送电到乡”等工程。到2007年全省太阳能热水器利用面积达到55万平方米，累计推广太阳灶57.8万台，太阳能采暖房180.7万平方米。建成光伏电站43座，总装机容量422千瓦，发放户用光伏系统6600多套，总装机容量250千瓦。建成小型离网型风光互补电站7座，总装机容量665千瓦。联合国工业发展组织国际太阳能技术促进转让中心项目在甘肃实施，敦煌20兆瓦并网型光伏发电工程已纳入国家规划并开工建设。全面启动生物质能开发利用。结合国家退耕还林、退牧还草、天然林保护工程和扶贫开发，实施“生态家园富民计划”示范村建设项目、43个生态环境综合治理重点县农村能源建设项目、农村沼气建设项目、大中型沼气工程和甘肃省农村能源培训基地建设项目等一批生物质能利用项目。截至2007年，已完成“生态家园富民计划”示范村945个，推广“一池三改”户用沼气38万户，建成4个秸秆气化站。加快风能资源开发，2007年已建成玉门地窝铺、三十里井子，瓜州向阳、大梁等风电场，总装机容量41万千瓦。2008年，甘肃省提出“建设河西风电走廊，再造西部陆上三峡”战略目标，酒泉千万千瓦级风电基地建设工程全面启动。

原材料工业　甘肃以国有大型企业为依托，通过实施兰石化70万吨乙烯、300万吨催裂化装置烟气轮机改造项目和硫化25万吨合成氨改造，金昌化工集团磷铵以及新西部兰维公司PVA项目建设等26个重大项目建设，推进了原材料工业快速发展，主要产品尿素、高浓度复合肥、精细化工产品、航空航天燃料等产品在全国都享有盛誉。金川集团有限公司镍产量居全球第5位、钴产量居全球第2位。白银有色集团公司已成为集采矿、选矿、冶炼、加工、化工生产和科研一体化，铜、铝、铅、锌、金、银、硫综合发展的特大型联合企业。兰州铝厂、连城铝厂和白银铝厂均为全国重点铝厂。甘肃还是国家稀土、黄金、铅锌生产的重要基地。2007年，全行业年产10种有色金属146.24万吨，与1978年相比年均增长8.43%；完成工业总产值787.64亿元，年均增长12.61%；实现利税166.46亿元，年均增长14.19%，其中利润119.61亿元（年均增长13.88%）、税金46.85亿元（年均增长10.26%）；进出口贸易总值31.15亿美元，其中进口总值29.63亿美元，出口总值1.52亿美元。产铜32.15万吨，与1978年相比年均增长6.67%。全省生产铝76.14万吨，与1978年相比年均增长7.96%；生产铅2.86万吨、锌23.23万吨；生产氯化稀土总量2.02万吨、铈系列产品2076吨、镧系列产品1576吨、镨钕氧化物871吨、稀土抛光粉1216吨、贮氢合金粉286吨，新产品钇铕氧化物88吨、铈铽氧化物7.61吨、氧化钆71.89吨。甘肃黄金工业起步于1984年，2007年全省60多家黄金生产企业生产黄金9.07吨，其中矿产金6.9吨、冶炼副产金2.17吨，总产量位居全国第8位。

建材工业 经过30年的快速发展，甘肃形成以水泥、平板玻璃、建筑陶瓷、新型建材、非金属矿等产品为主、种类相对齐全的工业体系。大体经历了三个发展阶段：第一阶段（20世纪80年代），“大家办建材”阶段。1978年，甘肃省水泥生产仅155万吨，平板玻璃56万重量箱，其他建材产品少之又少。改革开放后，各地采用独资、合资、联办等形式，新建了一批建材企业。1985年10月，国家《建材工业发展纲要》提出“大家办建材”方针后，鼓励省属建材企业发展横向经济联合，支持各地、各部门兴办建材企业，依据统筹规划、技术进步，发展优势、因地制宜，自愿互利、以大带小的政策，调动各方面大办建材工业的积极性。由国家、甘肃、青海三方合资建设兰州平板玻璃厂九机窑生产线，从中国船舶工业总公司引进资金1700万元扩建高崖水泥厂，对34个小水泥厂进行扩建改造，完成一批技术升级和增量扩容项目。全省冶金、煤炭、交通、邮电、铁路、建筑、农垦、轻工等部门也兴建扩建了一批建材项目。第二阶段（20世纪90年代），增量性发展向以增质为重点的建设方向发展阶段。1995年，制定《甘肃建材工业控制总量调整结构实施意见》。1997年实施深化建材企业改革、强化企业管理工作。1998年提出《甘肃建材国有企业三年改革与脱困规划》，做到抓大放小，组建集团。12户骨干建材企业和70%以上的小型企业改组改制、兼并联合，永登水泥厂成功兼并武山水泥厂，改组为甘肃祁连山集团有限公司并成功上市。第三阶段（2000年之后），转变经济发展方式阶段。国有企业完成产权多样化改革，民营经济、股份制等其他经济类型快速成长，产业结构得到进一步优化，19条新型干法水泥生产线建成投产。2007年，新型干法水泥熟料生产能力达到710万吨，占全省水泥熟料生产能力的40%，较2000年提高了35%。其中，甘肃祁连山水泥集团生产能力由2000年的120万吨增加到2007年的680万吨，进入国家重点支持结构调整的12户全国性大型水泥企业行列。建材行业成为全省综合利用固体废弃物最多的行业，每年大约消纳矿渣、钢渣、煤矸石、粉煤灰等工业固体废料500万吨。

装备制造业 改革开放后，甘肃省机械工业引进一大批具有国内外先进水平的高精尖设备和技术，建成3个国家级企业技术中心，传统优势产业得到提升，新型装备制造得到发展，形成特色鲜明、门类比较齐全的工业生产体系，具备较强的机械制造和零部件加工配套能力，生产的石油钻采和炼化设备、电工电器产品、大型数控机床、大型真空获得与应用设备、矿山机械等产品，在国内外都具有一定影响和优势。在汽车制造领域，2004年兰州市引进工程设计年产量5万辆的吉利汽车生产线，结束了全省没有轿车生产的历史。甘肃中集华骏车辆有限公司的半挂汽车、自卸汽车占有西北地区80%以上的市场份额。在风电装备制造领域，兰州电机有限责任公司具备完全自主知识产权、涵盖300千瓦到3兆瓦系列变速恒频双馈异步风力发电机的设计和生产能力，获得中国船级社颁发的国内首张风力发电机产品质量认证书。天水电气传动研究所完成风力发电控制系统子项目——800千瓦低压大容量变频器的工业性试验，具备产业化生产条件；甘肃风力机工程技术中心自主研发大型风力机叶片设计技术，国内各大叶片制造厂纷纷落户全省风场聚集区，开工建设叶片制造厂，并形成较强的风电塔筒生产配套能力。1978年，甘肃省机械工业归口县以上企业192户，工业总产值8.14亿元。到2007年底，全省规模以上机械制造企业共279家，资产总额192.82亿元，当年累计实现工业销售产值152.14亿元，工业增加值完成65.36亿元，利税总额10.41亿元。重点骨干企业全部完成公司制改造，其中年产值超过10亿元的企业（集团）2家、超过5亿元的企业3家、超过1亿元以上的企业34家。装备制造企业与科研、设计单位加强联合，积极发展工程总承包业务，金川集团机械制造有限公司采、选、冶炼工程总承包，兰州长城电工电力成套工程有限公司、天水锻压JCOE制管生产线工程总承包有限公司及兰州兰电新能源工程总承包有限公司等试点企业已组建运营。

电子信息产业 电子信息产业是甘肃省改革开放步伐迈得较早的产业。1982年起先后在深圳、浙江、山东、江苏等沿海省市创办蓝光电子有限公司、兰海电子有限公司等9户窗口企业。1985年，在甘的8户部属企业全部下放归甘肃省管理。1986年组建第一家软件企业公司。1994年以来，长风宝安实业、蓝光科技、华天科技股份有限公司成功上市。电子信息产业是为国防建设做出重要贡献的产业，30年间先后有十几项军用电子整机产品荣获国家级和省部级科技进步奖和优秀成果奖。“十五”期间，甘肃省电子信息产业为包括神舟系列载人飞船、风云卫星、长征系列运载火箭、巨型计算机、远望号科学考察船、海军新型舰船等近100项重点工程提供了大量高尖端集成电路产品，有70多个系列和产品荣获国家重大科技成果二等奖、科技进步一等奖等奖项。电子信息产业是甘肃省自主创新能力较强的产业。“十五”之后，每年开发60～80项新产品，其中60%达到国内领先水平。软件研究与开发方面，兰州方联电脑技术有限责任公司研发的重离子三维肿瘤细胞病灶定位医疗系统达到世界领先水平，兰州正远科技有限公司的大型国际机场物流控制及管理信息系统，结束了国外大公司在该领域的垄断历史。兰州飞天网景信息产业有限公司在2007年3月自主研发的第29届北京奥林匹克运动会体育信息系统，被国家奥组委采用并正式上线运行。电子信息制造业方面，天水天光半导体公司的肖特基二极管占据国内30%的市场份额，甘肃长风信息集团研发了国内唯一的毫米波段系列产品和平板天线产业，兰州瑞德集团的多线切割机和数控精密研磨机处于国内领先地位，具备国际竞争力。到2007年，电子信息产业实现主营业务收入31.64亿元，主要经济指标比改革开放前提高50倍以上。其中开发生产的软件广泛应用于电子政务、电子商务、公安、金融、企业信息化、医疗卫生、通信、广播电视、农业等国民经济各个领域，有力推动了甘肃经济发展，已成为甘肃名副其实的朝阳产业和先导产业。

轻工业　甘肃省纺织工业主要是20世纪50年代至70年代国家投资建设的，经过改革开放，全省规模以上纺织企业发展到31户，从业人数2万多人，年产值25亿元。棉纺织业由改革开放前的甘肃棉纺织厂、兰州棉纺织厂、白银棉纺织厂3户国有企业发展为13户有限公司和民营企业。2007年，国有企业基本完成产权制度改革，行业装备规模达到36.4万环锭、2000头气流纺，年生产能力棉纱6万吨、棉布6000万米。毛纺织业20世纪90年代企业数达29户，毛纺锭数达7.5万锭。三毛厂“派神牌”精纺呢绒，甘绒厂“红梅牌”，兰州一毛、二毛厂“天鹅牌”水波纹纯毛毛毯在国际国内市场上有较高知名度。20世纪90年代后，国有毛纺织企业进行产业转移调整，亚洲最大毛纺织企业兰州第三毛纺织厂改制为兰州三毛实业股份有限公司，1997年上市，产品畅销全国及美日等20多个国家，先后荣获“国产精品”“走向世界的100家中国名牌”等称号，并入选第27届奥运会中国体育代表团礼服面料。由原甘肃绒线厂等改制组建的甘肃春风纺织（集团）有限公司，成为西部地区最大的毛针织服装生产企业，荣获“全国效益最佳企业”称号。在麻纺织业中，1985年在武山县建立亚麻脱胶厂，1988年研发毛麻、毛涤麻、棉麻等服装面料，含麻量达到40%以上。20世纪90年代后，甘肃武威纺织厂筹建8000锭亚麻湿纺线，开发出10～40支纯亚麻纱，年生产能力达到2000吨。甘肃省纺研所、甘肃高新纺织有限公司等单位，开展了胡麻非织造增强材料及汽车内饰板等研究及麻类产品研制。纺织纤维先后生产出腈纶、丙纶、涤纶、维纶四大品种。兰州化纤厂研制的仿碳素纤维原料——腈纶长丝，1988年获全国科学大会奖。甘肃兰港石化有限公司的细旦丙纶纤维生产线2007年产量达9096吨。兰州新西部维尼纶有限公司年生产聚乙烯醇和纤维制品2.5万吨，中强中模、高强高模聚乙烯醇工程纤维出口量多年均稳定在5000吨左右。全省棉花种植面积和皮棉总量分别由1980年的12.6万亩和0.27万吨增加到2007年的118.95万亩和12.94万吨，分别增长8.44倍和46.93倍。2007年，全省共有资质棉花加工厂116家，拥有各类轧花设备450多台，国内智能型棉花加工生产线32条，年加工皮棉能力超过30万吨，形成以敦煌种业、酒泉巨龙公司、甘肃省棉麻公司为骨干的棉花加工企业集群，产业集中度、技术改造进度和加工技术装备水平均居全国前列。

改革开放后，农副产品深加工和食品工业成为甘肃省新的经济增长点，已基本形成具有一定规模和技术基础，门类比较齐全，所有制结构、产业结构和产品结构日趋合理，具有较强市场竞争力的农产品加工业体系。全省农产品深加工行业共8个大类、39个中类、102个小类。2007年，农产品加工企业户数占全省轻工行业企业总户数的64.3%，总资产占74.2%，工业总产值占70.8%，利税总额占71.8%。“十五”期间，农副产品深加工产业继续快速发展，项目投资占全省轻工行业固定资产投资总额的85%以上，啤酒、白酒、葡萄酒等产品国内市场占有率不断增大；玉米淀粉、马铃薯淀粉、番茄酱、乳制品、罐头食品、脱水蔬菜等产品出口北美、欧盟、非洲、中东及东南亚等国家和地区。张掖市农产品加工转化率达到48%，永昌县成为全国啤酒原料种植与国产麦芽生产加工第一县，庄园乳业、好为尔乳业、益民熏醋、小二黑酱醋等企业及8个产品为国家质量免检企业和产品。紫轩葡萄酒、金徽酒业、爱里食品等16户轻工企业产品获得“名特优新产品”称号。截至2007年，全省共有农产品加工企业4752户，总资产357.21亿元，从业人员21.16万人。其中限额以上工业企业935户，销售收入上亿元的企业达到25户，有皇台酒业、兰州黄河、荣华实业、莫高股份、亚盛集团、敦煌种业6家上市公司，成为甘肃上市公司最多的行业。

1978年，甘肃省共有医药工业生产企业17家、医疗器械生产企业1家，工业总产值6267万元，利润总额646万元。1980年成立甘肃省医药管理局，结束了多头分散管理的格局，实行行业统一管理。通过改革开放，甘肃省医药工业所有制结构进一步调整，股份制经济比重从“八五”末期的15%上升到59%，国有经济从78%下降到11%。产业集中度提高，年销售收入超亿元的有兰州生物制品研究所、甘肃奇正实业、甘肃独一味和兰州佛慈4家企业，年销售收入在5000万元以上6家企业的资产、销售收入、利税、利润指标之和均占全省50多家医药工业企业的72%以上。生物制药和中药成为医药工业发展最快、效益最好、优势最明显、潜力最大的部分。2007年全行业工业增加值和利税中，生物制药分别占33.6%和36.7%。中药材资源深加工能力初步形成，中药材种植面积达224万亩，具有地方优势的特产大宗药材，如当归、党参、黄（红）芪、大黄等，产量在全国占比很高。医药工业已发展成为甘肃省的支柱产业，形成包括化学原料药、化学药品制剂、生物制品、中药饮片、中成药、卫生材料、药用包装材料、医疗器械、制药机械等生产制造在内的比较完备的医药工业体系。2007年，医药工业实现工业增加值14.7亿元，是1978年的82倍，年均增长15.5%；实现利税总额6.62亿元，是1978年的71倍，年均增长15.24%；实现利润4.33亿元，是1978年的67倍，年均增长15.05%，呈现出效益增长快于总量增长的局面。

1978年，全省共有全民所有制烟草工业企业7户，集体所有制烟草加工企业3户，卷烟生产能力10.21万箱，产量10.97万箱。"七五"至"九五"期间，兰州、天水、合水、庆阳4家卷烟厂通过技术改造，分别形成年20万箱、8.5万箱、5万箱、10万箱的卷烟生产能力。1985年国家实行烟草专卖后，6户水烟生产企业受规模限制未再纳入烟草加工统计范畴。2000年，国家烤烟生产基地和卷烟生产产业结构调整，庆阳两个卷烟厂先后关闭，生产指标划转兰州卷烟厂。2002年，兰州卷烟厂合并天水卷烟厂，进入全国烟草行业36户重点企业和全国纳税百强企业之列。2005年搬迁改造一期工程投入运行，形成卷烟生产能力80万箱。2007年，兰州卷烟厂改制更名为甘肃烟草工业有限责任公司。在经营发展中，甘肃省烟草工业借助政策机遇，依托技术改造，促进产业结构调整，加快产品升级换代。按照低焦油、高品位的产业导向，着力实施"降焦减害增香"工程，产品焦油量的加权平均值等指标位居行业先进水平，基本形成"高香气、低焦油、低危害"特色，品牌知名度不断提高，销售市场已覆盖全国20个省区市。2007年，烟草工业卷烟产量74.4万箱，是1978年的6.78倍；烟草工业资产总额45.68亿元，实现利税28.56亿元，其中税金24.96亿元，利润3.6亿元，各项经济指标与1978年相比呈几何级增长、跨越式发展。

（五）第三产业的发展

商贸流通业　1978年前，甘肃省社会消费品零售总额仅为20.72亿元。改革开放特别是实施西部大开发和加入WTO后，这一状况得到了迅速改变，600种消费品95%以上供过于求或供求基本平衡。2007年社会消费品零售总额833.32亿元，较1978年增长了39.22倍，年均增长13%以上。大型百货店、购物中心成为主导市场的主要力量。以亚欧商厦、百盛购物中心、瑞德摩尔、西太华商厦、西单商场等为代表的大型百货店和购物中心，作为零售业态发展的基础成为城市的窗口和品牌，引导市场新潮流，促进消费观念的转变，引领零售业的发展。据不完全统计，全省年销售额3000万元以上的大型百货店和购物中心有159家，营业面积达153万平方米，就业人数5.8万人，年销售额90.5亿元。大型连锁企业成为活跃市场的重要力量。以华润万家、北京华联、新世界百货、苏宁电器、肯德基等为代表的国内外大型连锁企业，在全省设立卖场，以便捷的购物方式、优惠的价格和周到的服务赢得了消费者的青睐。至2007年，全省年销售额500万元以上的大型连锁超市有1322家，营业面积达268万平方米，就业人数6000人，年销售额113.2亿元。限额以上连锁企业销售总额年均增长20%以上，占社会消费品零售总额比重的28%左右。新型商贸流通零售业态成为改变市场结构的全新力量。以现代流通方式为主导的商业步行街、食杂店、便利店、折扣店、仓储会员店、百货店、专业店、专卖店、家具建材店、直销中心、电视购物、邮购、网上商店、自动售货亭、电话购物等商贸流通零售业态在全省迅速发展，遍布全省主要城市的大街小巷。全省14个主要城市都有规模不同的商业一条街或商业步行街，有力地改善了消费环境和人文环境。便民超市成为繁荣城乡消费品市场的重要方式。2005年以来，商务部实施的13项工程，特别是“万村千乡市场工程”，进一步方便了农村居民消费。截至2007年，全省已改造农村连锁小超市8000多个，现代化购物方式从城市进入农村，促进了农民购买力的增长。批发市场的发展十分迅速，全省批发市场的发展从国有一、二、三级批发站和简单的农村集市，逐步发展到总代理、总经销、厂家直销、各类大型专业和综合批发市场并存的格局。在城镇，全省形成以兰州为代表的兰州五里铺小商品、电子批发市场集群，兰州雁滩建材、汽车配件、厨卫用品批发市场集群，兰州张苏滩果品蔬菜、粮油批发市场集群，土门墩生产资料批发交易市场群。各市（州）主要城市已有的各类生产资料、生活资料批发市场均形成一定规模。特别是兰州张苏滩果品蔬菜批发市场、张掖南关蔬菜综合批发市场、定西马铃薯批发市场等结合自身优势，不断提高辐射能力，拓宽了与新疆、青海、内蒙古、四川、山东、陕西等省市场的联系，与全国主要蔬菜批发市场实现信息联网运作、价格供求交流，使市场纳入省内外大市场、大流通的运作格局，成为全省蔬菜及马铃薯的价格中心、集散中心和物流配送中心。截至2007年，全省有各类商品批发市场171个，年销售额450亿元，其中上亿元的批发市场37个，年销售额155.6亿元。结合社会主义新农村建设，农村相应建设了一批专业农产品交易批发市场，提升农产品流通的规模和经营档次，培育了一批农产品流通企业和流通协会。农产品交易市场成为农村流通领域的主导力量。特别是商务部实施的重点改造100家大型农产品批发市场、着力培育100家大型农产品流通企业的“双百市场工程”和“退市还路工程”，对全省4个农产品批发市场和90个县乡集贸市场进行提升改造，改变了农村多年来占路为市、摆摊经营的旧格局和农村集贸市场脏乱差的现象，缓解了农产品买难卖难的问题。

为鼓励和支持现代物流的发展，中共甘肃省委、甘肃省人民政府先后制定一系列政策措施，采取促进流通企业内部物流社会化、培育龙头物流企业、完善城乡一体化物流网络、加强冷链物流体系建设、建立物流技术创新体制、鼓励企业技术改造和新技术研发推广、深化国内外区域物流合作等一系列措施，流通领域内的现代物流获得长足发展。全省物流业形成以甘肃省物产集团、甘肃西部物流有限责任公司、甘肃宇臻物流集团为代表的一批大型物流企业，以及以甘肃中远国际货运有限公司、中国外运甘肃公司、甘肃中通远洋物流有限公司为代表的一批国际货运代理企业。2007年，全省与物流业相关的主要行业如交通、运输、配送、仓储、邮电通信和批发零售业快速增长，物流仓储设施超过600万平方米，货物周转量1024.8亿吨千米，货运量2.95亿吨，实现增加值596亿元，占全省国内生产总值的22%和第三产业的58%。

饮食服务业和旅游业　1978年，全省饮食服务行业营业额1.28亿元。改革开放后，饮食服务行业中非公经济得到了长足发展。1980年，住宿餐饮行业网点7638个，从业人员2.64万人。2007年，市（州）有规模上档次的酒楼酒店、美容美发院、洗染连锁、沐浴中心、相馆影楼大都是民营企业，数量庞大的饮食服务门点都是个体经营，非公经济饮食服务网点数和从业人员均已占到整个行业的90%以上。在改革开放中，全行业经营观念不断转变，管理方式不断创新，人员素质不断提高，传统的餐饮、照相、美发美容、洗染、沐浴、修理业等行业不仅增加和延伸了大量服务项目，并涌现出家政服务、社区服务等新的服务内容和服务形式，全行业整体服务功能大大增强。特别是“十五”以来，餐饮行业成为宣传甘肃的靓丽名片。先后成功举办3届甘肃美食节、2届中国兰州牛肉面大赛和3届全省饭店技能大赛，以及香港“敦煌美食节”，天水美食节，陇南、平凉小吃节等活动。组团参加2届“中国餐饮业博览会”，明德宫、开盛、菜根香等18家餐饮企业被商务部评为国家级酒家酒店，景扬楼、天生园、红川酒厂等企业被商务部认定为首批“中华老字号”企业，编纂出版了《陇上名吃》《中国陇菜》《敦煌烹饪》《中华百合宴》《陇菜集萃》等大型饮食画册和烹饪专著。全省饮食服务业年营业收入平均增长幅度持续保持在两位数以上，连年高于全省国内生产总值和社会消费品零售总额的增长速度。2007年，实现营业收入154亿元，比上年增长18%，并带动了种植业、养殖业等相关产业快速发展，有效地拉动了内需。其中住宿餐饮行业网点4.65万个，从业人员39.36万人，年营业额136.73亿元，是1978年的106.8倍。

甘肃旅游资源丰富，类型多样，汇聚了丝路文化、黄河文化、长城文化、始祖文化和红色文化等众多文化资源，戈壁沙漠、冰川雪峰、森林草原、丹霞石林、峡谷溶洞等多种类型的自然风光绮丽独特。改革开放30年间，甘肃省旅游业的发展从无到有、从小到大、从弱渐强。20世纪80年代初到90年代初，全省旅游业开始起步，旅游工作以外事接待型为主，旅游基础设施较为落后，旅游从业人员更多的是充当“民间大使”的角色。至20世纪90年代末，旅游产品逐步向市场化转型，旅游基础接待设施开始向上档次、上规模的方向发展，河西走廊丝绸之路旅游产品成为中国旅游的黄金品牌之一。进入21世纪，中共甘肃省委、甘肃省人民政府高度重视旅游业发展，2006年出台《关于进一步加快发展旅游业的意见》，甘肃省人大常委会颁布《甘肃省旅游管理条例》，全省旅游部门加大宣传推介，提高旅游服务质量和水平，全省旅游业快速发展。30年间，不断强化旅游基础能力建设。坚持“谁投资、谁受益”的原则，广泛吸纳省内外、国内外的资金、技术、人才，旅游投资出现多元化趋势，集中投资开发了一批特点突出、主题鲜明、吸引力强、有规模上水平的重点旅游建设项目。2001年至2007年，甘肃省财政共投入旅游发展资金2050万元，投入旅游宣传促销费1620万元，同时利用国债项目资金3.84亿元，落实世界银行贷款3800万美元，使全省具有接待条件的旅游景区景点达236处，其中国家A级景区景点106处，有嘉峪关、崆峒山2个国家首批5A级景区，鸣沙山、月牙泉等26个国家4A级景区；旅游星级饭店274家，其中五星级饭店2家、四星级饭店25家、三星级饭店93家；创建8座中国优秀旅游城市、4座中国历史文化名城、4座中国历史文化名镇，建成10个国家工农业旅游示范点和8个全国红色旅游经典景区；拥有2处世界文化遗产、72个全国重点文物保护单位、23个国家森林公园、4个国家地质公园、9个国家级水利风景区、6个国家级自然保护区和1个世界生物圈保护区。旅行社发展到337家，取得导游资格证人员7942人，旅游直接从业人员8万人，间接从业人员40万人。旅游产品开发，重点围绕“精品丝路、多彩甘肃”打造整体旅游形象。依托“文化甘肃、山水甘肃、民俗甘肃、现代甘肃”主题，全省推出20大精品旅游景点、20大新品旅游景点、12大旅游节会活动和6大精品旅游线路。丝绸之路、黄河风情、草原风光、民俗风情等系列旅游精品已具有相当知名度和不俗吸引力。旅游产品从单一的观光产品向个性化较强的度假休闲、专项旅游产品方向拓展，逐步建立起以观光旅游、度假旅游和专项旅游三大类产品为主体的旅游产品体系。初步形成以兰州为中心，西中东三大片区联动，七个景区群整体发展，六条旅游线路呈放射状展开的发展格局。基本形成沿丝绸之路、黄河流域分布，与西陇海兰新经济带相互叠加、相互促进的旅游经济带。总之，一个规模较大、结构优化、具有竞争力的现代化旅游产业体系已初具架构。随着入境游、国内游、省内游三大旅游市场全面发展，各项指标迅速增长。1979年至2007年，全省累计接待入境旅游者333.53万人次，年均增长15.7%，其中2007年接待入境旅游者33.12万人次，是1979年的69倍；旅游外汇收入累计6.55亿美元，年均增长20.4%，其中2007年外汇收入7021万美元，是1979年的219倍。1991年至2007年，全省累计接待国内旅游者1.3亿人次，年均增长15%，其中2007年接待国内旅游者2389.93万人次，是1991年的10.86倍。国内旅游收入累计为437.77亿元，年均增长30.5%。旅游业总收入约占全省国内生产总值的4.34%。旅游业已成为全省经济发展新的增长点，在带动第三产业发展、扩大社会就业和促进全省经济健康发展方面起到了积极作用。

金融服务业　改革开放30年间，甘肃省银行业体制建设不断完善，银行业机构逐步转变为自主经营、自负盈亏、自担风险、自我约束的现代化金融企业。银行业内部管理机制逐渐完善，风险监控能力、业务和服务创新能力进一步加强。体系布局日趋合理，初步形成多元化的机构组织体系，机构种类不断丰富，服务领域全面拓展，网点布局纵到底横到边。截至2007年，全省各类银行业法人及二级法人机构增加到110家，从业人员4.23万人。改革开放中，各金融机构抢抓机遇，经营规模日益扩大，信贷结构不断调整，加大有效信贷投入，大力支持经济结构调整、基础设施建设等重大项目。同时“抓大并不放小，扶强不忘助弱”，支持小型企业、弱质产业和困难群体，农业银行甘肃省分行制定服务“三农”试点实施方案。兰州银行将市场定位为“服务地方、服务中小、服务民营、服务市民”，成为中小企业的“发动机”。以上措施在推进了金融服务内容和质量的同时，极大地促进了地方经济的发展。截至2007年，全省银行业金融机构总资产4547.05亿多元。各项存款3764.95亿元，人均储蓄存款达到7333.29元，分别为1978年的117.14倍和373.4倍；各项贷款2448.16亿元，是1978年的78.9倍。金融机构还不断深化内部管理体制的改革，创新用人机制，打破“铁饭碗”，积极引进人才竞争机制，实现从平均主义分配体制向“效率优先、兼顾公平”的市场化分配体系转变。创新服务项目，积极探索个性化服务、电子化服务、延伸性服务。招商银行于1999年在甘肃市场率先推出365天营业、24小时自助服务、免费饮料供应、低柜等服务项目，积极引进网上银行、电话银行、自助银行等金融工具；建设银行于2002年推出即时到账“速汇通”业务。创新业务品种，为社会公众提供大量个性化、多元化的金融产品和服务。兰州银行于2002年根据中小企业和民营企业的特点开发应收账款抵押、存货抵押、提（仓）单质押货款产品，满足小企业融资的需求。担保机构快速发展，担保业自1999年开展试点，到2007年共有各类担保机构48户，其中事业法人8户、企业法人40户，注册资金9亿元，累计为921户企业提供担保，担保金额35亿元，以中小企业信用担保机构为主体的全省信用担保体系初步形成。

在证券期货业经营方面，1981年，甘肃省与全国同期发行国债，迈出甘肃证券市场的第一步，随后国债发行服务机构在全省陆续建立。1988年，中国人民银行甘肃分行筹资成立甘肃证券公司。1991年，甘肃省有色金属材料总公司成为深圳有色金属期货联合交易所会员。1992年，白银铜城商厦股份有限公司在全省首次发行股票。1994年1月，甘肃长风宝安股份有限公司在深圳证券交易所成功上市，成为甘肃省第一家上市公司。1994年至1998年，先后有10家公司成功上市，通过首发、配股等途径募集资金25.06亿元。其间，全省共成立1家证券公司和23家证券营业部（省外证券公司设立营业部7家），4家公司在上海金属交易所设立席位，成立甘肃陇达期货经纪有限公司，成立具有证券从业资格的会计师事务所1家、资产评估事务所1家、律师事务所5家。1993年，甘肃省人民政府设立甘肃省证券委员会，委员会下设办公室，挂靠在甘肃省体制改革委员会，负责上市公司推荐工作。证券期货经营机构管理由中国人民银行甘肃省分行负责，国债发行和服务由地方财政部门负责，中介机构管理由省财政、司法行政部门负责，证券业与信托业、证券业与银行业在经营和管理上并没有真正分开。1998年12月，甘肃省证券委员会移交中国证监会垂直领导，1999年7月1日挂牌成立中国证监会兰州特派员办事处。同年，中国人民银行甘肃省分行对证券期货公司行使的监管权移交中国证监会兰州特派员办事处，甘肃省内股票的发行和上市、上市公司证券经营机构、期货经营机构、证券中介机构等业务和机构由中国证监会兰州特派员办事处统一监管。1999年后，全省21家上市公司通过首发、定向募集配股等共筹集资金128.08亿元，省内设立3家期货营业部（其中1家后来撤销），陇达期货在省外设立营业部2家，有2家公司取得境外期货从业资格。2001年，成立省内第一家综合类证券公司——华龙证券有限责任公司。2002年，成立证券投资咨询公司，省内增设证券营业部9家，设立证券服务部22家，华龙证券在省外增设营业部2家。对上市公司和证券期货经营机构实行分类监管、重大事项披露和报告制度，证券市场秩序不断优化。2004年3月，中国证监会兰州特派员办事处更名为中国证监会甘肃省监管局。1994年至2007年，全省20家上市公司（迁出迁入各1家，被合并吸收1家）首发共募集资金92.45亿元，扣除发行费用后募集资金净额为92.43亿元。1994年至2007年，共有10家上市公司进行再融资，募集资金58.98亿元，募集资金项目160个。1993年至2007年，全省证券分支机构由2家发展到55家，全省证券公司设立于辖区外的分支机构由4家发展到7家；投资者开设资金账户由6280户发展到53.35万户，增加了83.95倍；托管资产由0.74亿元发展到341.92亿元，增长了461.05倍；交易量由3051亿元发展到4369.8亿元，增长了0.43倍。

1980年，中国人民保险公司在兰州市开展保险业务，甘肃省保险业务开始恢复。1980年至1995年为混业经营阶段，全省范围内经营保险业务的只有中国人民保险公司甘肃省分公司1家。保险业自1996年起，开始进入分业经营阶段，全省保险市场体系呈现出产、寿险分业经营，保险机构、专业保险中介机构和兼业代理机构共同发展的格局。特别是2001年，中国保监会兰州特派员办事处成立（2004年更名为中国保监会甘肃省监管局）

后，把防范风险作为“保险业生命线”，全面加强监管能力建设，深入对接甘肃项目建设、工业强省和“三农”等中心工作，持续开展“保险进企业”“保险进乡村”工程，使保险业逐步成为全省经济社会中发展最快、最具活力的行业。截至2007年，全省有795家保险分支机构、32家专业中介机构和1472家兼业代理机构。保险公司总资产达157亿元，共实现原保险保费收入70.36亿元，比1980年增加了1390倍，接近全国同期保费收入的1%；保险深度达到2.64%，保险密度达到265元，保险资产在金融资产中的比例逐年提高，保险从业人员达到4.16万人。在为经济社会提供保障方面，全省保险业累计赔款与给付140多亿元，在应对“非典”疫情、历次重大自然灾害和重大事故中，发挥了重要作用。在服务“三农”方面，1996年至2005年，农业保险累计保费收入2293万元，赔付支出2365万元。2007年，共承保能繁母猪66.9万头，承保面达98%，提供风险保障近7亿元。农村计划生育手术保险、农民工意外险、农民重大疾病保险和农村家庭财产保险等有所扩大，农业种养两业保险承保范围扩大到啤酒大麦、油菜、蔬菜大棚、生猪等领域。在参与社会管理方面，顺利实施交通强制保险制度，不断推进车船税代缴工作，大力开展“和谐家园”治安保险、公众责任险、校园方责任险、医疗责任险、雇主责任险等保险业务，管理式医疗保险服务取得突破，农村新型合作医疗试点工作开始实施。截至2007年，意外险、健康险、养老险有效承保2000多万人次，承保的机动车辆43.8万台，承保各类风险总额9720亿元。

三、政治建设

（一）党的建设

1986年至2007年，甘肃省各级党组织认真贯彻党的十一届三中全会以及党的十二大、十三大、十四大、十五大、十六大精神，坚持党“一个中心、两个基本点”的基本路线，持续推进党的思想建设、组织建设、作风建设、反腐倡廉建设、制度建设，使各级领导班子的领导水平和执政能力不断提高，广大党员干部的思想政治素质明显提升，党员的理想信念进一步坚定，党员领导干部廉洁自律意识进一步强化，干部队伍的活力和干事创业的动力不断增强，为全省经济社会又好又快发展提供了重要保障。

思想建设 贯彻执行党的思想路线。党的十一届三中全会前后，中共甘肃省委组织引导全省各级党组织和广大党员群众深入开展“实践是检验真理唯一标准”大讨论，促进了全省的思想解放。十一届三中全会以来，中共甘肃省委坚定不移地贯彻落实党的思想路线，把贯彻执行党的思想路线作为认识问题、分析问题、处理问题所必须遵循的最根本的指导原则和思想基础，用一切从实际出发、理论联系实际、实事求是、在实践中检验和发展真理的思想路线教育和武装党员干部，彻底否定“以阶级斗争为纲”的错误理论和实践，及时把全省工作重心转移到经济建设上来。党的十一届三中全会到十三届四中全会的11年间，中共甘肃省委先后于1983年、1988年召开中共甘肃省第六次、第七次党代会，明确提出加强和改进党的领导、不断提高党的战斗力的目标和任务，在思想领域深入开展拨乱反正工作，使正确的思想路线逐步深入人心。从1983年起，用三年时间在全省5万多个党组织中开展整党工作，对党的思想、作风和组织进行了一次全面整顿，进一步纯洁党组织，逐级建立党建工作责任制。健全和充实党委工作机构，并在人大、政府、政协和群众团体中恢复和建立隶属省委领导的党组（党委）。恢复和建立各级纪检机构，在全省党员干部中开展学习贯彻《关于党内政治生活的若干准则》教育。恢复和新建各级党校，通过多种途径提高干部队伍思想政治素质。这些举措从根本上保证了全省改革开放的不断推进。从党的十三届四中全会到党的十六大的13年间，中共甘肃省委先后于1993年、1998年、2002年召开中共甘肃省委第八次、第九次、第十次党代会，对进一步加强和改进党的建设做出全面部署，并根据国际国内形势的深刻变化，突出党的思想建设这一根本，着力加强中国特色社会主义理想信念教育，认真解决党组织和党员队伍中存在的思想混乱、组织涣散、作风不正、纪律松弛等突出问题，取得明显成效。同时，根据反腐败斗争的需要，着力加强以各级领导班子和领导干部为重点的反腐倡廉教育，为深入持久开展反腐败斗争奠定思想基础。

用党的最新理论成果武装党员。党的十一届三中全会以来，中共甘肃省委和全省各级党组织把学习实践邓小平建设有中国特色社会主义理论作为重大政治任务，通过开展整党等活动深化宣传教育，武装党员群众思想，使党的思想建设取得明显成效，为贯彻落实党的以经济建设为中心的基本路线、推进改革开放提供了思想保证。1989年以后，中共甘肃省委着力加强党的思想建设，强化党的集中统一领导，着力解决意识形态领域出现的各类重大问题，使各级党组织和党员领导干部在重大立场问题上经受住了考验。党的十四大以来，中共甘肃省委相继就加强领导班子建设、深入持久开展反腐败斗争等做出安排部署，广泛开展党的根本宗旨和反腐倡廉教育，完善预防腐败各项措施，为反腐倡廉建设的深入开展营造思想环境。党的十五大以后，全省各级党组织围绕高举邓小平理论伟大旗帜，把建设有中国特色社会主义事业全面推向21世纪的主题，进一步深入开展邓小平理论学习实践活动，在全省开展“西部大开发我们怎么办”和营造投资环境、建设环境、干事创业环境“三个环境”等学习讨论活动，不断解放思想、创新思路。从1999年开始，用了近两年时间，在全省县级以上党政领导班子和国有企业、高校中开展以“讲学习、讲政治、讲正气”为主要内容的党性党风教育。党的十六大之后，全省各级党组织深入开展“三个代表”重要思想和科学发展观学习教育活动，使广大党员干部的思想政治素质得到明显提升。从2005年1月起，分三批次，历时一年半，在全省开展保持共产党员先进性教育活动，组织广大党员干部认真学习实践“三个代表”重要思想和科学发展观，解决了党的建设中的一些突出问题，取得了一定的实践成果、理论成果和制度成果。中共甘肃省委把各级领导班子思想政治建设摆在突出位置，对各级领导干部开展邓小平理论、“三个代表”重要思想、科学发展观等中国特色社会主义理论体系培训。党的十四大召开后，积极探索建立以社会主义市场经济知识和科技知识为主要内容、以县处级以上领导干部为主要对象，以脱产学习、中心组学习、岗位自学为主要形式的培训新格局。党的十六大以来，按照中央大规模培训干部的要求，围绕西部大开发、国有企业改革、扶贫开发、小康社会建设等一系列重大部署开展不同层次和不同类型的培训，着力提高各级领导干部科学判断形势、驾驭市场经济、应对复杂局面、依法执政和总揽全局的能力。从十一届三中全会到2007年，全省共举办各种培训班2万期，培训各级领导干部310万人次。

为推进甘肃改革开放发展提供政治保障。改革开放30年间，按照中共中央的统一部署，伴随经济社会发展的进程，全省党的建设在中共甘肃省委的坚强领导下，始终突出党的思想建设这一根本任务，紧贴全省改革开放的伟大实践，围绕不断提高党的执政能力、始终保持和发展党的先进性这个主题，坚持用邓小平理论、“三个代表”重要思想和科学发展观等党的最新理论成果武装党员，带动和推进党的组织建设、作风建设、反腐倡廉建设和制度建设，使党的思想建设始终发挥重要的引领作用，为社会各项事业发展提供了根本保证。甘肃省党的建设在实践中的主要做法是：始终坚持以经济建设为中心，坚持把推进中国特色社会主义伟大事业和推进党的建设新的伟大工程紧密结合起来，形成伟大事业和伟大工程相互促进、共同发展的良好局面。始终坚持把加强思想理论建设摆在首位，坚持不懈地用中国特色社会主义理论体系武装全省党员头脑，坚持在实践中丰富和发展马克思主义，提高运用科学理论解决实际问题的能力。始终抓住建设高素质干部队伍这个重要环节，大力加强领导班子建设，不断增强领导科学发展的本领和驾驭全局、处理复杂问题的能力。始终坚持把加强基层组织建设作为党的建设的基础性工作来抓，着力加强国有企业、农村、非公有制经济组织和城市社区等党建工作，扩大党建工作的覆盖面，不断提高党的基层组织的凝聚力和战斗力。始终坚持立党为公、执政为民，保持党同人民群众的血肉联系，真正把心思用在干事业上，把精力放到抓落实中，把智慧用在为民造福上。始终坚持把制度建设贯穿于党的建设的各个方面，及时将党的理论创新、实践创新成果转化为制度成果，既用制度建设来促进党的思想、组织、作风、反腐倡廉建设的深入开展，又加强以民主集中制为核心的党的组织制度体系建设，用制度建设巩固和发展党的建设取得的成果。

组织建设　按照中央部署，甘肃省各级党委建立健全相关制度，不断优化省、市、县、乡领导班子结构，既注重在历次换届中搞好领导班子配备，又注重加强以思想作风建设为重点的领导班子建设，不断优化领导班子年龄结构、知识结构、专业结构和整体素质。2006年集中换届以后，市、县党委副书记配备人数分别减少27人和217人，党政班子成员普遍交叉任职2人，本科及以上文化程度分别占到88.1%、88.32%，党政班子分别形成以50岁左右和45岁以下干部为主体的格局。在推进干部队伍整体建设上，党的十一届三中全会以来，随着组织路线的调整，中共甘肃省委在全省范围开展落实党的干部政策工作，干部调配、选拔工作的重心逐步向为经济建设服务转移。在建立干部考核、培养、群众评议等制度的同时，按照干部革命化、年轻化、知识化、专业化“四化”方针，大力选拔培养年轻干部，为改革开放事业输入新鲜血液。党的十三大以后，为适应经济体制改革对干部管理体制提出的新要求，中共甘肃省委下放干部管理权限，推行分类管理，初步建立党政机关、事业单位、企业各具特色的干部管理制度。十四届四中全会以后，全面推行以“扩大民主、完善考核、推进交流、加强监督”为主要内容的党政领导干部选拔任用改革。2000年6月，中共中央办公厅《深化干部人事制度改革纲要》颁布后，中共甘肃省委积极建立健全科学规范的干部人事管理制度体系，对领导干部公开选拔、竞争上岗、教育培训、交流、回避、辞职、监督、考核评价等都做出了明确规定。2002年开始，推行党委全委会票决干部制度。2004年，中共中央办公厅《公开选拔党政领导干部工作暂行规定》等五个法规性文件颁布后，甘肃省面向全国公开选拔10名副厅级妇女干部和非中共党员干部。2005年，中共甘肃省委以公开选拔的方式建立省管副厅级后备干部人才库，确定1085名人选进入后备库。同时，全面推行竞争上岗。2000年到2008年，全省共有1万多名干部通过竞争上岗方式走上中层领导岗位。经过30年的努力，全省各级各类干部由1978年的31.6万人增加到79.2万人，女干部、少数民族干部、党外干部分别由1978年的21.4%、4%、48.3%增加到33%、7.3%、56.7%，干部队伍的生机与活力明显增强。

党的十一届三中全会以来，中共甘肃省委坚持整顿与规范并举，多次整顿基层党组织和领导班子，党的基层组织建设得到巩固和发展。1983年底至1987年7月，中共甘肃省委按照统一思想、整顿作风、加强纪律、纯洁组织的要求，在全省各级党组织和党员中自上而下、分三期六批开展整党工作，基层组织得到恢复、整顿和加强，各级党组织的号召力、凝聚力、战斗力显著增强。中共甘肃省委始终把农村党建作为重中之重来抓，每隔2～3年召开一次农村党建工作方面的会议，连续实施了4个村级组织建设三年规划。不断创新农村党组织设置方式，发挥基层党组织服务经济社会发展作用，探索在产业链、专业协会和各种联合体中建立党组织。2003年，在全省农村实施“把党员培养成致富带头人，把致富带头人中的先进分子培养成党员，党员带领群众共同发展，党组织带领致富能人不断进步”为主要内容的“双培双带”工程，创新了农村党建工作载体。全面加强各领域基层党建工作，按照“分类指导、分领域推进”的总体思路，每年确定1～2个领域重点推进。先后制定出台《关于加强和改进街道社区党的建设工作的意见》《关于加强和改进国有企业党建工作的意见》《关于进一步加强和改进民族地区党的建设工作的意见》《中央在甘单位党建工作报告联系制度》《关于加强和改进非公有制企业党的建设工作的意见》等，初步形成了基层党建工作制度体系。注重加强基层组织阵地，从2003年开始，先后投入3.04亿元，集中解决了3407个村级组织无活动场所的问题。从2006年开始，每年投入600万元，建成高标准社区活动场所700多个。

在党员队伍建设方面，甘肃省各级党组织始终重视党员队伍思想建设。党的十三届四中全会后，用三年时间在全省党员中开展中国特色社会主义理论和党章学习教育活动。1998年至2000年，在全省县以上党政领导班子和领导干部中开展以“讲学习、讲政治、讲正气”为主要内容的“三讲”教育活动。2001年起，用一年半时间在全省农村和省直机关开展“三个代表”重要思想学习教育活动。2005年1月至2006年6月，在全省5.88万个基层党组织和119.7万名党员中，分三批开展以实践“三个代表”重要思想为主要内容的保持共产党员先进性教育活动。启动实施“全省万名基层党员干部培训工程”，截至2007年共举办各类培训班5000多期，培训基层党员干部52万人次。注重在生产工作一线、高级知识分子群体和青年中发展党员，党员队伍结构有了明显改善。1979年至2007年，全省共发展党员67.16万人，平均每年增加2.3万名。建立流动党员服务站和管理台账，设立流动党员咨询服务电话，初步形成流动党员城乡一体化的动态管理机制。不断创新活动载体，搭建平台，连续多年开展“争先创优”活动。1986年至2007年，先后有56.31万名党员被各级党组织评选为“优秀共产党员”和“优秀党务工作者”。

人才队伍建设，自20世纪80年代初，中共甘肃省委开展拨乱反正工作，认真落实知识分子政策，极大地调动了广大知识分子的积极性。从90年代开始，大力提高人才待遇，改革评价使用办法，营造干事创业软环境。特别是进入21世纪以来，大幅度提高各类优秀拔尖人才的津贴标准和奖励额度。2003年，中共甘肃省委做出实施人才强省战略重大决策，召开全省人才工作会议，出台《关于贯彻落实〈中共中央、国务院关于进一步加强人才工作的决定〉的实施意见》，明确新时期人才工作的重点任务。2006年，人力资源开发被确立为推动全省经济社会发展的三大支撑之一，成立省委人才工作暨知识分子工作领导小组，进一步强化人才工作的战略地位和领导力量。相继出台《关于引导和鼓励高校毕业生面向基层就业的实施意见》《甘肃省引进高层次人才暂行办法》《关于加强农村实用人才队伍建设的意见》《关于进一步加强高技能人才工作的实施意见》等一系列政策性文件。颁布实施《甘肃省人才市场条例》，全省人才队伍建设有了第一部地方性法规。整合各方面资源，大力实施“新农村建设人才保障工程”，实施“555创新人才工程”（5年内培养造就5550名不同层次的中青年创新人才）、“西部之光”人才培养计划、“春晖计划”等工程。采取“柔性引进”的方式，引进一批高层次人才到甘肃开展科研攻关、学术交流、项目合作、咨询服务等工作。全省党政机关、国有企事业单位各类干部和人才总数达到68.07万人，其中国有企事业单位经营管理人员和专业技术人员达到54.37万人，具有中高级专业技术职务的达到17万人。

作风建设 为切实加强新时期党的作风建设。从1983年中共甘肃省委第六届一次全委会议通过《关于改进领导作风的决定》起，中共甘肃省委先后出台《关于进一步改进领导作风的几点意见》《贯彻落实〈中共中央关于加强和改进党的作风建设的决定〉的实施意见》《关于进一步改进领导作风密切党群干群关系提高工作效率的意见》等一系列文件，强调在新形势下要坚定不移地同党中央在政治上保持一致；严格实行民主集中制，坚持集体领导下的分工负责制；带头端正党风，纠正不正之风；深入实际，调查研究；密切联系群众，接受群众监督；正确开展批评与自我批评，进一步加强团结等，以优良的作风带领全省人民投入改革开放的伟大实践中去。为改进领导机关的作风，制定《关于改进机关作风的规定》《甘肃省党政机关厉行节约制止奢侈浪费行为的实施意见》，严格控制党政机关修建和装修办公楼，各种会议、庆典活动超标准接待，检查评比，配备和更换小汽车，公费出国（境）等现象，切实改进机关作风，树立党和政府的良好形象，赢得人民群众的信任和拥护。

开展各种专项教育活动。以“讲学习、讲政治、讲正气”为主要内容的党性党风教育活动和以实践“三个代表”重要思想为主要内容的保持共产党员先进性教育活动等，增强了广大党员特别是党员领导干部贯彻执行党的基本路线的自觉性，坚定了广大党员建设有中国特色社会主义的信念，广大党员干部党性观念、廉洁自律、执政能力明显增强。2007年，全省组织开展“加强领导干部作风建设，促进廉洁从政”主题教育活动，以正面教育引导为主，树立了31名领导干部作风建设先进典型，宣传了21名“廉洁从政好党员”的先进事迹，发挥了榜样的示范作用。注重作风建设成效，通过持续不懈推进作风建设，广大党员干部的精神状态和作风面貌发生了明显变化，解放思想、实事求是的思想路线得到进一步巩固。从整党、真理标准问题大讨论，到先进性教育、学习实践科学发展观，甘肃省各级党组织都把自觉贯彻党的思想路线放在首位，不断克服因循守旧、小富即安、不思进取等陈腐消极思想，坚定了改革创新、推动各项事业快速持续健康发展的决心和信心。

理论联系实际的学风得到进一步发扬。中共甘肃省委各常委坚持每年抽出一定的时间深入基层、深入实际开展调查研究，各级党政机关和领导干部每年认真开展调研活动，不断深化对省情和经济社会发展规律的认识，增强了工作的主动性，提高了决策水平。全省各级党委理论学习中心组和广大党员，紧密联系本地区、本单位工作实际和个人思想实际，有针对性地学习马克思主义中国化的最新成果，有效地增强了广大党员干部从甘肃实际出发建设有中国特色社会主义的本领和能力。学习理论知识，强化理论素养，建设学习型社会渐成风尚。2007年，在全省范围内进行的问卷调查中，67.6%的调查对象对全省各级领导干部学风做出了积极评价。《党章》和党的各项纪律得到严格贯彻执行。通过坚持不懈的作风建设，强化了全省各级党组织和广大党员的组织纪律观念，充分认识到与党中央保持高度一致是最高的政治纪律。健全完善领导班子议事规则和决策机制。中共甘肃省委坚持重大问题集体讨论、集体决定，充分发扬党内民主，发挥每一位班子成员的智慧和作用，形成心齐、气顺、风正、劲足的干事创业局面。各级领导干部以身作则，严以律己，率先垂范，带头贯彻执行党的规定、准则和纪律，不做游离于《党章》和党的纪律之外的“特殊党员”。

反腐倡廉建设　改革开放后，甘肃省各级党委和纪检监察机关坚持把反腐倡廉教育作为推进全省党风廉政建设和反腐败工作的基础来抓，采取各种行之有效的方式开展党风廉政建设的宣传教育，筑牢反腐倡廉的思想防线。注重典型示范和警示教育，及时发现、培育、总结和宣传各条战线涌现出来的反腐倡廉建设方面的先进典型，在全省树立表彰了邵恭、石述柱等一批遵纪守法、廉洁奉公、勤政为民的先进集体和个人。同时，深刻剖析典型案例，运用重大典型案例开展警示教育。2005年8月，中共甘肃省纪委、中共甘肃省委组织部、中共甘肃省委宣传部、甘肃省监察厅联合举办“甘肃省反腐倡廉展览”巡回展，参观展览的党员干部和群众达40余万人。展览通过滥用职权、以权谋私、贪污受贿、生活腐化等严重违纪违法的典型案例，给全省党员领导干部进行警示教育。全省各级党组织和纪检监察机关把廉政教育作为一项常抓不懈的重要基础工作，坚持标本兼治、综合治理、惩防并举、注重预防。以治本为主，注重从源头上预防和治理腐败，党风廉政建设和反腐败工作保持了良好态势。

反腐倡廉制度建设方面，甘肃省各级纪检监察部门不断加强法规制度建设，从防范、监督、制约、管理、惩处等方面健全完善廉政制度，逐步形成惩治和预防腐败制度的网络体系。1993年至1997年，各级纪检监察机关会同有关部门研究制定党风廉政规定和制度281项，其中省级制定的53项，各地市（州）制定的228项。党的十六大以来，省、市、县各级各部门制定实施贯彻中央《〈关于建立健全教育、制度、监督并重的惩治和预防腐败体系实施纲要〉的实施意见》《政府工作人员廉洁从政若干规定》《行政许可过错责任追究办法》等127项法规制度，惩治和预防腐败的法规制度体系进一步完善。1999年3月，中共甘肃省委、甘肃省人民政府印发《甘肃省党风廉政建设责任制实施办法》，配套制定责任制考核办法。2002年，中共甘肃省委、甘肃省人民政府成立由省委书记任组长，省长和省委副书记、纪委书记任副组长的党风廉政建设责任制领导小组，全省各地各部门普遍建立了领导机构。从2003年开始，中共甘肃省委、甘肃省人民政府每年将党风廉政建设和反腐败工作任务分解到省直各部门，各级纪检监察机关层层细化责任，年终将党风廉政建设责任制落实情况与领导班子、领导干部年度考核一并进行，形成党风廉政建设责任制制度体系。实行党风廉政建设责任制考核以来，全省共有2298名领导干部受到责任追究。

纪律监督和违纪惩处，实施《中国共产党党内监督条例（试行）》，全省各级纪检监察机关重点加强对领导机关、领导干部，特别是各级领导班子主要负责人的监督，就严格执行民主集中制，完善和落实领导班子内部议事和决策机制，重大决策、重要干部任免、重大项目安排和大额度资金使用等重要事项是否经集体讨论决定等要求，逐项进行考察监督。严格执行领导干部个人有关事项报告、述职述廉、民主评议、诫勉谈话、民主生活会等制度。健全和完善纪委负责人同下级党政主要负责人谈话、新任领导干部任前廉政谈话制度，稳妥进行党内询问和质询、罢免或撤换试点工作，权力运行监督机制初步建立。2004年2月，中共甘肃省委正式组建省委巡视工作办公室和4个省委巡视组，先后完成7批例行巡视和3批专项巡视。例行巡视了14个市（州）及所辖61个县（市、区）、11个省直厅局、2户省属国有企业，专项巡视分别对应全省14个市（州）。2007年初中共甘肃省委、甘肃省人民政府对确定的12件实事的落实进展情况开展巡视，发现一些重要案件线索，对一些群众意见较大的领导班子和领导干部进行组织处理和诫勉谈话。党的十三届四中全会以来，甘肃省各级纪检监察机关不断加大查处违纪违法案件，特别是大案要案工作的力度，立案查处了一批违纪案件，处分了一批违纪党员干部，挽回了经济损失。

（二）民主政治

人民代表大会制度　立法工作是人大最基本的职责，1980年10月6日，甘肃省第五届人大常委会通过《甘肃省县级直接选举实施细则》，这是甘肃省第一个地方性法规。从1979年7月《地方组织法》赋予省级人大及其常委会制定地方性法规的权力，到2007年甘肃省人大及其常委会先后制定144个地方性法规，批准兰州市人大及其常委会制定地方性法规28件，批准民族自治地方人大制定自治条例和单行条例52件，做出法规性决议、决定29件。为拓宽民众参与地方立法的渠道和提高立法质量，1999年甘肃省人大常委会聘请第一批法律顾问。2000年开始，关系群众切身利益的法规全部面向社会公开征求意见。2003年，探索实行择优委托起草法规草案的制度，规定大专院校、科研院所、社会团体、中介机构、有关组织和公民个人都可以按要求参与甘肃省人大常委会委托的法规起草工作。2004年，在制定《甘肃省消费者权益保护条例》时，首次举行立法听证会。2007年，甘肃省第十届人大常委会第三十一次会议审议通过《关于修改甘肃省人民代表大会及其常务委员会立法程序规则的决定》，明确规定“其他机关、企事业单位、社会团体、公民均可以直接或通过省人民代表大会代表、各专门委员会、常委会各工作部门向常委会提出立法建议项目”，开创民主立法的新形式。

监督工作是人大另一项重要职责，改革开放后，甘肃省人大常委会听取和审议“一府两院”专项工作汇报290多项（次），接待群众来信来访约10万件（次）。1987年以来，先后对150多部法律、法规的执行情况进行检查。其中，甘肃省第七届人大常委会采取全面检查与重点检查相结合的方式，先后对40多部法律、法规的执行情况进行检查。甘肃省第八届人大常委会紧紧围绕改革、发展、稳定的大局，先后5次开展较大规模的执法检查活动，组织23个由常委会副主任带队的执法检查组，检查了57部法律、法规的执行情况。甘肃省第九届、第十届人大常委会按照全面建设小康社会和构建社会主义和谐社会的要求，对35部法律、法规的实施情况进行执法检查。在执法检查的同时，常委会每年选择一些具有明显违法性、典型性和广泛社会影响的案件，依照法定程序向司法机关提出询问和质询，在职权范围内进行调查，督促纠正。甘肃省第八届人大常委会五年中对80件群众反映强烈的案件责成有关部门进行了查处。

重大事项决定，改革开放30年间，甘肃省各级人大及其常委会依照《宪法》和法律规定，认真履行职权，在政治、经济、文化和社会生活中发挥了重要作用。从1977年12月甘肃省人民代表大会恢复到2007年12月，甘肃省人民代表大会召开会议30次，代表共提出议案和建议、意见2万多件，审议各项议题300多项，听取和审议报告200多个，通过各项决定、决议300多个，审查批准甘肃省国民经济和社会发展“六五”“七五”“八五”“九五”“十五”“十一五”计划和规划，完成各次会议选举任务，完善人民代表大会制度。同时，甘肃省第六届人大一次会议做出的《关于植树种草绿化甘肃十条意见的决议》、甘肃省第七届人大常委会做出的《关于加强社会治安综合治理的决议》《坚决惩治腐败促进廉政建设的决议》、甘肃省第九届人大常委会做出的《关于依法治省的决议》、甘肃省第十届人大常委会做出的《关于进一步加强农民增收工作的决议》《关于进一步加强预防未成年人违法犯罪工作的决议》等，有力地促进了全省经济社会的发展。

人事任免和述职评议工作，制定人事任免暂行办法，完善任免程序，改进被提请任命人员的情况介绍，完善审议和表决方式，保证被任命人员的质量。1980年1月到2007年12月，甘肃省人大常委会共任免国家机关工作人员6200多人次，对25名政府部门负责人和“两院”院长、检察长进行工作评议，对绝大部分政府组成人员和“两院”负责人进行书面述职评议。

政治协商制度　甘肃省各级政协组织高举中国特色社会主义伟大旗帜，坚持以经济建设为中心，充分发挥人才和智力优势，把促进发展、服务发展作为履行职能的第一要务，坚持围绕全省工作大局履行职能，充分开展政治协商。政治协商的形式和途径不断完善，以政协全体会议、常委会议、主席会议、秘书长会议和专题协商会议等多种形式，就全省大政方针和当地经济社会发展中的重大问题、政府工作报告、计划财政报告、国民经济和社会发展规划、重要人事安排，以及有关国家和地方重要法律法规草案等进行协商讨论，为各族各界人士充分发表意见建议，扩大公民有序政治参与，促进党政决策科学化、民主化提供了具有广泛民意基础的支持。

甘肃省各级政协组织坚持在各项工作和活动中体现民主精神，发扬民主作风，为推进社会主义民主政治建设发挥了不可替代的作用。30年间，各级政协组织始终坚持中国共产党领导的多党合作和政治协商制度，充分运用人民政协这一独特的民主形式，广开言路，营造知无不言、言无不尽、民主和谐、生动活泼的氛围，为参加政协的各党派团体、各族各界人士发表意见提供畅通渠道。政协委员以建议案、报告、委员视察、委员提案、大会发言等形式提出建议和批评，就重大方针政策的贯彻执行、有关法律法规的实施、涉及人民群众切身利益的热点难点问题的解决等，开展民主监督。针对大政方针落实、推进甘肃发展、改善民生事业等方面存在的问题，提出质询及意见提案，有效地发挥了政协组织的民主监督作用。甘肃省各级政协组织还积极参政议政，把分析研究经济社会发展中的突出矛盾、提出科学可行的应对之策作为参政议政、献策出力的着力点，紧扣党委、政府各个阶段的中心工作，集中主要精力在促进发展方面参政议政，建言献策。先后就“三农”问题、国有企业改革、非公有制经济发展、实施工业强省战略、推进西部大开发、资源型城市可持续发展、加快社会主义新农村建设、加快全面建设小康社会进程、营造改革发展的良好环境等重大问题，进行广泛深入的调查研究，以建议案、提案、调研报告、委员发言等形式，提出了一大批具有针对性、全局性、前瞻性的意见建议，受到党委、政府及有关方面的重视和采纳。从实现和维护广大人民的根本利益出发，围绕教育体制改革、文化事业和文化产业发展、医疗卫生体制改革、城镇困难群体医疗保障、青少年教育、扫除“六害”、农民工合法权益保障、关注弱势群体、增加农民收入、完善社会保障体系、促进社会公平等关乎人民群众切身利益的问题，体察群众情绪，反映社情民意，积极献智出力，为促进民生问题的解决、维护和实现广大人民的根本利益发挥了积极作用。

基层民主政治建设　甘肃省农村民主政治建设主要围绕村民委员会建设开展。1989年7月，甘肃省第七届人大常委会通过《甘肃省实施村委会组织法（试行）办法》，对村委会构成、村民会议职权等做出明确规定。1992年，甘肃省组织开展第一届村委会换届选举。1993年，在村委会换届选举和建立村民代表会议制度中融入村务公开的内容，尤其是在建立健全村民自治的各项制度中，明确提出村务公开的内容。1994年，甘肃省广泛开展村民自治活动，先后创建全国村民自治模范县5个、省级村民自治模范县12个和一大批村民自治示范乡镇、村民自治示范村。1995年，根据中共甘肃省委、甘肃省人民政府关于基层组织建设三年规划的要求，各地陆续将村务公开的内容从村民自治的制度中分离出来。1998年，甘肃省村务公开民主管理制度在全省范围内实施。1998年12月，甘肃省第九届人大常委会第七次会议通过《甘肃省村民委员会选举办法》，明确村委会换届选举程序。2000年5月，甘肃省第九届人大常委会第十六次会议通过《甘肃省实施〈中华人民共和国村民委员会组织法〉办法》。2003年，全省开始实施“民主法治示范村”创建活动，先后创建全国“民主法治示范村”20个、省级“民主法治示范村”285个。同年11月，甘肃省第十届人大常委会第七次会议通过《甘肃省村务公开条例》，详细规定村务公开的内容、时间、程序、形式等。截至2007年，甘肃省1.61万个村民委员会实施了村民自治和村务公开制度。

甘肃省城市民主政治建设主要围绕居民委员会建设和城市社区建设开展。1990年，甘肃省人民政府下发《关于贯彻执行〈中华人民共和国城市居民委员会组织法〉的通知》，对加强城市民主政治建设工作做出部署。1992年8月，甘肃省第七届人大常委会第二十八次会议通过《甘肃省实施〈中华人民共和国城市居民委员会组织法〉办法》，明确规定居委会的性质、选举、构成、权利等。2001年以来，中共甘肃省委办公厅、甘肃省人民政府办公厅先后印发甘肃省民政厅《关于在全省推进城市社区建设的意见》《关于加强城市社区建设的意见》等文件，成立城市社区建设协调领导小组，积极推动城市社区建设。领导小组相继制定《甘肃省城市社区建设五年发展规划》《甘肃省城市社区建设示范活动指导纲要》《甘肃省城市社区建设示范城（街道、社区）基本标准》等文件，指导和规范城市社区建设工作。截至2007年，甘肃省有1095个城市社区居民委员会，和谐社区建设工作稳步有序开展，全省创建国家级示范城2个，省级示范城12个，创建一批市、县级示范街道和社区。

（三）法治建设

普法 1985年，党中央、国务院做出关于开展全民普法教育的重大历史性决策。同年，中共甘肃省委、甘肃省人民政府批转《全省“一五”普法规划》，全省民主法制建设掀开新的篇章。1986年到2005年，全省先后开展“一五”“二五”“三五”“四五”普法活动，2006年启动“五五”普法活动。通过五轮普法活动，依法治理从无到有，从单一的依法治厂、依法治店逐步发展到地方、行业、基层依法治理活动的全面推进，依法治省成为实施依法治国方略的重要基础性工作。据不完全统计，从“一五”普法到“五五”普法，200多部重点法律法规得到较为系统的普及宣传，全省先后有数千万人次不同程度地接受了法制教育，占总人口的90%以上，其中领导干部、国家机关工作人员和学生的受教育面达到98%以上，企业经营管理人员的受教育面达到95%以上，农民的受教育面达到90%以上。普法工作推动了依法行政，甘肃省人民政府先后制定关于依法行政的实施意见、方案和规划，制定全省依法行政工作考核办法，在省级行政执法部门全面推行行政执法责任制，突出市县依法行政，围绕政务公开、行政问责、规范执法、行政复议、行政应诉、评议考核、责任追究等重点环节，强化工作措施，不断促进依法行政工作迈上新台阶。全省14个市（州）、86个县（市、区）全部成立推进依法行政工作领导机构，相继制定依法行政实施意见，各级政府及其组成部门普遍推行政务公开，建立政务大厅或依法办事窗口，实行相对集中的行政处罚权工作，9万多名行政执法人员全部做到了持证上岗、亮证执法。

执法 各级检察机关充分发挥审查逮捕、公诉职能，严厉打击危害国家安全的犯罪、黑恶势力犯罪、严重暴力犯罪、毒品犯罪及多发性侵财犯罪，积极参与社会治安综合治理，并根据不同时期治安状况，有针对性地开展专项整治斗争，有效遏制了犯罪上升势头。甘肃省各级人民法院认真履行宪法和法律赋予的审判职责，审结各类案件，维护社会的公平正义。各级公安机关充分发挥职能作用，积极推进社会治安综合治理，依法打击刑事犯罪活动，保持了全省社会治安大局的平稳。1983年组织实施严打斗争，2001年起开始为期两年的“严打”整治斗争，大力开展打黑除恶、侦破命案、治爆缉枪、打击“两抢一盗”、追逃、打拐等一系列专项斗争，积极参与整顿和规范市场经济、打击经济犯罪活动。从2000年起连续实施3

个禁毒工作三年规划，深入持久地开展禁毒斗争。还强化特种行业、枪弹危爆物品监管，开展打击“车匪路霸”“禁赌禁娼”“扫黄打非”等专项行动。促进了全省社会治安秩序的持续好转。

其间，全省公安机关共破获刑事案件43万余起，抓获刑事案件作案成员46万余人次，缴获罚没财物总价值近4.6亿元。2000年以来，破获经济犯罪案件挽回损失近12亿元。2007年，全省毒品犯罪案件比1999年下降75%。甘肃省各级检察机关仅2007年，共受理公安、国家安全等侦查机关提请批准逮捕犯罪嫌疑人1.3万人，经审查批准逮捕1.14万人，同比上升3.69%；提起公诉8663件1.39万人，同比分别上升6.7%和11.3%。其中，批捕危害国家安全犯罪、严重暴力犯罪、毒品犯罪及“两抢一盗”等多发性侵财犯罪等重点案件犯罪嫌疑人8487人，提起公诉6106件9828人；积极参加“打黑除恶”专项斗争，批捕黑恶势力犯罪嫌疑人285人，起诉38件380人；加大打击破坏市场经济秩序犯罪的力度，批捕各类经济犯罪嫌疑人247人，起诉196件323人。严肃查办和有效预防职务犯罪，深入推进反腐倡廉建设。甘肃省各级人民法院认真履行宪法和法律赋予的审判职责。1983年8月至1986年，全省各级法院共审结杀人、放火、爆炸、抢劫、强奸、重大伤害、重大盗窃等严重危害社会治安的犯罪案件9478件1.75万人。1987年至1989年，全省各级法院继续坚持从重从快的严打方针，加大对毒品犯罪、经济犯罪和民事案件的审判力度，共审结各类案件128.37件，其中刑事一审案件15.29万件、民事一审案件56.21万件、经济纠纷一审案件12.85万件、行政一审案件3961件，处理来信来访50.07万件（次），接待申诉来访群众58.37万人次。1990年至1992年，全省各级法院共审结各类案件12.61万件，其中刑事案件2.59万件、民事案件8.54万件、经济案件1.39万件、行政案件986件。1993年至1997年，全省各级法院共受理刑事、民事、经济、行政一审和二审、审判监督和执行案件49万件。1998年至2002年，全省各级法院共审结刑事、民事、行政等各类案件45.37万件，执行各类案件14.7万件。21世纪伊始至2007年，共受理刑事案件8.82万件，占案件总数的8.7%；审结8.69万件，结案率98.5%，生效判决判处犯罪分子10.05万人。依法惩处职务犯罪和经济犯罪，审结职务犯罪案件2791件，生效判决判处犯罪分子2325人，其中县（处）级以上职务的95人。同时，贯彻“该严则严，当宽则宽，宽严相济，罚当其罪”的刑事审判政策，对具有从轻、减轻、免除处罚情节的被告人依法从宽处理。依法判处缓刑1.83万人免于刑事处罚2173人，宣告无罪1107人。依法办理减刑4.63万人，假释2504人。受理民事案件59.92万件，占案件总数的58.8%；审结案件58.89万件，结案率98.3%。

法律服务　法律服务水平和质量不断提升。基层法律服务所和工作者在办理土地承包、处理邻里纠纷事项中发挥了重要作用。各级政府普遍聘请律师担任法律顾问，国有大中型企业的改组改制都聘请律师、公证员全程参与，法律服务专业优势得到较好发挥。自2003年9月国务院颁布实施《法律援助条例》以来，全省完成三级法律援助机构建设，法律援助中心达到102个，工作人员329名。在13个县（市、区）设立示范点，在75%的乡镇司法所建立工作站，在省外11个大中城市设立农民工法律援助工作站，法律援助覆盖面不断扩大。认真履行司法鉴定管理职责，完成鉴定机构和鉴定人审核登记工作，编制并向社会公告司法鉴定人和司法鉴定机构名册，公开面向社会服务。国家司法考试自2002年实施以来，参考人数和考试通过率逐年提高。至2007年，全省累计2.13万人报名参加司法考试，获取法律资格职业证书2120人，年平均通过率为12.68%。

（四）统一战线

民主党派和工商联　新时期，甘肃省民革、民盟、民建、民进、农工民主党、九三学社等6个民主党派得到恢复发展。各级工商联组织普遍组建行业（同业）商会和异地商会、市场商会、乡镇分会等各类商会组织。各级党组织把培养选拔党外干部纳入干部队伍建设和人才工作的总体规划，加强党外干部的培养培训工作，完善选拔任用方式。按照中央要求，甘肃省各级党组织进一步加强政治协商的制度化建设，坚持协商于决策之前和决策执行过程中，建立和完善民主协商、情况通报、学习恳谈等制度。对关系经济社会发展的重大问题、重要人事安排和涉及民生的重要事项，都事先征求民主党派的意见建议，促进决策的科学化和民主化。形成“党委出题、统战部协调、党派工商联调研、政府采纳、部门落实”的调研参政模式。每年召开民主党派调研成果汇报会，邀请省级领导和省政府有关部门负责人听取民主党派的意见。在各级人大、政协会议上，民主党派和民主党派成员积极提交议案、提案，许多建议被党委、政府采纳。各民主党派发挥人才荟萃、智力密集的优势，积极开展重大科技及经济咨询、捐资建学等活动。多个民主党派的地方和基层组织分别获得“全国智力支边先进单位”、全国和全省“民族团结进步先进单位”等称号。

对台事务 随着两岸关系的不断发展，陇台交流逐步扩大，交流交往日益活跃。一大批具有甘肃特色的文化、科技、艺术、学术等交流项目赴台交流，台湾多个经贸考察团和有关专业团体来甘肃进行访问交流。2006年，中共天水市委、天水市人民政府承办第四届海峡两岸传统文化与现代化研讨会。省台办连续成功举办国台办重点交流规划项目——“甘肃旅台乡亲陇原寻根行”活动。陇台交流推动了陇台经贸发展，各级政府及有关方面充分发挥甘肃资源优势，大力开展对台招商引资。从首届中国丝绸之路节开始，邀请、组织台商参加各届“中国兰州投资贸易洽谈会”。甘肃省台办与甘肃省陇台经贸协会联合举办陇台经贸合作论坛。每年都有3～4个台湾经贸考察团来甘参观考察，1990年有3家台资企业相继在甘肃注册经营。1991年，甘肃最大的台资企业兰州正林农垦食品有限公司奠基建设，1992年正式投产。全省台资项目涉及食品、化工、农业、机械、电子、商业、房地产等领域，由温世仁创办的千乡万才（武威）科技有限公司和黄羊川国际会议中心享誉世界。甘肃省各级政府努力改善投资环境，切实维护台商的合法权益。多年来，甘肃接受台胞各类捐赠数亿元，台胞还帮助省内一些贫困县建设小学、水窖，支持农村移民搬迁，发展教育卫生事业。

民族宗教 改革开放30年间，全省民族工作认真贯彻落实党的相关方针政策，取得了历史性进步。党的十一届三中全会以来，中共甘肃省委、甘肃省人民政府相继召开统战会议、民族会议、民族政策再教育会议及牧区工作会议等，民族工作重新恢复活力。先后恢复甘肃省民族事务委员会、甘肃民族出版社、甘肃省民族研究所等单位建制，新建甘肃省民族歌舞团（原省乌兰牧骑演出队）。全省14个地（州、市）都恢复和新建民族宗教局（处），在少数民族比较集中的21个县（市）新建民族工作机构。在与民族工作关系较密切的省级主要厅局专设诸如甘肃省民族贸易公司、甘肃省教委民族教育处、甘肃省计委民族经济计划处等机构，为加强党对民族工作的领导、落实党的民族政策、调整民族关系、加强民族团结、加速民族地区和少数民族经济文化的发展提供了组织保证。为支持民族地区发展，中共甘肃省委、甘肃省人民政府提出“两个高于”的目标，即对民族地区的全社会固定资产投资高于全省平均水平，民族地区经济增长速度高于全省平均水平，有力地促进了民族地区的经济发展。2007年，全省民族地区实现国内生产总值149.6亿元，比上年增长12.4%。农牧民人均纯收入达到1690元，民族地区公路通车里程达7346千米，完成第四批农村电气化县建设任务和民族地区农村电网改造工程，提高电话普及率，民族地区城镇基础设施明显改善，在牧区基本形成县城定居型、乡镇定居型、村社定居型、零散定居型四种格局的牧民定居形式。

从1997年开始，连续六年在全省范围内广泛深入开展民族团结进步宣传周活动。从2004年起，开展民族团结进步宣传月活动，并在全省范围内开展民族团结进步创建活动，促进各民族之间的相互了解、相互尊重和相互帮助，各民族平等、团结、互助、和谐的社会主义新型民族关系得到进一步巩固和发展，“汉族离不开少数民族，少数民族离不开汉族，各少数民族之间也相互离不开”的“三个离不开”思想日益深入人心，涌现出一大批维护和增强民族团结的先进集体和先进个人。1984年到2006年，全省各级党委、政府和民族工作部门共表彰先进（模范）集体853个、先进（模范）个人1466名，有168个先进集体、151名先进个人受到国家民委的表彰。

少数民族语言文字和文化传统受到尊重和保护，双语教学体系在民族地区形成，全省有306所中小学实行双语教学，部分重点中学、中专、高校开设使用民族语言授课的民族语文专业。民族语言报纸、广播、出版、翻译等长足发展，受到少数民族群众的欢迎。民族文艺形式更加丰富多彩，文艺团体不断壮大，创作演出的《顿月顿珠》《花海雪冤》《裕固婚礼》《保安铃声》等优秀文艺作品，深受各族群众的喜爱。大力培养民族干部，至2007年全省少数民族干部达4.1万人，比1978年增长7倍，一大批德才兼备的少数民族干部走上党政军各级领导岗位。

宗教事务方面，30年间，中共甘肃省委、甘肃省人民政府高度重视宗教工作，各级党委、政府认真贯彻落实党的宗教信仰自由政策，依法加强对宗教事务的管理，坚持独立自主自办的原则，积极引导宗教与社会主义社会相适应。各宗教团体和信教群众拥护共产党的领导、拥护社会主义制度，遵守国家的法律法规。各宗教教职人员和信教群众的爱国主义、社会主义觉悟不断提高，祖国意识、法律意识、公民意识、道德意识不断增强，积极参加社会主义现代化建设。各宗教相互尊重，和睦相处，为社会和谐稳定和经济发展创造了良好的环境。大力加强对宗教信仰自由政策的宣传，通过多渠道、多形式的宣传教育，党的宗教信仰自由政策家喻户晓，深入人心。组织开展宗教政策法规执行情况大检查活动，使党的宗教政策落到实处。加强政策法规建设，先后制定《甘肃省宗教事务管理暂行规定》《甘肃省宗教活动场所登记办法》《甘肃省宗教活动场所年检办法》《甘肃省宗教活动场所生产自养办法》《甘肃省宗教活动场所常住暂住人员管理办法》《甘肃省伊斯兰教阿訇管理试行办法》《甘肃省朝觐事务管理办法》等一系列政策法规，使宗教事务管理逐步纳入法制化轨道。从20世纪80年代开始，全省从理论、实践、组织形式等方面，对引导宗教与社会主义社会相适应进行积极探索，加大宣传教育力度，加强思想引导工作，在宗教界广泛开展各项爱国主义、社会主义教育活动，鼓励宗教界对宗教教义教规做出符合时代进步要求的阐述，积极引导信教群众在开展正常宗教活动的同时，把主要精力投入发展生产、脱贫致富上。引导宗教界积极开展形式多样的公益活动，在尊老爱幼、扶贫济困、修桥筑路、保护环境、绿化修路、施医赠药等方面做出积极贡献。为进一步加强对宗教工作的领导，省、市、县相继成立宗教工作领导小组，建立完善县、乡、村三级宗教事务管理网络，形成党委统一领导、统战部门协调抓总、宗教部门归口负责，依法管理的宗教工作领导体制和协调机制。2007年，甘肃省宗教局、甘肃省民委分设，宗教工作任务较重的一些市（州）、县（市、区）也陆续分设宗教工作部门。各级宗教部门以分设为新起点，认真贯彻落实党的宗教工作基本方针，为巩固和维护全省民族团结、宗教和顺、社会稳定的政治局面发挥了应有的职能作用。

四、文化建设

（一）文化体制改革

报业体制改革 报业体制改革的重点是探索实行“事业单位、企业管理”模式，都市类报纸等实行企业化管理和市场化经营。1984年1月甘肃日报社率先实行“事业单位、企业管理、自负盈亏”的经营，使报社拥有经营自主权，报纸由单纯的产品经济逐步向商品经济转化。2001年，甘肃日报报业集团正式挂牌，成为全省第一家报业集团。2007年，甘肃日报社被列为全省文化体制改革试点单位，实行宣传业务与经营性单位剥离。将《甘肃日报》广告、发行、印务、后勤部门和各子报逐步剥离出来，自主经营，自负盈亏，市场化运作。与此同时，全省各地报业都进行了市场化运营改革，取得了初步成效。

广播影视和新闻出版体制改革　1992年，甘肃有线广播电视台成立，隶属甘肃省广电厅领导，逐步实行企业化管理，自收自支。1994年5月，开办甘肃人民广播电台经济频道，实行企业化管理，人员实行聘任制。1998年11月，甘肃人民广播电台交通台改为甘肃人民广播电台第三套节目部。2001年2月，甘肃省广播电视厅更名为甘肃省广播电影电视局。2001年3月，根据国家广电总局要求，实行"台网分营"，将甘肃省广播电视台的有线网络传输职能划出，成立了甘肃省广播电视网络传输公司，原甘肃省有线广播电视台改为甘肃电视台公共频道。2004年2月，组建甘肃省广播影视总台。随着改革开放的深入，全省新闻出版事业逐步由生产型向经营型转变，探索新闻出版改革，采取了放权、承包等内部经营改革。《读者文摘》创刊并逐步发展壮大，兰州大学出版社成立，国有印刷厂在规模、设备、技术、效益等方面不断发展，集体和民营印刷厂大量涌现。2001年，甘肃省新闻出版局以调整和转变政府职能为首要任务，以政企、政事、政社分开为原则，完成局机关机构改革工作，加强宏观指导与监督。2005年，甘肃人民出版社进行人事、用工、分配三项制度改革，顺利实现了事业单位向企业化管理、市场化运作的转变。2006年1月，读者出版集团有限公司成立，成为自主经营、自负盈亏、自我发展的国有文化企业。转制后的三年间，读者集团年平均利润增长率为6.92%；资产总额达到6.96亿元，增长了23.97%；净资产达到6.24亿元，增加1.47亿元，增长了31.8%。《读者》杂志平均月发行量达879万册，其中2006年4月达到了1003万册，成为中国期刊发展史上第一个月发行量过千万的杂志，位居中国和亚洲第一、世界综合类期刊第四位。甘肃省图书出版业呈现繁荣态势，2007年共出版图书2579种，音像电子出版物102种；图书发行业持续发展，西北书城、甘肃书刊批发市场等重点项目建成投入运营，经营状况良好；新华书店发行集团方案经甘肃省文化体制改革领导小组批准报甘肃省人民政府审批；"农家书屋"建设工程创新了出版事业服务社会和图书出版发行的新途径。甘肃省印刷业保持发展态势，截至2007年资产总额达到22亿元，比2002年增加8.6亿元，年均增长12.7%，实现销售收入16.5亿元，比2002年增加2.5亿元，年均增长3.5%。

文艺院团体制改革 甘肃省文艺院团先后进行了四轮改革。第一轮改革为1983年至1984年，以承包经营责任制为主要形式，试行不同形式的承包责任制，确定任期目标，在分配制度、人事制度、创作演出方面，进行改革尝试和探索。第二轮改革为1985年至1991年，主要是实行“双轨制”改革，少数文艺团体实行全民所有制，大多数艺术表演团体实行多种所有制形式。第三轮改革为20世纪90年代，艺术院团管理体制由过去靠行政手段直接管理，转向依靠经济、法律、行政手段间接管理。艺术院团普遍实行不同形式的责任制和演职人员聘任制。经营机制由传统的宣传教育型向既重视社会效益又重视经济效益的审美价值、娱乐价值的复合型转变。从2003年开始，全省艺术院团进入第四轮改革，体现民族特色和省级水准的艺术院团实行事业体制，由财政重点扶持，其他艺术院团逐步转制为企业。确定甘肃省陇剧院、甘肃省秦剧团为资源整合、结构调整试点单位，兰州市为综合试点市，制定支持艺术院团改革试点的有关政策和措施。

（二）文化事业与文化产业发展

文化基础设施建设 不断加强以博物馆、图书馆、文化馆等为重点的文化基础设施建设，使公共文化基础设施明显改善，服务功能不断增强。1979年，全省共有文化事业机构2888个，其中由文化部门管理的仅664个。到2007年，从文化机构数量上看，全省文化机构数达6927个。从布局上看，由改革开放初期的省、地、县三级文化设施网络发展成为现在的省、市、县、乡、村五级文化设施网络；从文化设施建筑质量看，改革开放前基本以土木结构和砖混结构为主，经过30年的发展，现在的文化设施基本以钢筋混凝土结构和框架结构为主。各级政府对文化设施建设的投入进一步加大，文化设施面貌发生巨大变化。省级文化设施建设，至2007年，拥有省级图书馆、博物馆、美术馆、文化馆、地质博物馆各1个，另有新建成的兰州碑林1座。甘肃省图书馆是全国9个地区中心图书馆之一，也是西北地区的中心图书馆，共有各类藏书290万余册、缩微文献600件。甘肃省博物馆是国内很早成立的综合性地方博物馆之一，馆藏藏品9.5万件，历史文物占2/3以上，绝大多数属珍贵文物。甘肃美术馆常年开办及承接国内外各种类型的艺术展览活动。甘肃省文化馆开展各种形式的群众文化活动，培养了大批文化艺术人才，产生了一批具有甘肃特点的文化艺术精品，不断满足人民群众对文化艺术活动的需求。甘肃省地质博物馆拥有文物藏品近万件。兰州碑林翻刻或收集甘肃著名碑刻千余件。甘肃省文物商店是省内唯一经国家文物局批准成立的从事文物收购、经销的文物经营单位。这些省级文化设施，在全省文化事业发展中发挥着引领作用。

市县及乡镇文化设施建设，1979年，全省地级图书馆4个，县级图书馆31个。到2007年，全省共有市级图书馆8个，县级图书馆83个。1979年全省有综合性博物馆7座（包括甘肃省博物馆），建筑面积2.2万平方米，藏品4.93万件。到2007年，全省各级各类博物馆发展到73座，公用房屋建筑面积达13.3万平方米，藏品达38.46万件（套）。1979年，全省共有10个地级群众艺术馆、80个县级文化馆。到2007年，市级群众艺术馆发展到14个、县级文化馆发展到85个，市级群众艺术馆建筑面积达到1.96万平方米、县级文化馆面积达到9万平方米。特别是“十五”期间，国家和甘肃省投资立项建设了85个县级图书馆、文化馆，除金川区外的85个县（市、区）都有文化馆，极大地提升了县级“两馆”建设水平。乡镇文化设施建设中，1979年，全省共有乡镇文化站59个，从业人员仅74人，建筑面积每个站只有几平方米到几十平方米，且全部为民办或民办公助性质。到2007年，全省共有乡镇文化站1105个，从业人员增加到1756人，建筑总面积达10.2万平方米，全部为公用房屋。“九五”期间，全省组织实施小康文化建设“333211”工程（适应全省小康建设“三大块”发展战略的需要按三类地区规划部署；开展创建“文化先进县”，建设丝绸之路文化长廊，建设县、乡、村三级文化网络。从1996年开始，每年争取建成2个全国文化先进县，重点建好100个示范文化站、100个示范村书库），建成一、二、三类示范文化站100个、示范村书库100个，312国道沿线的119个乡镇全部建起标准较高的文化站（中心），形成纵贯东西、辐射全省的文化长廊。在这一工程的带动下，全省掀起乡镇文化站建设高潮，建设水平明显提升。

培养人才　甘肃省先后制定《关于进一步搞好甘肃省文化人才队伍建设的若干意见》《关于对省直文化单位2001—2005年专业人才培养工作的指导意见》《关于对甘肃文化系统2006—2010年专业人员队伍建设工作的指导意见》及各类文化人才评定条件、办法等人才工作指导意见，提出明确的人才发展战略和培养目标，使甘肃文化人才队伍建设工作进一步规范化、制度化。先后组织举办专业技术人员继续教育培训班50多期，培训专业人员1.2万多人次。2007年，甘肃省文化厅通过进修、代培、联合办班、在职培训等多种形式，加大对各类文化艺术专业人才的培养力度。继续开展农村实用文化人才职称评定，积极争取为县（市、区）剧团艺术专业人员、乡镇文化站专业人员评定职称。先后举办全省各类艺术专业比赛，卓有成效地促进了全省文化队伍建设。举办各类大奖赛、作品展评、艺术节及参加国家级艺术评比、赛事等活动，为专业人才搭建发展平台，涌现出一大批能够代表全省最高艺术水平的人才。

文艺创作和文化事业 以敦煌壁画艺术为题材，创作的舞剧《丝路花雨》《大梦敦煌》《敦煌古乐多》等享誉海内外，大型舞剧《苏武牧羊》《悠悠雪羽河》《情系万佛峡》《扎西德杰》等颇受观众喜爱。陇剧作品如《枫洛池》《草原初春》《万家春》《旌表记》《天下第一鼓》《胡杨河》《官鹅情歌》等，扩大了陇剧影响，丰富和完善了陇剧表演艺术。作为甘肃地方艺术特色之一的花儿，从表现形式的挖掘到演唱内容的创新提高都有了长足发展，大型花儿舞剧《花海雪冤》《牡丹月里来》《雪原情》等，拓展了这一新型剧种的表现内容和表现形式。南木特藏戏代表剧目有《松赞干布》《降魔》《达巴丹保》《努达美》《朗萨雯波》等，受到藏区人民和其他各族群众的欢迎。小说、诗歌、散文、报告文学、儿童文学等进入创作繁荣期，美术、书法、摄影、杂技、曲艺、电影、广播文艺、民间文艺等各文艺门类在数量和质量上都有明显提升。这一时期，甘肃省各种形式的文化艺术活动逐渐活跃。1994年，第四届中国艺术节在兰州举办，正式参演剧（节）目32台，共演出120场次，观众达12.7万人次。举办美术书法摄影展、民间民俗美术展等数百个文化艺术展览，观众近百万人次。其中包括了群众性广场舞蹈组合《陇原风》；由2000多人组成15个方队表演的白马藏族火把舞、龙灯舞、云阳板舞；有1.2万多人汇聚广场的《金城狂欢之夜》；6000多人表演火把舞、花环舞、龙舞等。如此大规模、高水平的群众性广场舞表演，在甘肃群众文艺史上是空前的。2006年，以推介敦煌艺术、宣传甘肃特色文化、扩大甘肃影响为目的的甘肃文化进京系列宣传活动在全国引起广泛关注，其中"西望敦煌——甘肃美术作品展"，是1949年后甘肃美术作品第一次在北京整体展示。文化部召开现场会，向全国推介全国非物质文化遗产环县道情皮影。组团参加深圳文博会和成都西部文博会。开展的"书香农家"农民读书活动、"百乡千村"对口帮扶活动、"情系陇原"艺术团赴基层演出、"百首歌曲颂陇原"主题歌曲评选演唱、农民书法展等活动，受到群众的普遍好评。2007年第四次全国文化馆评估工作中，兰州市、嘉峪关市、金昌市和瓜州县文化馆被评定为一级馆，麦积区文化馆等7个县级文化馆被评定为二级馆，红古区文化馆等18个县级文化馆被评定为三级馆。群众喜闻乐见、主题鲜明、形式灵活的文化艺术形式在全省城乡得到普及，部分群众文艺团队成为当地的文化品牌，代表当地参加省内外演出，获得较高声誉。群众文化活动蓬勃开展。截至2007年，全省共有1205个群众艺术馆、文化馆（站），其中乡镇文化站达1030个，组织各种文艺活动，巩固了农村文化阵地。全省75个专业艺术团体，1163个群众业余演出团队常年在基层演出。甘肃省非物质文化遗产保护工作于2004年正式启动，制定出台一系列政策性文件，培训业务骨干，采用多种形式开展非物质文化遗产保护的宣传动员工作，使非物质文化遗产保护成为各级政府主导、社会关注支持、群众广泛参与的群众性文化工程。环县道情皮影、兰州鼓子、临夏花儿、保安腰刀、藏族民歌等52项进入国家级第一、二批非物质文化遗产名录，皮影戏民间艺人史呈林和高清旺、花儿歌手马金山、华亭曲子戏艺人康和等34人被确认为国家级非物质文化遗产代表性传承人。甘肃省人民政府先后公布两批、200项省级非物质文化遗产代表作，全省12个市（州）的79个县（市、区）公布市、县非物质文化遗产保护名录，进入市、县保护名录达到近千项。这标志着全省国家、省、市、县四级非物质文化遗产保护名录体系建立，一批历史悠久、文化内涵丰富的非物质文化遗产得到有效保护。

文化产业　改革开放30年间，甘肃省文化产业的发展从无到有、从少到多、从小到大。改革开放初期为全省文化产业萌芽发展阶段，随后一批有实力的文化企业积极开拓国际国内两个市场，培养和推出一批具有民族特色的文化产品，特别是被誉为“20世纪华人舞蹈经典作品”的《丝路花雨》，自1979年搬上舞台以来在国外巡演326场次。《大梦敦煌》深受观众欢迎，在澳大利亚和欧洲演出103场次。自2005年《敦煌韵》开演以来，在国外演出达82场次。甘肃纪元文化艺术有限公司生产的“莫高印象”系列和天水汉唐麦积山艺术陶瓷有限公司生产的“东方微笑”系列艺术产品，出口法、英、美、日及东南亚等国家。读者杂志社、天水汉唐麦积山艺术陶瓷有限公司和兰州歌舞剧院的舞剧《大梦敦煌》，分别被商务部、文化部等五部委确定为2007年至2008年度国家文化出口重点企业目录和重点项目目录。全省文化企业开拓国外市场，开展对外文化交流与出口，在扩大甘肃文化影响力的同时，也取得良好的经济效益。敦煌市与北京师范大学联合，由北京师范大学艺术研究所投资1200万元建设的中国敦煌动漫网络制作中心建成并投入运营，开全省动漫网络产业的先河。敦煌市进一步整合文化资源，先后建成敦煌艺术演艺与培训、艺术道具生产、民间民俗工艺品生产销售、名家名人采风与艺术创作、文化交流与文化产品展示交易、敦煌模特服饰展示和动漫产品制作等7大基地。2007年，全省共有文化事业、文化产业机构6931个，从业人员3.16万人。其中，民营文化产业机构5977个，占机构总数的86.2%；从业人员1.82万人，占从业人员总数的57.59%。创造增加值超过增加值总额的一半，初步形成国有和民营相互竞争、共同发展的格局。在推进特色文化大省建设的进程中，全省梳理和打造出一系列独具特色的文化品牌，如敦煌文化、丝路文化、伏羲文化、长城文化、农耕文化、黄河文化、民族民间文化等。推出《丝路花雨》《大梦敦煌》《官鹅情歌》《老柿子树》等一批精品剧目。这些文化品牌无不折射出甘肃历史文化的悠久和中华文化的博大精深，成为甘肃的文化名片。品牌建设助推文化产业发展，逐步形成演艺业、音像业、网络文化业、文化娱乐业、文物和艺术品业、艺术培训业等6个产业。2007年，除艺术培训业未列入统计外，其余5个产业实现总产值5.53亿元，增加值4.95亿元。经营性文化产业约占全省文化系统文化产业增加值的60.9%。自1989年10月开始，全省逐步设立文化市场管理机构，全省文化市场工作步入健康有序、规范运行的良好发展轨道，包括演艺、娱乐、音像、网络、艺术品及动漫等文化产品市场和资本、产权、人才、信息、技术等文化生产要素市场在内的统一、开放、竞争、有序的文化市场体系初步形成。截至2007年，全省共有各类文化市场经营场所5296家，比全省文化市场数据统计初始时增加了48.7%。全省各级文化行政管理部门和执法机构紧密联系当地文化市场实际，坚持把集中整治与日常监管结合起来，加强对文化市场依法管理，对查缴的非法音像制品进行集中销毁，对发现的各类问题及时依法依规处理，规范全省27个演出经纪机构、881家娱乐场所、2106户音像制品批发及零售经营者、1543家网吧、672家美术品和艺术培训机构的经营活动，解决了一大批群众反映强烈的热点难点问题，遏制违法经营行为，有效地维护了良好的文化市场秩序。

（三）广播影视

改革开放后，甘肃省广播影视事业发生了深刻而巨大的变化，电视成为人们日常生活的重要组成部分。全省卫星地球站的建成、村村通等重点工程的实施，使卫星传输和地面传输相互交融，形成了高技术、高效率、天地一体的广播电视覆盖网。1978年，全省广播、电视人口综合覆盖率约为30%，到2007年分别提高到91.23%、91.5%。以电视普及为重点的广播影视事业，为广大人民群众提供了多方面、个性化的精神文化生活，促进了经济发展、文化传播和社会和谐。

广播基础设施建设　改革开放以来，甘肃省先后对广播电台部分大中功率广播发射机进行了PSM技术改造，发射机播出质量有所提高，整机效率大幅提升。截至2008年底，全省拥有广播发射台及转播台807座，总功率224.79千瓦，其中中波、短波广播发射台和转播台30座，总功率636千瓦，分别比1984年增长50%、59.6%。随着科学技术的发展，20世纪70年代末，各级广播电台逐步更新部分高质量广播节目制作和播出技术设备。到80年代末，拥有多声轨调音台、多声轨录音机等先进技术设备。1985年10月1日立体声广播试播，1994年甘肃电台配备录音转播车。甘肃省广电总台成立后，广播技术设备逐步向数字化过渡。广播传输发送经历了从中波、短波覆盖到中波、短波、调频共同覆盖，从小功率发射到中功率、大功率发射，从单声道广播到立体声广播，从短波、调频传输到微波、卫星传输的发展过程。1978年，全省有中、短波广播发射（转播）台9座，调频广播发射台1座，县（市、区）广播站83个，乡镇广播放大站1273个。到2007年，全省中、短波广播发射（转播）台发展到30座，调频广播发射台784座，覆盖能力得到极大提高。

电视基础设施建设　1978年，全省有电视发射（转播）台72座，电视人口综合覆盖率约为30%。到2007年，全省电视发射（转播）台达到3205座，建成卫星地球站1座、卫星收转站15万座、微波实有站102座、微波传送线路总长4214.95千米（其中数字微波线路长度3089.5千米），有线广播电视传输干线网络总长3.59万千米，有线广播电视用户184.28万户（其中数字电视用户48万户），入户率26.47%。1997年，启动甘肃省广播电视卫星地球站建设，1998年9月19日甘肃省广播电视节目上星试运行，同年12月18日甘肃省广播电视节目正式上星播出。1998年启动广播电视村村通工程，截至2007年，全省绝大部分村实现村村通目标。各级电视台对技术装备的投入逐年增加，技术条件得到较大改善。采编设备先后经历了电影摄影机、U-MATIC分体式摄录像设备、S-VHS-C体型摄录机，到DVCPRO（DV）格式摄录一体机，从胶片时代进入磁带时代，从模拟时代进入数字时代的转变。20世纪90年代以来，有线电视异军突起，迅速覆盖城市，随后数字光纤传输、卫星广播技术等高新技术在全省广电领域快速推广应用，广电传输技术由模拟向数字全面过渡。车载电视、数字电视在城市相继兴起，移动多媒体广播技术成熟，使手机电视走入百姓生活，成为广播电视传播渠道的重要补充和延伸。

城市影院建设 20世纪70年代末，全省电影放映单位迅速增加，放映活动非常活跃。到1980年，全省电影院及开放礼堂、俱乐部达178家。80年代以后，由于电视的普及和群众文化生活的多样化，城市电影观众逐年减少，电影院数量下降。其间，甘肃省城市影院进行了两次较大规模的更新改造。第一次是从1979年至1992年，全省大部分影院进行了声光系统、放映设备和设施的更新改造。第二次是从20世纪90年代末开始，影院改造以小厅、多厅为主，采用计算机联网售票，注重改善观影环境和提高服务质量，适应群众多元化的观影需求。1992年，全省有农村电影院150个（其中35毫米放映机影院36个，16毫米放映机影院114个）、电影放映队2057个（其中国办42个，乡镇办920个，村办185个，个体办910个），放映场次达26万多，观众1.9亿人次，在少数农村地区能够放映宽银幕和立体声电影。1993年以后，取消"以城补乡"政策，农村电影放映出现收费难问题，电影放映进入低谷。进入21世纪以来，随着农村电影放映工程的实施，国家和甘肃省对农村电影的资助力度不断加大，农村电影放映基础设施得到较大改善，农民看电影难的问题得到有效解决。截至2007年，共资助放映车91辆、16毫米放映机403套、35毫米放映机15套、数字放映机184台、发电机172台、幻灯机100台，恢复组建放映队823个。2007年放映14.2万场次，观众达到2330.35万人次。

创造精品佳作 甘肃文化建设重视精品创造，先后涌现出一批获"中国新闻名专栏""甘肃省新闻媒体十大精品栏目"等称号的品牌栏目，一大批优秀的广播电视节目获"中国新闻奖""中国广播电视奖"等奖项。1980年，甘肃电台制作的广播剧《沙海魂》《月光宝镜》参加全国广播剧交流会议和“建国以来优秀广播剧展播”，《沙海魂》被评为全国优秀的5部广播剧之一。进入90年代，广播剧创作水平和质量不断提高，出现了不少精品佳作。《艰难的抉择》《走进香巴拉》《岁月不流逝》《江隆基》获中宣部精神文明建设“五个一工程”奖，《兵车行》《拜年》《麦客》《麦积烟雨》《艾黎与何克》《肋巴佛传》《白马》《玫瑰悄悄红》等获全国或省级奖。进入新世纪，《敦煌古乐》获中宣部精神文明建设“五个一工程”奖，《中国花儿之花儿正宗》获第六届中国金唱片奖，《西部的娃娃》《脊梁》等获全国优秀文艺音像制品金奖。据不完全统计，30年间全省共有10多个栏目、1000余件广播电视节目、20多部广播剧、30多部电视剧、10多部电影，分别获得“中国新闻名专栏”、“中国新闻奖”、中宣部精神文明建设“五个一工程”奖、“飞天奖”、“华表奖”、“甘肃省敦煌文艺奖”等。

（四）出版

1986年之前，甘肃省有甘肃人民出版社、甘肃省音像出版社、兰州大学出版社等为数很少的出版机构。1989年8月，甘肃省声像教材出版社成立。1990年，以甘肃人民出版社为基础相继成立甘肃教育出版社、甘肃科学技术出版社、甘肃民族出版社、甘肃少年儿童出版社、敦煌文艺出版社、甘肃人民美术出版社6个专业出版社。1993年6月，甘肃文化出版社成立。2002年，飞天电子音像出版社成立。2006年1月，以甘肃人民出版社为基础、利用《读者》品牌优势组建的读者出版集团有限公司挂牌成立。1978年，甘肃省编辑出版图书仅有286种，其中新版173种、重印6种、租型出版107种，总印数5040.7万册。到2007年，共出版各类图书达2579种，其中新版1345种、重印1234种。图书质量得到稳步提高，先后有30余种图书列入国家“八五”至“十一五”重点图书规划，有8种图书获得中宣部精神文明建设“五个一工程”奖，10种图书获得“中国图书奖”，4种图书获得“中国图书奖提名奖”。先后策划出版了一批宣传党的方针政策、服务中心工作的图书，如《格萨尔学集成》《西北灾荒史》《各民族共创中华》《甘肃藏敦煌文献》《陇文化丛书》《中国民俗知识》《回族典藏全书》等重点图书。其中，《西北通史》是“八五”时期国家重点出版规划项目。出版了大量有关敦煌学和敦煌文化的图书，形成出版优势和特色。组织启动《甘肃农村小康建设丛书》，历时4年，出版图书86种，发行74万册，受到新闻出版总署表彰。出版了一批内容健康向上、题材多样，弘扬主旋律、富有民族特色和地方特色的音像出版物，一部分音像制品在全国和甘肃省的评比中获得各种奖项。2007年，全省共出版音像电子出版物102种。

（五）体育

设施建设 自1984年起，省级场馆建设累计投入近3亿元，先后改建七里河体育场，新建兰州体育馆、甘肃省自行车训练场、甘肃省射击馆、甘肃省全民健身中心、甘肃省网球馆、兰州七里河全民健身综合馆、甘肃省体校教学楼及综合训练馆、清水训练基地、嘉峪关中国铁人三项运动训练基地、中国嘉峪关滑翔基地、漳县贵清山中国国家攀岩队训练基地、中国残疾人天水体育训练基地、永靖刘家峡国家亚高原水上训练基地等体育场馆14个，专业优秀运动队训练条件和综合性体育设施有了一定改善。全省14个市（州）有10个已实现“一市一馆”，其他市（州）体育场馆均在积极筹建之中。县级体育场地建设步伐加快，一批体育广场、体育中心、体育公园相继建成。1997年以来，利用体育彩票公益金完成国家体育总局援建全省“老少边贫”地区“雪炭工程”15个、民族地区“民康工程”2个。2006年，甘肃省在体育基础设施建设上提出“四个一”目标，即一市（州）一个综合体育馆、一县（市、区）一个体育活动中心、一乡镇一个体育文化工作站、一村一个硬化篮球场。经过数年努力，全省1115个乡镇已建成拥有1块硬化篮球场，配置1副标准篮球架、2副乒乓球台、1条健身路径的乡镇体育活动中心，占全省乡镇总数的91%。全省1500个行政村建起硬化篮球场，安装乒乓球台和健身路径。开展以体育器材配置为主的体育进社区工程，在城乡社区新修乒乓球室3000多个，安装乒乓球台3980张。全省累计建成体育彩票健身路径1620条，安装健身器材1.2万余件。

群众体育 为开展全民健身活动，到2007年，全省各类体育社团组织发展到419个，晨、晚练点（站）发展到5000多个，青少年俱乐部发展到44个，各级各类社会体育指导员发展到1.8万余人，先后组织开展百万青少年、百万职工、百万妇女、百万老年人健身系列活动。截至2007年，全省经常参加体育锻炼的人口由改革开放初期的400多万人增加到990多万人，达全省总人口的38.1%。改革开放30年间，全省累计创建全国体育先进县9个，全国体育先进社区140个，涌现出国家、省级群众体育先进集体524个。全省960所大中小学全面启动实施《学生体质健康标准》，“每天锻炼不能少于1小时”的要求得到进一步落实。全省14个市（州）有近4万名学生参加篮球、足球、田径、武术、乒乓球、健美操、围棋等体育活动。学校每年举办以田径或传统项目为主的运动会已形成制度。全省大学生足球联谊赛、高校杯乒乓球联赛已发展成为校园品牌赛事。改革开放后，农村体育兴起。在农村坚持开展以体育场地设施、体育健身指导和体育科普知识为内容的“体育三下乡”及“篮球进乡镇”等活动，积极实施国家发改委、国家体育总局推进的农民体育健身工程，突出推进甘肃丝绸之路体育健身长廊、千乡镇农民健身工程，加大公共财政对农村体育的投入，农村体育设施逐渐完善。全省所有乡镇都有1名副乡镇长分管农民体育工作，并单列体育活动经费。乡、村两级体育场地达到2600多个，一些农村乡镇企业和民营企业积极投资兴建农村体育设施。截至2007年，平均每年开展两次以上大型体育活动的乡镇占到全省乡镇总数的84%，全省有26个乡镇被农业部和国家体育总局命名为“全国亿万农民健身活动”先进乡镇，有8个乡镇获得全国农村体育工作先进集体称号，有210个乡镇荣获省级先进称号。社区体育蓬勃发展，坚持学校、企业、单位体育场馆向社区开放，大量开辟社区公共体育场所，配置健身器材，社区体育健身条件得到不断改善。晨练、晚练和户外体育活动成为城市居民生活的组成部分，有健身秧歌、太极拳、太平鼓等各种健身活动。为促进民族体育发展，先后举办5届全省少数民族运动会，组团参加5次全国民族运动会，获得金牌9枚、银牌11枚、铜牌12枚。在2007年全国第八届少数民族传统体育运动会上，全省获得金牌4枚、银牌3枚、铜牌2枚的历史最好成绩。残疾人体育水平不断提高，全省残疾人康复锻炼人数不断扩大，设施条件逐步改善。甘肃省被中国特奥会列为全国8个特奥示范省之一。残疾人竞技体育项目由6个发展到13个，累计完成7个国家级、省级残疾人体育训练基地的创建和挂牌，为国家输送残疾人运动员20名，先后派出860人次运动员组团参加各类国际大赛，共获得奖牌663枚，其中18人26次破182项全国纪录，7人11次破7项世界纪录。

竞技体育　甘肃省专业运动队分别是：甘肃省体工一大队、甘肃省体工二大队、甘肃省自行车管理中心、兰州市体工队。在训运动员从改革开放初期的100多名发展到5000多名，逐渐开展田径、自行车、摔跤、柔道、跆拳道、武术、曲棍球、射击、皮划艇、赛艇、现代五项、铁人三项等12个大项、122个小项专业训练。其中自行车、中长跑、摔跤、曲棍球等项目为甘肃优势项目，在全国保持较高水平。全省体育健儿先后参加5届城市运动会、7届全国运动会、8届亚洲运动会、5届奥运会和残奥会。在国际、国内各类重大比赛中，甘肃运动员共获得金牌41.5枚、银牌391.5枚、铜牌428.5枚；累计获得19个世界冠军、67个亚洲冠军；有23人25次破全国纪录，13人12次破亚洲纪录，2人2次打破世界纪录。

五、社会建设

（一）社会建设改革

教育体制改革 1988年，中共甘肃省委、甘肃省人民政府印发《关于加快和深化教育改革的决定》，进一步明确教育发展的战略地位，提出全省教育工作的重点在农村，积极探索符合贫困地区和少数民族教育实际的发展路子，分阶段、分地区逐步实施九年义务教育；统筹办好职业教育；高等教育重点发展急需、短线专科专业，加强应用性学科建设和技术开发项目研究。1994年，提出全省教育工作以基本普及初等教育、基本普及初级中等教育的“两基”攻坚为重中之重；职业教育以培养提高劳动者文化科技素质为主要任务；高等教育以内涵发展为主，加强工科和应用学科建设；加大扶持少数民族地区和贫困地区教育发展的力度。逐步建立起以政府办学为主体、社会各方筹资办教育的新体制。进入新世纪，省委、省政府召开全省基础教育工作会议，提出全面推进素质教育的办法和措施。2001年秋季，甘肃省启动基础教育课程改革实验工作。到2005年，九年义务教育阶段课程改革进入全面实验阶段，在减轻学生过重课业负担、改进教学方法和提高教育质量等方面取得一定成效。高等教育和职业教育进一步强调实践环节，探索以培养创新能力为重点的素质教育。其间，稳步发展民办教育，多渠道投资、多元化办学的格局逐步形成。农村中小学布局结构趋于合理，教育资源配置更加优化，办学效益日益明显，素质教育力度加大。家庭经济困难学生资助体系逐步建立，全部免除农村义务教育阶段学生的学杂费，并为家庭经济困难学生免费提供教科书、补助寄宿生生活费。高等教育阶段初步形成奖、贷、助、补、减有机结合的高校家庭经济困难学生资助政策体系，生源地信用助学贷款工作在甘肃省率先开展，在更大范围内解决了高校家庭经济困难学生的学习和生活问题。2006年，全省地方教育经费总支出达到132.15亿元，地方财政性教育经费达到102.49亿元，地方财政性教育经费占国内生产总值的比例达到4.5%。教育投入的不断增长，有力地推动各级各类教育快速发展。

科技体制改革　甘肃省科技体制改革经历了四个阶段。第一阶段（1978—1984），休养生息打基础阶段。1978年中央召开全国科技大会后，甘肃省人民政府编制了《1978—1985年甘肃省科技发展规划》，明确甘肃省科技发展的主攻方向和重点研究项目，并开始尝试扩大科研机构自主权、鼓励发展横向联系、试点推行科研责任制和合同制、发展技术市场和技术贸易等改革工作的探索。第二阶段（1985—1995），体制改革起步阶段。1985年5月中共甘肃省委出台《关于贯彻〈中共中央关于科学技术体制改革的决定〉的意见》，1988年6月中共甘肃省委、甘肃省人民政府颁布《关于加快和深化科技体制改革的决定》，对原有科技体制从运行机制、组织机构及人事制度等多个方面进行初步改革，同时一批面向经济社会发展的技术开发和产业化计划相继启动。第三阶段（1996—2005），深化改革阶段。1995年11月，中共甘肃省委、甘肃省人民政府召开全省科学技术大会，确定并启动“科教兴省”战略。1998年，甘肃省人民政府成立甘肃省“科教领导小组”，提出实施一批科技工程。2003年至2005年，甘肃省人民政府先后批转《关于进一步深化省属开发类科研机构管理体制改革的意见》《关于省属社会公益类科研机构管理体制分类改革实施意见》《2005—2010年甘肃省科技基础条件平台建设纲要》多个政策性文件，科技体制改革在不断探索实践中进一步深化。第四阶段（2006年之后），建设创新型甘肃阶段。2006年2月，甘肃省人民政府公布《甘肃省科技奖励办法》，并制定《甘肃省科学技术奖励办法实施细则（试行）》。同年4月召开全省科学技术大会，部署实施《甘肃省中长期科学和技术发展规划纲要（2006—2020）》，确定走自主创新道路、建设创新型甘肃的战略目标。2006年10月，出台《实施〈甘肃省中长期科学和技术发展规划纲要（2006—2020）〉若干政策措施》，实施“甘肃省科技重大专项计划”，全面启动省属科研院所科技创新团队建设计划。

经过30年的改革实践，甘肃省逐步改变了主要依靠行政手段管理科技工作的局面，改变了科技计划管理方式，竞争择优机制在科技资源配置中开始发挥主导作用，科技立项推行“课题制”和“项目招投标制”，科研机构普遍加大用人和分配制度改革，管理运行机制发生重大转变。1996年后，先后组织实施各类人才培养计划、科技人才工程、创新人才工程等创新人才计划。截至2007年，全省各类专业技术人员达到48.4万人，比1978年的9.4万人增长4.15倍，从事科技活动人员5.6万人。与五大洲的30多个国家建立科技合作关系，甘肃省自然能源研究所和中国农科院兰州兽医研究所被批为国家级“国际科技合作基地”，中科院兰州近代物理研究所“国际反质子与离子大科学研究合作机构”被列入国家级“国际科技合作重点科研机构”，“联合国工业发展组织国际太阳能技术促进转让中心”项目开工建设。

医疗卫生体制改革 1985年起，医疗卫生体制改革在全省全面展开。1988年，甘肃省人民政府下发《甘肃省省级医院承包责任制方案（试行）》《甘肃省医院院长负责制暂行办法》，试行多种形式的承包经营责任制。1990年起，全省各级各类医疗卫生机构均建立并逐步完善责、权、利相结合的三种形式的责任制。2000年10月，甘肃省人民政府召开全省城镇职工基本医疗保险、医疗卫生体制和药品生产流通体制“三项改革”工作会议。同时，制定下发《城镇职工基本医疗保险制度和医药卫生体制配套改革实施方案》《甘肃省城镇医疗机构分类管理实施办法》等一系列配套文件和政策。在全省范围内围绕“用比较低廉的费用提供比较优质的医疗服务，努力满足广大人民群众基本医疗服务的需求”的改革总目标，全面推进卫生体制改革，取得阶段性成果。2003年，全省卫生医疗系统集中力量抗击“非典”疫情，进一步推动了医疗卫生体制改革的步伐。2006年，甘肃省医疗卫生体制改革围绕坚持公共医疗卫生的公益性质，建设覆盖城乡居民的基本卫生保健制度，为群众提供安全、有效、方便、价廉的公共卫生和基本医疗服务，推动了医疗卫生事业持续发展。

收入分配体制改革 1984年至1991年，甘肃省收入分配体制改革突出“劳配结合、职责相符”的重点，打破工资分配中的平均主义，采取提高奖金额度、恢复计件工资制度等措施。全民所有制大中型企业广泛推行以工资总额同上缴利税挂钩、同实物量挂钩和建筑企业实行百元产值工资含量包干为主要形式的“工效挂钩”工资分配办法，对实行“工效挂钩”分配制度的企业征收国营企业工资调节税。集体企业普遍实行企业工资同经济效益挂钩的改革措施。这一阶段的工资制度改革使多年劳酬脱节、职级不符的矛盾有了一定程度的缓解。全省职工年人均工资性收入由1983年的944元增长为1991年的2566元，增长2.7倍，年递增21.5%。1992年至2005

年，全省结合机构改革和推行公务员制度，在机关实行职务级别工资制度，建立相应的增资制度和地区津贴制度。同时，对全额拨款、差额拨款、自收自支三种不同类型的事业单位实行分类管理，根据国家政策在全省企业实行弹性工资。政府有条件地放开工资总量管理，打破一统天下的八级工资制，建立工资分级分类管理体制，初步建立起企业工资指导线制度、劳动力市场工资指导价位制度和企业人工成本预测预警制度。2005年，全省职工年人均工资性收入达到1.42万元，比1991年增长5.52倍，年递增32.3%。2006年，全省公务员实行国家统一的职务与级别相结合的工资制度，机关工人工资制度进一步完善，严格规范各种津贴、补贴制度。2007年，全省规范公务员津贴补贴，统一归并为工作性津贴和生活性补贴，为最终形成科学合理的工资水平决定机制和正常增长机制，建立适应经济体制和干部管理体制要求的工资管理体制，为工资分配的科学化、规范化和法治化奠定坚实的基础。

社会保障体制改革　1997年，甘肃省人民政府制定下发《甘肃省关于贯彻国务院〈关于建立统一的企业职工基本养老保险制度的决定〉的实施办法》，实行社会统筹和个人账户相结合的制度模式，统一全省养老保险参保、缴费和费率政策。1998年，启动实施“两个确保”，采取“确定基数、增长包干、合理补助、自求平衡”的养老保险预算管理办法，连续七年确保企业离退休人员基本养老金按时足额发放，确保国有企业下岗职工的基本生活。1999年，甘肃省人民政府制定城镇职工基本医疗保险改革总体规划，全面启动城镇职工基本医疗保险制度改革，控制不合理的医疗需求和医疗费用过快增长。2000年，甘肃省人民政府制定《甘肃省实施〈失业保险条例〉办法》，将城镇企事业单位及其员工纳入失业保险制度范围。2003年，在全省范围内全面开展工伤保险社会统筹工作，以农民工为重点人群，以矿山、煤矿、建筑等高风险行业为重点对象建立工伤保险制度。2007年，建立城镇居民基本医疗保险制度，对包括城市低保人员、学生、儿童和其他非从业城镇居民的医疗保险做出制度性安排。1998年至2007年，全省共争取中央转移支付基本养老保险发放补助资金94.66亿元，建立起以参保企业和个人缴费为主、中央财政转移支付和地方财政补助相结合的社会保障基金筹集机制。同时，按照属地管理原则，将企业退休人员移交社区统一管理，剥离企业承担的社会职能，减轻企业负担，全省企业离退休人员基本养老金发放工作全部实现社会化发放。

（二）教育事业发展

“两基”攻坚 1987年5月，甘肃省人民政府修订颁布实施九年义务教育规划，提出2000年全省基本普及初等教育，2010年前后基本普及初级中等教育。1994年，甘肃省人民政府确定把“两基”攻坚作为全省教育工作的重中之重，加大资金投入，严格评估验收，加快推进“两基”实现。2003年，全省全面实现普及初等教育。2005年，全省实现“两基”的县（市、区）达到68个，人口覆盖率83.04%，为2010年全面实现“两基”打下良好基础。随着九年义务教育的逐步普及，学前教育得到进一步发展，2005年全省有幼儿园2451所，幼儿班1.47万个，接受学前教育的幼儿占幼儿总数的71.6%。2007年，全省农村义务教育全面纳入公共财政保障范围，86个县（市、区）农村义务教育阶段1.67万所学校的406万名中小学生享受到免除学杂费政策，262万名贫困家庭学生免费领取教科书，53万名贫困寄宿生得到生活补助。全省有3.8万多名辍学学生重返校园。全省小学适龄儿童入学率达到98.94%，小学毕业生升学率达99.61%。生均校舍建筑面积小学达到4.13平方米，初中达到5.62平方米。义务教育经费保障机制的全面实施将全省基础教育推进到一个全新的阶段。

职业教育 从20世纪80年代初开始，全省实施中等教育结构改革，职业技术教育在结构调整中稳步发展。“七五”期间，继续调整高中阶段教育结构，压缩普通高中，增办职业中学，充实提高各类职业技术学校。在农村，普通高中和初中普遍开设当地经济建设需要的职业技术课程，举办以前三年或两年在校学习理论知识、最后一年到企业工作顶岗或实践为模式的“3+1”或“2+1”职业班，使学生掌握一两种生产致富的实际本领。要求每县办好一所职业中学，开展对职业中学达标评估的验收工作。1987年，全省开始对在乡初中毕业生、普通高中毕业生开展实用性专业技术培训项目，并通过举办乡镇农民文化技术学校，对农民进行实用技术培训。1988年，采取“开发一个种养加项目，培训一批农民，致富一方群众”的模式，实施“燎原计划”。1993年，中共甘肃省委、甘肃省人民政府印发《关于改革与发展职业技术教育若干问题的意见》，提出百所重点职业中学建设、职教产业开发、职教为乡镇企业服务的3个项目计划。到1995年，中等教育结构调整取得明显效果，全省中等专业学校达到113所，职业高中达到168

所，成人中专达到95所，各类中等职业学校在校生达到16.7万人。2000年，甘肃省教育委员会提出，坚持发展以职业教育为重点的高中阶段教育，职业教育从单纯的学历教育转向学历教育与实用技术培训并重的道路，将提高办学质量放在突出地位。2003年，全省职业教育工作会议明确，职业教育以实施示范性建设工程、就业再就业工程、科技兴农富农培训工程为载体加快发展，并增加职业技术教育投入。2004年，开展城市对农村、东部对西部的联合招生和合作办学，全省70所学校与外省市的100多所学校、企业签订联合招生与合作办学协议。2005年，全省中等专业学校、职业中学、成人中专、技工学校等各类中等职业学校共招生9.1万人，在校生22万人，毕业生就业率达到95.6%。中等职业学校的办学条件进一步改善，办学水平不断提高，国家级重点中等职业学校达到26所，省级重点职业学校达到36所。2001年至2005年，全省成立12所高等职业技术学院，12所中等职业学校直接或合并升格为高等职业技术学院，10所中等专业学校整体并入普通高等学校。高等职业教育的发展，适应了新时期经济社会发展对高等技术应用型专门人才的需求。2007年，全省有各类中等职业学校344所，招生14.85万人，在校生31.86万人，分别比2006年增长30.95%和17.87%，为增长速度最快的一年，招生职普比例达到4.2：5.8。

高等教育　1978年至1989年，全省高等教育得到较快发展，十年中新建高校6所，招生以平均每年8.5%的速度递增，共培养研究生2217人、本专科生8.3万人，接近前30年高校毕业生的总和。1990年普通高校在校学生中，财经类占9.6%，比1985年上升5个百分点；理工类占29.5%，降低10.9个百分点；师范类占32.7%，上升3.8个百分点。在校研究生由1985年的3.4%下降为3.1%，本科在校生由1985年的70.59%下降为66.7%，专科在校生由1985年的29.56%上升为33.3%。1992年，甘肃省教育委员会等部门建立甘肃省产学研联合开发机构，组织各高校实施“产学研联合开发工程”，极大地促进了高校科技成果的转化。到1998年，全省高校投入科技活动的达到1.01万人，比1990年增加42.4%；承担研发课题1713项，其中国家级204项，比1990年增加近1倍；有262项科技成果获地厅级以上科技奖励，比1990年增长近5倍，其中高校获省科技进步一等奖5项，占全省该项同等奖的71.3%。1995年，普通高校毕业生普遍实行“供需见面、双向选择”的自主择业就业制度。1997年，招生并轨在高等学校全面实行。1999

年，全省绝大多数高校毕业生进入人才市场。2004年至2005年，全省高校新设置信息安全、工程力学等十多个专业，填补了省内高校专业设置的空白。高等学校重点学科建设始于20世纪90年代初，到2005年有国家级重点学科7个、省级重点学科72个。至2007年，全省有普通高等学校34所，其中本科院校13所、专科（高职）院校21所，另有民办独立学院5所、独立设置的成人高校10所，高等教育毛入学率18%，全省普通高校在校生达到29.6万人，研究生超过2万人。

民族教育 1986年，甘肃省人民政府提出从民族地区的实际出发，以普及义务教育为重点，以牧区教育和女童教育为民族教育的重点和难点，以发展职业教育为民族教育突破口的民族教育发展思路。1996年，甘肃省人民政府下发《甘肃省人民政府关于加快民族教育改革和发展的通知》，明确“九五”期间民族教育改革发展的指导思想、目标任务，制定促进民族教育改革发展的政策措施。2003年，甘肃省人民政府出台《关于加快发展民族教育的意见》，进一步明确新时期民族教育的指导思想，确定今后一个时期民族教育发展的目标任务，提出加快民族教育发展的政策和措施。2004年，甘肃省人民政府印发《关于加快发展民族教育的意见》，设立民族教育专项经费；国家西部地区“两基”攻坚计划实施，寄宿制学校建设上规模、上水平；农村现代远程教育工程的实施，使民族地区享受到优质教育资源，全省少数民族教育发展进入新阶段。2003年，全省少数民族县全部实现普及初等教育。2007年，全省14个民族县实现“两基”，人口覆盖率达到63.42%。民族地区小学学龄儿童入学率达到98.9%。探索实施少数民族地区“双语”教学模式并取得积极进展。2007年，全省民族地区开展“双语”教学的小学272所，在校学生3.18万人，专任教师111人；普通中学31所，在校学生1.15万人，专任教师375人。

民办教育 1989年，甘肃省人民政府批准实施《甘肃省社会力量办学若干暂行规定》，民办教育探索起步。1993年，全省贯彻《中国教育改革和发展纲要》精神，推进办学体制改革，各种社会力量和个人依法办学有了新的进展。1999年制定《甘肃省面向21世纪教育振兴行动计划》，提出认真贯彻“积极鼓励、大力支持、正确引导、加强管理”的方针，经过5～10年的努力，建立起以政府办学为主体，社会各界共同参与，公办学校和民办学校共同发展的办学体制。2000年制定《西部大开发甘肃教育发展纲要

20条》，要求制定更加优惠、更为灵活的政策措施，促进民办教育发展，形成公办学校与民办学校共同发展、共同为西部大开发培养人才的教育新格局。至2007年，全省共有各级各类民办学校（教育机构）1002所，在校学生达16.95万人，其中民办高校6所（含独立学院5所），在校学生3.48万人，占全省普通高等教育在校学生总数的11.75%。

（二）医疗卫生事业发展

基础设施和医疗卫生队伍　改革开放初期，全省先后实施以乡镇中心卫生院建设为主的农村卫生基础设施建设。从1980年开始，对地、县两级卫生事业单位业务用房进行改扩建，并实施以乡镇卫生院、县级防疫站、县级妇幼站为建设内容的农村卫生“三项建设”规划。到2007年，已累计投入5.9亿元，建设乡镇卫生院874个、县医院36个、县中医院20个、县妇幼保健站35个。甘肃省人民医院建成覆盖全省的远程视频会诊系统，兰州大学第一医院、甘肃省中医院、甘肃省肿瘤医院等拥有万级和十万级洁净手术室。1978年，全省重点设备仅有846台普通X光机。2007年，全省专用设备固定资产达到31.23亿元。其中，100万元以上医疗设备560台，有CT（X线电子计算机断层扫描装置）165台、医用核磁共振成像系统（MRI）31台、单光子发射电子计算机断层扫描仪（SPECT）7台、800毫安以上数字减影血管造影X线机（DSA）27台、医用电子直线加速器（LA）14台、300毫安以上X光机2120台。经过改革开放30年间的发展，甘肃省已形成城乡三级医疗卫生网络，遍布全省城乡的医疗卫生服务体系基本形成。截至2007年，全省各级各类医疗卫生机构达到1.2万个，其中医院379个、社区卫生中心42个、乡镇卫生院1338所、门诊部86个、专科防治所（站）7个、卫生防疫机构105个、妇幼保健所（站）99个、医学科学研究机构5个，另有村卫生所1.68万个。全省各级卫生医疗机构通过培养和引进医护人员，卫生医疗人才队伍不断壮大。截至2007年，全省各类卫生技术人员10.19万人，其中卫生专业技术人员8.55万人，卫生专业技术人员中有医生3.52万人、各类卫生护士（师）2.4万人。城乡居民每千人拥有卫生技术人员3.2人，医生1.5人。

医疗服务体系　经过改革开放30年的发展，甘肃形成较完善的急救医疗服务体系。2006年6月，甘肃省紧急医疗救援中心正式建成并开始独立运行，医疗救援中心配有40台急救车辆，形成兰州市城区每5万人拥有1台急救车，医疗急救半径达5～8千米，城区急救平均反应时间为8～15分钟的良好急救网络。各市（州）紧急医疗救援中心依托当地综合实力较强的医院相继建成运行。在全省形成以省紧急、医疗救援中心为龙头，以各市（州）紧急医疗救援中心、县（市、区）急救站、乡镇急救室为辐射，纵横衔接的紧急医疗救援体系。2007年，全省共报告突发公共卫生事件112起，发病4842人，死亡23人，均被及时有效处置。传染病预防和救治得到逐步加强，并逐渐形成网络体系。2003年经历“非典”考验后，全省进一步加强传染病救治体系的建设。2004年，利用国债项目投入2.26亿元，建成兰州市肺科医院、陇南市传染病院、武威市传染病院、天水市传染病院和80个市、区医院传染病区，新增传染病救治用房10万多平方米、病床2183张，配置相应的设备和专业技术人员，使全省市级医疗机构均具备防控烈性急性、重大传染病的能力，县级医疗机构传染病区达到收治常见传染病人的条件，并具备应对烈急性传染病隔离观察和转诊的能力。中医药服务是甘肃的特色，1982年，全省只有18个中医机构，占全部卫生事业机构的0.5%；中医病床469张，占总床位数的1.29%。1984年，甘肃省人民政府做出“关于振兴中医事业的决定”，号召“国家、集体、个人一起上”，恢复和振兴全省中医药事业。截至2007年，全省共有中医药机构88所，其中中医、中西医结合医院73所，民族医院10所，中（藏）医药研究院（所）3所，中医院校2所、在校生1.3万余人。中医机构固定资产总值近6亿元，建筑面积64.3万平方米，中医病床7472张。全省建成全国农村中医工作先进县（市、区）5个，国家中医药管理局“十五”重点中医药专科（专病）3个，省级中医药专科（专病）32个；建成全国中医药特色社区卫生服务示范区1个，省级示范区2个、示范机构12个。以中医医院为主体，以社区、乡村卫生机构中医药服务为延伸的多层次中医药服务体系基本形成。自1997年《中华人民共和国献血法》颁布和2001年国家启动以中西部地区为重点的血站建设项目以来，甘肃省采供血浆保障体系建设有了长足发展，全省14个市（州）均建有“房屋、设备、技术、管理”基本配套的标准化中心血站，全部开展采供血业务。截至2007年，全省公民无偿献血占临床医疗用血的比例由1997年前的不足10%提高到99%，其中自愿无偿献血比例达96%。

公共卫生服务体系　改革开放后，甘肃省十分重视公共卫生服务体系建设，基本形成以疾病控制机构、各级各类医院、社区卫生服务中心及乡村两级卫生机构为基础的公共卫生服务网络体系，健全了应急指挥和网络直报系统。2007年，全省有423家县及县以上医疗单位和100张床以上的职工医院、118所疾病控制中心、1330多所乡镇卫生院实现网络直报，监测的病种和范围不断完善，监测方法更加科学、规范。传染病从诊断到报告的时间由20世纪90年代的30天缩短至0.65天；法定传染病报告的及时性、有效性、准确性进一步提高，为传染病的早期发现、早期预警提供有力保障。为防控重大传染病，从1984年开始实施计划免疫工作，在儿童中大力开展“四苗”（卡介苗、脊髓灰质炎疫苗、百白破疫苗、麻疹疫苗）预防接种工作，并且连续保持较高的接种率，全省儿童相关疫苗报告平均接种率始终保持在90%以上。从1979年至2007年，还免费检查肺结核可疑病人94.24万例，治疗和管理活动性肺结核病人27.68万例，累计治愈传染性肺结核病人1265万例。为保障妇女儿童健康，1978年，全省恢复建设妇幼保健机构，逐步建立省、市、县三级妇幼保健机构，县级以上妇幼卫生工作人员达到3939人，绝大多数乡、村配备了妇幼专干。从事母婴保健技术服务人员达6898人，培训合格率为81%，县级医疗保健机构持证率为80%，孕产妇死亡率和婴儿死亡率大幅度下降。同时，积极预防出生缺陷，推广一级预防措施，加强婚前医学检查工作。爱国卫生和健康教育方面，自1978年起，省、地、县各级爱卫会组织相继恢复。30年间，各地积极开展创建国家和省级的卫生城市、卫生县城、卫生村镇、卫生社区、卫生单位和无烟学校活动，创建国家卫生城市1个、国家卫生县1个、省级卫生城市8个、省级卫生县城（城区）26个、省级卫生村镇3个、省级爱国卫生工作先进单位近400个、省级无烟学校89所。农村开展改水改厕，普及自来水和卫生厕所。截至2007年，全省农村改水受益率达到90.05%，自来水普及率达到35%，农村卫生厕所普及率达到54.71%，无害化卫生厕所普及率达到12.58%。为了加强卫生执法监督，2001年，卫生监督职能从原卫生防疫机构分离出来，成立各级卫生监督机构。截至2007年，全省共有卫生监督员2800人，助理卫生监督员1800人，省级及兰州、天水、庆阳、酒泉等11个市级、53个县级卫生监督机构已过渡为公务员管理。有卫生监督执法车辆165辆，快速检测车15辆，大型快速检测设备410台（件）。2005年4月至2007年，全省卫生监督机构还持续开展打击非法行医和非法采供血专项行动，全省医疗服务市场秩序明显好转。

农村卫生 自1979年起，全省农村卫生事业在整顿、调整、改革、提高中逐步得到恢复和发展。改革开放初期，主要是实行以责任制承包为主要形式的卫生改革，大队合作医疗站改为由“赤脚医生”集体承包或个人承包的村卫生所，恢复医疗收费，“赤脚医生”的报酬变为保本吃利或保本补贴等形式。1985年，全省有村级卫生所（站）1.59万个，农村三级预防保健网的整体功能和作用得到有效发挥。培养了一支农村留得住的医疗卫生队伍，到1993年，全省有农村医务人员2.83万人，其中被甘肃省卫生厅确定为“乡村医生”、取得相当于初级卫生技术人员水平的有1.43万人。截至2007年，农村医疗卫生服务体系日趋健全和完善，全省共有乡镇卫生院1388所，其中中心卫生院368所、一般卫生院1020所，拥有床位1.6万张，卫生人员1.88万人，农业人口每千人拥有乡镇卫生院床位0.79张、医护人员0.94人；村卫生室1.68万所，注册乡村医生4.1万人，承担公共卫生职能的乡村医生达到1.75万人。2003年，全省开始启动新型农村合作医疗制度试点工作。到2007年，全省新型农村合作医疗保障制度建设由试点阶段转向全面实施，比国家整体工作目标要求提前一年实现新农合制度覆盖全省农村居民的目标。2003年至2007年，全省共筹集新农合基金14.11亿元，支出8.99亿元，累计受益人数达到1482.5万人次，其中住院人数104.2万人次。通过加强农村医疗卫生基础设施建设，壮大乡村医生队伍，健全农村医疗卫生服务体系，持续开展城市卫生支援农村卫生，农村居民健康水平逐步提高。截至2007年，全省法定报告的27种传染病发病率均有不同程度下降，由1978年的2306.16/10万下降至2007年的582.22/10万，病死率降至0.11%。以碘缺乏病、克山病、大骨节病、布鲁氏菌病为主的地方病发病率逐年下降，农民户合格碘盐食用率已达95%，实现基本消除碘缺乏病目标。全省农村连续十余年实现计划免疫，“四苗”接种率以乡为单位达到85%以上。

六、生态文明建设

甘肃是黄河、长江的重要水源涵养区，是中国西北地区重要的生态安全屏障，生态地位十分重要。同时，甘肃生态环境极其脆弱，水土流失、土地沙漠化、草地沙化退化现象严重。改革开放后，甘肃省全面加强生态建设和环境保护工作，在建设幸福美好新甘肃方面取得了显著成效。

（一）水土流失治理

林区保护　1983年12月，中共甘肃省第六次代表大会提出“三年停止破坏，五年解决温饱”的奋斗目标，以保护林业资源、全民义务植树为重点的林业建设全面启动。这一时期，全省累计义务植树12.66亿株，完成“三北”防护林一、二期建设，启动三期建设。从1998年10月1日起，在全省全面停止天然林采伐，实施天然林资源保护工程，成为全国第二个下达“禁伐令”的省份。1999年，甘肃省被国家列为退耕还林工程试点的三个省份之一。2001年，启动“三北”防护林四期工程、野生动植物保护及自然保护区建设，从此以天然林保护、退耕还林、“三北”四期、野生动植物保护及自然保护区建设为主的国家四大林业重点生态工程建设在甘肃全面铺开。为实施好四大生态工程建设，强化法制保障，甘肃省相继颁布多个政策性文件，地方林业法规体系日趋完善。为构建责任体系，建立自上而下的领导干部和技术人员“双轨”承包责任制，采取造林与管护相结合、封山与禁牧相结合、管护与政策兑现相结合等措施，严格管护责任，加强封禁管理，使甘肃的年均造林面积成活率、合格率和保存率显著提高，分别达到95%、83%、97%，局部地区林草植被有效恢复。

大规模工程绿化　为逐步改善十分脆弱的生态环境，甘肃省采取多种措施，推动大规模工程绿化。全面加大投入，1986年至1997年全省林业建设总投资9.53亿元，1998年至2007年，投资额度逐年增加，其间累计落实中央和甘肃省林业建设总投资达162.28亿元，是前一个阶段的17倍。特别是2004年以来，在国家大幅调减退耕还林规模的情况下，连续三年总投资均保持在23亿元左右。在国债投资规模进一步调减的形势下，2007年落实外资10亿元人民币，当年林业建设投资达26.73亿元，创历史新高。同时，甘肃省抓住国家实施重点公益林生态效益补偿制度的机遇，落实补偿资金5.71亿元，将3746.5万亩重点公益林纳入国家生态效益补偿范围。1986年至1997年，甘肃省天然林保护工程区6000万公顷森林资源得到有效保护，活立木蓄积增加了2000多万立方米，完成公益林建设1138.9万公顷；完成退耕还林工程建设任务2538.3万公顷，其中退耕地造林1003.3万公顷，荒山造林1445万公顷，封山育林90万公顷；完成“三北”防护林四期建设工程任务327.28万公顷；建立和管理自然保护区49处，总面积14000万公顷，占全省土地总面积的21%，全省90%的珍稀野生动植物种群和80%的湿地生态得到有效保护，生物多样性和物种多样性得到稳定和恢复，初步形成具有地方特色和优势的林果、加工、种苗、花卉、森林旅游、养殖等6大林业支柱产业，以及速生丰产用材林、优良乡土和珍稀名贵树种、家具与木质装饰材料加工、野生动物与环保畜禽饲养等10大基地和项目建设，人与自然、环境资源与区域经济发展的关系趋于协调。30年间，完成“三北”防护林一、二、三、四期工程建设任务累计4973.28万公顷，“三北”防护林体系布局区净增森林面积1410万公顷，森林覆盖率由1978年前的4.03%提高到9.41%。累计完成人工造林8300万公顷，12个县（市、区）实现了平原绿化达标，13个县（市、区）实现了整县宜林荒山绿化。在河西走廊风沙前沿建起长达1200多千米、面积为460万亩的防风固沙林带，整个河西走廊已基本实现农田林网化，部分地区形成“林网锁方田、村镇绿荫中”的景象。完成绿色通道建设2.59万千米，使370千米的铁路、3873千米的国道省道、6600千米的县乡道路实现绿化。全省累计3.2亿人次参加义务植树，建立义务植树基地7185个，面积1090万公顷，植树18.2亿株，折合造林面积910万公顷，平均每人每年植树5.5株以上，年均尽责率为85.9%。累计完成林业科研项目333项，推广项目254项，推广面积达250余万公顷，辐射经济效益15亿元以上。第六次全省森林资源清查结果显示，全省森林覆盖率已由1979年的6.8%提高到2006年的13.42%，净增6.62%；林地面积、有林地面积、灌木林地面积、活立木总蓄积、森林蓄积、森林覆盖率等6个指标均实现了持续增长，其中林地面积由1979年的9197.4万公顷增加到14700亿公顷，活立木总蓄积由1.74亿立方米增长到2.17亿立方米，净增0.43亿立方米。

（二）沙化治理和草原保护

沙化治理　“三北”防护林一期建设工程启动后，甘肃省于1980年成立治沙研究所。1991年、1993年，国务院先后在甘肃省兰州市、内蒙古赤峰市召开全国防沙治沙大会，批复《1991—2000全国治沙规划要点》，并于1992年正式启动实施防沙治沙工程，范围包括甘肃8个市（州）的24个县（市、区）。进入21世纪以来，甘肃省积极组织跨区域、跨流域、跨行业的大规模生态工程建设，加速治理荒漠化土地。在此期间，党和国家领导人多次就甘肃省生态环境建设、拯救民勤绿洲、石羊河流域综合治理等问题做出批示和指示，特别是面对中国第三大沙漠——巴丹吉林沙漠和第四大沙漠——腾格里沙漠蚕食民勤绿洲，即将合拢变成中国第二大沙漠的严峻形势，中共甘肃省委、甘肃省人民政府落实党和国家领导人重要批示精神，制定出台《甘肃省实施〈中华人民共和国防沙治沙法〉办法》《关于进一步加强防沙治沙工作的意见》等多个政策文件，各沙区市、县相继制定植树种草、保护植被、防沙治沙等制度办法，加强执法机构和队伍建设，确保依法治沙工作顺利开展，并且在财政投入、信贷支持、税费减免、权益保护等方面出台了一系列扶持政策，调动各方面的积极性、主动性和创造性，逐步形成国家、社会和个人共同参与防沙治沙的新局面。坚持“北拒黄沙、中建绿洲、南保水源”的方针，加大防沙治沙先进适用技术的推广普及，大力推广沙棘、柠条、白茨等优良乡土树种，普及深栽、保水剂、节水滴灌等抗旱造林技术，在河西风沙前沿建起防风固沙林（带）和130万公顷的农田林网。治理大小风沙口470余处，控制流沙面积300万公顷，使1400多个村庄免遭流沙危害，保护高产农田900多万公顷，40.8%的沙化土地得到初步治理，沙化扩展趋势得到基本遏制，风沙危害和沙尘暴发生频率显著降低。张掖市渠系水利利用率由中华人民共和国成立之初的30%提高到62%。在重点风沙治理区和封育区新建治沙站、管护站15个，配备专职人员，专门管护沙区植被。本着“禁开荒、慎用地、多采光、少用水、新技术、高效益”的原则，建成一批以林果、畜牧、蔬菜、棉花、啤酒原料等为主的产业化龙头骨干项目，推动沙产业发展。据2004年第三次全国荒漠化和沙化土地监测结果显示，与1999年监测结果相比较，全省的荒漠化土地面积减少了285万公顷，年逆转率0.22%；沙化土地面积减少了125.4万公顷，年逆转率0.05%。据2009年第四次全国荒漠化和沙化土地监测结果显示，全省的荒漠化土地面积为28815万公顷，沙化土地面积为17880万公顷，与2004年相比，分别减少了202.8万公顷、165.6万公顷，沙区生态环境发生明显改善，腾格里沙漠边缘生态防护体系进一步健全完善。民勤、敦煌重点地区沙化土地扩大趋势得到有效遏制，全省土地荒漠化和沙化状况已由“破坏大于治理”进入“治理与破坏”相持阶段。

石羊河、黑河保护　世纪之交，国家加大了对内陆河流域的综合治理。2006年初，石羊河流域综合治理项目应急工程启动。2007年12月，石羊河流域重点治理规划正式启动实施，成立甘肃省石羊河流域管理委员会，大力推行节水灌溉方式及节水技术。张掖市建成10个高效节水示范区，累计推广常规节水面积192万亩，年节水1.6亿立方米。2007年，国家三北局启动民勤、敦煌两县（市）专项治理项目，并于8月在兰州召开《“三北”防护林民勤、敦煌防沙治沙项目实施方案》论证会。经过多年的治理，石羊河、黑河流域的生态环境已发生明显的逆转，消失近60年的青土湖和消失了30年的黑河下游居延海，部分湖面得到恢复。

草原保护建设与草产业发展 改革开放后，甘肃省不断深化牧区改革，加快草原保护建设和草产业发展步伐，颁布了《甘肃省草原条例》等20多部地方性法规和规范性文件，草原法治体系建设逐步健全。2003年以来，通过退牧还草工程，投资13.85亿元建成草原围栏5880万亩，牲畜暖棚圈舍260万平方米，牧民定居点8600多处，人畜饮水点10万多处，防火储备库1800平方米。全省人工种草留床面积达到1700万亩以上，仅次于内蒙古，位居全国第二，是改革开放前的40倍。其中紫花苜蓿留床面积达到793万亩，占全国种植面积的1/3，居全国第一位。草产品加工能力达到96万吨，规模种草基地面积达到155万亩，牧草种子基地面积22万亩，草产业取得长足发展。草原退化速度明显减缓，部分区域草原植被开始出现良性演替，甘南草甸草原的植被盖度平均由60%左右提高到75%以上，退牧还草项目区禁牧三年后，植被盖度达到90%，休牧三年后植被盖度达到80%；河西荒漠草原禁牧三年后植被盖度由20%提高到40%以上；黄土高原退耕还草区实施封山禁牧后，草地植被盖度增加到85%左右，草原生态治理初见成效。

（三）环境治理

重点流域水污染防治 全省围绕境内黄河流域的黄河干流、洮河、渭河、泾河水系，长江流域的嘉陵江支流西汉水、白龙江水系，内陆河流域的疏勒河、黑河、石羊河水系水质的提质达标，以及地级城市黑臭水体治理、县级及以上城市集中式饮用水水源地水质达标，逐步取缔不符合国家产业政策及行业准入条件的小型造纸、制革、印染、炼油、农药等严重污染水环境的生产项目。开展采掘业和石油行业环境整治，严格经济技术开发区等入驻项目的环境评价，专项整治水污染重点行业，推动工业企业水污染防治。逐步加快城镇污水达标排放治理，加强配套网管建设，推进城镇生活污水处理处置，因地制宜改造提升城镇污水处理设施。防治畜禽养殖污染，控制农村面源污染，优化农业生产结构和区域布局，减少地下水污染，推动农业农村水污染防治，发展节水农业。加强工业水循环利用，健全完善水资源保护考核评价体系，提升重点流域水污染防治水平。展开违法排污企业专项整治行动、饮用水水源地污染隐患整治等环保专项执法检查，解决了一批突出的环境问题。逐步健全完善水资源保护考核评价体系，强化饮用水水源环境保护，加强良好水体保护，逐步推行排污许可，严格环境执法监管，提升重点流域水污染防治水平。至2007年，全省重点流域水污染防治成效明显，黄河水质逐年好转，由“十五”初期的Ⅳ类提高到Ⅲ类，泾河、渭河、石羊河等流域水质逐步改善，黄河五佛寺、渭河葡萄园等出省断面水质均达到功能区划标准。

大气污染减排和突出环境问题治理　通过强化各项减排措施，2006年至2007年全省削减二氧化硫3.98万吨、化学需氧量0.79万吨，在全省经济年增长11%以上的情况下，二氧化硫和化学需氧量排放总量连续两年实现双下降，2007年比2005年分别下降7.07%、4.35%，减排腾出的容量为推进工业强省战略和“发展抓项目”奠定基础。“十五”期间，全省通过环保“三同时”（《环境保护法》规定，建设项目中防治污染的措施，必须与主体工程同时设计、同时施工、同时投产使用）验收的建设项目3000多个，环保投资占项目总投资的6.3%。在项目实施中，坚持“以新带老”削减污染，新增废气处理能力164.29亿标立方米/时，新增废水处理能力266.6万吨/日。实施集中供热、清洁能源改造、有色行业烟气综合利用、火电厂脱硫等措施，进一步强化二氧化硫污染控制区污染防治，兰州、白银、张掖3市二氧化硫排放量达到国家二级标准，嘉峪关、平凉、定西、酒泉、合作5市空气质量达到国家二级标准，嘉峪关市通过国家环保模范城市验收，金昌市空气质量首次达到国家三级标准。改革开放后，甘肃许多突出的环境问题得到进一步解决。从重点行业、重点流域和区域、饮用水水源地污染和群众关心的突出问题入手，以查处环境违法行为和挂牌督办重点案件为重点，开展整治违法排污企业环保专项行动、饮用水水源地污染隐患整治等环保专项执法检查。“十五”期间，环保专项行动共检查企业2.38万家（次），查处了一批环境违法企业，取缔了饮用水水源地保护区内排污口，淘汰了不符合产业政策的企业，集中解决了一批突出的环境问题。环境安全得到有力保障，完善《甘肃省环境保护局突发环境事件应急预案》，开展环境安全排查，消除环境安全隐患，对资源开发项目进行环境风险排查、环境风险评价及整治。加大黄河甘肃段等重点流域沿线、危险废物产生和存贮单位、饮用水水源、人口密集区和各类尾矿坝（库）环境监管，预防污染事故发生。下达省级环境安全隐患企业整治计划，完善应急预案，建设环境安全应急设施，提高防范和应急能力。开展“清查放射源、让百姓放心”专项行动，摸清放射源底数，加强对放射源身份和重点核设施的监管，安全收贮废旧放射源300多枚，受理各类纠纷40多起。放射性废物库扩建工程开工建设，及时应急回收、查处放射源丢失及被盗事件，确保核辐射环境安全，核辐射水平处于天然正常水平。

自然保护区治理 启动建设总投资上百亿元的黑河节水灌溉、甘南黄河重要水源补给生态功能区、黄河上游水土保持和综合治理等重大生态保护项目。完成《甘肃省生态功能区划》，颁布实施《甘肃省自然保护区管理条例》等3个条例，编制完成《甘肃敦煌国家级生态功能保护区建设规划》，自然保护区总数达到57个，占全省土地总面积的22%以上。加强地质环境保护，建成甘肃敦煌雅丹地貌、甘肃刘家峡恐龙、甘肃景泰黄河石林、甘肃平凉崆峒山等4个国家地质公园，建成甘肃炳灵丹霞地貌、甘肃和政古生物化石、甘肃碌曲则岔石林等16个省级地质公园，为全省的生态文明建设奠定了良好基础。

大事记

前5900至前5000年大地湾文化在甘肃东南部强势崛起，农耕文化初步形成，并创造了迄今最早的彩陶艺术。

前3300至前2000年甘肃进入史前社会最繁盛的时期——马家窑文化时期，分布地域东起陇山，西到酒泉。

前17世纪不窋率领族人迁到庆阳一带，与戎狄杂处。公刘迁到豳地（今宁县），大力发展农业生产，周部族日益壮大。

前13世纪武丁征西戎、鬼方，三年乃克。

前12世纪祖甲征西戎，西戎来宾。戎胥轩西迁陇右，为商王室守卫西陲。

前891（周孝王元年）至前886年（周孝王六年）非子在汧、渭之会养马有功，周孝王命非子邑于秦（今清水县）。

前867年（周厉王十一年）西戎反王室，灭犬丘（今礼县）大骆之族。

前824年（周宣王四年）周以秦仲为大夫，攻西戎，兵败身死。宣王复予秦仲之子庄公兵七千人，伐西戎，破之，封庄公为西垂大夫，居西犬丘。

前771年（周幽王十一年）申侯联合西缯、西戎、犬戎攻破镐京，杀幽王于骊山下。

前770年（周平王元年）秦襄公护送周平王东迁有功，被封为诸侯。立西畤，祠白帝。

前688年（秦武公十年）灭邽、冀戎，置邽县（今秦州区）、冀县（今甘谷县）。

前623年（秦穆公三十七年）秦穆公使用由余计谋伐灭戎王，开地千里，西霸戎狄。

前457年（秦厉共公二十年）秦厉共公率军伐緜诸戎（今清水县）。

前444年（秦厉共公三十三年）攻义渠，俘其国君。

前395年（秦惠公五年）伐緜诸（今清水县）。

前384年（秦献公元年）兵临渭首，灭狄（今临洮县）、豲（今陇西县）戎。

前361年（秦孝公元年）斩杀豲戎王。

前331年（秦惠文王七年）秦庶长操平定义渠内乱。

前320年（秦惠文王更元五年）秦攻义渠，取郁郅（今庆城县）。

前314年（秦惠文王更元十一年）秦伐义渠，取二十五城。

前279年（秦昭王二十八年）秦置陇西郡，治狄道（今临洮县）。

前272年（秦昭王三十五年）秦灭义渠，在其地置北地郡。始沿陇西郡、北地郡边地修筑长城。

公元前220年（秦始皇二十七年）秦始皇巡视陇西、北地。始筑驰道。

前215年（秦始皇三十二年）蒙恬率兵击匈奴，占有河南地，匈奴北徙。

前214年（秦始皇三十三年）秦始筑万里长城，自榆中沿黄河向东，设34县。

前212年（秦始皇三十五年）修筑直道。

前205年（汉王二年）汉军占领陇西郡、北地郡。

前126年（武帝元朔三年）张骞出陇西，经匈奴，出使西域，经13年，终归。

前121年（武帝元狩二年）霍去病出击河西，匈奴浑邪王降，汉尽有河西走廊。

前112年（武帝元鼎五年）武帝巡视陇西、北地军事防御情况。

前111年（武帝元鼎六年）河西置酒泉郡，之后分置张掖郡。

前88年（武帝后元元年）从酒泉郡中分置敦煌郡。

前81年（昭帝始元六年）以天水、陇西、张掖各二县置金城郡。

前78（昭帝元凤三年）至前68年（宣帝地节二年），从张掖郡中分置武威郡。

前61年（宣帝神爵元年）诸羌反汉，赵充国将兵击之。

23年（新莽地皇四年、汉刘玄更始元年）成纪人隗嚣起兵反王莽，建元复汉。

25年（东汉光武帝建武元年）隗嚣据天水，称西州上将军。卢芳据三水，称西平王。窦融据河西。

34年（光武帝建武十年）汉中郎将来歙等攻拔落门，隗纯降，陇右平。

45年（光武帝建武二十一年）西域18国遣子入侍，光武不许，留住敦煌。

57年（光武帝中元二年）烧当羌攻陇西塞，打败太守刘盱、谒者张鸿。

77年（章帝建初二年）烧当羌迷吾率诸部起兵，攻金城、陇西、汉阳。

107年（安帝永初元年）金城、陇西诸郡羌以徭役繁重，起兵反抗，扰陇右。

111年（安帝永初五年）先零羌攻河东，至河内。迁陇西郡至襄武，安定、北地、上郡至三辅。汉阳人杜锜、杜季贡、王信等造反，与羌人合兵。

123年（安帝延光二年）北匈奴与车师攻扰河西，有人建议闭玉门、阳关，弃西域。敦煌太守张珰上书，谓弃西域则河西不能自存。

140年（顺帝永和五年）且冻、傅难种羌等以并、凉二州刺史苛扰，举兵反，攻金城。羌攻武都，烧陇关。

159年（桓帝延熹二年）十二月烧当等八羌反，犯陇西、金城塞。

162年（桓帝延熹五年）著名思想家、《潜夫论》作者王符逝世。

184年（灵帝中平元年）二月黄巾起义爆发。十一月，湟中胡北宫伯玉、先零羌反，金城人边章、韩遂为军帅，攻杀护羌校尉伶征、金城太守陈懿。

189年（灵帝中平六年）董卓率兵入洛阳，废少帝，立刘协为献帝，独揽朝政。

211年（建安十六年）三月曹将钟繇攻汉中，关陇军阀据潼关抗曹。

215年（建安二十年）曹操占领汉中、陇南。

219年（建安二十四年）刘备攻占定军山，夺汉中，势力达关陇地区。

220年（建安二十五年）凉州从雍州分置，五月，置秦州。

269年（西晋泰始五年）陇右五郡（安定、略阳、天水、南安、陇西）与原属凉州的金城、原属梁州的阴平合并，重置秦州，治所冀城。

291年（西晋永平元年）八王之乱爆发。

301年（西晋永康二年）张轨任凉州刺史及护羌校尉，建立前凉。

314年（西晋建兴二年）五月张轨病死，长子张寔继任凉州刺史。

316年（西晋建兴四年）刘曜攻长安，关陇援军胡嵩等纷纷救援。

319年（东晋大兴二年）司马保任命张寔为征西大将军、开府仪同三司。

321年（东晋大兴四年）刘曜攻占安定郡。

322年（东晋永昌元年）陇南氐酋杨难敌归降刘曜，刘曜迁陇西万余户至长安。

376年（东晋太元元年）八月前秦军攻陷姑臧，俘获张天赐，前凉灭亡。

384年（东晋太元九年）羌人姚苌自称万年秦王。吕光击败龟兹，平定西域。

385年（东晋太元十年）乞伏国仁自立，建立西秦。吕光进入姑臧。

386年（东晋太元十一年）姚苌入长安建立后秦。

389年（东晋太元十四年）吕光建立后凉。

400年（东晋隆安四年）后秦灭西秦。敦煌李暠叛北凉沮渠，建立西凉。

401年（东晋隆安五年）后凉吕纂被杀，吕隆继位。五月，北凉沮渠蒙逊杀段业，自立为凉王。后秦占姑臧（甘肃武威）。

403年（东晋元兴二年）后秦灭后凉。

414年（东晋义熙十年）秃发傉檀被杀，南凉灭亡。

417年（东晋义熙十三年）二月西凉公李暠死，子李歆继位。北凉沮渠三万大军攻西凉，战败。八月，东晋军攻克长安，姚泓出降，后秦灭亡。

421年（宋武帝永初二年）北凉攻陷敦煌，李恂自杀，西凉灭亡。

431年（宋文帝元嘉八年）夏主赫连定攻西秦南安（陇西县），乞伏慕末出降，西秦灭亡。

439年（宋文帝元嘉十六年）九月北魏帝拓跋焘率军包围姑臧，沮渠牧犍出降。

546年（西魏大统十二年）西魏平定河西走廊。

574年（北周建德三年）周武帝禁佛道二教。

577年（北周建德六年）北周统一北方。

581年（隋文帝开皇元年）二月隋朝建立。八月，吐谷浑侵扰凉州，隋军反击获胜。

582年（隋文帝开皇二年）隋朝颁布均田令。五月，突厥可汗沙钵略兴兵大掠河西一带，隋兰州总管叱列长叉为突厥所败。六月，突厥又寇兰州，凉州总管贺娄子干败突厥于可洛峐。

583年（隋文帝开皇三年）隋朝废郡设州。隋朝开放食盐专采，容许民间采盐。兰州总管府设立。十月，秦王杨俊被任为秦州总管，陇右各地归秦王统辖。

594年（隋文帝开皇十四年）西北地区发生严重旱灾。

601年（隋文帝仁寿元年）隋文帝在麦积山顶敕建舍利塔，并赐寺院名“净念寺”。

606年（隋炀帝大业二年）裴矩完成《西域图记》进献给隋炀帝。

607年（隋炀帝大业三年）改州为郡。隋炀帝再次派裴矩到张掖，主持与西域各国的贸易事务。

608年（隋炀帝大业四年）裴矩游说铁勒攻打吐谷浑。隋炀帝命宇文述率部攻打吐谷浑，夺取曼头、赤水二城。

609年（隋炀帝大业五年）隋炀帝“西巡”河西。六月初越大斗拔谷、至张掖，举行“万国博览会”。

617年（隋炀帝大业十三年）五月官拜太原留守的李渊起兵。七月，李轨在凉州举兵反隋，自称“河西大凉王”，建元“安乐”。薛举在金城起兵反隋，自称“西秦霸王”，建年号“秦兴”。十一月李渊攻取长安。

618年（唐高祖武德元年）五月李渊称帝，改国号唐。李轨正式称帝。薛举攻打泾州大败唐军。八月，薛举暴病而死。十一月，薛仁杲被李世民击败投降。

619年（唐高祖武德二年）五月李轨被杀，河西被唐统一。置秦州总管府、凉州总管府。

621年（唐高祖武德四年）从秦州总管府析置岷州总管府。

622年（唐高祖武德五年）析置沙州、瓜州。

623年（唐高祖武德六年）置庆州总管府。

624年（唐高祖武德七年）改总管府为都督府。

627年（唐太宗贞观元年）分天下为十道，陇右道为其中之一。

629年（唐太宗贞观三年）玄奘西行取经道经甘肃。八月，唐太宗命兵部尚书李靖为行军总管，指挥十多万唐军，分六路出击突厥。

632年（唐太宗贞观六年）铁勒部之一的契苾部千余家在其首领契苾何力率领下内附，被唐朝安置在甘、凉二州。

650年（唐高宗永徽元年）置洮州都督府。

689年（武则天载初元年）武则天敕令各州建大云寺，并赐沙州、凉州《大云经》各一部。

695年（武则天延载二年）敦煌莫高窟最大的石胎泥塑佛像北大像由僧人灵隐和居士隐祖等合力完成。

700年（武则天久视元年）十二月突厥掠夺陇右诸监马一万余匹。

706年（唐中宗神龙二年）突厥寇原、会等州，再次掠走陇右马万匹。

711年（唐睿宗景云二年）将陇右道黄河以西的州郡分出，设置河西道。以贺拔延嗣为凉州都督、河西节度使。

714年（唐玄宗开元二年）置陇右节度使，以郭知运为首任节度大使。

721年（唐玄宗开元九年）设静边州都督府（羁縻府）于庆州，以拓跋部大首领拓跋思泰为都督。

726年（唐玄宗开元十四年）吐蕃大将悉诺逻寇大斗拔谷，进攻甘州，焚掠而去。

727年（唐玄宗开元十五年）九月吐蕃攻破瓜州，俘虏瓜州刺史田元献和河西节度使王君㚟的父亲，毁瓜州城。闰九月，置瓜州都督府，以张守珪为都督，修筑瓜州旧城。

745年（唐玄宗天宝四年）回纥骨力裴罗称汗，建立漠北回鹘汗国，

749年（唐玄宗天宝八年）全国屯收1913960石，其中，陇右道屯收440902石、河西道屯收260088石。陇右、河西地区屯收占到了全国的36.6%。

753年（唐玄宗天宝十二年）西北诸监马匹存栏数为319387匹，其中骒马133598匹。

755年（唐玄宗天宝十四年）十一月“安史之乱”爆发。十二月，吐蕃接连攻克威戎、神威、定戎、宣威、制胜、金天、天成等军。

756年（唐玄宗天宝十五年）六月“安史之乱”叛军攻陷长安。

758年（唐肃宗乾元元年）四月因鄯州都督郭英乂奏请而设渭州都督府。

759年（唐肃宗乾元二年）诗人杜甫辞官西行，在秦州居留三月。

763年（唐代宗广德元年）七月吐蕃先后攻陷兰、廓、河、鄯、洮、岷、成、渭等州。漠北回鹘汗国牟羽可汗应邀出兵助唐平“安史之乱”。十月，吐蕃20万大军围攻泾州，泾州刺史高晖献城投降，并作为吐蕃向导，引吐蕃军队攻入长安，逗留13天后撤出。

764年（唐代宗广德二年）吐蕃军队陷落凉州，河西节度使杨志烈突围奔甘州。会州陷于吐蕃。

766年（唐代宗大历元年）吐蕃军队占领甘州、肃州。

768年（唐代宗大历三年）置泾原节度使。

776年（唐代宗大历十一年）吐蕃军队攻占瓜州。

783年（唐德宗建中四年）正月唐蕃清水会盟。六月，唐朝发生“泾原兵变”。

786年（唐德宗贞元二年）吐蕃军队占领沙州。

787年（唐德宗贞元三年）闰五月吐蕃“平凉劫盟”。

790年（唐德宗贞元六年）泾原节度使兼领四镇北庭行军节度使。

842年（唐武宗会昌二年）吐蕃在河西增置通颊军部落。吐蕃赞普达磨遇刺身亡，吐蕃王朝分裂。

843年（唐武宗会昌三年）吐蕃将帅尚恐热与尚婢婢混战于河湟地区。

848年（唐宣宗大中二年）沙州张议潮发动起义，相继收复河西各地。

849年（唐宣宗大中三年）唐朝收复秦州。

850年（唐宣宗大中四年）张议潮派往唐朝的使节抵达长安。“嗢末起义”爆发。

851年（唐宣宗大中五年）唐朝收复渭州。八月，张议潮派遣其兄张议潭携带天宝年间河西陇右11州旧图归朝。十一月，唐廷宣布在沙州设归义军节度，授张议潮为节度使，归义军政权正式成立。唐宣宗敕授洪辩释门河西都僧统。

861年（唐懿宗咸通二年）张议潮亲率蕃汉士兵7000人收复凉州。

862年（唐懿宗咸通三年）嗢末派使者到长安，向唐朝进贡。

867年（唐懿宗咸通八年）张议潮入朝，委其侄张淮深为归义军留后，执掌归义军大权。张淮深重修莫高窟北大像。

869年（唐懿宗咸通十年）悟真继任河西都僧统。

872年（唐懿宗咸通十三年）张议潮病逝于长安。

887年（唐僖宗光启三年）李茂贞被唐僖宗任为凤翔节度使、陇西郡王，秦岐政权建立。

890年（唐昭宗大顺元年）张淮深被杀，归义军大权落入张议潮之子张淮鼎之手。

900年（唐昭宗光化三年）张承奉被授沙州刺史、归义军节度使。

907年（后梁太祖开平元年）朱温称帝，后梁建立。

910年（后梁太祖开平四年）张承奉在沙州建西汉金山国，自称白衣天子，沿用唐昭宗年号。

911年（后梁太祖开平五年）回鹘大举进攻金山国。嗢末遣使入朝。

946年（后晋高祖开运三年）李从曮卒于任上，秦岐政权消亡。

951年（后周太祖广顺元年）二月甘州回鹘遣使进贡。

1001年（宋真宗咸平四年）宋封归义军节度使曹延禄为谯郡王。

1003年（宋真宗咸平六年）李继迁袭破西凉府，改府为州。

1004年（宋真宗景德元年）李继迁余部设计杀六谷首领潘罗支，复取凉州。

1017年（宋真宗天禧元年）甘州回鹘可汗夜落纥卒，夜落隔继领国事，宋封夜落隔怀宁顺化可汗王。

1028年（宋仁宗天圣六年）元昊袭回鹘，攻克甘州，甘州回鹘政权灭亡。

1030年（宋仁宗天圣八年）瓜、沙州回鹘归附党项德明。

1036年（宋仁宗景祐三年）西夏升甘州为镇夷郡，置宣化府，肃州为蕃和郡，凉州置西凉府。

1041年（宋仁宗庆历元年）分陕西路为秦凤、环庆、鄜延、泾原四路。

1071年（宋神宗熙宁四年）置洮河安抚司，经营河湟。是年，吐蕃青唐部族（居地今甘肃渭源与岷县）首领俞龙珂被招抚，率部族12万口归附，宋赐姓名包顺。

1082年（宋神宗元丰五年）西夏攻定西城。

1105年（宋徽宗崇宁四年）改熙河兰会路为熙河湟廓路，不久，改为兰湟路。

1141年（宋高宗绍兴十一年）金与南宋划定疆界，金朝西部边界与西夏划界，确定了西夏、金、南宋在甘肃辖区。

1151年（宋高宗绍兴二十一年）金攻陷环州，宋所据秦陇16州全部被金占领。

1226年（宋理宗宝庆二年）蒙古兵围攻肃州。六月，蒙古军攻破甘州。七月，成吉思汗领兵攻西凉府。

1227年（宋理宗宝庆三年）西夏末主降蒙古汗国，西夏亡。七月，成吉思汗死于清水县萨里川哈老徒之行宫（今甘肃六盘山之下）。

1247年（蒙古定宗二年）西藏佛教萨迦派首领萨迦班智达·贡噶坚赞与蒙古皇子阔端在凉州会谈。

1253年（蒙古宪宗三年）忽必烈驻军临洮，遣使赴大理招降。是年，蒙古汗国于河州置吐蕃宣慰司都元帅府。

1260年（蒙古中统元年）阿里不哥派阿蓝答儿率军置西凉府，与浑都海军在甘州会合。

1264年（蒙古至元元年）设甘肃路总管府。

1269年（蒙古至元六年）割陕西行省所属巩昌都总帅府河州路归吐蕃等处宣慰使司统辖，河州成为吐蕃等处宣慰使司都元帅府治所。

1270年（蒙古至元七年）置肃州路总管府。

1271年（元世祖至元八年）改甘肃路总管府为甘州路总管府。

1272年（元世祖至元九年）阔端子只必帖木儿于西凉府城北30里另筑新城，世祖赐名永昌城。

1274年（元世祖至元十一年）分陕西陇右诸州，置提刑按察司，治巩昌。

1277年（元世祖至元十四年）立瓜州。

1278年（元世祖至元十五年）置甘州和籴提举司，以备给军饷赈灾民。是年，立永昌路。

1280年（元世祖至元十七年）升沙州为沙州路总管府，瓜州隶属。十一月，复置漳县，隶巩昌路。

1281年（元世祖至元十八年）徙置中兴省于甘州，立甘肃行省。省治置甘州路，统七路二州五属州，此系甘肃正式设省之始。

1283年（元世祖至元二十年）改巩昌肃政廉访司为河西陇北道，肃政廉访司移治于甘州。

1285年（元世祖至元二十二年）立甘、肃等处宣慰司兼都转运使司，掌管课税。四月，罢甘州行中书省，立宣慰司，隶宁夏行中书省。

1314年（元仁宋延祐元年）泾州岁荒，禁酒。十月，复甘肃屯田，置沙、瓜等处屯储总管万户府。

1368年（明太祖洪武元年）十二月扩廓帖木儿从太原辗转退据甘肃巩昌（今甘肃省陇西县）等地。

1369年（明太祖洪武二年）三月元将李思齐由庆阳退临洮，欲西入吐蕃；元将张良弼退守庆阳。四月，徐达攻克秦州；徐达师至巩昌，元巩昌总帅汪灵真保率所部降；右将军冯胜征临洮，李思齐降，立临洮卫；都督副使顾时、参政戴德率兵克兰州。是年，置庆阳府。罢巩昌故元总帅府，置巩昌府。置临洮府。置直隶秦州。

1370年（明太祖洪武三年）四月徐达大败扩廓帖木儿。置兰州卫。置平凉府。六月，故元吐蕃等处宣慰使何锁南普等降，置河州卫。

1372年（明太祖洪武五年）二月置秦州茶马司；后陆续置洮州、河州茶马司。十一月置甘肃卫于甘州，置陕西行都指挥使司于庄浪，统河西诸卫。是年，征西大将军冯胜兴修嘉峪关，此乃明长城之最西端。

1374年（明太祖洪武七年）知州金坚创建徽州州学，以后各府、州、县相继建立儒学。置凉州卫。

1375年（明太祖洪武八年）正月立安定、阿端二卫，乃明设关西七卫（阿端、曲先、哈密、罕东左、安定、罕东、赤斤蒙古）之始。

1385年（明太祖洪武十八年）建黄河镇远浮桥于城北距金城关，镇远桥历明清两代500余年。

1393年（明太祖洪武二十六年）正月肃王朱楧就国。

1395年（明太祖洪武二十八年）肃王朱楧由平凉就国甘州，陕西行都司诸卫由肃王调理。庆阳、宁夏、延安、绥德诸卫由庆王调理。

1397年（明太祖洪武三十年）正月置行太仆寺于山西、北平、陕西、甘肃、辽东掌马政。陕西行太仆寺治平凉；甘肃行太仆寺治甘州。

1415年（明成祖永乐十三年）连城土司巩卜失加被成祖赐姓鲁，自此，连城土司遂有鲁氏家谱刊行。

1424年（明成祖永乐二十二年）韩王府由辽东迁至平凉府。

1474年（明宪宗成化十年）正月初设延绥、宁夏、甘肃三边总制，驻固原。总兵、巡抚以下皆听节制。

1506年（明武宗正德元年）八月杨一清总制延绥、宁夏、甘肃防务，督修西北边墙。是年，三边总制刘天和拓展嘉峪关。

1643年（明思宗崇祯十六年）十二月李自成遣将贺锦等往攻三秦，陕甘之地尽为李自成农民军所有。

1645年（清世祖顺治二年）清军大将阿济格下秦陇44城，随后招抚河西。清廷发布剃发令。

1646年（清世祖顺治三年）七月改甘肃卫军为屯丁。凉州戍军亦改为屯丁。免除军名，令屯田。

1647年（清世祖顺治四年）九月甘州回族人米剌印、丁国栋发起反清斗争。总督孟乔芳率兵镇压。十一月清军马宁攻破肃州城，甘肃回族人反清斗争失败。

1669年（清圣祖康熙八年）十二月改巩昌布政使司为甘肃布政使司。甘肃布政、按察二司由巩昌移驻兰州。临洮道由临洮移驻兰州，陇右道由巩昌移驻秦州。

1674年（清圣祖康熙十三年）十二月陕西提督王辅臣发动兵变。

1676年（清圣祖康熙十五年）六月王辅臣降清。

1680年（清圣祖康熙十九年）五月甘肃巡抚自巩昌移驻兰州。

1710年（清圣祖康熙四十九年）三月嘉木样一世华秀·阿旺宗哲于夏河县城西募建拉卜楞寺。

1714年（清圣祖康熙五十三年）二月令土司杨如松管辖洮、岷边外归附之藏民。朝廷颁给敕印。

1724年（清世宗雍正二年）甘肃有人丁30.3万，占全国总人口的1.19%。有田地2179.13万亩，占全国总数的3.01%。上缴田赋银19.6万两，占全国上缴总数的0.74%。上缴田赋粮2.3万石，占全国上缴总数的0.49%。是年，甘肃有屯地998.9万亩，上缴屯银1.99万两、屯粮47.6万石。

1738年（清高宗乾隆三年）迁临洮府，置兰州府，原巩昌府属靖远县改隶兰州府。

1764年（清高宗乾隆二十九年）三月裁甘肃巡抚。陕甘总督移驻兰州并兼管巡抚事。

1766年（清高宗乾隆三十一年）甘肃全省有人丁1153.8万，占全国人口总数的5.5%。有民田2363.31万亩，上缴田赋银28.75万两，占全国田赋银总数的0.96%；缴田赋粮52.2万石，占全国田赋粮总数的6.27%。有屯地1145.9万亩，上缴屯银3.8万两、屯粮50.2万石。

1781年（清高宗乾隆四十六年）三月属河州管辖的循化厅（今青海循化县）伊斯兰教发生教派冲突，反清。六月，清军以2万重兵围攻苏四十三所率2000余人。苏四十三在战斗中阵亡。是年，监粮冒赈案发。

1862年（清穆宗同治元年）八月在陕西回民反清斗争的影响下，甘肃回民纷纷响应。

1867年（清穆宗同治六年）正月清廷命左宗棠为钦差大臣，督办陕甘军务。命按察使刘典帮办军务。

1872年（清穆宗同治十一年）二月马占鳌降清。七月左宗棠进驻兰州。是年，左宗棠将早先在西安创办的机器制造局迁至兰州南关，名为兰州机器制造局，这是甘肃最早的军用机器工业。

1873年（清穆宗同治十二年）九月肃州回民军首领马文禄出降，陕甘回民反清斗争终告失败。

1875年（清德宗光绪元年）八月甘肃开闱取士，在兰州建贡院。

1877年（清德宗光绪三年）左宗棠创设兰州机器织呢局于小梢门外畅家巷。

1881年（清德宗光绪七年）《中俄伊犁条约》签订，规定在新疆全境及甘肃之兰州和嘉峪关，俄人皆可贸易。通商之初暂免纳税，俄货入口，验票放行。俄货随充斥兰州。

1892年（清德宗光绪十八年）三月建肃州至迪化（今乌鲁木齐）电报官线，总长1600余千米。

1894年（清德宗光绪二十年）十月循化新老教派发生矛盾。清廷处理不当，激起老教群众围攻河州城。

1895年（清德宗光绪二十一年）十一月河州地区回民反清斗争被镇压。

1900年（清德宗光绪二十六年）四月敦煌道士王圆箓发现藏经洞（第17窟）。

1904年（清德宗光绪三十年）三月兰州设立邮政分局，同时开辟甘肃最早的一条干线邮路。

1905年（清德宗光绪三十一年）开办甘肃师范学堂。设甘肃全省巡警局。设甘肃洋务总局。

1906年（清德宗光绪三十二年）杨思、万宝成等5人赴日本政法大学留学，是为甘肃第一批出国留学生。

1908年（清德宗光绪三十四年）二月改法政馆为甘肃官立法政学堂。八月，黄河铁桥通车。

1910年（清宣统二年）七月甘肃改按察使司为提法使司，专管地方司法行政，是为甘肃司法与司法行政分设之始。十二月裁兰州道，改设劝业道。增设巡警道。

1911年（清宣统三年）九月陕西秦陇复汉军大都督张凤翔等在西安起义，响应辛亥革命。陕甘总督长庚报请启用升允为陕西巡抚，统率甘军，分三路攻陕。

1912年3月11日，黄钺在秦州成立临时军政府。

1912年3月15日，袁世凯任命原甘肃布政使赵惟熙署理甘肃都督。

1912年11月，中国国民党甘肃支部在兰州成立，马安良为部长。

1913年5月，张炳华护理甘肃都督兼民政长。国民党支部创办《大河日报》。

1913年11月，袁世凯任张广建为陕甘筹边使。

1914年3月，张广建任甘肃都督兼民政长，奉袁世凯命令解散省议会。

1916年7月，各省将军改为督军，巡按使改为省长。

1920年12月16日20时5分53秒，海原、固原、静宁、会宁、通渭等地发生强烈地震，震级达8.5级，造成24.6万人死亡。

1920年12月30日，陆洪涛护（代）理甘肃都督。

1921年6月，陆洪涛正式就任甘肃督军。

1922年7月，甘肃省教育厅厅长林锡光护理甘肃省省长。

1924年3月29日，陆洪涛督军兼任省长。

1925年8月，段祺瑞任冯玉祥为西北边防督办兼任甘肃督办，陆洪涛专任省长。9月27日，冯玉祥任第2师师长刘郁芬为国民军驻甘总指挥。

1925年12月，中国共产党甘肃特别支部成立。

1926年3月，刘郁芬任甘肃督办。

1927年5月23日6时32分47秒，凉州、古浪发生震级为8级的强烈地震，死亡4万余人。

1928年5月，马仲英在河州起事，历时六载，殃及今甘、青、宁、新四省。

1929年1月，甘肃析置为甘肃、宁夏、青海三省。

1929年8月，冯玉祥任命孙连仲代理甘肃省政府主席。

1930年9月，刘志丹在合水太白镇组织革命武装南梁游击队（陕甘游击队）。

1931年1月，蒋介石任马鸿宾代理甘肃省政府主席。

1931年2月，省政府改兰州中山大学为甘肃大学。

1931年8月26日，发生雷马事变。

1932年1月，蒋介石任命孙蔚如为甘肃宣慰使，代行省政府主席职务。

1932年4月，邵力子任省政府主席。邓宝珊任西安绥靖公署驻甘公署主任。

1932年12月25日10时4分27秒，玉门昌马堡发生震级为7.6级的强烈地震，死亡7万余人。

1933年1月，省政府主席邵力子离职，邓宝珊暂时代理省政府主席职务。

1933年7月，朱绍良任甘肃省政府主席。

1933年9月，甘肃绥靖公署成立，朱绍良任主任，西安绥靖公署驻甘行署撤销。

1933年12月，中央银行兰州分行成立，陆续在天水、武威、酒泉、平凉、岷县等地设立支行。

1934年2月25日，陕甘边革命委员会在南梁成立。

1934年11月，陕甘边区工农兵代表大会在南梁荔园堡召开，将陕甘边革命委员会改为陕甘边苏维埃政府。

1935年9月20日，中国工农红军一方面军一、三军团（右路军）到达哈达铺，召开了著名的哈达铺会议。

1935年11月，于学忠任甘肃省政府主席。

1936年10月，中国工农红军三大主力在会宁会师。

1937年5月17日，贺耀组暂任省政府委员代行省政府主席。

1937年8月25日，八路军驻兰州办事处成立。

1937年9月，陕甘宁边区政府成立。

1937年10月，中共甘肃工作委员会成立。

1937年11月，国民党第八战区司令长官公署在兰州设立，蒋介石兼任司令长官，朱绍良任副长官。

1937年12月，朱绍良任省政府委员兼主席。

1937年11月至1941年，日机先后轰炸兰州、皋兰、固原、平凉、靖远、永昌、泾川、天水、陇西、临洮、武威、永登等地。

1939年7月，成吉思汗灵柩从内蒙古伊克昭盟经延安移至榆中县，甘肃省政府主席朱绍良等举行安灵祭奠。

1939年9月，邓宝珊被任命为第21集团军军团长，调往陕西榆林前线。

1940年2月，甘肃省第一届临时参议会成立。国民政府颁布新县制。

1940年11月中旬，谷正伦任甘肃省政府主席。

1941年3月，国民党政府经济部在重庆成立甘肃油矿局。是年，国立西北师范学院由陕西城固迁至兰州。

1942年8月，中共中央西北局决定成立甘宁工作委员会，恢复地下党的工作。

1942年秋，蒋介石到天水、兰州、武威、张掖、酒泉、玉门等地视察。

1943年6月，国立敦煌艺术研究所成立，常书鸿任所长。

1945年10月，中共甘肃省工作委员会在陕甘宁边区重建。

1945年12月，宝天铁路竣工。

1949年8月19日，中共甘肃省委在定西召开第一次会议，宣告中国共产党甘肃省委员会正式成立。

1949年8月26日，兰州解放。中共中央批准成立中共甘肃省委、甘肃行署、甘肃军区。

1949年12月11日，甘肃全境解放。

1949年7月26日，中共甘肃省委员会和甘肃行署成立。

1950年1月8日，甘肃省人民政府成立。10月1日，甘肃省各界人民代表会议在兰州举行。

1952年10月1日，天兰铁路通车。

1954年6月19日，中央人民政府委员会第32次会议决定撤销宁夏省，与甘肃省合并为甘肃省。8月2日至11日，中共甘肃省第一次代表大会在兰州召开。8月16日至20日，甘肃省第一届人民代表大会第一次会议在兰州召开。

1955年2月15日至19日，中国人民政治协商会议甘肃省委员会第一届一次会议在兰州召开。

1958年5月18日，甘南藏族自治州局部地区发生武装叛乱，至1961年被平息。8月18日，省委指示各县进行人民公社的试点，9月27日，除个别牧区外，全省各地基本实现了人民公社化。12月15日，国家重点工程酒泉钢铁公司举行高炉、焦炉、热电站、电机厂、矿山、铁路和水源地7大工程全面开工典礼。

1959年1月7日，省委发出《关于整顿人民公社的指示》。

1960年12月3日至5日，中共中央西北局在兰州召开书记处（扩大）会议。会议着重研究解决甘肃农村人口因缺粮外逃、浮肿、疾病、死亡问题。省委紧急派出大批干部和医务人员下乡，帮助群众安排生活，医治疾病。

1961年5月26日，省委转发了《汪锋同志关于农村食堂问题向主席的报告》。之后，全省各地的食堂相继解散。

1963年9月26日，全国第一个万吨级重油气化工业化装置在兰州化学工业公司化肥厂建成投产。

1966年7月26日，省委发出《关于成立省委文化革命小组的通知》，决定成立“省委文化革命小组”。

1967年2月5日，“甘肃省红色革命造反派联合指挥部”成立，并宣布接管原省委、省人委、兰州市委、兰州市人委的党、政、财、文一切权力。

1967年10月28日，我国自行设计、制造、施工的最大水电站——刘家峡水电站开始截流蓄水。

1968年1月24日，甘肃省革命委员会成立。

1969年4月1日，刘家峡水电站第一台22.5万千瓦发电机组安装完毕，并开始发电。1975年2月4日，刘家峡水电站建成。

1969年10月15日，景泰川电力提灌一期工程动工兴建。

1969年10月23日，甘肃省委发出《加快开发金川镍矿的决定》。

1976年11月22日，甘肃省与驻兰部队30万人举行集会，庆祝粉碎“四人帮”。

1976年11月25日，甘肃省革委会决定引大入秦工程正式开工。

1978年6月25日，甘肃省委召开理论工作座谈会，省委书记宋平表态支持实践是检验真理的唯一标准。

1979年12月27日，甘肃省歌舞团的舞剧《丝路花雨》在香港演出成功。

1982年12月10日，国务院专门召开会议，做出“三西”建设决策，决定从1983年开始，每年拨出2亿元作为“三西”建设专款，连续支持20年。

1984年3月，全省1444个农村公社乡社分设工作全部完成。

1987年1月11日，长庆油田的油气勘探取得重大突破，在陕、甘、宁盆地西部打出高产油井，找到储量近亿吨石油。

1987年12月6日，敦煌莫高窟被联合国教科文组织列为世界文化遗产。

1988年5月22日，甘肃省兴隆山和祁连山列入国家第二批自然保护区名录。

1988年7月29日，沿黄河青、甘、宁、陕、晋、豫、鲁7省区政府负责人在青岛市正式签署会谈纪要，宣告沿黄河经济协作带正式建立。

1990年4月17日，省委、省政府隆重举行秦大河横穿南极大陆凯旋欢迎大会，并授予秦大河甘肃省特等劳模和优秀专家称号。

1990年5月7日至10日，青海、宁夏、内蒙古和甘肃四省区第一次黄河上游多民族经济开发区协调会议在兰州召开。

1992年7月31日，国务院房改领导小组批准《甘肃省城镇住房制度改革总体方案》。

1992年9月2日，我国高原第一条电气化铁路——兰新线兰（兰州西）武（武威南）段电气化工程竣工。

1992年11月22日，甘肃省唯一的陆地对蒙口岸——马鬃山口岸经国务院批准正式开放。

1993年4月1日，兰州开通经乌鲁木齐开往哈萨克斯坦共和国首都阿拉木图的国际旅客列车，结束了甘肃省没有对外开行国际列车的历史。

1993年5月24日，省政府确定红腹锦鸡为甘肃省省鸟。

1995年1月4日，省政府召开第1次常务会议，通过关于兰州国家高新技术开发区有关政策。

1995年3月28日，中国体育彩票在甘肃省开始发行。

1996年3月14日，甘肃省跨世纪重大工程“151”工程：兰州—成都成品油管道建设项目启运仪式在兰州举行，总投资330亿元人民币。

1996年5月17日，疏勒河农业灌溉暨移民安置综合开发工程项目正式启动，工程总工期为10年，总投资26.97亿元。

1998年6月6日，国家“九五”计划重点建设项目、工程总投资20亿元的天巉公路开工建设。

2000年4月21日，省委发出《关于甘肃省实施西部大开发战略的基本思路的通知》。

2000年10月10日，兰州炼化公司、兰州石化公司合并重组为中国石油股份公司兰州石化公司。

2002年3月23日，甘肃省在董志塬发现新油田，命名为西峰油田，初步探明含油面积100平方千米，地质储量2400万吨以上。

2003年1月1日，省委、省政府发出《关于加快文化事业发展建设特色文化大省的意见》。

2004年8月3日，国家西部大开发标志性工程——国家西气东输工程管道全线贯通。

2005年3月5日，中共中央政治局常委、国务院总理温家宝批示：“石羊河流域要坚决治理好，决不能让民勤成为第二个罗布泊。”

2007年6月14日，国家“十一五”规划建设的重点铁路项目之一的兰（兰州）渝（重庆）铁路建设项目正式立项。

2008年5月12日14时28分，以四川省汶川县为中心发生里氏8.0级特大地震，甘肃省陇南市、甘南州部分地方受灾严重。

参考文献

古籍类：

司马迁．史记．北京：中华书局，1959．
班固．汉书．北京：中华书局，1962．
范晔．后汉书．北京：中华书局，1963．
陈寿．三国志．北京：中华书局，1979．
房玄龄．晋书．北京：中华书局，1974．
魏收．魏书．北京：中华书局，1974．
令狐德棻．周书．北京：中华书局，1974．
魏征．隋书．北京：中华书局，1973．
李延寿．北史．北京：中华书局，1974．
刘昫等．旧唐书．北京：中华书局，1975．
欧阳修，宋祁，等．新唐书．北京：中华书局，1975．
薛居正，等．旧五代史．北京：中华书局，1976．
欧阳修．新五代史．北京：中华书局，1974．
脱脱，等．宋史．北京：中华书局，1977．
脱脱，等．辽史．北京：中华书局，1974．
脱脱，等．金史．北京：中华书局，1975．
宋濂，等．元史．北京：中华书局，2000．
张廷玉，等．明史．北京：中华书局，1974．
赵尔巽．清史稿．北京：中华书局，1977．
司马光，等．资治通鉴．北京：中华书局，1956．
郦道元．水经注．陈桥驿，点校．上海：上海古籍出版社，1990．
汤球．十六国春秋辑补．北京：商务印书馆，1985．

慧皎. 高僧传. 北京：中华书局，1992.

李吉甫. 元和郡县图志. 贺次君，点校. 北京：中华书局，1983.

杜佑. 通典. 北京：中华书局，1988.

郑樵. 通志. 北京：中华书局，1987.

马端临. 文献通考. 北京：中华书局，1986.

王钦若，等. 册府元龟. 北京：中华书局，1960.

徐松. 宋会要辑稿. 北京：中华书局，1957.

吴广成. 西夏书事. 李蔚，整理. 济南：泰山出版社，2000.

阿旺贡噶索南. 萨迦世系史. 拉萨：西藏人民出版社，2002.

屠寄. 蒙兀儿史记. 上海：上海古籍出版社、上海书店，1989.

毕沅. 续资治通鉴. 北京：中华书局，1957.

李焘. 续资治通鉴长编. 北京：中华书局，2004.

李心传. 建炎以来系年要录. 北京：中华书局，2013.

明实录. 台湾"中央研究院"历史语言研究所校印本，1962.

陈子龙，等. 明经世文编. 北京：中华书局，1962.

申时行. 明会典. 北京：中华书局，1989.

焦竑. 国朝献徵录. 台北：学生书局，1984.

张雨. 边政考. 台北：华文书局，1968.

叶向高. 四夷考. 北京：中华书局，1991.

清实录. 中华书局影印本，1985.

顾祖禹. 读史方舆纪要. 北京：商务印书馆，1937.

张廷玉，等. 清朝文献通考. 杭州：浙江古籍出版社，1988.

魏源. 圣武记. 清道光刻本.

许容. 甘肃通志. 甘肃省图书馆藏.

中国西北文献丛书编辑委员会. 西北稀见方志文献：卷27. 甘肃通志稿. 兰州古籍书店，1990.

慕寿祺. 甘青宁史略. 兰州俊华印书馆印本.

彭英甲. 陇右纪实录：第1册//近代中国史料丛刊三编. 第40辑. 台北：文海出版社，1988.

著作类：

祝中熹. 甘肃通史·先秦卷. 刘光华，主编. 兰州：甘肃人民出版社，

2013.

汪受宽. 甘肃通史·秦汉卷. 刘光华，主编. 兰州：甘肃人民出版社，2013.

赵向群. 甘肃通史·魏晋南北朝卷. 刘光华，主编. 兰州：甘肃人民出版社，2013.

尹伟先，杨富学，魏明孔. 甘肃通史·隋唐五代卷. 刘光华，主编. 兰州：甘肃人民出版社，2013.

刘建丽著. 甘肃通史·宋夏金元卷. 刘光华，主编. 兰州：甘肃人民出版社，2013.

武沐. 甘肃通史·明清卷. 刘光华，主编. 甘肃人民出版社，2013.

宋仲福，邓慧君. 甘肃通史·中华民国卷. 刘光华，主编. 甘肃人民出版社，2013.

王劲，吴晓军，李春芳，等. 甘肃通史·当代卷. 刘光华，主编. 甘肃人民出版社，2013.

甘肃省统计室. 甘肃省统计资料. 中国第二档案馆藏，1946.

西北军政委员会贸易部. 西北商业概况. 西安：陕西人民出版社，1952.

贾兰坡. 旧石器时代文化. 北京：科学出版社，1957.

唐长孺. 魏晋南北朝史论丛. 北京：生活·读书·新知三联书店，1955.

陈寅恪. 隋唐制度渊源略论稿. 北京：中华书局，1963.

谭其骧. 中国历史地图集. 北京：中国地图出版社，1975.

王仲荦. 魏晋南北朝史. 上海：上海人民出版社，1980.

张博泉. 金史简编. 沈阳：辽宁人民出版社，1984.

史金波. 西夏文化. 长春：吉林教育出版社，1986.

黄烈. 中国古代民族史研究. 北京：人民出版社，1987.

刘光华. 汉代西北屯田研究. 兰州：兰州大学出版社，1988.

齐陈骏，等. 五凉史略. 兰州：甘肃教育出版社，1988.

郭厚安，陈守忠. 甘肃古代史. 兰州：兰州大学出版社，1989.

齐陈骏. 河西史研究. 兰州：甘肃教育出版社，1989.

丁焕章. 甘肃近现代史. 兰州：兰州大学出版社，1989.

杨建新，马曼丽. 西北民族关系史. 北京：民族出版社，1990.

吴万善. 西北近代史略. 兰州：甘肃人民出版社，1991.

薛英群. 居延汉简通论. 兰州：甘肃教育出版社，1991.

王天顺. 西夏战史. 银川：宁夏人民出版社，1993.

魏永理. 中国西北近代开发史. 兰州：甘肃人民出版社，1993.

李并成. 河西走廊历史地理. 兰州：甘肃人民的版社，1995.

荣新江. 归义军史研究——唐宋时代敦煌历史考索. 上海：上海古籍出版社，1996.

李清凌. 甘肃经济史. 兰州：兰州大学出版社，1996.

赵颂尧，等. 河西开发研究. 兰州：甘肃人民出版社，1996.

赵俪生. 古代西北屯田开发史. 兰州：甘肃文化出版社，1997.

侯丕勋. 历代经略西北边疆研究. 兰州：甘肃文化出版社，1997.

李清凌. 西北经济史. 北京：人民出版社，1997.

杨绳信. 清末陕甘概况. 西安：三秦出版社，1997.

李水城. 半山与马厂彩陶研究. 北京：北京大学出版社，1998.

李华瑞. 宋夏关系史. 石家庄：河北人民出版社，1998.

张云. 元代吐蕃地方行政体制研究. 北京：中国社会科学出版社，1998.

胡小鹏. 元代西北历史与民族研究. 兰州：甘肃文化出版社，1999.

崔永红，张得祖，杜常顺. 青海通史. 西宁：青海人民出版社，1999.

尹伟先. 明代藏族史研究. 北京：民族出版社，2000.

王幼平. 旧石器时代考古. 北京：文物出版社，2000.

水涛. 中国西北地区青铜时代考古论集. 北京：科学出版社，2001.

谢端琚. 甘青地区史前考古. 北京：文物出版社，2002.

郑岩. 魏晋南北朝壁画墓研究. 北京：文物出版社，2002.

王天顺. 西夏地理研究. 兰州：甘肃文化出版社，2002.

中国社会科学院考古研究所. 中国考古学·夏商卷. 北京：中国社会科学出版社，2003.

于俊德，于祖培. 先周历史文化新探. 兰州：甘肃人民出版社，2005.

李范文. 西夏通史. 北京：人民出版社，银川：宁夏人民出版社，2005.

翁独健. 中国民族关系史纲要. 北京：中国社会科学出版社，2005.

马啸. 左宗棠在甘肃. 兰州：甘肃人民出版社，2005.

李仲立. 先秦历史文化探微. 兰州：甘肃人民出版社，2006.

田澍. 西北开发史研究. 北京：中国社会科学出版社，2007.

周伟洲. 中国中世西北民族关系研究. 桂林：广西师范大学出版社，2007.

方荣，张蕊兰. 甘肃人口史. 兰州：甘肃人民出版社，2007.

陈育宁. 宁夏通史. 银川：宁夏人民出版社，2008.

张灿辉. 两汉魏晋凉州政治史研究. 长沙：岳麓书社，2008.

韩建业. 中国西北地区先秦时期的自然环境与文化发展. 北京：文物出版社，2008.

杨建新. 中国西北少数民族通史（十三卷）. 北京：民族出版社，2009.

中国社会科学院考古研究所. 中国考古学·新石器时代卷. 北京：中国社会科学出版社，2010.

尚季芳. 民国时期甘肃毒品危害与禁毒研究. 北京：人民出版社，2010.

孙占鳌. 酒泉通史（五卷）. 兰州：甘肃文化出版社，2011.

段小强. 马家窑文化. 北京：文物出版社，2011.

陈支平，万明. 明朝在中国史上的地位. 天津：天津古籍出版社，2011.

李学勤. 东周与秦代文明. 上海：上海人民出版社，2014.

孙占鳌，尹伟先. 河西简牍综论. 兰州：甘肃人民出版社，2016.

王钟翰. 中国民族史. 北京：中国社会科学出版社，2016.

雍际春. 秦早期历史研究. 北京：中国社会科学出版社，2017.

甘肃省地方史志编纂委员会. 甘肃省志·建制志（春秋时期—2008）. 兰州：甘肃人民出版社，2017.

甘肃省地方志编纂委员会. 甘肃省志·自然地理志. 兰州：甘肃文化出版社，2018.

丛振. 敦煌游艺文化研究. 北京：中国社会科学出版社，2019.

后　记

编史修志是中华民族的优秀文化传统。两千多年来，史志编修绵延不断，成果丰硕，为中华文化的传承发展做出了巨大贡献，在世界历史上独树一帜。甘肃修志历史悠长。据统计，自汉魏至民国时期，今甘肃境内可考的方志约380多部，加上各类图经、地记、乡土志、调查记、采访录、杂志、要览等约500余部，近5000卷，分散于海内外及国内各地。中华人民共和国成立以后，党和国家高度重视史志编纂工作，从20世纪80年代开始的社会主义新方志编修，目前已历二轮，共编修省志2部144卷，市州志23部，县市区志166部，共计3亿多字，第一次实现了省、市、县三级志书的全覆盖。然而，志书的编纂并不能代替通史的编写。志书是资料性著述，重在客观记述，保存史料，史书则重在勾勒历史演进的过程，总结经验和教训，因此二者各有侧重，互为补充。从20世纪80年代开始，一批批有志之士就开始了甘肃各级通史的编写工作。如《甘肃古代史》《甘肃近现代史》《酒泉通史》《庆阳通史》《武威通史》等。尤其是进入21世纪以来，由刘光华先生主编的8卷本近400多万字的《甘肃通史》出版后，在甘肃史志学界产生了巨大的反响，为社会各界研究了解甘肃历史又打开了一扇新的窗口，填充了甘肃没有省一级通史的缺憾。但不论是3亿多字的甘肃省、市、县三级志书，还是400多万字的《甘肃通史》，作为普通读者，都无法在短时间内掌握了解甘肃历史发展的基本历史脉络和各个时期的重点史实，编写出版一本线索清晰、重点突出、部头较小的简史，逐渐成为社会各界的共识。随着全省二轮修志工作全面完成，地方史编写工作备受重视。省地方史志办公室经过反复论证，决定组织有关高校、科研单位专家学者共同开展《甘肃简史》的编写工作。编写工作2018年启动，在广泛征求意见建议、多次组织专家学者论证的基础上，决定全书设地理环境与人口、先秦时期的甘肃、秦汉时期的甘肃、魏晋南北朝时期的甘肃、隋唐五代时期的甘肃、宋元时期的甘肃、明清时期的甘肃、中华民国时期的甘肃、中华人民共和国时期的甘肃等九章及绪论、大事记。各章节撰稿人分工为：绪论孙占鳌，第一章张瑛，第二章段小强、吴伟，第三章汪受宽，第四章赵学东、王东、俄琼卓玛、周松，第五章尹伟先，第六章巨虹，第七章武沐，第八章邓慧君，第九章吴晓军、李春芳。任务分工确定后，各撰稿人即开始初稿的撰写工作。2019年10月，经过编写人员的艰辛努力，《甘肃简史》初稿完成，经孙占鳌研究员统稿后提交省地方史志办公室。省地方史志办公室组织进行了审读并召开专题审读研讨会，收集梳理近千条意见供编写人员修改。初稿经修改后再次提交省地方史志办公室，省地方史志办公室再次组织审读并提出数百条修改意见。根据审读意见，省地方史志办公室党组书记、主任张军利，党组副书记、副主任郝宗维，副主任李振宇及贺红梅、陈谦、李佳潞、杜博等同志对全书做了全面系统的修改，形成复审稿。复审稿经有关专家、学者审阅后形成定稿，移交出版。为保证书稿历史脉络清晰、重大事件无大的遗漏，总结的各时期发展特征准确全面，在编写思路上，我们坚持“三个体现”：一是体现马克思主义的辩证唯物主义历史观。甘肃历史，是中华民族发展史的有机组成部分，是中国历史的一个精彩篇章。在《甘肃简史》编写中，我们始终把它置于中国历史的大背景、大框架之内，在历史时期的划分、主要历史时段的称谓、重大历史事件的表述上，尽可能地与国内权威著述保持一致。同时，注重甘肃历史发展的客观实际，体现特色，突出亮点。甘肃历史是历代甘肃人民的杰作。在甘肃历史的发展进程中，辛勤耕耘这块土地的甘肃人民是贯穿始终的主人公。世世代代生活在这里的各族人民和睦相处，携手共进，谱写了一部民族融合、团结进步、共同发展的历史交响曲，为人类文明进步做出了重大贡献。同时，在甘肃历史发展的各个时期，都有大批外籍人士在甘肃历史变革、经济社会发展中发挥了重要作用，也是甘肃历史的创造者。二是体现历史研究的新思想、新成果。历史研究是一个不断进步、不断完善的过程。历史学是一门综合性学科，涉及文献学、考古学、语言学、民族学、地理学、经济学、社会学等众多学科。20世纪以来，随着马克思主义中国化的进程，大量出土文献的问世，新科技、新方法的应用，涌现出大量的历史研究成果。在《甘肃简史》编写过程中，我们尽可能地吸收、借鉴历史研究的新思想、新材料、新方法、新成果，更为准确地记述甘肃历史。三是体现简史特性。甘肃是一个地域概念，历经了上下数千年的岁月演进、历史更替和文化积淀。作为一部简史，既要古今贯通、线索清晰，立论精确可靠，全面展现甘肃历史的传承，体现历史著作的科学性、严肃性，又要适应当代人的阅读要求，做到深入浅出、简明扼要。为此，在编写方法上以概述为主，尽可能言简意赅地对甘肃从远古到当前的经济、政治、文化、社会发展进行综合性记述，避免碎片化记述和烦琐考证。

在《甘肃简史》编写过程中，省地方史志办公室始终将此作为一项重点工作精心安排部署，并具体把握和落实全书编写各个阶段、重点环节的工作，保证了书稿在短时间内成书并付梓出版。张军利、朱卫国、郝宗维、田澍、李振宇、张正龙、石为怀、汪受宽、李并成、梁兴明、贺红梅、陈谦、王文生、张占社、汪举红、张林贤、陈乐一、石战涛、孔令奇、滕辉、牛建文、王华、怡晓红、胡小鹏、李迎春、冯培红、沙武田、张宏伟、刘生平、王化理、桂发荣、蔺国勤、蒋文涛、高天成、刘加力、司德芳、余德艳、王旭、张建魁、贾小炎、李佳潞、杜博等同志，从提供资料、书稿审读、修改审定、文印校对等方面都付出了辛勤汗水，在此均致以诚挚谢意。

《甘肃简史》的编写是一项系统的文化工程，要用50多万言全面记述甘肃的历史发展概况，难免存在内容取舍以及主次摆布等方面的缺憾，再加上编写方式为众手成书，肯定存在不少疏漏和不足，诚恳希望各位读者批评指正。

《甘肃简史》编纂委员会

二〇二〇年四月